U0896344

2023

CHINA POPULATION AND EMPLOYMENT STATISTICAL YEARBOOK

中国人口和就业统计年鉴

蒋正華题

国家统计局人口和就业统计司　编

COMPILED BY
Department of Population and Employment Statistics
National Bureau of Statistics

图书在版编目（CIP）数据

中国人口和就业统计年鉴. 2023 = China Population and Employment Statistical Yearbook 2023 : 汉、英 / 国家统计局人口和就业统计司编. -- 北京 ： 中国统计出版社, 2023.10
ISBN 978-7-5230-0192-9

Ⅰ. ①中… Ⅱ. ①国… Ⅲ. ①人口调查－统计资料－中国－2023－年鉴－汉、英②就业－统计资料－中国－2023－年鉴－汉、英 Ⅳ. ①C924.25-54②D669.2-54

中国国家版本馆 CIP 数据核字(2023)第 157734 号

中国人口和就业统计年鉴 2023

作　　者 / 国家统计局人口和就业统计司
责任编辑 / 李　冲
封面设计 / 李雪燕
出版发行 / 中国统计出版社有限公司
通信地址 / 北京市丰台区西三环南路甲 6 号　邮政编码/100073
发行电话/邮购（010）63376909　书店（010）68783171
网　　址 / http://www.zgtjcbs.com/
印　　刷 / 河北鑫兆源印刷有限公司
经　　销 / 新华书店
开　　本 / 890×1240mm　1/16
字　　数 / 900 千字
印　　张 / 28.25
版　　别 / 2023 年 10 月第 1 版
版　　次 / 2023 年 10 月第 1 次印刷
定　　价 / 280.00 元

《中国人口和就业统计年鉴2023》
编委会和编辑工作人员

编 委 会

编辑工作人员

CHINA POPULATION AND EMPLOYMENT STATISTICAL YEARBOOK 2023 EDITORIAL BOARD AND STAFF

编辑说明

一、《中国人口和就业统计年鉴2023》是一部以全面反映我国人口和就业状况为主的资料性年刊，收集了全国和各省、自治区、直辖市人口就业统计的主要数据，同时附录了世界部分国家和地区的相关数据。

二、本年鉴由国家统计局人口和就业统计司负责编辑整理，并得到公安部治安管理局等单位的大力支持和协助。

三、本年鉴内容分为八部分：（一）综合数据；（二）2022年人口变动情况抽样调查数据；（三）2022年劳动力调查主要数据；（四）2022年城镇单位就业人员统计数据；（五）2022年全国户籍统计人口数据；（六）香港、澳门和台湾人口和就业统计数据；（七）世界部分国家人口和就业统计数据；（八）2022年人口变动情况抽样调查和劳动力调查制度说明及主要指标解释。

四、本年鉴中2022年人口变动情况抽样调查数据（第二部分）和2022年全国户籍统计人口数据（第五部分），统计方法和口径不同，请用户在使用时加以注意。本年鉴第二部分除表2-1、表2-2外，其余各表中的绝对数为样本数，全国抽样比例为1.023‰。

五、本年鉴涉及的全国性统计数据，均未包括香港、澳门特别行政区和台湾地区数据。

六、符号使用说明：

年鉴各表中的“空格”表示该项统计指标数据不足本表最小单位数、数据不详或无该项数据；“#”表示其中的主要项。

七、本年鉴在资料的整理和编排方面难免存在不足和疏误，敬请用户指正。

PREFACE

I. *China Population and Employment Statistical Yearbook 2023* is an annual statistical publication, which contains data on basic condition of population and employment in 2022 as well as for the previous years for the whole nation and 31 provinces, autonomous regions and municipalities directly under the Central Government. It also includes the relevant data of some other countries and territories in the world.

II. The yearbook is compiled by the Department of Population and Employment Statistics of the National Bureau of Statistics of China, and assisted by the Public Order Bureau of the Ministry of Public Security.

III. The yearbook contains the following eight chapters: 1. General Survey; 2. Data from 2022 Sample Survey on Population Changes; 3.Main Data from 2022 Labor Force Survey; 4. Data from Statistics on Employment in Urban Units in 2022; 5. Data from Household Registration in 2022; 6. Population and Employment Data of Hong Kong, Macao and Taiwan; 7. Population and Employment Data of Selected Countries and Territories of the World; 8.Introduction of Sample Survey of Population Change and Labor Force Survey System and Explanatory Notes on Main Statistical Indicators in 2022.

IV. The population data of Chapter Two in the yearbook are from 2022 Sample Survey of Population Changes , and those of Chapter Five are from the Household Registration, which use different definitions and data collection methods. Users should notice that the data under the same or similar heading in these two chapters may be different. Except Table 2-1 and Table 2-2 in the second part of this yearbook, the absolute numbers in other tables are sample numbers, and the National Sampling Ratio is 1.023‰.

V. The national data in the yearbook do not include that of Hong Kong Special Administrative Region, Macao Special Administrative Region and Taiwan Region.

VI. Notations used in the yearbook:

(blank space) indicates that the figure is not large enough to be measured with the smallest unit in the table, or data unknown or not available; "#" indicates a major breakdown of the total.

VII. We welcome comments and suggestions from users with regard to deficiencies and mistakes in data editing and compilation.

目　　录
CONTENTS

第一部分　综合数据
Chapter One　General Survey

第二部分 2022 年人口变动情况抽样调查数据

Data from 2022 Sample Survey on Population Changes

第三部分　2022 年劳动力调查主要数据

Chapter Three　Main Data from 2022 Labor Force Survey

二、澳门特别行政区人口和就业统计数据

II.Population and Employment Data of Macao Special Administrative Region

三、台湾地区人口和就业统计数据

III.Population and Employment Data of Taiwan Region

第七部分 世界部分国家人口和就业统计数据

Chapter Seven Population and Employment Data of Selected Countries and Territories of the World

第八部分　2022年人口变动情况抽样调查和劳动力调查制度说明及主要指标解释
Chapter Eight　Introduction of Sample Survey of Population Change and Labor Force Survey System and Explanatory Notes on Main Statistical Indicators in 2022

第一部分

Chapter One

综合数据

General Survey

1-1 分地区年末人口数

单位：万人

地　区	Region	1990	1991	1992	1993	1994	1995	1996
全　国	**National Total**	**114333**	**115823**	**117171**	**118517**	**119850**	**121121**	**122389**
北　京	Beijing	1086	1094	1102	1112	1125	1251	1259
天　津	Tianjin	884	909	920	928	935	942	948
河　北	Hebei	6159	6220	6275	6334	6388	6437	6484
山　西	Shanxi	2899	2942	2979	3012	3045	3077	3109
内蒙古	Inner Mongolia	2163	2184	2207	2232	2260	2284	2307
辽　宁	Liaoning	3967	3990	4016	4042	4067	4092	4116
吉　林	Jilin	2483	2509	2532	2555	2574	2592	2610
黑龙江	Heilongjiang	3543	3575	3608	3640	3672	3701	3728
上　海	Shanghai	1337	1340	1345	1349	1356	1415	1419
江　苏	Jiangsu	6767	6844	6911	6967	7021	7066	7110
浙　江	Zhejiang	4168	4202	4236	4266	4294	4319	4343
安　徽	Anhui	5675	5761	5834	5897	5955	6013	6070
福　建	Fujian	3037	3079	3116	3150	3183	3237	3261
江　西	Jiangxi	3810	3865	3913	3966	4015	4063	4105
山　东	Shandong	8493	8570	8610	8642	8671	8705	8738
河　南	Henan	8649	8763	8862	8946	9027	9100	9172
湖　北	Hubei	5439	5512	5580	5653	5719	5772	5825
湖　南	Hunan	6128	6209	6267	6311	6355	6392	6428
广　东	Guangdong	6346	6439	6525	6607	6689	6868	6961
广　西	Guangxi	4261	4324	4380	4438	4493	4543	4589
海　南	Hainan	663	674	686	701	711	724	734
重　庆	Chongqing							
四　川	Sichuan	10804	10897	10998	11104	11214	11325	11430
贵　州	Guizhou	3268	3315	3361	3409	3458	3508	3555
云　南	Yunnan	3731	3782	3832	3885	3939	3990	4042
西　藏	Tibet	222	226	228	232	236	240	244
陕　西	Shaanxi	3316	3363	3405	3443	3481	3514	3543
甘　肃	Gansu	2255	2285	2314	2345	2378	2438	2467
青　海	Qinghai	448	454	461	467	474	481	488
宁　夏	Ningxia	470	480	487	495	504	513	521
新　疆	Xinjiang	1529	1555	1581	1605	1632	1661	1689

注：1990、2000、2010、2020年数据为当年人口普查数据推算数；其余年份数据为年度人口抽样调查推算数据。2005年起各地区数据为常住人口口径。2011-2019年数据根据2020年普查数据进行了修订。(以下相关表同)

Population at Year-end by Region

(10 000 persons)

1997	1998	1999	2000	2001	2002	2003	2004	2005	2006
123626	**124761**	**125786**	**126743**	**127627**	**128453**	**129227**	**129988**	**130756**	**131448**
1240	1246	1257	1364	1385	1423	1456	1493	1538	1601
953	957	959	1001	1004	1007	1011	1024	1043	1075
6525	6569	6614	6674	6699	6735	6769	6809	6851	6898
3141	3172	3204	3247	3272	3294	3314	3335	3355	3375
2326	2345	2362	2372	2381	2384	2386	2393	2403	2415
4138	4157	4171	4184	4194	4203	4210	4217	4221	4271
2628	2644	2658	2682	2691	2699	2704	2709	2716	2723
3751	3773	3792	3807	3811	3813	3815	3817	3820	3823
1457	1464	1474	1609	1668	1713	1766	1835	1890	1964
7148	7182	7213	7327	7359	7406	7458	7523	7588	7656
4435	4456	4475	4680	4729	4776	4857	4925	4991	5072
6127	6184	6237	6093	6128	6144	6163	6228	6120	6110
3282	3299	3316	3410	3445	3476	3502	3529	3557	3585
4150	4191	4231	4149	4186	4222	4254	4284	4311	4339
8785	8838	8883	8998	9041	9082	9125	9180	9248	9309
9243	9315	9387	9488	9555	9613	9667	9717	9380	9392
5873	5907	5938	5646	5658	5672	5685	5698	5710	5693
6465	6502	6532	6562	6596	6629	6663	6698	6326	6342
7051	7143	7270	8650	8733	8842	8963	9111	9194	9442
4633	4675	4713	4751	4788	4822	4857	4889	4660	4719
743	753	762	789	796	803	811	818	828	836
3042	3060	3075	2849	2829	2814	2803	2793	2798	2808
8430	8493	8550	8329	8143	8110	8176	8090	8212	8169
3606	3658	3710	3756	3799	3837	3870	3904	3730	3690
4094	4144	4192	4241	4287	4333	4376	4415	4450	4483
248	252	256	258	264	268	272	276	280	285
3570	3596	3618	3644	3653	3662	3672	3681	3690	3699
2494	2519	2543	2515	2523	2531	2537	2541	2545	2547
496	503	510	517	523	529	534	539	543	548
530	538	543	554	563	572	580	588	596	604
1718	1747	1774	1849	1876	1905	1934	1963	2010	2050

Note: Data of 1990, 2000, 2010 and 2020 are the census year estimates; the rest are the estimates from the annual national sample survey of population. Since 2005, data by region are of usual residents. The 2011-2019 data were revised based on the 2020 Census data.The same applies to the following related tables.

1-1 续表

单位：万人

地 区	Region	2007	2008	2009	2010	2011	2012	2013
全 国	**National Total**	**132129**	**132802**	**133450**	**134091**	**134916**	**135922**	**136726**
北 京	Beijing	1676	1771	1860	1962	2024	2078	2125
天 津	Tianjin	1115	1176	1228	1299	1341	1378	1410
河 北	Hebei	6943	6989	7034	7194	7232	7262	7288
山 西	Shanxi	3393	3411	3427	3574	3562	3548	3535
内蒙古	Inner Mongolia	2429	2444	2458	2472	2470	2464	2455
辽 宁	Liaoning	4298	4315	4341	4375	4379	4375	4365
吉 林	Jilin	2730	2734	2740	2747	2725	2698	2668
黑龙江	Heilongjiang	3824	3825	3826	3833	3782	3724	3666
上 海	Shanghai	2064	2141	2210	2303	2356	2399	2448
江 苏	Jiangsu	7723	7762	7810	7869	8023	8120	8192
浙 江	Zhejiang	5155	5212	5276	5447	5570	5685	5784
安 徽	Anhui	6118	6135	6131	5957	5972	5978	5988
福 建	Fujian	3612	3639	3666	3693	3784	3841	3885
江 西	Jiangxi	4368	4400	4432	4462	4474	4475	4476
山 东	Shandong	9367	9417	9470	9588	9665	9708	9746
河 南	Henan	9360	9429	9487	9405	9461	9532	9573
湖 北	Hubei	5699	5711	5720	5728	5760	5781	5798
湖 南	Hunan	6355	6380	6406	6570	6581	6590	6600
广 东	Guangdong	9660	9893	10130	10441	10756	11041	11270
广 西	Guangxi	4768	4816	4856	4610	4655	4694	4731
海 南	Hainan	845	854	864	869	890	910	920
重 庆	Chongqing	2816	2839	2859	2885	2944	2975	3011
四 川	Sichuan	8127	8138	8185	8045	8064	8085	8109
贵 州	Guizhou	3632	3596	3537	3479	3530	3587	3632
云 南	Yunnan	4514	4543	4571	4602	4620	4631	4641
西 藏	Tibet	289	292	296	300	309	315	317
陕 西	Shaanxi	3708	3718	3727	3735	3765	3787	3804
甘 肃	Gansu	2548	2551	2555	2560	2552	2550	2537
青 海	Qinghai	552	554	557	563	568	571	571
宁 夏	Ningxia	610	618	625	633	648	659	666
新 疆	Xinjiang	2095	2131	2159	2185	2225	2253	2285

continued

(10 000 persons)

2014	2015	2016	2017	2018	2019	2020	2021	2022
137646	**138326**	**139232**	**140011**	**140541**	**141008**	**141212**	**141260**	**141175**
2171	2188	2195	2194	2192	2190	2189	2189	2184
1429	1439	1443	1410	1383	1385	1387	1373	1363
7323	7345	7375	7409	7426	7447	7464	7448	7420
3528	3519	3514	3510	3502	3497	3490	3480	3481
2449	2440	2436	2433	2422	2415	2403	2400	2401
4358	4338	4327	4312	4291	4277	4255	4229	4197
2642	2613	2567	2526	2484	2448	2399	2375	2348
3608	3529	3463	3399	3327	3255	3171	3125	3099
2467	2458	2467	2466	2475	2481	2488	2489	2475
8281	8315	8381	8423	8446	8469	8477	8505	8515
5890	5985	6072	6170	6273	6375	6468	6540	6577
5997	6011	6033	6057	6076	6092	6105	6113	6127
3945	3984	4016	4065	4104	4137	4161	4187	4188
4480	4485	4496	4511	4513	4516	4519	4517	4528
9808	9866	9973	10033	10077	10106	10165	10170	10163
9645	9701	9778	9829	9864	9901	9941	9883	9872
5816	5850	5885	5904	5917	5927	5745	5830	5844
6611	6615	6625	6633	6635	6640	6645	6622	6604
11489	11678	11908	12141	12348	12489	12624	12684	12657
4770	4811	4857	4907	4947	4982	5019	5037	5047
936	945	957	972	982	995	1012	1020	1027
3043	3070	3110	3144	3163	3188	3209	3212	3213
8139	8196	8251	8289	8321	8351	8371	8372	8374
3677	3708	3758	3803	3822	3848	3858	3852	3856
4653	4663	4677	4693	4703	4714	4722	4690	4693
325	330	340	349	354	361	366	366	364
3827	3846	3874	3904	3931	3944	3955	3954	3956
2531	2523	2520	2522	2515	2509	2501	2490	2492
576	577	582	586	587	590	593	594	595
678	684	695	705	710	717	721	725	728
2325	2385	2428	2480	2520	2559	2590	2589	2587

1-2 按性别分人口数
Population by Sex

单位：万人 (10 000 persons)

年 份 Year	总人口(年末) Total Population (year-end)	男 Male		女 Female	
		人口数 Population	比重(%) Proportion (%)	人口数 Population	比重(%) Proportion (%)
1949	54167	28145	51.96	26022	48.04
1950	55196	28669	51.94	26527	48.06
1951	56300	29231	51.92	27069	48.08
1955	61465	31809	51.75	29656	48.25
1960	66207	34283	51.78	31924	48.22
1965	72538	37128	51.18	35410	48.82
1970	82992	42686	51.43	40306	48.57
1971	85229	43819	51.41	41410	48.59
1972	87177	44813	51.40	42364	48.60
1973	89211	45876	51.42	43335	48.58
1974	90859	46727	51.43	44132	48.57
1975	92420	47564	51.47	44856	48.53
1976	93717	48257	51.49	45460	48.51
1977	94974	48908	51.50	46066	48.50
1978	96259	49567	51.49	46692	48.51
1979	97542	50192	51.46	47350	48.54
1980	98705	50785	51.45	47920	48.55
1981	100072	51519	51.48	48553	48.52
1982	101654	52352	51.50	49302	48.50
1983	103008	53152	51.60	49856	48.40
1984	104357	53848	51.60	50509	48.40
1985	105851	54725	51.70	51126	48.30
1986	107507	55581	51.70	51926	48.30
1987	109300	56290	51.50	53010	48.50
1988	111026	57201	51.52	53825	48.48
1989	112704	58099	51.55	54605	48.45

注：1. 本表各年人口数中包括中国人民解放军现役军人，但未包括香港、澳门特别行政区和台湾地区的人口。
2. 1981年及以前数据为户籍统计数;1982、1990、2000、2010、2020年数据为当年人口普查数据推算数；其余年份数据为年度人口抽样调查推算数据(下相关表同)。

Note: a) Data in this table include the military personnel of Chinese People's Liberation Army, but do not include the population of Hong Kong SAR, Macao SAR and Taiwan Province.
b) Figures 1981 (inclusive) are from household registrations; for the year 1982, 1990, 2000, 2010 and 2020 are the census year estimates; the rest of the data covered in those tables have been estimated on the basis of the annual national sample surveys of population. The same applies to the relevant tables following.

1-2 续表 continued

单位：万人 (10 000 persons)

年 份 Year	总人口(年末) Total Population (year-end)	男 Male		女 Female	
		人口数 Population	比重(%) Proportion (%)	人口数 Population	比重(%) Proportion (%)
1990	114333	58904	51.52	55429	48.48
1991	115823	59466	51.34	56357	48.66
1992	117171	59811	51.05	57360	48.95
1993	118517	60472	51.02	58045	48.98
1994	119850	61246	51.10	58604	48.90
1995	121121	61808	51.03	59313	48.97
1996	122389	62200	50.82	60189	49.18
1997	123626	63131	51.07	60495	48.93
1998	124761	63940	51.25	60821	48.75
1999	125786	64692	51.43	61094	48.57
2000	126743	65437	51.63	61306	48.37
2001	127627	65672	51.46	61955	48.54
2002	128453	66115	51.47	62338	48.53
2003	129227	66556	51.50	62671	48.50
2004	129988	66976	51.52	63012	48.48
2005	130756	67375	51.53	63381	48.47
2006	131448	67728	51.52	63720	48.48
2007	132129	68048	51.50	64081	48.50
2008	132802	68357	51.47	64445	48.53
2009	133450	68647	51.44	64803	48.56
2010	134091	68748	51.27	65343	48.73
2011	134916	69161	51.26	65755	48.74
2012	135922	69660	51.25	66262	48.75
2013	136726	70063	51.24	66663	48.76
2014	137646	70522	51.23	67124	48.77
2015	138326	70857	51.22	67469	48.78
2016	139232	71307	51.21	67925	48.79
2017	140011	71650	51.17	68361	48.83
2018	140541	71864	51.13	68677	48.87
2019	141008	72039	51.09	68969	48.91
2020	141212	72357	51.24	68855	48.76
2021	141260	72311	51.19	68949	48.81
2022	141175	72206	51.15	68969	48.85

1-3 人口年龄结构和抚养比
Age Composition and Dependency Ratio of Population

单位：万人 (10 000 persons)

年份 Year	总人口(年末) Total Population (year-end)	各年龄组人口 0-14岁 Aged 0-14 人口数 Population	比重(%) Proportion (%)	15-64岁 Aged 15-64 人口数 Population	比重(%) Proportion (%)	65岁及以上 Aged 65 and Over 人口数 Population	比重(%) Proportion (%)	总抚养比(%) Gross Dependency Ratio (%)	少儿抚养比(%) Children Dependency Ratio (%)	老年抚养比(%) Old Dependency Ratio (%)
1953	58796	21331	36.3	34872	59.3	2593	4.4	68.6	61.2	7.4
1964	70499	28686	40.7	39303	55.8	2510	3.6	79.4	73.0	6.4
1982	101654	34146	33.6	62517	61.5	4991	4.9	62.6	54.6	8.0
1987	109300	31347	28.7	71985	65.9	5968	5.4	51.8	43.5	8.3
1990	114333	31659	27.7	76306	66.7	6368	5.6	49.8	41.5	8.3
1995	121121	32218	26.6	81393	67.2	7510	6.2	48.8	39.6	9.2
1996	122389	32311	26.4	82245	67.2	7833	6.4	48.8	39.3	9.5
1997	123626	32093	26.0	83448	67.5	8085	6.5	48.1	38.5	9.7
1998	124761	32064	25.7	84338	67.6	8359	6.7	47.9	38.0	9.9
1999	125786	31950	25.4	85157	67.7	8679	6.9	47.7	37.5	10.2
2000	126743	29011	22.9	88910	70.1	8821	7.0	42.6	32.6	9.9
2001	127627	28716	22.5	89849	70.4	9062	7.1	42.0	32.0	10.1
2002	128453	28774	22.4	90302	70.3	9377	7.3	42.2	31.9	10.4
2003	129227	28559	22.1	90976	70.4	9692	7.5	42.0	31.4	10.7
2004	129988	27947	21.5	92184	70.9	9857	7.6	41.0	30.3	10.7
2005	130756	26504	20.3	94197	72.0	10055	7.7	38.8	28.1	10.7
2006	131448	25961	19.8	95068	72.3	10419	7.9	38.3	27.3	11.0
2007	132129	25660	19.4	95833	72.5	10636	8.1	37.9	26.8	11.1
2008	132802	25166	19.0	96680	72.7	10956	8.3	37.4	26.0	11.3
2009	133450	24659	18.5	97484	73.0	11307	8.5	36.9	25.3	11.6
2010	134091	22259	16.6	99938	74.5	11894	8.9	34.2	22.3	11.9
2011	134916	22261	16.5	100378	74.4	12277	9.1	34.4	22.1	12.3
2012	135922	22427	16.5	100718	74.1	12777	9.4	34.9	22.2	12.7
2013	136726	22423	16.4	101041	73.9	13262	9.7	35.3	22.2	13.1
2014	137646	22712	16.5	101032	73.4	13902	10.1	36.2	22.5	13.7
2015	138326	22824	16.5	100978	73.0	14524	10.5	37.0	22.6	14.3
2016	139232	23252	16.7	100943	72.5	15037	10.8	37.9	22.9	15.0
2017	140011	23522	16.8	100528	71.8	15961	11.4	39.3	23.4	15.9
2018	140541	23751	16.9	100065	71.2	16724	11.9	40.4	23.7	16.8
2019	141008	23689	16.8	99552	70.6	17767	12.6	41.5	23.8	17.8
2020	141212	25277	17.9	96871	68.6	19064	13.5	45.9	26.2	19.7
2021	141260	24678	17.5	96526	68.3	20056	14.2	46.3	25.6	20.8
2022	141175	23908	16.9	96289	68.2	20978	14.9	46.6	24.8	21.8

1-4 按城乡分人口数
Population by Urban and Rural Residence

单位：万人 (10 000 persons)

年 份 Year	总人口(年末) Total Population (year-end)	城 镇 Urban		乡 村 Rural	
		人口数 Population	比重(%) Proportion (%)	人口数 Population	比重(%) Proportion (%)
1949	54167	5765	10.64	48402	89.36
1950	55196	6169	11.18	49027	88.82
1951	56300	6632	11.78	49668	88.22
1955	61465	8285	13.48	53180	86.52
1960	66207	13073	19.75	53134	80.25
1965	72538	13045	17.98	59493	82.02
1970	82992	14424	17.38	68568	82.62
1971	85229	14711	17.26	70518	82.74
1972	87177	14935	17.13	72242	82.87
1973	89211	15345	17.20	73866	82.80
1974	90859	15595	17.16	75264	82.84
1975	92420	16030	17.34	76390	82.66
1976	93717	16341	17.44	77376	82.56
1977	94974	16669	17.55	78305	82.45
1978	96259	17245	17.92	79014	82.08
1979	97542	18495	18.96	79047	81.04
1980	98705	19140	19.39	79565	80.61
1981	100072	20171	20.16	79901	79.84
1982	101654	21480	21.13	80174	78.87
1983	103008	22274	21.62	80734	78.38
1984	104357	24017	23.01	80340	76.99
1985	105851	25094	23.71	80757	76.29
1986	107507	26366	24.52	81141	75.48
1987	109300	27674	25.32	81626	74.68
1988	111026	28661	25.81	82365	74.19
1989	112704	29540	26.21	83164	73.79
1990	114333	30195	26.41	84138	73.59
1991	115823	31203	26.94	84620	73.06
1992	117171	32175	27.46	84996	72.54

注：按城乡分人口数中现役军人全部计入城镇人口。
Note: The military personnel of Chinese People's Liberation Army are classified as urban population in the item of population by residence.

1-4 续表 continued

单位：万人 (10 000 persons)

年 份 Year	总人口(年末) Total Population (year-end)	城 镇 Urban		乡 村 Rural	
		人口数 Population	比重(%) Proportion (%)	人口数 Population	比重(%) Proportion (%)
1993	118517	33173	27.99	85344	72.01
1994	119850	34169	28.51	85681	71.49
1995	121121	35174	29.04	85947	70.96
1996	122389	37304	30.48	85085	69.52
1997	123626	39449	31.91	84177	68.09
1998	124761	41608	33.35	83153	66.65
1999	125786	43748	34.78	82038	65.22
2000	126743	45906	36.22	80837	63.78
2001	127627	48064	37.66	79563	62.34
2002	128453	50212	39.09	78241	60.91
2003	129227	52376	40.53	76851	59.47
2004	129988	54283	41.76	75705	58.24
2005	130756	56212	42.99	74544	57.01
2006	131448	58288	44.34	73160	55.66
2007	132129	60633	45.89	71496	54.11
2008	132802	62403	46.99	70399	53.01
2009	133450	64512	48.34	68938	51.66
2010	134091	66978	49.95	67113	50.05
2011	134916	69927	51.83	64989	48.17
2012	135922	72175	53.10	63747	46.90
2013	136726	74502	54.49	62224	45.51
2014	137646	76738	55.75	60908	44.25
2015	138326	79302	57.33	59024	42.67
2016	139232	81924	58.84	57308	41.16
2017	140011	84343	60.24	55668	39.76
2018	140541	86433	61.50	54108	38.50
2019	141008	88426	62.71	52582	37.29
2020	141212	90220	63.89	50992	36.11
2021	141260	91425	64.72	49835	35.28
2022	141175	92071	65.22	49104	34.78

1-5 分地区年末城镇人口比重
Proportion of Urban Population at Year-end by Region

单位：%

地 区	Region	2005	2006	2007	2008	2009	2010	2011	2012	2013
全 国	**National Total**	**42.99**	**44.34**	**45.89**	**46.99**	**48.34**	**49.95**	**51.83**	**53.10**	**54.49**
北 京	Beijing	83.62	84.33	84.50	84.90	85.00	85.96	86.20	86.29	86.39
天 津	Tianjin	75.11	75.73	76.31	77.23	78.01	79.55	80.43	81.55	82.29
河 北	Hebei	37.69	38.77	40.25	41.90	43.74	44.50	45.59	46.60	48.02
山 西	Shanxi	42.11	43.01	44.03	45.11	45.99	48.05	49.79	51.32	52.88
内蒙古	Inner Mongolia	47.20	48.64	50.15	51.71	53.40	55.50	57.04	58.42	59.82
辽 宁	Liaoning	58.70	58.99	59.20	60.05	60.35	62.10	64.05	65.65	66.45
吉 林	Jilin	52.52	52.97	53.16	53.21	53.32	53.35	53.40	54.54	55.74
黑龙江	Heilongjiang	53.10	53.50	53.90	55.40	55.50	55.66	56.49	56.88	58.04
上 海	Shanghai	89.09	88.70	88.70	88.60	88.60	89.30	89.30	89.30	89.60
江 苏	Jiangsu	50.50	51.90	53.20	54.30	55.60	60.58	62.01	63.01	64.39
浙 江	Zhejiang	56.02	56.50	57.20	57.60	57.90	61.62	62.29	62.91	63.94
安 徽	Anhui	35.50	37.10	38.70	40.50	42.10	43.01	44.80	46.30	47.87
福 建	Fujian	49.40	50.40	51.40	53.00	55.10	57.10	58.11	59.32	60.80
江 西	Jiangxi	37.00	38.68	39.80	41.36	43.18	44.06	45.75	47.39	49.04
山 东	Shandong	45.00	46.10	46.75	47.60	48.32	49.70	50.86	52.03	53.46
河 南	Henan	30.65	32.47	34.34	36.03	37.70	38.50	40.47	41.99	43.60
湖 北	Hubei	43.20	43.80	44.30	45.20	46.00	49.70	51.78	53.23	54.51
湖 南	Hunan	37.00	38.71	40.45	42.15	43.20	43.30	44.97	46.22	47.63
广 东	Guangdong	60.68	63.00	63.14	63.37	63.40	66.18	66.57	67.15	68.09
广 西	Guangxi	33.62	34.64	36.24	38.16	39.20	40.00	41.90	43.48	45.11
海 南	Hainan	45.20	46.10	47.20	48.00	49.13	49.80	50.34	51.02	52.28
重 庆	Chongqing	45.20	46.70	48.30	49.99	51.59	53.02	54.98	56.64	58.29
四 川	Sichuan	33.00	34.30	35.60	37.40	38.70	40.18	41.85	43.35	44.96
贵 州	Guizhou	26.87	27.46	28.24	29.11	29.89	33.81	35.03	36.30	37.89
云 南	Yunnan	29.50	30.50	31.60	33.00	34.00	34.70	36.57	38.47	39.99
西 藏	Tibet	20.85	21.13	21.50	21.90	22.30	22.67	22.81	22.87	23.93
陕 西	Shaanxi	37.23	39.12	40.62	42.10	43.50	45.76	47.35	49.71	51.57
甘 肃	Gansu	30.02	31.09	32.25	33.56	34.89	36.12	37.25	38.78	40.50
青 海	Qinghai	39.25	39.26	40.07	40.86	41.90	44.72	46.53	47.85	49.29
宁 夏	Ningxia	42.28	43.00	44.02	44.98	46.10	47.90	50.20	51.15	52.84
新 疆	Xinjiang	37.15	37.94	39.15	39.64	39.85	43.01	43.73	44.22	44.94

注：2010、2020年数据为当年人口普查数据推算数；其余年份数据为年度人口抽样调查推算数据，部分省份2005-2009年数据根据2010年普查数据进行了修订。

Note: Data of 2010 and 2020 are the census year estimates; the rest are the estimates from the annual national sample survey of population. Data of some provinces from 2005 to 2009 have been revised according to the Sixth National Population Census in 2010.

1-5 续表 continued

单位：% (%)

地 区	Region	2014	2015	2016	2017	2018	2019	2020	2021	2022
全 国	**National Total**	**55.75**	**57.33**	**58.84**	**60.24**	**61.50**	**62.71**	**63.89**	**64.72**	**65.22**
北 京	Beijing	86.50	86.71	86.76	86.93	87.09	87.35	87.55	87.50	87.57
天 津	Tianjin	82.55	82.88	83.27	83.57	83.95	84.31	84.70	84.88	85.11
河 北	Hebei	49.36	51.67	53.87	55.74	57.33	58.77	60.07	61.14	61.65
山 西	Shanxi	54.30	55.87	57.27	58.59	59.85	61.29	62.53	63.42	63.96
内蒙古	Inner Mongolia	60.97	62.09	63.40	64.60	65.51	66.46	67.48	68.21	68.60
辽 宁	Liaoning	67.05	68.05	68.87	69.49	70.26	71.21	72.14	72.81	73.00
吉 林	Jilin	56.81	57.64	58.75	59.71	60.85	61.63	62.64	63.36	63.72
黑龙江	Heilongjiang	59.22	60.47	61.09	61.90	63.46	64.62	65.61	65.69	66.21
上 海	Shanghai	89.30	88.53	89.00	89.10	89.13	89.22	89.30	89.30	89.33
江 苏	Jiangsu	65.70	67.49	68.93	70.18	71.19	72.47	73.44	73.94	74.42
浙 江	Zhejiang	64.96	66.32	67.72	68.91	70.02	71.58	72.17	72.66	73.38
安 徽	Anhui	49.31	50.97	52.62	54.29	55.65	57.02	58.33	59.39	60.15
福 建	Fujian	61.99	63.22	64.39	65.78	66.98	67.87	68.75	69.70	70.11
江 西	Jiangxi	50.55	52.30	53.99	55.70	57.34	59.07	60.44	61.46	62.07
山 东	Shandong	54.77	56.97	59.13	60.79	61.46	61.86	63.05	63.94	64.54
河 南	Henan	45.05	47.02	48.78	50.56	52.24	54.01	55.43	56.45	57.07
湖 北	Hubei	55.73	57.18	58.57	59.88	61.00	61.83	62.89	64.09	64.67
湖 南	Hunan	48.98	50.79	52.70	54.62	56.09	57.45	58.76	59.71	60.31
广 东	Guangdong	68.62	69.51	70.15	70.74	71.81	72.65	74.15	74.63	74.79
广 西	Guangxi	46.54	47.99	49.24	50.59	51.82	52.98	54.20	55.08	55.65
海 南	Hainan	53.30	54.91	56.70	58.04	59.13	59.37	60.27	60.97	61.49
重 庆	Chongqing	59.74	61.47	63.33	65.00	66.61	68.24	69.46	70.32	70.96
四 川	Sichuan	46.51	48.27	50.00	51.78	53.50	55.36	56.73	57.82	58.35
贵 州	Guizhou	40.24	42.96	45.56	47.76	49.54	51.48	53.15	54.33	54.81
云 南	Yunnan	41.21	42.93	44.64	46.29	47.44	48.67	50.05	51.05	51.72
西 藏	Tibet	26.23	28.87	31.57	33.38	33.80	34.51	35.73	36.61	37.39
陕 西	Shaanxi	53.01	54.74	56.39	58.07	59.65	61.28	62.66	63.63	64.02
甘 肃	Gansu	42.28	44.24	46.07	48.12	49.69	50.70	52.23	53.33	54.19
青 海	Qinghai	50.84	51.67	53.55	55.45	57.27	58.78	60.08	61.02	61.43
宁 夏	Ningxia	54.82	56.98	58.74	60.95	62.15	63.63	64.96	66.04	66.34
新 疆	Xinjiang	46.79	48.78	50.42	51.90	54.01	55.51	56.53	57.26	57.89

1-6 人口出生率、死亡率和自然增长率
Birth Rate, Death Rate and Natural Growth Rate of Population

单位：‰ (‰)

年 份 Year	出生率 Birth Rate	死亡率 Death Rate	自然增长率 Natural Growth Rate
1978	18.25	6.25	12.00
1979	17.82	6.21	11.61
1980	18.21	6.34	11.87
1981	20.91	6.36	14.55
1982	22.28	6.60	15.68
1983	20.19	6.90	13.29
1984	19.90	6.82	13.08
1985	21.04	6.78	14.26
1986	22.43	6.86	15.57
1987	23.33	6.72	16.61
1988	22.37	6.64	15.73
1989	21.58	6.54	15.04
1990	21.06	6.67	14.39
1991	19.68	6.70	12.98
1992	18.24	6.64	11.60
1993	18.09	6.64	11.45
1994	17.70	6.49	11.21
1995	17.12	6.57	10.55
1996	16.98	6.56	10.42
1997	16.57	6.51	10.06
1998	15.64	6.50	9.14
1999	14.64	6.46	8.18
2000	14.03	6.45	7.58
2001	13.38	6.43	6.95
2002	12.86	6.41	6.45
2003	12.41	6.40	6.01
2004	12.29	6.42	5.87
2005	12.40	6.51	5.89
2006	12.09	6.81	5.28
2007	12.10	6.93	5.17
2008	12.14	7.06	5.08
2009	11.95	7.08	4.87
2010	11.90	7.11	4.79
2011	13.27	7.14	6.13
2012	14.57	7.13	7.43
2013	13.03	7.13	5.90
2014	13.83	7.12	6.71
2015	11.99	7.07	4.93
2016	13.57	7.04	6.53
2017	12.64	7.06	5.58
2018	10.86	7.08	3.78
2019	10.41	7.09	3.32
2020	8.52	7.07	1.45
2021	7.52	7.18	0.34
2022	6.77	7.37	-0.60

1-7 各地区人口出生率、死亡率和自然增长率
Birth Rate, Death Rate and Natural Growth Rate of Population by Region

单位：‰ (‰)

地 区 Region	1990 出生率 Birth Rate	1990 死亡率 Death Rate	1990 自然增长率 Natural Growth Rate	1991 出生率 Birth Rate	1991 死亡率 Death Rate	1991 自然增长率 Natural Growth Rate	1992 出生率 Birth Rate	1992 死亡率 Death Rate	1992 自然增长率 Natural Growth Rate
全 国 National Total	**21.06**	**6.67**	**14.39**	**19.68**	**6.70**	**12.98**	**18.24**	**6.64**	**11.60**
北 京 Beijing	13.01	5.81	7.20	8.03	5.82	2.21	9.22	6.11	3.11
天 津 Tianjin	15.61	5.78	9.83	11.94	5.78	6.16	12.50	6.00	6.50
河 北 Hebei	20.46	6.82	13.64	16.59	6.75	9.84	15.33	6.43	8.90
山 西 Shanxi	22.54	6.56	15.98	21.56	6.87	14.69	19.59	6.94	12.65
内蒙古 Inner Mongolia	21.19	7.21	13.98	16.77	6.97	9.80	17.07	6.73	10.34
辽 宁 Liaoning	16.30	6.59	9.71	12.10	6.64	5.46	12.57	6.11	6.46
吉 林 Jilin	19.49	6.56	12.93	17.09	6.84	10.25	15.74	6.57	9.17
黑龙江 Heilongjiang	18.11	6.35	11.76	15.89	5.70	10.19	16.25	6.12	10.13
上 海 Shanghai	10.31	6.64	3.67	7.68	7.01	0.67	7.28	6.74	0.54
江 苏 Jiangsu	20.54	6.53	14.01	17.05	6.50	10.55	15.71	6.76	8.95
浙 江 Zhejiang	15.33	6.31	9.02	14.48	6.39	8.09	14.72	6.57	8.15
安 徽 Anhui	24.47	6.25	18.22	21.19	6.06	15.13	18.76	6.14	12.62
福 建 Fujian	24.44	6.71	17.73	20.03	6.26	13.77	18.18	6.02	12.16
江 西 Jiangxi	24.59	7.54	17.05	21.20	7.13	14.07	19.53	7.07	12.46
山 东 Shandong	18.21	6.96	11.25	15.40	6.54	8.86	11.43	6.88	4.55
河 南 Henan	24.92	6.52	18.40	19.78	6.63	13.15	18.13	6.99	11.14
湖 北 Hubei	21.60	7.30	14.30	20.70	7.36	13.34	19.05	6.87	12.18
湖 南 Hunan	23.93	7.23	16.70	20.50	7.30	13.20	16.70	7.30	9.40
广 东 Guangdong	22.26	5.76	16.50	20.54	5.95	14.59	19.31	6.17	13.14
广 西 Guangxi	20.20	6.60	13.60	21.89	7.24	14.65	20.19	7.28	12.91
海 南 Hainan	24.86	6.26	18.60	22.97	5.97	17.00	21.31	6.07	15.24
重 庆 Chongqing									
四 川 Sichuan	19.11	7.66	11.45	15.82	7.29	8.53	16.27	7.03	9.24
贵 州 Guizhou	23.09	7.90	15.19	22.42	8.11	14.31	22.40	8.52	13.88
云 南 Yunnan	23.60	7.92	15.68	21.80	8.10	13.70	21.00	8.00	13.00
西 藏 Tibet	23.98	7.55	16.43	23.53	7.40	16.13	23.63	8.09	15.54
陕 西 Shaanxi	23.48	6.52	16.96	19.82	6.51	13.31	18.85	6.57	12.28
甘 肃 Gansu	20.68	6.20	14.48	19.38	6.05	13.33	19.37	6.64	12.73
青 海 Qinghai	24.34	7.47	16.87	23.37	8.35	15.02	22.54	8.14	14.40
宁 夏 Ningxia	24.34	5.52	18.82	21.96	5.13	16.83	20.11	5.36	14.75
新 疆 Xinjiang	26.44	7.82	18.62	24.45	7.86	16.59	22.80	7.84	14.96

1-7 续表 1 continued

单位：‰ (‰)

地 区 Region	1993 出生率 Birth Rate	1993 死亡率 Death Rate	1993 自然增长率 Natural Growth Rate	1994 出生率 Birth Rate	1994 死亡率 Death Rate	1994 自然增长率 Natural Growth Rate	1995 出生率 Birth Rate	1995 死亡率 Death Rate	1995 自然增长率 Natural Growth Rate
全 国 National Total	**18.09**	**6.64**	**11.45**	**17.70**	**6.49**	**11.21**	**17.12**	**6.57**	**10.55**
北 京 Beijing	9.35	6.16	3.19	8.96	5.76	3.20	7.92	5.12	2.80
天 津 Tianjin	10.71	6.20	4.51	10.98	6.19	4.79	10.23	6.23	4.00
河 北 Hebei	15.43	6.11	9.32	14.93	6.50	8.43	13.93	6.32	7.61
山 西 Shanxi	17.48	6.36	11.12	17.46	6.70	10.76	16.60	6.12	10.48
内蒙古 Inner Mongolia	18.48	6.83	11.65	18.98	6.50	12.48	17.23	6.70	10.53
辽 宁 Liaoning	12.43	6.11	6.32	12.26	6.03	6.23	12.17	6.15	6.02
吉 林 Jilin	15.28	6.31	8.97	14.11	6.35	7.76	12.90	6.09	6.81
黑龙江 Heilongjiang	15.90	5.52	10.38	15.15	5.47	9.68	13.23	5.33	7.90
上 海 Shanghai	6.50	7.30	-0.80	5.80	7.00	-1.20	5.75	7.05	-1.30
江 苏 Jiangsu	13.97	6.61	7.36	13.78	6.86	6.92	12.32	6.56	5.76
浙 江 Zhejiang	13.61	6.58	7.03	13.24	6.60	6.64	12.66	6.75	5.91
安 徽 Anhui	17.18	6.51	10.67	16.70	6.86	9.84	16.07	6.41	9.66
福 建 Fujian	16.72	5.62	11.10	16.24	5.95	10.29	15.20	5.90	9.30
江 西 Jiangxi	20.33	6.89	13.44	19.38	7.00	12.38	18.94	7.28	11.66
山 东 Shandong	10.47	6.76	3.71	9.69	6.67	3.02	9.82	6.47	3.35
河 南 Henan	15.87	6.35	9.52	15.36	6.34	9.02	14.41	6.28	8.13
湖 北 Hubei	20.04	6.93	13.11	18.17	6.68	11.49	16.18	6.91	9.27
湖 南 Hunan	14.08	7.13	6.95	13.88	7.03	6.85	13.02	7.15	5.87
广 东 Guangdong	18.34	5.84	12.50	18.20	5.78	12.42	18.10	5.70	12.40
广 西 Guangxi	19.58	6.35	13.23	18.84	6.60	12.24	17.54	6.53	11.01
海 南 Hainan	20.81	5.26	15.55	20.77	6.29	14.48	20.12	5.61	14.51
重 庆 Chongqing									
四 川 Sichuan	16.77	7.21	9.56	16.93	6.99	9.94	17.08	7.21	9.87
贵 州 Guizhou	22.60	8.50	14.10	22.92	8.14	14.78	21.86	7.60	14.26
云 南 Yunnan	22.00	8.10	13.90	21.80	8.00	13.80	20.75	8.03	12.72
西 藏 Tibet	26.68	7.60	19.08	25.64	8.71	16.93	24.90	8.80	16.10
陕 西 Shaanxi	17.63	6.55	11.08	17.59	6.60	10.99	15.93	6.57	9.36
甘 肃 Gansu	20.16	6.84	13.32	20.82	6.84	13.98	20.65	6.49	14.16
青 海 Qinghai	20.50	8.26	12.24	22.06	6.82	15.24	22.01	6.89	15.12
宁 夏 Ningxia	19.43	5.36	14.07	19.67	6.02	13.65	19.28	5.49	13.79
新 疆 Xinjiang	21.53	7.68	13.85	20.82	7.43	13.39	18.90	6.45	12.45

1-7 续表 2 continued

单位：‰ (‰)

地 区 Region	1996 出生率 Birth Rate	1996 死亡率 Death Rate	1996 自然增长率 Natural Growth Rate	1997 出生率 Birth Rate	1997 死亡率 Death Rate	1997 自然增长率 Natural Growth Rate	1998 出生率 Birth Rate	1998 死亡率 Death Rate	1998 自然增长率 Natural Growth Rate
全 国 National Total	**16.98**	**6.56**	**10.42**	**16.57**	**6.51**	**10.06**	**15.64**	**6.50**	**9.14**
北 京 Beijing	8.02	5.34	2.68	7.91	6.02	1.89	6.00	5.30	0.70
天 津 Tianjin	10.09	6.53	3.56	9.98	6.95	3.03	9.89	6.49	3.40
河 北 Hebei	13.85	6.55	7.30	13.11	6.82	6.29	13.01	6.18	6.83
山 西 Shanxi	16.59	6.25	10.34	16.18	6.06	10.12	16.09	6.17	9.92
内蒙古 Inner Mongolia	16.09	6.43	9.66	15.21	6.96	8.25	14.40	6.17	8.23
辽 宁 Liaoning	12.15	6.19	5.96	11.78	6.38	5.40	11.39	6.81	4.58
吉 林 Jilin	12.53	5.60	6.93	12.22	5.42	6.80	11.81	5.76	6.05
黑龙江 Heilongjiang	12.40	5.05	7.35	12.02	5.17	6.85	11.68	5.32	6.36
上 海 Shanghai	5.60	7.00	-1.40	5.50	6.80	-1.30	5.20	7.00	-1.80
江 苏 Jiangsu	12.11	6.58	5.53	11.43	6.84	4.59	10.97	6.84	4.13
浙 江 Zhejiang	12.09	6.58	5.51	11.41	6.48	4.93	11.15	6.33	4.82
安 徽 Anhui	16.00	6.50	9.50	15.80	6.50	9.30	15.74	6.54	9.20
福 建 Fujian	13.22	5.94	7.28	12.41	6.09	6.32	11.53	6.20	5.33
江 西 Jiangxi	17.53	7.02	10.51	17.43	6.56	10.87	16.85	7.05	9.80
山 东 Shandong	10.60	6.76	3.84	11.28	6.65	4.63	11.58	6.12	5.46
河 南 Henan	14.28	6.44	7.84	13.97	6.30	7.67	14.17	6.37	7.80
湖 北 Hubei	16.08	6.93	9.15	14.81	6.69	8.12	12.58	6.70	5.88
湖 南 Hunan	12.81	7.20	5.61	12.59	6.99	5.60	12.31	7.10	5.21
广 东 Guangdong	18.05	6.09	11.96	16.90	5.40	11.50	16.51	5.61	10.90
广 西 Guangxi	16.83	6.82	10.01	15.93	6.40	9.53	15.87	6.86	9.01
海 南 Hainan	20.08	5.88	14.20	19.18	5.62	13.56	18.48	5.56	12.92
重 庆 Chongqing				13.60	7.36	6.24	13.19	7.68	5.51
四 川 Sichuan	16.68	7.35	9.33	15.75	7.00	8.75	14.62	7.14	7.48
贵 州 Guizhou	22.05	7.69	14.36	22.15	7.67	14.48	22.02	7.76	14.26
云 南 Yunnan	20.87	7.94	12.93	20.82	7.91	12.91	20.01	7.91	12.10
西 藏 Tibet	24.70	8.50	16.20	23.90	7.90	16.00	23.70	7.80	15.90
陕 西 Shaanxi	14.99	6.51	8.48	13.91	6.29	7.62	13.56	6.43	7.13
甘 肃 Gansu	18.43	6.64	11.79	17.22	6.20	11.02	16.45	6.41	10.04
青 海 Qinghai	21.89	7.20	14.69	21.80	6.95	14.85	21.26	6.78	14.48
宁 夏 Ningxia	19.03	5.25	13.78	18.90	5.43	13.47	18.19	5.11	13.08
新 疆 Xinjiang	19.45	6.60	12.85	19.66	6.55	13.11	19.74	6.93	12.81

1-7 续表 3 continued

单位：‰ (‰)

地 区 Region	1999			2001			2002		
	出生率 Birth Rate	死亡率 Death Rate	自然增长率 Natural Growth Rate	出生率 Birth Rate	死亡率 Death Rate	自然增长率 Natural Growth Rate	出生率 Birth Rate	死亡率 Death Rate	自然增长率 Natural Growth Rate
全 国 National Total	**14.64**	**6.46**	**8.18**	**13.38**	**6.43**	**6.95**	**12.86**	**6.41**	**6.45**
北 京 Beijing	6.50	5.60	0.90	6.10	5.30	0.80	6.60	5.70	0.90
天 津 Tianjin	9.68	6.73	2.95	7.58	5.94	1.64	7.49	6.04	1.45
河 北 Hebei	12.99	6.26	6.73	11.16	6.18	4.98	11.53	6.25	5.28
山 西 Shanxi	15.93	6.07	9.86	13.06	5.90	7.16	12.86	6.14	6.72
内蒙古 Inner Mongolia	13.32	6.08	7.24	10.77	5.79	4.98	9.60	5.92	3.68
辽 宁 Liaoning	10.38	7.05	3.33	7.74	6.10	1.64	7.38	6.04	1.34
吉 林 Jilin	10.68	5.45	5.23	8.76	5.38	3.38	8.30	5.11	3.19
黑龙江 Heilongjiang	10.55	5.49	5.06	8.48	5.49	2.99	7.98	5.44	2.54
上 海 Shanghai	5.40	6.50	-1.10	5.02	5.97	-0.95	5.41	5.95	-0.54
江 苏 Jiangsu	10.50	6.94	3.56	9.03	6.62	2.41	9.17	6.99	2.18
浙 江 Zhejiang	10.64	6.35	4.29	10.02	6.25	3.77	9.98	6.19	3.79
安 徽 Anhui	15.10	6.50	8.60	12.46	5.85	6.61	11.20	5.17	6.03
福 建 Fujian	11.06	5.85	5.21	11.56	5.52	6.04	11.35	5.57	5.78
江 西 Jiangxi	16.51	7.02	9.49	15.44	6.06	9.38	14.74	6.02	8.72
山 东 Shandong	11.08	6.27	4.81	11.12	6.24	4.88	11.17	6.62	4.55
河 南 Henan	14.07	6.35	7.72	13.20	6.26	6.94	12.41	6.38	6.03
湖 北 Hubei	11.57	6.37	5.20	8.51	6.07	2.44	8.38	6.17	2.21
湖 南 Hunan	11.72	7.12	4.60	11.80	6.72	5.08	11.56	6.70	4.86
广 东 Guangdong	15.32	5.40	9.92	13.95	5.12	8.83	13.29	5.08	8.21
广 西 Guangxi	14.96	6.93	8.03	13.80	6.07	7.73	13.30	6.30	7.00
海 南 Hainan	17.26	5.23	12.03	15.23	5.76	9.47	15.20	5.72	9.48
重 庆 Chongqing	11.90	6.94	4.96	9.70	6.90	2.80	9.36	6.08	3.28
四 川 Sichuan	13.80	7.02	6.78	11.16	6.79	4.37	10.44	6.55	3.89
贵 州 Guizhou	21.92	7.68	14.24	18.56	7.23	11.33	17.96	7.21	10.75
云 南 Yunnan	19.48	7.82	11.66	18.51	7.57	10.94	17.90	7.30	10.60
西 藏 Tibet	23.20	7.40	15.80	18.60	6.50	12.10	18.83	6.07	12.76
陕 西 Shaanxi	12.51	6.38	6.13	10.50	6.34	4.16	10.48	6.36	4.12
甘 肃 Gansu	15.61	6.44	9.17	13.58	6.43	7.15	13.16	6.45	6.71
青 海 Qinghai	20.68	6.78	13.90	19.06	6.44	12.62	18.05	6.35	11.70
宁 夏 Ningxia	17.97	5.65	12.32	16.55	4.84	11.71	16.42	4.86	11.56
新 疆 Xinjiang	18.76	6.96	11.80	16.82	5.69	11.13	16.30	5.43	10.87

1-7 续表 4 continued

单位：‰ (‰)

地 区 Region	2003			2004			2005		
	出生率 Birth Rate	死亡率 Death Rate	自然增长率 Natural Growth Rate	出生率 Birth Rate	死亡率 Death Rate	自然增长率 Natural Growth Rate	出生率 Birth Rate	死亡率 Death Rate	自然增长率 Natural Growth Rate
全 国 National Total	**12.41**	**6.40**	**6.01**	**12.29**	**6.42**	**5.87**	**12.40**	**6.51**	**5.89**
北 京 Beijing	5.10	5.20	-0.10	6.10	5.40	0.70	6.29	5.20	1.09
天 津 Tianjin	7.14	6.04	1.10	7.31	5.97	1.34	7.44	6.01	1.43
河 北 Hebei	11.43	6.27	5.16	11.98	6.19	5.79	12.84	6.75	6.09
山 西 Shanxi	12.26	6.04	6.22	12.36	6.11	6.25	12.02	6.00	6.02
内蒙古 Inner Mongolia	9.24	6.17	3.07	9.53	5.98	3.55	10.08	5.46	4.62
辽 宁 Liaoning	6.90	5.83	1.07	6.51	5.60	0.91	7.01	6.04	0.97
吉 林 Jilin	7.25	5.64	1.61	7.39	5.63	1.76	7.89	5.32	2.57
黑龙江 Heilongjiang	7.48	5.45	2.03	7.27	5.45	1.82	7.87	5.20	2.67
上 海 Shanghai	4.85	6.20	-1.35	6.00	6.00	0.00	7.04	6.08	0.96
江 苏 Jiangsu	9.04	7.03	2.01	9.45	7.20	2.25	9.24	7.03	2.21
浙 江 Zhejiang	9.66	6.38	3.28	10.71	5.76	4.95	11.10	6.08	5.02
安 徽 Anhui	11.15	5.20	5.95	11.62	5.50	6.12	12.43	6.23	6.20
福 建 Fujian	11.43	5.58	5.85	11.58	5.62	5.96	11.60	5.62	5.98
江 西 Jiangxi	14.07	5.98	8.09	13.61	5.99	7.62	13.79	5.96	7.83
山 东 Shandong	11.42	6.64	4.78	12.50	6.49	6.01	12.14	6.31	5.83
河 南 Henan	12.10	6.46	5.64	11.67	6.47	5.20	11.55	6.30	5.25
湖 北 Hubei	8.26	5.94	2.32	8.43	6.03	2.40	8.74	5.69	3.05
湖 南 Hunan	11.82	6.87	4.95	11.89	6.80	5.09	11.90	6.75	5.15
广 东 Guangdong	13.66	5.31	8.35	13.13	5.12	8.01	11.70	4.68	7.02
广 西 Guangxi	13.86	6.57	7.29	13.32	6.12	7.20	14.26	6.09	8.16
海 南 Hainan	14.68	5.52	9.16	14.77	5.79	8.98	14.65	5.72	8.93
重 庆 Chongqing	9.89	7.20	2.69	9.45	6.60	2.85	9.40	6.40	3.00
四 川 Sichuan	9.18	6.06	3.12	9.05	6.27	2.78	9.70	6.80	2.90
贵 州 Guizhou	15.91	6.87	9.04	15.08	6.35	8.73	14.59	7.21	7.38
云 南 Yunnan	17.00	7.20	9.80	15.60	6.60	9.00	14.72	6.75	7.97
西 藏 Tibet	17.40	6.30	11.10	17.40	6.20	11.20	17.94	7.15	10.79
陕 西 Shaanxi	10.67	6.38	4.29	10.59	6.33	4.26	10.02	6.01	4.01
甘 肃 Gansu	12.58	6.46	6.12	12.43	6.52	5.91	12.59	6.57	6.02
青 海 Qinghai	16.94	6.09	10.85	16.32	6.45	9.87	15.70	6.21	9.49
宁 夏 Ningxia	15.68	4.73	10.95	15.97	4.79	11.18	15.93	4.95	10.98
新 疆 Xinjiang	16.01	5.23	10.78	16.00	5.09	10.91	16.42	5.04	11.38

1-7 续表 5 continued

单位：‰ (‰)

地 区 Region	2006 出生率 Birth Rate	2006 死亡率 Death Rate	2006 自然增长率 Natural Growth Rate	2007 出生率 Birth Rate	2007 死亡率 Death Rate	2007 自然增长率 Natural Growth Rate	2008 出生率 Birth Rate	2008 死亡率 Death Rate	2008 自然增长率 Natural Growth Rate
全 国 National Total	**12.09**	**6.81**	**5.28**	**12.10**	**6.93**	**5.17**	**12.14**	**7.06**	**5.08**
北 京 Beijing	6.26	4.97	1.29	8.32	4.92	3.40	8.17	4.75	3.42
天 津 Tianjin	7.67	6.07	1.60	7.91	5.86	2.05	8.13	5.94	2.19
河 北 Hebei	12.82	6.59	6.23	13.33	6.78	6.55	13.04	6.49	6.55
山 西 Shanxi	11.48	5.73	5.75	11.30	5.97	5.33	11.31	6.01	5.31
内蒙古 Inner Mongolia	9.87	5.91	3.96	10.21	5.73	4.48	9.81	5.54	4.27
辽 宁 Liaoning	6.40	5.30	1.10	6.89	5.36	1.53	6.32	5.22	1.10
吉 林 Jilin	7.67	5.00	2.67	7.55	5.05	2.50	6.65	5.04	1.61
黑龙江 Heilongjiang	7.57	5.18	2.39	7.88	5.39	2.49	7.91	5.68	2.23
上 海 Shanghai	7.47	5.89	1.58	9.07	6.03	3.04	8.89	6.17	2.72
江 苏 Jiangsu	9.36	7.08	2.28	9.37	7.07	2.30	9.34	7.04	2.30
浙 江 Zhejiang	10.29	5.42	4.87	10.38	5.57	4.81	10.20	5.62	4.58
安 徽 Anhui	12.60	6.30	6.30	12.75	6.40	6.35	13.05	6.60	6.45
福 建 Fujian	12.00	5.75	6.25	11.90	5.90	6.00	12.20	5.90	6.30
江 西 Jiangxi	13.80	6.01	7.79	13.86	5.99	7.87	13.92	6.01	7.91
山 东 Shandong	11.60	6.10	5.50	11.11	6.11	5.00	11.25	6.16	5.09
河 南 Henan	11.59	6.27	5.32	11.26	6.32	4.94	11.42	6.45	4.97
湖 北 Hubei	9.08	5.95	3.13	9.19	5.96	3.23	9.21	6.50	2.71
湖 南 Hunan	11.92	6.73	5.19	11.96	6.71	5.25	12.68	7.28	5.40
广 东 Guangdong	11.78	4.49	7.29	11.96	4.66	7.30	11.80	4.55	7.25
广 西 Guangxi	14.44	6.10	8.34	14.19	5.99	8.20	14.40	5.70	8.70
海 南 Hainan	14.59	5.73	8.86	14.62	5.71	8.91	14.71	5.72	8.99
重 庆 Chongqing	9.90	6.50	3.40	10.10	6.30	3.80	10.10	6.30	3.80
四 川 Sichuan	9.14	6.28	2.86	9.21	6.29	2.92	9.54	7.15	2.39
贵 州 Guizhou	13.97	6.71	7.26	13.28	6.60	6.68	13.49	6.77	6.72
云 南 Yunnan	13.20	6.30	6.90	13.08	6.22	6.86	12.63	6.31	6.32
西 藏 Tibet	17.40	5.70	11.70	16.40	5.10	11.30	15.50	5.20	10.30
陕 西 Shaanxi	10.19	6.15	4.04	10.21	6.16	4.05	10.29	6.21	4.08
甘 肃 Gansu	12.86	6.62	6.24	13.14	6.65	6.49	13.22	6.68	6.54
青 海 Qinghai	15.24	6.27	8.97	14.93	6.13	8.80	14.49	6.14	8.35
宁 夏 Ningxia	15.53	4.84	10.69	14.80	5.04	9.76	14.31	4.62	9.69
新 疆 Xinjiang	15.79	5.03	10.76	16.79	5.01	11.78	16.05	4.88	11.17

1-7 续表 6 continued

单位：‰ (‰)

地区	Region	2009 出生率 Birth Rate	2009 死亡率 Death Rate	2009 自然增长率 Natural Growth Rate	2010 出生率 Birth Rate	2010 死亡率 Death Rate	2010 自然增长率 Natural Growth Rate	2011 出生率 Birth Rate	2011 死亡率 Death Rate	2011 自然增长率 Natural Growth Rate
全国	**National Total**	**11.95**	**7.08**	**4.87**	**11.90**	**7.11**	**4.79**	**13.27**	**7.14**	**6.13**
北京	Beijing	8.06	4.56	3.50	7.48	4.41	3.07	8.29	4.27	4.02
天津	Tianjin	8.30	5.70	2.60	8.18	5.58	2.60	8.58	6.08	2.50
河北	Hebei	12.93	6.43	6.50	13.22	6.41	6.81	13.02	6.52	6.50
山西	Shanxi	10.87	5.98	4.89	10.68	5.38	5.30	10.47	5.61	4.86
内蒙古	Inner Mongolia	9.57	5.61	3.96	9.30	5.54	3.76	8.94	5.43	3.51
辽宁	Liaoning	6.06	5.09	0.97	6.68	6.26	0.42	5.71	6.05	-0.34
吉林	Jilin	6.69	4.74	1.95	7.91	5.88	2.03	6.53	5.51	1.02
黑龙江	Heilongjiang	7.48	5.42	2.06	7.35	5.03	2.32	6.99	5.92	1.07
上海	Shanghai	8.64	5.94	2.70	7.05	5.07	1.98	6.97	5.10	1.87
江苏	Jiangsu	9.55	6.99	2.56	9.73	6.88	2.85	9.59	6.98	2.61
浙江	Zhejiang	10.22	5.59	4.63	10.27	5.54	4.73	9.47	5.40	4.07
安徽	Anhui	13.07	6.60	6.47	12.70	5.95	6.75	12.23	5.91	6.32
福建	Fujian	12.20	6.00	6.20	11.27	5.16	6.11	11.41	5.20	6.21
江西	Jiangxi	13.87	5.98	7.89	13.72	6.06	7.66	13.48	5.98	7.50
山东	Shandong	11.70	6.08	5.62	11.65	6.26	5.39	11.50	6.40	5.10
河南	Henan	11.45	6.46	4.99	11.52	6.57	4.95	11.56	6.62	4.94
湖北	Hubei	9.48	6.00	3.48	10.36	6.02	4.34	10.39	6.01	4.38
湖南	Hunan	13.05	6.94	6.11	13.10	6.70	6.40	14.44	7.36	7.08
广东	Guangdong	11.78	4.52	7.26	11.18	4.21	6.97	10.45	4.35	6.10
广西	Guangxi	14.17	5.64	8.53	14.13	5.48	8.65	13.71	6.04	7.67
海南	Hainan	14.66	5.70	8.96	14.71	5.73	8.98	14.72	5.75	8.97
重庆	Chongqing	9.90	6.20	3.70	9.17	6.40	2.77	9.88	6.71	3.17
四川	Sichuan	9.15	6.43	2.72	8.93	6.62	2.31	9.79	6.81	2.98
贵州	Guizhou	13.65	6.69	6.96	13.96	6.55	7.41	13.31	6.93	6.38
云南	Yunnan	12.53	6.45	6.08	13.10	6.56	6.54	12.71	6.36	6.35
西藏	Tibet	15.31	5.07	10.24	15.80	5.55	10.25	15.39	5.13	10.26
陕西	Shaanxi	10.24	6.24	4.00	9.73	6.01	3.72	9.75	6.06	3.69
甘肃	Gansu	13.32	6.71	6.61	12.05	6.02	6.03	12.08	6.03	6.05
青海	Qinghai	14.51	6.19	8.32	14.94	6.31	8.63	14.43	6.12	8.31
宁夏	Ningxia	14.38	4.70	9.68	14.14	5.10	9.04	13.65	4.68	8.97
新疆	Xinjiang	15.99	5.43	10.56	14.85	4.14	10.71	14.99	4.42	10.57

1-7 续表 7 continued

单位：‰ (‰)

地区 Region	2012			2013			2014		
	出生率 Birth Rate	死亡率 Death Rate	自然增长率 Natural Growth Rate	出生率 Birth Rate	死亡率 Death Rate	自然增长率 Natural Growth Rate	出生率 Birth Rate	死亡率 Death Rate	自然增长率 Natural Growth Rate
全国 National Total	**14.57**	**7.13**	**7.43**	**13.03**	**7.13**	**5.90**	**13.83**	**7.12**	**6.71**
北京 Beijing	9.05	4.31	4.74	8.93	4.52	4.41	9.75	4.92	4.83
天津 Tianjin	8.75	6.12	2.63	8.28	6.00	2.28	8.19	6.05	2.14
河北 Hebei	12.88	6.41	6.47	13.04	6.87	6.17	13.18	6.23	6.95
山西 Shanxi	10.70	5.83	4.87	10.81	5.57	5.24	10.92	5.93	4.99
内蒙古 Inner Mongolia	9.17	5.52	3.65	8.98	5.62	3.36	9.31	5.75	3.56
辽宁 Liaoning	6.15	6.54	-0.39	6.09	6.12	-0.03	6.49	6.23	0.26
吉林 Jilin	5.73	5.37	0.36	5.36	5.04	0.32	6.62	6.22	0.40
黑龙江 Heilongjiang	7.30	6.03	1.27	6.86	6.08	0.78	7.37	6.46	0.91
上海 Shanghai	9.56	5.36	4.20	8.18	5.24	2.94	8.35	5.21	3.14
江苏 Jiangsu	9.44	6.99	2.45	9.44	7.01	2.43	9.45	7.02	2.43
浙江 Zhejiang	10.12	5.52	4.60	10.01	5.45	4.56	10.51	5.51	5.00
安徽 Anhui	13.00	6.14	6.86	12.88	6.06	6.82	12.86	5.89	6.97
福建 Fujian	12.74	5.73	7.01	12.20	6.01	6.19	13.70	6.20	7.50
江西 Jiangxi	13.46	6.14	7.32	13.19	6.28	6.91	13.24	6.26	6.98
山东 Shandong	11.90	6.95	4.95	11.41	6.40	5.01	14.23	6.84	7.39
河南 Henan	11.87	6.71	5.16	12.27	6.76	5.51	12.80	7.02	5.78
湖北 Hubei	11.00	6.12	4.88	11.08	6.15	4.93	11.86	6.96	4.90
湖南 Hunan	14.76	7.62	7.14	14.66	7.56	7.10	13.74	7.00	6.74
广东 Guangdong	11.60	4.65	6.95	10.71	4.69	6.02	10.80	4.70	6.10
广西 Guangxi	14.20	6.31	7.89	14.28	6.35	7.93	14.07	6.21	7.86
海南 Hainan	14.66	5.81	8.85	14.59	5.90	8.69	14.56	5.95	8.61
重庆 Chongqing	10.86	6.86	4.00	10.37	6.77	3.60	10.67	7.05	3.62
四川 Sichuan	9.89	6.92	2.97	9.90	6.90	3.00	10.22	7.02	3.20
贵州 Guizhou	13.27	6.96	6.31	13.05	7.15	5.90	12.98	7.18	5.80
云南 Yunnan	12.63	6.41	6.22	12.60	6.43	6.17	12.65	6.45	6.20
西藏 Tibet	15.48	5.21	10.27	15.77	5.39	10.38	15.76	5.21	10.55
陕西 Shaanxi	10.12	6.24	3.88	10.01	6.15	3.86	10.13	6.26	3.87
甘肃 Gansu	12.11	6.05	6.06	12.16	6.08	6.08	12.21	6.11	6.10
青海 Qinghai	14.30	6.06	8.24	14.16	6.13	8.03	14.67	6.18	8.49
宁夏 Ningxia	13.26	4.33	8.93	13.12	4.50	8.62	13.10	4.53	8.57
新疆 Xinjiang	15.32	4.48	10.84	15.84	4.92	10.92	16.44	4.97	11.47

1-7 续表 8 continued

单位：‰ (‰)

地 区	Region	2015 出生率 Birth Rate	2015 死亡率 Death Rate	2015 自然增长率 Natural Growth Rate	2016 出生率 Birth Rate	2016 死亡率 Death Rate	2016 自然增长率 Natural Growth Rate	2017 出生率 Birth Rate	2017 死亡率 Death Rate	2017 自然增长率 Natural Growth Rate
全 国	**National Total**	**11.99**	**7.07**	**4.93**	**13.57**	**7.04**	**6.53**	**12.64**	**7.06**	**5.58**
北 京	Beijing	7.96	4.95	3.01	9.32	5.20	4.12	9.06	5.30	3.76
天 津	Tianjin	5.84	5.61	0.23	7.37	5.54	1.83	7.65	5.05	2.60
河 北	Hebei	11.35	5.79	5.56	12.42	6.36	6.06	13.20	6.60	6.60
山 西	Shanxi	9.98	5.56	4.42	10.29	5.52	4.77	11.06	5.45	5.61
内蒙古	Inner Mongolia	7.72	5.32	2.40	9.03	5.69	3.34	9.47	5.74	3.73
辽 宁	Liaoning	6.17	6.59	-0.42	6.60	6.78	-0.18	6.49	6.93	-0.44
吉 林	Jilin	5.87	5.53	0.34	5.55	5.60	-0.05	6.76	6.50	0.26
黑龙江	Heilongjiang	6.00	6.60	-0.60	6.12	6.61	-0.49	6.22	6.63	-0.41
上 海	Shanghai	7.52	5.07	2.45	9.00	5.00	4.00	8.10	5.30	2.80
江 苏	Jiangsu	9.05	7.03	2.02	9.76	7.03	2.73	9.71	7.03	2.68
浙 江	Zhejiang	10.52	5.50	5.02	11.22	5.52	5.70	11.92	5.56	6.36
安 徽	Anhui	12.92	5.94	6.98	13.02	5.96	7.06	14.07	5.90	8.17
福 建	Fujian	13.90	6.10	7.80	14.50	6.20	8.30	15.00	6.20	8.80
江 西	Jiangxi	13.20	6.24	6.96	13.45	6.16	7.29	13.79	6.08	7.71
山 东	Shandong	12.55	6.67	5.88	17.89	7.05	10.84	17.54	7.40	10.14
河 南	Henan	12.70	7.05	5.65	13.26	7.11	6.15	12.95	6.97	5.98
湖 北	Hubei	10.74	5.83	4.91	12.04	6.97	5.07	12.60	7.01	5.59
湖 南	Hunan	13.88	7.01	6.87	13.94	7.20	6.74	13.69	7.31	6.39
广 东	Guangdong	11.12	4.32	6.80	11.85	4.41	7.44	13.68	4.52	9.16
广 西	Guangxi	14.05	6.15	7.90	13.82	5.95	7.87	15.14	6.22	8.92
海 南	Hainan	14.57	6.00	8.57	14.57	6.00	8.57	14.73	6.01	8.72
重 庆	Chongqing	11.05	7.19	3.86	11.77	7.24	4.53	11.18	7.27	3.91
四 川	Sichuan	10.30	6.94	3.36	10.48	6.99	3.49	11.26	7.03	4.23
贵 州	Guizhou	13.00	7.20	5.80	13.43	6.93	6.50	13.98	6.88	7.10
云 南	Yunnan	12.88	6.48	6.40	13.16	6.55	6.61	13.53	6.68	6.85
西 藏	Tibet	15.75	5.10	10.65	15.79	5.11	10.68	16.00	4.95	11.05
陕 西	Shaanxi	10.10	6.28	3.82	10.64	6.23	4.41	11.11	6.24	4.87
甘 肃	Gansu	12.36	6.15	6.21	12.18	6.18	6.00	12.54	6.52	6.02
青 海	Qinghai	14.72	6.17	8.55	14.70	6.18	8.52	14.42	6.17	8.25
宁 夏	Ningxia	12.62	4.58	8.04	13.69	4.72	8.97	13.44	4.75	8.69
新 疆	Xinjiang	15.59	4.51	11.08	15.34	4.26	11.08	15.88	4.48	11.40

1-7 续表 9 continued

单位：‰ (‰)

地 区 Region	2018 出生率 Birth Rate	2018 死亡率 Death Rate	2018 自然增长率 Natural Growth Rate	2019 出生率 Birth Rate	2019 死亡率 Death Rate	2019 自然增长率 Natural Growth Rate	2020 出生率 Birth Rate	2020 死亡率 Death Rate	2020 自然增长率 Natural Growth Rate
全 国 National Total	**10.86**	**7.08**	**3.78**	**10.41**	**7.09**	**3.32**	**8.52**	**7.07**	**1.45**
北 京 Beijing	8.24	5.58	2.66	8.12	5.49	2.63	6.99	5.19	1.80
天 津 Tianjin	6.67	5.42	1.25	6.73	5.30	1.43	5.99	5.92	0.07
河 北 Hebei	11.26	6.38	4.88	10.83	6.12	4.71	8.16	7.22	0.94
山 西 Shanxi	9.63	5.32	4.31	9.12	5.85	3.27	8.26	7.02	1.24
内蒙古 Inner Mongolia	8.35	5.95	2.40	8.23	5.66	2.57	7.20	7.30	-0.10
辽 宁 Liaoning	6.39	7.39	-1.00	6.45	7.25	-0.80	5.16	8.59	-3.43
吉 林 Jilin	6.62	6.26	0.36	6.05	6.90	-0.85	4.84	7.81	-2.97
黑龙江 Heilongjiang	5.98	6.67	-0.69	5.73	6.74	-1.01	3.75	8.23	-4.48
上 海 Shanghai	7.20	5.40	1.80	7.00	5.50	1.50	5.02	5.58	-0.56
江 苏 Jiangsu	9.32	7.03	2.29	9.12	7.04	2.08	6.65	6.49	0.16
浙 江 Zhejiang	11.02	5.58	5.44	10.51	5.52	4.99	7.13	6.56	0.57
安 徽 Anhui	12.41	5.96	6.45	12.03	6.04	5.99	9.45	7.96	1.49
福 建 Fujian	13.20	6.20	7.00	12.90	6.10	6.80	9.21	6.24	2.97
江 西 Jiangxi	13.43	6.06	7.37	12.59	6.03	6.56	9.48	6.61	2.87
山 东 Shandong	13.26	7.18	6.08	11.77	7.50	4.27	8.56	7.25	1.31
河 南 Henan	11.72	6.80	4.92	11.02	6.84	4.18	9.24	7.15	2.09
湖 北 Hubei	11.54	7.00	4.54	11.35	7.08	4.27	8.28	7.67	0.61
湖 南 Hunan	12.64	7.34	5.30	10.81	7.58	3.24	8.53	7.92	0.61
广 东 Guangdong	12.79	4.55	8.24	12.54	4.46	8.08	10.28	4.70	5.58
广 西 Guangxi	14.12	5.96	8.16	13.31	6.14	7.17	11.36	6.46	4.90
海 南 Hainan	14.48	6.01	8.47	12.87	6.11	6.76	10.36	5.85	4.51
重 庆 Chongqing	11.02	7.54	3.48	10.48	7.57	2.91	7.47	7.70	-0.23
四 川 Sichuan	11.05	7.01	4.04	10.70	7.09	3.61	7.60	8.48	-0.88
贵 州 Guizhou	13.90	6.85	7.05	13.65	6.95	6.70	13.70	7.17	6.53
云 南 Yunnan	13.19	6.32	6.87	12.63	6.20	6.43	10.96	7.92	3.04
西 藏 Tibet	15.22	4.58	10.64	14.60	4.46	10.14	13.96	5.37	8.59
陕 西 Shaanxi	10.67	6.24	4.43	10.55	6.28	4.27	8.95	7.11	1.84
甘 肃 Gansu	11.07	6.65	4.42	10.60	6.75	3.85	10.55	7.91	2.64
青 海 Qinghai	14.31	6.25	8.06	13.66	6.08	7.58	11.43	6.65	4.78
宁 夏 Ningxia	13.32	5.54	7.78	13.72	5.69	8.03	11.59	5.88	5.71
新 疆 Xinjiang	10.69	4.56	6.13	8.14	4.45	3.69	6.94	5.46	1.48

1-7 续表 10 continued

单位：‰ (‰)

地 区 Region	2021 出生率 Birth Rate	2021 死亡率 Death Rate	2021 自然增长率 Natural Growth Rate	2022 出生率 Birth Rate	2022 死亡率 Death Rate	2022 自然增长率 Natural Growth Rate
全 国 National Total	**7.52**	**7.18**	**0.34**	**6.77**	**7.37**	**-0.60**
北 京 Beijing	6.35	5.39	0.96	5.67	5.72	-0.05
天 津 Tianjin	5.30	6.23	-0.93	4.75	6.43	-1.68
河 北 Hebei	7.15	7.58	-0.43	6.09	7.80	-1.71
山 西 Shanxi	7.06	7.32	-0.26	6.75	7.73	-0.98
内蒙古 Inner Mongolia	6.26	7.54	-1.28	5.58	7.83	-2.25
辽 宁 Liaoning	4.71	8.89	-4.18	4.08	9.04	-4.96
吉 林 Jilin	4.70	8.08	-3.38	4.32	8.39	-4.07
黑龙江 Heilongjiang	3.59	8.70	-5.11	3.34	9.09	-5.75
上 海 Shanghai	4.67	5.59	-0.92	4.35	5.96	-1.61
江 苏 Jiangsu	5.65	6.77	-1.12	5.23	7.04	-1.81
浙 江 Zhejiang	6.90	5.90	1.00	6.28	6.24	0.04
安 徽 Anhui	8.05	8.00	0.05	7.16	8.09	-0.93
福 建 Fujian	8.26	6.28	1.98	7.07	6.52	0.55
江 西 Jiangxi	8.34	6.71	1.63	7.19	6.94	0.25
山 东 Shandong	7.38	7.36	0.02	6.71	7.64	-0.93
河 南 Henan	8.00	7.36	0.64	7.42	7.50	-0.08
湖 北 Hubei	6.98	7.86	-0.88	6.08	8.09	-2.01
湖 南 Hunan	7.13	8.28	-1.15	6.23	8.54	-2.31
广 东 Guangdong	9.35	4.83	4.52	8.30	4.97	3.33
广 西 Guangxi	9.68	6.80	2.88	8.51	7.08	1.43
海 南 Hainan	9.74	6.01	3.73	8.60	6.16	2.44
重 庆 Chongqing	6.49	8.04	-1.55	5.98	8.09	-2.11
四 川 Sichuan	6.85	8.74	-1.89	6.39	9.04	-2.65
贵 州 Guizhou	12.17	7.19	4.98	11.03	7.32	3.71
云 南 Yunnan	9.35	8.12	1.23	8.14	8.21	-0.07
西 藏 Tibet	14.17	5.47	8.70	14.24	5.48	8.76
陕 西 Shaanxi	7.89	7.38	0.51	7.36	7.64	-0.28
甘 肃 Gansu	9.68	8.26	1.42	8.47	8.51	-0.04
青 海 Qinghai	11.22	6.91	4.31	10.60	7.23	3.37
宁 夏 Ningxia	11.62	6.09	5.53	10.60	6.19	4.41
新 疆 Xinjiang	6.16	5.60	0.56	6.53	5.76	0.77

1-8　流动人口数
Floating Population

单位：亿人　　(100 million persons)

年　份 Year	人户分离人口 Population of Residentce-Registration Inconsystency	流动人口 Floating Population
2000	1.44	1.21
2010	2.61	2.21
2020	4.93	3.76

注：2000年、2010年、2020年分别为当年人口普查时点数据。
Note: Data of 2000, 2010 and 2020 are based on the National Population Census.

1-9　平均预期寿命
Life Expectancy at Birth

单位：岁　　(years)

年份 Year	合计 Total	男 Male	女 Female
1981	67.77	66.28	69.27
1990	68.55	66.84	70.47
1996	70.80		
2000	71.40	69.63	73.33
2005	72.95	70.83	75.25
2010	74.83	72.38	77.37
2015	76.34	73.64	79.43
2020	77.93	75.37	80.88

1-10 各地区人口平均预期寿命
Population Life Expectancy by Region

单位：岁 (years)

地 区	Region	1990年预期寿命 Life Expectancy in 1990	男 Male	女 Female	2000年预期寿命 Life Expectancy in 2000	男 Male	女 Female
全 国	**National Total**	**68.55**	**66.84**	**70.47**	**71.40**	**69.63**	**73.33**
北 京	Beijing	72.86	71.07	74.93	76.10	74.33	78.01
天 津	Tianjin	72.32	71.03	73.73	74.91	73.31	76.63
河 北	Hebei	70.35	68.47	72.53	72.54	70.68	74.57
山 西	Shanxi	68.97	67.33	70.93	71.65	69.96	73.57
内蒙古	Inner Mongolia	65.68	64.47	67.22	69.87	68.29	71.79
辽 宁	Liaoning	70.22	68.72	71.94	73.34	71.51	75.36
吉 林	Jilin	67.95	66.65	69.49	73.10	71.38	75.04
黑龙江	Heilongjiang	66.97	65.50	68.73	72.37	70.39	74.66
上 海	Shanghai	74.90	72.77	77.02	78.14	76.22	80.04
江 苏	Jiangsu	71.37	69.26	73.57	73.91	71.69	76.23
浙 江	Zhejiang	71.78	69.66	74.24	74.70	72.50	77.21
安 徽	Anhui	69.48	67.75	71.36	71.85	70.18	73.59
福 建	Fujian	68.57	66.49	70.93	72.55	70.30	75.07
江 西	Jiangxi	66.11	64.87	67.49	68.95	68.37	69.32
山 东	Shandong	70.57	68.64	72.67	73.92	71.70	76.26
河 南	Henan	70.15	67.96	72.55	71.54	69.67	73.41
湖 北	Hubei	67.25	65.51	69.23	71.08	69.31	73.02
湖 南	Hunan	66.93	65.41	68.70	70.66	69.05	72.47
广 东	Guangdong	72.52	69.71	75.43	73.27	70.79	75.93
广 西	Guangxi	68.72	67.17	70.34	71.29	69.07	73.75
海 南	Hainan	70.01	66.93	73.28	72.92	70.66	75.26
重 庆	Chongqing				71.73	69.84	73.89
四 川	Sichuan	66.33	65.06	67.70	71.20	69.25	73.39
贵 州	Guizhou	64.29	63.04	65.63	65.96	64.54	67.57
云 南	Yunnan	63.49	62.08	64.98	65.49	64.24	66.89
西 藏	Tibet	59.64	57.64	61.57	64.37	62.52	66.15
陕 西	Shaanxi	67.40	66.23	68.79	70.07	68.92	71.30
甘 肃	Gansu	67.24	66.35	68.25	67.47	66.77	68.26
青 海	Qinghai	60.57	59.29	61.96	66.03	64.55	67.70
宁 夏	Ningxia	66.94	65.95	68.05	70.17	68.71	71.84
新 疆	Xinjiang	62.59	61.95	63.26	67.41	65.98	69.14

注：根据人口普查数据计算。
Note: Data in this table are calculated according to the National Population Census.

1-10 续表 continued

单位：岁 (years)

地 区	Region	2010年预期寿命 Life Expectancy in 2010	男 Male	女 Female	2020年预期寿命 Life Expectancy in 2020	男 Male	女 Female
全 国	**National Total**	**74.83**	**72.38**	**77.37**	**77.93**	**75.37**	**80.88**
北 京	Beijing	80.18	78.28	82.21	82.49	80.43	84.62
天 津	Tianjin	78.89	77.42	80.48	81.30	79.32	83.40
河 北	Hebei	74.97	72.70	77.47	77.75	75.20	80.52
山 西	Shanxi	74.92	72.87	77.28	77.91	75.64	80.47
内蒙古	Inner Mongolia	74.44	72.04	77.27	77.56	74.98	80.45
辽 宁	Liaoning	76.38	74.12	78.86	78.68	75.96	81.54
吉 林	Jilin	76.18	74.12	78.44	78.41	75.62	81.40
黑龙江	Heilongjiang	75.98	73.52	78.81	78.25	75.33	81.42
上 海	Shanghai	80.26	78.20	82.44	82.55	80.39	84.87
江 苏	Jiangsu	76.63	74.60	78.81	79.32	77.02	81.83
浙 江	Zhejiang	77.73	75.58	80.21	80.19	78.09	82.58
安 徽	Anhui	75.08	72.65	77.84	77.96	75.52	80.72
福 建	Fujian	75.76	73.27	78.64	78.49	75.81	81.55
江 西	Jiangxi	74.33	71.94	77.06	77.64	75.08	80.52
山 东	Shandong	76.46	74.05	79.06	79.18	76.46	82.11
河 南	Henan	74.57	71.84	77.59	77.60	74.59	80.84
湖 北	Hubei	74.87	72.68	77.35	78.00	75.73	80.53
湖 南	Hunan	74.70	72.28	77.48	77.88	75.36	80.75
广 东	Guangdong	76.49	74.00	79.37	79.31	76.75	82.22
广 西	Guangxi	75.11	71.77	79.05	78.06	74.64	81.98
海 南	Hainan	76.30	73.20	80.01	79.05	75.83	82.84
重 庆	Chongqing	75.70	73.16	78.60	78.56	75.86	81.64
四 川	Sichuan	74.75	72.25	77.59	77.79	75.01	80.93
贵 州	Guizhou	71.10	68.43	74.11	75.20	72.09	78.71
云 南	Yunnan	69.54	67.06	72.43	74.02	70.98	77.55
西 藏	Tibet	68.17	66.33	70.07	72.19	70.27	74.75
陕 西	Shaanxi	74.68	72.84	76.74	77.80	75.59	80.24
甘 肃	Gansu	72.23	70.60	74.06	75.64	73.64	77.85
青 海	Qinghai	69.96	68.11	72.07	73.96	71.72	76.43
宁 夏	Ningxia	73.38	71.31	75.71	76.58	74.89	78.40
新 疆	Xinjiang	72.35	70.30	74.86	75.65	73.66	77.89

1-11　七次全国人口普查人口基本情况
Basic Statistics on National Population Census in 1953, 1964, 1982, 1990, 2000, 2010 and 2020

指　　标	Item	1953	1964	1982	1990	2000	2010	2020
全国人口（万人）	**Total Population (10 000 persons)**	**58260**	**69458**	**100818**	**113368**	**126583**	**133972**	**141178**
男	Male	30190	35652	51944	58495	65355	68685	72334
女	Female	28070	33806	48874	54873	61228	65287	68844
性别比（以女性为100）	Sex Ratio (female=100)	107.56	105.46	106.30	106.60	106.74	105.20	105.07
家庭户规模（人/户）	**Average Family Household Size (person/household)**	**4.33**	**4.43**	**4.41**	**3.96**	**3.44**	**3.10**	**2.62**
各年龄组人口比重（%）	**Percentage of Population by Age Group (%)**							
0-14岁	Aged 0-14	36.28	40.69	33.59	27.69	22.89	16.60	17.95
15-64岁	Aged 15-64	59.31	55.75	61.50	66.74	70.15	74.53	68.55
65岁及以上	Aged 65 and Over	4.41	3.56	4.91	5.57	6.96	8.87	13.50
民族人口	**Population by Ethnicity**							
汉族（万人）	Han (10 000 persons)	54728	65456	94088	104248	115940	122593	128631
占总人口比重（%）	Percentage to Total Population (%)	93.94	94.24	93.32	91.96	91.59	91.51	91.11
少数民族（万人）	Ethnic Minorities (10 000 persons)	3532	4002	6730	9120	10643	11379	12547
占总人口比重（%）	Percentage to Total Population (%)	6.06	5.76	6.68	8.04	8.41	8.49	8.89
每十万人拥有的各种受教育程度人口（人）	**Population with Various Education Attainments Per 100 000 Persons (person)**							
大专及以上	Junior College and Above		416	615	1422	3611	8930	15467
高中和中专	Senior Secondary School and Technical Secondary School		1319	6779	8039	11146	14032	15088
初中	Junior Secondary School		4680	17892	23344	33961	38788	34507
小学	Primary School		28330	35237	37057	35701	26779	24767
文盲人口及文盲率	**Illiterate Population and Illiterate Rate**							
文盲人口（万人）	Illiterate Population (10 000 persons)		23327	22996	18003	8507	5466	3775
文盲率（%）	Illiterate Rate (%)		33.58	22.81	15.88	6.72	4.08	2.67
城乡人口	**Population by Residence**							
城镇化率（%）	Urbanization Rate (%)	13.26	18.30	20.91	26.44	36.22	49.68	63.89
城镇人口（万人）	Urban Population (10 000 persons)	7726	12710	21082	29971	45844	66557	90199
乡村人口（万人）	Rural Population (10 000 persons)	50534	56748	79736	83397	80739	67415	50979
平均预期寿命（岁）	**Life Expectancy (years)**			**67.77***	**68.55**	**71.40**	**74.83**	**77.93**
男	Male			66.28*	66.84	69.63	72.38	75.37
女	Female			69.27*	70.47	73.33	77.37	80.88

注：1.1953年、1964年、1982年及1990年全国人口普查标准时点为当年7月1日零时，2000、2010和2020年全国人口普查标准时点为当年11月1日零时。
2.历次普查总人口数据包括中国人民解放军现役军人。在城乡人口中，中国人民解放军现役军人列为城镇人口统计。
3.1964年文盲人口为13岁及以上不识字人口，1982、1990、2000、2010、2020年文盲人口为15岁及以上不识字或识字很少的人。
4.表中“*”号表示为1981年数据。

Note:a) Standard reference time of national population census in 1953, 1964, 1982 and 1990 was zero hour of July 1st, and in 2000, 2010 and 2020 was zero hour of November 1st.
b) Total population from the five national population censuses includes the military personnel. Military personnel is listed as urban population in population by residence.
c) Illiterate population of 1964 National Population Census referred to the population aged 13 and over who are unable to read. Illiterate population of 1982, 1990, 2000, 2010 and 2020 National Population Censuses referred to the population aged 15 and over who are unable or have difficulty to read.
d) Data with “*” in this table are of 1981.

1-12 全国历年人口密度
Population Density

年 份 Year	全国人口 (万人) Population (10 000 persons)	人口密度 (人/平方公里) Population Density (person/sq.km)	年 份 Year	全国人口 (万人) Population (10 000 persons)	人口密度 (人/平方公里) Population Density (person/sq.km)
1949	54167	56	1986	107507	112
1950	55196	57	1987	109300	114
1951	56300	59	1988	111026	116
1952	57482	60	1989	112704	117
1953	58796	61	1990	114333	119
1954	60266	63	1991	115823	121
1955	61465	64	1992	117171	122
1956	62828	65	1993	118517	123
1957	64653	67	1994	119850	125
1958	65994	69	1995	121121	126
1959	67207	70	1996	122389	127
1960	66207	69	1997	123626	129
1961	65859	69	1998	124761	130
1962	67295	70	1999	125786	131
1963	69172	72	2000	126743	132
1964	70499	73	2001	127627	133
1965	72538	76	2002	128453	134
1966	74542	78	2003	129227	135
1967	76368	80	2004	129988	135
1968	78534	82	2005	130756	136
1969	80671	84	2006	131448	137
1970	82992	86	2007	132129	138
1971	85229	89	2008	132802	138
1972	87177	91	2009	133450	139
1973	89211	93	2010	134091	140
1974	90859	95	2011	134916	141
1975	92420	96	2012	135922	142
1976	93717	98	2013	136726	142
1977	94974	99	2014	137646	143
1978	96259	100	2015	138326	144
1979	97542	102	2016	139232	145
1980	98705	103	2017	140011	146
1981	100072	104	2018	140541	146
1982	101654	106	2019	141008	147
1983	103008	107	2020	141212	147
1984	104357	109	2021	141260	147
1985	105851	110	2022	141175	147

1-13 就业基本情况

项　目	Item	2011	2012	2013
劳动力(万人)	**Labour Force (10 000 persons)**	**78349**	**78431**	**78604**
就业人员合计(万人)	**Total Number of Employed Persons (10 000 persons)**	**76196**	**76254**	**76301**
第一产业	Primary Industry	26472	25535	23838
第二产业	Secondary Industry	22539	23226	23142
第三产业	Tertiary Industry	27185	27493	29321
就业人员构成(合计=100)	**Composition of Employed Persons (total=100)**			
第一产业	Primary Industry	34.7	33.5	31.3
第二产业	Secondary Industry	29.6	30.4	30.3
第三产业	Tertiary Industry	35.7	36.1	38.4
按城乡分就业人员(万人)	**Number of Employed Persons by Urban and Rural Areas (10 000 persons)**			
城镇就业人员	Urban Employed Persons	36003	37287	38527
乡村就业人员	Rural Employed Persons	40193	38967	37774
按登记注册类型分城镇非私营单位就业人员(万人)	**Number of Employed Persons in Urban Non-private Units by Status of Registration (10 000 persons)**			
#国有单位	State-owned Units	6704	6839	6365
城镇集体单位	Urban Collective-owned Units	603	589	566
股份合作单位	Cooperative Units	149	149	108
联营单位	Joint Ownership Units	37	39	25
有限责任公司	Limited Liability Corporations	3269	3787	6069
股份有限公司	Share-holding Corporations Ltd.	1183	1243	1721
港澳台商投资单位	Units with Funds from Hong Kong, Macao & Taiwan	932	969	1397
外商投资单位	Foreign Funded Units	1217	1246	1566
城镇登记失业人数(万人)	**Number of Registered Unemployed Persons in Urban Areas (10 000 persons)**	**922**	**917**	**926**
城镇登记失业率(%)	**Registered Unemployment Rate in Urban Areas (%)**	**4.10**	**4.10**	**4.05**
城镇调查失业率(%)	**Surveyed Urban Unemployment Rate (%)**			

注：1.1990年及以后的劳动力、就业人员数据根据劳动力调查、全国人口普查推算；其中2011-2019年数据是根据第七次全国人口普查修订数(下表同)。
2. 2013年部分经济类型单位、部分行业就业人员、工资总额变动较大，系将原属于乡镇企业的规模以上法人单位纳入劳动工资统计范围所致(以下相关表同)。
3. 2022年起人力资源和社会保障部不再发布城镇登记失业率数据。

Employment

2014	2015	2016	2017	2018	2019	2020	2021	2022
78757	**78921**	**79282**	**79042**	**78653**	**78985**	**78392**	**78024**	**76863**
76349	**76320**	**76245**	**76058**	**75782**	**75447**	**75064**	**74652**	**73351**
22372	21418	20908	20295	19515	18652	17715	17072	17663
23057	22644	22295	21762	21356	21234	21543	21712	21105
30920	32258	33042	34001	34911	35561	35806	35868	34583
29.3	28.0	27.4	26.7	25.7	24.7	23.6	22.9	24.1
30.2	29.7	29.3	28.6	28.2	28.2	28.7	29.1	28.8
40.5	42.3	43.3	44.7	46.1	47.1	47.7	48.0	47.1
39703	40916	42051	43208	44292	45249	46271	46773	45931
36646	35404	34194	32850	31490	30198	28793	27879	27420
6312	6208	6170	6064	5740	5473	5563	5633	5612
537	481	453	406	347	296	271	262	235
103	92	86	77	66	60	69	62	58
22	20	18	13	12	12	25	22	19
6315	6389	6381	6367	6555	6608	6542	6526	6506
1751	1798	1824	1846	1875	1879	1837	1789	1684
1393	1344	1305	1290	1153	1157	1159	1175	1114
1562	1446	1361	1291	1212	1203	1216	1220	1164
952	**966**	**982**	**972**	**974**	**945**	**1160**	**1040**	**1203**
4.09	**4.05**	**4.02**	**3.90**	**3.80**	**3.62**	**4.24**	**3.96**	-
				4.9	**5.2**	**5.2**	**5.1**	**5.5**

Notes: a) From 1990, the total number of labour force and employed persons were estimated according to Labour Force Survey and Population Census. The data from 2011 to 2019 were revised according to the Seventh National Population Census.The same applies to the following tables.

b) In 2013, some units by status of registration, some employment by industry, total wages bill changed greatly, because legal persons above designated size originally belonged to township enterprises were taken into statistics of labour wages. The same applies to the relevant tables following.

c) Since 2022, the Minisitry of Human Rescources and Social Security has no longer released Registered Unemployment Rate in Urban Areas.

1-14 分城乡就业人员年末人数

Number of Employed Persons at Year-end in Urban and Rural Areas

单位：万人 (10 000 persons)

年 份 Year	就业人员 Total Number of Employed Persons	城镇 Urban		乡村 Rural	
		就业人员 Employed Persons	比重(%) Proportion (%)	就业人员 Employed Persons	比重(%) Proportion (%)
1949	18082	1533	8.5	16549	91.5
1952	20729	2486	12.0	18243	88.0
1953	21364	2754	12.9	18610	87.1
1954	21832	2744	12.6	19088	87.4
1955	22328	2802	12.5	19526	87.5
1956	23018	2993	13.0	20025	87.0
1957	23771	3205	13.5	20566	86.5
1958	26600	5300	19.9	21300	80.1
1959	26173	5389	20.6	20784	79.4
1960	25880	6119	23.6	19761	76.4
1961	25590	5336	20.9	20254	79.1
1962	25910	4537	17.5	21373	82.5
1963	26640	4603	17.3	22037	82.7
1964	27736	4828	17.4	22908	82.6
1965	28670	5136	17.9	23534	82.1
1966	29805	5354	18.0	24451	82.0
1967	30814	5446	17.7	25368	82.3
1968	31915	5630	17.6	26285	82.4
1969	33225	5825	17.5	27400	82.5
1970	34432	6312	18.3	28120	81.7
1971	35620	6868	19.3	28752	80.7
1972	35854	7200	20.1	28654	79.9
1973	36652	7388	20.2	29264	79.8
1974	37369	7687	20.6	29682	79.4
1975	38168	8222	21.5	29946	78.5
1976	38834	8692	22.4	30142	77.6
1977	39377	9127	23.2	30250	76.8
1978	40152	9514	23.7	30638	76.3
1979	41024	9999	24.4	31025	75.6
1980	42361	10525	24.8	31836	75.2
1981	43725	11053	25.3	32672	74.7
1982	45295	11428	25.2	33867	74.8
1983	46436	11746	25.3	34690	74.7
1984	48197	12229	25.4	35968	74.6
1985	49873	12808	25.7	37065	74.3
1986	51282	13292	25.9	37990	74.1

1-14 续表 continued

单位：万人 (10 000 persons)

年 份 Year	就业人员 Total Number of Employed Persons	城镇 Urban		乡村 Rural	
		就业人员 Employed Persons	比重(%) Proportion (%)	就业人员 Employed Persons	比重(%) Proportion (%)
1987	52783	13783	26.1	39000	73.9
1988	54334	14267	26.3	40067	73.7
1989	55329	14390	26.0	40939	74.0
1990	64749	17041	26.3	47708	73.7
1991	65491	17465	26.7	48026	73.3
1992	66152	17861	27.0	48291	73.0
1993	66808	18262	27.3	48546	72.7
1994	67455	18653	27.7	48802	72.3
1995	68065	19040	28.0	49025	72.0
1996	68950	19922	28.9	49028	71.1
1997	69820	20781	29.8	49039	70.2
1998	70637	21616	30.6	49021	69.4
1999	71394	22412	31.4	48982	68.6
2000	72085	23151	32.1	48934	67.9
2001	72797	24123	33.1	48674	66.9
2002	73280	25159	34.3	48121	65.7
2003	73736	26230	35.6	47506	64.4
2004	74264	27293	36.8	46971	63.2
2005	74647	28389	38.0	46258	62.0
2006	74978	29630	39.5	45348	60.5
2007	75321	30953	41.1	44368	58.9
2008	75564	32103	42.5	43461	57.5
2009	75828	33322	43.9	42506	56.1
2010	76105	34687	45.6	41418	54.4
2011	76196	36003	47.3	40193	52.7
2012	76254	37287	48.9	38967	51.1
2013	76301	38527	50.5	37774	49.5
2014	76349	39703	52.0	36646	48.0
2015	76320	40916	53.6	35404	46.4
2016	76245	42051	55.2	34194	44.8
2017	76058	43208	56.8	32850	43.2
2018	75782	44292	58.4	31490	41.6
2019	75447	45249	60.0	30198	40.0
2020	75064	46271	61.6	28793	38.4
2021	74652	46773	62.7	27879	37.3
2022	73351	45931	62.6	27420	37.4

1-15 分产业就业人员年末人数
Number of Employed Persons at Year-end by Three Strata Industries

单位：万人 (10 000 persons)

年 份 Year	就业人员合计 Total Number of Employed Persons	第一产业 Primary Industry 就业人员 Employed Persons	第一产业 Primary Industry 比重(%) Proportion (%)	第二产业 Secondary Industry 就业人员 Employed Persons	第二产业 Secondary Industry 比重(%) Proportion (%)	第三产业 Tertiary Industry 就业人员 Employed Persons	第三产业 Tertiary Industry 比重(%) Proportion (%)
1952	20729	17317	83.5	1531	7.4	1881	9.1
1953	21364	17747	83.1	1715	8.0	1902	8.9
1954	21832	18151	83.1	1882	8.6	1799	8.3
1955	22328	18592	83.3	1913	8.6	1823	8.1
1956	23018	18544	80.6	2468	10.7	2006	8.7
1957	23771	19309	81.2	2142	9.0	2320	9.8
1958	26600	15490	58.2	7076	26.6	4034	15.2
1959	26173	16271	62.2	5402	20.6	4500	17.2
1960	25880	17016	65.7	4112	15.9	4752	18.4
1961	25590	19747	77.2	2856	11.2	2987	11.6
1962	25910	21276	82.1	2059	8.0	2575	9.9
1963	26640	21966	82.5	2038	7.6	2636	9.9
1964	27736	22801	82.2	2183	7.9	2752	9.9
1965	28670	23396	81.6	2408	8.4	2866	10.0
1966	29805	24297	81.5	2600	8.7	2908	9.8
1967	30814	25165	81.7	2661	8.6	2988	9.7
1968	31915	26063	81.7	2743	8.6	3109	9.7
1969	33225	27117	81.6	3030	9.1	3078	9.3
1970	34432	27811	80.8	3518	10.2	3103	9.0
1971	35620	28397	79.7	3990	11.2	3233	9.1
1972	35854	28283	78.9	4276	11.9	3295	9.2
1973	36652	28857	78.7	4492	12.3	3303	9.0
1974	37369	29218	78.2	4712	12.6	3439	9.2

1-15 续表 1 continued

单位：万人 (10 000 persons)

年 份 Year	就业人员合 计 Total Number of Employed Persons	第一产业 Primary Industry		第二产业 Secondary Industry		第三产业 Tertiary Industry	
		就业人员 Employed Persons	比重(%) Proportion (%)	就业人员 Employed Persons	比重(%) Proportion (%)	就业人员 Employed Persons	比重(%) Proportion (%)
1975	38168	29456	77.2	5152	13.5	3560	9.3
1976	38834	29443	75.8	5611	14.5	3780	9.7
1977	39377	29340	74.5	5831	14.8	4206	10.7
1978	40152	28318	70.5	6945	17.3	4890	12.2
1979	41024	28634	69.8	7214	17.6	5177	12.6
1980	42361	29122	68.7	7707	18.2	5532	13.1
1981	43725	29777	68.1	8003	18.3	5945	13.6
1982	45295	30859	68.1	8346	18.4	6090	13.5
1983	46436	31151	67.1	8679	18.7	6606	14.2
1984	48197	30868	64.0	9590	19.9	7739	16.1
1985	49873	31130	62.4	10384	20.8	8359	16.8
1986	51282	31254	60.9	11216	21.9	8811	17.2
1987	52783	31663	60.0	11726	22.2	9395	17.8
1988	54334	32249	59.3	12152	22.4	9933	18.3
1989	55329	33225	60.1	11976	21.6	10129	18.3
1990	64749	38914	60.1	13856	21.4	11979	18.5
1991	65491	39098	59.7	14015	21.4	12378	18.9
1992	66152	38699	58.5	14355	21.7	13098	19.8
1993	66808	37680	56.4	14965	22.4	14163	21.2
1994	67455	36628	54.3	15312	22.7	15515	23.0
1995	68065	35530	52.2	15655	23.0	16880	24.8
1996	68950	34820	50.5	16203	23.5	17927	26.0
1997	69820	34840	49.9	16547	23.7	18432	26.4
1998	70637	35177	49.8	16600	23.5	18860	26.7
1999	71394	35768	50.1	16421	23.0	19205	26.9
2000	72085	36043	50.0	16219	22.5	19823	27.5

1-15 续表 2 continued

单位：万人 (10 000 persons)

年 份 Year	就业人员合 计 Total Number of Employed Persons	第一产业 Primary Industry		第二产业 Secondary Industry		第三产业 Tertiary Industry	
		就业人员 Employed Persons	比重(%) Proportion (%)	就业人员 Employed Persons	比重(%) Proportion (%)	就业人员 Employed Persons	比重(%) Proportion (%)
2001	72797	36399	50.0	16234	22.3	20165	27.7
2002	73280	36640	50.0	15682	21.4	20958	28.6
2003	73736	36204	49.1	15927	21.6	21605	29.3
2004	74264	34830	46.9	16709	22.5	22725	30.6
2005	74647	33442	44.8	17766	23.8	23439	31.4
2006	74978	31941	42.6	18894	25.2	24143	32.2
2007	75321	30731	40.8	20186	26.8	24404	32.4
2008	75564	29923	39.6	20553	27.2	25087	33.2
2009	75828	28890	38.1	21080	27.8	25857	34.1
2010	76105	27931	36.7	21842	28.7	26332	34.6
2011	76196	26472	34.7	22539	29.6	27185	35.7
2012	76254	25535	33.5	23226	30.4	27493	36.1
2013	76301	23838	31.3	23142	30.3	29321	38.4
2014	76349	22372	29.3	23057	30.2	30920	40.5
2015	76320	21418	28.0	22644	29.7	32258	42.3
2016	76245	20908	27.4	22295	29.3	33042	43.3
2017	76058	20295	26.7	21762	28.6	34001	44.7
2018	75782	19515	25.7	21356	28.2	34911	46.1
2019	75447	18652	24.7	21234	28.2	35561	47.1
2020	75064	17715	23.6	21543	28.7	35806	47.7
2021	74652	17072	22.9	21712	29.1	35868	48.0
2022	73351	17663	24.1	21105	28.8	34583	47.1

1-16 分地区就业人员数(2022年底数)
Number of Employed Persons by Region(End of 2022)

单位：万人 (10 000 persons)

地区	Region	就业人员 Employed Persons	按城乡分 By Urban and Rural Areas		按三次产业分 By Three Industries		
			城镇 Urban	乡村 Rural	第一产业 Primary Industry	第二产业 Secondary Industry	第三产业 Tertiary Industry
全国	**National Total**	**73351**	**45931**	**27420**	**17663**	**21105**	**34583**
北京	Beijing	1132	991	141	25	186	921
天津	Tianjin	621	518	103	33	214	374
河北	Hebei	3580	2103	1477	820	1121	1639
山西	Shanxi	1672	987	685	414	431	827
内蒙古	Inner Mongolia	1190	739	451	439	206	545
辽宁	Liaoning	2122	1425	697	634	464	1024
吉林	Jilin	1185	681	504	479	171	535
黑龙江	Heilongjiang	1351	844	507	518	204	629
上海	Shanghai	1347	1179	168	21	439	887
江苏	Jiangsu	4805	3509	1296	626	1951	2228
浙江	Zhejiang	3885	2819	1066	203	1726	1956
安徽	Anhui	3176	1790	1386	790	1020	1366
福建	Fujian	2174	1507	667	299	721	1154
江西	Jiangxi	2193	1309	884	403	761	1029
山东	Shandong	5338	3297	2041	1284	1804	2250
河南	Henan	4782	2573	2209	1320	1356	2106
湖北	Hubei	3243	1897	1346	928	846	1469
湖南	Hunan	3219	1881	1338	785	875	1559
广东	Guangdong	6904	5389	1515	722	2524	3658
广西	Guangxi	2508	1331	1177	857	635	1016
海南	Hainan	531	316	215	173	58	300
重庆	Chongqing	1644	1087	557	389	414	841
四川	Sichuan	4706	2508	2198	1602	1074	2030
贵州	Guizhou	1878	981	897	693	444	741
云南	Yunnan	2735	1281	1454	1225	478	1032
西藏	Tibet	192	75	117	71	29	92
陕西	Shaanxi	2066	1236	830	649	431	986
甘肃	Gansu	1307	618	689	614	227	466
青海	Qinghai	256	157	99	72	55	129
宁夏	Ningxia	336	211	125	94	79	163
新疆	Xinjiang	1273	692	581	481	161	631

1-17 城镇登记失业人数及失业率(年末数)
Registered Unemployed Persons and Registered Unemployment Rate in Urban Areas (year-end)

年 份 Year	城镇登记失业人数(万人) Registered Unemployed Persons in Urban Areas (10 000 persons)	比上年增长(%) Increase over Preceeding Year (%)	城镇登记失业率(%) Registered Unemployment Rate in Urban Areas (%)
1978	530		5.3
1979	568	7.1	5.4
1980	542	-4.6	4.9
1981	440	-18.8	3.8
1982	379	-13.7	3.2
1983	271	-28.5	2.3
1984	236	-13.2	1.9
1985	239	1.2	1.8
1986	264	10.9	2.0
1987	277	4.6	2.0
1988	296	7.1	2.0
1989	378	27.6	2.6
1990	383	1.4	2.5
1991	352	-8.1	2.3
1992	364	3.3	2.3
1993	420	15.4	2.6
1994	476	13.4	2.8
1995	520	9.1	2.9
1996	553	6.3	3.0
1997	577	4.3	3.1
1998	571	-1.0	3.1
1999	575	0.7	3.1
2000	595	3.5	3.1
2001	681	14.4	3.6
2002	770	13.1	4.0
2003	800	3.9	4.3
2004	827	3.4	4.2
2005	839	1.5	4.2
2006	847	1.0	4.1
2007	830	-2.0	4.0
2008	886	6.7	4.2
2009	921	4.0	4.3
2010	908	-1.4	4.1
2011	922	1.5	4.1
2012	917	-0.5	4.1
2013	926	1.0	4.05
2014	952	2.8	4.09
2015	966	1.5	4.05
2016	982	1.7	4.02
2017	972	-1.0	3.90
2018	974	0.2	3.80
2019	945	-3.0	3.62
2020	1160	22.8	4.24
2021	1040	-10.3	3.96
2022	1203	15.7	—

1-18　2022年全国城镇调查失业率主要数据
Main Data of The Urban Surveyed Unemployment Rate in 2022

单位: %　　(%)

月份 Month		全国城镇 Urban	本地户籍 Local Household Registration	外来户籍 Non-local Household Registration	16-24岁 Aged 16-24	25-59岁 Aged 25-59	31个大城市 31 Major Cities
1月	January	5.3	5.4	5.1	15.3	4.6	5.4
2月	February	5.5	5.5	5.6	15.3	4.8	5.4
3月	March	5.8	5.6	6.3	16.0	5.2	6.0
4月	April	6.1	5.7	6.9	18.2	5.3	6.7
5月	May	5.9	5.5	6.6	18.4	5.1	6.9
6月	June	5.5	5.3	5.8	19.3	4.5	5.8
7月	July	5.4	5.3	5.5	19.9	4.3	5.6
8月	August	5.3	5.3	5.3	18.7	4.3	5.4
9月	September	5.5	5.4	5.6	17.9	4.7	5.8
10月	October	5.5	5.4	5.7	17.9	4.7	6.0
11月	November	5.7	5.5	6.2	17.1	5.0	6.7
12月	December	5.5	5.4	5.7	16.7	4.8	6.1

1-19 分行业城镇非私营单位就业人员年末人数

单位：万人

行　业	Sector	2003	2004	2005	2006	2007
合　计	**Total**	**10969.7**	**11098.9**	**11404.0**	**11713.2**	**12024.4**
农、林、牧、渔业	Agriculture, Forestry, Animal Husbandry and Fishery	484.5	466.1	446.3	435.2	426.3
采 矿 业	Mining	488.3	500.7	509.2	529.7	535.0
制 造 业	Manufacturing	2980.5	3050.8	3210.9	3351.6	3465.4
电力、热力、燃气及水生产和供应业	Production and Supply of Electricity, Heat, Gas and Water	297.6	300.6	299.9	302.5	303.4
建 筑 业	Construction	833.7	841.0	926.6	988.7	1050.8
批发和零售业	Wholesale and Retail Trades	628.1	586.7	544.0	515.7	506.9
交通运输、仓储和邮政业	Transport, Storage and Post	636.5	631.8	613.9	612.7	623.1
住宿和餐饮业	Hotels and Catering Services	172.1	177.1	181.2	183.9	185.8
信息传输、软件和信息技术服务业	Information Transmission, Software and Information Technology	116.8	123.7	130.1	138.2	150.2
金融业	Financial Intermediation	353.3	356.0	359.3	367.4	389.7
房地产业	Real Estate	120.2	133.4	146.5	153.9	166.5
租赁和商务服务业	Leasing and Business Services	183.5	194.4	218.5	236.7	247.2
科学研究和技术服务业	Scientific Research and Technical Services	221.9	222.1	227.7	235.5	243.4
水利、环境和公共设施管理业	Management of Water Conservancy, Environment and Public Facilities	172.5	176.1	180.4	187.0	193.5
居民服务、修理和其他服务业	Services to Households, Repair and Other Services	52.8	54.2	53.9	56.6	57.4
教　育	Education	1442.8	1466.8	1483.2	1504.4	1520.9
卫生和社会工作	Health and Social Service	485.8	494.7	508.9	525.4	542.8
文化、体育和娱乐业	Culture, Sports and Entertainment	127.8	123.4	122.5	122.4	125.0
公共管理、社会保障和社会组织	Public Management, Social Security and Social Organization	1171.0	1199.0	1240.8	1265.6	1291.2

Employed Persons at Year-end in Urban Units Excluding Private Units by Sector

(10 000 persons)

2008	2009	2010	2011	2012	2013	2014	2015	2016	2017	2018	2019	2020	2021	2022
12192.5	**12573.0**	**13051.5**	**14413.3**	**15236.4**	**18108.4**	**18277.8**	**18062.5**	**17888.1**	**17643.8**	**17258.2**	**17161.8**	**17039.1**	**17014.5**	**16700.7**
410.1	373.7	375.7	359.5	338.9	294.8	284.6	270.0	263.2	255.4	192.6	134.1	85.7	86.8	78.9
540.4	553.7	562.0	611.6	631.0	636.5	596.5	545.8	490.9	455.4	414.4	367.7	352.1	344.8	340.9
3434.3	3491.9	3637.2	4088.3	4262.2	5257.9	5243.1	5068.7	4893.8	4635.5	4178.3	3832.0	3805.5	3828.0	3738.4
306.5	307.7	310.5	334.7	344.6	404.5	403.7	396.0	387.6	377.0	369.2	373.1	379.7	382.0	375.3
1072.6	1177.5	1267.5	1724.8	2010.3	2921.9	2921.2	2796.0	2724.7	2643.2	2710.9	2270.5	2153.3	1971.9	1835.2
514.4	520.8	535.1	647.5	711.8	890.8	888.6	883.3	875.0	842.8	823.3	830.0	786.9	797.5	785.3
627.3	634.4	631.1	662.8	667.5	846.2	861.4	854.4	849.5	843.9	819.0	815.5	812.2	798.1	776.2
193.2	202.1	209.2	242.7	265.1	304.4	289.3	276.1	269.7	265.9	269.8	265.2	256.6	265.3	255.0
159.5	173.8	185.8	212.8	222.8	327.3	336.3	349.9	364.1	395.4	424.3	455.3	487.1	519.2	529.2
417.6	449.0	470.1	505.3	527.8	537.9	566.3	606.8	665.2	688.8	699.3	826.1	859.0	818.5	739.6
172.7	190.9	211.6	248.6	273.7	373.7	402.2	417.3	431.7	444.8	466.0	510.3	525.4	529.3	511.5
274.7	290.5	310.1	286.6	292.3	421.9	449.4	474.0	488.4	522.6	529.5	660.4	643.6	680.3	738.3
257.0	272.6	292.3	298.5	330.7	387.8	408.0	410.6	419.6	420.4	411.5	434.3	431.2	450.1	455.8
197.3	205.7	218.9	230.3	243.8	259.2	269.1	273.3	269.6	268.5	260.6	244.5	245.6	252.6	253.6
56.5	58.8	60.2	59.9	62.1	72.3	75.4	75.2	75.4	78.2	77.4	86.3	82.8	85.9	90.1
1534.0	1550.4	1581.8	1617.8	1653.4	1687.2	1727.3	1736.5	1729.2	1730.4	1735.6	1909.3	1958.9	1971.9	1950.6
563.6	595.8	632.5	679.1	719.3	770.0	810.4	841.6	867.0	897.9	912.4	1006.2	1051.9	1094.7	1114.5
126.0	129.5	131.4	135.0	137.7	147.0	145.5	149.1	150.8	152.2	146.6	151.2	149.5	151.7	146.5
1335.0	1394.3	1428.5	1467.6	1541.5	1567.0	1599.3	1637.8	1672.6	1725.6	1817.5	1989.8	1972.2	1985.8	1985.8

1-20 分登记注册类型城镇非私营单位就业人员年末人数

Employed Persons at Year-end in Urban Units Excluding Private Units by Registration Status

单位：万人 (10 000 persons)

年 份 Year	合 计 Total	国有单位 State-owned Units	城镇集体单位 Urban Collective-owned Units	其他单位 Units of Other Types of Ownership
1996	15221.1	11243.6	3015.8	961.7
1997	15036.2	11044.2	2882.7	1109.4
1998	12695.7	9058.1	1963.2	1674.5
1999	12130.2	8572.1	1711.8	1846.3
2000	11612.5	8101.9	1499.3	2011.3
2001	11165.8	7639.9	1291.0	2234.9
2002	10985.2	7162.9	1122.0	2700.3
2003	10969.7	6875.6	999.9	3094.3
2004	11098.9	6709.9	897.2	3491.8
2005	11404.0	6488.2	809.9	4105.9
2006	11713.2	6430.5	763.6	4519.1
2007	12024.4	6423.5	718.4	4882.4
2008	12192.5	6447.0	661.8	5083.7
2009	12573.0	6420.2	618.1	5534.7
2010	13051.5	6516.4	597.5	5937.6

1-20 续表 continued

单位：万人 (10 000 persons)

年 份 Year	合 计 Total	国有单位 State-owned Units	城镇集体单位 Urban Collective-owned Units	其他单位 Units of Other Types of Ownership
2011	14413.3	6704.2	603.1	7106.0
2012	15236.4	6839.0	589.7	7807.7
2013	18108.4	6365.1	566.2	11177.2
2014	18277.8	6312.3	536.7	11428.8
2015	18062.5	6208.3	481.4	11372.8
2016	17888.1	6169.8	453.3	11264.9
2017	17643.8	6063.8	406.0	11174.0
2018	17258.2	5739.7	347.4	11171.1
2019	17161.8	5472.7	295.6	11393.5
2020	17039.1	5563.0	271.2	11204.9
2021	17014.5	5633.1	261.7	11119.8
2022	16700.7	5612.2	235.1	10853.4

1-21 分行业城镇非私营单位女性就业人员年末人数

单位：万人

行　　业	Sector	2003	2004	2005	2006	2007
合　　计	**Total**	**4156.1**	**4227.3**	**4324.6**	**4445.7**	**4540.3**
农、林、牧、渔业	Agriculture, Forestry, Animal Husbandry and Fishery	176.1	172.3	165.7	163.5	157.3
采矿业	Mining	119.7	117.1	113.0	115.0	109.7
制造业	Manufacturing	1292.7	1329.8	1397.5	1464.0	1495.0
电力、燃气及水的生产和供应业	Production and Supply of Electricity, Heat, Gas and Water	92.7	93.1	91.3	91.3	90.7
建筑业	Construction	128.4	129.3	134.2	138.1	142.4
批发和零售业	Wholesale and Retail Trades	280.3	260.2	242.3	230.3	228.8
交通运输、仓储和邮政业	Transport, Storage and Post	182.5	177.6	171.0	164.7	169.3
住宿和餐饮业	Hotels and Catering Services	95.0	97.8	98.9	99.5	100.8
信息传输、软件和信息技术服务业	Information Transmission, Software and Information Technology	42.1	45.2	48.7	52.4	58.5
金融业	Financial Intermediation	164.5	170.5	172.0	178.6	192.9
房地产业	Real Estate	40.4	44.9	48.3	50.8	56.0
租赁和商务服务业	Leasing and Business Services	62.7	65.6	74.0	78.0	82.1
科学研究和技术服务业	Scientific Research and Technical Services	70.7	70.3	71.6	74.9	75.6
水利、环境和公共设施管理业	Management of Water Conservancy, Environment and Public Facilities	68.8	70.7	73.5	76.6	79.2
居民服务、修理和其他服务业	Services to Households, Repair and Other Services	22.2	24.1	21.6	21.9	22.1
教　　育	Education	672.8	696.7	713.2	733.8	747.7
卫生和社会工作	Health and Social Service	284.5	292.2	300.9	312.9	324.1
文化、体育和娱乐业	Culture, Sports and Entertainment	51.9	50.3	50.1	50.7	52.1
公共管理、社会保障和社会组织	Public Management, Social Security and Social Organization	308.1	319.6	336.9	348.6	356.0

Female Employed Persons at Year-end in Urban Units Excluding Private Units by Sector

(10 000 persons)

2008	2009	2010	2011	2012	2013	2014	2015	2016	2017	2018	2019	2020	2021	2022
4579.6	**4678.5**	**4861.5**	**5227.7**	**5458.9**	**6338.3**	**6546.2**	**6527.0**	**6517.6**	**6545.3**	**6427.6**	**6684.2**	**6779.4**	**6852.0**	**6766.4**
148.9	136.1	137.8	132.5	125.1	108.7	104.7	97.5	93.5	89.6	65.5	42.7	25.3	26.1	23.2
105.1	107.6	105.5	115.9	114.6	111.7	110.2	100.6	92.9	86.3	78.7	65.1	61.0	57.6	54.5
1444.3	1447.9	1501.3	1613.3	1661.0	2073.8	2119.3	2021.0	1925.3	1821.0	1612.1	1445.1	1423.3	1422.0	1368.8
90.1	89.8	91.6	95.7	97.7	109.8	112.4	109.7	105.9	102.9	100.0	100.1	101.7	100.3	97.6
149.3	157.4	165.9	206.5	233.8	295.4	316.3	309.5	298.0	300.7	311.2	283.8	276.1	261.8	248.9
237.2	239.6	249.7	308.7	339.4	446.3	450.2	447.0	441.4	429.1	426.5	429.9	410.9	415.6	408.5
171.5	171.2	168.8	178.6	175.7	219.0	224.6	223.1	221.8	222.2	216.7	211.4	210.6	208.3	201.2
105.2	109.2	113.2	131.5	140.6	168.8	162.2	152.3	148.3	149.9	153.3	151.3	147.3	153.0	147.8
61.9	66.0	71.3	84.9	90.6	128.9	132.6	137.1	142.2	156.3	166.2	177.3	189.3	199.3	203.2
209.1	225.8	237.7	256.8	268.8	272.3	287.8	313.7	347.4	370.5	380.1	461.1	500.3	472.0	421.1
58.5	64.2	72.4	86.0	95.6	134.1	149.3	155.3	161.1	170.1	184.1	203.3	214.5	218.3	215.0
93.8	97.5	104.1	91.6	92.4	138.5	147.7	155.5	159.9	176.0	179.2	228.6	225.1	244.5	268.7
80.0	85.6	92.1	90.0	101.4	117.1	124.4	125.1	132.0	133.5	130.6	142.0	143.5	153.2	157.4
80.9	84.1	89.5	94.3	98.2	104.6	108.5	111.0	110.3	110.2	105.1	98.8	99.9	104.1	105.3
24.7	24.0	26.4	25.6	23.1	29.3	30.5	31.3	32.9	36.1	36.2	41.7	41.1	44.3	47.6
759.4	775.0	795.0	820.8	847.5	876.6	911.9	931.7	952.0	977.7	1010.2	1181.0	1244.3	1261.5	1260.0
336.8	354.9	379.8	411.4	440.1	473.8	505.5	531.4	556.9	586.9	606.8	683.2	727.4	759.6	775.7
52.5	54.6	55.8	57.4	59.4	64.1	65.1	66.6	68.1	70.4	69.6	72.8	73.6	75.1	72.9
370.2	388.0	403.7	426.1	453.8	465.5	483.3	507.7	527.7	555.8	595.6	665.1	664.0	675.5	689.1

1-22 分登记注册类型城镇非私营单位女性就业人员年末人数
Female Employed Persons at Year-end in Urban Units Excluding Private Units by Registration Status

单位：万人 (10 000 persons)

年 份 Year	合 计 Total	国有单位 State-owned Units	城镇集体单位 Urban Collective-owned Units	其他单位 Units of Other Types of Ownership
1994	5799.1	3982.5	1451.1	364.5
1995	5889.0	4059.0	1399.0	431.0
1996	5883.3	4088.3	1337.8	457.3
1997	5824.8	4030.2	1271.0	523.6
1998	4677.8	3181.6	795.6	700.6
1999	4613.4	3128.0	702.8	782.7
2000	4411.3	2952.5	605.8	853.0
2001	4225.7	2788.2	509.9	927.5
2002	4156.2	2627.7	436.9	1091.5
2003	4156.1	2529.6	383.9	1242.6
2004	4227.3	2480.7	336.7	1410.0
2005	4324.6	2399.3	299.1	1626.2
2006	4445.7	2386.9	277.7	1781.1
2007	4540.3	2383.0	254.5	1902.8
2008	4579.6	2401.7	234.2	1943.7
2009	4678.5	2391.6	212.7	2074.2
2010	4861.5	2447.4	205.2	2208.9
2011	5227.7	2522.4	195.9	2509.4
2012	5458.9	2590.1	188.4	2680.4
2013	6338.3	2472.3	179.1	3686.9
2014	6546.2	2509.0	173.1	3864.1
2015	6527.0	2531.9	156.5	3838.7
2016	6517.6	2562.1	147.6	3807.8
2017	6545.3	2583.1	137.9	3824.3
2018	6427.6	2537.3	121.6	3768.7
2019	6684.2	2532.9	108.4	4043.0
2020	6779.4	2650.3	108.5	4020.6
2021	6852.0	2714.0	109.5	4028.5
2022	6766.4	2744.7	99.5	3922.3

1-23 分地区按行业分城镇非私营单位就业人员数(2022年)
Employed Persons in Urban Units Excluding Private Units by Sector and Region (2022)

单位：万人 (10 000 persons)

地 区	Region	合 计 Total	农、林、牧、渔业 Agriculture, Forestry, Animal Husbandry and Fishery	采 矿 业 Mining	制 造 业 Manufacturing	电力、热力、燃气及水生产和供应业 Production and Supply of Electricity, Heat, Gas and Water	建 筑 业 Construction
全 国	**National Average**	**16700.7**	**78.9**	**340.9**	**3738.4**	**375.3**	**1835.2**
北 京	Beijing	747.1	1.5	2.6	57.4	9.3	44.9
天 津	Tianjin	243.3	0.3	5.3	63.2	4.2	18.3
河 北	Hebei	561.1	1.9	14.9	97.0	18.5	36.3
山 西	Shanxi	438.3	1.4	86.4	57.3	16.2	25.2
内蒙古	Inner Mongolia	265.5	7.0	11.0	37.5	14.3	8.3
辽 宁	Liaoning	443.7	6.7	17.2	93.0	14.8	24.7
吉 林	Jilin	242.3	5.2	5.4	41.2	9.6	11.9
黑龙江	Heilongjiang	297.9	17.5	22.1	25.9	14.7	11.5
上 海	Shanghai	672.3	0.8	0.2	127.5	3.4	27.1
江 苏	Jiangsu	1283.0	2.4	5.3	444.9	15.1	227.5
浙 江	Zhejiang	1041.4	0.7	0.4	320.7	13.2	159.1
安 徽	Anhui	576.8	2.3	11.9	141.4	9.7	93.9
福 建	Fujian	559.2	1.1	1.4	150.5	11.0	110.1
江 西	Jiangxi	436.9	1.6	2.6	100.2	9.6	69.3
山 东	Shandong	1081.5	1.1	25.1	273.6	27.9	128.8
河 南	Henan	873.9	1.5	25.6	179.1	21.3	119.4
湖 北	Hubei	639.8	1.8	3.4	133.1	13.7	100.1
湖 南	Hunan	589.9	1.8	4.1	102.5	15.8	93.6
广 东	Guangdong	2066.6	1.9	1.5	782.2	26.8	119.6
广 西	Guangxi	395.8	3.1	0.8	55.7	10.8	44.2
海 南	Hainan	109.2	3.6	0.5	8.5	2.3	4.0
重 庆	Chongqing	345.2	0.5	0.7	65.2	6.4	58.9
四 川	Sichuan	881.4	2.3	11.2	148.7	22.7	132.3
贵 州	Guizhou	327.3	1.3	16.7	32.6	8.9	34.0
云 南	Yunnan	355.3	2.4	5.5	37.7	10.8	28.5
西 藏	Tibet	42.6	0.2	0.8	1.6	1.4	2.8
陕 西	Shaanxi	471.6	1.7	28.5	79.1	14.5	47.4
甘 肃	Gansu	257.5	2.0	7.6	28.3	10.8	27.9
青 海	Qinghai	65.8	0.8	2.6	10.2	2.4	3.3
宁 夏	Ningxia	71.2	0.5	6.0	11.0	4.1	2.3
新 疆	Xinjiang	317.1	2.4	13.8	31.7	11.3	20.1

1-23 续表 1 continued

单位：万人 (10 000 persons)

地 区	Region	批发和零售业 Wholesale and Retail Trades	交通运输、仓储和邮政业 Transport, Storage and Post	住宿和餐饮业 Hotels and Catering Services	信息传输、软件和信息技术服务业 Information Transmission, Software and Information Technology	金融业 Financial Intermediation	房地产业 Real Estate	租赁和商务服务业 Leasing and Business Services
全 国	**National Average**	**785.3**	**776.2**	**255.0**	**529.2**	**739.6**	**511.5**	**738.3**
北 京	Beijing	50.8	52.4	27.2	100.9	58.6	45.2	70.2
天 津	Tianjin	15.6	15.0	4.5	7.0	13.8	9.5	12.7
河 北	Hebei	20.1	28.7	4.1	12.0	32.2	10.5	19.5
山 西	Shanxi	14.3	23.2	3.9	5.1	23.1	6.2	11.6
内蒙古	Inner Mongolia	7.9	19.6	2.2	4.5	16.4	5.4	4.8
辽 宁	Liaoning	15.9	28.9	4.2	13.8	23.8	11.0	12.9
吉 林	Jilin	8.2	15.1	1.7	4.9	17.0	4.5	4.2
黑龙江	Heilongjiang	10.1	22.5	1.5	5.9	17.0	4.8	12.5
上 海	Shanghai	91.9	44.8	26.3	54.4	34.8	27.4	79.2
江 苏	Jiangsu	53.4	42.0	20.1	35.1	40.4	28.2	44.2
浙 江	Zhejiang	44.0	32.9	14.2	34.4	44.2	30.2	73.0
安 徽	Anhui	23.9	26.1	6.2	11.7	19.1	15.3	21.9
福 建	Fujian	24.1	21.4	9.3	10.4	20.5	16.3	18.5
江 西	Jiangxi	17.5	17.2	4.4	5.7	15.7	9.0	8.2
山 东	Shandong	43.4	45.3	11.9	19.7	57.7	28.7	25.8
河 南	Henan	31.5	36.2	7.0	18.6	25.2	23.6	26.8
湖 北	Hubei	32.1	27.5	8.6	16.7	21.2	19.7	25.6
湖 南	Hunan	22.8	23.5	6.2	8.9	27.2	14.2	14.3
广 东	Guangdong	109.1	80.0	40.5	83.9	79.0	90.8	130.6
广 西	Guangxi	14.2	17.3	4.6	5.7	16.0	8.5	17.2
海 南	Hainan	7.8	7.1	4.7	2.5	5.5	8.7	3.8
重 庆	Chongqing	15.6	20.0	3.5	6.1	20.1	15.0	14.5
四 川	Sichuan	36.8	34.7	15.5	26.4	35.5	30.9	36.1
贵 州	Guizhou	11.7	12.1	3.1	4.5	13.0	8.7	7.8
云 南	Yunnan	14.8	15.9	4.6	5.0	12.1	9.2	11.6
西 藏	Tibet	2.3	2.2	0.6	1.2	1.9	0.7	1.7
陕 西	Shaanxi	21.3	25.8	8.2	14.3	19.8	13.0	11.3
甘 肃	Gansu	9.7	13.1	2.8	3.3	11.6	6.7	4.4
青 海	Qinghai	2.1	4.8	0.4	1.0	2.6	1.7	1.3
宁 夏	Ningxia	2.5	4.1	0.3	1.0	3.6	1.6	1.3
新 疆	Xinjiang	10.0	16.8	2.6	4.4	10.5	6.3	10.7

1-23 续表 2 continued

单位：万人 (10 000 persons)

地区	Region	科学研究和技术服务业 Scientific Research and Technical Services	水利、环境和公共设施管理业 Management of Water Conservancy, Environment and Public Facilities	居民服务、修理和其他服务业 Services to Households, Repair and Other Services	教育 Education	卫生和社会工作 Health and Social Service	文化、体育和娱乐业 Culture, Sports and Entertainment	公共管理、社会保障和社会组织 Public Management, Social Security and Social Organization
全国	**National Average**	**455.8**	**253.6**	**90.1**	**1950.6**	**1114.5**	**146.5**	**1985.8**
北京	Beijing	62.4	11.4	5.9	49.0	35.5	18.6	43.3
天津	Tianjin	11.1	2.7	5.5	21.0	12.4	1.4	19.9
河北	Hebei	14.3	10.7	2.5	84.0	48.8	5.2	99.9
山西	Shanxi	7.5	6.8	0.8	54.2	27.3	4.1	63.7
内蒙古	Inner Mongolia	5.6	4.7	0.6	36.5	20.7	2.9	55.4
辽宁	Liaoning	10.1	8.2	1.6	54.5	34.7	3.8	64.1
吉林	Jilin	6.3	5.9	1.5	35.0	21.9	3.0	39.8
黑龙江	Heilongjiang	5.7	6.5	1.2	38.7	26.1	2.3	51.4
上海	Shanghai	38.4	12.8	10.2	37.6	31.3	5.6	18.8
江苏	Jiangsu	28.1	13.4	5.6	112.0	62.9	8.7	93.6
浙江	Zhejiang	22.7	11.3	4.8	89.4	58.4	6.9	80.8
安徽	Anhui	11.7	8.9	2.7	68.9	37.4	3.6	60.2
福建	Fujian	8.0	7.0	3.8	63.0	27.4	3.8	51.7
江西	Jiangxi	7.4	7.0	1.3	64.0	29.5	3.2	63.4
山东	Shandong	23.1	15.7	3.5	129.2	77.3	7.9	135.9
河南	Henan	18.0	16.2	5.6	119.5	71.1	6.7	120.9
湖北	Hubei	17.5	9.4	2.7	75.7	48.0	6.1	77.2
湖南	Hunan	12.9	9.4	2.6	88.8	48.0	6.1	87.1
广东	Guangdong	52.4	22.4	13.0	169.7	96.9	12.5	154.0
广西	Guangxi	9.1	7.1	1.4	78.9	39.2	3.3	58.8
海南	Hainan	3.2	5.4	0.6	16.9	8.1	1.6	14.3
重庆	Chongqing	8.4	3.9	1.0	42.8	22.5	2.6	37.6
四川	Sichuan	24.5	11.3	4.6	117.7	69.2	7.3	113.8
贵州	Guizhou	5.3	5.3	2.0	58.0	29.6	2.4	70.1
云南	Yunnan	9.3	7.1	1.6	66.2	36.4	3.6	73.0
西藏	Tibet	1.1	0.6	0.2	5.3	2.2	0.6	15.2
陕西	Shaanxi	13.4	9.0	1.9	62.0	35.0	5.4	60.1
甘肃	Gansu	7.9	5.0	0.7	41.2	21.1	2.8	50.6
青海	Qinghai	1.9	0.9	0.2	8.4	5.7	0.7	14.7
宁夏	Ningxia	1.6	1.8	0.1	10.7	5.8	0.9	12.0
新疆	Xinjiang	6.8	5.9	0.5	51.9	24.2	2.8	84.5

1-24 分登记注册类型城镇非私营单位就业人员平均工资
Average Wage of Employed Persons in Urban Units Excluding Private Units by Status of Registration

单位：元 (yuan)

年份 Year	合计 Total	#在岗职工 Staff and Workers	国有单位 State-owned Units	城镇集体单位 Urban Collective-owned Units	其他单位 Units of Other Types of Ownership
1995	5348	5500	5553	3934	7728
1996	5980	6210	6207	4312	8521
1997	6444	6470	6679	4516	9092
1998	7446	7479	7579	5314	9241
1999	8319	8346	8443	5758	10142
2000	9333	9371	9441	6241	11238
2001	10834	10870	11045	6851	12437
2002	12373	12422	12701	7636	13486
2003	13969	14040	14358	8627	14843
2004	15920	16024	16445	9723	16519
2005	18200	18364	18978	11176	18362

注：1995-2008年的城镇单位就业人员平均工资即为原来的城镇单位就业人员平均劳动报酬(以下相关表同)。

Note: Average wage of employed persons in urban units from 1995 to 2008 referred to average earning of employed persons in urban units. The Same applies to the related tables following.

1-24 续表 continued

单位：元 (yuan)

年 份 Year	合计 Total	#在岗职工 Staff and Workers	国有单位 State-owned Units	城镇集体单位 Urban Collective-owned Units	其他单位 Units of Other Types of Ownership
2006	20856	21001	21706	12866	21004
2007	24721	24932	26100	15444	24271
2008	28898	29229	30287	18103	28552
2009	32244	32736	34130	20607	31350
2010	36539	37147	38359	24010	35801
2011	41799	42452	43483	28791	41323
2012	46769	47593	48357	33784	46360
2013	51483	52388	52657	38905	51453
2014	56360	57361	57296	42742	56485
2015	62029	63241	65296	46607	60906
2016	67569	68993	72538	50527	65531
2017	74318	76121	81114	55243	71304
2018	82413	84744	89474	60664	79453
2019	90501	93383	98899	62612	87195
2020	97379	100512	108132	68590	92721
2021	106837	110221	115583	74491	103182
2022	114029	117177	123623	77868	109895

1-25 分登记注册类型城镇非私营单位就业人员平均工资指数

年 份 Year	平均名义工资指数(上年=100) Indices of Average Nominal Wage (preceding year=100)				
	合计 Total	#在岗职工 Staff and Workers	国有单位 State-owned Units	城镇集体单 位 Urban Collective-owned Units	其他单位 Units of Other Types of Ownership
1996	111.8	112.9	111.8	109.6	110.3
1997	107.8	104.2	107.6	104.7	106.7
1998	115.5	106.6	113.5	117.7	101.6
1999	111.7	111.6	111.4	108.4	109.8
2000	112.2	112.3	111.8	108.4	110.8
2001	116.1	116.0	117.0	109.8	110.7
2002	114.2	114.3	115.0	111.5	108.4
2003	112.9	113.0	113.0	113.0	110.1
2004	114.0	114.1	114.5	112.7	111.3
2005	114.3	114.6	115.4	114.9	111.2
2006	114.6	114.4	114.4	115.1	114.4
2007	118.5	118.7	120.2	120.0	115.6
2008	116.9	117.2	116.0	117.2	117.6
2009	111.6	112.0	112.7	113.8	109.8
2010	113.3	113.5	112.4	116.5	114.2
2011	114.4	114.3	113.4	119.9	115.4
2012	111.9	112.1	111.2	117.3	112.2
2013	110.1	110.1	108.9	115.2	111.0
2014	109.5	109.5	108.8	109.9	109.8
2015	110.1	110.3	114.0	109.0	107.8
2016	108.9	109.1	111.1	108.4	107.6
2017	110.0	110.3	111.8	109.3	108.8
2018	110.9	111.3	110.3	109.8	111.4
2019	109.8	110.2	110.5	103.2	109.7
2020	107.6	107.6	109.3	109.5	106.3
2021	109.7	109.7	106.9	108.6	111.3
2022	106.7	106.3	107.0	104.5	106.5

Indices of Average Wage of Employed Persons in Urban Units Excluding Private Units by Status of Registration

平均实际工资指数(上年=100)

Indices of Average Real Wage (preceding year=100)

合计 Total	#在岗职工 Staff and Workers	国有单位 State-owned Units	城镇集体单位 Urban Collective-owned Units	其他单位 Units of Other Types of Ownership
102.8	103.8	102.7	100.7	101.3
104.5	101.1	104.4	101.6	103.5
116.2	107.2	114.2	118.4	102.3
113.2	113.1	112.9	109.8	111.2
111.3	111.4	110.9	107.5	109.9
115.3	115.2	116.2	109.0	109.9
115.4	115.5	116.2	112.6	109.5
111.9	112.0	112.0	112.0	109.1
110.3	110.5	110.9	109.1	107.7
112.5	112.8	113.6	113.1	109.4
112.9	112.7	112.7	113.4	112.7
113.4	113.6	115.0	114.8	110.6
110.7	111.0	109.8	111.0	111.4
112.6	113.0	113.7	114.8	110.8
109.8	110.0	108.9	112.9	110.7
108.6	108.5	107.7	113.9	109.6
109.0	109.2	108.3	114.3	109.2
107.3	107.3	106.1	112.2	108.2
107.2	107.2	106.6	107.6	107.5
108.5	108.6	112.3	107.4	106.2
106.7	106.9	108.8	106.2	105.4
108.2	108.5	110.0	107.5	107.0
108.6	109.0	108.0	107.6	109.1
106.8	107.2	107.5	100.4	106.8
105.2	105.2	106.9	107.1	103.9
108.6	108.6	105.8	107.5	110.2
104.6	104.2	104.9	102.5	104.4

1-26 分行业城镇非私营单位就业人员平均工资

单位：元

行　　业	Sector	2003	2004	2005	2006	2007
合　　计	**Total**	**13969**	**15920**	**18200**	**20856**	**24721**
农、林、牧、渔业	Agriculture, Forestry, Animal Husbandry and Fishery	6884	7497	8207	9269	10847
采 矿 业	Mining	13627	16774	20449	24125	28185
制 造 业	Manufacturing	12671	14251	15934	18225	21144
电力、热力、燃气及水生产和供应业	Production and Supply of Electricity, Heat, Gas and Water	18574	21543	24750	28424	33470
建 筑 业	Construction	11328	12578	14112	16164	18482
批发和零售业	Wholesale and Retail Trades	10894	13012	15256	17796	21074
交通运输、仓储和邮政业	Transport, Storage and Post	15753	18071	20911	24111	27903
住宿和餐饮业	Hotels and Catering Services	11198	12618	13876	15236	17046
信息传输、软件和信息技术服务业	Information Transmission, Software and Information Technology	30897	33449	38799	43435	47700
金融业	Financial Intermediation	20780	24299	29229	35495	44011
房地产业	Real Estate	17085	18467	20253	22238	26085
租赁和商务服务业	Leasing and Business Services	17020	18723	21233	24510	27807
科学研究和技术服务业	Scientific Research and Technical Services	20442	23351	27155	31644	38432
水利、环境和公共设施管理业	Management of Water Conservancy, Environment and Public Facilities	11774	12884	14322	15630	18383
居民服务、修理和其他服务业	Services to Households, Repair and Other Services	12665	13680	15747	18030	20370
教　　育	Education	14189	16085	18259	20918	25908
卫生和社会工作	Health and Social Service	16185	18386	20808	23590	27892
文化、体育和娱乐业	Culture, Sports and Entertainment	17098	20522	22670	25847	30430
公共管理、社会保障和社会组织	Public Management, Social Security and Social Organization	15355	17372	20234	22546	27731

Average Wage of Employed Persons in Urban Units Excluding Private Units by Sector

(yuan)

2008	2009	2010	2011	2012	2013	2014	2015	2016	2017	2018	2019	2020	2021	2022
28898	**32244**	**36539**	**41799**	**46769**	**51483**	**56360**	**62029**	**67569**	**74318**	**82413**	**90501**	**97379**	**106837**	**114029**
12560	14356	16717	19469	22687	25820	28356	31947	33612	36504	36466	39340	48540	53819	58976
34233	38038	44196	52230	56946	60138	61677	59404	60544	69500	81429	91068	96674	108467	121522
24404	26810	30916	36665	41650	46431	51369	55324	59470	64452	72088	78147	82783	92459	97528
38515	41869	47309	52723	58202	67085	73339	78886	83863	90348	100162	107733	116728	125332	132964
21223	24161	27529	32103	36483	42072	45804	48886	52082	55568	60501	65580	69986	75762	78295
25818	29139	33635	40654	46340	50308	55838	60328	65061	71201	80551	89047	96521	107735	115408
32041	35315	40466	47078	53391	57993	63416	68822	73650	80225	88508	97050	100642	109851	115345
19321	20860	23382	27486	31267	34044	37264	40806	43382	45751	48260	50346	48833	53631	53995
54906	58154	64436	70918	80510	90915	100845	112042	122478	133150	147678	161352	177544	201506	220418
53897	60398	70146	81109	89743	99653	108273	114777	117418	122851	129837	131405	133390	150843	174341
30118	32242	35870	42837	46764	51048	55568	60244	65497	69277	75281	80157	83807	91143	90346
32915	35494	39566	46976	53162	62538	67131	72489	76782	81393	85147	88190	92924	102537	106500
45512	50143	56376	64252	69254	76602	82259	89410	96638	107815	123343	133459	139851	151776	163486
21103	23159	25544	28868	32343	36123	39198	43528	47750	52229	56670	61158	63914	65802	68256
22858	25172	28206	33169	35135	38429	41882	44802	47577	50552	55343	60232	60722	65193	65478
29831	34543	38968	43194	47734	51950	56580	66592	74498	83412	92383	97681	106474	111392	120422
32185	35662	40232	46206	52564	57979	63267	71624	80026	89648	98118	108903	115449	126828	135222
34158	37755	41428	47878	53558	59336	64375	72764	79875	87803	98621	107708	112081	117329	121151
32296	35326	38242	42062	46074	49259	53110	62323	70959	80372	87932	94369	104487	111361	117440

1-27 分地区城镇非私营单位就业人员平均工资

单位：元

地 区	Region	2003	2004	2005	2006	2007	2008	2009	2010
全 国	**National Total**	**13969**	**15920**	**18200**	**20856**	**24721**	**28898**	**32244**	**36539**
北 京	Beijing	25008	29216	33660	39684	45823	55844	57779	65158
天 津	Tianjin	18511	21146	24122	27628	33312	39990	43937	51489
河 北	Hebei	11105	12793	14583	16456	19742	24276	27774	31451
山 西	Shanxi	10620	12794	15473	18106	21315	25489	28066	33057
内蒙古	Inner Mongolia	11208	13233	15910	18382	21794	25949	30486	35211
辽 宁	Liaoning	12921	14787	17156	19365	22882	27179	30523	34437
吉 林	Jilin	11048	12388	14380	16393	20371	23294	25943	29003
黑龙江	Heilongjiang	10787	12209	13980	15894	18481	21764	24805	27735
上 海	Shanghai	25565	27965	31578	37585	44976	52122	58336	66115
江 苏	Jiangsu	15619	18054	20885	23657	27212	31297	35217	39772
浙 江	Zhejiang	21116	23243	25696	27570	30818	33622	36553	40640
安 徽	Anhui	10419	12693	15019	17610	21699	25703	28723	33341
福 建	Fujian	14343	15627	17190	19424	22277	25555	28366	32340
江 西	Jiangxi	10382	11713	13524	15370	18144	20597	24165	28363
山 东	Shandong	12554	14321	16564	19135	22734	26234	29398	33321
河 南	Henan	10639	11970	14119	16791	20639	24438	26906	29819
湖 北	Hubei	10575	11692	13725	15779	19548	22384	26547	31811
湖 南	Hunan	12002	13624	15306	17400	21060	24146	26534	29670
广 东	Guangdong	20052	22230	24122	26400	29658	33282	36469	40432
广 西	Guangxi	11611	13234	15079	17571	21251	24798	27322	30673
海 南	Hainan	10396	12622	14377	15843	19220	21767	24790	30775
重 庆	Chongqing	12409	14373	16583	19172	22965	26640	30499	34727
四 川	Sichuan	12320	13887	15638	17612	21081	24725	28149	32567
贵 州	Guizhou	10801	12163	14081	16481	20254	23979	27437	30433
云 南	Yunnan	12629	14255	15732	18262	19912	23305	26163	29195
西 藏	Tibet	23730	27339	26437	29119	42820	44055	45347	49898
陕 西	Shaanxi	11276	12907	14562	16646	20977	25478	29566	33384
甘 肃	Gansu	12062	13328	14654	16991	20657	23632	26743	29096
青 海	Qinghai	15044	16601	18556	21981	25318	30101	32481	36121
宁 夏	Ningxia	12811	14431	16973	20900	25723	30050	32916	37166
新 疆	Xinjiang	13185	14406	15507	17704	21249	24686	27617	32003

Average Wage of Employed Persons in Urban Units Excluding Private Units by Region

(yuan)

2011	2012	2013	2014	2015	2016	2017	2018	2019	2020	2021	2022
41799	**46769**	**51483**	**56360**	**62029**	**67569**	**74318**	**82413**	**90501**	**97379**	**106837**	**114029**
75482	84742	93006	102268	111390	119928	131700	145766	166803	178178	194651	208977
55658	61514	67773	72773	80090	86305	94534	100731	108002	114682	123528	129522
35309	38658	41501	45114	50921	55334	63036	68717	72956	77323	82526	90745
39230	44236	46407	48969	51803	53705	60061	65917	69551	74739	82413	90495
41118	46557	50723	53748	57135	61067	66679	73835	80563	85310	90426	100990
38154	41858	45505	48190	52332	56015	61153	67324	72891	79472	86062	92573
33610	38407	42846	46516	51558	56098	61451	68533	73813	77995	83028	87222
31302	36406	40794	44036	48881	52435	56067	60780	68416	74554	80369	88235
75591	78673	90908	100251	109174	119935	129795	140400	149377	171884	191844	212476
45487	50639	57177	60867	66196	71574	78267	84688	96527	103621	115133	121724
45162	50197	56571	61572	66668	73326	80750	88883	99654	108645	122309	128825
39352	44601	47806	50894	55139	59102	65150	74378	79037	85854	93861	98649
38588	44525	48538	53426	57628	61973	67420	74316	81814	88149	98071	103803
33239	38512	42473	46218	50932	56136	61429	68573	73725	78182	83766	87972
37618	41904	46998	51825	57270	62539	68081	73593	81446	87749	94768	102247
33634	37338	38301	42179	45403	49505	55495	63174	67268	70239	74872	77627
36128	39846	43899	49838	54367	59831	65912	73777	79303	85052	96994	101388
34586	38971	42726	47117	52357	58241	63690	70221	74316	79122	85438	91413
45060	50278	53318	59481	65788	72326	79183	88636	98889	108045	118133	124916
33032	36386	41391	45424	52982	57878	63821	70606	76479	82751	88170	92066
36244	39485	44971	49882	57600	61663	67727	75885	82227	86609	97471	104802
39430	44498	50006	55588	60543	65545	70889	78928	86559	93816	101670	107008
37330	42339	47965	52555	58915	63926	69419	77686	83367	88559	96741	101800
36102	41156	47364	52772	59701	66279	71795	78316	83298	89228	94487	95410
34004	37629	42447	46101	52564	60450	69106	75701	86585	93133	98730	103128
49464	51705	57773	61235	97849	103232	108817	116015	118118	121005	140355	154929
38143	43073	47446	50535	54994	59637	65181	71983	78361	83520	90996	98843
32092	37679	42833	46960	52942	57575	63374	70695	73607	79730	84500	90870
41370	46483	51393	57084	61090	66589	75701	85379	90929	101401	109346	115949
42703	47436	50476	54858	60380	65570	70298	78384	83947	97438	105266	114631
38238	44576	49064	53471	60117	63739	67932	75457	79421	86343	94281	101764

1-28 分地区按行业分城镇非私营单位就业人员平均工资(2022年)
Average Wage of Employed Persons in Urban Units Excluding Private Units by Sector and Region (2022)

单位：元 (yuan)

地 区	Region	合 计 Total	农、林、牧、渔业 Agriculture, Forestry, Animal Husbandry and Fishery	采矿业 Mining	制造业 Manufacturing	电力、热力、燃气及水生产和供应业 Production and Supply of Electricity, Heat, Gas and Water	建筑业 Construction
全 国	**National Average**	**114029**	**58976**	**121522**	**97528**	**132964**	**78295**
北 京	Beijing	208977	78248	166806	182324	206786	152746
天 津	Tianjin	129522	77218	182649	113398	184397	119076
河 北	Hebei	90745	63528	104497	83288	123033	73940
山 西	Shanxi	90495	55643	114368	77450	106644	77856
内蒙古	Inner Mongolia	100990	78029	160200	103402	129448	69584
辽 宁	Liaoning	92573	25848	99018	88903	97696	73407
吉 林	Jilin	87222	57994	95777	96129	108695	64846
黑龙江	Heilongjiang	88235	49226	109888	86870	98731	66312
上 海	Shanghai	212476	95435	328480	164495	256124	148462
江 苏	Jiangsu	121724	56987	135650	109342	171424	80995
浙 江	Zhejiang	128825	89038	108725	102153	174442	76526
安 徽	Anhui	98649	61363	139477	88420	135961	73907
福 建	Fujian	103803	77840	83510	90788	141910	73178
江 西	Jiangxi	87972	53255	78859	74719	98952	65477
山 东	Shandong	102247	71784	129358	86610	131243	80825
河 南	Henan	77627	55429	96445	67584	109950	61816
湖 北	Hubei	101388	58619	120546	87489	141894	79481
湖 南	Hunan	91413	59293	71628	86572	113391	62797
广 东	Guangdong	124916	76074	228763	98026	174716	87892
广 西	Guangxi	92066	73860	78017	76265	123837	74226
海 南	Hainan	104802	57670	156307	95106	136127	69275
重 庆	Chongqing	107008	78421	98536	95981	118261	69105
四 川	Sichuan	101800	79016	133764	92572	127833	69493
贵 州	Guizhou	95410	58137	89635	99608	131613	71926
云 南	Yunnan	103128	58381	94648	92432	129652	73164
西 藏	Tibet	154929	70489	137056	90240	144033	71338
陕 西	Shaanxi	98843	69034	138459	93189	128922	83258
甘 肃	Gansu	90870	66538	126398	88697	103777	66281
青 海	Qinghai	115949	48730	167733	96242	132850	104870
宁 夏	Ningxia	114631	60853	186842	96497	147504	88439
新 疆	Xinjiang	101764	58296	170137	93219	127622	86160

1-28 续表 1 continued

单位：元 (yuan)

地 区	Region	批发和零售业 Wholesale and Retail Trades	交通运输、仓储和邮政业 Transport, Storage and Post	住宿和餐饮业 Hotels and Catering Services	信息传输、软件和信息技术服务业 Information Transmission, Software and Information Technology	金融业 Financial Intermediation	房地产业 Real Estate	租赁和商务服务业 Leasing and Business Services
全 国	**National Average**	**115408**	**115345**	**53995**	**220418**	**174341**	**90346**	**106500**
北 京	Beijing	194228	146207	64967	318742	334515	125251	176281
天 津	Tianjin	116568	119740	39796	162820	178955	95835	93413
河 北	Hebei	66586	100135	47337	133183	107410	71014	69975
山 西	Shanxi	78572	109446	40094	107196	101160	67965	63448
内蒙古	Inner Mongolia	85961	110096	47852	121971	110798	59279	73413
辽 宁	Liaoning	73740	98167	39838	132767	108259	73674	62468
吉 林	Jilin	73820	92998	45325	105585	96088	63564	63085
黑龙江	Heilongjiang	78482	100266	42733	103100	86360	54092	92334
上 海	Shanghai	223922	169815	62826	330126	437183	132946	212126
江 苏	Jiangsu	111417	118261	56336	194303	191836	95399	90749
浙 江	Zhejiang	132638	128083	61709	287088	198555	106122	98612
安 徽	Anhui	83443	91595	51885	123902	134790	80948	61210
福 建	Fujian	103188	113836	52087	154022	157538	90573	79344
江 西	Jiangxi	73597	100680	44417	111734	117035	75508	66430
山 东	Shandong	80753	111139	53957	134080	112868	77815	82895
河 南	Henan	67963	89817	43105	96536	135630	67209	56953
湖 北	Hubei	78417	106923	46624	143765	134934	77677	80233
湖 南	Hunan	74566	99491	44542	132496	121204	77246	71993
广 东	Guangdong	110346	128931	55727	228692	233820	98507	102877
广 西	Guangxi	80196	103680	43050	122753	131414	86410	66536
海 南	Hainan	114986	124046	59563	213397	141382	79410	142676
重 庆	Chongqing	91094	100274	49054	166375	150097	84809	70473
四 川	Sichuan	88473	107349	51797	162081	119359	76904	72891
贵 州	Guizhou	94807	103547	48740	131111	152872	78456	70424
云 南	Yunnan	94504	110315	46931	120407	145501	78267	63199
西 藏	Tibet	101383	128490	64570	191129	263112	95214	96153
陕 西	Shaanxi	74905	104730	45403	196038	124797	74177	70449
甘 肃	Gansu	68944	101047	42096	96245	94893	53348	60622
青 海	Qinghai	83447	121572	49099	145562	152308	61190	65128
宁 夏	Ningxia	70984	102268	49607	147114	124503	71448	60337
新 疆	Xinjiang	88875	121121	48416	122789	146459	61558	67121

1-28 续表 2 continued

单位：元 (yuan)

地 区	Region	科学研究和技术服务业 Scientific Research and Technical Services	水利、环境和公共设施管理业 Management of Water Conservancy, Environment and Public Facilities	居民服务、修理和其他服务业 Services to Households, Repair and Other Services	教育 Education	卫生和社会工作 Health and Social Service	文化、体育和娱乐业 Culture, Sports and Entertainment	公共管理、社会保障和社会组织 Public Management, Social Security and Social Organization
全 国	**National Average**	**163486**	**68256**	**65478**	**120422**	**135222**	**121151**	**117440**
北 京	Beijing	230803	121021	81607	216740	230767	227639	188568
天 津	Tianjin	199095	104479	54738	147031	166757	138773	142159
河 北	Hebei	112680	48027	50491	101496	97740	86806	86798
山 西	Shanxi	94391	43348	54673	89597	90202	68311	80693
内蒙古	Inner Mongolia	103090	54915	53324	105547	101008	96377	93038
辽 宁	Liaoning	119735	54427	56002	104146	98938	85967	98755
吉 林	Jilin	107119	44151	45119	94058	93662	74285	80023
黑龙江	Heilongjiang	104121	47069	47622	100184	93145	77318	87556
上 海	Shanghai	262216	92591	84146	222409	227317	191524	262401
江 苏	Jiangsu	166161	89487	86041	157248	158503	123565	180350
浙 江	Zhejiang	184462	88564	72296	161245	192131	144068	178109
安 徽	Anhui	132305	51067	63420	120136	133119	95935	119260
福 建	Fujian	148080	69572	72596	124756	156258	106939	130557
江 西	Jiangxi	111457	43931	51382	102433	117922	92340	105043
山 东	Shandong	127958	55525	58982	126203	125386	108177	117273
河 南	Henan	93284	46533	41642	80665	92180	76286	82731
湖 北	Hubei	146623	82364	58811	109169	128376	101902	122924
湖 南	Hunan	115976	66418	78057	94971	122074	110748	99445
广 东	Guangdong	175554	84782	68835	144300	189974	127404	164092
广 西	Guangxi	111105	60713	52768	92297	121271	85575	95462
海 南	Hainan	129826	54348	66293	106017	121464	95715	100699
重 庆	Chongqing	147217	86427	69402	134999	148341	99017	125707
四 川	Sichuan	143430	66882	54139	112325	129507	96973	118134
贵 州	Guizhou	119281	51190	52327	97021	114343	80512	88771
云 南	Yunnan	122950	59165	48718	115734	115403	97467	108610
西 藏	Tibet	154056	76475	87946	186036	158476	145081	182512
陕 西	Shaanxi	139832	60284	45300	98300	95732	77824	87186
甘 肃	Gansu	117070	64880	50526	103957	92029	81669	98185
青 海	Qinghai	123405	77450	52938	128473	121833	92425	124812
宁 夏	Ningxia	129034	66343	84345	117805	128124	91916	110929
新 疆	Xinjiang	119490	64600	67133	109386	116459	102708	89921

1-29 分地区按行业分城镇私营单位就业人员平均工资(2022年)
Average Wage of Employed Persons in Urban Private Units by Sector and Region (2022)

单位：元 (yuan)

地 区	Region	合 计 Total	农、林、牧、渔业 Agriculture, Forestry, Animal Husbandry and Fishery	采矿业 Mining	制造业 Manufacturing	电力、热力、燃气及水生产和供应业 Production and Supply of Electricity, Heat, Gas and Water	建筑业 Construction
全 国	**National Average**	**65237**	**42605**	**68509**	**67352**	**61870**	**60918**
北 京	Beijing	104542	68461	128031	113420	77032	73741
天 津	Tianjin	67258	67186	97623	69453	71738	58558
河 北	Hebei	48494	38758	50118	53220	54209	46134
山 西	Shanxi	47275	37043	62705	51623	48127	48591
内蒙古	Inner Mongolia	52318	50454	83634	62132	60006	54193
辽 宁	Liaoning	52183	49275	55702	56287	56086	50550
吉 林	Jilin	47921	38929	64561	48371	48383	47892
黑龙江	Heilongjiang	45241	35100	71428	49586	43054	41201
上 海	Shanghai	104560	62713		93923	99584	74697
江 苏	Jiangsu	71835	52085	92940	77996	83474	66365
浙 江	Zhejiang	71934	51368	76166	69805	73920	67276
安 徽	Anhui	57095	45936	76107	61150	54236	59091
福 建	Fujian	65392	52450	63835	69715	61350	64054
江 西	Jiangxi	53650	40591	57377	56723	57776	53370
山 东	Shandong	57231	50472	73875	59556	68497	60129
河 南	Henan	47918	38518	48646	49899	51005	49939
湖 北	Hubei	57043	44933	65376	59701	57711	58141
湖 南	Hunan	55780	40399	59566	60144	52208	53928
广 东	Guangdong	77657	57489	69318	76116	76659	68926
广 西	Guangxi	49951	51838	56013	54954	55623	49623
海 南	Hainan	65519	55543	76972	58686	44046	57765
重 庆	Chongqing	60380	37942	66264	67890	63261	58019
四 川	Sichuan	59121	40525	63977	63623	63440	55907
贵 州	Guizhou	52922	37754	79260	49559	64069	53168
云 南	Yunnan	50338	35764	66499	52605	55186	50790
西 藏	Tibet	62927	61205	81112	58693	108876	48661
陕 西	Shaanxi	54557	40596	79974	58078	63945	51570
甘 肃	Gansu	48108	41394	61185	52947	51583	49375
青 海	Qinghai	50510	40377	65074	62725	65385	54693
宁 夏	Ningxia	57537	51559	72875	66028	84137	60144
新 疆	Xinjiang	58128	46850	89673	57850	78169	63588

1-29 续表 1 continued

单位：元 (yuan)

地区	Region	批发和零售业 Wholesale and Retail Trades	交通运输、仓储和邮政业 Transport, Storage and Post	住宿和餐饮业 Hotels and Catering Services	信息传输、软件和信息技术服务业 Information Transmission, Software and Information Technology	金融业 Financial Intermediation	房地产业 Real Estate	租赁和商务服务业 Leasing and Business Services
全 国	**National Average**	**60630**	**66059**	**47547**	**123894**	**110304**	**56435**	**65731**
北 京	Beijing	90280	71657	61662	180047	186401	64097	95323
天 津	Tianjin	73059	72277	49651	108180	125753	57806	66371
河 北	Hebei	44007	54885	38127	54793	79586	43360	43964
山 西	Shanxi	44423	50841	35381	52785	73989	37354	44447
内蒙古	Inner Mongolia	49017	54080	42043	59292	91032	39815	56537
辽 宁	Liaoning	49492	53282	40468	83165	37278	44034	48669
吉 林	Jilin	54739	51074	41619	57378	31345	41341	41270
黑龙江	Heilongjiang	44359	46940	35956	58205	35167	35869	48904
上 海	Shanghai	102349	93449	62342	217273	219157	82520	95702
江 苏	Jiangsu	64458	69360	52441	101730	121601	61962	72291
浙 江	Zhejiang	74851	83760	55340	138098	139245	67472	73032
安 徽	Anhui	51511	55425	45391	73751	84014	50078	54222
福 建	Fujian	58621	64584	48558	96028	108280	62850	66673
江 西	Jiangxi	49331	56542	41615	62908	57169	57278	50907
山 东	Shandong	53789	61257	44496	70045	72096	50787	54051
河 南	Henan	44783	50881	40099	53432	85281	49643	46476
湖 北	Hubei	50645	59984	45747	73304	87628	54511	56931
湖 南	Hunan	51200	54339	43693	73646	75050	50624	51962
广 东	Guangdong	72793	81296	52904	153228	155362	67609	78150
广 西	Guangxi	46467	51201	41654	68587	68484	47452	47876
海 南	Hainan	67146	67543	43748	124458	90384	62340	84339
重 庆	Chongqing	55074	58789	42913	83343	120353	60695	55998
四 川	Sichuan	55226	59488	43879	111900	66468	50258	57308
贵 州	Guizhou	52286	49644	40810	118637	109412	53359	50292
云 南	Yunnan	50135	51643	40336	67462	91273	53342	46885
西 藏	Tibet	85079	70964	54389	118924	76943	81288	82090
陕 西	Shaanxi	49994	62603	40180	90905	47855	51809	50920
甘 肃	Gansu	46785	55704	36473	69263	58217	42840	53057
青 海	Qinghai	48555	57510	38500	55459	102136	43807	47131
宁 夏	Ningxia	50950	60335	41432	62553	64979	44181	57985
新 疆	Xinjiang	52140	63728	43249	62181	88228	48542	64400

1-29 续表 2 continued

单位：元 (yuan)

地 区	Region	科学研究和技术服务业 Scientific Research and Technical Services	水利、环境和公共设施管理业 Management of Water Conservancy, Environment and Public Facilities	居民服务、修理和其他服务业 Services to Households, Repair and Other Services	教育 Education	卫生和社会工作 Health and Social Service	文化、体育和娱乐业 Culture, Sports and Entertainment
全 国	**National Average**	**81569**	**44714**	**47760**	**52771**	**71060**	**56769**
北 京	Beijing	129217	66556	52206	113205	106581	98473
天 津	Tianjin	83705	36828	45776	60496	63900	63950
河 北	Hebei	54072	29711	35485	46019	52974	42794
山 西	Shanxi	53261	34358	35047	39945	45381	34611
内蒙古	Inner Mongolia	56841	35817	40286	35476	47523	39834
辽 宁	Liaoning	59921	39126	39683	39976	56787	39726
吉 林	Jilin	54028	40140	38882	41172	53072	42290
黑龙江	Heilongjiang	50673	28602	32581	35890	50328	44902
上 海	Shanghai	132034	64227	58353	118561	114046	98606
江 苏	Jiangsu	83805	47051	50006	69576	81666	66341
浙 江	Zhejiang	90785	52937	55339	75639	97762	63719
安 徽	Anhui	59454	37477	42548	49644	64809	49291
福 建	Fujian	64884	50653	49128	50841	75362	52775
江 西	Jiangxi	56228	31179	44517	50100	64382	45341
山 东	Shandong	66530	36650	42053	49502	62240	48748
河 南	Henan	49696	37834	40790	44478	50987	41600
湖 北	Hubei	60978	44504	46602	47572	68384	51383
湖 南	Hunan	61160	48409	50501	48064	69082	51038
广 东	Guangdong	92678	55706	53020	62420	88649	62366
广 西	Guangxi	56275	41001	38777	36371	59272	41990
海 南	Hainan	65040	44714	46024	39621	59501	90759
重 庆	Chongqing	70067	44712	43976	56429	77343	48549
四 川	Sichuan	77206	46709	44606	48904	68904	51784
贵 州	Guizhou	61283	41304	40601	47106	57697	44472
云 南	Yunnan	58710	39894	43339	42976	59721	43554
西 藏	Tibet	102360	77899	64204	53181	131789	58831
陕 西	Shaanxi	66567	41409	39774	47844	61865	44681
甘 肃	Gansu	55119	31236	42992	35960	44381	40453
青 海	Qinghai	61489	42826	43626	31303	50870	42837
宁 夏	Ningxia	55266	35881	43629	37246	54986	44261
新 疆	Xinjiang	62896	42007	44784	41858	49651	51215

第二部分

Chapter Two

2022 年人口变动情况抽样调查数据

Data from 2022 Sample Survey on Population Changes

2-1 各地区人口数及人口自然变动情况
Total Population and Natural Changes by Region

单位：‰ (‰)

地 区	Region	出生率 Birth Rate	死亡率 Death Rate	自然增长率 Natural Growth Rate	年末人口数（万人） Population at Year-end (10 000 persons)
全 国	**National Total**	**6.77**	**7.37**	**-0.60**	**141175**
北 京	Beijing	5.67	5.72	-0.05	2184
天 津	Tianjin	4.75	6.43	-1.68	1363
河 北	Hebei	6.09	7.80	-1.71	7420
山 西	Shanxi	6.75	7.73	-0.98	3481
内蒙古	Inner Mongolia	5.58	7.83	-2.25	2401
辽 宁	Liaoning	4.08	9.04	-4.96	4197
吉 林	Jilin	4.32	8.39	-4.07	2348
黑龙江	Heilongjiang	3.34	9.09	-5.75	3099
上 海	Shanghai	4.35	5.96	-1.61	2475
江 苏	Jiangsu	5.23	7.04	-1.81	8515
浙 江	Zhejiang	6.28	6.24	0.04	6577
安 徽	Anhui	7.16	8.09	-0.93	6127
福 建	Fujian	7.07	6.52	0.55	4188
江 西	Jiangxi	7.19	6.94	0.25	4528
山 东	Shandong	6.71	7.64	-0.93	10163
河 南	Henan	7.42	7.50	-0.08	9872
湖 北	Hubei	6.08	8.09	-2.01	5844
湖 南	Hunan	6.23	8.54	-2.31	6604
广 东	Guangdong	8.30	4.97	3.33	12657
广 西	Guangxi	8.51	7.08	1.43	5047
海 南	Hainan	8.60	6.16	2.44	1027
重 庆	Chongqing	5.98	8.09	-2.11	3213
四 川	Sichuan	6.39	9.04	-2.65	8374
贵 州	Guizhou	11.03	7.32	3.71	3856
云 南	Yunnan	8.14	8.21	-0.07	4693
西 藏	Tibet	14.24	5.48	8.76	364
陕 西	Shaanxi	7.36	7.64	-0.28	3956
甘 肃	Gansu	8.47	8.51	-0.04	2492
青 海	Qinghai	10.60	7.23	3.37	595
宁 夏	Ningxia	10.60	6.19	4.41	728
新 疆	Xinjiang	6.53	5.76	0.77	2587

注：1.本表数据根据2022年人口变动情况抽样调查数据推算。
2.全国年末人口数包括现役军人数，分地区数字中未包括；全国年末人口数未包括香港、澳门特别行政区和台湾地区的人口数据。

Notes:a) Data in this table are estimates from the 2022 National Sample Survey on Population Changes.
b) The military personnel were included in the national total population, but were not included in the population by region. The national total population does not include the population of Hong Kong SAR, Macao SAR and Taiwan.

2-2 各地区人口的城乡构成
Population by Urban and Rural Residence and Region

单位：万人 (10 000 persons)

地 区 Region	年末人口数 Population at Year-end	城镇人口 Urban Population		乡村人口 Rural Population	
		人口数 Population	比重（%） Proportion (%)	人口数 Population	比重（%） Proportion (%)
全 国 National Total	**141175**	**92071**	**65.22**	**49104**	**34.78**
北 京 Beijing	2184	1913	87.57	271	12.43
天 津 Tianjin	1363	1160	85.11	203	14.89
河 北 Hebei	7420	4575	61.65	2845	38.35
山 西 Shanxi	3481	2226	63.96	1255	36.04
内蒙古 Inner Mongolia	2401	1647	68.60	754	31.40
辽 宁 Liaoning	4197	3064	73.00	1133	27.00
吉 林 Jilin	2348	1496	63.72	852	36.28
黑龙江 Heilongjiang	3099	2052	66.21	1047	33.79
上 海 Shanghai	2475	2211	89.33	264	10.67
江 苏 Jiangsu	8515	6337	74.42	2178	25.58
浙 江 Zhejiang	6577	4826	73.38	1751	26.62
安 徽 Anhui	6127	3686	60.15	2441	39.85
福 建 Fujian	4188	2937	70.11	1251	29.89
江 西 Jiangxi	4528	2811	62.07	1717	37.93
山 东 Shandong	10163	6559	64.54	3604	35.46
河 南 Henan	9872	5633	57.07	4239	42.93
湖 北 Hubei	5844	3779	64.67	2065	35.33
湖 南 Hunan	6604	3983	60.31	2621	39.69
广 东 Guangdong	12657	9465	74.79	3192	25.21
广 西 Guangxi	5047	2809	55.65	2238	44.35
海 南 Hainan	1027	631	61.49	396	38.51
重 庆 Chongqing	3213	2280	70.96	933	29.04
四 川 Sichuan	8374	4886	58.35	3488	41.65
贵 州 Guizhou	3856	2114	54.81	1742	45.19
云 南 Yunnan	4693	2427	51.72	2266	48.28
西 藏 Tibet	364	136	37.39	228	62.61
陕 西 Shaanxi	3956	2532	64.02	1424	35.98
甘 肃 Gansu	2492	1351	54.19	1141	45.81
青 海 Qinghai	595	366	61.43	229	38.57
宁 夏 Ningxia	728	483	66.34	245	33.66
新 疆 Xinjiang	2587	1498	57.89	1089	42.11

注：本表数据根据2022年人口变动情况抽样调查数据推算。
Note: Data in the table are estimates from the 2022 National Sample Survey on Population Changes.

2-3 全国分年龄、性别的人口数
Population by Age and Sex

年 龄 Age	人口数（人） Population (person)			占总人口比重（%） Percentage to Total Population (%)			性别比（女=100） Sex Ratio (Female=100)
	合计 Total	男 Male	女 Female	合计 Total	男 Male	女 Female	
总计 Total	**1443996**	**737631**	**706364**	**100.00**	**51.08**	**48.92**	**104.43**
0-4	**62248**	**32589**	**29658**	**4.31**	**2.26**	**2.05**	**109.88**
0	9728	5048	4680	0.67	0.35	0.32	107.85
1	8672	4404	4268	0.60	0.30	0.30	103.17
2	12155	6334	5821	0.84	0.44	0.40	108.83
3	15383	8174	7210	1.07	0.57	0.50	113.37
4	16310	8630	7680	1.13	0.60	0.53	112.37
5-9	**90793**	**48010**	**42783**	**6.29**	**3.32**	**2.96**	**112.22**
5	18712	9900	8812	1.30	0.69	0.61	112.35
6	17689	9408	8281	1.22	0.65	0.57	113.61
7	17063	8893	8170	1.18	0.62	0.57	108.84
8	18864	10098	8766	1.31	0.70	0.61	115.20
9	18465	9711	8754	1.28	0.67	0.61	110.93
10-14	**91846**	**49065**	**42781**	**6.36**	**3.40**	**2.96**	**114.69**
10	19868	10623	9244	1.38	0.74	0.64	114.92
11	18522	9900	8622	1.28	0.69	0.60	114.81
12	17921	9488	8432	1.24	0.66	0.58	112.53
13	18141	9881	8259	1.26	0.68	0.57	119.64
14	17395	9172	8223	1.20	0.64	0.57	111.54
15-19	**79560**	**42687**	**36873**	**5.51**	**2.96**	**2.55**	**115.77**
15	15732	8326	7406	1.09	0.58	0.51	112.42
16	17698	9571	8127	1.23	0.66	0.56	117.77
17	16584	8893	7691	1.15	0.62	0.53	115.63
18	14486	7787	6699	1.00	0.54	0.46	116.24
19	15060	8110	6950	1.04	0.56	0.48	116.70
20-24	**73629**	**39146**	**34483**	**5.10**	**2.71**	**2.39**	**113.52**
20	18015	9581	8434	1.25	0.66	0.58	113.60
21	15614	8459	7155	1.08	0.59	0.50	118.23
22	13862	7334	6528	0.96	0.51	0.45	112.35
23	12560	6684	5876	0.87	0.46	0.41	113.74
24	13578	7088	6490	0.94	0.49	0.45	109.21
25-29	**85040**	**44806**	**40234**	**5.89**	**3.10**	**2.79**	**111.36**
25	15270	8031	7239	1.06	0.56	0.50	110.94
26	16008	8556	7452	1.11	0.59	0.52	114.82
27	17449	9191	8258	1.21	0.64	0.57	111.30
28	17350	9170	8180	1.20	0.64	0.57	112.10
29	18964	9859	9105	1.31	0.68	0.63	108.27

注：由于各地区数据采用加权汇总的方法，全国人口变动情况抽样调查样本数据合计与各分项相加略有误差(以下表同)。

Note: Because data by region are calculated by the method of weighted sum, total data of the national sample survey on population changes is not equal to the sum of each item. The same applies to the tables following.

2-3 续表 1 continued

年 龄 Age	人口数（人） Population (person)			占总人口比重（%） Percentage to Total Population (%)			性别比（女=100） Sex Ratio (Female=100)
	合计 Total	男 Male	女 Female	合计 Total	男 Male	女 Female	
30–34	**116755**	**60488**	**56267**	**8.09**	**4.19**	**3.90**	**107.50**
30	18755	9780	8976	1.30	0.68	0.62	108.95
31	20939	10938	10001	1.45	0.76	0.69	109.38
32	26586	13908	12679	1.84	0.96	0.88	109.69
33	25840	13320	12521	1.79	0.92	0.87	106.38
34	24634	12543	12091	1.71	0.87	0.84	103.73
35–39	**109832**	**56397**	**53435**	**7.61**	**3.91**	**3.70**	**105.54**
35	26493	13697	12795	1.83	0.95	0.89	107.05
36	23437	12122	11315	1.62	0.84	0.78	107.13
37	20241	10277	9964	1.40	0.71	0.69	103.14
38	20251	10349	9902	1.40	0.72	0.69	104.51
39	19411	9953	9459	1.34	0.69	0.66	105.22
40–44	**98379**	**50422**	**47957**	**6.81**	**3.49**	**3.32**	**105.14**
40	22240	11444	10796	1.54	0.79	0.75	106.00
41	19499	9921	9578	1.35	0.69	0.66	103.58
42	17897	9221	8676	1.24	0.64	0.60	106.29
43	19787	10196	9591	1.37	0.71	0.66	106.30
44	18956	9640	9316	1.31	0.67	0.65	103.47
45–49	**103955**	**52930**	**51025**	**7.20**	**3.67**	**3.53**	**103.73**
45	17779	9158	8621	1.23	0.63	0.60	106.23
46	19874	10134	9740	1.38	0.70	0.67	104.04
47	20701	10632	10069	1.43	0.74	0.70	105.59
48	22362	11272	11089	1.55	0.78	0.77	101.65
49	23240	11734	11506	1.61	0.81	0.80	101.98
50–54	**127635**	**64419**	**63217**	**8.84**	**4.46**	**4.38**	**101.90**
50	24358	12308	12050	1.69	0.85	0.83	102.14
51	25343	12943	12401	1.76	0.90	0.86	104.37
52	26359	13166	13193	1.83	0.91	0.91	99.80
53	24917	12648	12269	1.73	0.88	0.85	103.09
54	26658	13354	13304	1.85	0.92	0.92	100.37
55–59	**117482**	**58880**	**58602**	**8.14**	**4.08**	**4.06**	**100.47**
55	20798	10472	10326	1.44	0.73	0.72	101.42
56	24405	12321	12084	1.69	0.85	0.84	101.97
57	23414	11741	11672	1.62	0.81	0.81	100.59
58	22732	11317	11415	1.57	0.78	0.79	99.15
59	26133	13028	13105	1.81	0.90	0.91	99.41
60–64	**71964**	**35813**	**36151**	**4.98**	**2.48**	**2.50**	**99.07**
60	19792	9890	9902	1.37	0.68	0.69	99.88
61	10934	5249	5685	0.76	0.36	0.39	92.34
62	13174	6494	6680	0.91	0.45	0.46	97.22
63	12293	6223	6070	0.85	0.43	0.42	102.52
64	15771	7957	7814	1.09	0.55	0.54	101.82

2-3 续表 2 continued

年 龄 Age	人口数（人） Population (person) 合计 Total	男 Male	女 Female	占总人口比重（%） Percentage to Total Population (%) 合计 Total	男 Male	女 Female	性别比（女=100） Sex Ratio (Female=100)
65-69	**79964**	**39343**	**40621**	**5.54**	**2.72**	**2.81**	**96.86**
65	16895	8500	8395	1.17	0.59	0.58	101.24
66	15961	7752	8209	1.11	0.54	0.57	94.43
67	16465	8197	8267	1.14	0.57	0.57	99.16
68	16125	7814	8310	1.12	0.54	0.58	94.04
69	14518	7080	7439	1.01	0.49	0.52	95.17
70-74	**58782**	**28355**	**30427**	**4.07**	**1.96**	**2.11**	**93.19**
70	14785	7095	7690	1.02	0.49	0.53	92.27
71	12472	5994	6478	0.86	0.42	0.45	92.52
72	11401	5573	5828	0.79	0.39	0.40	95.62
73	11001	5319	5682	0.76	0.37	0.39	93.61
74	9123	4375	4748	0.63	0.30	0.33	92.13
75-79	**35928**	**16956**	**18973**	**2.49**	**1.17**	**1.31**	**89.37**
75	8929	4308	4620	0.62	0.30	0.32	93.25
76	7943	3795	4148	0.55	0.26	0.29	91.51
77	6865	3174	3691	0.48	0.22	0.26	86.00
78	6382	2932	3450	0.44	0.20	0.24	84.98
79	5810	2746	3064	0.40	0.19	0.21	89.61
80-84	**22434**	**10137**	**12297**	**1.55**	**0.70**	**0.85**	**82.44**
80	5465	2538	2927	0.38	0.18	0.20	86.69
81	5120	2328	2793	0.35	0.16	0.19	83.36
82	4628	2120	2509	0.32	0.15	0.17	84.48
83	3649	1576	2073	0.25	0.11	0.14	76.02
84	3571	1576	1995	0.25	0.11	0.14	79.03
85-89	**12542**	**5223**	**7319**	**0.87**	**0.36**	**0.51**	**71.36**
85	3319	1474	1845	0.23	0.10	0.13	79.88
86	2950	1249	1701	0.20	0.09	0.12	73.43
87	2451	949	1502	0.17	0.07	0.10	63.21
88	2027	836	1192	0.14	0.06	0.08	70.12
89	1795	715	1079	0.12	0.05	0.07	66.27
90-94	**4297**	**1654**	**2644**	**0.30**	**0.11**	**0.18**	**62.56**
90	1384	566	817	0.10	0.04	0.06	69.31
91	1060	384	677	0.07	0.03	0.05	56.71
92	884	374	510	0.06	0.03	0.04	73.45
93	557	188	369	0.04	0.01	0.03	51.04
94	413	141	271	0.03	0.01	0.02	52.01
95+	**929**	**311**	**618**	**0.06**	**0.02**	**0.04**	**50.36**

2-4 全国城市分年龄、性别的人口数
City Population by Age and Sex

年 龄 Age	人口数（人）Population (person)			占总人口比重（%）Percentage to Total Population (%)			性别比（女=100）Sex Ratio (Female=100)
	合计 Total	男 Male	女 Female	合计 Total	男 Male	女 Female	
总计 Total	**580987**	**293800**	**287187**	**100.00**	**50.57**	**49.43**	**102.30**
0-4	**23665**	**12396**	**11269**	**4.07**	**2.13**	**1.94**	**110.00**
0	3621	1884	1737	0.62	0.32	0.30	108.44
1	3341	1684	1657	0.58	0.29	0.29	101.58
2	4581	2368	2213	0.79	0.41	0.38	107.00
3	5869	3142	2727	1.01	0.54	0.47	115.23
4	6253	3319	2934	1.08	0.57	0.51	113.10
5-9	**34112**	**18013**	**16099**	**5.87**	**3.10**	**2.77**	**111.89**
5	7428	3937	3490	1.28	0.68	0.60	112.81
6	6868	3608	3260	1.18	0.62	0.56	110.69
7	6327	3313	3015	1.09	0.57	0.52	109.90
8	7098	3863	3235	1.22	0.66	0.56	119.42
9	6391	3291	3099	1.10	0.57	0.53	106.19
10-14	**30008**	**16096**	**13912**	**5.16**	**2.77**	**2.39**	**115.70**
10	7057	3772	3285	1.21	0.65	0.57	114.82
11	6116	3320	2795	1.05	0.57	0.48	118.77
12	5687	3006	2681	0.98	0.52	0.46	112.14
13	5671	3043	2628	0.98	0.52	0.45	115.79
14	5477	2955	2523	0.94	0.51	0.43	117.13
15-19	**32051**	**16933**	**15118**	**5.52**	**2.91**	**2.60**	**112.01**
15	5575	2867	2708	0.96	0.49	0.47	105.86
16	6655	3564	3091	1.15	0.61	0.53	115.32
17	6225	3264	2961	1.07	0.56	0.51	110.24
18	6193	3227	2966	1.07	0.56	0.51	108.81
19	7403	4011	3392	1.27	0.69	0.58	118.22
20-24	**37105**	**19531**	**17575**	**6.39**	**3.36**	**3.02**	**111.13**
20	9572	5052	4520	1.65	0.87	0.78	111.79
21	8109	4414	3695	1.40	0.76	0.64	119.46
22	6870	3621	3249	1.18	0.62	0.56	111.44
23	5995	3110	2885	1.03	0.54	0.50	107.77
24	6560	3334	3226	1.13	0.57	0.56	103.36
25-29	**40888**	**21281**	**19607**	**7.04**	**3.66**	**3.37**	**108.54**
25	7377	3832	3545	1.27	0.66	0.61	108.08
26	7814	4146	3667	1.34	0.71	0.63	113.07
27	8529	4444	4085	1.47	0.76	0.70	108.77
28	8311	4353	3958	1.43	0.75	0.68	109.96
29	8858	4507	4351	1.52	0.78	0.75	103.59

2-4 续表 1 continued

年 龄 Age	人口数（人） Population (person)			占总人口比重（%） Percentage to Total Population (%)			性别比（女=100） Sex Ratio (Female=100)
	合计 Total	男 Male	女 Female	合计 Total	男 Male	女 Female	
30-34	**55445**	**28145**	**27300**	**9.54**	**4.84**	**4.70**	**103.10**
30	8794	4438	4356	1.51	0.76	0.75	101.87
31	9896	5056	4840	1.70	0.87	0.83	104.46
32	12477	6513	5964	2.15	1.12	1.03	109.21
33	12306	6228	6078	2.12	1.07	1.05	102.45
34	11971	5910	6061	2.06	1.02	1.04	97.51
35-39	**52302**	**26384**	**25918**	**9.00**	**4.54**	**4.46**	**101.80**
35	12628	6485	6143	2.17	1.12	1.06	105.56
36	11351	5750	5601	1.95	0.99	0.96	102.66
37	9432	4693	4738	1.62	0.81	0.82	99.05
38	9568	4786	4782	1.65	0.82	0.82	100.08
39	9324	4671	4654	1.60	0.80	0.80	100.36
40-44	**45352**	**22895**	**22457**	**7.81**	**3.94**	**3.87**	**101.95**
40	10843	5466	5376	1.87	0.94	0.93	101.68
41	9187	4587	4600	1.58	0.79	0.79	99.72
42	8167	4114	4053	1.41	0.71	0.70	101.52
43	8855	4496	4359	1.52	0.77	0.75	103.15
44	8301	4231	4070	1.43	0.73	0.70	103.97
45-49	**43420**	**21921**	**21499**	**7.47**	**3.77**	**3.70**	**101.97**
45	7825	3947	3878	1.35	0.68	0.67	101.79
46	8544	4371	4173	1.47	0.75	0.72	104.74
47	8635	4398	4237	1.49	0.76	0.73	103.79
48	9203	4588	4615	1.58	0.79	0.79	99.40
49	9212	4618	4595	1.59	0.79	0.79	100.50
50-54	**48454**	**24250**	**24204**	**8.34**	**4.17**	**4.17**	**100.19**
50	9735	4931	4804	1.68	0.85	0.83	102.64
51	9882	4907	4975	1.70	0.84	0.86	98.64
52	9949	4979	4970	1.71	0.86	0.86	100.17
53	9235	4607	4628	1.59	0.79	0.80	99.55
54	9653	4826	4827	1.66	0.83	0.83	99.97
55-59	**41877**	**20600**	**21277**	**7.21**	**3.55**	**3.66**	**96.82**
55	7059	3439	3620	1.22	0.59	0.62	94.99
56	8352	4119	4233	1.44	0.71	0.73	97.29
57	8318	4066	4252	1.43	0.70	0.73	95.61
58	8396	4211	4185	1.45	0.72	0.72	100.62
59	9751	4765	4986	1.68	0.82	0.86	95.57
60-64	**26411**	**12993**	**13418**	**4.55**	**2.24**	**2.31**	**96.83**
60	6887	3353	3534	1.19	0.58	0.61	94.89
61	3971	1915	2056	0.68	0.33	0.35	93.17
62	5112	2513	2599	0.88	0.43	0.45	96.66
63	4615	2326	2289	0.79	0.40	0.39	101.62
64	5826	2885	2940	1.00	0.50	0.51	98.13

2-4 续表 2 continued

年 龄 Age	人口数（人） Population (person)			占总人口比重（%） Percentage to Total Population (%)			性别比 (女=100) Sex Ratio (Female=100)
	合计 Total	男 Male	女 Female	合计 Total	男 Male	女 Female	
65-69	**27141**	**12918**	**14223**	**4.67**	**2.22**	**2.45**	**90.83**
65	5943	2886	3057	1.02	0.50	0.53	94.41
66	5438	2572	2866	0.94	0.44	0.49	89.76
67	5659	2719	2940	0.97	0.47	0.51	92.47
68	5403	2558	2845	0.93	0.44	0.49	89.91
69	4697	2182	2514	0.81	0.38	0.43	86.80
70-74	**18508**	**8664**	**9845**	**3.19**	**1.49**	**1.69**	**88.00**
70	4645	2152	2493	0.80	0.37	0.43	86.33
71	3933	1839	2094	0.68	0.32	0.36	87.80
72	3676	1696	1980	0.63	0.29	0.34	85.63
73	3487	1660	1827	0.60	0.29	0.31	90.86
74	2767	1317	1450	0.48	0.23	0.25	90.80
75-79	**10786**	**5019**	**5767**	**1.86**	**0.86**	**0.99**	**87.02**
75	2695	1263	1433	0.46	0.22	0.25	88.14
76	2379	1131	1249	0.41	0.19	0.21	90.56
77	2092	968	1125	0.36	0.17	0.19	86.02
78	1935	869	1066	0.33	0.15	0.18	81.50
79	1684	789	895	0.29	0.14	0.15	88.13
80-84	**7407**	**3188**	**4219**	**1.27**	**0.55**	**0.73**	**75.55**
80	1739	757	982	0.30	0.13	0.17	77.11
81	1651	693	958	0.28	0.12	0.16	72.38
82	1478	656	823	0.25	0.11	0.14	79.68
83	1305	530	775	0.22	0.09	0.13	68.41
84	1233	551	682	0.21	0.09	0.12	80.88
85-89	**4262**	**1816**	**2446**	**0.73**	**0.31**	**0.42**	**74.22**
85	1139	490	649	0.20	0.08	0.11	75.46
86	1039	463	576	0.18	0.08	0.10	80.32
87	831	334	497	0.14	0.06	0.09	67.17
88	660	283	377	0.11	0.05	0.06	75.20
89	593	246	347	0.10	0.04	0.06	70.83
90-94	**1503**	**646**	**857**	**0.26**	**0.11**	**0.15**	**75.36**
90	510	216	295	0.09	0.04	0.05	73.22
91	368	153	215	0.06	0.03	0.04	71.20
92	301	145	155	0.05	0.03	0.03	93.55
93	200	75	125	0.03	0.01	0.02	60.29
94	125	57	68	0.02	0.01	0.01	83.71
95+	**291**	**113**	**177**	**0.05**	**0.02**	**0.03**	**64.09**

2-5 全国镇分年龄、性别的人口数
Town Population by Age and Sex

年 龄 Age	人口数（人） Population (person)			占总人口比重（%） Percentage to Total Population (%)			性别比（女=100） Sex Ratio (Female=100)
	合计 Total	男 Male	女 Female	合计 Total	男 Male	女 Female	
总计 Total	**360042**	**182913**	**177129**	**100.00**	**50.80**	**49.20**	**103.27**
0-4	**15508**	**8109**	**7400**	**4.31**	**2.25**	**2.06**	**109.58**
0	2302	1187	1115	0.64	0.33	0.31	106.48
1	2132	1112	1019	0.59	0.31	0.28	109.15
2	2985	1595	1390	0.83	0.44	0.39	114.72
3	3961	2094	1867	1.10	0.58	0.52	112.17
4	4129	2120	2008	1.15	0.59	0.56	105.55
5-9	**24104**	**12806**	**11299**	**6.69**	**3.56**	**3.14**	**113.34**
5	4964	2615	2349	1.38	0.73	0.65	111.29
6	4693	2531	2162	1.30	0.70	0.60	117.08
7	4491	2353	2138	1.25	0.65	0.59	110.08
8	4903	2632	2271	1.36	0.73	0.63	115.86
9	5053	2675	2378	1.40	0.74	0.66	112.48
10-14	**25378**	**13559**	**11819**	**7.05**	**3.77**	**3.28**	**114.72**
10	5306	2868	2438	1.47	0.80	0.68	117.66
11	5186	2751	2435	1.44	0.76	0.68	112.97
12	4915	2569	2346	1.37	0.71	0.65	109.50
13	5122	2841	2280	1.42	0.79	0.63	124.61
14	4849	2529	2320	1.35	0.70	0.64	109.03
15-19	**22599**	**12184**	**10415**	**6.28**	**3.38**	**2.89**	**116.98**
15	4339	2288	2051	1.21	0.64	0.57	111.53
16	5389	2881	2508	1.50	0.80	0.70	114.89
17	5215	2882	2334	1.45	0.80	0.65	123.49
18	3791	2118	1674	1.05	0.59	0.46	126.53
19	3864	2016	1849	1.07	0.56	0.51	109.03
20-24	**17736**	**9127**	**8609**	**4.93**	**2.53**	**2.39**	**106.01**
20	4450	2359	2090	1.24	0.66	0.58	112.87
21	3752	1892	1860	1.04	0.53	0.52	101.74
22	3434	1744	1690	0.95	0.48	0.47	103.23
23	2987	1562	1425	0.83	0.43	0.40	109.59
24	3113	1569	1544	0.86	0.44	0.43	101.61
25-29	**19682**	**10119**	**9562**	**5.47**	**2.81**	**2.66**	**105.83**
25	3461	1745	1715	0.96	0.48	0.48	101.75
26	3480	1857	1623	0.97	0.52	0.45	114.39
27	3958	2044	1913	1.10	0.57	0.53	106.85
28	3971	2035	1936	1.10	0.57	0.54	105.16
29	4813	2438	2375	1.34	0.68	0.66	102.64

2-5 续表 1 continued

年 龄 Age	人口数（人） Population (person)			占总人口比重（%） Percentage to Total Population (%)			性别比 (女=100) Sex Ratio (Female=100)
	合计 Total	男 Male	女 Female	合计 Total	男 Male	女 Female	
30-34	**28840**	**14673**	**14166**	**8.01**	**4.08**	**3.93**	**103.58**
30	4473	2370	2103	1.24	0.66	0.58	112.70
31	5110	2582	2528	1.42	0.72	0.70	102.17
32	6704	3411	3293	1.86	0.95	0.91	103.59
33	6398	3219	3180	1.78	0.89	0.88	101.22
34	6154	3091	3063	1.71	0.86	0.85	100.92
35-39	**28120**	**14163**	**13958**	**7.81**	**3.93**	**3.88**	**101.47**
35	6745	3395	3350	1.87	0.94	0.93	101.35
36	5853	2985	2868	1.63	0.83	0.80	104.11
37	5308	2624	2684	1.47	0.73	0.75	97.78
38	5344	2689	2655	1.48	0.75	0.74	101.27
39	4870	2469	2401	1.35	0.69	0.67	102.82
40-44	**25296**	**12730**	**12565**	**7.03**	**3.54**	**3.49**	**101.31**
40	5573	2816	2757	1.55	0.78	0.77	102.12
41	4903	2511	2392	1.36	0.70	0.66	104.98
42	4609	2350	2260	1.28	0.65	0.63	104.00
43	5205	2599	2606	1.45	0.72	0.72	99.74
44	5005	2454	2550	1.39	0.68	0.71	96.23
45-49	**26904**	**13516**	**13387**	**7.47**	**3.75**	**3.72**	**100.97**
45	4627	2391	2236	1.29	0.66	0.62	106.91
46	5190	2566	2624	1.44	0.71	0.73	97.81
47	5372	2698	2674	1.49	0.75	0.74	100.87
48	5845	2946	2899	1.62	0.82	0.81	101.64
49	5870	2915	2954	1.63	0.81	0.82	98.69
50-54	**32323**	**16313**	**16010**	**8.98**	**4.53**	**4.45**	**101.89**
50	6198	3087	3112	1.72	0.86	0.86	99.20
51	6514	3372	3142	1.81	0.94	0.87	107.32
52	6615	3293	3322	1.84	0.91	0.92	99.13
53	6324	3224	3100	1.76	0.90	0.86	104.01
54	6671	3337	3334	1.85	0.93	0.93	100.08
55-59	**28825**	**14551**	**14274**	**8.01**	**4.04**	**3.96**	**101.94**
55	5350	2728	2622	1.49	0.76	0.73	104.02
56	6290	3205	3085	1.75	0.89	0.86	103.92
57	5716	2889	2827	1.59	0.80	0.79	102.19
58	5291	2592	2699	1.47	0.72	0.75	96.05
59	6178	3137	3041	1.72	0.87	0.84	103.15
60-64	**16842**	**8313**	**8529**	**4.68**	**2.31**	**2.37**	**97.46**
60	4825	2419	2406	1.34	0.67	0.67	100.58
61	2561	1228	1333	0.71	0.34	0.37	92.09
62	3015	1433	1582	0.84	0.40	0.44	90.64
63	2807	1402	1405	0.78	0.39	0.39	99.77
64	3633	1830	1803	1.01	0.51	0.50	101.47

2-5 续表 2 continued

年 龄 Age	人口数（人） Population (person)			占总人口比重（%） Percentage to Total Population (%)			性别比（女=100） Sex Ratio (Female=100)
	合计 Total	男 Male	女 Female	合计 Total	男 Male	女 Female	
65-69	**18218**	**8987**	**9232**	**5.06**	**2.50**	**2.56**	**97.34**
65	3972	1990	1982	1.10	0.55	0.55	100.40
66	3613	1766	1847	1.00	0.49	0.51	95.60
67	3732	1872	1860	1.04	0.52	0.52	100.65
68	3575	1730	1845	0.99	0.48	0.51	93.75
69	3325	1628	1697	0.92	0.45	0.47	95.97
70-74	**12958**	**6255**	**6702**	**3.60**	**1.74**	**1.86**	**93.33**
70	3362	1592	1771	0.93	0.44	0.49	89.90
71	2745	1319	1426	0.76	0.37	0.40	92.46
72	2457	1221	1236	0.68	0.34	0.34	98.80
73	2455	1181	1274	0.68	0.33	0.35	92.74
74	1939	943	996	0.54	0.26	0.28	94.66
75-79	**8033**	**3735**	**4298**	**2.23**	**1.04**	**1.19**	**86.89**
75	1982	962	1021	0.55	0.27	0.28	94.22
76	1795	845	950	0.50	0.23	0.26	88.99
77	1504	691	813	0.42	0.19	0.23	84.95
78	1459	650	809	0.41	0.18	0.22	80.27
79	1293	588	706	0.36	0.16	0.20	83.29
80-84	**4783**	**2235**	**2548**	**1.33**	**0.62**	**0.71**	**87.70**
80	1142	569	574	0.32	0.16	0.16	99.12
81	1105	522	583	0.31	0.15	0.16	89.62
82	1017	477	539	0.28	0.13	0.15	88.44
83	760	338	423	0.21	0.09	0.12	79.89
84	759	329	430	0.21	0.09	0.12	76.59
85-89	**2720**	**1114**	**1606**	**0.76**	**0.31**	**0.45**	**69.36**
85	629	298	331	0.17	0.08	0.09	89.87
86	632	258	374	0.18	0.07	0.10	68.81
87	575	207	369	0.16	0.06	0.10	56.03
88	465	190	275	0.13	0.05	0.08	69.01
89	419	162	257	0.12	0.05	0.07	63.17
90-94	**940**	**358**	**583**	**0.26**	**0.10**	**0.16**	**61.38**
90	325	135	189	0.09	0.04	0.05	71.67
91	197	76	121	0.05	0.02	0.03	62.43
92	208	80	127	0.06	0.02	0.04	63.14
93	124	38	85	0.03	0.01	0.02	44.65
94	87	28	59	0.02	0.01	0.02	46.71
95+	**233**	**67**	**166**	**0.06**	**0.02**	**0.05**	**40.27**

2-6 全国乡村分年龄、性别的人口数
Rural Population by Age and Sex

年 龄 Age	人口数（人） Population (person)			占总人口比重（%） Percentage to Total Population (%)			性别比（女=100） Sex Ratio (Female=100)
	合计 Total	男 Male	女 Female	合计 Total	男 Male	女 Female	
总计 Total	**502967**	**260919**	**242048**	**100.00**	**51.88**	**48.12**	**107.80**
0-4	**23074**	**12084**	**10990**	**4.59**	**2.40**	**2.19**	**109.96**
0	3804	1976	1828	0.76	0.39	0.36	108.12
1	3199	1608	1592	0.64	0.32	0.32	100.99
2	4590	2372	2218	0.91	0.47	0.44	106.95
3	5553	2937	2616	1.10	0.58	0.52	112.30
4	5928	3191	2737	1.18	0.63	0.54	116.61
5-9	**32577**	**17192**	**15386**	**6.48**	**3.42**	**3.06**	**111.74**
5	6321	3348	2973	1.26	0.67	0.59	112.64
6	6128	3268	2859	1.22	0.65	0.57	114.30
7	6245	3227	3018	1.24	0.64	0.60	106.91
8	6863	3604	3259	1.36	0.72	0.65	110.56
9	7021	3744	3276	1.40	0.74	0.65	114.30
10-14	**36460**	**19410**	**17050**	**7.25**	**3.86**	**3.39**	**113.84**
10	7504	3983	3521	1.49	0.79	0.70	113.12
11	7220	3828	3392	1.44	0.76	0.67	112.88
12	7318	3913	3405	1.46	0.78	0.68	114.93
13	7348	3997	3351	1.46	0.79	0.67	119.27
14	7069	3688	3381	1.41	0.73	0.67	109.09
15-19	**24910**	**13570**	**11340**	**4.95**	**2.70**	**2.25**	**119.67**
15	5817	3171	2646	1.16	0.63	0.53	119.82
16	5654	3126	2528	1.12	0.62	0.50	123.62
17	5144	2747	2397	1.02	0.55	0.48	114.64
18	4502	2442	2060	0.90	0.49	0.41	118.57
19	3793	2084	1709	0.75	0.41	0.34	121.95
20-24	**18788**	**10489**	**8299**	**3.74**	**2.09**	**1.65**	**126.38**
20	3993	2169	1824	0.79	0.43	0.36	118.93
21	3754	2153	1601	0.75	0.43	0.32	134.53
22	3558	1969	1589	0.71	0.39	0.32	123.93
23	3579	2013	1566	0.71	0.40	0.31	128.52
24	3904	2184	1720	0.78	0.43	0.34	127.03
25-29	**24470**	**13406**	**11065**	**4.87**	**2.67**	**2.20**	**121.15**
25	4432	2454	1978	0.88	0.49	0.39	124.04
26	4714	2553	2161	0.94	0.51	0.43	118.12
27	4962	2703	2259	0.99	0.54	0.45	119.62
28	5067	2781	2286	1.01	0.55	0.45	121.68
29	5294	2914	2380	1.05	0.58	0.47	122.46

2-6 续表 1 continued

年 龄 Age	人口数（人） Population (person)			占总人口比重（%） Percentage to Total Population (%)			性别比（女=100） Sex Ratio (Female=100)
	合计 Total	男 Male	女 Female	合计 Total	男 Male	女 Female	
30-34	**32471**	**17669**	**14801**	**6.46**	**3.51**	**2.94**	**119.38**
30	5488	2972	2516	1.09	0.59	0.50	118.09
31	5933	3300	2633	1.18	0.66	0.52	125.33
32	7406	3984	3422	1.47	0.79	0.68	116.41
33	7136	3873	3262	1.42	0.77	0.65	118.73
34	6509	3541	2968	1.29	0.70	0.59	119.33
35-39	**29410**	**15850**	**13560**	**5.85**	**3.15**	**2.70**	**116.89**
35	7120	3818	3302	1.42	0.76	0.66	115.61
36	6233	3386	2847	1.24	0.67	0.57	118.96
37	5501	2959	2542	1.09	0.59	0.51	116.40
38	5339	2874	2465	1.06	0.57	0.49	116.61
39	5218	2813	2404	1.04	0.56	0.48	117.01
40-44	**27732**	**14797**	**12935**	**5.51**	**2.94**	**2.57**	**114.39**
40	5824	3162	2663	1.16	0.63	0.53	118.74
41	5409	2823	2586	1.08	0.56	0.51	109.16
42	5121	2757	2363	1.02	0.55	0.47	116.66
43	5727	3101	2626	1.14	0.62	0.52	118.06
44	5651	2954	2697	1.12	0.59	0.54	109.56
45-49	**33632**	**17493**	**16139**	**6.69**	**3.48**	**3.21**	**108.38**
45	5326	2820	2506	1.06	0.56	0.50	112.51
46	6140	3197	2943	1.22	0.64	0.59	108.62
47	6694	3537	3158	1.33	0.70	0.63	112.00
48	7314	3738	3575	1.45	0.74	0.71	104.56
49	8158	4201	3957	1.62	0.84	0.79	106.17
50-54	**46858**	**23856**	**23002**	**9.32**	**4.74**	**4.57**	**103.71**
50	8424	4290	4134	1.67	0.85	0.82	103.78
51	8947	4663	4283	1.78	0.93	0.85	108.86
52	9795	4894	4901	1.95	0.97	0.97	99.87
53	9358	4817	4541	1.86	0.96	0.90	106.07
54	10335	5192	5143	2.05	1.03	1.02	100.95
55-59	**46781**	**23729**	**23052**	**9.30**	**4.72**	**4.58**	**102.94**
55	8388	4305	4083	1.67	0.86	0.81	105.44
56	9763	4997	4766	1.94	0.99	0.95	104.86
57	9380	4787	4593	1.87	0.95	0.91	104.21
58	9045	4514	4531	1.80	0.90	0.90	99.62
59	10204	5126	5078	2.03	1.02	1.01	100.94
60-64	**28711**	**14508**	**14203**	**5.71**	**2.88**	**2.82**	**102.14**
60	8080	4117	3963	1.61	0.82	0.79	103.91
61	4401	2106	2295	0.88	0.42	0.46	91.75
62	5047	2548	2499	1.00	0.51	0.50	101.95
63	4870	2495	2375	0.97	0.50	0.47	105.02
64	6312	3242	3071	1.26	0.64	0.61	105.56

2-6 续表 2 continued

年 龄 Age	人口数（人） Population (person)			占总人口比重（%） Percentage to Total Population (%)			性别比 (女=100) Sex Ratio (Female=100)
	合计 Total	男 Male	女 Female	合计 Total	男 Male	女 Female	
65-69	**34605**	**17439**	**17166**	**6.88**	**3.47**	**3.41**	**101.59**
65	6979	3623	3356	1.39	0.72	0.67	107.96
66	6910	3414	3496	1.37	0.68	0.70	97.65
67	7073	3606	3467	1.41	0.72	0.69	104.02
68	7146	3527	3620	1.42	0.70	0.72	97.43
69	6497	3269	3228	1.29	0.65	0.64	101.27
70-74	**27316**	**13436**	**13879**	**5.43**	**2.67**	**2.76**	**96.81**
70	6777	3351	3426	1.35	0.67	0.68	97.82
71	5795	2836	2958	1.15	0.56	0.59	95.88
72	5268	2656	2612	1.05	0.53	0.52	101.69
73	5059	2478	2581	1.01	0.49	0.51	95.99
74	4417	2115	2302	0.88	0.42	0.46	91.87
75-79	**17109**	**8202**	**8907**	**3.40**	**1.63**	**1.77**	**92.08**
75	4251	2084	2167	0.85	0.41	0.43	96.17
76	3769	1820	1949	0.75	0.36	0.39	93.35
77	3269	1516	1753	0.65	0.30	0.35	86.48
78	2988	1413	1575	0.59	0.28	0.31	89.76
79	2833	1369	1464	0.56	0.27	0.29	93.56
80-84	**10244**	**4715**	**5529**	**2.04**	**0.94**	**1.10**	**85.28**
80	2584	1212	1372	0.51	0.24	0.27	88.34
81	2364	1112	1252	0.47	0.22	0.25	88.85
82	2133	987	1147	0.42	0.20	0.23	86.06
83	1583	708	875	0.31	0.14	0.17	80.90
84	1579	696	883	0.31	0.14	0.18	78.79
85-89	**5560**	**2294**	**3267**	**1.11**	**0.46**	**0.65**	**70.21**
85	1551	686	865	0.31	0.14	0.17	79.37
86	1279	529	750	0.25	0.11	0.15	70.45
87	1045	409	636	0.21	0.08	0.13	64.27
88	903	363	540	0.18	0.07	0.11	67.14
89	783	307	476	0.16	0.06	0.09	64.61
90-94	**1854**	**650**	**1204**	**0.37**	**0.13**	**0.24**	**54.02**
90	549	215	334	0.11	0.04	0.07	64.52
91	495	155	340	0.10	0.03	0.07	45.53
92	375	148	227	0.07	0.03	0.05	65.48
93	234	75	159	0.05	0.01	0.03	47.22
94	201	56	144	0.04	0.01	0.03	39.19
95+	**405**	**131**	**274**	**0.08**	**0.03**	**0.05**	**47.62**

2-7 各地区人口年龄构成和抚养比
Age Composition and Dependency Ratio of Population by Region

地 区	Region	人口数（人）Population (person)	0-14岁 Aged 0-14	15-64岁 Aged 15-64	65岁及以上 Aged 65 and Over	总抚养比(%) Gross Dependency Ratio (%)	少儿抚养比 Children Dependency Ratio	老年抚养比 Old Dependency Ratio
全 国	**National Total**	**1443996**	**244887**	**984232**	**214877**	**46.71**	**24.88**	**21.83**
北 京	Beijing	22372	2699	16290	3382	37.33	16.57	20.76
天 津	Tianjin	13959	1809	9776	2374	42.79	18.51	24.28
河 北	Hebei	76002	14113	50004	11885	51.99	28.22	23.77
山 西	Shanxi	35655	5496	24995	5163	42.65	21.99	20.66
内蒙古	Inner Mongolia	24595	3269	17714	3613	38.85	18.45	20.40
辽 宁	Liaoning	42990	4478	29908	8605	43.74	14.97	28.77
吉 林	Jilin	24045	2591	17185	4269	39.92	15.08	24.84
黑龙江	Heilongjiang	31744	2941	23146	5657	37.14	12.71	24.44
上 海	Shanghai	25347	2477	18138	4732	39.74	13.66	26.09
江 苏	Jiangsu	87223	12345	59292	15586	47.11	20.82	26.29
浙 江	Zhejiang	67369	8725	48598	10046	38.62	17.95	20.67
安 徽	Anhui	62763	11306	41545	9912	51.07	27.21	23.86
福 建	Fujian	42900	7884	29785	5231	44.03	26.47	17.56
江 西	Jiangxi	46380	9211	31125	6044	49.01	29.59	19.42
山 东	Shandong	104093	18582	68104	17407	52.84	27.29	25.56
河 南	Henan	101113	21515	64886	14712	55.83	33.16	22.67
湖 北	Hubei	59860	9213	40894	9753	46.38	22.53	23.85
湖 南	Hunan	67649	12286	44460	10904	52.16	27.63	24.53
广 东	Guangdong	129642	23941	93262	12440	39.01	25.67	13.34
广 西	Guangxi	51699	11456	33453	6790	54.54	34.25	20.30
海 南	Hainan	10515	1997	7331	1187	43.43	27.24	16.19
重 庆	Chongqing	32914	4795	22095	6024	48.96	21.70	27.26
四 川	Sichuan	85772	12907	57319	15546	49.64	22.52	27.12
贵 州	Guizhou	39500	9112	25599	4789	54.30	35.60	18.71
云 南	Yunnan	48066	9011	33446	5608	43.71	26.94	16.77
西 藏	Tibet	3730	923	2587	220	44.15	35.66	8.49
陕 西	Shaanxi	40518	6806	27764	5948	45.94	24.51	21.42
甘 肃	Gansu	25529	4778	17322	3429	47.38	27.58	19.80
青 海	Qinghai	6094	1236	4235	623	43.90	29.20	14.70
宁 夏	Ningxia	7460	1462	5221	778	42.89	27.99	14.90
新 疆	Xinjiang	26497	5523	18751	2223	41.31	29.46	11.86

2-8 各地区城市人口年龄构成和抚养比
Age Composition and Dependency Ratio of City Population by Region

地 区	Region	人口数(人) Population (person)	0-14岁 Aged 0-14	15-64岁 Aged 15-64	65岁及以上 Aged 65 and Over	总抚养比(%) Gross Dependency Ratio (%)	少儿抚养比 Children Dependency Ratio	老年抚养比 Old Dependency Ratio
全 国	**National Total**	**580987**	**87785**	**423304**	**69898**	**37.25**	**20.74**	**16.51**
北 京	Beijing	18181	2257	13191	2733	37.83	17.11	20.72
天 津	Tianjin	10829	1381	7667	1780	41.24	18.01	23.22
河 北	Hebei	20802	3514	14383	2905	44.63	24.43	20.20
山 西	Shanxi	12936	1990	9481	1465	36.44	20.99	15.46
内蒙古	Inner Mongolia	9524	1249	7049	1225	35.10	17.72	17.37
辽 宁	Liaoning	26125	2908	18582	4635	40.59	15.65	24.94
吉 林	Jilin	10019	1095	7309	1615	37.08	14.98	22.10
黑龙江	Heilongjiang	13529	1239	9998	2292	35.32	12.39	22.93
上 海	Shanghai	19867	2071	13945	3851	42.47	14.85	27.62
江 苏	Jiangsu	41916	6010	30387	5520	37.94	19.78	18.17
浙 江	Zhejiang	34420	4666	25911	3843	32.84	18.01	14.83
安 徽	Anhui	18645	2965	13631	2049	36.78	21.75	15.03
福 建	Fujian	17978	3106	13259	1614	35.59	23.42	12.17
江 西	Jiangxi	13776	2480	9883	1413	39.39	25.09	14.30
山 东	Shandong	39891	7177	27673	5041	44.15	25.93	18.22
河 南	Henan	25304	4967	17485	2852	44.72	28.41	16.31
湖 北	Hubei	24818	3469	18133	3216	36.87	19.13	17.74
湖 南	Hunan	18907	3060	13662	2184	38.39	22.40	15.99
广 东	Guangdong	75072	11743	58178	5151	29.04	20.18	8.85
广 西	Guangxi	15947	3135	11295	1517	41.18	27.75	13.43
海 南	Hainan	3914	734	2823	356	38.62	26.01	12.61
重 庆	Chongqing	17409	2425	12590	2393	38.27	19.26	19.01
四 川	Sichuan	31700	4320	23177	4202	36.77	18.64	18.13
贵 州	Guizhou	10292	2021	7410	861	38.90	27.28	11.62
云 南	Yunnan	12669	1888	9504	1277	33.30	19.87	13.44
西 藏	Tibet	765	106	610	49	25.48	17.42	8.06
陕 西	Shaanxi	15610	2617	11247	1746	38.79	23.27	15.53
甘 肃	Gansu	6531	1017	4813	700	35.69	21.13	14.55
青 海	Qinghai	2157	329	1581	247	36.48	20.83	15.65
宁 夏	Ningxia	2925	519	2121	284	37.87	24.47	13.40
新 疆	Xinjiang	8532	1325	6326	881	34.86	20.94	13.92

2-9 各地区镇人口年龄构成和抚养比
Age Composition and Dependency Ratio of Town Population by Region

地区	Region	人口数(人) Population (person)	0-14岁 Aged 0-14	15-64岁 Aged 15-64	65岁及以上 Aged 65 and Over	总抚养比(%) Gross Dependency Ratio (%)	少儿抚养比 Children Dependency Ratio	老年抚养比 Old Dependency Ratio
全国	**National Total**	**360042**	**64991**	**247165**	**47886**	**45.67**	**26.29**	**19.37**
北京	Beijing	1410	146	1103	161	27.81	13.22	14.59
天津	Tianjin	1052	132	750	170	40.16	17.53	22.63
河北	Hebei	26054	4916	17767	3372	46.65	27.67	18.98
山西	Shanxi	9869	1751	7013	1106	40.73	24.97	15.77
内蒙古	Inner Mongolia	7348	1192	5314	841	38.27	22.44	15.83
辽宁	Liaoning	5259	528	3718	1014	41.47	14.19	27.27
吉林	Jilin	5302	653	3820	828	38.78	17.10	21.67
黑龙江	Heilongjiang	7490	773	5450	1266	37.41	14.19	23.22
上海	Shanghai	2776	271	2159	345	28.55	12.56	15.99
江苏	Jiangsu	22995	3498	15394	4103	49.38	22.73	26.65
浙江	Zhejiang	15016	1985	10906	2126	37.69	18.20	19.49
安徽	Anhui	19108	3564	12873	2672	48.44	27.68	20.76
福建	Fujian	12101	2437	8265	1399	46.41	29.48	16.93
江西	Jiangxi	15012	2981	10322	1709	45.45	28.89	16.56
山东	Shandong	27287	5018	18378	3892	48.48	27.30	21.18
河南	Henan	32399	6258	22345	3796	44.99	28.01	16.99
湖北	Hubei	13892	2367	9423	2101	47.42	25.12	22.29
湖南	Hunan	21895	4030	14619	3247	49.77	27.56	22.21
广东	Guangdong	21881	4554	14957	2370	46.29	30.44	15.84
广西	Guangxi	12822	2821	8431	1570	52.08	33.46	18.62
海南	Hainan	2552	470	1778	304	43.58	26.46	17.11
重庆	Chongqing	5945	1034	3905	1006	52.24	26.49	25.75
四川	Sichuan	18345	3022	12350	2973	48.54	24.47	24.07
贵州	Guizhou	11359	2720	7504	1134	51.36	36.25	15.11
云南	Yunnan	12191	2399	8486	1306	43.66	28.27	15.38
西藏	Tibet	629	133	470	26	33.81	28.35	5.47
陕西	Shaanxi	10330	1776	7178	1375	43.90	24.74	19.16
甘肃	Gansu	7304	1512	4962	831	47.21	30.47	16.74
青海	Qinghai	1586	329	1087	170	45.97	30.29	15.68
宁夏	Ningxia	2025	418	1437	170	40.89	29.08	11.81
新疆	Xinjiang	6808	1302	5000	505	36.14	26.04	10.09

2-10 各地区乡村人口年龄构成和抚养比
Age Composition and Dependency Ratio of Rural Population by Region

地 区	Region	人口数 (人) Population (person)	0-14岁 Aged 0-14	15-64岁 Aged 15-64	65岁及以上 Aged 65 and Over	总抚养比 (%) Gross Dependency Ratio (%)	少儿抚养比 Children Dependency Ratio	老年抚养比 Old Dependency Ratio
全 国	**National Total**	**502967**	**92111**	**313763**	**97093**	**60.30**	**29.36**	**30.94**
北 京	Beijing	2781	297	1996	488	39.31	14.88	24.43
天 津	Tianjin	2079	296	1358	424	53.02	21.82	31.20
河 北	Hebei	29145	5683	17854	5608	63.24	31.83	31.41
山 西	Shanxi	12850	1756	8502	2592	51.14	20.65	30.49
内蒙古	Inner Mongolia	7724	827	5350	1547	44.37	15.45	28.91
辽 宁	Liaoning	11606	1042	7608	2956	52.55	13.70	38.85
吉 林	Jilin	8725	843	6056	1826	44.06	13.91	30.15
黑龙江	Heilongjiang	10726	928	7698	2099	39.32	12.06	27.26
上 海	Shanghai	2704	134	2034	536	32.92	6.59	26.33
江 苏	Jiangsu	22312	2836	13512	5964	65.13	20.99	44.14
浙 江	Zhejiang	17932	2075	11780	4078	52.23	17.61	34.61
安 徽	Anhui	25009	4778	15041	5190	66.27	31.76	34.50
福 建	Fujian	12821	2341	8262	2218	55.19	28.34	26.85
江 西	Jiangxi	17592	3750	10920	2922	61.10	34.34	26.76
山 东	Shandong	36916	6388	22054	8474	67.39	28.96	38.43
河 南	Henan	43411	10290	25057	8064	73.25	41.07	32.18
湖 北	Hubei	21150	3376	13337	4436	58.58	25.31	33.26
湖 南	Hunan	26847	5196	16178	5473	65.95	32.12	33.83
广 东	Guangdong	32689	7644	20126	4919	62.42	37.98	24.44
广 西	Guangxi	22930	5500	13726	3703	67.05	40.07	26.98
海 南	Hainan	4049	792	2730	527	48.32	29.02	19.29
重 庆	Chongqing	9560	1335	5600	2625	70.72	23.84	46.87
四 川	Sichuan	35728	5565	21792	8371	63.95	25.54	38.41
贵 州	Guizhou	17849	4371	10685	2794	67.06	40.91	26.15
云 南	Yunnan	23206	4724	15456	3026	50.14	30.56	19.58
西 藏	Tibet	2335	683	1507	145	54.93	45.32	9.61
陕 西	Shaanxi	14578	2413	9338	2826	56.10	25.84	30.26
甘 肃	Gansu	11694	2249	7548	1898	54.94	29.79	25.15
青 海	Qinghai	2350	578	1568	205	49.93	36.87	13.06
宁 夏	Ningxia	2511	525	1663	324	51.03	31.55	19.47
新 疆	Xinjiang	11158	2896	7424	837	50.29	39.01	11.28

2-11 各地区户数、人口数、性别比和平均家庭户规模
Households, Population, Sex Ratio and Household Size by Region

地区 Region	户数(户) Number of Households (households)	家庭户 Family Household	集体户 Collective Household	人口数(人) Population (person)	男 Male	女 Female	性别比(女=100) Sex Ratio (Female=100)
全国 National Total	**513643**	**497176**	**16467**	**1443996**	**737631**	**706364**	**104.43**
北京 Beijing	9019	8545	474	22372	11415	10957	104.18
天津 Tianjin	5650	5519	131	13959	7150	6809	105.01
河北 Hebei	26124	25502	622	76002	37765	38237	98.77
山西 Shanxi	13147	12790	357	35655	18209	17446	104.37
内蒙古 Inner Mongolia	9945	9780	165	24595	12545	12050	104.11
辽宁 Liaoning	17728	17332	396	42990	21196	21795	97.25
吉林 Jilin	10003	9783	220	24045	12012	12033	99.82
黑龙江 Heilongjiang	14151	13995	157	31744	15869	15875	99.96
上海 Shanghai	10277	9835	442	25347	13153	12194	107.87
江苏 Jiangsu	31271	30063	1208	87223	44255	42967	103.00
浙江 Zhejiang	26291	24980	1311	67369	35195	32173	109.39
安徽 Anhui	22615	21959	656	62763	32034	30729	104.25
福建 Fujian	14862	14176	686	42900	22213	20687	107.38
江西 Jiangxi	15012	14524	488	46380	23966	22414	106.92
山东 Shandong	38163	37190	974	104093	52785	51309	102.88
河南 Henan	33585	32856	728	101113	50756	50357	100.79
湖北 Hubei	20180	19244	936	59860	30827	29033	106.18
湖南 Hunan	23041	22441	600	67649	34622	33028	104.83
广东 Guangdong	44934	42698	2235	129642	68360	61283	111.55
广西 Guangxi	16283	15739	544	51699	26753	24945	107.25
海南 Hainan	3084	2919	165	10515	5587	4929	113.36
重庆 Chongqing	12267	11931	336	32914	16623	16291	102.04
四川 Sichuan	30809	30034	775	85772	43264	42508	101.78
贵州 Guizhou	12451	12015	436	39500	20190	19310	104.55
云南 Yunnan	15007	14494	512	48066	24744	23322	106.10
西藏 Tibet	1049	1029	20	3730	1951	1779	109.70
陕西 Shaanxi	14854	14469	386	40518	20665	19852	104.10
甘肃 Gansu	8476	8291	186	25529	12966	12563	103.21
青海 Qinghai	2008	1963	46	6094	3061	3033	100.95
宁夏 Ningxia	2593	2507	86	7460	3801	3659	103.89
新疆 Xinjiang	8760	8572	188	26497	13699	12799	107.03

2-11 续表 continued

地 区	Region	家庭户人口数 (人) Family Household Population (person)	男 Male	女 Female	性别比 (女=100) Sex Ratio (Female=100)	集体户人口数 (人) Collective Household Population (person)	男 Male	女 Female	平均家庭户规模 (人/户) Average Family Size (person/ household)
全 国	**National Total**	**1372731**	**696819**	**675912**	**103.09**	**71264**	**40812**	**30452**	**2.76**
北 京	Beijing	20850	10452	10398	100.52	1522	963	559	2.44
天 津	Tianjin	13479	6821	6658	102.45	480	329	151	2.44
河 北	Hebei	72702	36133	36569	98.81	3299	1631	1668	2.85
山 西	Shanxi	34173	17181	16992	101.11	1482	1028	454	2.67
内蒙古	Inner Mongolia	23949	12154	11795	103.05	646	391	255	2.45
辽 宁	Liaoning	41265	20219	21046	96.07	1725	977	748	2.38
吉 林	Jilin	23295	11661	11634	100.23	750	351	399	2.38
黑龙江	Heilongjiang	31124	15562	15562	100.00	620	307	313	2.22
上 海	Shanghai	23626	12002	11624	103.25	1721	1151	569	2.40
江 苏	Jiangsu	82388	41209	41179	100.07	4835	3047	1788	2.74
浙 江	Zhejiang	63033	32392	30641	105.71	4336	2803	1532	2.52
安 徽	Anhui	59492	29926	29566	101.22	3271	2108	1163	2.71
福 建	Fujian	40180	20642	19538	105.65	2720	1571	1149	2.83
江 西	Jiangxi	44213	22833	21381	106.79	2167	1133	1033	3.04
山 东	Shandong	100142	50962	49180	103.62	3951	1822	2129	2.69
河 南	Henan	97380	48985	48395	101.22	3734	1771	1963	2.96
湖 北	Hubei	55740	28226	27514	102.59	4120	2601	1519	2.90
湖 南	Hunan	64388	32698	31690	103.18	3262	1923	1338	2.87
广 东	Guangdong	120759	62723	58036	108.08	8883	5636	3247	2.83
广 西	Guangxi	48855	25405	23449	108.34	2844	1348	1496	3.10
海 南	Hainan	9886	5231	4656	112.35	629	356	273	3.39
重 庆	Chongqing	31077	15553	15524	100.19	1837	1070	767	2.60
四 川	Sichuan	81636	41093	40543	101.36	4136	2171	1965	2.72
贵 州	Guizhou	37402	19079	18324	104.12	2097	1111	986	3.11
云 南	Yunnan	45634	23466	22168	105.85	2433	1278	1154	3.15
西 藏	Tibet	3646	1898	1748	108.58	83	53	30	3.54
陕 西	Shaanxi	38992	19807	19185	103.25	1526	858	668	2.69
甘 肃	Gansu	24659	12596	12062	104.43	871	370	501	2.97
青 海	Qinghai	5901	2971	2931	101.37	192	91	102	3.01
宁 夏	Ningxia	7144	3644	3500	104.11	317	158	159	2.85
新 疆	Xinjiang	25722	13295	12427	106.98	775	404	371	3.00

2-12 各地区城市户数、人口数、性别比和平均家庭户规模
Households, Population, Sex Ratio and Household Size of Cities by Region

地 区	Region	户 数 (户) Number of Households (households)	家庭户 Family Household	集体户 Collective Household	人口数 (人) Population (person)	男 Male	女 Female	性别比 (女=100) Sex Ratio (Female=100)
全 国	**National Total**	**214871**	**203923**	**10949**	**580987**	**293800**	**287187**	**102.30**
北 京	Beijing	7411	7006	405	18181	9122	9059	100.70
天 津	Tianjin	4508	4384	124	10829	5531	5298	104.39
河 北	Hebei	7399	7045	353	20802	9847	10955	89.89
山 西	Shanxi	4742	4496	247	12936	6460	6476	99.75
内蒙古	Inner Mongolia	3911	3830	81	9524	4836	4688	103.16
辽 宁	Liaoning	10947	10586	361	26125	12608	13517	93.27
吉 林	Jilin	4277	4205	72	10019	4895	5124	95.53
黑龙江	Heilongjiang	6276	6163	114	13529	6717	6812	98.60
上 海	Shanghai	7818	7463	356	19867	10023	9844	101.81
江 苏	Jiangsu	14918	13931	987	41916	21311	20605	103.42
浙 江	Zhejiang	13353	12406	947	34420	18004	16416	109.67
安 徽	Anhui	6665	6332	333	18645	9532	9113	104.59
福 建	Fujian	6366	5902	464	17978	9144	8834	103.51
江 西	Jiangxi	4466	4126	341	13776	6940	6836	101.53
山 东	Shandong	14298	13763	536	39891	19889	20001	99.44
河 南	Henan	8859	8656	203	25304	12372	12931	95.68
湖 北	Hubei	8380	7604	776	24818	12758	12060	105.78
湖 南	Hunan	6415	6078	336	18907	9438	9469	99.67
广 东	Guangdong	28241	26544	1696	75072	40343	34729	116.16
广 西	Guangxi	5045	4727	318	15947	7898	8049	98.13
海 南	Hainan	1266	1204	63	3914	2063	1851	111.45
重 庆	Chongqing	6163	5914	249	17409	8652	8757	98.79
四 川	Sichuan	11412	10872	540	31700	15689	16010	98.00
贵 州	Guizhou	3343	3081	262	10292	5135	5156	99.60
云 南	Yunnan	4386	4088	298	12669	6323	6345	99.65
西 藏	Tibet	309	297	12	765	414	352	117.48
陕 西	Shaanxi	5916	5692	224	15610	7751	7859	98.62
甘 肃	Gansu	2498	2374	123	6531	3278	3253	100.75
青 海	Qinghai	833	798	35	2157	1057	1100	96.04
宁 夏	Ningxia	1103	1071	32	2925	1447	1477	97.99
新 疆	Xinjiang	3345	3286	60	8532	4323	4208	102.74

2-12 续表 continued

地 区	Region	家庭户人口数（人） Family Household Population (person)	男 Male	女 Female	性别比（女=100） Sex Ratio (Female=100)	集体户人口数（人） Collective Household Population (person)	男 Male	女 Female	平均家庭户规模（人/户） Average Family Size (person/household)
全 国	**National Total**	**535742**	**267914**	**267828**	**100.03**	**45245**	**25885**	**19360**	**2.63**
北 京	Beijing	16882	8329	8552	97.39	1299	793	506	2.41
天 津	Tianjin	10374	5221	5153	101.32	455	310	145	2.37
河 北	Hebei	19192	9104	10088	90.25	1610	743	867	2.72
山 西	Shanxi	11937	5805	6133	94.66	998	655	343	2.66
内蒙古	Inner Mongolia	9189	4599	4589	100.23	335	236	99	2.40
辽 宁	Liaoning	24608	11770	12838	91.68	1517	838	679	2.32
吉 林	Jilin	9712	4728	4984	94.86	307	167	140	2.31
黑龙江	Heilongjiang	13077	6413	6665	96.22	451	304	147	2.12
上 海	Shanghai	18397	9108	9289	98.05	1470	915	555	2.47
江 苏	Jiangsu	37948	18820	19128	98.39	3968	2491	1477	2.72
浙 江	Zhejiang	31386	16033	15353	104.43	3034	1971	1063	2.53
安 徽	Anhui	16918	8328	8590	96.94	1727	1204	523	2.67
福 建	Fujian	16200	8178	8023	101.93	1778	966	811	2.74
江 西	Jiangxi	12248	6174	6073	101.67	1528	766	762	2.97
山 东	Shandong	37714	19054	18659	102.12	2177	835	1342	2.74
河 南	Henan	24343	12081	12262	98.53	961	291	669	2.81
湖 北	Hubei	21634	10625	11010	96.51	3184	2133	1051	2.85
湖 南	Hunan	17169	8523	8646	98.57	1738	915	823	2.82
广 东	Guangdong	68436	36030	32407	111.18	6636	4313	2323	2.58
广 西	Guangxi	14315	7192	7123	100.97	1632	706	926	3.03
海 南	Hainan	3682	1893	1789	105.81	232	170	62	3.06
重 庆	Chongqing	16009	7772	8237	94.36	1400	880	521	2.71
四 川	Sichuan	29045	14397	14649	98.28	2654	1293	1362	2.67
贵 州	Guizhou	9259	4606	4653	98.98	1032	530	503	3.01
云 南	Yunnan	11423	5755	5668	101.54	1246	568	678	2.79
西 藏	Tibet	716	378	337	112.29	50	35	15	2.41
陕 西	Shaanxi	14760	7287	7473	97.51	850	464	386	2.59
甘 肃	Gansu	6044	3097	2947	105.09	487	181	306	2.55
青 海	Qinghai	2018	997	1020	97.77	140	59	80	2.53
宁 夏	Ningxia	2792	1396	1395	100.07	133	51	82	2.61
新 疆	Xinjiang	8315	4220	4095	103.04	216	103	113	2.53

2-13 各地区镇的户数、人口数、性别比和平均家庭户规模
Households, Population, Sex Ratio and Household Size of Towns by Region

地 区	Region	户 数 (户) Number of Households (households)	家庭户 Family Household	集体户 Collective Household	人口数 (人) Population (person)	男 Male	女 Female	性别比 (女=100) Sex Ratio (Female=100)
全 国	**National Total**	**123194**	**119262**	**3932**	**360042**	**182913**	**177129**	**103.27**
北 京	Beijing	623	597	26	1410	768	641	119.81
天 津	Tianjin	377	370	7	1052	548	504	108.75
河 北	Hebei	8699	8441	258	26054	12956	13098	98.92
山 西	Shanxi	3505	3444	61	9869	4995	4875	102.47
内蒙古	Inner Mongolia	2916	2878	38	7348	3621	3727	97.16
辽 宁	Liaoning	2239	2217	23	5259	2574	2686	95.82
吉 林	Jilin	2251	2135	115	5302	2600	2702	96.22
黑龙江	Heilongjiang	3375	3331	43	7490	3633	3857	94.18
上 海	Shanghai	1165	1095	70	2776	1589	1187	133.85
江 苏	Jiangsu	8043	7859	184	22995	11597	11397	101.75
浙 江	Zhejiang	5950	5689	261	15016	7731	7285	106.13
安 徽	Anhui	6733	6459	274	19108	9473	9636	98.31
福 建	Fujian	3975	3862	113	12101	6305	5796	108.79
江 西	Jiangxi	4637	4504	133	15012	7786	7227	107.74
山 东	Shandong	9722	9306	416	27287	14020	13267	105.68
河 南	Henan	10111	9624	487	32399	16589	15810	104.92
湖 北	Hubei	4504	4383	121	13892	6892	7000	98.46
湖 南	Hunan	7081	6873	208	21895	11163	10732	104.01
广 东	Guangdong	7040	6854	186	21881	11328	10552	107.35
广 西	Guangxi	3900	3747	153	12822	6727	6095	110.37
海 南	Hainan	699	662	37	2552	1338	1214	110.23
重 庆	Chongqing	2185	2156	29	5945	2928	3017	97.05
四 川	Sichuan	6639	6505	135	18345	9061	9284	97.59
贵 州	Guizhou	3390	3279	111	11359	5753	5606	102.63
云 南	Yunnan	3700	3577	124	12191	6286	5905	106.45
西 藏	Tibet	237	234	3	629	329	300	109.64
陕 西	Shaanxi	3668	3523	144	10330	5298	5032	105.29
甘 肃	Gansu	2326	2270	56	7304	3667	3638	100.79
青 海	Qinghai	534	525	9	1586	768	819	93.78
宁 夏	Ningxia	702	672	30	2025	1035	990	104.60
新 疆	Xinjiang	2269	2193	77	6808	3557	3251	109.40

2-13 续表 continued

地 区	Region	家庭户人口数 (人) Family Household Population (person)	男 Male	女 Female	性别比 (女=100) Sex Ratio (Female=100)	集体户人口数 (人) Collective Household Population (person)	男 Male	女 Female	平均家庭户规模 (人/户) Average Family Size (person/household)
全 国	**National Total**	**341282**	**172545**	**168737**	**102.26**	**18760**	**10369**	**8392**	**2.86**
北 京	Beijing	1319	719	600	119.91	91	49	42	2.21
天 津	Tianjin	1028	530	498	106.45	24	18	6	2.78
河 北	Hebei	24417	12098	12319	98.21	1638	858	779	2.89
山 西	Shanxi	9571	4784	4786	99.95	299	211	88	2.78
内蒙古	Inner Mongolia	7156	3555	3600	98.75	192	66	126	2.49
辽 宁	Liaoning	5167	2524	2643	95.51	92	49	43	2.33
吉 林	Jilin	4965	2452	2513	97.59	337	148	189	2.33
黑龙江	Heilongjiang	7321	3629	3692	98.3	169	4	166	2.20
上 海	Shanghai	2574	1395	1180	118.23	202	194	8	2.35
江 苏	Jiangsu	22290	11134	11156	99.8	705	464	241	2.84
浙 江	Zhejiang	14138	7182	6956	103.26	879	549	330	2.49
安 徽	Anhui	18089	8955	9134	98.04	1019	518	502	2.80
福 建	Fujian	11568	5997	5571	107.64	533	308	225	3.00
江 西	Jiangxi	14447	7460	6987	106.78	566	326	240	3.21
山 东	Shandong	25575	13075	12500	104.61	1712	945	767	2.75
河 南	Henan	29706	15173	14533	104.41	2693	1416	1277	3.09
湖 北	Hubei	13104	6530	6574	99.33	787	362	425	2.99
湖 南	Hunan	20674	10322	10352	99.7	1221	841	380	3.01
广 东	Guangdong	21058	10932	10126	107.96	823	396	427	3.07
广 西	Guangxi	11907	6119	5788	105.73	915	608	307	3.18
海 南	Hainan	2358	1268	1090	116.33	195	70	124	3.56
重 庆	Chongqing	5821	2867	2953	97.08	125	61	64	2.70
四 川	Sichuan	17630	8692	8939	97.23	714	369	345	2.71
贵 州	Guizhou	10674	5389	5286	101.95	685	365	320	3.26
云 南	Yunnan	11558	5923	5635	105.12	633	363	270	3.23
西 藏	Tibet	621	324	296	109.52	9	5	4	2.65
陕 西	Shaanxi	9718	4952	4765	103.93	612	346	267	2.76
甘 肃	Gansu	6951	3504	3447	101.67	353	162	191	3.06
青 海	Qinghai	1539	740	799	92.63	47	28	20	2.93
宁 夏	Ningxia	1911	980	931	105.21	114	56	59	2.84
新 疆	Xinjiang	6431	3340	3091	108.06	376	216	160	2.93

2-14 各地区乡村户数、人口数、性别比和平均家庭户规模
Households, Population, Sex Ratio and Household Size of Rural Areas by Region

地 区	Region	户 数（户）Number of Households (households)	家庭户 Family Household	集体户 Collective Household	人口数（人）Population (person)	男 Male	女 Female	性别比（女=100）Sex Ratio (Female=100)
全 国	**National Total**	**175578**	**173991**	**1587**	**502967**	**260919**	**242048**	**107.80**
北 京	Beijing	985	942	44	2781	1524	1257	121.31
天 津	Tianjin	765	765		2079	1072	1007	106.45
河 北	Hebei	10027	10015	11	29145	14961	14184	105.48
山 西	Shanxi	4899	4850	49	12850	6754	6096	110.80
内蒙古	Inner Mongolia	3118	3072	46	7724	4088	3636	112.45
辽 宁	Liaoning	4542	4530	12	11606	6014	5591	107.56
吉 林	Jilin	3476	3443	33	8725	4517	4208	107.36
黑龙江	Heilongjiang	4500	4500		10726	5520	5206	106.03
上 海	Shanghai	1293	1278	16	2704	1541	1162	132.63
江 苏	Jiangsu	8310	8273	36	22312	11347	10965	103.49
浙 江	Zhejiang	6989	6886	103	17932	9460	8472	111.65
安 徽	Anhui	9217	9168	49	25009	13029	11980	108.76
福 建	Fujian	4521	4412	109	12821	6764	6057	111.66
江 西	Jiangxi	5909	5894	14	17592	9240	8352	110.64
山 东	Shandong	14143	14121	22	36916	18875	18041	104.62
河 南	Henan	14615	14577	38	43411	21795	21616	100.83
湖 北	Hubei	7296	7257	39	21150	11177	9973	112.07
湖 南	Hunan	9546	9490	56	26847	14021	12826	109.32
广 东	Guangdong	9653	9300	354	32689	16688	16001	104.29
广 西	Guangxi	7337	7265	73	22930	12128	10801	112.28
海 南	Hainan	1119	1054	66	4049	2186	1864	117.29
重 庆	Chongqing	3919	3861	58	9560	5044	4516	111.68
四 川	Sichuan	12757	12658	100	35728	18514	17214	107.55
贵 州	Guizhou	5719	5655	63	17849	9301	8548	108.81
云 南	Yunnan	6920	6829	90	23206	12135	11072	109.60
西 藏	Tibet	503	498	5	2335	1209	1126	107.29
陕 西	Shaanxi	5271	5254	17	14578	7617	6961	109.42
甘 肃	Gansu	3652	3646	6	11694	6022	5672	106.18
青 海	Qinghai	642	640	2	2350	1237	1114	111.06
宁 夏	Ningxia	788	764	24	2511	1319	1192	110.61
新 疆	Xinjiang	3146	3094	52	11158	5819	5340	108.97

2-14 续表 continued

地 区	Region	家庭户人口数 (人) Family Household Population (person)	男 Male	女 Female	性别比 (女=100) Sex Ratio (Female=100)	集体户人口数 (人) Collective Household Population (person)	男 Male	女 Female	平均家庭户规模 (人/户) Average Family Size (person/ household)
全 国	**National Total**	**495708**	**256360**	**239348**	**107.11**	**7259**	**4558**	**2701**	**2.85**
北 京	Beijing	2649	1403	1246	112.66	132	121	11	2.81
天 津	Tianjin	2077	1070	1007	106.30	2	2		2.71
河 北	Hebei	29094	14931	14162	105.43	51	30	21	2.90
山 西	Shanxi	12665	6592	6073	108.54	185	162	22	2.61
内蒙古	Inner Mongolia	7605	3999	3605	110.93	119	89	30	2.48
辽 宁	Liaoning	11490	5925	5565	106.46	116	90	26	2.54
吉 林	Jilin	8619	4481	4138	108.29	106	36	70	2.50
黑龙江	Heilongjiang	10726	5520	5206	106.03				2.38
上 海	Shanghai	2655	1499	1156	129.74	49	42	7	2.08
江 苏	Jiangsu	22150	11255	10895	103.31	162	92	70	2.68
浙 江	Zhejiang	17509	9176	8333	110.13	423	283	140	2.54
安 徽	Anhui	24485	12643	11842	106.77	525	386	138	2.67
福 建	Fujian	12412	6468	5945	108.80	409	296	113	2.81
江 西	Jiangxi	17519	9198	8321	110.54	73	42	31	2.97
山 东	Shandong	36853	18832	18021	104.50	62	42	20	2.61
河 南	Henan	43331	21731	21600	100.60	80	64	16	2.97
湖 北	Hubei	21001	11071	9930	111.50	149	106	43	2.89
湖 南	Hunan	26545	13854	12691	109.16	302	167	135	2.80
广 东	Guangdong	31265	15761	15504	101.66	1424	927	498	3.36
广 西	Guangxi	22632	12094	10539	114.75	297	35	263	3.12
海 南	Hainan	3847	2070	1777	116.50	202	116	87	3.65
重 庆	Chongqing	9247	4914	4333	113.40	313	130	183	2.39
四 川	Sichuan	34960	18005	16955	106.19	768	509	259	2.76
贵 州	Guizhou	17469	9084	8385	108.34	380	217	163	3.09
云 南	Yunnan	22653	11787	10866	108.48	553	347	206	3.32
西 藏	Tibet	2310	1195	1115	107.21	25	13	12	4.64
陕 西	Shaanxi	14514	7568	6946	108.96	64	49	15	2.76
甘 肃	Gansu	11664	5995	5668	105.77	31	27	4	3.20
青 海	Qinghai	2345	1233	1112	110.95	6	4	2	3.66
宁 夏	Ningxia	2442	1268	1174	108.05	70	51	19	3.19
新 疆	Xinjiang	10975	5734	5241	109.42	183	84	99	3.55

2-15 各地区按家庭户规模分的户数

单位：户

地 区	Region	家庭户户数 Number of Family Households	一人户 One Person	二人户 Two Persons	三人户 Three Persons	四人户 Four Persons
全 国	**National Total**	**497176**	**83354**	**118606**	**105506**	**92161**
北 京	Beijing	8545	2167	2401	2082	986
天 津	Tianjin	5519	1025	1810	1510	764
河 北	Hebei	25502	3858	6680	5149	5359
山 西	Shanxi	12790	1929	3439	3123	2642
内蒙古	Inner Mongolia	9780	1586	3231	2754	1491
辽 宁	Liaoning	17332	3306	5337	4859	2265
吉 林	Jilin	9783	1614	3191	2689	1310
黑龙江	Heilongjiang	13995	2984	5314	3506	1354
上 海	Shanghai	9835	2209	2938	2504	1196
江 苏	Jiangsu	30063	4470	7610	6869	5411
浙 江	Zhejiang	24980	5616	6750	5261	3783
安 徽	Anhui	21959	3000	5169	4700	4452
福 建	Fujian	14176	2419	2700	2778	2835
江 西	Jiangxi	14524	1964	2651	2505	3123
山 东	Shandong	37190	5647	10428	8332	7910
河 南	Henan	32856	4633	6727	6189	7205
湖 北	Hubei	19244	2528	4075	4582	3932
湖 南	Hunan	22441	3113	4710	4598	4714
广 东	Guangdong	42698	10922	8291	6742	6723
广 西	Guangxi	15739	2123	2293	2809	3470
海 南	Hainan	2919	446	470	464	623
重 庆	Chongqing	11931	2062	3006	2563	2009
四 川	Sichuan	30034	4773	7164	6342	5400
贵 州	Guizhou	12015	1242	1932	2090	2648
云 南	Yunnan	14494	1948	2304	2652	3218
西 藏	Tibet	1029	257	142	153	162
陕 西	Shaanxi	14469	2329	3382	3200	2869
甘 肃	Gansu	8291	1036	1616	1684	1631
青 海	Qinghai	1963	378	397	394	352
宁 夏	Ningxia	2507	336	637	582	510
新 疆	Xinjiang	8572	1433	1811	1840	1813

Family Households by Size and Region

(household)

五人户 Five Persons	六人户 Six Persons	七人户 Seven Persons	八人户 Eight Persons	九人户 Nine Persons	十人及以上户 Ten Persons and Over
49122	**29852**	**11036**	**4052**	**1730**	**1757**
564	227	68	33	12	6
258	111	31	8	1	1
2256	1360	545	184	69	41
892	547	138	45	22	14
441	214	41	13	8	2
958	464	100	36	4	4
620	263	65	18	7	5
544	217	61	13	2	2
679	227	44	22	8	9
3164	1703	527	178	71	60
2005	1120	283	97	43	22
2305	1523	505	180	69	55
1583	1153	378	158	78	93
1885	1424	621	193	77	81
2780	1551	375	105	34	28
3808	2708	1076	349	109	52
2259	1195	437	142	52	42
2703	1660	599	196	75	73
4199	2818	1449	662	398	493
2242	1439	684	317	143	220
378	246	128	67	40	57
1290	717	193	58	19	13
3415	1944	636	217	75	69
1839	1202	588	263	108	102
2024	1426	589	191	74	68
105	68	46	34	19	41
1479	880	230	65	22	12
1017	787	325	107	49	40
197	142	58	23	10	10
232	124	53	19	7	6
999	391	160	59	29	37

2-16 各地区城市按家庭户规模分的户数

单位：户

地 区	Region	家庭户户数 Number of Family Households	一人户 One Person	二人户 Two Persons	三人户 Three Persons	四人户 Four Persons
全 国	**National Total**	**203923**	**44096**	**55487**	**49017**	**31419**
北 京	Beijing	7006	1772	1991	1787	809
天 津	Tianjin	4384	886	1479	1242	551
河 北	Hebei	7045	1192	2133	1727	1208
山 西	Shanxi	4496	728	1274	1278	812
内蒙古	Inner Mongolia	3830	741	1283	1183	466
辽 宁	Liaoning	10586	2360	3507	3205	1014
吉 林	Jilin	4205	828	1560	1250	391
黑龙江	Heilongjiang	6163	1688	2356	1572	383
上 海	Shanghai	7463	1568	2157	2029	933
江 苏	Jiangsu	13931	2401	3657	3751	2291
浙 江	Zhejiang	12406	3029	3548	2585	1795
安 徽	Anhui	6332	1091	1755	1695	1081
福 建	Fujian	5902	1396	1285	1238	1054
江 西	Jiangxi	4126	845	850	774	819
山 东	Shandong	13763	2266	3830	3573	2604
河 南	Henan	8656	1620	2152	1976	1700
湖 北	Hubei	7604	1230	1874	2052	1301
湖 南	Hunan	6078	1104	1546	1406	1136
广 东	Guangdong	26544	8327	6054	4475	3878
广 西	Guangxi	4727	1005	881	1008	934
海 南	Hainan	1204	258	251	231	236
重 庆	Chongqing	5914	1158	1616	1463	902
四 川	Sichuan	10872	2101	3106	2639	1648
贵 州	Guizhou	3081	498	695	650	586
云 南	Yunnan	4088	930	980	889	695
西 藏	Tibet	297	101	69	56	47
陕 西	Shaanxi	5692	1277	1497	1410	927
甘 肃	Gansu	2374	538	659	573	406
青 海	Qinghai	798	202	215	183	116
宁 夏	Ningxia	1071	186	303	304	200
新 疆	Xinjiang	3286	768	921	812	497

Family Households of Cities by Size and Region

(household)

五人户 Five Persons	六人户 Six Persons	七人户 Seven Persons	八人户 Eight Persons	九人户 Nine Persons	十人及以上户 Ten Persons and Over
13868	**6795**	**1928**	**702**	**307**	**305**
428	154	39	17	6	2
154	52	15	3	1	
449	193	76	47	11	9
223	130	28	11	5	7
113	38	6	1		1
323	143	18	13	1	2
129	39	5	3		
119	37	7			
547	170	28	18	6	7
1161	498	120	31	8	12
848	426	123	35	11	5
462	195	36	7	3	7
527	278	69	25	14	16
391	271	109	28	16	22
897	477	84	21	9	2
629	394	130	34	14	6
686	289	104	46	12	11
497	249	76	31	15	17
1992	1088	401	152	92	85
449	241	94	53	22	39
108	61	26	10	8	16
490	238	33	9	3	2
849	411	86	24	7	
325	200	73	28	11	14
299	184	67	17	15	11
15	6	2	1	1	1
371	156	32	14	5	1
116	63	13	4	2	1
45	26	7	2		
51	19	3	2		1
173	65	20	14	7	7

2-17 各地区镇按家庭户规模分的户数

单位：户

地 区	Region	家庭户户数 Number of Family Households	一人户 One Person	二人户 Two Persons	三人户 Three Persons	四人户 Four Persons
全 国	**National Total**	**119262**	**19480**	**28915**	**25186**	**23609**
北 京	Beijing	597	204	190	100	52
天 津	Tianjin	370	40	109	89	79
河 北	Hebei	8441	1521	2021	1655	1762
山 西	Shanxi	3444	482	930	869	857
内蒙古	Inner Mongolia	2878	485	955	880	444
辽 宁	Liaoning	2217	430	775	578	279
吉 林	Jilin	2135	419	786	606	211
黑龙江	Heilongjiang	3331	719	1340	885	287
上 海	Shanghai	1095	303	374	196	126
江 苏	Jiangsu	7859	1207	2120	1599	1399
浙 江	Zhejiang	5689	1504	1595	1149	767
安 徽	Anhui	6459	934	1588	1496	1348
福 建	Fujian	3862	602	737	771	825
江 西	Jiangxi	4504	591	924	825	986
山 东	Shandong	9306	1369	2578	2064	2206
河 南	Henan	9624	1365	1957	1991	2269
湖 北	Hubei	4383	484	990	1036	991
湖 南	Hunan	6873	987	1430	1394	1413
广 东	Guangdong	6854	1465	1221	1048	1169
广 西	Guangxi	3747	557	579	649	821
海 南	Hainan	662	83	95	94	155
重 庆	Chongqing	2156	371	593	447	377
四 川	Sichuan	6505	1131	1743	1394	1094
贵 州	Guizhou	3279	338	503	580	802
云 南	Yunnan	3577	496	571	710	827
西 藏	Tibet	234	90	35	35	34
陕 西	Shaanxi	3523	513	851	786	782
甘 肃	Gansu	2270	245	519	498	495
青 海	Qinghai	525	115	109	101	92
宁 夏	Ningxia	672	91	187	168	140
新 疆	Xinjiang	2193	342	508	491	522

Family Households of Towns by Size and Region

(household)

五人户 Five Persons	六人户 Six Persons	七人户 Seven Persons	八人户 Eight Persons	九人户 Nine Persons	十人及以上户 Ten Persons and Over
10988	**6825**	**2491**	**914**	**416**	**437**
30	14	4	1	1	1
34	14	3	1		
757	449	171	65	31	10
170	99	26	6	4	
77	31	4	1		
91	45	12	4	1	1
79	28	5	1		1
77	23	1			
63	26	4	2		2
816	456	155	65	25	18
379	212	45	23	8	8
568	359	94	38	21	14
401	328	97	49	24	28
548	371	160	60	14	24
631	322	98	22	8	7
971	679	253	82	34	25
483	256	99	22	15	7
836	536	161	53	30	32
681	583	340	140	72	136
509	327	155	64	39	46
95	65	32	19	12	13
203	119	34	8	4	2
637	348	115	35	3	6
495	315	137	53	32	23
455	323	126	42	15	12
16	12	7	3	1	1
326	191	43	21	4	5
251	162	64	20	6	11
49	34	12	6	4	3
50	24	8	2	1	
209	73	29	9	7	3

2-18 各地区乡村按家庭户规模分的户数

单位：户

地 区	Region	家庭户户数 Number of Family Households	一人户 One Person	二人户 Two Persons	三人户 Three Persons	四人户 Four Persons
全 国	**National Total**	**173991**	**19778**	**34204**	**31303**	**37132**
北 京	Beijing	942	191	219	195	125
天 津	Tianjin	765	99	221	179	135
河 北	Hebei	10015	1145	2526	1767	2390
山 西	Shanxi	4850	719	1235	976	972
内蒙古	Inner Mongolia	3072	360	994	691	581
辽 宁	Liaoning	4530	516	1055	1075	972
吉 林	Jilin	3443	368	845	834	709
黑龙江	Heilongjiang	4500	576	1618	1049	684
上 海	Shanghai	1278	338	406	280	137
江 苏	Jiangsu	8273	862	1833	1518	1721
浙 江	Zhejiang	6886	1083	1607	1527	1222
安 徽	Anhui	9168	976	1826	1508	2023
福 建	Fujian	4412	421	678	769	956
江 西	Jiangxi	5894	529	878	905	1318
山 东	Shandong	14121	2011	4021	2695	3099
河 南	Henan	14577	1648	2617	2223	3236
湖 北	Hubei	7257	814	1211	1495	1640
湖 南	Hunan	9490	1022	1733	1798	2164
广 东	Guangdong	9300	1130	1017	1219	1676
广 西	Guangxi	7265	561	833	1152	1715
海 南	Hainan	1054	105	124	139	233
重 庆	Chongqing	3861	534	797	653	731
四 川	Sichuan	12658	1540	2314	2309	2657
贵 州	Guizhou	5655	405	734	860	1260
云 南	Yunnan	6829	522	753	1053	1696
西 藏	Tibet	498	66	38	63	81
陕 西	Shaanxi	5254	539	1033	1004	1160
甘 肃	Gansu	3646	253	437	613	730
青 海	Qinghai	640	61	73	109	144
宁 夏	Ningxia	764	59	147	109	169
新 疆	Xinjiang	3094	323	382	537	794

Family Households of Rural Areas by Size and Region

(household)

五人户 Five Persons	六人户 Six Persons	七人户 Seven Persons	八人户 Eight Persons	九人户 Nine Persons	十人及以上户 Ten Persons and Over
24265	**16233**	**6617**	**2436**	**1008**	**1015**
106	58	25	14	5	2
70	45	13	3		1
1049	718	299	73	26	23
499	318	84	28	13	7
251	145	31	12	8	1
544	275	70	19	2	1
412	196	56	14	7	5
348	157	53	13		2
69	31	13	2	2	
1187	749	253	82	38	30
778	482	115	38	24	9
1275	969	376	135	46	34
656	548	212	84	40	49
945	781	352	106	46	35
1252	752	193	62	17	19
2209	1635	694	233	61	20
1091	649	234	75	25	24
1370	875	361	111	30	24
1526	1147	708	370	234	272
1283	871	434	200	82	135
175	120	71	39	20	28
597	361	126	41	12	10
1929	1184	436	158	66	63
1019	687	378	181	65	66
1269	919	396	132	44	45
74	50	38	30	18	40
782	533	155	30	12	6
650	562	249	84	41	28
103	82	39	16	6	7
131	81	42	15	6	5
617	253	112	36	15	27

2-19 各地区家庭户类别
Family Households by Type and Region

单位：户 (household)

地 区	Region	家庭户户数 Number of Family Households	一代户 One Generation	二代户 Two Generations	三代户 Three Generations	四代及以上户 Four Generations and Over
全 国	**National Total**	**497176**	**233092**	**189559**	**71969**	**2556**
北 京	Beijing	8545	4831	2694	996	23
天 津	Tianjin	5519	2896	2161	454	9
河 北	Hebei	25502	11527	10521	3350	104
山 西	Shanxi	12790	6055	5409	1275	51
内蒙古	Inner Mongolia	9780	5190	3946	630	14
辽 宁	Liaoning	17332	9840	6019	1450	23
吉 林	Jilin	9783	5407	3508	842	25
黑龙江	Heilongjiang	13995	8569	4533	873	20
上 海	Shanghai	9835	5644	3072	1098	20
江 苏	Jiangsu	30063	14498	10395	4946	224
浙 江	Zhejiang	24980	13887	7818	3164	110
安 徽	Anhui	21959	10288	8569	3006	96
福 建	Fujian	14176	6446	5223	2429	78
江 西	Jiangxi	14524	5821	5879	2749	76
山 东	Shandong	37190	18208	15394	3501	87
河 南	Henan	32856	13339	13751	5603	164
湖 北	Hubei	19244	8267	7314	3516	148
湖 南	Hunan	22441	9350	9012	3916	163
广 东	Guangdong	42698	20952	14796	6776	175
广 西	Guangxi	15739	6025	6584	3022	109
海 南	Hainan	2919	1006	1284	605	24
重 庆	Chongqing	11931	5892	4173	1807	59
四 川	Sichuan	30034	14165	10494	5124	251
贵 州	Guizhou	12015	4576	5174	2163	102
云 南	Yunnan	14494	5149	5926	3224	195
西 藏	Tibet	1029	381	441	198	9
陕 西	Shaanxi	14469	6520	5605	2260	83
甘 肃	Gansu	8291	3343	3296	1564	88
青 海	Qinghai	1963	756	861	336	10
宁 夏	Ningxia	2507	1084	1197	220	6
新 疆	Xinjiang	8572	3178	4513	871	11

2-20　各地区城市家庭户类别
Family Households of Cities by Type and Region

单位：户　　(household)

地　区	Region	家庭户户数 Number of Family Households	一代户 One Generation	二代户 Two Generations	三代户 Three Generations	四代及以上户 Four Generations and Over
全　国	**National Total**	**203923**	**100031**	**78569**	**24784**	**539**
北　京	Beijing	7006	3938	2316	739	12
天　津	Tianjin	4384	2335	1747	298	3
河　北	Hebei	7045	3268	3010	749	18
山　西	Shanxi	4496	2044	2064	378	10
内蒙古	Inner Mongolia	3830	1986	1634	208	2
辽　宁	Liaoning	10586	5990	3948	641	7
吉　林	Jilin	4205	2270	1643	289	3
黑龙江	Heilongjiang	6163	3791	2087	281	4
上　海	Shanghai	7463	4003	2558	891	11
江　苏	Jiangsu	13931	6377	5411	2074	69
浙　江	Zhejiang	12406	6813	4114	1444	36
安　徽	Anhui	6332	2868	2693	756	16
福　建	Fujian	5902	2729	2259	893	21
江　西	Jiangxi	4126	1731	1689	692	13
山　东	Shandong	13763	6216	6113	1414	20
河　南	Henan	8656	3570	3855	1211	19
湖　北	Hubei	7604	3386	3004	1181	32
湖　南	Hunan	6078	2587	2563	907	21
广　东	Guangdong	26544	14399	8708	3397	41
广　西	Guangxi	4727	1882	1979	846	21
海　南	Hainan	1204	490	511	199	4
重　庆	Chongqing	5914	2646	2255	990	24
四　川	Sichuan	10872	5212	3794	1810	56
贵　州	Guizhou	3081	1203	1368	494	16
云　南	Yunnan	4088	1854	1565	634	34
西　藏	Tibet	297	157	107	32	
陕　西	Shaanxi	5692	2651	2313	713	15
甘　肃	Gansu	2374	1147	984	238	4
青　海	Qinghai	798	386	324	85	2
宁　夏	Ningxia	1071	492	514	63	2
新　疆	Xinjiang	3286	1608	1440	236	3

2-21 各地区镇家庭户类别
Family Households of Towns by Type and Region

单位：户 (household)

地 区	Region	家庭户户数 Number of Family Households	一代户 One Generation	二代户 Two Generations	三代户 Three Generations	四代及以上户 Four Generations and Over
全 国	**National Total**	**119262**	**51719**	**49253**	**17638**	**651**
北 京	Beijing	597	406	133	59	
天 津	Tianjin	370	172	144	52	1
河 北	Hebei	8441	3717	3595	1093	36
山 西	Shanxi	3444	1451	1728	257	8
内蒙古	Inner Mongolia	2878	1396	1342	136	4
辽 宁	Liaoning	2217	1316	741	158	1
吉 林	Jilin	2135	1199	799	135	2
黑龙江	Heilongjiang	3331	1997	1184	149	2
上 海	Shanghai	1095	706	272	111	5
江 苏	Jiangsu	7859	3699	2671	1415	74
浙 江	Zhejiang	5689	3215	1768	688	17
安 徽	Anhui	6459	2755	2802	876	27
福 建	Fujian	3862	1548	1567	724	24
江 西	Jiangxi	4504	1565	2016	892	30
山 东	Shandong	9306	4347	4176	763	20
河 南	Henan	9624	3544	4415	1617	48
湖 北	Hubei	4383	1802	1754	793	34
湖 南	Hunan	6873	2587	2887	1332	66
广 东	Guangdong	6854	2886	2591	1330	48
广 西	Guangxi	3747	1385	1587	743	32
海 南	Hainan	662	200	307	148	7
重 庆	Chongqing	2156	985	826	332	13
四 川	Sichuan	6505	2976	2348	1129	52
贵 州	Guizhou	3279	1052	1572	641	13
云 南	Yunnan	3577	1168	1563	799	46
西 藏	Tibet	234	120	89	25	1
陕 西	Shaanxi	3523	1444	1544	511	24
甘 肃	Gansu	2270	800	1042	415	13
青 海	Qinghai	525	212	224	87	1
宁 夏	Ningxia	672	275	349	48	
新 疆	Xinjiang	2193	792	1217	180	3

2-22 各地区乡村家庭户类别
Family Households of Rural Areas by Type and Region

单位：户 (household)

地区	Region	家庭户户数 Number of Family Households	一代户 One Generation	二代户 Two Generations	三代户 Three Generations	四代及以上户 Four Generations and Over
全国	**National Total**	**173991**	**81342**	**61736**	**29547**	**1366**
北京	Beijing	942	487	245	198	12
天津	Tianjin	765	388	270	103	4
河北	Hebei	10015	4543	3915	1508	49
山西	Shanxi	4850	2559	1617	641	33
内蒙古	Inner Mongolia	3072	1807	970	287	7
辽宁	Liaoning	4530	2534	1330	651	14
吉林	Jilin	3443	1939	1066	418	21
黑龙江	Heilongjiang	4500	2781	1262	443	15
上海	Shanghai	1278	935	242	96	4
江苏	Jiangsu	8273	4422	2313	1458	81
浙江	Zhejiang	6886	3859	1936	1033	57
安徽	Anhui	9168	4665	3074	1375	54
福建	Fujian	4412	2169	1397	812	34
江西	Jiangxi	5894	2525	2173	1165	32
山东	Shandong	14121	7645	5105	1324	47
河南	Henan	14577	6225	5481	2774	97
湖北	Hubei	7257	3079	2556	1541	82
湖南	Hunan	9490	4176	3562	1677	75
广东	Guangdong	9300	3668	3497	2049	86
广西	Guangxi	7265	2758	3017	1433	56
海南	Hainan	1054	315	467	258	13
重庆	Chongqing	3861	2261	1093	485	23
四川	Sichuan	12658	5977	4353	2184	144
贵州	Guizhou	5655	2321	2234	1028	73
云南	Yunnan	6829	2126	2797	1791	115
西藏	Tibet	498	104	245	141	8
陕西	Shaanxi	5254	2425	1747	1036	45
甘肃	Gansu	3646	1395	1269	911	71
青海	Qinghai	640	158	312	163	7
宁夏	Ningxia	764	318	334	109	4
新疆	Xinjiang	3094	778	1856	455	5

2-23 全国家庭户人数和户主的年龄、性别构成
Population of Family Households, Age and Sex Composition of the Household Head

年 龄 Age	家庭户人口数（人） Population of Family Household (person)	男 Male	女 Female	户主数（人） Number of Household Head (person)	男 Male	女 Female	户主率（%） Household Head Rate (%)	男 Male	女 Female
总计 Total	**1372731**	**696819**	**675912**	**477013**	**360192**	**116821**	**34.75**	**51.69**	**17.28**
14岁及以下	**243898**	**129223**	**114675**	**215**	**130**	**85**	**0.09**	**0.10**	**0.07**
15-19	**53773**	**29504**	**24270**	**1084**	**614**	**471**	**2.02**	**2.08**	**1.94**
15	13212	7131	6081	78	40	38	0.59	0.56	0.63
16	12240	6735	5505	132	62	69	1.08	0.93	1.26
17	10978	6001	4978	230	114	117	2.10	1.89	2.34
18	9446	5230	4216	248	154	94	2.62	2.94	2.24
19	7897	4407	3490	396	244	152	5.02	5.54	4.35
20-24	**50642**	**26638**	**24004**	**6248**	**3774**	**2474**	**12.34**	**14.17**	**10.31**
20	9136	4925	4211	558	349	209	6.11	7.08	4.97
21	9320	5072	4248	842	518	324	9.04	10.22	7.63
22	10099	5218	4881	1186	724	462	11.74	13.88	9.46
23	10351	5395	4956	1569	940	630	15.16	17.42	12.70
24	11737	6028	5709	2092	1243	849	17.82	20.61	14.88
25-29	**79241**	**41040**	**38201**	**19700**	**13106**	**6594**	**24.86**	**31.93**	**17.26**
25	13733	7091	6642	2735	1708	1027	19.92	24.08	15.47
26	14736	7687	7049	3336	2187	1149	22.64	28.45	16.30
27	16320	8480	7840	4102	2691	1411	25.14	31.73	18.00
28	16415	8551	7864	4370	3001	1369	26.62	35.10	17.41
29	18036	9231	8806	5157	3519	1638	28.59	38.12	18.60
30-34	**112863**	**57724**	**55138**	**38913**	**27737**	**11176**	**34.48**	**48.05**	**20.27**
30	18023	9283	8741	5403	3745	1658	29.98	40.35	18.97
31	20177	10398	9779	6646	4700	1946	32.94	45.20	19.90
32	25666	13235	12431	8785	6394	2390	34.23	48.31	19.23
33	25083	12798	12284	8985	6486	2500	35.82	50.68	20.35
34	23914	12010	11904	9094	6412	2682	38.03	53.39	22.53
35-39	**107129**	**54514**	**52614**	**44454**	**32181**	**12273**	**41.50**	**59.03**	**23.33**
35	25763	13203	12561	10001	7280	2721	38.82	55.14	21.66
36	22806	11664	11142	9402	6804	2598	41.22	58.33	23.32
37	19778	9960	9818	8241	5890	2350	41.67	59.14	23.94
38	19808	10032	9776	8429	6138	2292	42.56	61.18	23.44
39	18974	9656	9318	8381	6069	2312	44.17	62.85	24.81

2-23 续表 continued

年 龄 Age	家庭户人口数（人）Population of Family Household (person)	男 Male	女 Female	户主数（人）Number of Household Head (person)	男 Male	女 Female	户主率（%）Household Head Rate (%)	男 Male	女 Female
40-44	**96413**	**49069**	**47344**	**45528**	**33739**	**11790**	**47.22**	**68.76**	**24.90**
40	21762	11125	10637	9964	7239	2726	45.79	65.07	25.62
41	19089	9636	9453	8790	6488	2302	46.05	67.34	24.35
42	17552	8981	8571	8339	6205	2135	47.51	69.09	24.91
43	19403	9906	9497	9311	6948	2364	47.99	70.13	24.89
44	18608	9421	9187	9123	6859	2264	49.03	72.80	24.64
45-49	**101938**	**51619**	**50319**	**51427**	**39574**	**11854**	**50.45**	**76.67**	**23.56**
45	17423	8923	8499	8607	6536	2071	49.40	73.25	24.37
46	19494	9884	9610	9793	7367	2425	50.24	74.54	25.24
47	20260	10337	9923	10279	7934	2345	50.73	76.75	23.63
48	21915	10996	10919	11186	8598	2588	51.04	78.19	23.70
49	22846	11478	11368	11563	9138	2425	50.61	79.62	21.33
50-54	**125564**	**62989**	**62575**	**64470**	**52038**	**12432**	**51.34**	**82.61**	**19.87**
50	23935	12015	11920	12134	9597	2537	50.70	79.87	21.29
51	24891	12648	12243	12924	10417	2508	51.92	82.36	20.48
52	25934	12873	13061	13237	10582	2655	51.04	82.20	20.33
53	24564	12389	12175	12674	10364	2310	51.60	83.66	18.97
54	26240	13064	13176	13501	11079	2422	51.45	84.81	18.38
55-59	**116160**	**57898**	**58262**	**59883**	**49145**	**10738**	**51.55**	**84.88**	**18.43**
55	20524	10277	10247	10645	8775	1870	51.87	85.39	18.25
56	24117	12103	12014	12459	10310	2149	51.66	85.19	17.89
57	23160	11562	11597	11970	9892	2078	51.68	85.55	17.91
58	22475	11122	11353	11574	9391	2183	51.50	84.44	19.23
59	25885	12834	13051	13235	10776	2459	51.13	83.97	18.84
60-64	**71506**	**35481**	**36025**	**36694**	**29566**	**7128**	**51.32**	**83.33**	**19.78**
60	19623	9761	9862	10133	8208	1925	51.64	84.09	19.52
61	10860	5197	5663	5399	4352	1047	49.72	83.74	18.50
62	13097	6440	6658	6750	5344	1406	51.53	82.98	21.12
63	12229	6181	6048	6395	5154	1242	52.30	83.39	20.53
64	15698	7903	7795	8016	6509	1508	51.07	82.36	19.34
65+	**213604**	**101121**	**112483**	**108397**	**78590**	**29808**	**50.75**	**77.72**	**26.50**

2-24 各地区分性别、受教育程度的人口
Population by Sex, Educational Attainment and Region

单位：人 (person)

地 区	Region	6岁及以上人口 Population Aged 6 and Over	男 Male	女 Female	未上过学 No Schooling	男 Male	女 Female
全 国	**National Total**	**1363035**	**695142**	**667894**	**51393**	**14948**	**36444**
北 京	Beijing	21297	10868	10429	282	89	194
天 津	Tianjin	13355	6841	6514	239	72	167
河 北	Hebei	71816	35581	36235	2021	683	1338
山 西	Shanxi	33750	17224	16526	669	252	417
内蒙古	Inner Mongolia	23479	11971	11508	923	273	650
辽 宁	Liaoning	41501	20438	21063	759	305	456
吉 林	Jilin	23244	11605	11640	500	169	330
黑龙江	Heilongjiang	30891	15438	15454	923	307	617
上 海	Shanghai	24462	12681	11781	500	135	366
江 苏	jiangsu	83346	42217	41129	2691	677	2014
浙 江	Zhejiang	64140	33505	30635	2807	667	2140
安 徽	Anhui	58982	30044	28939	3212	807	2406
福 建	Fujian	40294	20808	19487	1576	382	1194
江 西	Jiangxi	43582	22440	21142	1235	318	917
山 东	Shandong	97404	49290	48114	4637	1267	3370
河 南	Henan	94897	47526	47371	3439	1114	2326
湖 北	Hubei	56808	29199	27609	2092	528	1564
湖 南	Hunan	63926	32652	31274	1593	445	1147
广 东	Guangdong	121049	63757	57292	3063	902	2161
广 西	Guangxi	48016	24806	23210	1526	485	1041
海 南	Hainan	9819	5211	4608	303	81	222
重 庆	Chongqing	31320	15781	15540	871	278	593
四 川	Sichuan	81480	41047	40433	4046	1080	2967
贵 州	Guizhou	36184	18433	17751	2657	671	1985
云 南	Yunnan	44805	23046	21759	2364	705	1658
西 藏	Tibet	3384	1771	1613	971	418	554
陕 西	Shaanxi	38161	19468	18693	1438	456	983
甘 肃	Gansu	23823	12078	11745	2209	681	1528
青 海	Qinghai	5658	2836	2822	666	254	412
宁 夏	Ningxia	6921	3528	3393	420	125	296
新 疆	Xinjiang	25240	13054	12186	758	325	433

2-24 续表 1 continued

单位：人 (person)

地区	Region	小学 Primary School	男 Male	女 Female	初中 Junior Secondary School	男 Male	女 Female
全国	**National Total**	**355354**	**167013**	**188341**	**467993**	**252064**	**215929**
北京	Beijing	2309	1085	1224	4388	2309	2079
天津	Tianjin	2143	1013	1131	4205	2234	1971
河北	Hebei	17913	8307	9606	28340	14791	13550
山西	Shanxi	6689	3027	3662	13456	7145	6311
内蒙古	Inner Mongolia	5734	2675	3059	8040	4374	3666
辽宁	Liaoning	8414	3863	4552	17255	8771	8484
吉林	Jilin	5842	2736	3106	8571	4486	4085
黑龙江	Heilongjiang	6974	3268	3705	12786	6601	6184
上海	Shanghai	3072	1397	1675	6753	3648	3105
江苏	jiangsu	19111	8463	10648	27197	14235	12962
浙江	Zhejiang	17649	8576	9073	20132	11431	8700
安徽	Anhui	16688	7796	8891	20156	10869	9287
福建	Fujian	12104	5514	6590	12965	7410	5555
江西	Jiangxi	12604	5706	6898	15471	8346	7125
山东	Shandong	24906	11416	13491	34790	18816	15973
河南	Henan	24386	11563	12823	35982	18611	17371
湖北	Hubei	14329	6623	7705	20101	10821	9280
湖南	Hunan	16707	7877	8831	21922	11625	10296
广东	Guangdong	27011	12542	14469	41354	22775	18579
广西	Guangxi	14164	6697	7466	18150	10198	7952
海南	Hainan	1968	930	1039	4042	2208	1834
重庆	Chongqing	9273	4340	4933	9326	4888	4438
四川	Sichuan	26636	12859	13777	25050	13467	11583
贵州	Guizhou	12469	6177	6292	11828	6687	5141
云南	Yunnan	17016	8397	8619	13785	7891	5893
西藏	Tibet	1125	622	502	559	332	228
陕西	Shaanxi	9090	4333	4757	12853	6888	5965
甘肃	Gansu	7564	3628	3936	6827	3803	3025
青海	Qinghai	1921	953	968	1351	755	596
宁夏	Ningxia	1959	925	1033	2184	1230	953
新疆	Xinjiang	7585	3705	3880	8173	4417	3756

2-24 续表 2 continued

单位：人 (person)

地 区	Region	高 中 Senior Secondary School	男 Male	女 Female	大专及以上 College and Higher Level	男 Male	女 Female
全 国	**National Total**	**222881**	**123426**	**99455**	**265414**	**137692**	**127723**
北 京	Beijing	3600	1835	1765	10719	5551	5168
天 津	Tianjin	2385	1241	1143	4383	2281	2103
河 北	Hebei	11997	6308	5688	11547	5493	6052
山 西	Shanxi	6008	3258	2750	6928	3541	3388
内蒙古	Inner Mongolia	3739	1989	1749	5041	2659	2384
辽 宁	Liaoning	6147	3109	3038	8924	4392	4534
吉 林	Jilin	3875	1986	1888	4457	2228	2230
黑龙江	Heilongjiang	4851	2526	2325	5358	2735	2622
上 海	Shanghai	4572	2482	2090	9563	5019	4545
江 苏	jiangsu	14614	8278	6336	19733	10565	9168
浙 江	Zhejiang	9779	5484	4295	13772	7347	6426
安 徽	Anhui	8718	4985	3733	10209	5587	4622
福 建	Fujian	6160	3542	2618	7489	3959	3529
江 西	Jiangxi	7204	4325	2880	7068	3746	3323
山 东	Shandong	14922	8492	6430	18149	9299	8850
河 南	Henan	16748	9122	7626	14342	7117	7224
湖 北	Hubei	10075	5674	4401	10211	5553	4658
湖 南	Hunan	12658	6865	5793	11047	5840	5206
广 东	Guangdong	24112	14043	10069	25508	13495	12014
广 西	Guangxi	7294	4120	3174	6881	3305	3577
海 南	Hainan	1750	1033	716	1755	959	797
重 庆	Chongqing	5184	2825	2359	6666	3450	3216
四 川	Sichuan	11951	6441	5510	13798	7200	6598
贵 州	Guizhou	4035	2255	1780	5194	2643	2552
云 南	Yunnan	5281	2802	2479	6359	3250	3111
西 藏	Tibet	223	124	99	505	274	230
陕 西	Shaanxi	6153	3306	2847	8626	4485	4141
甘 肃	Gansu	3328	1913	1416	3894	2055	1840
青 海	Qinghai	653	349	304	1066	525	542
宁 夏	Ningxia	1002	560	442	1357	688	668
新 疆	Xinjiang	3861	2151	1710	4864	2456	2407

2-25 各地区城市分性别、受教育程度的人口

City Population by Sex, Educational Attainment and Region

单位：人 (person)

地 区	Region	6岁及以上人口 Population Aged 6 and Over	男 Male	女 Female	未上过学 No Schooling	男 Male	女 Female
全 国	**National Total**	**549894**	**277466**	**272428**	**10111**	**2946**	**7165**
北 京	Beijing	17311	8679	8632	176	57	120
天 津	Tianjin	10354	5286	5069	121	38	83
河 北	Hebei	19615	9243	10372	311	99	212
山 西	Shanxi	12244	6112	6132	169	55	112
内蒙古	Inner Mongolia	9076	4601	4475	153	49	104
辽 宁	Liaoning	25109	12103	13006	230	78	153
吉 林	Jilin	9650	4712	4938	105	39	67
黑龙江	Heilongjiang	13153	6529	6625	196	72	124
上 海	Shanghai	19153	9642	9511	286	73	212
江 苏	Jiangsu	39924	20261	19662	854	222	632
浙 江	Zhejiang	32723	17123	15601	982	241	742
安 徽	Anhui	17514	8930	8584	516	110	406
福 建	Fujian	16919	8567	8351	415	90	324
江 西	Jiangxi	13046	6554	6492	261	70	191
山 东	Shandong	37221	18453	18768	776	214	562
河 南	Henan	23670	11516	12153	422	189	233
湖 北	Hubei	23641	12135	11506	437	109	328
湖 南	Hunan	17857	8876	8980	153	53	100
广 东	Guangdong	70734	38016	32718	986	346	641
广 西	Guangxi	14871	7315	7556	194	74	120
海 南	Hainan	3636	1913	1723	46	12	33
重 庆	Chongqing	16551	8194	8357	229	76	153
四 川	Sichuan	30175	14913	15263	602	155	447
贵 州	Guizhou	9504	4719	4785	256	61	196
云 南	Yunnan	11903	5910	5993	333	83	250
西 藏	Tibet	732	395	338	93	40	53
陕 西	Shaanxi	14592	7224	7369	260	68	193
甘 肃	Gansu	6149	3088	3060	188	53	135
青 海	Qinghai	2037	993	1043	114	39	76
宁 夏	Ningxia	2729	1351	1377	71	19	52
新 疆	Xinjiang	8102	4115	3987	173	64	111

2-25 续表 1 continued

单位：人 (person)

地区	Region	小学 Primary School	男 Male	女 Female	初中 Junior Secondary School	男 Male	女 Female
全国	**National Total**	**94119**	**43309**	**50810**	**154300**	**79390**	**74910**
北京	Beijing	1692	774	918	2859	1439	1419
天津	Tianjin	1349	633	716	2757	1448	1310
河北	Hebei	3219	1434	1785	5562	2664	2898
山西	Shanxi	1693	739	954	3773	1916	1858
内蒙古	Inner Mongolia	1405	628	777	2665	1376	1289
辽宁	Liaoning	3523	1580	1944	8654	4178	4475
吉林	Jilin	1301	565	736	3102	1539	1563
黑龙江	Heilongjiang	1757	782	975	4435	2159	2276
上海	Shanghai	2108	919	1189	4774	2470	2304
江苏	Jiangsu	7159	3237	3922	10421	5276	5145
浙江	Zhejiang	7448	3603	3845	8990	5048	3942
安徽	Anhui	3198	1416	1782	5098	2583	2515
福建	Fujian	3646	1624	2021	4779	2576	2203
江西	Jiangxi	2653	1230	1423	3804	1950	1854
山东	Shandong	6682	3006	3677	10753	5432	5321
河南	Henan	4092	1957	2135	6563	3181	3382
湖北	Hubei	3742	1702	2040	6901	3461	3441
湖南	Hunan	2937	1383	1554	4674	2293	2381
广东	Guangdong	11571	5457	6114	21292	11932	9360
广西	Guangxi	2724	1296	1428	4109	2088	2020
海南	Hainan	524	250	275	1136	575	562
重庆	Chongqing	3285	1468	1817	4403	2163	2240
四川	Sichuan	5944	2716	3228	7718	3816	3902
贵州	Guizhou	2130	1006	1124	2857	1472	1385
云南	Yunnan	2639	1272	1367	3334	1817	1516
西藏	Tibet	187	97	90	140	80	59
陕西	Shaanxi	2020	930	1090	3693	1834	1859
甘肃	Gansu	1053	481	571	1671	834	837
青海	Qinghai	420	202	218	485	247	238
宁夏	Ningxia	477	219	258	802	416	386
新疆	Xinjiang	1542	703	839	2097	1127	971

2-25 续表 2 continued

单位：人 (person)

地 区	Region	高 中 Senior Secondary School	男 Male	女 Female	大专及以上 College and Higher Level	男 Male	女 Female
全 国	**National Total**	**111750**	**59128**	**52622**	**179613**	**92695**	**86920**
北 京	Beijing	2856	1410	1446	9727	4998	4729
天 津	Tianjin	2059	1051	1008	4067	2116	1952
河 北	Hebei	4085	1993	2092	6439	3054	3386
山 西	Shanxi	2549	1276	1273	4060	2126	1934
内蒙古	Inner Mongolia	1874	961	913	2978	1586	1392
辽 宁	Liaoning	4763	2354	2409	7938	3912	4025
吉 林	Jilin	2372	1153	1219	2770	1417	1354
黑龙江	Heilongjiang	3019	1526	1493	3746	1989	1756
上 海	Shanghai	3689	1940	1750	8297	4239	4057
江 苏	Jiangsu	7078	3878	3200	14411	7649	6763
浙 江	Zhejiang	5252	2824	2429	10050	5406	4643
安 徽	Anhui	3072	1691	1380	5630	3131	2499
福 建	Fujian	3092	1671	1420	4988	2605	2383
江 西	Jiangxi	2663	1483	1180	3664	1821	1843
山 东	Shandong	7919	4253	3666	11090	5548	5543
河 南	Henan	5758	2890	2868	6835	3299	3536
湖 北	Hubei	5426	2907	2520	7134	3956	3178
湖 南	Hunan	4031	1982	2049	6061	3166	2896
广 东	Guangdong	16233	9378	6854	20652	10904	9749
广 西	Guangxi	3484	1816	1668	4360	2040	2320
海 南	Hainan	820	457	363	1109	620	490
重 庆	Chongqing	3202	1710	1492	5432	2776	2656
四 川	Sichuan	5983	3123	2860	9928	5102	4825
贵 州	Guizhou	1496	806	690	2765	1374	1390
云 南	Yunnan	2214	1059	1156	3384	1679	1705
西 藏	Tibet	78	45	34	233	132	101
陕 西	Shaanxi	2898	1458	1439	5722	2934	2787
甘 肃	Gansu	1336	719	617	1902	1001	900
青 海	Qinghai	354	186	167	664	320	344
宁 夏	Ningxia	516	281	236	862	416	446
新 疆	Xinjiang	1577	846	731	2712	1376	1337

2-26 各地区镇分性别、受教育程度的人口
Town Population by Sex, Educational Attainment and Region

单位：人 (person)

地 区	Region	6岁及以上人口 Population Aged 6 and Over	男 Male	女 Female	未上过学 No Schooling	男 Male	女 Female
全 国	**National Total**	**339569**	**172190**	**167380**	**11315**	**3365**	**7949**
北 京	Beijing	1340	729	611	20	5	14
天 津	Tianjin	1009	527	482	28	5	21
河 北	Hebei	24586	12178	12408	592	244	348
山 西	Shanxi	9291	4690	4601	156	80	76
内蒙古	Inner Mongolia	6929	3410	3519	196	56	139
辽 宁	Liaoning	5099	2483	2616	81	37	44
吉 林	Jilin	5086	2484	2603	99	31	69
黑龙江	Heilongjiang	7249	3504	3745	187	73	114
上 海	Shanghai	2660	1524	1136	69	19	49
江 苏	Jiangsu	21966	11059	10907	751	188	562
浙 江	Zhejiang	14295	7349	6946	605	133	471
安 徽	Anhui	17971	8892	9079	779	219	560
福 建	Fujian	11348	5907	5441	360	92	267
江 西	Jiangxi	14125	7294	6831	290	72	218
山 东	Shandong	25552	13153	12399	1106	315	791
河 南	Henan	30697	15707	14990	758	267	492
湖 北	Hubei	13135	6490	6645	457	125	332
湖 南	Hunan	20798	10587	10211	397	93	304
广 东	Guangdong	20309	10486	9823	618	183	435
广 西	Guangxi	11927	6275	5652	346	131	215
海 南	Hainan	2404	1255	1149	83	21	62
重 庆	Chongqing	5629	2764	2865	169	50	119
四 川	Sichuan	17405	8566	8840	662	163	498
贵 州	Guizhou	10404	5237	5167	716	176	540
云 南	Yunnan	11325	5851	5474	439	125	314
西 藏	Tibet	581	304	276	119	50	70
陕 西	Shaanxi	9823	5044	4779	348	122	226
甘 肃	Gansu	6779	3387	3392	490	145	344
青 海	Qinghai	1479	713	766	146	49	97
宁 夏	Ningxia	1876	958	919	77	22	54
新 疆	Xinjiang	6492	3383	3110	172	72	100

2-26 续表 1 continued

单位：人 (person)

地 区	Region	小 学 Primary School	男 Male	女 Female	初 中 Junior Secondary School	男 Male	女 Female
全 国	**National Total**	**87183**	**40414**	**46769**	**122635**	**64254**	**58381**
北 京	Beijing	144	74	70	453	249	204
天 津	Tianjin	238	117	120	434	236	198
河 北	Hebei	5842	2671	3170	9320	4772	4548
山 西	Shanxi	1669	795	874	3641	1847	1793
内蒙古	Inner Mongolia	1409	619	790	2400	1246	1154
辽 宁	Liaoning	1080	489	592	2607	1279	1328
吉 林	Jilin	899	395	504	1818	906	911
黑龙江	Heilongjiang	1302	576	726	3343	1678	1665
上 海	Shanghai	399	201	198	948	544	405
江 苏	Jiangsu	5335	2333	3003	7961	4174	3787
浙 江	Zhejiang	3903	1888	2015	5279	2906	2373
安 徽	Anhui	4787	2181	2606	6075	3071	3005
福 建	Fujian	3641	1652	1989	4141	2333	1808
江 西	Jiangxi	3817	1724	2093	4971	2557	2414
山 东	Shandong	6024	2748	3276	9029	4845	4184
河 南	Henan	7167	3424	3744	10651	5493	5158
湖 北	Hubei	3395	1529	1866	4913	2503	2410
湖 南	Hunan	5174	2430	2744	7099	3667	3432
广 东	Guangdong	5374	2520	2854	7854	4130	3724
广 西	Guangxi	3202	1500	1701	4903	2627	2276
海 南	Hainan	471	226	245	1095	574	520
重 庆	Chongqing	1824	823	1001	1964	1005	958
四 川	Sichuan	5393	2423	2971	6198	3209	2989
贵 州	Guizhou	3505	1753	1751	3360	1797	1563
云 南	Yunnan	3928	1904	2024	3740	2069	1671
西 藏	Tibet	171	92	79	91	52	39
陕 西	Shaanxi	2494	1173	1321	3475	1861	1614
甘 肃	Gansu	1911	876	1035	1884	1005	879
青 海	Qinghai	511	236	275	372	201	171
宁 夏	Ningxia	508	236	272	643	351	292
新 疆	Xinjiang	1667	807	860	1972	1061	911

2-26 续表 2 continued

单位：人 (person)

地区	Region	高中 Senior Secondary School	男 Male	女 Female	大专及以上 College and Higher Level	男 Male	女 Female
全国	**National Total**	**61319**	**34325**	**26994**	**57119**	**29833**	**27286**
北京	Beijing	262	152	109	463	247	214
天津	Tianjin	149	87	62	161	81	80
河北	Hebei	5042	2679	2363	3791	1811	1979
山西	Shanxi	1878	1027	851	1947	940	1007
内蒙古	Inner Mongolia	1293	655	638	1632	834	798
辽宁	Liaoning	751	386	365	580	292	288
吉林	Jilin	975	523	452	1294	628	665
黑龙江	Heilongjiang	1192	637	555	1225	540	685
上海	Shanghai	491	298	193	753	463	290
江苏	Jiangsu	4357	2439	1918	3562	1924	1636
浙江	Zhejiang	2388	1331	1057	2120	1089	1030
安徽	Anhui	3140	1762	1378	3190	1659	1530
福建	Fujian	1625	970	655	1581	859	721
江西	Jiangxi	2648	1596	1052	2400	1345	1054
山东	Shandong	3911	2315	1596	5482	2931	2552
河南	Henan	6483	3631	2853	5637	2893	2745
湖北	Hubei	2405	1364	1041	1965	969	996
湖南	Hunan	4937	2681	2257	3192	1717	1475
广东	Guangdong	3526	2118	1408	2939	1535	1402
广西	Guangxi	2000	1147	853	1475	869	607
海南	Hainan	465	276	189	290	158	132
重庆	Chongqing	910	483	427	763	403	360
四川	Sichuan	2887	1566	1321	2264	1205	1060
贵州	Guizhou	1397	747	650	1427	764	663
云南	Yunnan	1617	901	716	1599	851	749
西藏	Tibet	47	27	20	151	82	69
陕西	Shaanxi	1653	900	753	1852	987	865
甘肃	Gansu	1132	657	475	1362	705	659
青海	Qinghai	181	95	86	268	131	137
宁夏	Ningxia	294	157	137	355	193	163
新疆	Xinjiang	1281	717	564	1400	726	674

2-27 各地区乡村分性别、受教育程度的人口

Rural Population by Sex, Educational Attainment and Region

单位：人 (person)

地区	Region	6岁及以上人口 Population Aged 6 and Over	男 Male	女 Female	未上过学 No Schooling	男 Male	女 Female
全国	**National Total**	**473572**	**245486**	**228086**	**29967**	**8636**	**21330**
北京	Beijing	2646	1460	1186	86	26	60
天津	Tianjin	1991	1028	963	90	27	63
河北	Hebei	27615	14160	13455	1119	341	778
山西	Shanxi	12216	6422	5794	345	116	228
内蒙古	Inner Mongolia	7474	3960	3514	575	168	407
辽宁	Liaoning	11294	5852	5441	447	189	258
吉林	Jilin	8508	4410	4099	294	100	194
黑龙江	Heilongjiang	10489	5406	5084	539	162	378
上海	Shanghai	2649	1514	1134	146	42	104
江苏	Jiangsu	21456	10897	10559	1086	266	819
浙江	Zhejiang	17122	9034	8088	1220	292	927
安徽	Anhui	23498	12222	11276	1917	478	1439
福建	Fujian	12028	6333	5695	801	199	602
江西	Jiangxi	16410	8592	7819	683	176	507
山东	Shandong	34632	17685	16947	2756	738	2017
河南	Henan	40530	20302	20228	2259	657	1602
湖北	Hubei	20032	10575	9457	1197	295	903
湖南	Hunan	25271	13188	12083	1043	300	743
广东	Guangdong	30006	15255	14751	1459	372	1086
广西	Guangxi	21218	11216	10002	986	281	706
海南	Hainan	3779	2043	1736	175	48	127
重庆	Chongqing	9140	4823	4318	474	153	322
四川	Sichuan	33899	17568	16331	2783	761	2022
贵州	Guizhou	16275	8476	7799	1683	434	1250
云南	Yunnan	21577	11285	10292	1592	498	1095
西藏	Tibet	2071	1072	999	758	328	430
陕西	Shaanxi	13745	7200	6545	830	267	564
甘肃	Gansu	10896	5603	5293	1531	482	1049
青海	Qinghai	2142	1129	1013	406	167	238
宁夏	Ningxia	2316	1219	1097	273	84	190
新疆	Xinjiang	10646	5556	5089	411	189	222

2-27 续表 1 continued

单位：人 (person)

地区	Region	小学 Primary School	男 Male	女 Female	初中 Junior Secondary School	男 Male	女 Female
全国	**National Total**	**174052**	**83291**	**90762**	**191059**	**108420**	**82639**
北京	Beijing	472	236	236	1076	621	456
天津	Tianjin	557	263	294	1013	550	463
河北	Hebei	8852	4202	4650	13459	7354	6104
山西	Shanxi	3326	1493	1834	6042	3382	2660
内蒙古	Inner Mongolia	2920	1428	1492	2976	1752	1224
辽宁	Liaoning	3811	1794	2017	5995	3313	2681
吉林	Jilin	3642	1777	1865	3651	2040	1611
黑龙江	Heilongjiang	3915	1911	2004	5008	2764	2243
上海	Shanghai	565	277	288	1031	635	396
江苏	Jiangsu	6617	2894	3723	8814	4784	4030
浙江	Zhejiang	6298	3085	3213	5862	3477	2386
安徽	Anhui	8702	4200	4503	8983	5215	3768
福建	Fujian	4818	2238	2580	4046	2501	1545
江西	Jiangxi	6134	2752	3382	6696	3839	2857
山东	Shandong	12200	5662	6538	15007	8539	6468
河南	Henan	13126	6182	6945	18768	9936	8832
湖北	Hubei	7192	3392	3800	8287	4857	3430
湖南	Hunan	8597	4064	4533	10148	5666	4483
广东	Guangdong	10066	4566	5501	12209	6713	5495
广西	Guangxi	8238	3901	4337	9139	5483	3656
海南	Hainan	973	454	519	1811	1059	752
重庆	Chongqing	4163	2048	2115	2960	1720	1240
四川	Sichuan	15299	7720	7579	11134	6442	4691
贵州	Guizhou	6834	3418	3417	5611	3418	2194
云南	Yunnan	10449	5221	5228	6710	4005	2706
西藏	Tibet	767	433	334	329	199	130
陕西	Shaanxi	4576	2230	2346	5685	3193	2492
甘肃	Gansu	4600	2270	2330	3273	1963	1309
青海	Qinghai	991	516	475	495	307	188
宁夏	Ningxia	974	470	504	738	463	275
新疆	Xinjiang	4377	2195	2181	4104	2229	1874

2-27 续表 2 continued

单位：人 (person)

地 区	Region	高 中 Senior Secondary School	男 Male	女 Female	大专及以上 College and Higher Level	男 Male	女 Female
全 国	**National Total**	**49813**	**29974**	**19839**	**28682**	**15165**	**13517**
北 京	Beijing	482	272	210	529	305	224
天 津	Tianjin	176	103	73	156	85	71
河 北	Hebei	2869	1636	1233	1315	627	689
山 西	Shanxi	1581	955	626	921	476	446
内蒙古	Inner Mongolia	571	373	198	432	239	193
辽 宁	Liaoning	634	370	264	406	186	221
吉 林	Jilin	528	311	217	392	182	212
黑龙江	Heilongjiang	640	364	276	387	205	182
上 海	Shanghai	392	244	148	514	317	197
江 苏	Jiangsu	3179	1961	1218	1760	990	769
浙 江	Zhejiang	2139	1329	810	1603	851	752
安 徽	Anhui	2507	1531	975	1389	798	591
福 建	Fujian	1443	900	543	920	495	425
江 西	Jiangxi	1893	1246	648	1003	579	425
山 东	Shandong	3092	1924	1168	1576	821	754
河 南	Henan	4507	2602	1905	1871	926	945
湖 北	Hubei	2244	1403	841	1111	628	484
湖 南	Hunan	3690	2202	1487	1792	957	835
广 东	Guangdong	4354	2547	1806	1920	1057	862
广 西	Guangxi	1810	1157	653	1044	395	650
海 南	Hainan	464	300	164	356	182	175
重 庆	Chongqing	1072	631	441	472	270	200
四 川	Sichuan	3080	1752	1328	1605	892	712
贵 州	Guizhou	1142	702	440	1004	505	498
云 南	Yunnan	1450	842	608	1376	720	656
西 藏	Tibet	98	53	45	120	60	60
陕 西	Shaanxi	1602	947	654	1052	563	489
甘 肃	Gansu	861	537	324	631	351	282
青 海	Qinghai	118	67	51	133	72	61
宁 夏	Ningxia	192	122	69	140	79	59
新 疆	Xinjiang	1003	588	415	751	354	396

2-28 各地区分性别的15岁及以上文盲人口
Illiterate Population Aged 15 and Over by Sex and Region

地 区	Region	15岁及以上人口(人) Population Aged 15 and Over (person)	男 Male	女 Female	文盲人口(人) Illiterate Population (person)	男 Male	女 Female	文盲人口占15岁及以上人口的比重(%) % to Total Aged 15 and Over (%)	男 Male	女 Female
全 国	**National Total**	**1199109**	**607967**	**591141**	**40704**	**9614**	**31089**	**3.39**	**1.58**	**5.26**
北 京	Beijing	19672	10012	9660	166	33	133	0.84	0.33	1.37
天 津	Tianjin	12150	6203	5947	201	50	151	1.65	0.80	2.54
河 北	Hebei	61888	30347	31541	1349	345	1004	2.18	1.14	3.18
山 西	Shanxi	30159	15378	14780	522	168	354	1.73	1.09	2.39
内蒙古	Inner Mongolia	21326	10848	10478	799	209	590	3.75	1.93	5.63
辽 宁	Liaoning	38513	18882	19631	575	194	381	1.49	1.03	1.94
吉 林	Jilin	21454	10670	10784	390	111	279	1.82	1.04	2.59
黑龙江	Heilongjiang	28803	14352	14452	714	203	511	2.48	1.42	3.54
上 海	Shanghai	22870	11860	11010	379	70	309	1.66	0.59	2.81
江 苏	Jiangsu	74878	37713	37165	2087	397	1690	2.79	1.05	4.55
浙 江	Zhejiang	58643	30576	28068	2174	468	1706	3.71	1.53	6.08
安 徽	Anhui	51457	25969	25488	2597	578	2019	5.05	2.23	7.92
福 建	Fujian	35016	17936	17080	1017	149	868	2.90	0.83	5.08
江 西	Jiangxi	37169	18955	18215	881	149	732	2.37	0.79	4.02
山 东	Shandong	85511	42791	42720	3661	808	2852	4.28	1.89	6.68
河 南	Henan	79598	39369	40230	2545	652	1892	3.20	1.66	4.70
湖 北	Hubei	50647	25863	24784	1528	256	1272	3.02	0.99	5.13
湖 南	Hunan	55363	28072	27292	1332	282	1049	2.41	1.00	3.85
广 东	Guangdong	105701	55538	50163	2316	399	1917	2.19	0.72	3.82
广 西	Guangxi	40242	20640	19602	1189	229	960	2.96	1.11	4.90
海 南	Hainan	8518	4496	4022	312	69	242	3.66	1.54	6.03
重 庆	Chongqing	28119	14127	13992	618	138	480	2.20	0.98	3.43
四 川	Sichuan	72865	36570	36295	3129	709	2420	4.29	1.94	6.67
贵 州	Guizhou	30387	15335	15053	2425	547	1878	7.98	3.57	12.48
云 南	Yunnan	39055	20062	18993	2173	602	1571	5.56	3.00	8.27
西 藏	Tibet	2807	1480	1327	970	414	556	34.55	27.95	41.91
陕 西	Shaanxi	33712	17112	16600	1130	297	833	3.35	1.73	5.02
甘 肃	Gansu	20752	10481	10271	1878	540	1337	9.05	5.15	13.02
青 海	Qinghai	4857	2428	2430	471	149	321	9.69	6.14	13.23
宁 夏	Ningxia	5999	3045	2954	357	96	261	5.96	3.16	8.84
新 疆	Xinjiang	20974	10858	10116	820	301	520	3.91	2.77	5.14

2-29 各地区城市分性别的15岁及以上文盲人口

City Illiterate Population Aged 15 and Over by Sex and Region

地 区	Region	15岁及以上人口(人) Population Aged 15 and Over (person)	男 Male	女 Female	文盲人口(人) Illiterate Population (person)	男 Male	女 Female	文盲人口占15岁及以上人口的比重(%) % to Total Aged 15 and Over (%)	男 Male	女 Female
全 国	**National Total**	**493202**	**247295**	**245907**	**6465**	**1242**	**5223**	**1.31**	**0.50**	**2.12**
北 京	Beijing	15925	7958	7966	83	15	68	0.52	0.18	0.86
天 津	Tianjin	9447	4808	4639	90	22	68	0.95	0.47	1.46
河 北	Hebei	17288	8035	9253	158	34	124	0.92	0.42	1.34
山 西	Shanxi	10946	5454	5492	92	18	74	0.84	0.33	1.34
内蒙古	Inner Mongolia	8274	4185	4089	107	21	86	1.29	0.50	2.10
辽 宁	Liaoning	23218	11116	12102	145	29	116	0.62	0.26	0.96
吉 林	Jilin	8924	4333	4591	70	17	53	0.78	0.39	1.15
黑龙江	Heilongjiang	12290	6086	6203	103	27	76	0.84	0.44	1.22
上 海	Shanghai	17795	8937	8859	201	35	166	1.13	0.39	1.87
江 苏	Jiangsu	35906	18118	17788	559	98	461	1.56	0.54	2.59
浙 江	Zhejiang	29754	15532	14222	756	163	593	2.54	1.05	4.17
安 徽	Anhui	15680	7941	7740	400	75	325	2.55	0.94	4.20
福 建	Fujian	14873	7477	7396	259	23	236	1.74	0.31	3.19
江 西	Jiangxi	11296	5585	5711	155	18	137	1.37	0.33	2.39
山 东	Shandong	32714	16050	16663	436	58	378	1.33	0.36	2.27
河 南	Henan	20336	9717	10620	205	73	132	1.01	0.75	1.24
湖 北	Hubei	21349	10867	10482	281	30	251	1.32	0.28	2.40
湖 南	Hunan	15847	7801	8045	101	26	76	0.64	0.33	0.94
广 东	Guangdong	63329	33990	29339	550	89	461	0.87	0.26	1.57
广 西	Guangxi	12812	6178	6635	89	12	77	0.69	0.20	1.15
海 南	Hainan	3179	1654	1525	30	3	27	0.95	0.17	1.79
重 庆	Chongqing	14983	7399	7584	130	30	99	0.86	0.41	1.31
四 川	Sichuan	27379	13462	13918	382	80	302	1.39	0.59	2.17
贵 州	Guizhou	8270	4052	4218	192	29	163	2.32	0.70	3.87
云 南	Yunnan	10781	5334	5447	252	50	203	2.34	0.93	3.72
西 藏	Tibet	659	359	300	109	49	60	16.50	13.62	19.94
陕 西	Shaanxi	12993	6391	6602	139	22	116	1.07	0.35	1.76
甘 肃	Gansu	5513	2758	2755	137	30	108	2.49	1.08	3.90
青 海	Qinghai	1828	881	947	81	22	59	4.44	2.55	6.20
宁 夏	Ningxia	2405	1176	1230	49	9	39	2.03	0.80	3.20
新 疆	Xinjiang	7207	3661	3546	125	34	91	1.73	0.92	2.57

2-30 各地区镇分性别的15岁及以上文盲人口
Town Illiterate Population Aged 15 and Over by Sex and Region

地 区	Region	15岁及以上人口(人) Population Aged 15 and Over (person)	男 Male	女 Female	文盲人口(人) Illiterate Population (person)	男 Male	女 Female	文盲人口占15岁及以上人口的比重(%) % to Total Aged 15 and Over (%)	男 Male	女 Female
全 国	**National Total**	**295051**	**148440**	**146611**	**8569**	**1972**	**6598**	**2.90**	**1.33**	**4.50**
北 京	Beijing	1264	681	583	17	3	14	1.37	0.41	2.48
天 津	Tianjin	920	478	442	23	4	19	2.52	0.92	4.25
河 北	Hebei	21139	10356	10783	366	110	256	1.73	1.06	2.37
山 西	Shanxi	8119	4073	4046	112	51	61	1.38	1.25	1.51
内蒙古	Inner Mongolia	6155	3008	3147	136	27	109	2.21	0.90	3.46
辽 宁	Liaoning	4732	2293	2438	50	19	31	1.06	0.85	1.26
吉 林	Jilin	4648	2257	2392	58	12	46	1.25	0.52	1.94
黑龙江	Heilongjiang	6716	3226	3490	119	35	84	1.77	1.10	2.40
上 海	Shanghai	2505	1453	1052	55	11	44	2.21	0.77	4.21
江 苏	Jiangsu	19496	9743	9753	530	99	430	2.72	1.02	4.41
浙 江	Zhejiang	13032	6681	6351	422	76	346	3.24	1.13	5.45
安 徽	Anhui	15545	7561	7984	590	149	442	3.80	1.97	5.53
福 建	Fujian	9664	4966	4698	217	29	189	2.25	0.58	4.02
江 西	Jiangxi	12031	6162	5869	195	25	170	1.62	0.41	2.90
山 东	Shandong	22270	11316	10953	863	208	655	3.88	1.84	5.98
河 南	Henan	26141	13283	12858	546	166	380	2.09	1.25	2.96
湖 北	Hubei	11524	5643	5881	310	57	253	2.69	1.01	4.30
湖 南	Hunan	17866	9020	8846	365	65	299	2.04	0.73	3.38
广 东	Guangdong	17327	8903	8424	529	90	439	3.05	1.01	5.21
广 西	Guangxi	10001	5255	4746	239	58	181	2.39	1.10	3.81
海 南	Hainan	2082	1084	998	86	18	67	4.12	1.69	6.75
重 庆	Chongqing	4911	2385	2526	122	23	99	2.48	0.95	3.92
四 川	Sichuan	15323	7479	7844	520	92	428	3.39	1.24	5.45
贵 州	Guizhou	8638	4305	4333	648	136	512	7.50	3.16	11.81
云 南	Yunnan	9792	5051	4740	369	92	277	3.77	1.83	5.84
西 藏	Tibet	496	261	235	111	43	68	22.36	16.46	28.89
陕 西	Shaanxi	8554	4363	4191	227	57	169	2.65	1.32	4.04
甘 肃	Gansu	5793	2864	2928	388	102	286	6.70	3.56	9.78
青 海	Qinghai	1257	606	651	106	31	75	8.42	5.08	11.54
宁 夏	Ningxia	1607	820	787	65	16	49	4.06	1.96	6.26
新 疆	Xinjiang	5505	2865	2641	185	66	118	3.35	2.32	4.48

2-31　各地区乡村分性别的15岁及以上文盲人口
Rural Illiterate Population Aged 15 and Over by Sex and Region

地　区	Region	15岁及以上人口(人) Population Aged 15 and Over (person)	男 Male	女 Female	文盲人口(人) Illiterate Population (person)	男 Male	女 Female	文盲人口占15岁及以上人口的比重(%) % to Total Aged 15 and Over (%)	男 Male	女 Female
全　国	**National Total**	**410856**	**212233**	**198623**	**25669**	**6400**	**19269**	**6.25**	**3.02**	**9.70**
北　京	Beijing	2484	1373	1111	66	16	50	2.65	1.17	4.48
天　津	Tianjin	1782	916	866	88	23	65	4.91	2.48	7.49
河　北	Hebei	23462	11957	11505	825	201	624	3.51	1.68	5.42
山　西	Shanxi	11094	5852	5242	318	99	219	2.87	1.70	4.18
内蒙古	Inner Mongolia	6897	3655	3242	557	161	396	8.07	4.40	12.20
辽　宁	Liaoning	10564	5473	5091	380	145	235	3.60	2.65	4.61
吉　林	Jilin	7882	4081	3802	262	82	180	3.32	2.00	4.73
黑龙江	Heilongjiang	9797	5039	4758	492	141	351	5.03	2.80	7.39
上　海	Shanghai	2570	1471	1099	123	24	99	4.79	1.63	9.01
江　苏	Jiangsu	19476	9851	9624	998	199	799	5.13	2.02	8.31
浙　江	Zhejiang	15858	8362	7495	996	229	767	6.28	2.73	10.24
安　徽	Anhui	20232	10467	9764	1607	355	1252	7.94	3.39	12.82
福　建	Fujian	10480	5493	4987	540	97	443	5.15	1.77	8.88
江　西	Jiangxi	13843	7208	6635	531	106	425	3.84	1.47	6.41
山　东	Shandong	30528	15425	15103	2361	543	1819	7.74	3.52	12.04
河　南	Henan	33121	16369	16752	1794	414	1380	5.42	2.53	8.24
湖　北	Hubei	17774	9353	8421	936	168	768	5.27	1.80	9.12
湖　南	Hunan	21651	11250	10401	866	191	674	4.00	1.70	6.48
广　东	Guangdong	25045	12645	12400	1237	220	1017	4.94	1.74	8.20
广　西	Guangxi	17430	9208	8222	862	159	703	4.95	1.73	8.55
海　南	Hainan	3257	1758	1499	196	48	148	6.01	2.75	9.85
重　庆	Chongqing	8225	4343	3882	367	85	282	4.46	1.96	7.26
四　川	Sichuan	30163	15629	14533	2227	537	1690	7.38	3.44	11.63
贵　州	Guizhou	13479	6977	6501	1585	382	1203	11.76	5.48	18.50
云　南	Yunnan	18483	9677	8805	1552	460	1092	8.39	4.75	12.40
西　藏	Tibet	1652	861	791	750	322	428	45.41	37.40	54.12
陕　西	Shaanxi	12165	6358	5807	764	217	547	6.28	3.41	9.42
甘　肃	Gansu	9446	4859	4587	1352	408	943	14.31	8.40	20.57
青　海	Qinghai	1772	940	832	284	96	188	16.00	10.20	22.55
宁　夏	Ningxia	1986	1049	937	243	71	172	12.24	6.75	18.40
新　疆	Xinjiang	8262	4333	3929	511	201	311	6.19	4.63	7.91

2-32 全国15岁及以上人口分年龄、性别的婚姻状况
Population Aged 15 and Over by Age, Sex and Marital Status

单位：人 (person)

年 龄 Age	15岁及以上人口 Population Aged 15 and Over	男 Male	女 Female	未 婚 Never Married	男 Male	女 Female
总计 Total	**1199109**	**607967**	**591141**	**236783**	**142433**	**94349**
15-19	**79560**	**42687**	**36873**	**79277**	**42636**	**36641**
15	15732	8326	7406	15727	8326	7402
16	17698	9571	8127	17675	9570	8105
17	16584	8893	7691	16547	8887	7660
18	14486	7787	6699	14401	7774	6626
19	15060	8110	6950	14928	8079	6848
20-24	**73629**	**39146**	**34483**	**67186**	**37028**	**30158**
20	18015	9581	8434	17721	9531	8190
21	15614	8459	7155	15076	8326	6750
22	13862	7334	6528	12872	7061	5811
23	12560	6684	5876	10825	6076	4749
24	13578	7088	6490	10692	6034	4658
25-29	**85040**	**44806**	**40234**	**43654**	**27611**	**16043**
25	15270	8031	7239	10808	6418	4390
26	16008	8556	7452	9794	6146	3648
27	17449	9191	8258	9135	5818	3317
28	17350	9170	8180	7460	4891	2569
29	18964	9859	9105	6457	4338	2119
30-34	**116755**	**60488**	**56267**	**21431**	**15242**	**6189**
30	18755	9780	8976	5201	3589	1612
31	20939	10938	10001	4958	3504	1454
32	26586	13908	12679	4805	3492	1312
33	25840	13320	12521	3565	2570	995
34	24634	12543	12091	2903	2087	815
35-39	**109832**	**56397**	**53435**	**8782**	**6372**	**2410**
35	26493	13697	12795	2694	1987	707
36	23437	12122	11315	2049	1509	541
37	20241	10277	9964	1540	1103	437
38	20251	10349	9902	1348	944	404
39	19411	9953	9459	1150	829	321

2-32 续表 1 continued

单位：人 (person)

年 龄 Age	15岁及以上人口 Population Aged 15 and Over	男 Male	女 Female	未 婚 Never Married	男 Male	女 Female
40-44	**98379**	**50422**	**47957**	**4342**	**3230**	**1112**
40	22240	11444	10796	1163	856	308
41	19499	9921	9578	963	712	251
42	17897	9221	8676	783	581	202
43	19787	10196	9591	734	550	184
44	18956	9640	9316	699	532	167
45-49	**103955**	**52930**	**51025**	**2952**	**2322**	**630**
45	17779	9158	8621	513	385	128
46	19874	10134	9740	631	479	152
47	20701	10632	10069	558	430	127
48	22362	11272	11089	618	509	109
49	23240	11734	11506	633	519	113
50-54	**127635**	**64419**	**63217**	**2689**	**2218**	**470**
50	24358	12308	12050	566	451	115
51	25343	12943	12401	636	505	131
52	26359	13166	13193	526	450	77
53	24917	12648	12269	490	414	76
54	26658	13354	13304	470	398	72
55-59	**117482**	**58880**	**58602**	**1791**	**1552**	**238**
55	20798	10472	10326	344	299	45
56	24405	12321	12084	393	344	49
57	23414	11741	11672	364	316	48
58	22732	11317	11415	327	285	41
59	26133	13028	13105	363	308	55
60-64	**71964**	**35813**	**36151**	**1062**	**946**	**116**
60	19792	9890	9902	254	220	34
61	10934	5249	5685	173	160	13
62	13174	6494	6680	188	162	26
63	12293	6223	6070	196	178	18
64	15771	7957	7814	251	226	25
65+	**214877**	**101980**	**112897**	**3618**	**3275**	**343**

2-32 续表 2 continued

单位：人 (person)

年龄 Age	有配偶 Married	男 Male	女 Female	离婚 Divorced	男 Male	女 Female	丧偶 Widowed	男 Male	女 Female
总计 Total	**864547**	**430734**	**433813**	**28878**	**16346**	**12532**	**68901**	**18453**	**50448**
15-19	**281**	**50**	**230**	**2**	**1**	**1**			
15	4		4						
16	23	1	22						
17	37	6	31						
18	84	12	72	2	1	1			
19	132	31	101						
20-24	**6357**	**2078**	**4279**	**82**	**39**	**43**	**4**	**1**	**3**
20	290	49	241	4	1	3			
21	531	129	403	7	4	3			
22	981	270	711	8	3	6	1		1
23	1715	596	1118	19	11	8	1	1	
24	2840	1033	1807	43	20	23	2		2
25-29	**40452**	**16716**	**23736**	**896**	**472**	**424**	**38**	**6**	**32**
25	4382	1578	2806	75	36	39	4		4
26	6077	2338	3739	131	73	58	7		7
27	8165	3295	4870	144	77	66	6	1	5
28	9666	4164	5502	214	114	100	10	1	9
29	12163	5343	6819	333	173	160	11	4	7
30-34	**91978**	**43334**	**48643**	**3219**	**1877**	**1342**	**127**	**33**	**93**
30	13167	5977	7190	374	211	164	14	4	9
31	15487	7159	8329	471	269	202	22	6	16
32	21017	9969	11048	726	432	294	38	14	24
33	21400	10218	11181	844	527	317	31	4	27
34	20906	10012	10894	804	438	366	22	6	16
35-39	**96361**	**47303**	**49058**	**4418**	**2655**	**1763**	**272**	**66**	**205**
35	22754	11110	11643	980	587	393	65	13	52
36	20417	10024	10392	926	569	358	44	20	24
37	17788	8656	9132	873	509	364	39	9	31
38	17987	8864	9123	862	525	337	54	16	38
39	17416	8649	8767	776	465	311	69	9	60

2-32 续表 3 continued

单位：人 (person)

年 龄 Age	有配偶 Married	男 Male	女 Female	离 婚 Divorced	男 Male	女 Female	丧 偶 Widowed	男 Male	女 Female
40–44	**88996**	**44427**	**44568**	**4469**	**2613**	**1856**	**573**	**151**	**421**
40	20021	10010	10010	959	550	409	97	28	69
41	17574	8652	8922	879	538	341	83	19	64
42	16164	8106	8057	856	514	342	94	20	74
43	18018	9102	8917	903	512	391	132	32	100
44	17218	8557	8662	873	500	373	166	52	114
45–49	**95369**	**47869**	**47500**	**4418**	**2425**	**1993**	**1217**	**314**	**903**
45	16312	8265	8047	817	471	346	137	37	99
46	18132	9108	9024	909	499	410	202	48	155
47	19067	9682	9385	850	457	393	227	64	164
48	20547	10211	10336	910	479	431	287	73	214
49	21312	10604	10708	932	519	413	364	92	272
50–54	**117575**	**58995**	**58580**	**4488**	**2475**	**2013**	**2883**	**730**	**2153**
50	22439	11211	11228	931	552	379	421	94	327
51	23313	11801	11512	944	536	409	450	101	349
52	24294	12089	12205	918	484	434	621	143	478
53	22941	11596	11345	862	460	402	624	178	446
54	24588	12298	12290	833	444	389	767	214	554
55–59	**107403**	**54203**	**53200**	**3233**	**1782**	**1451**	**5056**	**1342**	**3713**
55	19191	9629	9562	623	361	262	640	184	457
56	22370	11326	11044	687	383	305	954	269	686
57	21455	10832	10624	595	337	258	1000	257	743
58	20688	10417	10271	636	331	305	1082	284	798
59	23700	12000	11700	692	371	322	1379	349	1030
60–64	**64037**	**32591**	**31445**	**1678**	**904**	**774**	**5187**	**1371**	**3816**
60	17828	9081	8747	496	263	234	1215	327	888
61	9767	4756	5011	286	154	133	708	180	528
62	11740	5920	5820	344	169	175	901	242	659
63	10838	5640	5199	239	138	101	1019	267	752
64	13863	7195	6669	312	180	132	1345	356	989
65+	**155739**	**83165**	**72573**	**1974**	**1102**	**872**	**53546**	**14437**	**39108**

2-33 全国城市15岁及以上人口分年龄、性别的婚姻状况
City Population Aged 15 and Over by Age, Sex and Marital Status

单位：人 (person)

年龄 Age	15岁及以上人口 Population Aged 15 and Over	男 Male	女 Female	未婚 Never Married	男 Male	女 Female
总计 Total	**493202**	**247295**	**245907**	**110983**	**63249**	**47734**
15-19	**32051**	**16933**	**15118**	**32008**	**16928**	**15080**
15	5575	2867	2708	5573	2867	2706
16	6655	3564	3091	6654	3564	3089
17	6225	3264	2961	6220	3261	2958
18	6193	3227	2966	6183	3227	2956
19	7403	4011	3392	7378	4008	3371
20-24	**37105**	**19531**	**17575**	**35029**	**18824**	**16205**
20	9572	5052	4520	9507	5042	4465
21	8109	4414	3695	7992	4391	3601
22	6870	3621	3249	6591	3543	3048
23	5995	3110	2885	5396	2884	2512
24	6560	3334	3226	5543	2964	2579
25-29	**40888**	**21281**	**19607**	**23270**	**14042**	**9228**
25	7377	3832	3545	5679	3223	2456
26	7814	4146	3667	5269	3179	2089
27	8529	4444	4085	4908	2973	1935
28	8311	4353	3958	4043	2522	1521
29	8858	4507	4351	3372	2144	1227
30-34	**55445**	**28145**	**27300**	**11096**	**7291**	**3805**
30	8794	4438	4356	2698	1715	983
31	9896	5056	4840	2601	1727	874
32	12477	6513	5964	2515	1710	804
33	12306	6228	6078	1795	1174	621
34	11971	5910	6061	1488	965	523
35-39	**52302**	**26384**	**25918**	**4341**	**2753**	**1587**
35	12628	6485	6143	1304	856	448
36	11351	5750	5601	1021	672	349
37	9432	4693	4738	773	473	300
38	9568	4786	4782	667	401	267
39	9324	4671	4654	575	351	223

2-33 续表 1 continued

单位：人 (person)

年 龄 Age	15岁及以上人口 Population Aged 15 and Over	男 Male	女 Female	未 婚 Never Married	男 Male	女 Female
40-44	**45352**	**22895**	**22457**	**2042**	**1282**	**760**
40	10843	5466	5376	586	369	217
41	9187	4587	4600	495	305	189
42	8167	4114	4053	362	225	138
43	8855	4496	4359	307	206	101
44	8301	4231	4070	292	177	115
45-49	**43420**	**21921**	**21499**	**1137**	**713**	**425**
45	7825	3947	3878	230	135	94
46	8544	4371	4173	231	141	90
47	8635	4398	4237	210	117	93
48	9203	4588	4615	242	174	67
49	9212	4618	4595	224	145	79
50-54	**48454**	**24250**	**24204**	**864**	**567**	**297**
50	9735	4931	4804	203	133	70
51	9882	4907	4975	210	119	91
52	9949	4979	4970	156	112	44
53	9235	4607	4628	162	113	49
54	9653	4826	4827	133	90	43
55-59	**41877**	**20600**	**21277**	**461**	**327**	**134**
55	7059	3439	3620	83	57	26
56	8352	4119	4233	100	70	30
57	8318	4066	4252	94	71	23
58	8396	4211	4185	87	66	21
59	9751	4765	4986	97	63	33
60-64	**26411**	**12993**	**13418**	**246**	**177**	**69**
60	6887	3353	3534	79	52	27
61	3971	1915	2056	43	36	7
62	5112	2513	2599	55	38	16
63	4615	2326	2289	34	24	10
64	5826	2885	2940	36	27	8
65+	**69898**	**32363**	**37535**	**489**	**346**	**144**

2-33 续表 2 continued

单位：人 (person)

年 龄 Age	有配偶 Married	男 Male	女 Female	离 婚 Divorced	男 Male	女 Female	丧 偶 Widowed	男 Male	女 Female
总计 Total	**348224**	**173333**	**174891**	**14018**	**6284**	**7734**	**19978**	**4429**	**15548**
15-19	**43**	**6**	**38**						
15	2		2						
16	2		2						
17	5	2	2						
18	10		10						
19	25	3	22						
20-24	**2062**	**698**	**1364**	**13**	**7**	**6**	**1**	**1**	
20	65	10	55						
21	117	23	94						
22	276	77	199	3	1	2			
23	595	222	373	2	2		1	1	
24	1009	366	642	9	5	4			
25-29	**17333**	**7119**	**10214**	**278**	**120**	**158**	**7**	**1**	**6**
25	1682	603	1080	15	6	9			
26	2499	940	1559	47	27	19			
27	3582	1453	2128	39	17	22			
28	4197	1805	2392	68	25	43	3		3
29	5374	2318	3056	109	44	65	3	1	2
30-34	**43128**	**20318**	**22810**	**1180**	**527**	**653**	**42**	**10**	**32**
30	5974	2667	3308	118	56	62	4		4
31	7130	3260	3870	160	67	93	6	3	3
32	9676	4683	4993	274	117	157	12	3	10
33	10190	4901	5289	311	154	157	11		11
34	10159	4808	5352	316	133	183	8	4	4
35-39	**45972**	**22717**	**23254**	**1915**	**905**	**1011**	**75**	**9**	**65**
35	10873	5423	5449	433	204	229	18	2	16
36	9938	4879	5058	384	197	187	8	1	6
37	8317	4082	4235	332	138	194	10		10
38	8486	4189	4298	397	193	203	18	3	15
39	8359	4143	4216	369	172	197	22	4	18

2-33 续表 3 continued

单位：人 (person)

年 龄 Age	有配偶 Married	男 Male	女 Female	离 婚 Divorced	男 Male	女 Female	丧 偶 Widowed	男 Male	女 Female
40-44	**41055**	**20611**	**20444**	**2092**	**965**	**1127**	**163**	**37**	**125**
40	9748	4877	4870	470	209	261	39	11	28
41	8265	4081	4184	407	197	211	20	4	16
42	7400	3701	3699	382	188	195	23	1	22
43	8076	4094	3982	442	190	253	30	6	24
44	7567	3857	3710	391	182	209	51	15	36
45-49	**39655**	**20136**	**19518**	**2250**	**1004**	**1246**	**377**	**68**	**309**
45	7132	3596	3536	418	204	215	46	12	33
46	7787	4022	3766	448	198	250	77	11	67
47	7935	4082	3854	425	185	240	64	14	50
48	8412	4209	4203	458	194	264	92	11	81
49	8388	4228	4160	501	224	277	98	20	78
50-54	**44374**	**22489**	**21885**	**2390**	**1027**	**1363**	**825**	**166**	**659**
50	8919	4539	4379	506	241	264	108	17	90
51	9044	4547	4498	476	210	266	152	32	120
52	9123	4629	4493	494	197	296	176	40	137
53	8446	4272	4174	460	187	273	167	35	132
54	8842	4502	4340	455	192	263	223	42	181
55-59	**38150**	**19200**	**18950**	**1762**	**757**	**1005**	**1503**	**315**	**1188**
55	6486	3207	3279	310	142	168	179	32	147
56	7640	3832	3807	354	154	199	259	62	197
57	7625	3813	3812	299	121	178	299	61	238
58	7596	3916	3680	393	164	229	320	66	254
59	8803	4431	4372	405	176	230	446	95	352
60-64	**23569**	**12031**	**11538**	**1049**	**464**	**585**	**1548**	**321**	**1227**
60	6177	3116	3061	302	126	176	330	60	270
61	3549	1764	1784	184	83	101	195	32	163
62	4548	2328	2221	224	89	135	285	58	227
63	4107	2161	1945	146	73	74	329	69	260
64	5189	2662	2526	192	94	99	409	102	307
65+	**52884**	**28009**	**24875**	**1088**	**509**	**579**	**15437**	**3500**	**11937**

2-34 全国镇15岁及以上人口分年龄、性别的婚姻状况
Town Population Aged 15 and Over by Age, Sex and Marital Status

单位：人 (person)

年 龄 Age	15岁及以上人口 Population Aged 15 and Over	男 Male	女 Female	未 婚 Never Married	男 Male	女 Female
总计 Total	**295051**	**148440**	**146611**	**55994**	**33125**	**22869**
15-19	**22599**	**12184**	**10415**	**22527**	**12169**	**10358**
15	4339	2288	2051	4339	2288	2051
16	5389	2881	2508	5378	2881	2497
17	5215	2882	2334	5207	2881	2326
18	3791	2118	1674	3770	2111	1659
19	3864	2016	1849	3834	2009	1825
20-24	**17736**	**9127**	**8609**	**15985**	**8616**	**7369**
20	4450	2359	2090	4368	2344	2024
21	3752	1892	1860	3601	1856	1745
22	3434	1744	1690	3134	1683	1451
23	2987	1562	1425	2518	1410	1108
24	3113	1569	1544	2363	1323	1040
25-29	**19682**	**10119**	**9562**	**8773**	**5598**	**3175**
25	3461	1745	1715	2184	1310	873
26	3480	1857	1623	1951	1246	704
27	3958	2044	1913	1809	1169	640
28	3971	2035	1936	1432	950	482
29	4813	2438	2375	1398	923	475
30-34	**28840**	**14673**	**14166**	**4055**	**2972**	**1084**
30	4473	2370	2103	985	719	266
31	5110	2582	2528	909	643	266
32	6704	3411	3293	944	688	256
33	6398	3219	3180	677	512	165
34	6154	3091	3063	540	410	131
35-39	**28120**	**14163**	**13958**	**1673**	**1253**	**420**
35	6745	3395	3350	533	400	133
36	5853	2985	2868	408	316	93
37	5308	2624	2684	292	211	81
38	5344	2689	2655	248	178	71
39	4870	2469	2401	191	148	42

2-34 续表 1 continued

单位：人 (person)

年 龄 Age	15岁及以上人口 Population Aged 15 and Over	男 Male	女 Female	未 婚 Never Married	男 Male	女 Female
40–44	**25296**	**12730**	**12565**	**735**	**585**	**150**
40	5573	2816	2757	214	165	49
41	4903	2511	2392	131	109	22
42	4609	2350	2260	142	113	29
43	5205	2599	2606	146	113	33
44	5005	2454	2550	101	85	17
45–49	**26904**	**13516**	**13387**	**502**	**403**	**99**
45	4627	2391	2236	87	69	19
46	5190	2566	2624	109	83	26
47	5372	2698	2674	87	72	15
48	5845	2946	2899	117	98	19
49	5870	2915	2954	102	81	21
50–54	**32323**	**16313**	**16010**	**507**	**419**	**88**
50	6198	3087	3112	110	78	32
51	6514	3372	3142	120	104	16
52	6615	3293	3322	84	72	12
53	6324	3224	3100	103	90	14
54	6671	3337	3334	90	75	15
55–59	**28825**	**14551**	**14274**	**332**	**291**	**40**
55	5350	2728	2622	68	58	10
56	6290	3205	3085	78	71	8
57	5716	2889	2827	59	49	10
58	5291	2592	2699	58	53	5
59	6178	3137	3041	69	60	9
60–64	**16842**	**8313**	**8529**	**169**	**149**	**20**
60	4825	2419	2406	28	23	4
61	2561	1228	1333	19	19	
62	3015	1433	1582	34	29	5
63	2807	1402	1405	45	39	6
64	3633	1830	1803	43	38	4
65+	**47886**	**22750**	**25136**	**737**	**670**	**66**

2-34 续表 2 continued

单位：人 (person)

年 龄 Age	有配偶 Married	男 Male	女 Female	离 婚 Divorced	男 Male	女 Female	丧 偶 Widowed	男 Male	女 Female
总计 Total	**216847**	**107483**	**109364**	**6600**	**3786**	**2814**	**15609**	**4046**	**11564**
15-19	**71**	**14**	**57**	**1**	**1**				
15	1		1						
16	10		10						
17	8	1	8						
18	21	6	15	1	1				
19	30	7	24						
20-24	**1732**	**507**	**1225**	**18**	**3**	**15**	**1**		**1**
20	80	15	65	2		2			
21	149	36	113	2	1	1			
22	297	61	236	2		2	1		1
23	466	152	314	3		3			
24	740	243	497	9	2	7	1		1
25-29	**10668**	**4399**	**6269**	**223**	**121**	**102**	**17**	**1**	**16**
25	1251	424	826	22	11	11	4		4
26	1498	591	907	26	19	7	4		4
27	2104	857	1247	43	18	25	1		1
28	2482	1054	1428	53	30	23	5	1	3
29	3332	1471	1860	79	43	36	3		3
30-34	**23922**	**11193**	**12729**	**827**	**503**	**323**	**35**	**5**	**30**
30	3404	1602	1802	79	46	33	5	2	3
31	4064	1852	2212	129	87	42	8		8
32	5574	2609	2965	178	113	65	8	2	6
33	5473	2557	2916	241	148	93	8	1	6
34	5407	2572	2835	200	110	90	7		7
35-39	**25265**	**12242**	**13024**	**1108**	**655**	**453**	**74**	**13**	**61**
35	5992	2855	3136	212	138	73	10	2	8
36	5197	2532	2665	238	134	105	9	4	6
37	4738	2255	2481	268	155	113	10	2	8
38	4864	2380	2484	219	128	91	13	3	10
39	4476	2220	2257	171	99	72	31	2	30

2-34 续表 3 continued

单位：人 (person)

年 龄 Age	有配偶 Married	男 Male	女 Female	离 婚 Divorced	男 Male	女 Female	丧 偶 Widowed	男 Male	女 Female
40-44	**23324**	**11489**	**11834**	**1077**	**621**	**456**	**159**	**35**	**124**
40	5147	2544	2603	191	101	90	21	5	15
41	4532	2254	2278	217	144	73	23	4	19
42	4229	2105	2123	213	127	86	26	5	20
43	4798	2351	2447	223	128	95	38	7	32
44	4618	2234	2384	233	121	112	52	14	38
45-49	**25117**	**12526**	**12591**	**1011**	**514**	**497**	**275**	**74**	**200**
45	4348	2223	2125	162	89	73	30	10	20
46	4817	2356	2461	226	113	113	38	14	24
47	5032	2516	2516	204	97	107	49	13	36
48	5441	2727	2714	208	101	107	79	20	59
49	5478	2704	2774	210	113	97	79	17	61
50-54	**30126**	**15158**	**14968**	**1000**	**575**	**425**	**690**	**161**	**529**
50	5768	2860	2907	205	125	80	116	23	93
51	6077	3119	2959	209	119	89	109	30	79
52	6152	3074	3077	218	114	104	161	32	129
53	5876	2985	2891	195	116	79	149	33	116
54	6253	3119	3134	173	100	72	155	42	113
55-59	**26623**	**13541**	**13082**	**677**	**405**	**272**	**1193**	**314**	**879**
55	4994	2540	2453	134	82	52	155	47	107
56	5822	2981	2841	155	85	70	234	67	167
57	5287	2695	2592	139	92	46	232	53	179
58	4870	2409	2460	109	68	41	254	62	192
59	5651	2914	2737	139	77	62	319	85	233
60-64	**15142**	**7694**	**7447**	**294**	**174**	**120**	**1237**	**296**	**942**
60	4415	2268	2148	94	63	30	289	65	224
61	2295	1125	1169	48	28	20	199	55	144
62	2710	1328	1383	55	30	25	215	47	168
63	2491	1283	1208	45	23	21	226	56	170
64	3230	1690	1540	52	29	23	308	72	236
65+	**34857**	**18720**	**16136**	**365**	**214**	**151**	**11928**	**3146**	**8782**

2-35 全国乡村15岁及以上人口分年龄、性别的婚姻状况
Rural Population Aged 15 and Over by Age, Sex and Marital Status

单位：人 (person)

年 龄 Age	15岁及以上人口 Population Aged 15 and Over	男 Male	女 Female	未 婚 Never Married	男 Male	女 Female
总计 Total	**410856**	**212233**	**198623**	**69806**	**46060**	**23746**
15-19	**24910**	**13570**	**11340**	**24742**	**13539**	**11203**
15	5817	3171	2646	5816	3171	2645
16	5654	3126	2528	5643	3125	2518
17	5144	2747	2397	5120	2745	2376
18	4502	2442	2060	4448	2436	2011
19	3793	2084	1709	3716	2063	1653
20-24	**18788**	**10489**	**8299**	**16172**	**9588**	**6584**
20	3993	2169	1824	3846	2145	1701
21	3754	2153	1601	3483	2080	1403
22	3558	1969	1589	3147	1834	1312
23	3579	2013	1566	2911	1782	1129
24	3904	2184	1720	2786	1747	1039
25-29	**24470**	**13406**	**11065**	**11611**	**7972**	**3640**
25	4432	2454	1978	2946	1885	1061
26	4714	2553	2161	2574	1720	854
27	4962	2703	2259	2418	1676	742
28	5067	2781	2286	1985	1419	566
29	5294	2914	2380	1688	1271	417
30-34	**32471**	**17669**	**14801**	**6280**	**4979**	**1301**
30	5488	2972	2516	1518	1154	364
31	5933	3300	2633	1448	1135	314
32	7406	3984	3422	1345	1094	252
33	7136	3873	3262	1094	884	210
34	6509	3541	2968	874	712	162
35-39	**29410**	**15850**	**13560**	**2769**	**2366**	**402**
35	7120	3818	3302	857	732	125
36	6233	3386	2847	620	521	99
37	5501	2959	2542	475	418	56
38	5339	2874	2465	433	366	67
39	5218	2813	2404	384	329	55

2-35 续表 1 continued

单位：人 (person)

年 龄 Age	15岁及以上人口 Population Aged 15 and Over	男 Male	女 Female	未 婚 Never Married	男 Male	女 Female
40-44	**27732**	**14797**	**12935**	**1565**	**1363**	**202**
40	5824	3162	2663	364	322	41
41	5409	2823	2586	337	297	39
42	5121	2757	2363	279	243	35
43	5727	3101	2626	280	230	50
44	5651	2954	2697	305	270	36
45-49	**33632**	**17493**	**16139**	**1312**	**1207**	**105**
45	5326	2820	2506	196	181	15
46	6140	3197	2943	291	255	36
47	6694	3537	3158	260	241	19
48	7314	3738	3575	259	236	23
49	8158	4201	3957	306	294	12
50-54	**46858**	**23856**	**23002**	**1317**	**1232**	**85**
50	8424	4290	4134	254	241	13
51	8947	4663	4283	306	282	24
52	9795	4894	4901	286	265	21
53	9358	4817	4541	224	211	13
54	10335	5192	5143	247	233	14
55-59	**46781**	**23729**	**23052**	**998**	**934**	**64**
55	8388	4305	4083	193	183	10
56	9763	4997	4766	215	203	12
57	9380	4787	4593	211	196	15
58	9045	4514	4531	181	167	15
59	10204	5126	5078	197	184	13
60-64	**28711**	**14508**	**14203**	**647**	**620**	**28**
60	8080	4117	3963	147	145	3
61	4401	2106	2295	111	105	6
62	5047	2548	2499	100	95	5
63	4870	2495	2375	117	115	2
64	6312	3242	3071	172	161	12
65+	**97093**	**46867**	**50226**	**2392**	**2259**	**133**

2-35 续表 2 continued

单位：人 (person)

年 龄 Age	有配偶 Married	男 Male	女 Female	离 婚 Divorced	男 Male	女 Female	丧 偶 Widowed	男 Male	女 Female
总计 Total	**299476**	**149919**	**149557**	**8260**	**6276**	**1984**	**33314**	**9978**	**23335**
15-19	**166**	**31**	**136**	**1**		**1**			
15	2		2						
16	11	1	10						
17	24	3	21						
18	53	6	47	1		1			
19	77	21	56						
20-24	**2563**	**873**	**1690**	**51**	**28**	**22**	**2**		**2**
20	145	24	122	3	1	2			
21	266	70	196	5	3	2			
22	407	133	274	4	2	2			
23	654	221	432	14	9	5			
24	1092	424	667	25	13	12	2		2
25-29	**12451**	**5199**	**7252**	**394**	**232**	**163**	**14**	**4**	**10**
25	1449	550	899	37	19	18			
26	2081	807	1273	58	26	32	2		2
27	2478	983	1494	62	42	20	4	1	4
28	2987	1304	1683	93	58	35	3		3
29	3457	1553	1904	145	86	58	5	3	1
30-34	**24928**	**11825**	**13104**	**1213**	**847**	**365**	**50**	**18**	**32**
30	3789	1708	2081	177	108	69	4	2	3
31	4293	2046	2247	182	116	66	9	3	6
32	5768	2677	3091	274	203	71	18	10	9
33	5737	2761	2977	292	226	66	12	2	10
34	5340	2632	2708	288	195	93	7	1	5
35-39	**25124**	**12345**	**12779**	**1395**	**1095**	**300**	**123**	**44**	**79**
35	5889	2833	3057	335	244	91	38	9	29
36	5283	2612	2670	304	238	66	27	15	12
37	4733	2318	2415	273	216	57	19	7	12
38	4637	2295	2342	246	203	43	23	10	13
39	4582	2287	2294	236	194	42	16	4	13

2-35 续表 3 continued

单位：人 (person)

年 龄 Age	有配偶 Married	男 Male	女 Female	离 婚 Divorced	男 Male	女 Female	丧 偶 Widowed	男 Male	女 Female
40-44	**24616**	**12327**	**12288**	**1300**	**1028**	**272**	**251**	**79**	**172**
40	5125	2588	2537	298	240	58	37	11	26
41	4777	2317	2460	254	197	57	40	11	29
42	4536	2301	2235	260	199	61	46	14	32
43	5145	2656	2488	238	195	43	64	19	45
44	5033	2464	2568	249	197	53	64	24	40
45-49	**30598**	**15207**	**15391**	**1157**	**907**	**250**	**565**	**171**	**394**
45	4832	2446	2387	237	178	58	62	15	46
46	5527	2730	2797	235	188	47	86	23	63
47	6099	3084	3015	221	175	46	114	36	77
48	6694	3277	3418	244	184	61	116	42	74
49	7445	3671	3774	220	182	38	187	55	132
50-54	**43076**	**21348**	**21727**	**1098**	**873**	**225**	**1368**	**403**	**965**
50	7753	3811	3942	220	185	35	198	53	144
51	8191	4135	4057	260	207	53	189	39	150
52	9019	4386	4634	206	172	33	284	71	213
53	8618	4338	4280	207	157	49	308	110	198
54	9493	4678	4816	205	151	54	389	130	260
55-59	**42630**	**21462**	**21167**	**794**	**620**	**174**	**2359**	**713**	**1646**
55	7711	3881	3830	178	136	42	307	105	202
56	8908	4511	4396	178	143	36	462	140	322
57	8543	4323	4219	157	124	33	469	143	326
58	8221	4092	4131	133	99	34	508	156	352
59	9246	4654	4591	147	118	29	614	169	445
60-64	**25326**	**12867**	**12459**	**335**	**266**	**69**	**2402**	**755**	**1647**
60	7236	3697	3538	100	73	27	596	202	395
61	3923	1866	2058	54	43	11	313	92	221
62	4482	2266	2216	65	50	14	401	137	264
63	4240	2195	2046	49	42	6	464	142	322
64	5445	2842	2603	67	58	10	628	182	446
65+	**67999**	**36436**	**31562**	**522**	**380**	**142**	**26181**	**7791**	**18389**

2-36 各地区分性别、婚姻状况的人口
Population by Sex, Marital Status and Region

单位：人 (person)

地 区	Region	15岁及以上人口 Population Aged 15 and Over	男 Male	女 Female	未 婚 Never Married	男 Male	女 Female
全 国	**National Total**	**1199109**	**607967**	**591141**	**236783**	**142433**	**94349**
北 京	Beijing	19672	10012	9660	4143	2311	1832
天 津	Tianjin	12150	6203	5947	2243	1278	965
河 北	Hebei	61888	30347	31541	10239	5849	4390
山 西	Shanxi	30159	15378	14780	5639	3344	2295
内蒙古	Inner Mongolia	21326	10848	10478	3359	1994	1365
辽 宁	Liaoning	38513	18882	19631	6187	3625	2561
吉 林	Jilin	21454	10670	10784	3372	1983	1390
黑龙江	Heilongjiang	28803	14352	14452	4687	2729	1957
上 海	Shanghai	22870	11860	11010	4410	2566	1845
江 苏	jiangsu	74878	37713	37165	11952	7214	4738
浙 江	Zhejiang	58643	30576	28068	10483	6484	3999
安 徽	Anhui	51457	25969	25488	9065	5512	3553
福 建	Fujian	35016	17936	17080	6835	4185	2650
江 西	Jiangxi	37169	18955	18215	8423	5076	3348
山 东	Shandong	85511	42791	42720	14550	8423	6127
河 南	Henan	79598	39369	40230	17639	10335	7303
湖 北	Hubei	50647	25863	24784	9267	5863	3405
湖 南	Hunan	55363	28072	27292	11103	6839	4264
广 东	Guangdong	105701	55538	50163	28079	17578	10501
广 西	Guangxi	40242	20640	19602	9958	6157	3800
海 南	Hainan	8518	4496	4022	2156	1380	776
重 庆	Chongqing	28119	14127	13992	5724	3360	2363
四 川	Sichuan	72865	36570	36295	14096	8493	5603
贵 州	Guizhou	30387	15335	15053	6845	4052	2793
云 南	Yunnan	39055	20062	18993	8436	5207	3229
西 藏	Tibet	2807	1480	1327	910	521	389
陕 西	Shaanxi	33712	17112	16600	6174	3747	2427
甘 肃	Gansu	20752	10481	10271	4004	2353	1652
青 海	Qinghai	4857	2428	2430	1130	637	493
宁 夏	Ningxia	5999	3045	2954	1143	660	483
新 疆	Xinjiang	20974	10858	10116	4530	2677	1853

2-36 续表 continued

单位：人 (person)

地 区	Region	有配偶 Married	男 Male	女 Female	离 婚 Divorced	男 Male	女 Female	丧 偶 Widowed	男 Male	女 Female
全 国	**National Total**	**864547**	**430734**	**433813**	**28878**	**16346**	**12532**	**68901**	**18453**	**50448**
北 京	Beijing	14174	7272	6901	545	247	298	811	182	629
天 津	Tianjin	8909	4585	4325	366	173	192	631	167	465
河 北	Hebei	47159	22808	24351	1069	690	379	3422	1000	2422
山 西	Shanxi	22337	11277	11060	538	310	228	1645	447	1198
内蒙古	Inner Mongolia	16103	8200	7903	628	364	264	1236	290	946
辽 宁	Liaoning	27983	13733	14250	1607	818	789	2736	705	2031
吉 林	Jilin	15618	7769	7849	899	489	410	1565	429	1136
黑龙江	Heilongjiang	20763	10352	10412	1335	732	603	2019	539	1480
上 海	Shanghai	16786	8746	8040	663	308	355	1010	240	770
江 苏	jiangsu	57303	28575	28729	1394	800	594	4228	1124	3105
浙 江	Zhejiang	44208	22781	21427	1372	737	635	2581	573	2008
安 徽	Anhui	38305	18909	19396	1152	703	449	2934	845	2089
福 建	Fujian	25585	12953	12632	763	428	335	1833	370	1463
江 西	Jiangxi	26008	12930	13078	666	422	244	2071	527	1544
山 东	Shandong	64531	32149	32382	1258	724	535	5172	1495	3676
河 南	Henan	56101	26837	29264	1387	864	523	4471	1333	3139
湖 北	Hubei	36763	18229	18533	1301	788	512	3316	982	2334
湖 南	Hunan	39135	19424	19711	1325	786	539	3800	1022	2779
广 东	Guangdong	71516	35999	35516	2162	1065	1097	3945	896	3049
广 西	Guangxi	26854	13326	13528	796	483	313	2635	674	1961
海 南	Hainan	5796	2934	2862	157	91	66	408	91	317
重 庆	Chongqing	19587	9731	9854	1030	568	463	1778	467	1311
四 川	Sichuan	51429	25276	26154	2252	1307	945	5088	1494	3594
贵 州	Guizhou	20616	10135	10481	898	592	306	2029	556	1473
云 南	Yunnan	27060	13547	13513	1187	706	481	2372	602	1770
西 藏	Tibet	1702	904	798	59	19	39	136	35	100
陕 西	Shaanxi	24900	12402	12498	575	355	220	2062	608	1454
甘 肃	Gansu	15022	7506	7515	401	242	159	1325	381	944
青 海	Qinghai	3265	1622	1642	180	93	87	282	75	207
宁 夏	Ningxia	4441	2242	2199	171	86	86	244	58	186
新 疆	Xinjiang	14587	7578	7009	742	357	385	1115	245	869

2-37 各地区城市分性别、婚姻状况的人口
City Population by Sex, Marital Status and Region

单位：人 (person)

地 区	Region	15岁及以上人口 Population Aged 15 and Over	男 Male	女 Female	未 婚 Never Married	男 Male	女 Female
全 国	**National Total**	**493202**	**247295**	**245907**	**110983**	**63249**	**47734**
北 京	Beijing	15925	7958	7966	3621	1976	1645
天 津	Tianjin	9447	4808	4639	1866	1052	814
河 北	Hebei	17288	8035	9253	3286	1666	1620
山 西	Shanxi	10946	5454	5492	2399	1354	1045
内蒙古	Inner Mongolia	8274	4185	4089	1522	896	626
辽 宁	Liaoning	23218	11116	12102	4217	2332	1885
吉 林	Jilin	8924	4333	4591	1531	881	650
黑龙江	Heilongjiang	12290	6086	6203	2320	1372	948
上 海	Shanghai	17795	8937	8859	3600	1983	1616
江 苏	Jiangsu	35906	18118	17788	7175	4212	2964
浙 江	Zhejiang	29754	15532	14222	6378	3831	2547
安 徽	Anhui	15680	7941	7740	3220	1947	1273
福 建	Fujian	14873	7477	7396	3611	2059	1552
江 西	Jiangxi	11296	5585	5711	3165	1696	1470
山 东	Shandong	32714	16050	16663	6099	3250	2849
河 南	Henan	20336	9717	10620	4512	2320	2192
湖 北	Hubei	21349	10867	10482	4704	2905	1798
湖 南	Hunan	15847	7801	8045	3821	2114	1707
广 东	Guangdong	63329	33990	29339	18249	11382	6868
广 西	Guangxi	12812	6178	6635	3611	1858	1754
海 南	Hainan	3179	1654	1525	799	494	305
重 庆	Chongqing	14983	7399	7584	3508	1972	1536
四 川	Sichuan	27379	13462	13918	6285	3467	2818
贵 州	Guizhou	8270	4052	4218	2225	1198	1028
云 南	Yunnan	10781	5334	5447	2770	1459	1311
西 藏	Tibet	659	359	300	205	118	88
陕 西	Shaanxi	12993	6391	6602	2564	1428	1136
甘 肃	Gansu	5513	2758	2755	1318	701	617
青 海	Qinghai	1828	881	947	417	218	199
宁 夏	Ningxia	2405	1176	1230	501	269	232
新 疆	Xinjiang	7207	3661	3546	1483	840	642

2-37 续表 continued

单位：人 (person)

地 区	Region	有配偶 Married	男 Male	女 Female	离 婚 Divorced	男 Male	女 Female	丧 偶 Widowed	男 Male	女 Female
全 国	**National Total**	**348224**	**173333**	**174891**	**14018**	**6284**	**7734**	**19978**	**4429**	**15548**
北 京	Beijing	11238	5675	5563	451	186	265	615	121	494
天 津	Tianjin	6819	3516	3303	303	135	168	461	106	355
河 北	Hebei	12953	6071	6882	308	132	176	742	166	576
山 西	Shanxi	7877	3921	3955	203	81	122	468	98	370
内蒙古	Inner Mongolia	6059	3059	3001	296	143	154	396	87	309
辽 宁	Liaoning	16456	7996	8460	1131	494	637	1414	294	1120
吉 林	Jilin	6316	3107	3209	476	217	259	602	128	473
黑龙江	Heilongjiang	8479	4221	4259	704	327	377	786	167	619
上 海	Shanghai	12849	6532	6317	549	235	314	797	186	611
江 苏	Jiangsu	26628	13235	13394	749	353	396	1353	319	1035
浙 江	Zhejiang	21836	11215	10621	645	306	338	895	180	716
安 徽	Anhui	11559	5712	5846	380	161	219	522	121	402
福 建	Fujian	10331	5154	5178	374	163	212	556	101	454
江 西	Jiangxi	7463	3684	3778	235	112	122	434	93	341
山 东	Shandong	24646	12224	12421	568	235	333	1401	341	1060
河 南	Henan	14634	7011	7624	372	152	219	818	234	584
湖 北	Hubei	15059	7440	7619	599	298	301	987	224	763
湖 南	Hunan	10876	5308	5567	465	217	248	685	163	522
广 东	Guangdong	42130	21685	20445	1506	623	882	1444	301	1144
广 西	Guangxi	8334	4072	4262	342	146	196	525	102	423
海 南	Hainan	2220	1113	1107	67	29	38	93	18	75
重 庆	Chongqing	10160	4974	5186	675	327	348	641	127	515
四 川	Sichuan	18933	9240	9694	1007	464	544	1153	291	862
贵 州	Guizhou	5326	2600	2727	347	180	167	371	75	296
云 南	Yunnan	7218	3618	3599	379	180	198	415	76	339
西 藏	Tibet	414	231	183	16	4	11	24	5	18
陕 西	Shaanxi	9621	4704	4915	265	127	138	544	131	413
甘 肃	Gansu	3770	1935	1835	163	64	99	262	58	204
青 海	Qinghai	1245	607	638	62	32	30	104	24	80
宁 夏	Ningxia	1720	851	869	92	40	52	93	17	76
新 疆	Xinjiang	5058	2623	2435	290	120	170	377	77	299

2-38 各地区镇分性别、婚姻状况的人口
Town Population by Sex, Marital Status and Region

单位：人 (person)

地 区	Region	15岁及以上人口 Population Aged 15 and Over	男 Male	女 Female	未 婚 Never Married	男 Male	女 Female
全 国	**National Total**	**295051**	**148440**	**146611**	**55994**	**33125**	**22869**
北 京	Beijing	1264	681	583	203	123	80
天 津	Tianjin	920	478	442	153	91	63
河 北	Hebei	21139	10356	10783	3824	2191	1633
山 西	Shanxi	8119	4073	4046	1447	807	640
内蒙古	Inner Mongolia	6155	3008	3147	988	507	481
辽 宁	Liaoning	4732	2293	2438	555	334	221
吉 林	Jilin	4648	2257	2392	800	436	364
黑龙江	Heilongjiang	6716	3226	3490	1008	508	499
上 海	Shanghai	2505	1453	1052	451	320	131
江 苏	Jiangsu	19496	9743	9753	2411	1423	987
浙 江	Zhejiang	13032	6681	6351	1882	1117	765
安 徽	Anhui	15545	7561	7984	2697	1485	1212
福 建	Fujian	9664	4966	4698	1626	1043	583
江 西	Jiangxi	12031	6162	5869	2583	1627	955
山 东	Shandong	22270	11316	10953	4133	2482	1651
河 南	Henan	26141	13283	12858	7138	4175	2963
湖 北	Hubei	11524	5643	5881	1878	1045	833
湖 南	Hunan	17866	9020	8846	3327	2063	1265
广 东	Guangdong	17327	8903	8424	3912	2356	1556
广 西	Guangxi	10001	5255	4746	2418	1609	810
海 南	Hainan	2082	1084	998	534	318	216
重 庆	Chongqing	4911	2385	2526	715	390	325
四 川	Sichuan	15323	7479	7844	2493	1456	1037
贵 州	Guizhou	8638	4305	4333	1915	1114	802
云 南	Yunnan	9792	5051	4740	1972	1232	741
西 藏	Tibet	496	261	235	143	73	70
陕 西	Shaanxi	8554	4363	4191	1739	1045	694
甘 肃	Gansu	5793	2864	2928	1120	638	482
青 海	Qinghai	1257	606	651	291	161	130
宁 夏	Ningxia	1607	820	787	317	185	133
新 疆	Xinjiang	5505	2865	2641	1322	769	553

2-38 续表 continued

单位：人 (person)

地 区	Region	有配偶 Married	男 Male	女 Female	离 婚 Divorced	男 Male	女 Female	丧 偶 Widowed	男 Male	女 Female
全 国	**National Total**	**216847**	**107483**	**109364**	**6600**	**3786**	**2814**	**15609**	**4046**	**11564**
北 京	Beijing	990	528	462	34	20	14	37	9	28
天 津	Tianjin	707	361	346	19	10	10	40	16	24
河 北	Hebei	16028	7668	8360	368	229	139	919	268	651
山 西	Shanxi	6206	3111	3095	143	76	67	323	79	244
内蒙古	Inner Mongolia	4664	2339	2324	186	103	84	317	59	259
辽 宁	Liaoning	3634	1758	1876	169	101	68	373	100	273
吉 林	Jilin	3357	1654	1702	210	106	104	282	60	222
黑龙江	Heilongjiang	4881	2428	2452	335	166	169	493	124	370
上 海	Shanghai	1922	1083	838	47	28	20	84	22	63
江 苏	Jiangsu	15577	7783	7794	362	227	135	1148	310	838
浙 江	Zhejiang	10293	5292	5000	323	161	162	534	111	424
安 徽	Anhui	11734	5686	6048	331	189	142	783	200	582
福 建	Fujian	7330	3701	3629	191	112	79	516	110	407
江 西	Jiangxi	8700	4281	4418	193	112	80	556	140	415
山 东	Shandong	16688	8327	8361	282	166	116	1166	341	826
河 南	Henan	17417	8509	8908	520	314	206	1066	285	781
湖 北	Hubei	8647	4202	4445	270	169	101	730	227	503
湖 南	Hunan	12975	6439	6535	411	217	194	1152	300	852
广 东	Guangdong	12322	6199	6123	323	193	130	771	155	615
广 西	Guangxi	6768	3372	3394	169	109	60	646	165	481
海 南	Hainan	1395	713	682	40	26	14	114	28	86
重 庆	Chongqing	3697	1821	1876	148	86	62	350	89	262
四 川	Sichuan	11387	5498	5888	493	286	206	951	238	713
贵 州	Guizhou	5978	2890	3088	233	160	73	512	142	371
云 南	Yunnan	6956	3508	3448	327	184	143	536	128	408
西 藏	Tibet	327	180	147	12	5	7	14	3	11
陕 西	Shaanxi	6217	3095	3122	103	61	42	495	163	333
甘 肃	Gansu	4308	2099	2209	76	51	25	288	76	212
青 海	Qinghai	836	402	433	52	20	31	78	22	56
宁 夏	Ningxia	1190	601	589	43	21	23	56	13	43
新 疆	Xinjiang	3719	1953	1767	188	80	108	276	63	212

2-39　各地区乡村分性别、婚姻状况的人口
Rural Population by Sex, Marital Status and Region

单位：人　　(person)

地　区	Region	15岁及以上人口 Population Aged 15 and Over	男 Male	女 Female	未　婚 Never Married	男 Male	女 Female
全　国	**National Total**	**410856**	**212233**	**198623**	**69806**	**46060**	**23746**
北　京	Beijing	2484	1373	1111	318	211	107
天　津	Tianjin	1782	916	866	224	135	89
河　北	Hebei	23462	11957	11505	3129	1993	1137
山　西	Shanxi	11094	5852	5242	1793	1183	611
内蒙古	Inner Mongolia	6897	3655	3242	849	591	259
辽　宁	Liaoning	10564	5473	5091	1414	958	456
吉　林	Jilin	7882	4081	3802	1041	665	376
黑龙江	Heilongjiang	9797	5039	4758	1359	849	510
上　海	Shanghai	2570	1471	1099	359	262	98
江　苏	Jiangsu	19476	9851	9624	2367	1579	787
浙　江	Zhejiang	15858	8362	7495	2222	1535	687
安　徽	Anhui	20232	10467	9764	3148	2080	1068
福　建	Fujian	10480	5493	4987	1599	1083	516
江　西	Jiangxi	13843	7208	6635	2676	1753	923
山　东	Shandong	30528	15425	15103	4318	2691	1628
河　南	Henan	33121	16369	16752	5989	3840	2149
湖　北	Hubei	17774	9353	8421	2686	1912	774
湖　南	Hunan	21651	11250	10401	3954	2663	1292
广　东	Guangdong	25045	12645	12400	5918	3841	2077
广　西	Guangxi	17430	9208	8222	3928	2691	1237
海　南	Hainan	3257	1758	1499	823	568	255
重　庆	Chongqing	8225	4343	3882	1501	999	502
四　川	Sichuan	30163	15629	14533	5318	3570	1748
贵　州	Guizhou	13479	6977	6501	2704	1741	963
云　南	Yunnan	18483	9677	8805	3694	2517	1177
西　藏	Tibet	1652	861	791	563	330	232
陕　西	Shaanxi	12165	6358	5807	1871	1273	598
甘　肃	Gansu	9446	4859	4587	1567	1014	552
青　海	Qinghai	1772	940	832	422	258	165
宁　夏	Ningxia	1986	1049	937	325	207	118
新　疆	Xinjiang	8262	4333	3929	1725	1068	657

2-39 续表 continued

单位：人 (person)

地 区	Region	有配偶 Married	男 Male	女 Female	离 婚 Divorced	男 Male	女 Female	丧 偶 Widowed	男 Male	女 Female
全 国	**National Total**	**299476**	**149919**	**149557**	**8260**	**6276**	**1984**	**33314**	**9978**	**23335**
北 京	Beijing	1947	1070	877	61	41	20	159	51	107
天 津	Tianjin	1384	708	676	44	29	15	131	45	86
河 北	Hebei	18179	9070	9109	392	328	64	1761	566	1195
山 西	Shanxi	8254	4246	4010	192	153	38	854	270	583
内蒙古	Inner Mongolia	5379	2801	2579	145	119	26	523	144	379
辽 宁	Liaoning	7893	3980	3913	307	223	84	949	311	638
吉 林	Jilin	5946	3008	2938	214	166	47	682	242	440
黑龙江	Heilongjiang	7403	3702	3701	296	239	56	739	249	491
上 海	Shanghai	2015	1131	884	66	46	21	129	33	96
江 苏	Jiangsu	15099	7557	7541	283	220	63	1727	495	1232
浙 江	Zhejiang	12080	6275	5806	404	270	134	1151	283	869
安 徽	Anhui	15012	7510	7503	442	353	89	1629	524	1105
福 建	Fujian	7923	4098	3825	197	153	44	761	159	602
江 西	Jiangxi	9847	4964	4882	239	197	42	1081	294	788
山 东	Shandong	23198	11598	11599	409	323	86	2604	813	1790
河 南	Henan	24051	11318	12732	495	398	97	2587	813	1773
湖 北	Hubei	13057	6587	6470	431	321	110	1599	532	1068
湖 南	Hunan	15284	7677	7608	449	352	96	1964	559	1405
广 东	Guangdong	17065	8116	8948	333	249	85	1730	440	1290
广 西	Guangxi	11752	5881	5871	286	229	57	1464	407	1057
海 南	Hainan	2182	1109	1073	51	36	14	201	45	156
重 庆	Chongqing	5730	2937	2792	208	155	53	787	252	534
四 川	Sichuan	21108	10537	10571	752	557	195	2983	965	2018
贵 州	Guizhou	9311	4645	4666	318	252	66	1146	339	806
云 南	Yunnan	12886	6421	6464	482	341	140	1421	398	1023
西 藏	Tibet	961	493	468	31	10	21	97	27	70
陕 西	Shaanxi	9063	4603	4460	208	167	41	1023	314	709
甘 肃	Gansu	6944	3472	3472	161	126	35	774	246	528
青 海	Qinghai	1184	613	571	66	40	26	100	29	71
宁 夏	Ningxia	1531	789	741	36	25	11	95	28	67
新 疆	Xinjiang	5810	3004	2807	264	157	107	462	105	358

2-40 全国育龄妇女分年龄、孩次的生育状况 (2021年11月1日至2022年10月31日)

Age-specific Fertility Rate of Women at Childbearing Ages by Age of Mother and Birth Order (2021.11.1-2022.10.31)

年 龄 Age	平均育龄妇女人数(人) Average Number of Childbearing Women (person)	出生人数(人) Births (person)	一孩 1st Birth	二孩 2nd Birth	三孩及以上 3rd Birth and Above	生育率(‰) Fertility Rate (‰)	一孩 1st Birth	二孩 2nd Birth	三孩及以上 3rd Birth and Above
总计 Total	**322805**	**9754**	**5388**	**3091**	**1275**	**30.22**	**16.69**	**9.58**	**3.95**
15-19	**37807**	**132**	**119**	**13**	**1**	**3.49**	**3.15**	**0.34**	**0.03**
15	7949	4	4			0.50	0.50		
16	7976	15	14	1		1.88	1.76	0.13	
17	7243	21	21			2.90	2.90		
18	6496	45	38	6		6.93	5.85	0.92	
19	8143	47	41	5	1	5.77	5.03	0.61	0.12
20-24	**33552**	**1093**	**840**	**198**	**54**	**32.58**	**25.04**	**5.90**	**1.61**
20	7562	94	84	9	2	12.43	11.11	1.19	0.26
21	6857	139	108	26	5	20.27	15.75	3.79	0.73
22	6226	200	148	41	11	32.12	23.77	6.59	1.77
23	6113	283	211	53	18	46.29	34.52	8.67	2.94
24	6795	377	289	69	19	55.48	42.53	10.15	2.80
25-29	**41170**	**3343**	**2194**	**852**	**296**	**81.18**	**53.29**	**20.69**	**7.19**
25	7489	465	331	104	30	62.09	44.20	13.89	4.01
26	7926	656	420	160	77	82.77	52.99	20.19	9.71
27	8147	689	458	176	55	84.57	56.22	21.60	6.75
28	8519	751	490	202	59	88.16	57.52	23.71	6.93
29	9089	781	496	210	76	85.93	54.57	23.10	8.36
30-34	**58596**	**3431**	**1600**	**1311**	**520**	**58.55**	**27.31**	**22.37**	**8.87**
30	9432	731	404	244	83	77.50	42.83	25.87	8.80
31	11361	690	335	265	91	60.73	29.49	23.33	8.01
32	12802	760	353	284	123	59.37	27.57	22.18	9.61
33	12256	702	320	279	102	57.28	26.11	22.76	8.32
34	12746	548	188	239	120	42.99	14.75	18.75	9.41
35-39	**51842**	**1460**	**529**	**612**	**319**	**28.16**	**10.20**	**11.81**	**6.15**
35	11909	511	186	234	91	42.91	15.62	19.65	7.64
36	10652	383	140	165	78	35.96	13.14	15.49	7.32
37	9883	219	70	93	55	22.16	7.08	9.41	5.57
38	9451	205	80	64	61	21.69	8.46	6.77	6.45
39	9948	142	52	56	34	14.27	5.23	5.63	3.42
40-44	**47014**	**259**	**87**	**92**	**79**	**5.51**	**1.85**	**1.96**	**1.68**
40	10615	115	37	36	42	10.83	3.49	3.39	3.96
41	8803	57	26	19	13	6.48	2.95	2.16	1.48
42	9282	38	9	17	12	4.09	0.97	1.83	1.29
43	9492	29	9	14	5	3.06	0.95	1.47	0.53
44	8821	20	6	6	7	2.27	0.68	0.68	0.79
45-49	**52824**	**35**	**19**	**13**	**3**	**0.66**	**0.36**	**0.25**	**0.06**
45	9251	15	7	5	3	1.62	0.76	0.54	0.32
46	9985	4	1	3		0.40	0.10	0.30	
47	10527	8	8			0.76	0.76		
48	11125	3	1	2		0.27	0.09	0.18	
49	11936	5	2	3		0.42	0.17	0.25	

2-41 全国城市育龄妇女分年龄、孩次的生育状况 (2021年11月1日至2022年10月31日)

Age-specific Fertility Rate of City Women at Childbearing Ages by Age of Mother and Birth Order (2021.11.1-2022.10.31)

年 龄 Age	平均育龄妇女人数(人) Average Number of Childbearing Women (person)	出生人数(人) Births (person)	一孩 1st Birth	二孩 2nd Birth	三孩及以上 3rd Birth and Above	生育率(‰) Fertility Rate (‰)	一孩 1st Birth	二孩 2nd Birth	三孩及以上 3rd Birth and Above
总计 Total	**150651**	**4182**	**2516**	**1295**	**371**	**27.76**	**16.70**	**8.60**	**2.46**
15-19	**16302**	**25**	**23**	**1**		**1.53**	**1.41**	**0.06**	
15	3008	2	2			0.66	0.66		
16	3039	2	2			0.66	0.66		
17	3022	2	2			0.66	0.66		
18	3006	5	4	1		1.66	1.33	0.33	
19	4227	15	14	1		3.55	3.31	0.24	
20-24	**16919**	**269**	**223**	**37**	**9**	**15.90**	**13.18**	**2.19**	**0.53**
20	4008	20	20			4.99	4.99		
21	3440	17	14	2	1	4.94	4.07	0.58	0.29
22	3018	46	41	5		15.24	13.59	1.66	
23	3066	75	60	14	1	24.46	19.57	4.57	0.33
24	3387	112	89	17	6	33.07	26.28	5.02	1.77
25-29	**19983**	**1388**	**1044**	**275**	**69**	**69.46**	**52.24**	**13.76**	**3.45**
25	3608	174	136	35	3	48.23	37.69	9.70	0.83
26	3950	269	197	51	20	68.10	49.87	12.91	5.06
27	3979	284	221	49	15	71.37	55.54	12.31	3.77
28	4130	308	226	67	15	74.58	54.72	16.22	3.63
29	4315	353	263	74	15	81.81	60.95	17.15	3.48
30-34	**28339**	**1644**	**873**	**617**	**155**	**58.01**	**30.81**	**21.77**	**5.47**
30	4595	354	225	103	26	77.04	48.97	22.42	5.66
31	5399	358	211	122	24	66.31	39.08	22.60	4.45
32	6157	345	178	131	36	56.03	28.91	21.28	5.85
33	5989	336	166	140	30	56.10	27.72	23.38	5.01
34	6200	252	93	121	38	40.65	15.00	19.52	6.13
35-39	**25295**	**723**	**305**	**306**	**110**	**28.58**	**12.06**	**12.10**	**4.35**
35	5866	259	108	118	33	44.15	18.41	20.12	5.63
36	5158	222	95	94	34	43.04	18.42	18.22	6.59
37	4760	88	30	45	13	18.49	6.30	9.45	2.73
38	4559	94	47	22	26	20.62	10.31	4.83	5.70
39	4952	59	25	28	6	11.91	5.05	5.65	1.21
40-44	**21745**	**123**	**41**	**55**	**27**	**5.66**	**1.89**	**2.53**	**1.24**
40	5280	54	16	21	16	10.23	3.03	3.98	3.03
41	4060	31	18	11	2	7.64	4.43	2.71	0.49
42	4305	19	4	12	3	4.41	0.93	2.79	0.70
43	4254	10	1	7	2	2.35	0.24	1.65	0.47
44	3846	9	2	4	3	2.34	0.52	1.04	0.78
45-49	**22067**	**10**	**7**	**2**		**0.45**	**0.32**	**0.09**	
45	4094	4	3			0.98	0.73		
46	4317								
47	4379	4	4			0.91	0.91		
48	4509								
49	4768	2		2		0.42		0.42	

2-42 全国镇育龄妇女分年龄、孩次的生育状况（2021年11月1日至2022年10月31日）

Age-specific Fertility Rate of Town Women at Childbearing Ages by Age of Mother and Birth Order (2021.11.1-2022.10.31)

年龄 Age	平均育龄妇女人数(人) Average Number of Childbearing Women (person)	出生人数(人) Births (person)	一孩 1st Birth	二孩 2nd Birth	三孩及以上 3rd Birth and Above	生育率(‰) Fertility Rate (‰)	一孩 1st Birth	二孩 2nd Birth	三孩及以上 3rd Birth and Above
总计 Total	**83258**	**2598**	**1344**	**896**	**358**	**31.20**	**16.14**	**10.76**	**4.30**
15-19	**10552**	**37**	**32**	**4**		**3.51**	**3.03**	**0.38**	
15	2312	1	1			0.43	0.43		
16	2504	9	9			3.59	3.59		
17	2034	3	3			1.47	1.47		
18	1606	12	9	3		7.47	5.60	1.87	
19	2095	11	11	1		5.25	5.25	0.48	
20-24	**8355**	**322**	**250**	**63**	**10**	**38.54**	**29.92**	**7.54**	**1.20**
20	1923	25	23	2		13.00	11.96	1.04	
21	1818	47	38	8		25.85	20.90	4.40	
22	1598	64	48	12	4	40.05	30.04	7.51	2.50
23	1406	75	56	16	3	53.34	39.83	11.38	2.13
24	1609	112	84	25	4	69.61	52.21	15.54	2.49
25-29	**9771**	**902**	**561**	**266**	**75**	**92.31**	**57.41**	**27.22**	**7.68**
25	1751	122	88	28	7	69.67	50.26	15.99	4.00
26	1754	166	108	43	15	94.64	61.57	24.52	8.55
27	1901	185	111	62	12	97.32	58.39	32.61	6.31
28	2080	202	128	58	15	97.12	61.54	27.88	7.21
29	2284	226	126	74	25	98.95	55.17	32.40	10.95
30-34	**14988**	**892**	**360**	**372**	**161**	**59.51**	**24.02**	**24.82**	**10.74**
30	2306	174	88	70	16	75.46	38.16	30.36	6.94
31	2921	156	61	69	26	53.41	20.88	23.62	8.90
32	3249	209	86	82	40	64.33	26.47	25.24	12.31
33	3161	191	82	81	28	60.42	25.94	25.62	8.86
34	3351	162	43	70	49	48.34	12.83	20.89	14.62
35-39	**13414**	**376**	**113**	**173**	**91**	**28.03**	**8.42**	**12.90**	**6.78**
35	2964	143	49	71	23	48.25	16.53	23.95	7.76
36	2801	79	19	42	18	28.20	6.78	14.99	6.43
37	2698	56	18	24	14	20.76	6.67	8.90	5.19
38	2448	58	16	23	18	23.69	6.54	9.40	7.35
39	2504	41	11	13	16	16.37	4.39	5.19	6.39
40-44	**12378**	**60**	**22**	**15**	**23**	**4.85**	**1.78**	**1.21**	**1.86**
40	2699	27	9	6	12	10.00	3.33	2.22	4.45
41	2246	16	4	6	6	7.12	1.78	2.67	2.67
42	2486	3	1	1	2	1.21	0.40	0.40	0.80
43	2567	8	7	1		3.12	2.73	0.39	
44	2380	5	1	1	3	2.10	0.42	0.42	1.26
45-49	**13801**	**8**	**5**	**3**		**0.58**	**0.36**	**0.22**	
45	2453	5	3	1		2.04	1.22	0.41	
46	2618								
47	2816								
48	2812	2	1	1		0.71	0.36	0.36	
49	3101	1	1			0.32	0.32		

2-43 全国乡村育龄妇女分年龄、孩次的生育状况（2021年11月1日至2022年10月31日）

Age-specific Fertility Rate of Rural Women at Childbearing Ages by Age of Mother and Birth Order(2021.11.1-2022.10.31)

年龄 Age	平均育龄妇女人数(人) Average Number of Childbearing Women (person)	出生人数(人) Births (person)				生育率(‰) Fertility Rate (‰)			
			一孩 1st Birth	二孩 2nd Birth	三孩及以上 3rd Birth and Above		一孩 1st Birth	二孩 2nd Birth	三孩及以上 3rd Birth and Above
总计 Total	**88895**	**2973**	**1528**	**899**	**546**	**33.44**	**17.19**	**10.11**	**6.14**
15-19	**10953**	**71**	**63**	**7**	**1**	**6.48**	**5.75**	**0.64**	**0.09**
15	2629	1	1			0.38	0.38		
16	2432	5	3	1		2.06	1.23	0.41	
17	2186	16	16			7.32	7.32		
18	1884	27	26	2		14.33	13.80	1.06	
19	1821	21	16	4	1	11.53	8.79	2.20	0.55
20-24	**8278**	**501**	**368**	**97**	**36**	**60.52**	**44.46**	**11.72**	**4.35**
20	1631	50	41	7	2	30.66	25.14	4.29	1.23
21	1599	75	55	16	4	46.90	34.40	10.01	2.50
22	1610	90	59	25	7	55.90	36.65	15.53	4.35
23	1641	134	96	22	15	81.66	58.50	13.41	9.14
24	1798	152	116	28	8	84.54	64.52	15.57	4.45
25-29	**11416**	**1053**	**589**	**311**	**152**	**92.24**	**51.59**	**27.24**	**13.31**
25	2129	169	107	42	20	79.38	50.26	19.73	9.39
26	2222	221	114	65	41	99.46	51.31	29.25	18.45
27	2267	219	127	65	28	96.60	56.02	28.67	12.35
28	2309	241	135	77	29	104.37	58.47	33.35	12.56
29	2490	203	106	62	36	81.53	42.57	24.90	14.46
30-34	**15269**	**895**	**367**	**322**	**207**	**58.62**	**24.04**	**21.09**	**13.56**
30	2531	203	92	71	40	80.21	36.35	28.05	15.80
31	3042	176	62	74	41	57.86	20.38	24.33	13.48
32	3396	207	90	70	47	60.95	26.50	20.61	13.84
33	3106	175	72	59	44	56.34	23.18	19.00	14.17
34	3195	134	51	48	35	41.94	15.96	15.02	10.95
35-39	**13133**	**361**	**111**	**132**	**119**	**27.49**	**8.45**	**10.05**	**9.06**
35	3079	109	29	45	35	35.40	9.42	14.62	11.37
36	2693	82	26	29	26	30.45	9.65	10.77	9.65
37	2425	76	22	24	29	31.34	9.07	9.90	11.96
38	2444	53	16	19	17	21.69	6.55	7.77	6.96
39	2492	42	17	15	11	16.85	6.82	6.02	4.41
40-44	**12890**	**76**	**24**	**22**	**30**	**5.90**	**1.86**	**1.71**	**2.33**
40	2636	34	12	9	13	12.90	4.55	3.41	4.93
41	2496	11	4	2	4	4.41	1.60	0.80	1.60
42	2491	16	4	4	8	6.42	1.61	1.61	3.21
43	2672	10	1	6	2	3.74	0.37	2.25	0.75
44	2595	5	3	1	1	1.93	1.16	0.39	0.39
45-49	**16956**	**17**	**7**	**8**	**3**	**1.00**	**0.41**	**0.47**	**0.18**
45	2703	7		4	3	2.59		1.48	1.11
46	3050	4	1	3		1.31	0.33	0.98	
47	3332	4	4			1.20	1.20		
48	3803	1		1		0.26		0.26	
49	4067	2	1			0.49	0.25		

2-44 全国分年龄、性别的死亡人口状况
(2021年11月1日至2022年10月31日)
Status of Deaths by Age and Sex (2021.11.1-2022.10.31)

年 龄 Age	年平均人口(人) Average Population (person)	男 Male	女 Female	死亡人口(人) Deaths (person)	男 Male	女 Female	死亡率(‰) Death Rate (‰)	男 Male	女 Female
总计 Total	**1443365**	**737641**	**705724**	**7707**	**4665**	**3042**	**5.34**	**6.32**	**4.31**
0-4	**66323**	**34835**	**31488**	**29**	**23**	**6**	**0.43**	**0.65**	**0.19**
0	9223	4793	4430	12	10	2	1.30	2.02	0.51
1	10015	5125	4890	4	3	1	0.39	0.52	0.26
2	14276	7491	6784	6	6		0.41	0.76	0.02
3	15530	8182	7348	4	2	2	0.24	0.25	0.23
4	17279	9243	8036	3	3	1	0.19	0.27	0.09
5-9	**92206**	**48833**	**43373**	**10**	**5**	**5**	**0.11**	**0.10**	**0.12**
5	19383	10209	9174	3		3	0.15		0.31
6	16067	8508	7559	1	1		0.08	0.15	
7	18825	9936	8889	2	1	2	0.13	0.09	0.17
8	18199	9669	8530						
9	19732	10511	9221	3	2	1	0.16	0.23	0.08
10-14	**89377**	**47751**	**41625**	**10**	**7**	**2**	**0.11**	**0.15**	**0.06**
10	18902	10077	8825	4	4		0.21	0.39	
11	18208	9700	8508						
12	18129	9662	8467						
13	17515	9495	8020	4	2	1	0.21	0.25	0.17
14	16622	8817	7805	2	1	1	0.11	0.10	0.13
15-19	**81238**	**43433**	**37805**	**27**	**22**	**4**	**0.33**	**0.51**	**0.12**
15	16979	9030	7949	4	4		0.25	0.47	
16	17263	9288	7975	4	2	2	0.23	0.24	0.21
17	15741	8498	7243	12	10	2	0.76	1.21	0.23
18	13952	7456	6496	2	1	1	0.15	0.13	0.17
19	17303	9161	8142	5	5		0.27	0.51	
20-24	**71705**	**38155**	**33550**	**13**	**10**	**3**	**0.18**	**0.27**	**0.08**
20	16534	8972	7562	4	4		0.22	0.41	
21	14760	7903	6857	4	4		0.25	0.48	
22	13143	6919	6224	1		1	0.11		0.23
23	13173	7060	6113	2	1	1	0.15	0.13	0.19
24	14095	7301	6794	2	2		0.15	0.28	
25-29	**86884**	**45718**	**41166**	**24**	**18**	**6**	**0.28**	**0.39**	**0.16**
25	15933	8446	7487	3	1	1	0.17	0.17	0.17
26	16948	9022	7926	2	1	1	0.11	0.12	0.10
27	17247	9099	8147	5	5	1	0.31	0.50	0.10
28	17812	9293	8519	4	2	1	0.22	0.25	0.18
29	18944	9858	9086	10	8	2	0.55	0.85	0.22

2-44 续表 1 continued

年 龄 Age	年平均人口(人) Average Population (person)	男 Male	女 Female	死亡人口(人) Deaths (person)	男 Male	女 Female	死亡率(‰) Death Rate (‰)	男 Male	女 Female
30-34	**121383**	**62788**	**58596**	**44**	**37**	**7**	**0.37**	**0.59**	**0.13**
30	19719	10289	9431	5	2	3	0.27	0.23	0.32
31	23945	12584	11361	7	7		0.28	0.53	
32	26463	13661	12802	12	10	2	0.44	0.70	0.17
33	25304	13048	12256	8	7	1	0.30	0.50	0.08
34	25952	13206	12746	13	12	1	0.51	0.90	0.09
35-39	**106741**	**54901**	**51840**	**47**	**41**	**6**	**0.44**	**0.74**	**0.11**
35	24821	12913	11908	6	4	2	0.25	0.32	0.16
36	21715	11063	10652	7	7		0.34	0.67	
37	20302	10419	9883	11	9	2	0.53	0.86	0.18
38	19435	9985	9450	12	11	1	0.64	1.13	0.12
39	20468	10521	9947	10	9	1	0.48	0.85	0.09
40-44	**96418**	**49418**	**46999**	**83**	**61**	**22**	**0.87**	**1.24**	**0.47**
40	21766	11152	10614	23	16	7	1.06	1.41	0.68
41	18080	9280	8800	13	9	3	0.71	1.02	0.38
42	19233	9951	9282	13	11	2	0.67	1.06	0.25
43	19229	9738	9491	25	17	8	1.28	1.74	0.81
44	18111	9298	8813	10	9	2	0.56	0.92	0.17
45-49	**107552**	**54749**	**52803**	**192**	**136**	**56**	**1.78**	**2.48**	**1.06**
45	18976	9725	9251	33	24	9	1.74	2.45	0.99
46	20391	10411	9981	36	27	8	1.74	2.61	0.84
47	21253	10729	10524	40	32	8	1.87	2.94	0.77
48	22694	11572	11121	51	33	18	2.27	2.87	1.63
49	24238	12312	11927	32	20	12	1.33	1.62	1.04
50-54	**126201**	**63603**	**62599**	**351**	**245**	**106**	**2.78**	**3.86**	**1.70**
50	24783	12475	12308	47	35	12	1.91	2.82	0.99
51	25907	13130	12776	67	54	14	2.60	4.08	1.08
52	25533	12680	12853	81	53	29	3.19	4.17	2.22
53	27064	13805	13259	63	37	26	2.31	2.69	1.93
54	22914	11512	11402	93	66	26	4.04	5.77	2.30
55-59	**118945**	**59606**	**59339**	**474**	**335**	**139**	**3.99**	**5.62**	**2.35**
55	22127	11108	11019	78	54	24	3.54	4.88	2.19
56	24007	12055	11952	94	63	31	3.90	5.19	2.60
57	23329	11715	11614	84	63	22	3.61	5.36	1.85
58	24528	12263	12265	100	70	30	4.07	5.72	2.42
59	24954	12465	12489	118	85	33	4.74	6.84	2.65

2-44 续表 2 continued

年 龄 Age	年平均人口(人) Average Population (person)	男 Male	女 Female	死亡人口(人) Deaths (person)	男 Male	女 Female	死亡率(‰) Death Rate (‰)	男 Male	女 Female
60-64	**69374**	**34655**	**34719**	**483**	**325**	**158**	**6.96**	**9.37**	**4.55**
60	13732	6832	6900	84	51	33	6.08	7.41	4.77
61	11764	5663	6101	70	43	27	5.99	7.64	4.46
62	12715	6292	6423	101	76	25	7.97	12.15	3.88
63	14061	7214	6846	96	60	36	6.81	8.29	5.25
64	17102	8653	8448	132	95	37	7.70	10.94	4.38
65-69	**79430**	**38939**	**40491**	**945**	**644**	**300**	**11.89**	**16.54**	**7.42**
65	16382	8022	8360	160	122	38	9.77	15.21	4.56
66	15661	7619	8041	151	93	58	9.66	12.23	7.23
67	16853	8414	8439	187	127	60	11.08	15.07	7.10
68	15456	7562	7894	198	139	59	12.81	18.44	7.42
69	15078	7322	7756	248	163	86	16.47	22.22	11.04
70-74	**55971**	**27069**	**28902**	**1042**	**644**	**398**	**18.62**	**23.80**	**13.76**
70	13544	6510	7033	214	133	81	15.78	20.36	11.53
71	11803	5707	6097	202	120	82	17.08	20.96	13.45
72	11780	5754	6026	213	131	82	18.12	22.83	13.61
73	9807	4745	5062	208	134	74	21.20	28.31	14.53
74	9037	4354	4683	205	126	79	22.73	29.02	16.87
75-79	**34808**	**16455**	**18353**	**1048**	**659**	**389**	**30.11**	**40.08**	**21.17**
75	8559	4090	4469	212	126	86	24.72	30.80	19.16
76	7439	3561	3878	185	129	56	24.90	36.36	14.38
77	6715	3128	3587	200	124	75	29.76	39.77	21.03
78	6218	2913	3305	214	137	77	34.36	46.96	23.26
79	5877	2764	3113	238	143	95	40.45	51.69	30.47
80-84	**21879**	**9906**	**11973**	**1128**	**649**	**479**	**51.56**	**65.53**	**40.00**
80	5352	2495	2857	236	156	80	44.01	62.44	27.92
81	4910	2285	2625	213	130	82	43.30	57.07	31.30
82	4266	1881	2385	225	137	88	52.85	72.92	37.03
83	3875	1713	2162	220	105	115	56.79	61.56	53.00
84	3477	1532	1945	235	120	114	67.45	78.55	58.70
85-89	**12024**	**4975**	**7049**	**1027**	**496**	**531**	**85.45**	**99.68**	**75.40**
85	3231	1410	1821	218	110	108	67.41	77.76	59.39
86	2791	1148	1644	183	96	87	65.53	83.23	53.18
87	2357	967	1390	207	106	100	87.69	110.09	72.11
88	2056	835	1221	216	97	118	104.82	116.76	96.65
89	1588	616	973	204	87	118	128.74	141.07	120.94
90+	**4905**	**1851**	**3054**	**731**	**308**	**423**	**149.03**	**166.40**	**138.51**

2-45　全国城市分年龄、性别的死亡人口状况
（2021年11月1日至2022年10月31日）
Status of City Deaths by Age and Sex (2021.11.1-2022.10.31)

年　龄 Age	年平均人口(人) Average Population (person)	男 Male	女 Female	死亡人口(人) Deaths (person)	男 Male	女 Female	死亡率(‰) Death Rate (‰)	男 Male	女 Female
总计　Total	**580057**	**293396**	**286661**	**1693**	**993**	**700**	**2.92**	**3.39**	**2.44**
0-4	**25304**	**13329**	**11974**	**2**	**1**	**1**	**0.06**	**0.07**	**0.06**
0	3457	1802	1655						
1	3773	1928	1844						
2	5490	2896	2594	1	1		0.16	0.31	
3	5877	3111	2765						
4	6707	3592	3115	1		1	0.11		0.23
5-9	**34373**	**18192**	**16181**	**3**		**3**	**0.09**		**0.19**
5	7721	4051	3670	2		2	0.21		0.45
6	6055	3171	2884						
7	7095	3810	3285	1		1	0.19		0.41
8	6517	3424	3093						
9	6985	3736	3249						
10-14	**28936**	**15464**	**13472**	**1**		**1**	**0.04**		**0.08**
10	6438	3424	3014						
11	5916	3168	2748						
12	5602	2965	2637						
13	5486	2974	2512						
14	5493	2932	2562	1		1	0.19		0.41
15-19	**34452**	**18150**	**16302**	**1**	**1**		**0.04**	**0.08**	**0.01**
15	6266	3258	3008						
16	6490	3451	3039						
17	6318	3295	3022	1	1		0.22	0.42	
18	6350	3344	3006				0.02		0.04
19	9029	4802	4227						
20-24	**35733**	**18814**	**16918**	**2**	**1**	**1**	**0.06**	**0.07**	**0.05**
20	8780	4773	4008						
21	7434	3994	3440						
22	6282	3264	3018						
23	6320	3254	3066	1		1	0.13		0.26
24	6916	3529	3387	1	1		0.18	0.35	
25-29	**41519**	**21537**	**19982**	**4**	**3**	**1**	**0.10**	**0.15**	**0.04**
25	7628	4020	3608						
26	8351	4400	3950						
27	8334	4354	3979						
28	8468	4338	4130	1		1	0.09		0.19
29	8740	4425	4315	3	3		0.38	0.75	

2-45 续表 1 continued

年 龄 Age	年平均人口(人) Average Population (person)	男 Male	女 Female	死亡人口(人) Deaths (person)	男 Male	女 Female	死亡率(‰) Death Rate (‰)	男 Male	女 Female
30-34	**57710**	**29371**	**28339**	**9**	**8**	**1**	**0.16**	**0.29**	**0.02**
30	9397	4802	4595	1		1	0.06		0.13
31	11275	5876	5399						
32	12551	6393	6157						
33	12093	6105	5989	3	3		0.22	0.44	
34	12394	6195	6200	6	6		0.46	0.93	
35-39	**51010**	**25716**	**25294**	**8**	**7**	**1**	**0.16**	**0.29**	**0.03**
35	12002	6137	5865	1		1	0.07		0.15
36	10312	5155	5158				0.02	0.04	
37	9480	4719	4760	2	2		0.22	0.43	
38	9275	4716	4559	5	5		0.50	0.97	
39	9941	4989	4952	1	1		0.07	0.13	
40-44	**43866**	**22123**	**21743**	**18**	**10**	**8**	**0.41**	**0.45**	**0.37**
40	10581	5300	5280	8	4	4	0.72	0.77	0.67
41	8112	4053	4059	2	1	1	0.27	0.20	0.35
42	8795	4491	4305	1	1		0.09	0.17	
43	8514	4260	4254	5	2	3	0.64	0.55	0.73
44	7864	4019	3845	2	2		0.25	0.48	
45-49	**44602**	**22545**	**22057**	**43**	**27**	**15**	**0.96**	**1.21**	**0.69**
45	8317	4222	4094	9	7	2	1.07	1.64	0.48
46	8776	4461	4314	9	7	2	0.98	1.48	0.46
47	8730	4354	4377	6	3	3	0.72	0.68	0.76
48	9146	4636	4509	14	9	5	1.52	1.98	1.05
49	9633	4871	4762	5	2	3	0.51	0.35	0.68
50-54	**47162**	**23510**	**23652**	**67**	**51**	**16**	**1.43**	**2.17**	**0.69**
50	9691	4884	4807	7	6	1	0.76	1.31	0.19
51	10010	4921	5089	11	8	3	1.10	1.61	0.61
52	9546	4722	4824	16	13	3	1.68	2.80	0.58
53	9928	5009	4919	12	9	3	1.20	1.82	0.57
54	7988	3975	4014	21	14	7	2.64	3.60	1.69
55-59	**42493**	**20887**	**21606**	**103**	**69**	**34**	**2.43**	**3.31**	**1.59**
55	7551	3668	3883	12	7	4	1.56	2.00	1.14
56	8319	4071	4248	28	16	11	3.32	4.03	2.63
57	8409	4260	4149	16	13	3	1.94	3.10	0.75
58	9159	4473	4686	20	11	8	2.14	2.55	1.75
59	9055	4415	4640	28	21	7	3.11	4.70	1.60

2-45 续表 2 continued

年 龄 Age	年平均人口(人) Average Population (person)	男 Male	女 Female	死亡人口(人) Deaths (person)	男 Male	女 Female	死亡率(‰) Death Rate (‰)	男 Male	女 Female
60-64	**25457**	**12568**	**12889**	**101**	**70**	**32**	**3.98**	**5.54**	**2.47**
60	4712	2316	2397	11	7	4	2.34	2.86	1.83
61	4490	2192	2298	15	11	4	3.28	4.93	1.71
62	4908	2385	2523	22	9	13	4.50	3.81	5.16
63	5225	2655	2571	23	19	5	4.50	7.00	1.91
64	6121	3020	3101	30	25	6	4.91	8.11	1.79
65-69	**26545**	**12581**	**13964**	**214**	**145**	**69**	**8.04**	**11.51**	**4.92**
65	5638	2667	2971	31	20	11	5.50	7.43	3.76
66	5408	2532	2876	42	26	16	7.73	10.31	5.47
67	5695	2783	2911	47	32	15	8.33	11.54	5.25
68	5110	2384	2726	39	29	10	7.61	12.12	3.67
69	4695	2215	2480	54	38	17	11.59	17.09	6.67
70-74	**17520**	**8193**	**9328**	**178**	**108**	**70**	**10.19**	**13.20**	**7.53**
70	4266	1965	2301	30	16	14	7.14	8.16	6.27
71	3753	1760	1993	33	23	10	8.73	12.85	5.09
72	3760	1756	2004	38	24	14	10.08	13.87	6.76
73	3031	1439	1592	33	21	11	10.72	14.93	6.91
74	2710	1273	1437	45	24	21	16.55	18.62	14.72
75-79	**10446**	**4864**	**5582**	**224**	**139**	**85**	**21.45**	**28.60**	**15.22**
75	2561	1230	1331	57	34	23	22.19	27.37	17.40
76	2331	1112	1219	33	25	7	13.96	22.60	6.08
77	1910	866	1044	31	17	14	16.18	19.36	13.55
78	1870	852	1018	49	28	21	26.09	32.73	20.53
79	1775	805	970	55	36	19	31.02	44.36	19.96
80-84	**7257**	**3131**	**4126**	**269**	**152**	**117**	**37.03**	**48.51**	**28.31**
80	1700	716	984	51	34	17	29.89	47.37	17.18
81	1551	705	846	45	28	18	29.29	39.58	20.71
82	1451	612	839	58	34	23	39.63	55.68	27.93
83	1352	571	780	61	27	34	45.10	47.59	43.28
84	1204	526	678	54	29	25	44.85	54.69	37.20
85-89	**4043**	**1723**	**2321**	**257**	**126**	**132**	**63.60**	**72.86**	**56.72**
85	1057	482	575	39	21	19	36.98	42.60	32.27
86	980	406	574	52	29	23	52.83	71.87	39.36
87	784	329	455	67	30	37	85.51	90.12	82.18
88	703	308	395	52	23	30	74.54	73.83	75.09
89	519	198	321	47	23	23	90.24	118.51	72.80
90+	**1627**	**698**	**929**	**188**	**74**	**113**	**115.55**	**106.02**	**121.64**

2-46 全国镇分年龄、性别的死亡人口状况
(2021年11月1日至2022年10月31日)
Status of Town Deaths by Age and Sex (2021.11.1-2022.10.31)

年 龄 Age	年平均人口(人) Average Population (person)	男 Male	女 Female	死亡人口(人) Deaths (person)	男 Male	女 Female	死亡率(‰) Death Rate (‰)	男 Male	女 Female
总计 Total	**359796**	**182830**	**176966**	**1597**	**980**	**618**	**4.44**	**5.36**	**3.49**
0-4	**16715**	**8713**	**8002**	**5**	**4**	**1**	**0.32**	**0.46**	**0.18**
0	2245	1162	1082	1		1	0.64		1.32
1	2456	1258	1198	1	1		0.48	0.94	
2	3534	1883	1651	2	2		0.61	1.15	
3	3961	2049	1912						
4	4520	2361	2159	1	1		0.14	0.27	
5-9	**24532**	**13064**	**11468**	**1**		**1**	**0.03**		**0.06**
5	5259	2820	2438						
6	4139	2201	1938						
7	4985	2659	2326						
8	4805	2524	2281						
9	5345	2860	2485	1		1	0.14		0.30
10-14	**24771**	**13277**	**11494**	**5**	**4**	**1**	**0.20**	**0.27**	**0.12**
10	5177	2819	2358	2	2		0.48	0.88	
11	5015	2649	2366						
12	5090	2683	2407						
13	4900	2674	2226	3	1	1	0.51	0.44	0.60
14	4588	2453	2136						
15-19	**22782**	**12231**	**10552**	**4**	**4**		**0.16**	**0.31**	
15	4869	2557	2312						
16	5451	2947	2504						
17	4605	2571	2034	3	3		0.68	1.21	
18	3505	1898	1606						
19	4353	2258	2095	1	1		0.14	0.28	
20-24	**17111**	**8756**	**8355**	**4**	**4**		**0.26**	**0.51**	
20	4038	2115	1923	2	2		0.56	1.07	
21	3626	1808	1818	2	2		0.61	1.23	
22	3241	1643	1598						
23	3054	1648	1406						
24	3151	1542	1609						
25-29	**20284**	**10514**	**9769**	**4**	**3**	**1**	**0.19**	**0.24**	**0.13**
25	3649	1899	1750	2	1	1	0.52	0.34	0.72
26	3657	1903	1754						
27	3943	2041	1901	1	1		0.19	0.36	
28	4266	2187	2080				0.06	0.11	
29	4768	2484	2284	1	1		0.19	0.36	

2-46 续表 1 continued

年 龄 Age	年平均人口(人) Average Population (person)	男 Male	女 Female	死亡人口(人) Deaths (person)	男 Male	女 Female	死亡率(‰) Death Rate (‰)	男 Male	女 Female
30-34	**30167**	**15179**	**14988**	**11**	**11**		**0.36**	**0.71**	
30	4669	2364	2306	1	1		0.15	0.30	
31	5969	3048	2921	3	3		0.54	1.05	
32	6592	3343	3249	4	4		0.62	1.22	
33	6338	3177	3161	1	1		0.17	0.33	
34	6598	3247	3351	2	2		0.27	0.55	
35-39	**27220**	**13806**	**13414**	**9**	**7**	**2**	**0.33**	**0.52**	**0.14**
35	6159	3195	2964	1		1	0.18		0.37
36	5575	2774	2801	2	2		0.36	0.73	
37	5444	2746	2698	2	1	1	0.34	0.40	0.27
38	4934	2486	2448	1	1		0.21	0.42	
39	5108	2604	2504	3	3		0.60	1.17	
40-44	**24946**	**12571**	**12375**	**25**	**18**	**6**	**0.99**	**1.45**	**0.52**
40	5474	2776	2698	8	6	2	1.47	2.12	0.79
41	4637	2390	2246	2	1	1	0.47	0.56	0.38
42	5016	2530	2486	4	2	2	0.80	0.89	0.70
43	5058	2491	2567	6	5	1	1.20	1.87	0.54
44	4762	2384	2378	4	4		0.92	1.72	0.12
45-49	**27718**	**13919**	**13799**	**39**	**31**	**9**	**1.42**	**2.22**	**0.62**
45	4945	2492	2453	6	4	2	1.22	1.46	0.98
46	5236	2620	2617	7	6	1	1.25	2.17	0.33
47	5578	2761	2816	6	6		1.01	2.04	
48	5750	2939	2812	15	10	4	2.58	3.56	1.55
49	6209	3107	3101	6	5	1	1.03	1.74	0.32
50-54	**32046**	**16170**	**15877**	**75**	**49**	**26**	**2.35**	**3.06**	**1.64**
50	6448	3210	3238	4	3	1	0.60	0.94	0.27
51	6470	3341	3129	11	10	1	1.71	2.97	0.36
52	6460	3180	3281	25	12	13	3.86	3.87	3.86
53	6815	3487	3328	22	12	10	3.25	3.38	3.12
54	5853	2952	2901	13	12	1	2.28	4.18	0.34
55-59	**28923**	**14569**	**14355**	**100**	**72**	**27**	**3.44**	**4.96**	**1.90**
55	5688	2891	2796	15	11	4	2.58	3.76	1.36
56	6027	3047	2980	24	20	3	3.96	6.71	1.15
57	5526	2771	2755	20	16	5	3.68	5.62	1.73
58	5777	2907	2869	18	9	9	3.03	3.09	2.97
59	5906	2953	2954	23	16	7	3.92	5.53	2.30

2-46 续表 2 continued

年 龄 Age	年平均人口(人) Average Population (person)	男 Male	女 Female	死亡人口(人) Deaths (person)	男 Male	女 Female	死亡率(‰) Death Rate (‰)	男 Male	女 Female
60-64	**16161**	**8000**	**8161**	**95**	**63**	**32**	**5.90**	**7.87**	**3.97**
60	3422	1726	1696	21	11	10	6.26	6.58	5.95
61	2680	1251	1429	14	7	6	5.13	5.98	4.38
62	2902	1422	1479	18	16	3	6.32	11.05	1.78
63	3205	1613	1592	22	13	8	6.77	8.35	5.17
64	3952	1988	1965	20	15	5	5.10	7.54	2.63
65-69	**18049**	**8855**	**9194**	**188**	**138**	**50**	**10.42**	**15.53**	**5.49**
65	3834	1895	1939	22	15	7	5.76	7.95	3.61
66	3464	1701	1763	31	20	11	9.00	11.79	6.31
67	3784	1907	1878	38	33	5	10.04	17.20	2.77
68	3506	1713	1792	47	38	9	13.32	22.24	4.79
69	3461	1640	1821	50	31	19	14.47	19.20	10.20
70-74	**12258**	**5961**	**6298**	**204**	**135**	**69**	**16.65**	**22.71**	**10.92**
70	3020	1448	1571	41	28	12	13.51	19.67	7.82
71	2565	1250	1315	44	27	17	17.24	21.64	13.06
72	2585	1275	1310	48	28	20	18.47	22.03	15.00
73	2112	1032	1081	43	33	10	20.18	31.67	9.22
74	1976	956	1020	29	19	10	14.54	19.95	9.47
75-79	**7703**	**3612**	**4091**	**192**	**122**	**69**	**24.91**	**33.90**	**16.98**
75	1937	931	1005	32	23	9	16.30	24.18	8.99
76	1599	740	858	34	24	10	21.29	32.82	11.33
77	1539	713	826	38	22	16	24.50	30.93	18.95
78	1354	612	742	45	30	15	33.02	48.85	19.97
79	1275	616	659	44	24	20	34.42	38.45	30.65
80-84	**4610**	**2165**	**2445**	**245**	**144**	**101**	**53.18**	**66.57**	**41.32**
80	1169	578	591	63	38	25	53.67	65.77	41.85
81	1061	515	546	43	27	16	40.56	52.25	29.52
82	900	407	494	51	33	18	56.51	81.53	35.89
83	813	365	448	37	19	18	45.74	51.74	40.86
84	666	300	366	51	27	24	76.97	90.42	65.93
85-89	**2696**	**1075**	**1621**	**220**	**98**	**122**	**81.45**	**91.11**	**75.04**
85	714	307	407	52	25	27	72.73	80.10	67.18
86	614	234	380	39	20	19	63.99	87.13	49.72
87	540	222	318	41	20	20	75.06	92.02	63.22
88	452	161	291	42	15	28	93.84	91.21	95.30
89	376	151	225	45	18	28	120.79	118.31	122.44
90+	**1103**	**394**	**709**	**171**	**72**	**100**	**155.03**	**182.74**	**141.04**

2-47 全国乡村分年龄、性别的死亡人口状况 (2021年11月1日至2022年10月31日)

Status of Rural Deaths by Age and Sex (2021.11.1-2022.10.31)

年龄 Age	年平均人口(人) Average Population (person)	男 Male	女 Female	死亡人口(人) Deaths (person)	男 Male	女 Female	死亡率(‰) Death Rate (‰)	男 Male	女 Female
总计 Total	**503511**	**261414**	**242097**	**4416**	**2692**	**1724**	**8.77**	**10.30**	**7.12**
0-4	**24305**	**12793**	**11511**	**22**	**18**	**4**	**0.89**	**1.38**	**0.34**
0	3522	1830	1693	11	10	1	2.99	5.29	0.50
1	3787	1939	1847	3	1	1	0.72	0.76	0.68
2	5251	2712	2539	3	3		0.52	0.96	0.05
3	5692	3021	2671	4	2	2	0.66	0.68	0.62
4	6052	3291	2762	2	2		0.31	0.57	
5-9	**33301**	**17576**	**15724**	**6**	**5**	**1**	**0.18**	**0.26**	**0.09**
5	6404	3337	3066	1		1	0.19		0.39
6	5873	3136	2737	1	1		0.21	0.40	
7	6745	3467	3278	1	1		0.17	0.27	0.06
8	6877	3722	3155						
9	7402	3915	3488	2	2		0.33	0.63	
10-14	**35670**	**19010**	**16659**	**4**	**4**		**0.10**	**0.19**	
10	7287	3834	3452	1	1		0.21	0.39	
11	7277	3883	3394						
12	7437	4014	3424						
13	7128	3846	3282	1	1		0.17	0.32	
14	6540	3433	3107	1	1		0.13	0.25	
15-19	**24003**	**13052**	**10951**	**22**	**17**	**4**	**0.90**	**1.32**	**0.39**
15	5844	3216	2629	4	4		0.72	1.32	
16	5322	2891	2432	4	2	2	0.73	0.78	0.68
17	4818	2632	2186	7	6	2	1.54	2.20	0.76
18	4098	2214	1884	2	1	1	0.47	0.42	0.53
19	3921	2101	1820	4	4		1.03	1.92	
20-24	**18861**	**10585**	**8277**	**6**	**5**	**2**	**0.34**	**0.44**	**0.21**
20	3715	2084	1631	1	1		0.38	0.68	
21	3700	2101	1599	2	2		0.42	0.73	
22	3620	2011	1608	1		1	0.39		0.87
23	3799	2158	1641	1	1		0.33	0.41	0.21
24	4028	2230	1798	1	1		0.20	0.36	
25-29	**25081**	**13667**	**11414**	**16**	**12**	**4**	**0.65**	**0.87**	**0.38**
25	4656	2527	2129	1	1		0.17	0.31	
26	4941	2719	2222	2	1	1	0.38	0.39	0.37
27	4970	2704	2267	5	4	1	0.93	1.39	0.38
28	5078	2769	2309	3	2	1	0.55	0.76	0.31
29	5437	2949	2488	6	4	2	1.13	1.42	0.79

2-47 续表 1 continued

年 龄 Age	年平均人口(人) Average Population (person)	男 Male	女 Female	死亡人口(人) Deaths (person)	男 Male	女 Female	死亡率(‰) Death Rate (‰)	男 Male	女 Female
30-34	**33507**	**18238**	**15269**	**25**	**18**	**7**	**0.73**	**0.98**	**0.44**
30	5653	3123	2530	4	2	2	0.72	0.53	0.95
31	6701	3660	3042	3	3		0.52	0.96	
32	7320	3925	3396	8	5	2	1.04	1.39	0.64
33	6872	3766	3106	4	3	1	0.55	0.74	0.32
34	6960	3764	3195	6	4	1	0.80	1.17	0.36
35-39	**28511**	**15379**	**13132**	**29**	**26**	**3**	**1.02**	**1.70**	**0.23**
35	6660	3581	3079	4	4		0.62	1.16	
36	5828	3135	2693	5	5		0.90	1.67	
37	5378	2953	2425	7	6	1	1.28	1.99	0.41
38	5226	2782	2444	7	6	1	1.29	2.01	0.48
39	5419	2928	2491	6	5	1	1.13	1.80	0.34
40-44	**27606**	**14725**	**12882**	**41**	**33**	**8**	**1.47**	**2.25**	**0.59**
40	5711	3076	2636	7	6	2	1.28	1.87	0.58
41	5332	2837	2495	8	7	1	1.57	2.58	0.43
42	5422	2930	2491	8	8	1	1.49	2.57	0.22
43	5657	2987	2670	13	10	3	2.33	3.34	1.19
44	5485	2895	2589	4	3	1	0.69	0.88	0.48
45-49	**35232**	**18285**	**16947**	**110**	**77**	**32**	**3.12**	**4.24**	**1.91**
45	5714	3011	2703	18	13	5	3.16	4.39	1.79
46	6379	3330	3050	20	15	6	3.21	4.47	1.82
47	6945	3614	3331	28	23	5	3.99	6.36	1.43
48	7798	3997	3800	23	14	9	2.91	3.41	2.39
49	8396	4333	4063	21	13	8	2.49	2.95	2.01
50-54	**46993**	**23923**	**23070**	**209**	**145**	**64**	**4.44**	**6.06**	**2.76**
50	8645	4381	4264	36	26	10	4.18	5.88	2.42
51	9427	4869	4558	45	36	10	4.80	7.34	2.09
52	9527	4778	4748	40	27	13	4.25	5.73	2.76
53	10321	5309	5012	29	16	12	2.77	3.06	2.46
54	9072	4585	4487	58	40	18	6.42	8.68	4.10
55-59	**47528**	**24150**	**23378**	**271**	**194**	**78**	**5.71**	**8.02**	**3.33**
55	8888	4549	4339	52	36	16	5.84	7.91	3.67
56	9661	4937	4724	42	26	16	4.36	5.20	3.49
57	9394	4684	4710	48	34	14	5.07	7.26	2.89
58	9592	4882	4710	63	50	13	6.53	10.19	2.74
59	9992	5098	4894	67	48	19	6.71	9.45	3.85

2-47 续表 2 continued

年 龄 Age	年平均人口(人) Average Population (person)	男 Male	女 Female	死亡人口(人) Deaths (person)	男 Male	女 Female	死亡率(‰) Death Rate (‰)	男 Male	女 Female
60-64	**27755**	**14086**	**13669**	**286**	**192**	**94**	**10.31**	**13.64**	**6.87**
60	5598	2791	2807	51	33	18	9.13	11.70	6.57
61	4594	2219	2374	42	25	17	9.14	11.25	7.17
62	4906	2484	2421	61	52	9	12.42	20.79	3.84
63	5631	2947	2684	51	28	23	8.98	9.41	8.50
64	7028	3645	3383	81	55	26	11.59	15.13	7.77
65-69	**34836**	**17502**	**17334**	**543**	**362**	**181**	**15.59**	**20.67**	**10.46**
65	6910	3459	3450	107	87	20	15.49	25.18	5.78
66	6789	3387	3402	78	47	31	11.54	13.88	9.21
67	7374	3724	3650	101	62	39	13.74	16.62	10.81
68	6841	3465	3376	112	72	40	16.44	20.91	11.85
69	6922	3467	3455	144	93	50	20.78	26.93	14.61
70-74	**26192**	**12915**	**13277**	**659**	**401**	**259**	**25.18**	**31.03**	**19.49**
70	6258	3097	3161	142	88	54	22.76	28.43	17.21
71	5485	2697	2788	125	70	55	22.73	25.94	19.62
72	5435	2722	2712	128	79	49	23.51	29.00	18.01
73	4663	2274	2389	133	80	53	28.47	35.26	22.01
74	4351	2125	2226	132	84	48	30.29	39.34	21.65
75-79	**16658**	**7979**	**8679**	**632**	**398**	**234**	**37.94**	**49.86**	**26.98**
75	4062	1929	2133	123	70	53	30.33	36.17	25.04
76	3510	1709	1802	119	80	39	33.81	46.84	21.45
77	3266	1549	1716	131	86	46	40.18	55.24	26.59
78	2994	1449	1544	120	79	41	40.14	54.53	26.64
79	2827	1343	1484	139	83	55	49.08	62.14	37.26
80-84	**10012**	**4610**	**5402**	**614**	**353**	**261**	**61.35**	**76.60**	**48.34**
80	2483	1201	1282	122	84	38	49.13	69.81	29.75
81	2298	1065	1234	124	76	49	54.01	71.00	39.35
82	1914	862	1052	117	70	47	61.15	81.10	44.82
83	1710	777	933	122	59	62	71.27	76.44	66.97
84	1607	705	901	129	64	65	80.43	91.30	71.92
85-89	**5285**	**2177**	**3107**	**551**	**272**	**278**	**104.21**	**125.13**	**89.54**
85	1460	621	839	127	65	62	86.84	103.92	74.19
86	1197	507	690	92	46	46	76.73	90.53	66.59
87	1033	416	617	99	56	43	95.94	135.49	69.25
88	902	366	536	121	60	61	133.91	164.09	113.28
89	693	267	426	112	46	67	161.88	170.62	156.40
90+	**2175**	**759**	**1415**	**371**	**161**	**209**	**170.57**	**212.12**	**147.70**

2-48　各地区分性别的各种户口状况人口

单位：人

地　区	Region	人口数 Population			住本乡、镇、街道，户口在本乡、镇、街道 Residing in the Townships, Towns and Street Communities with Permanent Household Registration There		
		合　计 Total	男 Male	女 Female	小　计 Sub-total	男 Male	女 Female
全　国	**National Total**	**1443996**	**737631**	**706364**	**1025198**	**521861**	**503337**
北　京	Beijing	22372	11415	10957	10127	5198	4929
天　津	Tianjin	13959	7150	6809	9110	4616	4493
河　北	Hebei	76002	37765	38237	60055	30110	29945
山　西	Shanxi	35655	18209	17446	25674	13045	12628
内蒙古	Inner Mongolia	24595	12545	12050	15296	7885	7411
辽　宁	Liaoning	42990	21196	21795	29762	14748	15013
吉　林	Jilin	24045	12012	12033	16062	8224	7838
黑龙江	Heilongjiang	31744	15869	15875	25115	12626	12489
上　海	Shanghai	25347	13153	12194	10778	5444	5334
江　苏	Jiangsu	87223	44255	42967	62096	31187	30908
浙　江	Zhejiang	67369	35195	32173	38755	19461	19294
安　徽	Anhui	62763	32034	30729	43624	22219	21405
福　建	Fujian	42900	22213	20687	26853	13635	13218
江　西	Jiangxi	46380	23966	22414	35149	18356	16793
山　东	Shandong	104093	52785	51309	78572	39893	38680
河　南	Henan	101113	50756	50357	83939	42420	41519
湖　北	Hubei	59860	30827	29033	42669	21932	20737
湖　南	Hunan	67649	34622	33028	52003	26715	25288
广　东	Guangdong	129642	68360	61283	76791	38761	38031
广　西	Guangxi	51699	26753	24945	40212	21140	19072
海　南	Hainan	10515	5587	4929	7380	3976	3404
重　庆	Chongqing	32914	16623	16291	21440	10946	10495
四　川	Sichuan	85772	43264	42508	61644	31283	30362
贵　州	Guizhou	39500	20190	19310	29967	15486	14481
云　南	Yunnan	48066	24744	23322	37252	19210	18042
西　藏	Tibet	3730	1951	1779	3080	1582	1498
陕　西	Shaanxi	40518	20665	19852	30917	15771	15145
甘　肃	Gansu	25529	12966	12563	20680	10509	10171
青　海	Qinghai	6094	3061	3033	4493	2271	2221
宁　夏	Ningxia	7460	3801	3659	4761	2423	2338
新　疆	Xinjiang	26497	13699	12799	20944	10790	10154

Population by Sex, Household Registration Status and Region

(person)

住本乡、镇、街道，户口在外乡、镇、街道，离开户口登记地半年以上 Residing in Townships, Towns and Street Communities, with Permanent Household Registration Elsewhere, Having Been Away from That Places For More Than 6 Months.			住本乡、镇、街道，户口待定 Residing in Townships, Towns and Street Communities, with Place of Permanent Household Registration Unsettled			居住港澳台或国外，户口在本乡、镇、街道 Residing in Taiwan, Macao, Hong Kong Special Administrative Region and other countries, with Place of Permanent Household Registration in Township, Towns and Street Communities		
小 计 Sub-total	男 Male	女 Female	小 计 Sub-total	男 Male	女 Female	小 计 Sub-total	男 Male	女 Female
412709	**212494**	**200215**	**3254**	**1630**	**1624**	**2834**	**1646**	**1187**
12090	6145	5945	48	24	25	107	48	59
4801	2513	2288	19	10	9	30	11	19
15771	7562	8208	117	52	65	60	41	19
9861	5096	4764	96	51	45	25	16	9
9215	4618	4596	58	30	28	25	11	14
13048	6346	6702	49	28	21	131	72	59
7829	3708	4120	12	5	7	142	74	68
6482	3162	3319	55	29	25	92	52	41
14350	7607	6743	45	29	16	173	74	100
24803	12889	11914	141	60	80	183	119	64
28135	15467	12668	146	73	72	333	194	139
18942	9728	9214	157	62	94	40	25	16
15390	8203	7186	179	83	96	478	292	186
11114	5544	5570	81	43	38	36	23	13
25186	12709	12477	204	91	113	131	91	40
16927	8210	8717	154	69	86	93	57	36
16998	8774	8224	110	64	45	84	57	27
15405	7762	7642	140	83	57	102	62	40
52042	29193	22849	592	291	301	217	115	102
11307	5528	5779	144	66	78	36	19	16
3071	1583	1488	58	25	33	7	3	4
11413	5642	5771	36	23	13	25	13	12
23902	11862	12040	111	54	56	115	65	50
9379	4619	4761	128	68	60	26	17	9
10655	5449	5206	96	43	53	63	41	22
631	357	275	18	12	6			
9517	4840	4677	37	22	15	46	32	14
4735	2381	2353	107	71	36	8	6	2
1581	777	803	20	12	8	1	1	
2686	1371	1315	9	4	5	3	3	
5446	2844	2602	89	52	37	19	12	6

2-49 各地区城市分性别的各种户口状况人口

单位：人

地区	Region	人口数 Population			住本乡、镇、街道，户口在本乡、镇、街道 Residing in the Townships, Towns and Street Communities with Permanent Household Registration There		
		合计 Total	男 Male	女 Female	小计 Sub-total	男 Male	女 Female
全国	**National Total**	**580987**	**293800**	**287187**	**298665**	**147738**	**150927**
北京	Beijing	18181	9122	9059	7414	3760	3654
天津	Tianjin	10829	5531	5298	6264	3136	3127
河北	Hebei	20802	9847	10955	12815	6086	6729
山西	Shanxi	12936	6460	6476	7169	3487	3681
内蒙古	Inner Mongolia	9524	4836	4688	4294	2164	2130
辽宁	Liaoning	26125	12608	13517	14870	7099	7772
吉林	Jilin	10019	4895	5124	4840	2384	2456
黑龙江	Heilongjiang	13529	6717	6812	9625	4702	4922
上海	Shanghai	19867	10023	9844	8476	4227	4249
江苏	Jiangsu	41916	21311	20605	24291	12076	12215
浙江	Zhejiang	34420	18004	16416	15740	7647	8093
安徽	Anhui	18645	9532	9113	8528	4210	4318
福建	Fujian	17978	9144	8834	8113	3963	4150
江西	Jiangxi	13776	6940	6836	7623	3924	3698
山东	Shandong	39891	19889	20001	23326	11547	11779
河南	Henan	25304	12372	12931	15878	7915	7963
湖北	Hubei	24818	12758	12060	12490	6310	6180
湖南	Hunan	18907	9438	9469	9848	4901	4947
广东	Guangdong	75072	40343	34729	31409	15731	15678
广西	Guangxi	15947	7898	8049	8382	4197	4184
海南	Hainan	3914	2063	1851	1689	889	801
重庆	Chongqing	17409	8652	8757	8356	4112	4244
四川	Sichuan	31700	15689	16010	14869	7233	7636
贵州	Guizhou	10292	5135	5156	4760	2368	2392
云南	Yunnan	12669	6323	6345	6770	3391	3379
西藏	Tibet	765	414	352	400	205	195
陕西	Shaanxi	15610	7751	7859	8722	4293	4430
甘肃	Gansu	6531	3278	3253	3697	1820	1878
青海	Qinghai	2157	1057	1100	1251	607	643
宁夏	Ningxia	2925	1447	1477	1548	767	781
新疆	Xinjiang	8532	4323	4208	5208	2588	2620

City Population by Sex, Household Registration Status and Region

(person)

住本乡、镇、街道，户口在外乡、镇、街道，离开户口登记地半年以上 Residing in Townships, Towns and Street Communities, with Permanent Household Registration Elsewhere, Having Been Away from That Places For More Than 6 Months.			住本乡、镇、街道，户口待定 Residing in Townships, Towns and Street Communities, with Place of Permanent Household Registration Unsettled			居住港澳台或国外，户口在本乡、镇、街道 Residing in Taiwan, Macao, Hong Kong Special Administrative Region and other countries, with Place of Permanent Household Registration in Township, Towns and Street Communities		
小计 Sub-total	男 Male	女 Female	小计 Sub-total	男 Male	女 Female	小计 Sub-total	男 Male	女 Female
279794	**144776**	**135019**	**1439**	**745**	**694**	**1089**	**541**	**548**
10620	5294	5326	44	22	22	103	46	57
4518	2374	2144	18	10	8	29	10	19
7937	3737	4200	36	19	18	13	6	8
5721	2946	2775	35	22	13	11	5	6
5179	2651	2528	38	17	21	12	3	9
11142	5452	5690	36	19	16	77	38	40
5105	2470	2635	9	4	4	66	37	29
3840	1984	1856	34	17	17	30	13	17
11192	5698	5494	39	25	14	160	73	87
17451	9150	8300	79	33	45	95	51	44
18499	10259	8240	95	49	46	86	49	37
10068	5299	4769	28	12	16	21	11	11
9728	5106	4622	69	36	33	68	39	30
6124	2997	3127	24	14	9	5	5	1
16401	8255	8146	107	50	57	57	38	19
9346	4424	4922	60	26	34	20	7	13
12252	6410	5842	50	23	26	27	15	12
8985	4491	4494	44	32	13	29	14	15
43240	24407	18833	344	171	173	79	34	45
7506	3672	3833	50	27	23	10	2	8
2185	1156	1029	38	18	21	1	1	
9017	4518	4499	24	17	7	12	5	7
16779	8435	8343	25	12	13	27	9	18
5508	2749	2759	18	16	2	6	3	3
5872	2921	2952	17	6	11	9	6	3
362	207	155	4	2	2			
6854	3437	3417	13	8	5	21	13	8
2815	1442	1373	16	14	2	2	2	
901	446	455	6	3	2			
1373	678	694	3	1	2	2	1	
3275	1710	1565	37	18	19	11	8	4

2-50 各地区镇分性别的各种户口状况人口

单位：人

地区	Region	人口数 Population			住本乡、镇、街道，户口在本乡、镇、街道 Residing in the Townships, Towns and Street Communities with Permanent Household Registration There		
		合计 Total	男 Male	女 Female	小计 Sub-total	男 Male	女 Female
全国	**National Total**	**360042**	**182913**	**177129**	**252037**	**127997**	**124040**
北京	Beijing	1410	768	641	619	326	293
天津	Tianjin	1052	548	504	865	448	417
河北	Hebei	26054	12956	13098	18934	9386	9549
山西	Shanxi	9869	4995	4875	6507	3294	3213
内蒙古	Inner Mongolia	7348	3621	3727	3780	1901	1879
辽宁	Liaoning	5259	2574	2686	3893	1912	1980
吉林	Jilin	5302	2600	2702	3006	1523	1483
黑龙江	Heilongjiang	7490	3633	3857	5140	2577	2563
上海	Shanghai	2776	1589	1187	893	446	447
江苏	Jiangsu	22995	11597	11397	17051	8541	8511
浙江	Zhejiang	15016	7731	7285	8519	4245	4274
安徽	Anhui	19108	9473	9636	11298	5659	5639
福建	Fujian	12101	6305	5796	8012	4107	3905
江西	Jiangxi	15012	7786	7227	10337	5401	4936
山东	Shandong	27287	14020	13267	19122	9831	9291
河南	Henan	32399	16589	15810	25306	13026	12279
湖北	Hubei	13892	6892	7000	10301	5132	5169
湖南	Hunan	21895	11163	10732	16246	8237	8009
广东	Guangdong	21881	11328	10552	15445	7932	7513
广西	Guangxi	12822	6727	6095	9732	5062	4670
海南	Hainan	2552	1338	1214	2057	1108	950
重庆	Chongqing	5945	2928	3017	4179	2085	2094
四川	Sichuan	18345	9061	9284	12950	6454	6496
贵州	Guizhou	11359	5753	5606	8323	4289	4034
云南	Yunnan	12191	6286	5905	8490	4354	4136
西藏	Tibet	629	329	300	408	207	202
陕西	Shaanxi	10330	5298	5032	7883	4011	3872
甘肃	Gansu	7304	3667	3638	5526	2808	2719
青海	Qinghai	1586	768	819	972	467	505
宁夏	Ningxia	2025	1035	990	1055	533	522
新疆	Xinjiang	6808	3557	3251	5186	2696	2489

Town Population by Sex, Household Registration Status and Region

(person)

住本乡、镇、街道，户口在外乡、镇、街道，离开户口登记地半年以上 Residing in Townships, Towns and Street Communities, with Permanent Household Registration Elsewhere, Having Been Away from That Places For More Than 6 Months.			住本乡、镇、街道，户口待定 Residing in Townships, Towns and Street Communities, with Place of Permanent Household Registration Unsettled			居住港澳台或国外，户口在本乡、镇、街道 Residing in Taiwan, Macao, Hong Kong Special Administrative Region and other countries, with Place of Permanent Household Registration in Township, Towns and Street Communities		
小 计 Sub-total	男 Male	女 Female	小 计 Sub-total	男 Male	女 Female	小 计 Sub-total	男 Male	女 Female
106738	**54200**	**52538**	**777**	**405**	**372**	**490**	**311**	**179**
785	440	346	2	1	1	3	2	2
186	99	87	1					
7079	3549	3530	25	11	14	16	10	6
3315	1676	1638	43	22	21	5	3	2
3543	1703	1839	19	13	7	6	4	2
1347	647	700	14	9	5	6	5	1
2286	1073	1214	2	1	2	7	3	4
2317	1033	1283	18	11	7	15	11	3
1876	1140	736	4	2	2	2	1	2
5859	3007	2852	34	16	18	51	34	16
6405	3434	2971	23	15	8	69	37	32
7759	3791	3968	44	19	25	7	4	3
3925	2101	1824	44	20	24	119	77	42
4651	2372	2280	19	10	9	5	3	2
8095	4143	3952	44	26	18	26	20	6
7054	3540	3514	22	11	11	17	11	5
3557	1737	1819	19	13	7	15	10	4
5586	2892	2694	42	19	23	22	15	7
6283	3306	2977	124	72	52	29	18	11
3064	1657	1407	20	5	15	5	2	2
484	225	258	8	4	4	3	1	1
1753	838	915	10	4	6	2	1	1
5351	2584	2767	13	4	10	31	19	11
3003	1449	1554	29	13	16	5	2	2
3669	1919	1749	17	5	12	16	8	8
213	116	97	8	6	2			
2426	1275	1151	13	6	8	7	6	1
1701	815	887	75	44	31	1		1
608	298	311	6	3	3			
966	500	466	2	1	2	1	1	
1591	840	751	29	19	10	1	1	1

2-51 各地区乡村分性别的各种户口状况人口

单位：人

地区	Region	人口数 Population			住本乡、镇、街道，户口在本乡、镇、街道 Residing in the Townships, Towns and Street Communities with Permanent Household Registration There		
		合计 Total	男 Male	女 Female	小计 Sub-total	男 Male	女 Female
全国	**National Total**	**502967**	**260919**	**242048**	**474497**	**246126**	**228371**
北京	Beijing	2781	1524	1257	2094	1112	982
天津	Tianjin	2079	1072	1007	1981	1032	949
河北	Hebei	29145	14961	14184	28305	14638	13667
山西	Shanxi	12850	6754	6096	11998	6264	5734
内蒙古	Inner Mongolia	7724	4088	3636	7222	3820	3402
辽宁	Liaoning	11606	6014	5591	10999	5738	5261
吉林	Jilin	8725	4517	4208	8216	4317	3899
黑龙江	Heilongjiang	10726	5520	5206	10351	5347	5004
上海	Shanghai	2704	1541	1162	1408	770	638
江苏	Jiangsu	22312	11347	10965	20753	10571	10182
浙江	Zhejiang	17932	9460	8472	14496	7569	6927
安徽	Anhui	25009	13029	11980	23798	12350	11448
福建	Fujian	12821	6764	6057	10728	5564	5163
江西	Jiangxi	17592	9240	8352	17189	9031	8159
山东	Shandong	36916	18875	18041	36124	18515	17609
河南	Henan	43411	21795	21616	42756	21479	21277
湖北	Hubei	21150	11177	9973	19878	10490	9388
湖南	Hunan	26847	14021	12826	25909	13577	12332
广东	Guangdong	32689	16688	16001	29937	15098	14839
广西	Guangxi	22930	12128	10801	22098	11880	10217
海南	Hainan	4049	2186	1864	3633	1979	1654
重庆	Chongqing	9560	5044	4516	8905	4748	4157
四川	Sichuan	35728	18514	17214	33825	17596	16229
贵州	Guizhou	17849	9301	8548	16884	8829	8055
云南	Yunnan	23206	12135	11072	21993	11466	10527
西藏	Tibet	2335	1209	1126	2272	1170	1101
陕西	Shaanxi	14578	7617	6961	14311	7467	6843
甘肃	Gansu	11694	6022	5672	11456	5882	5575
青海	Qinghai	2350	1237	1114	2269	1197	1072
宁夏	Ningxia	2511	1319	1192	2158	1123	1035
新疆	Xinjiang	11158	5819	5340	10551	5506	5045

Rural Population by Sex, Household Registration Status and Region

(person)

住本乡、镇、街道，户口在外乡、镇、街道，离开户口登记地半年以上 Residing in Townships, Towns and Street Communities, with Permanent Household Registration Elsewhere, Having Been Away from That Places For More Than 6 Months.			住本乡、镇、街道，户口待定 Residing in Townships, Towns and Street Communities, with Place of Permanent Household Registration Unsettled			居住港澳台或国外，户口在本乡、镇、街道 Residing in Taiwan, Macao, Hong Kong Special Administrative Region and other countries, with Place of Permanent Household Registration in Township, Towns and Street Communities		
小 计 Sub-total	男 Male	女 Female	小 计 Sub-total	男 Male	女 Female	小 计 Sub-total	男 Male	女 Female
26177	**13519**	**12658**	**1039**	**480**	**559**	**1254**	**794**	**460**
685	411	273	2	1	2	1	1	
97	40	57				1		
755	276	479	55	22	33	30	26	5
825	474	351	18	7	11	9	9	
493	264	229	1		1	8	4	4
559	247	312				48	30	18
438	166	272	1		1	70	34	36
325	145	180	2	1	1	48	27	21
1282	769	513	2	2		11		11
1494	732	762	28	11	17	37	33	4
3231	1774	1457	28	9	19	178	108	70
1115	638	477	85	32	53	12	10	2
1737	996	740	66	26	39	291	177	114
339	175	163	38	19	19	26	15	11
689	311	378	54	15	38	48	33	15
527	245	281	71	31	40	57	40	17
1189	627	563	41	29	12	42	32	11
833	380	454	54	32	22	51	33	19
2519	1480	1039	124	48	76	110	63	47
737	199	538	74	34	40	21	15	6
402	202	200	11	4	8	3	1	2
643	287	356	1	1		10	7	3
1773	843	930	72	39	33	58	36	21
868	421	447	81	38	43	16	12	3
1114	609	505	62	32	30	38	27	11
57	34	23	6	4	3			
237	128	109	11	9	3	19	13	6
218	124	93	15	12	3	5	4	1
72	34	38	8	5	3	1		
347	193	155	4	2	2	1	1	
579	294	285	23	15	8	6	4	2

第三部分

Chapter Three

2022 年劳动力调查主要数据

Main Data from
2022 Labor Force Survey

3-1 全国分地区就业人员受教育程度构成

单位：%

地 区	Region	就业人员 Employed Persons	男 Male	女 Female	未上过学 No Schooling
全 国	**National Total**	**100.0**	**56.8**	**43.2**	**2.4**
北 京	Beijing	100.0	57.5	42.5	0.2
天 津	Tianjin	100.0	59.8	40.2	0.3
河 北	Hebei	100.0	56.0	44.0	1.3
山 西	Shanxi	100.0	61.1	38.9	0.6
内蒙古	Inner Mongolia	100.0	58.8	41.2	2.2
辽 宁	Liaoning	100.0	55.5	44.5	0.5
吉 林	Jilin	100.0	56.5	43.5	0.6
黑龙江	Heilongjiang	100.0	58.3	41.7	0.8
上 海	Shanghai	100.0	58.2	41.8	0.5
江 苏	Jiangsu	100.0	56.8	43.2	2.1
浙 江	Zhejiang	100.0	57.9	42.1	2.1
安 徽	Anhui	100.0	57.9	42.1	5.2
福 建	Fujian	100.0	58.3	41.7	2.1
江 西	Jiangxi	100.0	56.8	43.2	1.9
山 东	Shandong	100.0	56.3	43.7	2.7
河 南	Henan	100.0	54.1	45.9	3.4
湖 北	Hubei	100.0	56.9	43.1	2.5
湖 南	Hunan	100.0	57.7	42.3	0.8
广 东	Guangdong	100.0	58.2	41.8	0.7
广 西	Guangxi	100.0	56.0	44.0	1.3
海 南	Hainan	100.0	57.6	42.4	1.1
重 庆	Chongqing	100.0	55.9	44.1	1.5
四 川	Sichuan	100.0	55.2	44.8	4.4
贵 州	Guizhou	100.0	55.2	44.8	7.0
云 南	Yunnan	100.0	54.7	45.3	4.4
西 藏	Tibet	100.0	55.7	44.3	22.4
陕 西	Shaanxi	100.0	57.4	42.6	2.4
甘 肃	Gansu	100.0	55.8	44.2	7.6
青 海	Qinghai	100.0	56.9	43.1	7.1
宁 夏	Ningxia	100.0	58.0	42.0	6.8
新 疆	Xinjiang	100.0	56.1	43.9	0.9

注：为与教育部学历分类保持一致，对受教育程度分类进行了合并调整，其中高中包括中等职业教育，大学专科包括高等职业教育。
资料来源：2022年劳动力调查资料(下表同)。

Educational Attainment of Employed Persons by Region

(%)

小 学 Primary School	初 中 Junior Secondary School	高 中 Senior Secondary School	大学专科 College	大学本科 University	研究生 Graduate and Higher Level
18.4	**39.2**	**15.9**	**11.7**	**11.1**	**1.3**
3.1	16.9	14.4	18.4	35.3	11.6
6.2	28.9	16.4	17.5	26.6	4.1
13.8	48.0	15.4	11.9	8.9	0.6
12.1	42.8	18.3	13.7	11.6	1.0
17.8	37.2	13.8	14.1	13.7	1.2
13.6	44.4	13.8	12.2	14.0	1.5
18.5	42.1	14.1	10.8	12.9	1.1
16.0	44.6	14.7	11.3	11.7	1.0
5.4	25.5	14.9	17.6	28.7	7.4
15.0	36.7	17.9	13.7	13.2	1.4
17.9	36.5	16.2	13.4	12.6	1.2
21.6	40.1	13.2	10.0	8.8	0.9
19.6	37.9	16.1	11.3	12.1	1.0
21.6	41.2	16.8	9.7	8.2	0.6
15.8	42.7	16.7	10.9	10.1	1.2
17.2	46.4	15.9	9.7	6.6	0.7
20.3	37.3	17.9	11.2	9.5	1.2
16.1	39.6	21.4	11.6	9.4	1.1
12.2	39.0	20.7	14.2	12.1	1.2
19.1	47.9	13.6	9.4	8.4	0.4
11.7	46.4	17.8	11.2	11.1	0.8
24.8	32.2	16.8	12.6	11.0	1.1
28.4	35.4	13.6	9.8	7.6	0.8
30.7	36.9	9.4	7.4	8.2	0.4
36.0	33.4	10.2	7.8	7.7	0.5
41.6	14.6	4.3	7.3	9.8	0.2
15.4	41.7	16.0	12.4	10.8	1.2
28.9	31.4	12.4	9.3	9.7	0.7
26.3	28.7	11.1	11.5	14.4	0.9
21.0	31.9	13.4	13.0	13.0	0.9
21.9	39.6	14.1	12.3	10.6	0.6

Note:In order to be consistent with the education classification of the Ministry of Education, the classification of educational attainment has been merged and adjusted. Senior secondary school include medium vocational education and college include high vocational education.

Data Source: 2022 Labor Force Survey. The same applies to the tables following.

3-2 全国分地区男性就业人员受教育程度构成
Educational Attainment of Male Employed Persons by Region

单位：%　　　(%)

地区	Region	男性就业人员 Male Employed Persons	未上过学 No Schooling	小学 Primary School	初中 Junior Secondary School	高中 Senior Secondary School	大学专科 College	大学本科 University	研究生 Graduate and Higher Level
全国	**National Total**	**100.0**	**1.1**	**15.8**	**42.1**	**17.9**	**11.6**	**10.2**	**1.2**
北京	Beijing	100.0	0.2	3.1	19.6	15.8	18.7	32.0	10.5
天津	Tianjin	100.0	0.2	6.2	31.1	18.1	17.1	23.8	3.4
河北	Hebei	100.0	0.6	12.4	50.8	16.8	11.6	7.4	0.5
山西	Shanxi	100.0	0.3	10.5	45.0	20.1	13.4	9.9	0.7
内蒙古	Inner Mongolia	100.0	1.0	15.2	40.2	15.7	14.9	11.9	1.0
辽宁	Liaoning	100.0	0.3	12.2	46.3	15.2	12.1	12.5	1.3
吉林	Jilin	100.0	0.3	16.4	44.4	15.3	10.9	11.7	0.9
黑龙江	Heilongjiang	100.0	0.6	14.7	47.0	15.2	11.1	10.6	0.8
上海	Shanghai	100.0	0.3	4.9	28.4	17.0	17.2	25.2	7.0
江苏	Jiangsu	100.0	0.8	12.2	38.4	20.7	13.9	12.6	1.4
浙江	Zhejiang	100.0	1.0	16.1	39.0	18.1	13.3	11.3	1.2
安徽	Anhui	100.0	2.4	18.6	44.0	15.7	10.0	8.6	0.9
福建	Fujian	100.0	0.8	15.9	41.9	18.4	10.7	11.4	0.9
江西	Jiangxi	100.0	0.8	17.3	44.4	19.0	9.8	8.1	0.7
山东	Shandong	100.0	1.2	12.4	45.6	19.1	11.2	9.4	1.1
河南	Henan	100.0	1.6	14.1	49.7	18.0	9.8	6.1	0.7
湖北	Hubei	100.0	0.9	16.8	40.1	20.4	11.7	9.0	1.1
湖南	Hunan	100.0	0.3	14.6	41.5	22.9	11.0	8.7	1.0
广东	Guangdong	100.0	0.2	9.4	41.0	23.0	13.6	11.5	1.2
广西	Guangxi	100.0	0.4	15.9	51.8	15.0	9.1	7.4	0.4
海南	Hainan	100.0	0.4	8.7	47.4	20.4	11.7	10.6	0.7
重庆	Chongqing	100.0	0.6	22.1	35.0	18.8	12.2	10.2	1.0
四川	Sichuan	100.0	2.2	25.6	39.3	15.3	9.5	7.3	0.8
贵州	Guizhou	100.0	2.3	27.7	43.2	10.9	7.8	7.6	0.3
云南	Yunnan	100.0	2.0	33.0	38.5	11.2	7.6	7.1	0.5
西藏	Tibet	100.0	17.9	41.7	18.5	5.0	7.3	9.4	0.1
陕西	Shaanxi	100.0	1.1	12.8	45.0	17.9	12.4	9.7	1.2
甘肃	Gansu	100.0	4.2	25.1	35.9	14.6	10.0	9.4	0.7
青海	Qinghai	100.0	4.5	25.7	34.1	11.8	11.3	11.9	0.8
宁夏	Ningxia	100.0	3.8	19.6	36.3	15.3	13.0	11.3	0.7
新疆	Xinjiang	100.0	0.7	20.8	40.6	16.0	11.9	9.5	0.6

3-3 全国分地区女性就业人员受教育程度构成
Educational Attainment of Female Employed Persons by Region

单位：% (%)

地区	Region	女性就业人员 Female Employed Persons	未上过学 No Schooling	小学 Primary School	初中 Junior Secondary School	高中 Senior Secondary School	大学专科 College	大学本科 University	研究生 Graduate and Higher Level
全国	**National Total**	**100.0**	**4.2**	**21.9**	**35.3**	**13.3**	**11.7**	**12.2**	**1.4**
北京	Beijing	100.0	0.3	3.2	13.2	12.5	18.0	39.8	13.0
天津	Tianjin	100.0	0.6	6.1	25.6	13.9	17.9	30.8	5.1
河北	Hebei	100.0	2.2	15.7	44.4	13.5	12.4	10.9	0.9
山西	Shanxi	100.0	1.0	14.6	39.4	15.3	14.2	14.2	1.4
内蒙古	Inner Mongolia	100.0	3.9	21.5	32.9	11.0	13.0	16.2	1.5
辽宁	Liaoning	100.0	0.8	15.3	42.0	12.0	12.3	15.8	1.7
吉林	Jilin	100.0	1.0	21.1	39.1	12.5	10.5	14.5	1.2
黑龙江	Heilongjiang	100.0	1.0	17.7	41.1	14.1	11.5	13.3	1.4
上海	Shanghai	100.0	0.8	6.0	21.5	12.0	18.3	33.5	7.9
江苏	Jiangsu	100.0	3.8	18.8	34.4	14.2	13.5	14.0	1.5
浙江	Zhejiang	100.0	3.7	20.4	33.0	13.5	13.5	14.5	1.3
安徽	Anhui	100.0	9.2	25.9	34.8	9.9	10.1	9.1	1.0
福建	Fujian	100.0	3.9	24.8	32.2	12.9	12.0	13.1	1.1
江西	Jiangxi	100.0	3.4	27.3	37.0	13.8	9.5	8.5	0.6
山东	Shandong	100.0	4.6	20.1	38.9	13.6	10.4	11.0	1.4
河南	Henan	100.0	5.5	20.9	42.6	13.4	9.5	7.3	0.8
湖北	Hubei	100.0	4.8	24.9	33.7	14.7	10.6	10.2	1.2
湖南	Hunan	100.0	1.5	18.2	37.1	19.3	12.3	10.3	1.1
广东	Guangdong	100.0	1.4	16.0	36.2	17.4	15.0	12.9	1.3
广西	Guangxi	100.0	2.3	23.2	42.9	11.8	9.7	9.7	0.5
海南	Hainan	100.0	1.9	15.8	45.1	14.1	10.6	11.7	0.8
重庆	Chongqing	100.0	2.5	28.3	28.7	14.3	13.0	12.0	1.1
四川	Sichuan	100.0	7.0	31.9	30.7	11.5	10.1	7.9	0.9
贵州	Guizhou	100.0	12.8	34.4	29.1	7.4	7.0	8.9	0.4
云南	Yunnan	100.0	7.2	39.7	27.3	8.9	7.9	8.4	0.5
西藏	Tibet	100.0	28.0	41.4	9.7	3.3	7.2	10.2	0.2
陕西	Shaanxi	100.0	4.2	19.0	37.3	13.5	12.5	12.3	1.3
甘肃	Gansu	100.0	11.9	33.6	25.7	9.6	8.5	10.1	0.7
青海	Qinghai	100.0	10.5	27.1	21.6	10.3	11.8	17.6	1.1
宁夏	Ningxia	100.0	10.9	22.9	25.9	10.7	13.1	15.3	1.2
新疆	Xinjiang	100.0	1.2	23.3	38.3	11.8	12.9	11.9	0.6

3-4 全国按年龄、性别分的就业人员受教育程度构成
Educational Attainment of Employed Persons by Age and Sex

单位：%　　　　(%)

年　龄 Age	就业人员 Employed Persons	未上过学 No Schooling	小　学 Primary School	初　中 Junior Secondary School	高　中 Senior Secondary School	大学专科 College	大学本科 University	研究生 Graduate and Higher Level
总计　Total	**100.0**	**2.4**	**18.4**	**39.2**	**15.9**	**11.7**	**11.1**	**1.3**
16-19	100.0	0.3	2.6	51.2	38.0	6.4	1.5	0.0
20-24	100.0	0.1	1.8	24.2	25.3	29.2	18.7	0.6
25-29	100.0	0.1	2.4	27.2	21.7	21.9	23.9	2.7
30-34	100.0	0.2	3.8	34.7	20.7	19.0	19.3	2.3
35-39	100.0	0.4	6.2	40.9	17.8	15.6	16.7	2.4
40-44	100.0	0.8	10.3	44.8	18.0	11.9	12.3	1.8
45-49	100.0	1.4	18.3	47.7	15.0	9.1	7.6	0.8
50-54	100.0	2.2	26.9	47.4	12.1	6.0	5.0	0.5
55-59	100.0	3.1	32.2	46.3	10.7	4.1	3.2	0.4
60-64	100.0	6.0	40.0	39.3	12.9	1.2	0.6	0.1
65+	100.0	14.3	57.9	22.8	4.4	0.4	0.1	0.0
男　Male	**100.0**	**1.1**	**15.8**	**42.1**	**17.9**	**11.6**	**10.2**	**1.2**
16-19	100.0	0.2	2.5	54.1	36.9	5.0	1.2	
20-24	100.0	0.1	2.0	29.1	28.5	25.5	14.4	0.5
25-29	100.0	0.1	2.4	31.2	24.1	20.9	19.3	2.1
30-34	100.0	0.2	3.7	36.7	22.4	18.2	17.0	1.9
35-39	100.0	0.3	5.6	41.8	18.8	15.5	15.9	2.2
40-44	100.0	0.5	8.7	45.6	19.0	12.1	12.2	1.9
45-49	100.0	0.8	15.0	49.3	16.2	9.6	8.1	1.0
50-54	100.0	1.0	21.3	50.0	14.6	6.9	5.5	0.6
55-59	100.0	1.2	24.9	49.5	13.8	5.7	4.4	0.5
60-64	100.0	2.2	32.3	46.0	16.9	1.7	0.8	0.1
65+	100.0	6.5	55.3	30.7	6.7	0.6	0.1	0.0
女　Female	**100.0**	**4.2**	**21.9**	**35.3**	**13.3**	**11.7**	**12.2**	**1.4**
16-19	100.0	0.3	2.9	46.3	39.8	8.6	2.1	0.0
20-24	100.0	0.1	1.6	17.6	21.1	34.2	24.5	0.8
25-29	100.0	0.2	2.4	22.0	18.5	23.4	30.1	3.5
30-34	100.0	0.3	3.9	32.0	18.6	20.1	22.3	2.8
35-39	100.0	0.6	7.1	39.8	16.4	15.7	17.8	2.5
40-44	100.0	1.2	12.3	43.9	16.7	11.7	12.4	1.8
45-49	100.0	2.2	22.2	45.9	13.5	8.6	6.9	0.7
50-54	100.0	3.9	34.4	43.8	8.6	4.7	4.2	0.4
55-59	100.0	6.2	43.8	41.2	5.7	1.5	1.4	0.1
60-64	100.0	11.2	50.6	30.1	7.5	0.4	0.2	0.0
65+	100.0	24.2	61.1	12.9	1.6	0.2	0.1	0.0

3-5　全国按受教育程度、性别分的就业人员年龄构成
Age Composition of Employed Persons by Educational Attainment and Sex

单位：%　　　　(%)

年龄 Age	就业人员 Employed Persons	未上过学 No Schooling	小学 Primary School	初中 Junior Secondary School	高中 Senior Secondary School	大学专科 College	大学本科 University	研究生 Graduate and Higher Level
总计　Total	**100.0**	**100.0**	**100.0**	**100.0**	**100.0**	**100.0**	**100.0**	**100.0**
16-19	0.7	0.1	0.1	0.9	1.7	0.4	0.1	0.0
20-24	4.8	0.3	0.5	3.0	7.6	12.0	8.1	2.3
25-29	9.3	0.5	1.2	6.5	12.7	17.5	20.1	19.4
30-34	13.2	1.2	2.7	11.7	17.1	21.4	22.9	23.0
35-39	12.6	2.1	4.3	13.1	14.0	16.7	19.0	23.0
40-44	11.4	3.8	6.4	13.0	12.8	11.6	12.6	16.2
45-49	11.9	6.9	11.8	14.5	11.2	9.3	8.1	7.8
50-54	13.2	12.0	19.2	15.9	10.0	6.7	5.9	5.0
55-59	10.3	13.1	18.0	12.1	6.9	3.6	3.0	2.9
60-64	4.5	11.0	9.8	4.5	3.7	0.5	0.2	0.3
65+	8.3	49.0	26.2	4.8	2.3	0.3	0.1	0.1
男　Male	**100.0**	**100.0**	**100.0**	**100.0**	**100.0**	**100.0**	**100.0**	**100.0**
16-19	0.8	0.2	0.1	1.0	1.6	0.3	0.1	
20-24	4.8	0.6	0.6	3.3	7.7	10.6	6.8	1.8
25-29	9.4	0.9	1.4	6.9	12.6	16.8	17.6	16.3
30-34	13.2	2.1	3.1	11.5	16.5	20.7	22.0	20.5
35-39	12.3	2.9	4.4	12.2	12.9	16.4	19.1	22.8
40-44	11.0	5.0	6.0	11.9	11.6	11.4	13.0	17.3
45-49	11.3	7.7	10.8	13.3	10.3	9.3	9.0	9.3
50-54	13.4	12.0	18.1	15.9	10.9	8.0	7.2	6.7
55-59	11.1	11.7	17.6	13.1	8.6	5.4	4.8	4.6
60-64	4.6	9.0	9.4	5.0	4.3	0.7	0.3	0.5
65+	8.2	47.9	28.6	5.9	3.1	0.4	0.1	0.2
女　Female	**100.0**	**100.0**	**100.0**	**100.0**	**100.0**	**100.0**	**100.0**	**100.0**
16-19	0.6	0.0	0.1	0.8	1.8	0.4	0.1	0.0
20-24	4.7	0.2	0.3	2.4	7.5	13.8	9.5	2.8
25-29	9.2	0.4	1.0	5.8	12.8	18.4	22.8	22.8
30-34	13.1	0.9	2.3	11.9	18.3	22.4	23.9	25.8
35-39	12.9	1.9	4.2	14.5	15.9	17.2	18.8	23.3
40-44	11.9	3.4	6.7	14.9	15.0	11.9	12.1	14.9
45-49	12.6	6.6	12.8	16.4	12.8	9.3	7.1	6.1
50-54	12.9	12.0	20.2	16.0	8.4	5.1	4.5	3.2
55-59	9.2	13.6	18.3	10.7	4.0	1.2	1.0	0.9
60-64	4.4	11.7	10.2	3.7	2.5	0.2	0.1	0.1
65+	8.5	49.3	23.8	3.1	1.0	0.1	0.0	0.1

3-6 全国按行业、性别分的就业人员受教育程度构成
Educational Attainment of Employed Persons by Sector and Sex

单位：% (%)

受教育程度	Educational Attainment	就业人员 Employed Persons	农、林、牧、渔业 Agriculture, Forestry, Animal Husbandry and Fishery	采矿业 Mining	制造业 Manu-facturing	电力、热力、燃气及水生产和供应业 Production and Supply of Electricity Power, Heat Power, Gas and Water	建筑业 Construction	批发和零售业 Wholesale and Retail Trades
总　计	**Total**	**100.0**	**100.0**	**100.0**	**100.0**	**100.0**	**100.0**	**100.0**
未上过学	No Schooling	2.4	7.6	0.3	1.1	0.3	0.9	0.7
小　学	Primary School	18.4	42.7	8.7	13.4	5.4	19.0	10.0
初　中	Junior Secondary School	39.2	42.8	37.2	47.3	24.0	53.8	41.4
高　中	Senior Secondary School	15.9	5.7	24.2	19.6	20.7	13.4	25.1
大学专科	College	11.7	0.9	16.0	11.0	23.1	7.3	14.9
大学本科	University	11.1	0.3	12.6	6.9	23.9	5.3	7.5
研究生	Graduate and Higher Level	1.3	0.0	1.1	0.7	2.6	0.2	0.4
男	**Male**	**100.0**	**100.0**	**100.0**	**100.0**	**100.0**	**100.0**	**100.0**
未上过学	No Schooling	1.1	3.7	0.2	0.4	0.2	0.7	0.3
小　学	Primary School	15.8	38.5	9.0	9.7	5.4	18.2	9.2
初　中	Junior Secondary School	42.1	48.6	38.9	45.6	26.3	56.3	40.6
高　中	Senior Secondary School	17.9	7.7	24.5	23.1	21.9	14.0	25.7
大学专科	College	11.6	1.1	15.5	12.6	22.1	6.3	15.5
大学本科	University	10.2	0.4	11.1	7.7	21.8	4.3	8.3
研究生	Graduate and Higher Level	1.2	0.0	0.9	0.9	2.3	0.2	0.4
女	**Female**	**100.0**	**100.0**	**100.0**	**100.0**	**100.0**	**100.0**	**100.0**
未上过学	No Schooling	4.2	11.6	1.0	2.0	0.6	2.6	1.0
小　学	Primary School	21.9	46.9	6.9	18.6	5.3	24.8	10.7
初　中	Junior Secondary School	35.3	37.0	26.7	49.5	16.8	36.5	42.1
高　中	Senior Secondary School	13.3	3.7	22.4	14.7	16.9	9.7	24.7
大学专科	College	11.7	0.6	19.3	8.9	26.3	13.8	14.3
大学本科	University	12.2	0.2	21.6	5.7	30.4	12.1	6.9
研究生	Graduate and Higher Level	1.4	0.0	2.1	0.5	3.8	0.6	0.3

3-6 续表 1 continued

单位：% (%)

受教育程度	Educational Attainment	交通运输、仓储和邮政业 Transport, Storage and Post	住宿和餐饮业 Hotels and Catering Services	信息传输、软件和信息技术服务业 Information Transmission, Software and Information Technical Services	金融业 Financial Intermediation	房地产业 Real Estate	租赁和商务服务业 Leasing and Business Services	科学研究和技术服务业 Scientific Research and Technical Services
总 计	**Total**	**100.0**	**100.0**	**100.0**	**100.0**	**100.0**	**100.0**	**100.0**
未上过学	No Schooling	0.3	1.0	0.0	0.1	0.8	0.4	0.5
小 学	Primary School	8.1	13.8	1.1	1.0	9.8	4.8	1.6
初 中	Junior Secondary School	47.4	51.6	9.7	7.8	29.2	23.6	9.5
高 中	Senior Secondary School	23.3	22.2	14.0	11.7	23.8	19.2	12.3
大学专科	College	13.2	8.5	27.6	25.3	20.8	24.2	26.2
大学本科	University	7.4	2.9	41.2	46.8	14.6	25.0	39.3
研究生	Graduate and Higher Level	0.3	0.1	6.4	7.2	0.9	2.8	10.6
男	**Male**	**100.0**	**100.0**	**100.0**	**100.0**	**100.0**	**100.0**	**100.0**
未上过学	No Schooling	0.2	0.2	0.0	0.0	0.3	0.3	0.4
小 学	Primary School	8.2	8.2	1.1	0.8	8.9	5.6	1.4
初 中	Junior Secondary School	50.0	52.1	9.8	7.0	31.2	29.3	10.7
高 中	Senior Secondary School	23.9	27.0	14.2	10.9	24.9	20.7	13.6
大学专科	College	11.7	9.4	27.3	25.7	19.9	21.2	25.9
大学本科	University	5.7	3.0	40.9	47.9	13.8	20.7	37.9
研究生	Graduate and Higher Level	0.2	0.1	6.6	7.8	0.9	2.3	10.1
女	**Female**	**100.0**	**100.0**	**100.0**	**100.0**	**100.0**	**100.0**	**100.0**
未上过学	No Schooling	0.6	1.7	0.0	0.1	1.5	0.6	0.7
小 学	Primary School	7.5	18.8	1.0	1.3	11.0	3.6	2.1
初 中	Junior Secondary School	33.4	51.3	9.5	8.6	26.4	15.2	7.2
高 中	Senior Secondary School	20.5	17.9	13.6	12.5	22.4	17.1	9.8
大学专科	College	20.8	7.6	28.1	25.0	21.9	28.6	26.9
大学本科	University	16.3	2.7	41.7	45.8	15.7	31.2	41.7
研究生	Graduate and Higher Level	0.9	0.0	6.1	6.7	1.0	3.7	11.5

3-6 续表 2 continued

单位：% (%)

受教育程度	Educational Attainment	水利、环境和公共设施管理业 Management of Water Conservancy, Environment and Public Facilities	居民服务、修理和其他服务业 Services to Households, Repair and Other Services	教育 Education	卫生和社会工作 Health and Society	文化、体育和娱乐业 Culture, Sports and Entertainment	公共管理、社会保障和社会组织 Public Management Social Security and Social Organizations
总 计	**Total**	**100.0**	**100.0**	**100.0**	**100.0**	**100.0**	**100.0**
未上过学	No Schooling	3.5	1.2	0.2	0.4	0.3	0.8
小 学	Primary School	23.7	14.9	2.3	2.9	5.5	4.7
初 中	Junior Secondary School	35.5	47.8	10.0	9.1	24.4	12.4
高 中	Senior Secondary School	14.0	22.7	10.7	15.6	19.9	15.8
大学专科	College	11.6	9.7	22.8	30.9	21.7	26.5
大学本科	University	10.6	3.5	46.5	36.0	25.6	36.5
研究生	Graduate and Higher Level	1.1	0.1	7.5	5.0	2.6	3.3
男	**Male**	**100.0**	**100.0**	**100.0**	**100.0**	**100.0**	**100.0**
未上过学	No Schooling	2.0	0.5	0.1	0.4	0.1	0.6
小 学	Primary School	19.9	12.1	1.8	3.1	4.2	4.5
初 中	Junior Secondary School	37.6	48.8	10.3	11.5	22.9	13.5
高 中	Senior Secondary School	16.3	25.0	10.3	17.9	21.7	17.6
大学专科	College	12.9	10.0	21.2	25.7	24.2	27.0
大学本科	University	10.5	3.4	47.2	35.0	24.7	34.1
研究生	Graduate and Higher Level	0.9	0.1	9.1	6.5	2.2	2.8
女	**Female**	**100.0**	**100.0**	**100.0**	**100.0**	**100.0**	**100.0**
未上过学	No Schooling	6.0	2.0	0.2	0.3	0.4	1.3
小 学	Primary School	29.9	17.9	2.5	2.9	6.9	5.2
初 中	Junior Secondary School	32.1	46.7	9.8	7.9	26.1	10.4
高 中	Senior Secondary School	10.3	20.3	10.9	14.5	18.0	12.7
大学专科	College	9.4	9.3	23.6	33.5	18.9	25.7
大学本科	University	10.8	3.6	46.2	36.6	26.7	40.6
研究生	Graduate and Higher Level	1.4	0.1	6.7	4.3	3.0	4.2

3-7 全国按职业、性别分的就业人员受教育程度构成
Educational Attainment of Employed Persons by Occupation and Sex

单位：% (%)

受教育程度	Educational Attainment	就业人员 Employed Persons	单位负责人 Unit Heads	专业技术人员 Technical Personnel	办事人员和有关人员 Clerk and Related Workers	商业、服务业人员 Business Service Personnel	农林牧渔水利业生产人员 Producers of Agriculture, Forestry, Animal Husbandry, Fishery and Water Conservancy	生产运输设备操作人员及有关人员 Production, Transport Equipment Operators and Related Workers	其他 Others
总计	**Total**	**100.0**	**100.0**	**100.0**	**100.0**	**100.0**	**100.0**	**100.0**	**100.0**
未上过学	No Schooling	2.4	0.1	0.1	0.2	0.9	7.7	1.2	3.3
小学	Primary School	18.4	3.9	1.0	3.5	11.6	43.0	17.9	18.9
初中	Junior Secondary School	39.2	25.9	7.3	17.4	42.8	42.8	55.9	50.2
高中	Senior Secondary School	15.9	23.4	12.5	19.0	22.8	5.5	16.7	14.6
大学专科	College	11.7	22.5	27.8	26.9	13.1	0.7	6.0	8.0
大学本科	University	11.1	21.7	44.1	30.2	8.1	0.2	2.3	4.4
研究生	Graduate and Higher Level	1.3	2.5	7.3	2.8	0.6	0.0	0.1	0.6
男	**Male**	**100.0**	**100.0**	**100.0**	**100.0**	**100.0**	**100.0**	**100.0**	**100.0**
未上过学	No Schooling	1.1	0.1	0.0	0.2	0.4	3.7	0.6	3.3
小学	Primary School	15.8	3.4	1.3	4.4	9.3	38.9	15.3	18.1
初中	Junior Secondary School	42.1	25.8	9.1	19.9	43.0	48.6	55.8	50.2
高中	Senior Secondary School	17.9	23.9	12.9	19.9	24.1	7.5	18.7	15.0
大学专科	College	11.6	22.5	25.2	25.4	13.9	1.0	6.9	8.2
大学本科	University	10.2	21.8	43.0	27.8	8.6	0.3	2.6	4.6
研究生	Graduate and Higher Level	1.2	2.6	8.3	2.4	0.7	0.0	0.1	0.6
女	**Female**	**100.0**	**100.0**	**100.0**	**100.0**	**100.0**	**100.0**	**100.0**	**100.0**
未上过学	No Schooling	4.2	0.2	0.1	0.2	1.6	11.6	2.7	3.4
小学	Primary School	21.9	5.4	0.7	2.2	14.5	47.1	23.6	20.2
初中	Junior Secondary School	35.3	26.2	5.9	13.7	42.6	37.0	55.9	50.2
高中	Senior Secondary School	13.3	21.7	12.2	17.7	21.0	3.6	12.0	14.1
大学专科	College	11.7	22.7	29.8	29.1	12.2	0.5	4.0	7.8
大学本科	University	12.2	21.4	44.9	33.7	7.6	0.2	1.6	4.0
研究生	Graduate and Higher Level	1.4	2.4	6.5	3.3	0.6	0.0	0.1	0.4

3-8 全国按受教育程度、性别分的就业人员职业构成
Occupation of Employed Persons by Educational Attainment and Sex

单位：%　　(%)

受教育程度	Educational Attainment	就业人员 Employed Persons	单位负责人 Unit Heads	专业技术人员 Technical Personnel	办事人员和有关人员 Clerk and Related Workers	商业、服务业人员 Business Service Personnel	农林牧渔水利业生产人员 Producers of Agriculture, Forestry, Animal Husbandry, Fishery and Water Conservancy	生产运输设备操作人员及有关人员 Production, Transport Equipment Operators and Related	其他 Others
总　计	**Total**	**100.0**	**1.7**	**9.8**	**10.7**	**31.9**	**23.8**	**22.0**	**0.1**
未上过学	No Schooling	100.0	0.1	0.2	0.9	12.2	75.3	11.2	0.1
小　学	Primary School	100.0	0.4	0.5	2.0	20.0	55.6	21.4	0.1
初　中	Junior Secondary School	100.0	1.1	1.8	4.8	34.8	26.0	31.4	0.1
高　中	Senior Secondary School	100.0	2.4	7.8	12.8	45.6	8.3	23.1	0.1
大学专科	College	100.0	3.2	23.5	24.7	35.8	1.5	11.3	0.0
大学本科	University	100.0	3.3	39.2	29.2	23.4	0.5	4.5	0.0
研究生	Graduate and Higher Level	100.0	3.3	55.4	23.1	15.8	0.1	2.3	0.0
男	**Male**	**100.0**	**2.2**	**7.4**	**11.3**	**31.5**	**20.8**	**26.8**	**0.1**
未上过学	No Schooling	100.0	0.1	0.3	2.1	12.3	70.5	14.5	0.2
小　学	Primary School	100.0	0.5	0.6	3.1	18.6	51.3	25.9	0.1
初　中	Junior Secondary School	100.0	1.4	1.6	5.3	32.2	24.0	35.5	0.1
高　中	Senior Secondary School	100.0	3.0	5.4	12.5	42.4	8.7	28.0	0.1
大学专科	College	100.0	4.3	16.1	24.5	37.5	1.7	15.8	0.0
大学本科	University	100.0	4.7	31.1	30.5	26.4	0.5	6.7	0.0
研究生	Graduate and Higher Level	100.0	4.8	51.3	22.8	18.1	0.1	2.9	0.0
女	**Female**	**100.0**	**0.9**	**13.0**	**10.0**	**32.3**	**27.8**	**15.8**	**0.1**
未上过学	No Schooling	100.0	0.0	0.2	0.6	12.2	77.0	10.0	0.0
小　学	Primary School	100.0	0.2	0.4	1.0	21.4	59.7	17.1	0.1
初　中	Junior Secondary School	100.0	0.7	2.2	3.9	39.0	29.1	25.1	0.1
高　中	Senior Secondary School	100.0	1.5	12.0	13.4	51.1	7.5	14.3	0.1
大学专科	College	100.0	1.8	33.1	24.9	33.6	1.1	5.4	0.0
大学本科	University	100.0	1.6	48.0	27.8	20.1	0.4	2.1	0.0
研究生	Graduate and Higher Level	100.0	1.6	60.0	23.4	13.3	0.0	1.6	0.0

3-9 全国按年龄、性别分的就业人员就业身份构成
Employment Status of Employed Persons by Age and Sex

单位：% (%)

年　龄 Age	就业人员 Employed Persons	雇　员 Employee	雇　主 Employer	自营劳动者 Self-Employed	家庭帮工 Unpaid Familial Worker
总计　Total	**100.0**	**62.4**	**3.6**	**32.6**	**1.3**
16-19	100.0	76.5	0.7	20.0	2.7
20-24	100.0	87.0	1.2	10.6	1.1
25-29	100.0	83.0	2.3	13.9	0.8
30-34	100.0	76.5	4.2	18.3	0.9
35-39	100.0	72.6	5.2	21.3	1.0
40-44	100.0	68.2	5.4	25.4	1.0
45-49	100.0	63.8	4.7	30.3	1.1
50-54	100.0	56.5	3.8	38.2	1.5
55-59	100.0	48.3	2.8	47.1	1.8
60-64	100.0	34.1	2.1	61.6	2.2
65+	100.0	18.0	1.2	78.0	2.8
男　Male	**100.0**	**63.5**	**4.5**	**31.3**	**0.8**
16-19	100.0	74.8	0.8	21.4	3.0
20-24	100.0	85.1	1.6	12.2	1.1
25-29	100.0	81.8	2.9	14.8	0.6
30-34	100.0	75.3	5.1	19.1	0.5
35-39	100.0	71.5	6.4	21.8	0.3
40-44	100.0	66.9	6.6	26.0	0.4
45-49	100.0	63.6	6.0	30.0	0.5
50-54	100.0	60.5	4.6	34.3	0.6
55-59	100.0	55.9	3.4	39.8	0.9
60-64	100.0	40.1	2.5	56.1	1.3
65+	100.0	21.0	1.4	75.3	2.2
女　Female	**100.0**	**60.9**	**2.6**	**34.4**	**2.1**
16-19	100.0	79.4	0.6	17.7	2.3
20-24	100.0	89.6	0.7	8.6	1.1
25-29	100.0	84.7	1.5	12.7	1.1
30-34	100.0	78.2	3.0	17.4	1.5
35-39	100.0	74.1	3.6	20.6	1.7
40-44	100.0	69.7	3.8	24.8	1.7
45-49	100.0	64.1	3.3	30.8	1.8
50-54	100.0	51.1	2.6	43.6	2.7
55-59	100.0	36.1	2.0	58.8	3.1
60-64	100.0	25.9	1.5	69.2	3.4
65+	100.0	14.1	0.9	81.3	3.6

3-10 全国按就业身份、性别分的就业人员年龄构成
Age Composition of Employed Persons by Employment Status and Sex

单位：% (%)

年 龄 Age	就业人员 Employed Persons	雇 员 Employee	雇 主 Employer	自营劳动者 Self-Employed	家庭帮工 Unpaid Familial Worker
总计 Total	**100.0**	**100.0**	**100.0**	**100.0**	**100.0**
16-19	0.7	0.9	0.1	0.4	1.4
20-24	4.8	6.7	1.6	1.6	4.0
25-29	9.3	12.4	5.9	4.0	5.5
30-34	13.2	16.1	15.2	7.4	8.8
35-39	12.6	14.6	17.8	8.2	8.9
40-44	11.4	12.4	16.8	8.9	8.5
45-49	11.9	12.2	15.4	11.0	10.0
50-54	13.2	11.9	13.7	15.4	14.6
55-59	10.3	7.9	8.0	14.8	13.5
60-64	4.5	2.5	2.6	8.5	7.2
65+	8.3	2.4	2.8	19.9	17.6
男 Male	**100.0**	**100.0**	**100.0**	**100.0**	**100.0**
16-19	0.8	0.9	0.1	0.5	3.0
20-24	4.8	6.5	1.8	1.9	7.1
25-29	9.4	12.1	6.1	4.4	7.0
30-34	13.2	15.7	15.3	8.1	8.0
35-39	12.3	13.9	17.7	8.6	5.5
40-44	11.0	11.6	16.3	9.1	6.3
45-49	11.3	11.3	15.2	10.8	7.9
50-54	13.4	12.7	13.9	14.6	10.8
55-59	11.1	9.8	8.4	14.1	13.3
60-64	4.6	2.9	2.6	8.2	7.6
65+	8.2	2.7	2.6	19.6	23.5
女 Female	**100.0**	**100.0**	**100.0**	**100.0**	**100.0**
16-19	0.6	0.8	0.1	0.3	0.7
20-24	4.7	7.0	1.3	1.2	2.5
25-29	9.2	12.9	5.4	3.4	4.8
30-34	13.1	16.8	15.2	6.6	9.2
35-39	12.9	15.6	18.0	7.7	10.6
40-44	11.9	13.7	17.9	8.6	9.5
45-49	12.6	13.2	16.0	11.3	11.0
50-54	12.9	10.8	13.3	16.3	16.4
55-59	9.2	5.4	7.2	15.6	13.7
60-64	4.4	1.9	2.6	8.8	7.0
65+	8.5	2.0	3.1	20.2	14.8

3-11 全国按受教育程度、性别分的就业人员就业身份构成

Employment Status of Employed Persons by Educational Attainment and Sex

单位：% (%)

受教育程度	Educational Attainment	就业人员 Employed Persons	雇 员 Employee	雇 主 Employer	自营劳动者 Self-Employed	家庭帮工 Unpaid Familial Worker
总 计	**Total**	**100.0**	**62.4**	**3.6**	**32.6**	**1.3**
未上过学	No Schooling	100.0	21.4	0.9	74.1	3.6
小 学	Primary School	100.0	35.1	1.9	60.5	2.4
初 中	Junior Secondary School	100.0	56.1	3.9	38.6	1.5
高 中	Senior Secondary School	100.0	72.7	5.4	20.8	1.0
大学专科	College	100.0	87.3	4.5	7.7	0.5
大学本科	University	100.0	93.7	3.0	3.1	0.2
研究生	Graduate and Higher Level	100.0	96.9	1.9	1.1	0.1
男	**Male**	**100.0**	**63.5**	**4.5**	**31.3**	**0.8**
未上过学	No Schooling	100.0	25.3	1.4	70.3	3.1
小 学	Primary School	100.0	37.9	2.3	58.3	1.5
初 中	Junior Secondary School	100.0	56.8	4.4	38.0	0.8
高 中	Senior Secondary School	100.0	71.5	6.1	21.8	0.5
大学专科	College	100.0	85.4	5.6	8.8	0.3
大学本科	University	100.0	92.0	4.1	3.7	0.2
研究生	Graduate and Higher Level	100.0	95.8	2.9	1.3	0.1
女	**Female**	**100.0**	**60.9**	**2.6**	**34.4**	**2.1**
未上过学	No Schooling	100.0	20.0	0.8	75.5	3.7
小 学	Primary School	100.0	32.6	1.6	62.7	3.2
初 中	Junior Secondary School	100.0	55.0	2.9	39.5	2.5
高 中	Senior Secondary School	100.0	74.9	4.2	19.1	1.8
大学专科	College	100.0	89.9	3.2	6.2	0.7
大学本科	University	100.0	95.5	1.8	2.5	0.2
研究生	Graduate and Higher Level	100.0	98.1	0.9	1.0	0.0

3-12 全国按就业身份、性别分的就业人员受教育程度构成
Educational Attainment of Employed Persons by Employment Status and Sex

单位：% (%)

受教育程度	Educational Attainment	就业人员 Employed Persons	雇员 Employee	雇主 Employer	自营劳动者 Self-Employed	家庭帮工 Unpaid Familial Worker
总计	**Total**	**100.0**	**100.0**	**100.0**	**100.0**	**100.0**
未上过学	No Schooling	2.4	0.8	0.6	5.5	6.5
小学	Primary School	18.4	10.4	9.6	34.2	33.0
初中	Junior Secondary School	39.2	35.2	41.5	46.3	42.9
高中	Senior Secondary School	15.9	18.6	23.8	10.2	11.8
大学专科	College	11.7	16.4	14.5	2.7	4.0
大学本科	University	11.1	16.6	9.3	1.1	1.8
研究生	Graduate and Higher Level	1.3	2.0	0.7	0.0	0.1
男	**Male**	**100.0**	**100.0**	**100.0**	**100.0**	**100.0**
未上过学	No Schooling	1.1	0.4	0.3	2.5	4.4
小学	Primary School	15.8	9.4	8.0	29.4	31.8
初中	Junior Secondary School	42.1	37.7	42.1	51.1	43.8
高中	Senior Secondary School	17.9	20.2	24.6	12.5	12.8
大学专科	College	11.6	15.6	14.6	3.3	4.6
大学本科	University	10.2	14.9	9.5	1.2	2.4
研究生	Graduate and Higher Level	1.2	1.8	0.8	0.0	0.1
女	**Female**	**100.0**	**100.0**	**100.0**	**100.0**	**100.0**
未上过学	No Schooling	4.2	1.4	1.3	9.2	7.5
小学	Primary School	21.9	11.7	13.3	39.8	33.5
初中	Junior Secondary School	35.3	31.9	40.1	40.6	42.5
高中	Senior Secondary School	13.3	16.3	21.8	7.4	11.3
大学专科	College	11.7	17.3	14.4	2.1	3.8
大学本科	University	12.2	19.1	8.6	0.9	1.4
研究生	Graduate and Higher Level	1.4	2.3	0.5	0.0	0.0

3-13 城镇按年龄、性别分的就业人员就业身份构成
Employment Status of Urban Employed Persons by Age and Sex

单位：% (%)

年 龄 Age	城 镇 就业人员 Urban Employed Persons	雇 员 Employee	雇 主 Employer	自营劳动者 Self-Employed	家庭帮工 Unpaid Familial Worker
总计 Total	**100.0**	**74.9**	**4.6**	**19.5**	**1.1**
16-19	100.0	86.6	0.7	10.6	2.1
20-24	100.0	91.5	1.2	6.3	0.9
25-29	100.0	87.6	2.6	9.2	0.7
30-34	100.0	81.5	4.7	13.0	0.8
35-39	100.0	78.2	5.9	15.1	0.8
40-44	100.0	75.5	6.2	17.5	0.8
45-49	100.0	73.4	5.7	20.0	1.0
50-54	100.0	69.8	4.8	24.2	1.2
55-59	100.0	64.9	3.9	29.6	1.7
60-64	100.0	52.1	3.2	42.5	2.1
65+	100.0	33.2	2.1	61.5	3.3
男 Male	**100.0**	**74.1**	**5.6**	**19.8**	**0.5**
16-19	100.0	85.1	0.8	11.8	2.3
20-24	100.0	89.9	1.7	7.5	0.9
25-29	100.0	85.7	3.4	10.5	0.4
30-34	100.0	79.2	5.9	14.5	0.3
35-39	100.0	76.2	7.3	16.2	0.2
40-44	100.0	73.3	7.7	18.7	0.3
45-49	100.0	71.5	7.1	21.1	0.4
50-54	100.0	71.4	5.6	22.6	0.4
55-59	100.0	70.2	4.3	24.8	0.7
60-64	100.0	57.2	3.7	38.0	1.2
65+	100.0	37.3	2.5	57.8	2.4
女 Female	**100.0**	**75.8**	**3.3**	**19.1**	**1.8**
16-19	100.0	89.0	0.5	8.7	1.8
20-24	100.0	93.6	0.7	4.8	0.9
25-29	100.0	90.0	1.6	7.5	0.9
30-34	100.0	84.3	3.3	11.1	1.3
35-39	100.0	80.5	4.2	13.7	1.5
40-44	100.0	78.2	4.5	16.0	1.4
45-49	100.0	75.6	4.0	18.7	1.7
50-54	100.0	67.4	3.5	26.7	2.4
55-59	100.0	54.0	3.0	39.3	3.7
60-64	100.0	43.8	2.5	49.9	3.8
65+	100.0	27.2	1.5	66.8	4.6

3-14 城镇按就业身份、性别分的就业人员年龄构成
Age Composition of Urban Employed Persons by Employment Status and Sex

单位：% (%)

年 龄 Age	城 镇 就业人员 Urban Employed Persons	雇 员 Employee	雇 主 Employer	自营劳动者 Self-Employed	家庭帮工 Unpaid Familial Worker
总计 Total	**100.0**	**100.0**	**100.0**	**100.0**	**100.0**
16-19	0.6	0.7	0.1	0.4	1.3
20-24	5.3	6.5	1.4	1.7	4.6
25-29	10.6	12.4	6.0	5.0	6.5
30-34	15.2	16.6	15.8	10.2	11.1
35-39	14.7	15.3	19.0	11.4	11.0
40-44	13.0	13.1	17.7	11.6	9.5
45-49	12.7	12.5	15.8	13.0	11.3
50-54	12.6	11.7	13.1	15.7	14.2
55-59	8.5	7.4	7.2	12.9	13.3
60-64	2.9	2.0	2.0	6.3	5.7
65+	3.8	1.7	1.7	11.9	11.5
男 Male	**100.0**	**100.0**	**100.0**	**100.0**	**100.0**
16-19	0.7	0.8	0.1	0.4	3.1
20-24	5.2	6.3	1.6	2.0	9.2
25-29	10.4	12.0	6.3	5.5	8.6
30-34	14.9	16.0	15.9	11.0	9.7
35-39	14.2	14.6	18.7	11.6	6.0
40-44	12.3	12.2	17.1	11.7	6.9
45-49	12.1	11.6	15.4	12.8	8.0
50-54	13.2	12.7	13.4	15.1	10.8
55-59	10.0	9.5	7.7	12.5	13.3
60-64	3.1	2.4	2.1	6.0	6.9
65+	3.9	2.0	1.7	11.4	17.7
女 Female	**100.0**	**100.0**	**100.0**	**100.0**	**100.0**
16-19	0.6	0.7	0.1	0.3	0.6
20-24	5.6	6.9	1.2	1.4	2.8
25-29	10.9	13.0	5.3	4.3	5.6
30-34	15.6	17.4	15.6	9.0	11.6
35-39	15.4	16.3	19.8	11.0	13.0
40-44	13.9	14.3	19.1	11.6	10.5
45-49	13.6	13.6	16.7	13.3	12.6
50-54	11.7	10.4	12.7	16.4	15.5
55-59	6.6	4.7	6.1	13.5	13.4
60-64	2.5	1.5	1.9	6.6	5.3
65+	3.6	1.3	1.6	12.6	9.1

3-15 城镇按受教育程度、性别分的就业人员就业身份构成
Employment Status of Urban Employed Persons by Educational Attainment and Sex

单位：% (%)

受教育程度	Educational Attainment	城镇就业人员 Urban Employed Persons	雇员 Employee	雇主 Employer	自营劳动者 Self-Employed	家庭帮工 Unpaid Familial Worker
总计	**Total**	**100.0**	**74.9**	**4.6**	**19.5**	**1.1**
未上过学	No Schooling	100.0	39.7	1.4	54.8	4.1
小学	Primary School	100.0	53.4	2.9	41.3	2.5
初中	Junior Secondary School	100.0	65.6	5.0	28.0	1.4
高中	Senior Secondary School	100.0	76.1	6.2	16.8	0.9
大学专科	College	100.0	87.7	4.9	7.1	0.4
大学本科	University	100.0	93.8	3.1	2.8	0.2
研究生	Graduate and Higher Level	100.0	96.9	2.0	1.1	0.1
男	**Male**	**100.0**	**74.1**	**5.6**	**19.8**	**0.5**
未上过学	No Schooling	100.0	44.3	2.2	50.9	2.6
小学	Primary School	100.0	54.7	3.3	40.7	1.2
初中	Junior Secondary School	100.0	65.3	5.8	28.3	0.6
高中	Senior Secondary School	100.0	75.0	7.0	17.5	0.5
大学专科	College	100.0	85.7	6.0	8.0	0.3
大学本科	University	100.0	92.2	4.3	3.4	0.1
研究生	Graduate and Higher Level	100.0	95.8	2.9	1.2	0.1
女	**Female**	**100.0**	**75.8**	**3.3**	**19.1**	**1.8**
未上过学	No Schooling	100.0	38.0	1.1	56.3	4.6
小学	Primary School	100.0	52.1	2.4	41.9	3.6
初中	Junior Secondary School	100.0	66.0	3.8	27.6	2.6
高中	Senior Secondary School	100.0	78.0	4.8	15.6	1.7
大学专科	College	100.0	90.2	3.4	5.8	0.6
大学本科	University	100.0	95.7	1.9	2.2	0.2
研究生	Graduate and Higher Level	100.0	98.1	0.9	0.9	0.0

3-16 城镇按就业身份、性别分的就业人员受教育程度构成
Educational Attainment of Urban Employed Persons by Employment Status and Sex

单位：% (%)

受教育程度	Educational Attainment	城镇就业人员 Urban Employed Persons	雇员 Employee	雇主 Employer	自营劳动者 Self-Employed	家庭帮工 Unpaid Familial Worker
总计	**Total**	**100.0**	**100.0**	**100.0**	**100.0**	**100.0**
未上过学	No Schooling	1.0	0.5	0.3	2.9	3.9
小学	Primary School	11.0	7.8	6.9	23.3	25.1
初中	Junior Secondary School	33.9	29.7	37.2	48.7	45.2
高中	Senior Secondary School	19.4	19.7	26.2	16.7	16.7
大学专科	College	16.3	19.0	17.2	5.9	6.2
大学本科	University	16.4	20.6	11.3	2.4	2.7
研究生	Graduate and Higher Level	2.0	2.6	0.9	0.1	0.1
男	**Male**	**100.0**	**100.0**	**100.0**	**100.0**	**100.0**
未上过学	No Schooling	0.5	0.3	0.2	1.3	2.5
小学	Primary School	9.5	7.0	5.7	19.5	22.6
初中	Junior Secondary School	35.8	31.5	37.4	51.1	44.2
高中	Senior Secondary School	21.3	21.5	26.8	18.9	19.1
大学专科	College	16.0	18.5	17.3	6.5	7.7
大学本科	University	15.1	18.8	11.6	2.6	3.7
研究生	Graduate and Higher Level	1.9	2.4	1.0	0.1	0.2
女	**Female**	**100.0**	**100.0**	**100.0**	**100.0**	**100.0**
未上过学	No Schooling	1.8	0.9	0.6	5.2	4.5
小学	Primary School	13.0	8.9	9.5	28.5	26.1
初中	Junior Secondary School	31.4	27.4	36.7	45.3	45.6
高中	Senior Secondary School	16.9	17.4	24.9	13.7	15.8
大学专科	College	16.6	19.7	17.2	5.0	5.6
大学本科	University	18.1	22.9	10.5	2.1	2.3
研究生	Graduate and Higher Level	2.2	2.8	0.6	0.1	0.0

3-17 城镇按年龄、性别分的就业人员行业构成
Urban Employed Persons by Age, Sex and Sector

单位：% (%)

年龄 Age	城镇就业人员 Urban Employed Persons	农、林、牧、渔业 Agriculture, Forestry, Animal Husbandry and Fishery	采矿业 Mining	制造业 Manu-facturing	电力、热力、燃气及水生产和供应业 Production and Supply of Electricity Power, Heat Power, Gas and Water	建筑业 Construction	批发和零售业 Wholesale and Retail Trades
总计 Total	**100.0**	**8.3**	**0.9**	**20.5**	**1.3**	**8.6**	**15.8**
16-19	100.0	7.5	0.1	27.8	0.4	4.2	13.5
20-24	100.0	2.1	0.3	20.5	0.9	5.2	15.1
25-29	100.0	2.0	0.5	19.4	1.2	6.3	15.3
30-34	100.0	2.5	0.9	22.1	1.4	7.8	17.1
35-39	100.0	3.1	1.0	23.0	1.3	7.9	17.8
40-44	100.0	4.3	1.1	22.3	1.3	8.4	17.8
45-49	100.0	6.4	1.3	22.0	1.6	9.8	16.7
50-54	100.0	10.4	1.4	20.2	1.6	11.4	14.3
55-59	100.0	17.1	0.9	16.6	1.4	11.7	12.9
60-64	100.0	31.1	0.4	14.3	0.7	10.3	11.9
65+	100.0	54.3	0.1	10.0	0.2	4.6	9.5
男 Male	**100.0**	**7.3**	**1.4**	**21.3**	**1.7**	**12.9**	**12.8**
16-19	100.0	8.0	0.1	31.2	0.5	6.0	10.7
20-24	100.0	2.4	0.4	25.5	1.3	7.8	13.2
25-29	100.0	2.0	0.8	22.6	1.5	9.3	13.1
30-34	100.0	2.4	1.3	24.1	1.7	11.8	14.0
35-39	100.0	3.0	1.5	23.8	1.6	12.1	14.1
40-44	100.0	3.9	1.7	22.2	1.7	13.0	13.8
45-49	100.0	5.8	2.0	21.3	2.0	15.1	13.1
50-54	100.0	8.2	2.1	19.8	2.2	16.5	11.6
55-59	100.0	12.3	1.2	16.6	2.0	16.1	10.9
60-64	100.0	24.6	0.5	15.3	0.9	15.7	11.0
65+	100.0	48.8	0.2	10.2	0.3	7.4	9.7
女 Female	**100.0**	**9.6**	**0.3**	**19.5**	**0.8**	**2.8**	**19.7**
16-19	100.0	6.7		22.6	0.1	1.4	17.8
20-24	100.0	1.7	0.1	14.4	0.4	2.2	17.5
25-29	100.0	1.9	0.2	15.2	0.9	2.5	18.1
30-34	100.0	2.7	0.3	19.5	0.9	2.7	21.0
35-39	100.0	3.3	0.4	22.1	0.9	2.7	22.4
40-44	100.0	4.6	0.4	22.5	0.9	2.9	22.5
45-49	100.0	7.1	0.6	22.9	1.2	3.6	20.9
50-54	100.0	13.8	0.3	20.7	0.7	3.6	18.4
55-59	100.0	27.0	0.2	16.6	0.2	2.9	17.0
60-64	100.0	41.8	0.0	12.8	0.2	1.3	13.6
65+	100.0	62.3	0.0	9.9	0.1	0.5	9.2

3-17 续表 1 continued

单位：% (%)

年 龄 Age	交通运输、仓储和邮政业 Transport, Storage and Post	住宿和餐饮业 Hotels and Catering Services	信息传输、软件和信息技术服务业 Information Transmission, Software and Information Technical Services	金融业 Financial Intermediation	房地产业 Real Estate	租赁和商务服务业 Leasing and Business Services	科学研究和技术服务业 Scientific Research and Technical Services
总计 Total	**5.7**	**5.5**	**2.4**	**2.0**	**2.3**	**3.1**	**1.6**
16-19	3.7	17.0	1.8	0.5	0.5	2.3	0.6
20-24	4.6	7.2	5.2	2.2	1.8	4.6	2.6
25-29	5.5	5.5	5.3	2.9	2.4	4.5	2.6
30-34	5.8	5.3	3.7	2.9	2.3	3.8	2.1
35-39	6.3	5.4	2.8	2.6	2.2	3.4	2.1
40-44	6.6	5.8	2.0	1.7	2.1	3.0	1.6
45-49	6.6	5.8	1.2	1.5	2.0	2.5	1.0
50-54	6.2	5.9	0.7	1.6	2.3	2.2	0.9
55-59	5.2	4.9	0.5	1.2	3.1	2.2	0.9
60-64	2.8	4.6	0.2	0.4	4.3	1.9	0.4
65+	1.2	2.3	0.1	0.2	3.0	0.9	0.3
男 Male	**8.3**	**4.5**	**2.6**	**1.7**	**2.3**	**3.1**	**1.8**
16-19	4.9	17.0	1.6	0.1	0.7	2.4	0.5
20-24	6.1	8.0	5.8	1.8	1.9	4.1	2.6
25-29	7.7	6.0	6.1	2.6	2.4	4.1	2.9
30-34	8.1	5.1	4.1	2.5	2.2	3.6	2.4
35-39	9.4	4.7	3.2	2.1	2.0	3.4	2.4
40-44	10.1	4.6	2.3	1.4	1.9	3.2	1.9
45-49	10.0	3.9	1.4	1.2	1.7	2.7	1.3
50-54	9.1	3.5	0.9	1.5	2.2	2.7	1.1
55-59	7.3	2.9	0.6	1.5	3.2	2.8	1.1
60-64	4.0	3.0	0.2	0.4	4.9	2.5	0.5
65+	1.8	1.8	0.1	0.2	3.8	1.3	0.4
女 Female	**2.3**	**6.9**	**2.0**	**2.4**	**2.4**	**3.0**	**1.3**
16-19	2.0	16.9	2.1	1.1	0.2	2.3	0.6
20-24	2.6	6.1	4.5	2.7	1.7	5.2	2.4
25-29	2.8	4.8	4.3	3.3	2.4	5.0	2.4
30-34	2.8	5.6	3.1	3.5	2.5	4.0	1.7
35-39	2.5	6.2	2.3	3.2	2.4	3.3	1.8
40-44	2.4	7.1	1.6	2.2	2.3	2.8	1.2
45-49	2.5	8.0	0.9	1.9	2.3	2.2	0.8
50-54	1.7	9.4	0.3	1.8	2.4	1.5	0.7
55-59	1.0	9.1	0.2	0.8	2.8	1.1	0.4
60-64	0.8	7.2	0.1	0.5	3.2	0.9	0.2
65+	0.4	3.0	0.0	0.2	1.9	0.5	0.2

3-17 续表 2 continued

单位：% (%)

年 龄 Age	水利、环境和公共设施管理业 Management of Water Conservancy, Environment and Public Facilities	居民服务、修理和其他服务业 Services to Households, Repair and Other Services	教 育 Education	卫生和社会工作 Health and Society	文化、体育和娱乐业 Culture, Sports and Entertainment	公共管理、社会保障和社会组织 Public Management Social Security and Social Organizations
总计 Total	**1.0**	**4.8**	**5.7**	**3.2**	**1.1**	**6.0**
16–19	0.1	11.2	4.4	1.1	2.5	1.0
20–24	0.4	5.5	8.6	5.3	2.5	5.3
25–29	0.6	4.5	7.8	5.0	1.9	6.7
30–34	0.6	4.5	6.0	3.9	1.3	6.1
35–39	0.7	4.4	5.5	3.3	1.1	6.0
40–44	0.8	4.6	6.5	3.0	1.0	6.2
45–49	1.1	4.8	5.7	2.6	0.8	6.6
50–54	1.3	5.0	5.1	2.4	0.8	6.3
55–59	1.7	5.2	4.6	2.1	0.8	7.0
60–64	2.4	6.0	2.3	2.0	0.7	3.6
65+	2.9	5.2	0.7	1.7	0.5	2.3
男 Male	**1.1**	**4.2**	**3.3**	**1.8**	**1.0**	**6.6**
16–19	0.1	11.1	1.4	0.2	2.2	1.3
20–24	0.5	6.0	3.2	2.0	2.3	5.1
25–29	0.7	4.7	3.2	2.0	1.8	6.6
30–34	0.7	4.4	2.5	1.8	1.2	6.0
35–39	0.8	3.9	2.8	1.9	1.1	6.4
40–44	0.9	3.8	4.2	1.8	0.9	6.7
45–49	1.1	3.6	4.0	1.8	0.6	7.3
50–54	1.4	3.5	3.9	1.7	0.6	7.5
55–59	1.7	3.9	4.5	1.9	0.8	8.9
60–64	2.1	5.0	2.4	1.9	0.6	4.4
65+	3.0	5.1	0.8	1.8	0.5	2.9
女 Female	**0.9**	**5.7**	**8.9**	**5.1**	**1.3**	**5.3**
16–19	0.1	11.4	9.0	2.3	2.8	0.6
20–24	0.4	5.0	15.4	9.3	2.8	5.6
25–29	0.4	4.3	13.7	8.8	2.1	7.0
30–34	0.5	4.7	10.4	6.6	1.3	6.3
35–39	0.5	5.1	8.9	5.0	1.2	5.6
40–44	0.7	5.6	9.2	4.4	1.1	5.6
45–49	1.1	6.2	7.6	3.6	0.9	5.7
50–54	1.1	7.4	7.0	3.5	1.0	4.5
55–59	1.8	7.7	4.7	2.6	0.9	3.0
60–64	2.8	7.6	2.0	2.1	0.7	2.3
65+	2.6	5.4	0.5	1.6	0.5	1.5

3-18 城镇按行业、性别分的就业人员年龄构成
Age Composition of Urban Employed Persons by Sector and Sex

单位：% (%)

年龄 Age	城镇就业人员 Urban Employed Persons	农、林、牧、渔业 Agriculture, Forestry, Animal Husbandry and Fishery	采矿业 Mining	制造业 Manu-facturing	电力、热力、燃气及水生产和供应业 Production and Supply of Electricity Power, Heat Power, Gas and Water	建筑业 Construction	批发和零售业 Wholesale and Retail Trades
总计 Total	**100.0**	**100.0**	**100.0**	**100.0**	**100.0**	**100.0**	**100.0**
16-19	0.6	0.6	0.0	0.9	0.2	0.3	0.6
20-24	5.3	1.3	1.5	5.3	3.8	3.3	5.1
25-29	10.6	2.5	6.0	10.0	9.8	7.8	10.3
30-34	15.2	4.6	14.6	16.4	15.8	13.9	16.5
35-39	14.7	5.5	15.8	16.4	14.8	13.5	16.6
40-44	13.0	6.7	15.7	14.2	13.1	12.7	14.7
45-49	12.7	9.8	18.1	13.6	15.9	14.6	13.4
50-54	12.6	15.8	18.6	12.4	15.4	16.7	11.4
55-59	8.5	17.6	8.1	6.9	9.1	11.7	7.0
60-64	2.9	10.7	1.1	2.0	1.5	3.4	2.2
65+	3.8	24.7	0.4	1.8	0.6	2.0	2.3
男 Male	**100.0**	**100.0**	**100.0**	**100.0**	**100.0**	**100.0**	**100.0**
16-19	0.7	0.8	0.0	1.0	0.2	0.3	0.6
20-24	5.2	1.7	1.5	6.2	4.1	3.1	5.3
25-29	10.4	2.9	5.8	11.0	9.2	7.5	10.6
30-34	14.9	4.9	14.5	16.9	15.2	13.7	16.3
35-39	14.2	5.7	14.9	15.8	13.6	13.3	15.6
40-44	12.3	6.6	15.3	12.9	12.4	12.5	13.3
45-49	12.1	9.6	17.2	12.0	14.2	14.1	12.3
50-54	13.2	14.7	20.2	12.3	17.2	16.9	12.0
55-59	10.0	16.8	8.9	7.8	11.6	12.5	8.5
60-64	3.1	10.5	1.2	2.2	1.8	3.8	2.7
65+	3.9	25.9	0.5	1.9	0.7	2.2	2.9
女 Female	**100.0**	**100.0**	**100.0**	**100.0**	**100.0**	**100.0**	**100.0**
16-19	0.6	0.4		0.7	0.1	0.3	0.5
20-24	5.6	1.0	1.8	4.1	3.1	4.3	5.0
25-29	10.9	2.2	7.5	8.6	11.7	9.9	10.1
30-34	15.6	4.3	15.1	15.6	17.3	14.8	16.7
35-39	15.4	5.4	20.4	17.4	18.1	14.9	17.5
40-44	13.9	6.7	18.4	16.0	15.3	14.4	15.8
45-49	13.6	10.0	23.3	16.0	20.8	17.4	14.4
50-54	11.7	16.9	10.0	12.5	10.4	15.3	11.0
55-59	6.6	18.5	3.1	5.6	2.0	6.8	5.7
60-64	2.5	11.0	0.3	1.7	0.7	1.2	1.7
65+	3.6	23.5	0.2	1.8	0.4	0.6	1.7

3-18 续表 1 continued

单位：% (%)

年 龄 Age	交通运输、仓储和邮政业 Transport, Storage and Post	住宿和餐饮业 Hotels and Catering Services	信息传输、软件和信息技术服务业 Information Transmission, Software and Information Technical Services	金融业 Financial Intermediation	房地产业 Real Estate	租赁和商务服务业 Leasing and Business Services	科学研究和技术服务业 Scientific Research and Technical Services
总计 Total	**100.0**	**100.0**	**100.0**	**100.0**	**100.0**	**100.0**	**100.0**
16-19	0.4	2.0	0.5	0.2	0.1	0.5	0.2
20-24	4.3	6.9	11.9	5.9	4.2	8.0	8.5
25-29	10.3	10.5	23.9	15.5	10.9	15.5	17.4
30-34	15.4	14.5	23.8	22.4	15.2	18.7	20.1
35-39	16.2	14.2	17.5	19.0	13.7	16.1	19.5
40-44	15.0	13.6	10.8	11.3	11.5	12.8	12.7
45-49	14.7	13.3	6.2	9.5	10.9	10.3	8.2
50-54	13.6	13.4	3.5	10.1	12.3	9.1	7.3
55-59	7.8	7.6	1.6	5.3	11.2	6.1	4.5
60-64	1.4	2.4	0.2	0.6	5.2	1.7	0.6
65+	0.8	1.6	0.1	0.3	4.8	1.1	0.8
男 Male	**100.0**	**100.0**	**100.0**	**100.0**	**100.0**	**100.0**	**100.0**
16-19	0.4	2.6	0.4	0.0	0.2	0.5	0.2
20-24	3.8	9.1	11.4	5.5	4.2	6.7	7.5
25-29	9.6	13.7	24.0	16.0	10.8	13.5	16.4
30-34	14.7	16.7	23.2	21.7	14.3	17.2	20.0
35-39	16.0	14.7	17.1	17.4	12.4	15.2	19.0
40-44	15.0	12.5	10.6	10.0	9.9	12.5	12.7
45-49	14.6	10.5	6.4	8.3	9.0	10.3	8.5
50-54	14.6	10.3	4.4	11.4	12.6	11.3	8.2
55-59	8.8	6.3	2.2	8.6	13.7	8.8	5.9
60-64	1.5	2.1	0.3	0.7	6.6	2.5	0.8
65+	0.9	1.6	0.1	0.4	6.3	1.6	0.9
女 Female	**100.0**	**100.0**	**100.0**	**100.0**	**100.0**	**100.0**	**100.0**
16-19	0.5	1.5	0.6	0.3	0.0	0.5	0.3
20-24	6.6	5.0	12.7	6.2	4.1	9.8	10.2
25-29	13.5	7.6	23.9	15.1	11.0	18.4	19.3
30-34	19.2	12.6	24.9	22.9	16.5	20.9	20.4
35-39	17.3	13.9	18.0	20.5	15.5	17.4	20.6
40-44	14.6	14.5	11.2	12.5	13.5	13.2	12.7
45-49	15.3	15.9	5.9	10.6	13.4	10.3	7.9
50-54	8.8	16.1	2.0	9.0	11.8	6.0	5.8
55-59	2.8	8.7	0.6	2.2	7.8	2.4	2.1
60-64	0.9	2.7	0.1	0.5	3.4	0.7	0.3
65+	0.6	1.6	0.1	0.2	2.8	0.6	0.5

3-18 续表 2 continued

单位：% (%)

年 龄 Age	水利、环境和公共设施管理业 Management of Water Conservancy, Environment and Public Facilities	居民服务、修理和其他服务业 Services to Households, Repair and Other Services	教 育 Education	卫生和社会工作 Health and Society	文化、体育和娱乐业 Culture, Sports and Entertainment	公共管理、社会保障和社会组织 Public Management Social Security and Social Organizations
总计 Total	**100.0**	**100.0**	**100.0**	**100.0**	**100.0**	**100.0**
16-19	0.1	1.5	0.5	0.2	1.4	0.1
20-24	2.2	6.1	8.1	8.7	11.9	4.7
25-29	5.9	9.9	14.5	16.4	17.7	11.8
30-34	9.1	14.3	15.8	18.4	17.0	15.4
35-39	9.7	13.3	14.1	15.0	14.6	14.6
40-44	10.6	12.4	14.7	12.1	11.1	13.3
45-49	13.6	12.7	12.5	10.4	8.5	13.8
50-54	16.2	13.1	11.3	9.4	8.3	13.1
55-59	14.9	9.1	6.9	5.6	6.2	9.9
60-64	6.8	3.5	1.1	1.7	1.7	1.7
65+	10.9	4.1	0.5	2.0	1.7	1.4
男 Male	**100.0**	**100.0**	**100.0**	**100.0**	**100.0**	**100.0**
16-19	0.1	1.8	0.3	0.1	1.5	0.1
20-24	2.2	7.4	4.9	5.6	11.4	4.0
25-29	6.3	11.6	9.8	11.2	17.7	10.3
30-34	9.7	15.8	11.1	14.5	17.8	13.5
35-39	10.1	13.0	11.8	14.8	14.5	13.6
40-44	10.2	11.1	15.5	12.5	10.6	12.6
45-49	11.8	10.5	14.4	11.9	7.5	13.4
50-54	16.9	11.0	15.4	12.2	7.6	15.1
55-59	15.7	9.3	13.6	10.3	7.5	13.6
60-64	6.1	3.7	2.2	3.2	1.9	2.1
65+	10.9	4.7	1.0	3.8	1.9	1.7
女 Female	**100.0**	**100.0**	**100.0**	**100.0**	**100.0**	**100.0**
16-19	0.1	1.2	0.6	0.3	1.3	0.1
20-24	2.3	4.9	9.6	10.2	12.4	5.9
25-29	5.4	8.3	16.8	18.8	17.7	14.4
30-34	8.1	12.9	18.2	20.3	16.1	18.4
35-39	9.1	13.6	15.3	15.2	14.6	16.3
40-44	11.3	13.6	14.3	11.9	11.7	14.6
45-49	16.4	14.7	11.6	9.7	9.6	14.6
50-54	15.2	15.2	9.3	8.1	9.1	9.9
55-59	13.6	8.8	3.5	3.4	4.8	3.7
60-64	7.9	3.3	0.6	1.1	1.4	1.1
65+	10.7	3.4	0.2	1.1	1.4	1.0

3-19 城镇按受教育程度、性别分的就业人员行业构成
Urban Employed Persons by Sex, Educational Attainment and Sector

单位：% (%)

受教育程度	Educational Attainment	城镇就业人员 Urban Employed Persons	农、林、牧、渔业 Agriculture, Forestry, Animal Husbandry and Fishery	采矿业 Mining	制造业 Manu-facturing	电力、热力、燃气及水生产和供应业 Production and Supply of Electricity Power, Heat Power, Gas and Water	建筑业 Construction	批发和零售业 Wholesale and Retail Trades
总　计	**Total**	**100.0**	**8.3**	**0.9**	**20.5**	**1.3**	**8.6**	**15.8**
未上过学	No Schooling	100.0	49.3	0.2	15.4	0.2	6.1	8.4
小　学	Primary School	100.0	28.6	0.5	20.9	0.4	12.5	12.5
初　中	Junior Secondary School	100.0	11.1	0.8	25.5	0.7	12.1	17.7
高　中	Senior Secondary School	100.0	3.4	1.3	23.2	1.4	7.2	21.8
大学专科	College	100.0	0.9	1.1	17.5	2.1	5.5	16.3
大学本科	University	100.0	0.4	0.9	11.3	2.2	4.3	8.4
研究生	Graduate and Higher Level	100.0	0.2	0.7	10.5	2.1	1.7	3.6
男	**Male**	**100.0**	**7.3**	**1.4**	**21.3**	**1.7**	**12.9**	**12.8**
未上过学	No Schooling	100.0	44.4	0.5	12.6	0.4	14.8	7.3
小　学	Primary School	100.0	25.7	0.9	17.9	0.6	21.1	10.7
初　中	Junior Secondary School	100.0	10.3	1.2	23.9	1.0	18.3	13.2
高　中	Senior Secondary School	100.0	3.6	1.8	25.2	1.8	10.3	16.4
大学专科	College	100.0	1.1	1.6	20.4	2.7	7.3	14.1
大学本科	University	100.0	0.4	1.3	14.0	2.8	5.7	8.3
研究生	Graduate and Higher Level	100.0	0.2	0.9	13.6	2.5	2.1	3.5
女	**Female**	**100.0**	**9.6**	**0.3**	**19.5**	**0.8**	**2.8**	**19.7**
未上过学	No Schooling	100.0	51.1	0.0	16.5	0.2	2.8	8.8
小　学	Primary School	100.0	31.4	0.1	23.7	0.2	4.0	14.2
初　中	Junior Secondary School	100.0	12.5	0.2	28.0	0.4	2.8	24.4
高　中	Senior Secondary School	100.0	3.1	0.5	19.9	0.8	1.9	30.8
大学专科	College	100.0	0.7	0.4	13.6	1.4	3.1	19.1
大学本科	University	100.0	0.3	0.5	8.3	1.5	2.6	8.5
研究生	Graduate and Higher Level	100.0	0.1	0.4	6.9	1.6	1.2	3.7

3-19 续表 1 continued

单位：% (%)

受教育程度	Educational Attainment	交通运输、仓储和邮政业 Transport, Storage and Post	住宿和餐饮业 Hotels and Catering Services	信息传输、软件和信息技术服务业 Information Transmission, Software and Information Technical Services	金融业 Financial Intermediation	房地产业 Real Estate	租赁和商务服务业 Leasing and Business Services	科学研究和技术服务业 Scientific Research and Technical Services
总　计	**Total**	**5.7**	**5.5**	**2.4**	**2.0**	**2.3**	**3.1**	**1.6**
未上过学	No Schooling	1.3	4.8	0.1	0.1	2.1	0.8	0.1
小　学	Primary School	3.6	6.4	0.2	0.2	2.0	1.1	0.2
初　中	Junior Secondary School	7.1	7.9	0.6	0.4	1.9	1.9	0.4
高　中	Senior Secondary School	7.5	6.9	1.6	1.1	2.9	3.0	1.0
大学专科	College	5.5	3.4	4.0	3.1	3.1	4.8	2.6
大学本科	University	3.2	1.2	6.2	6.0	2.2	5.1	4.1
研究生	Graduate and Higher Level	1.3	0.2	8.3	7.8	1.2	4.9	9.3
男	**Male**	**8.3**	**4.5**	**2.6**	**1.7**	**2.3**	**3.1**	**1.8**
未上过学	No Schooling	3.4	1.8	0.3	0.1	1.7	1.5	0.1
小　学	Primary School	6.2	3.6	0.2	0.1	2.1	1.5	0.2
初　中	Junior Secondary School	10.4	6.2	0.6	0.3	1.9	2.3	0.5
高　中	Senior Secondary School	10.2	6.2	1.7	0.8	2.8	3.1	1.1
大学专科	College	7.3	3.1	4.6	2.7	3.0	4.5	2.9
大学本科	University	3.9	1.1	7.6	5.6	2.3	4.8	4.9
研究生	Graduate and Higher Level	1.4	0.3	10.5	7.6	1.2	4.4	10.8
女	**Female**	**2.3**	**6.9**	**2.0**	**2.4**	**2.4**	**3.0**	**1.3**
未上过学	No Schooling	0.5	6.0	0.0	0.1	2.2	0.5	0.1
小　学	Primary School	1.0	9.2	0.1	0.2	1.9	0.7	0.2
初　中	Junior Secondary School	2.1	10.6	0.5	0.5	1.9	1.3	0.3
高　中	Senior Secondary School	2.9	8.1	1.5	1.7	3.2	2.9	0.7
大学专科	College	3.2	3.8	3.3	3.6	3.2	5.3	2.2
大学本科	University	2.3	1.3	4.7	6.4	2.2	5.4	3.2
研究生	Graduate and Higher Level	1.1	0.1	5.8	7.9	1.2	5.4	7.6

3-19 续表 2 continued

单位：% (%)

受教育程度	Educational Attainment	水利、环境和公共设施管理业 Management of Water Conservancy, Environment and Public Facilities	居民服务、修理和其他服务业 Services to Households, Repair and Other Services	教育 Education	卫生和社会工作 Health and Society	文化、体育和娱乐业 Culture, Sports and Entertainment	公共管理、社会保障和社会组织 Public Management Social Security and Social Organizations
总 计	**Total**	**1.0**	**4.8**	**5.7**	**3.2**	**1.1**	**6.0**
未上过学	No Schooling	2.8	4.7	0.6	0.7	0.2	2.2
小 学	Primary School	1.8	5.8	0.9	0.7	0.5	1.5
初 中	Junior Secondary School	1.0	6.5	1.4	0.7	0.7	1.6
高 中	Senior Secondary School	0.8	6.1	2.8	2.3	1.2	4.5
大学专科	College	0.9	3.4	7.8	6.1	1.6	10.4
大学本科	University	0.8	1.3	17.4	7.8	2.0	15.4
研究生	Graduate and Higher Level	0.7	0.4	24.6	9.2	1.7	12.0
男	**Male**	**1.1**	**4.2**	**3.3**	**1.8**	**1.0**	**6.6**
未上过学	No Schooling	3.2	3.6	0.6	0.5	0.2	3.0
小 学	Primary School	1.7	4.3	0.5	0.5	0.4	1.7
初 中	Junior Secondary School	1.0	5.4	0.8	0.5	0.6	1.8
高 中	Senior Secondary School	0.9	5.3	1.5	1.3	1.1	5.0
大学专科	College	1.1	3.1	4.2	2.9	1.6	11.8
大学本科	University	1.0	1.2	11.0	4.8	1.9	17.4
研究生	Graduate and Higher Level	0.7	0.3	18.8	7.5	1.4	12.1
女	**Female**	**0.9**	**5.7**	**8.9**	**5.1**	**1.3**	**5.3**
未上过学	No Schooling	2.6	5.1	0.7	0.8	0.2	1.9
小 学	Primary School	1.8	7.2	1.4	0.9	0.6	1.2
初 中	Junior Secondary School	0.8	8.2	2.3	1.1	1.0	1.3
高 中	Senior Secondary School	0.6	7.4	5.1	4.0	1.4	3.7
大学专科	College	0.6	3.8	12.4	10.3	1.5	8.5
大学本科	University	0.7	1.3	24.4	11.1	2.0	13.3
研究生	Graduate and Higher Level	0.7	0.4	31.1	11.1	2.0	11.8

3-20 城镇按行业、性别分的就业人员受教育程度构成
Educational Attainment of Urban Employed Persons by Sector and Sex

单位：%　　　　(%)

受教育程度	Educational Attainment	城镇就业人员 Urban Employed Persons	农、林、牧、渔业 Agriculture, Forestry, Animal Husbandry and Fishery	采矿业 Mining	制造业 Manu-facturing	电力、热力、燃气及水生产和供应业 Production and Supply of Electricity Power, Heat Power, Gas and Water	建筑业 Construction	批发和零售业 Wholesale and Retail Trades
总　计	**Total**	**100.0**	**100.0**	**100.0**	**100.0**	**100.0**	**100.0**	**100.0**
未上过学	No Schooling	1.0	6.1	0.2	0.8	0.2	0.7	0.6
小　学	Primary School	11.0	37.9	5.5	11.2	3.4	16.0	8.7
初　中	Junior Secondary School	33.9	45.5	30.2	42.2	18.7	48.1	38.0
高　中	Senior Secondary School	19.4	7.9	27.4	22.0	21.2	16.2	26.8
大学专科	College	16.3	1.8	19.1	13.8	26.0	10.4	16.8
大学本科	University	16.4	0.7	16.1	9.0	27.3	8.2	8.7
研究生	Graduate and Higher Level	2.0	0.0	1.5	1.0	3.1	0.4	0.5
男	**Male**	**100.0**	**100.0**	**100.0**	**100.0**	**100.0**	**100.0**	**100.0**
未上过学	No Schooling	0.5	3.0	0.2	0.3	0.1	0.6	0.3
小　学	Primary School	9.5	33.3	5.9	8.0	3.4	15.6	7.9
初　中	Junior Secondary School	35.8	50.0	32.0	40.1	20.5	50.8	36.9
高　中	Senior Secondary School	21.3	10.3	27.9	25.2	22.7	17.0	27.2
大学专科	College	16.0	2.5	18.6	15.4	25.2	9.1	17.6
大学本科	University	15.1	0.9	14.3	9.9	25.3	6.7	9.7
研究生	Graduate and Higher Level	1.9	0.1	1.2	1.2	2.7	0.3	0.5
女	**Female**	**100.0**	**100.0**	**100.0**	**100.0**	**100.0**	**100.0**	**100.0**
未上过学	No Schooling	1.8	9.4	0.2	1.5	0.4	1.8	0.8
小　学	Primary School	13.0	42.7	3.6	15.9	3.3	18.9	9.4
初　中	Junior Secondary School	31.4	40.9	20.1	45.3	13.9	31.4	39.0
高　中	Senior Secondary School	16.9	5.4	24.8	17.2	16.9	11.7	26.4
大学专科	College	16.6	1.2	22.3	11.6	28.3	18.2	16.1
大学本科	University	18.1	0.5	26.4	7.8	32.9	17.2	7.9
研究生	Graduate and Higher Level	2.2	0.0	2.7	0.8	4.3	0.9	0.4

3-20 续表 1 continued

单位：% (%)

受教育程度	Educational Attainment	交通运输、仓储和邮政业 Transport, Storage and Post	住宿和餐饮业 Hotels and Catering Services	信息传输、软件和信息技术服务业 Information Transmission, Software and Information Technical Services	金融业 Financial Intermediation	房地产业 Real Estate	租赁和商务服务业 Leasing and Business Services	科学研究和技术服务业 Scientific Research and Technical Services
总　计	**Total**	**100.0**	**100.0**	**100.0**	**100.0**	**100.0**	**100.0**	**100.0**
未上过学	No Schooling	0.2	0.9	0.0	0.1	0.9	0.3	0.1
小　学	Primary School	7.0	12.8	0.8	0.9	9.2	4.0	1.1
初　中	Junior Secondary School	42.2	48.6	8.0	6.3	27.8	20.6	8.0
高　中	Senior Secondary School	25.4	24.1	13.1	11.0	24.1	19.1	11.5
大学专科	College	15.6	10.0	27.9	25.2	21.4	25.6	26.0
大学本科	University	9.1	3.5	43.2	48.8	15.6	27.3	41.8
研究生	Graduate and Higher Level	0.4	0.1	7.0	7.7	1.0	3.2	11.6
男	**Male**	**100.0**	**100.0**	**100.0**	**100.0**	**100.0**	**100.0**	**100.0**
未上过学	No Schooling	0.2	0.2	0.1	0.0	0.4	0.2	0.0
小　学	Primary School	7.1	7.5	0.7	0.7	8.4	4.6	0.9
初　中	Junior Secondary School	44.9	48.6	7.9	5.7	29.7	25.7	8.9
高　中	Senior Secondary School	26.2	28.9	13.3	10.2	25.2	21.1	12.7
大学专科	College	14.1	11.1	27.7	25.5	20.6	22.7	25.6
大学本科	University	7.1	3.6	43.1	49.7	14.9	23.0	40.9
研究生	Graduate and Higher Level	0.3	0.1	7.3	8.3	0.9	2.6	11.1
女	**Female**	**100.0**	**100.0**	**100.0**	**100.0**	**100.0**	**100.0**	**100.0**
未上过学	No Schooling	0.4	1.5	0.0	0.1	1.6	0.3	0.1
小　学	Primary School	6.1	17.5	0.9	1.1	10.4	3.0	1.5
初　中	Junior Secondary School	29.1	48.6	8.2	6.9	25.3	13.4	6.3
高　中	Senior Secondary School	21.4	19.9	12.8	11.8	22.6	16.3	9.3
大学专科	College	23.2	9.1	28.2	24.9	22.5	29.6	26.7
大学本科	University	18.9	3.3	43.4	48.0	16.6	33.4	43.6
研究生	Graduate and Higher Level	1.1	0.0	6.4	7.2	1.1	4.0	12.5

3-20 续表 2 continued

单位：% (%)

受教育程度	Educational Attainment	水利、环境和公共设施管理业 Management of Water Conservancy, Environment and Public Facilities	居民服务、修理和其他服务业 Services to Households, Repair and Other Services	教育 Education	卫生和社会工作 Health and Society	文化、体育和娱乐业 Culture, Sports and Entertainment	公共管理、社会保障和社会组织 Public Management Social Security and Social Organizations
总计	**Total**	**100.0**	**100.0**	**100.0**	**100.0**	**100.0**	**100.0**
未上过学	No Schooling	2.9	1.0	0.1	0.2	0.2	0.4
小学	Primary School	19.5	13.1	1.8	2.3	4.6	2.7
初中	Junior Secondary School	32.6	45.6	8.1	7.5	21.7	8.9
高中	Senior Secondary School	15.5	24.5	9.6	13.9	20.1	14.4
大学专科	College	14.2	11.4	22.1	30.9	22.3	27.9
大学本科	University	13.9	4.3	49.6	39.5	28.2	41.8
研究生	Graduate and Higher Level	1.4	0.2	8.6	5.7	2.9	4.0
男	**Male**	**100.0**	**100.0**	**100.0**	**100.0**	**100.0**	**100.0**
未上过学	No Schooling	1.5	0.4	0.1	0.1	0.1	0.2
小学	Primary School	15.3	9.9	1.4	2.5	3.5	2.4
初中	Junior Secondary School	34.4	46.4	8.5	9.4	19.6	9.6
高中	Senior Secondary School	18.2	27.1	9.4	15.4	21.8	16.0
大学专科	College	15.6	11.8	20.3	25.5	25.0	28.7
大学本科	University	13.7	4.3	49.9	39.4	27.5	39.7
研究生	Graduate and Higher Level	1.2	0.1	10.4	7.6	2.5	3.4
女	**Female**	**100.0**	**100.0**	**100.0**	**100.0**	**100.0**	**100.0**
未上过学	No Schooling	5.1	1.6	0.1	0.3	0.3	0.6
小学	Primary School	26.3	16.3	2.0	2.2	5.8	3.0
初中	Junior Secondary School	29.5	44.8	7.9	6.6	23.9	7.7
高中	Senior Secondary School	11.3	22.0	9.7	13.2	18.2	11.8
大学专科	College	11.8	11.0	23.0	33.4	19.4	26.6
大学本科	University	14.2	4.3	49.5	39.5	28.9	45.4
研究生	Graduate and Higher Level	1.8	0.2	7.6	4.8	3.4	4.9

3-21　城镇按年龄、性别分的就业人员职业构成
Occupation of Urban Employed Persons by Age and Sex

单位：%　　(%)

年龄 Age	城镇就业人员 Urban Employed Persons	单位负责人 Unit Heads	专业技术人员 Technical Personnel	办事人员和有关人员 Clerk and Related Workers	商业、服务业人员 Business Service Personnel	农林牧渔水利业生产人员 Producers of Agriculture, Forestry, Animal Husbandry, Fishery and Water Conservancy	生产运输设备操作人员及有关人员 Production, Transport Equipment Operators and Related Workers	其他 Others
总计　Total	**100.0**	**2.3**	**13.6**	**14.8**	**39.5**	**8.0**	**21.5**	**0.1**
16-19	100.0	0.1	6.7	6.2	51.3	7.5	28.2	0.0
20-24	100.0	0.5	21.7	16.0	42.2	2.0	17.5	0.1
25-29	100.0	1.2	22.0	17.6	40.6	1.8	16.8	0.0
30-34	100.0	2.2	17.5	16.9	40.9	2.3	20.1	0.0
35-39	100.0	3.1	15.4	16.5	40.8	2.9	21.3	0.0
40-44	100.0	3.3	14.4	15.2	40.6	4.0	22.4	0.1
45-49	100.0	3.0	11.1	14.2	40.2	6.2	25.3	0.1
50-54	100.0	2.6	8.9	13.1	38.8	10.1	26.4	0.1
55-59	100.0	2.1	7.1	13.8	36.6	16.7	23.6	0.1
60-64	100.0	1.4	3.4	9.1	35.8	30.7	19.6	0.1
65+	100.0	0.7	1.9	5.3	26.6	54.0	11.5	0.1
男　Male	**100.0**	**3.1**	**10.2**	**15.3**	**38.3**	**7.0**	**26.1**	**0.1**
16-19	100.0	0.1	3.3	5.1	49.7	8.0	33.8	0.0
20-24	100.0	0.7	13.2	13.7	45.6	2.3	24.5	0.1
25-29	100.0	1.5	14.3	15.5	44.0	1.9	22.7	0.0
30-34	100.0	2.9	12.1	15.2	41.9	2.2	25.7	0.0
35-39	100.0	4.0	11.6	15.6	40.5	2.7	25.5	0.0
40-44	100.0	4.5	11.3	15.5	39.1	3.6	26.0	0.1
45-49	100.0	4.1	9.2	15.5	36.7	5.6	28.9	0.1
50-54	100.0	3.4	7.7	15.9	34.5	7.7	30.6	0.1
55-59	100.0	2.7	7.8	18.3	31.9	11.9	27.4	0.1
60-64	100.0	1.9	4.1	12.9	32.1	24.2	24.7	0.1
65+	100.0	1.0	2.4	8.0	26.9	48.3	13.4	0.1
女　Female	**100.0**	**1.4**	**18.3**	**14.3**	**41.2**	**9.4**	**15.5**	**0.1**
16-19	100.0	0.0	12.1	8.0	53.7	6.7	19.5	
20-24	100.0	0.4	32.2	18.8	38.0	1.7	8.9	0.0
25-29	100.0	0.7	31.6	20.3	36.3	1.7	9.3	0.1
30-34	100.0	1.3	24.4	19.0	39.7	2.5	13.1	0.0
35-39	100.0	1.9	20.1	17.6	41.2	3.2	16.1	0.0
40-44	100.0	2.0	18.1	14.9	42.4	4.5	18.1	0.1
45-49	100.0	1.7	13.4	12.7	44.3	7.0	21.0	0.1
50-54	100.0	1.4	10.7	9.0	45.3	13.6	19.9	0.1
55-59	100.0	1.0	5.7	4.7	46.0	26.6	15.9	0.1
60-64	100.0	0.6	2.2	2.8	41.8	41.4	11.1	0.1
65+	100.0	0.4	1.2	1.4	26.1	62.1	8.8	0.0

3-22 城镇按职业、性别分的就业人员年龄构成
Age Composition of Urban Employed Persons by Occupation and Sex

单位：%　　　　(%)

年龄 Age	城镇就业人员 Urban Employed Persons	单位负责人 Unit Heads	专业技术人员 Technical Personnel	办事人员和有关人员 Clerk and Related Workers	商业、服务业人员 Business Service Personnel	农林牧渔水利业生产人员 Producers of Agriculture, Forestry, Animal Husbandry, Fishery and Water Conservancy	生产运输设备操作人员及有关人员 Production, Transport Equipment Operators and Related Workers	其他 Others
总计 Total	**100.0**	**100.0**	**100.0**	**100.0**	**100.0**	**100.0**	**100.0**	**100.0**
16-19	0.6	0.0	0.3	0.3	0.8	0.6	0.8	0.2
20-24	5.3	1.3	8.5	5.8	5.7	1.3	4.3	5.8
25-29	10.6	5.4	17.1	12.6	10.9	2.4	8.3	8.7
30-34	15.2	14.4	19.5	17.3	15.8	4.4	14.2	10.2
35-39	14.7	19.3	16.5	16.3	15.1	5.3	14.5	11.1
40-44	13.0	18.6	13.7	13.3	13.3	6.5	13.5	11.0
45-49	12.7	16.2	10.3	12.2	12.9	9.8	14.9	13.5
50-54	12.6	14.2	8.2	11.2	12.4	15.8	15.4	18.9
55-59	8.5	7.7	4.5	8.0	7.9	17.7	9.3	12.0
60-64	2.9	1.8	0.7	1.8	2.6	10.9	2.6	4.9
65+	3.8	1.2	0.5	1.3	2.5	25.3	2.0	3.6
男 Male	**100.0**	**100.0**	**100.0**	**100.0**	**100.0**	**100.0**	**100.0**	**100.0**
16-19	0.7	0.0	0.2	0.2	0.9	0.8	0.9	0.4
20-24	5.2	1.2	6.7	4.6	6.1	1.7	4.8	6.9
25-29	10.4	5.2	14.6	10.6	11.9	2.7	9.0	6.6
30-34	14.9	14.1	17.9	14.9	16.3	4.6	14.7	9.1
35-39	14.2	18.6	16.1	14.5	14.9	5.5	13.8	10.3
40-44	12.3	18.1	13.7	12.6	12.6	6.3	12.3	9.5
45-49	12.1	16.1	10.9	12.2	11.6	9.5	13.4	13.6
50-54	13.2	14.8	10.0	13.8	11.9	14.6	15.6	20.5
55-59	10.0	8.7	7.7	12.0	8.3	16.9	10.5	13.4
60-64	3.1	2.0	1.3	2.6	2.6	10.7	3.0	5.6
65+	3.9	1.2	0.9	2.0	2.7	26.7	2.0	4.0
女 Female	**100.0**	**100.0**	**100.0**	**100.0**	**100.0**	**100.0**	**100.0**	**100.0**
16-19	0.6	0.0	0.4	0.3	0.8	0.4	0.7	
20-24	5.6	1.5	9.8	7.4	5.2	1.0	3.2	3.9
25-29	10.9	5.7	18.9	15.6	9.7	2.0	6.5	12.3
30-34	15.6	15.3	20.8	20.8	15.0	4.1	13.2	12.0
35-39	15.4	21.2	16.8	18.9	15.4	5.2	16.0	12.4
40-44	13.9	20.3	13.7	14.5	14.3	6.6	16.2	13.6
45-49	13.6	16.7	9.9	12.1	14.6	10.1	18.4	13.4
50-54	11.7	12.4	6.9	7.4	12.9	16.9	15.1	16.1
55-59	6.6	4.7	2.1	2.2	7.3	18.6	6.8	9.7
60-64	2.5	1.1	0.3	0.5	2.6	11.1	1.8	3.7
65+	3.6	1.0	0.2	0.3	2.3	23.9	2.0	2.9

3-23 城镇按受教育程度、性别分的就业人员职业构成
Occupation of Urban Employed Persons by Educational Attainment and Sex

单位：% (%)

受教育程度	Educational Attainment	城镇就业人员 Urban Employed Persons	单位负责人 Unit Heads	专业技术人员 Technical Personnel	办事人员和有关人员 Clerk and Related Workers	商业、服务业人员 Business Service Personnel	农林牧渔水利业生产人员 Producers in the Sectors of Agriculture, Forestry,Animal Husbandry, Fishery and Water Conservancy	生产运输设备操作人员及有关人员 Production, Transport Equipment Operators and Related Workers	其他 Others
总计	**Total**	**100.0**	**2.3**	**13.6**	**14.8**	**39.5**	**8.0**	**21.5**	**0.1**
未上过学	No Schooling	100.0	0.2	0.5	1.8	28.8	49.0	19.7	0.1
小　学	Primary School	100.0	0.8	0.8	3.6	35.9	28.4	30.5	0.1
初　中	Junior Secondary School	100.0	1.6	2.3	6.4	45.7	10.9	33.1	0.1
高　中	Senior Secondary School	100.0	2.8	7.9	14.1	49.8	3.1	22.2	0.1
大学专科	College	100.0	3.3	23.1	25.6	36.6	0.6	10.7	0.0
大学本科	University	100.0	3.4	39.0	29.9	23.4	0.2	4.2	0.0
研究生	Graduate and Higher Level	100.0	3.3	55.5	23.4	15.6	0.0	2.1	0.0
男	**Male**	**100.0**	**3.1**	**10.2**	**15.3**	**38.3**	**7.0**	**26.1**	**0.1**
未上过学	No Schooling	100.0	0.3	0.7	3.8	26.4	43.8	25.0	0.2
小　学	Primary School	100.0	1.0	0.9	5.3	31.3	25.4	36.0	0.1
初　中	Junior Secondary School	100.0	2.0	2.0	7.2	41.5	9.9	37.3	0.1
高　中	Senior Secondary School	100.0	3.4	5.5	13.9	46.6	3.2	27.3	0.1
大学专科	College	100.0	4.5	15.9	25.5	38.3	0.8	15.0	0.0
大学本科	University	100.0	4.8	31.1	31.3	26.3	0.2	6.2	0.0
研究生	Graduate and Higher Level	100.0	4.8	51.6	23.0	17.8	0.1	2.6	0.0
女	**Female**	**100.0**	**1.4**	**18.3**	**14.3**	**41.2**	**9.4**	**15.5**	**0.1**
未上过学	No Schooling	100.0	0.1	0.4	1.1	29.8	51.0	17.7	0.0
小　学	Primary School	100.0	0.5	0.6	1.9	40.5	31.2	25.2	0.1
初　中	Junior Secondary School	100.0	1.1	2.7	5.2	52.1	12.3	26.6	0.1
高　中	Senior Secondary School	100.0	1.8	12.0	14.4	55.3	2.9	13.6	0.1
大学专科	College	100.0	1.9	32.3	25.8	34.4	0.4	5.1	0.0
大学本科	University	100.0	1.7	47.7	28.3	20.1	0.2	2.0	0.0
研究生	Graduate and Higher Level	100.0	1.6	59.9	23.7	13.2	0.0	1.5	0.0

3-24 城镇按职业、性别分的就业人员受教育程度构成
Educational Attainment of Urban Employed Persons by Occupation and Sex

单位：%　　(%)

受教育程度	Educational Attainment	城镇就业人员 Urban Employed Persons	单位负责人 Unit Heads	专业技术人员 Technical Personnel	办事人员和有关人员 Clerk and Related Workers	商业、服务业人员 Business Service Personnel	农林牧渔水利业生产人员 Producers in the Sectors of Agriculture, Forestry,Animal Husbandry, Fishery and Water Conservancy	生产运输设备操作人员及有关人员 Production, Transport Equipment Operators and Related Workers	其他 Others
总　计	**Total**	**100.0**	**100.0**	**100.0**	**100.0**	**100.0**	**100.0**	**100.0**	**100.0**
未上过学	No Schooling	1.0	0.1	0.0	0.1	0.8	6.3	0.9	1.2
小　学	Primary School	11.0	3.6	0.6	2.6	10.0	38.8	15.6	17.8
初　中	Junior Secondary School	33.9	23.6	5.7	14.6	39.2	45.8	52.0	43.7
高　中	Senior Secondary School	19.4	23.1	11.3	18.4	24.4	7.5	20.0	18.5
大学专科	College	16.3	23.2	27.5	28.0	15.1	1.3	8.1	10.8
大学本科	University	16.4	23.6	46.8	33.0	9.7	0.4	3.2	7.2
研究生	Graduate and Higher Level	2.0	2.9	8.1	3.1	0.8	0.0	0.2	0.9
男	**Male**	**100.0**	**100.0**	**100.0**	**100.0**	**100.0**	**100.0**	**100.0**	**100.0**
未上过学	No Schooling	0.5	0.1	0.0	0.1	0.3	3.1	0.5	1.4
小　学	Primary School	9.5	3.0	0.8	3.3	7.7	34.3	13.1	16.0
初　中	Junior Secondary School	35.8	23.2	7.0	16.8	38.8	50.6	51.2	43.7
高　中	Senior Secondary School	21.3	23.5	11.5	19.4	25.8	9.8	22.3	19.3
大学专科	College	16.0	23.4	25.0	26.7	16.0	1.8	9.2	10.9
大学本科	University	15.1	23.9	46.2	30.9	10.4	0.5	3.6	7.7
研究生	Graduate and Higher Level	1.9	2.9	9.4	2.8	0.9	0.0	0.2	1.0
女	**Female**	**100.0**	**100.0**	**100.0**	**100.0**	**100.0**	**100.0**	**100.0**	**100.0**
未上过学	No Schooling	1.8	0.1	0.0	0.1	1.3	9.5	2.0	0.9
小　学	Primary School	13.0	5.2	0.5	1.7	12.8	43.2	21.2	20.8
初　中	Junior Secondary School	31.4	24.8	4.7	11.4	39.8	41.0	54.0	43.8
高　中	Senior Secondary School	16.9	21.9	11.1	17.1	22.7	5.2	14.8	17.1
大学专科	College	16.6	22.7	29.3	29.9	13.9	0.7	5.5	10.5
大学本科	University	18.1	22.7	47.3	36.1	8.9	0.3	2.3	6.2
研究生	Graduate and Higher Level	2.2	2.6	7.2	3.6	0.7	0.0	0.2	0.8

3-25 城镇就业人员调查周平均工作时间
Weekly Working Hours of Urban Employed Persons

单位：小时／周 (hours/week)

分 组	Group	2016	2017	2018	2019	2020	2021	2022
全 部	**Total**	**46.1**	**46.2**	**46.5**	**46.8**	**47.0**	**47.6**	**48.0**
一、按年龄分组	**By Age**							
	16-19	48.4	48.6	48.3	48.1	48.6	48.3	48.9
	20-24	46.7	46.5	46.8	46.3	47.0	47.2	48.2
	25-29	46.3	46.5	46.6	46.9	47.2	47.6	50.0
	30-34	46.4	46.5	46.8	47.5	47.9	48.3	51.7
	35-39	46.4	46.6	46.9	47.2	47.7	48.2	46.9
	40-44	46.6	46.7	47.0	47.5	47.8	48.4	46.6
	45-49	46.3	46.4	46.8	47.6	47.7	48.4	51.4
	50-54	45.6	45.9	46.4	46.9	47.0	47.9	46.9
	55-59	44.7	44.8	45.2	45.7	45.7	46.4	47.4
	60-64	42.8	43.3	44.1	43.9	43.4	44.6	40.3
	65+	38.4	38.9	39.1	39.0	37.8	38.4	36.8
二、按职业分组	**By Occupation**							
单位负责人	Unit Head	47.8	47.5	47.8	48.3	48.6	48.9	49.5
专业技术人员	Technical Personnel	43.4	43.0	43.2	43.5	43.7	43.9	44.8
办事人员和有关人员	Clerk and Related Workers	43.7	43.5	43.6	44.2	44.7	45.2	46.0
商业、服务业人员	Business Service Personnel	48.4	48.3	48.5	49.1	49.6	49.7	50.3
农林牧渔水利业生产人员	Producers in the Sectors of Agriculture, Forestry, Animal Husbandry, Fishery and Water Conservancy	39.4	39.2	39.4	38.7	36.7	37.5	36.6
生产、运输设备操作人员及有关人员	Production, Transport Equipment Operators and Related Workers	48.5	48.9	49.2	49.8	50.3	51.2	51.4
其 他	Others	50.6	44.6	44.9	47.6	50.2	47.3	47.0
三、按受教育程度分组	**By Educational Attainment**							
未上过学	No Schooling	41.9	41.8	42.0	41.5	39.5	41.6	39.9
小 学	Primary School	46.1	46.2	46.5	46.4	45.6	46.9	46.3
初 中	Junior Secondary School	48.6	48.9	49.2	49.5	49.6	50.4	50.7
高 中	Senior Secondary School	46.7	46.9	47.3	47.9	48.5	48.9	49.8
大学专科	College	44.0	44.0	44.3	44.7	45.2	45.5	46.6
大学本科	University	42.3	42.1	42.3	42.7	42.8	43.1	44.2
研究生	Graduate and Higher Level	41.7	41.5	41.5	42.0	42.0	42.4	43.3

注：高中包括中等职业教育，大学专科包括高等职业教育，2015-2018年的数据依据此分类重新计算(下表同)。

Note: Senior secondary school include medium vocational education, and college include high vocational education. The data from 2015 to 2018 are recalculated according to this classification. The same applies to the tables following.

3-26 城镇男性就业人员调查周平均工作时间
Weekly Working Hours of Urban Male Employed Persons

单位：小时／周 (hours/week)

分　组	Group	2016	2017	2018	2019	2020	2021	2022
全　部	**Total**	**46.8**	**47.0**	**47.3**	**47.8**	**48.1**	**48.7**	**49.1**
一、按年龄分组	**By Age**							
	16-19	48.9	49.2	49.2	48.9	49.4	49.6	50.3
	20-24	47.5	47.4	47.6	47.5	48.1	48.6	49.6
	25-29	47.1	47.3	47.5	48.2	48.5	49.1	51.5
	30-34	47.2	47.3	47.8	48.7	49.2	49.7	53.1
	35-39	47.2	47.5	47.8	48.2	48.8	49.4	48.1
	40-44	47.2	47.3	47.6	48.4	48.7	49.4	47.6
	45-49	46.9	47.1	47.5	48.4	48.5	49.2	52.3
	50-54	46.1	46.4	46.9	47.6	47.9	48.5	47.4
	55-59	45.3	45.4	45.8	46.4	46.6	47.2	48.3
	60-64	44.6	45.2	45.7	45.6	45.4	46.3	41.7
	65+	40.1	40.6	40.8	40.7	39.8	40.4	38.9
二、按职业分组	**By Occupation**							
单位负责人	Unit Head	47.8	47.7	48.0	48.4	48.7	48.9	49.5
专业技术人员	Technical Personnel	44.0	43.6	43.9	44.3	44.7	45.0	45.4
办事人员和有关人员	Clerk and Related Workers	44.3	44.1	44.2	45.0	45.6	46.2	47.2
商业、服务业人员	Business Service Personnel	49.0	48.8	49.1	49.7	50.2	50.5	51.1
农林牧渔水利业生产人员	Producers in the Sectors of Agriculture, Forestry, Animal Husbandry, Fishery and Water Conservancy	41.3	41.2	41.4	40.8	39.2	39.7	39.0
生产、运输设备操作人员及有关人员	Production, Transport Equipment Operators and Related Workers	48.6	49.0	49.3	50.0	50.4	51.2	51.5
其　他	Others	51.1	45.3	45.9	49.1	50.6	48.7	47.9
三、按受教育程度分组	**By Educational Attainment**							
未上过学	No Schooling	44.7	44.2	43.6	43.4	41.5	43.3	41.5
小　学	Primary School	47.2	47.4	47.6	48.0	47.1	48.0	47.3
初　中	Junior Secondary School	49.3	49.6	50.0	50.3	50.5	51.3	51.6
高　中	Senior Secondary School	47.2	47.5	47.9	48.7	49.2	49.8	50.6
大学专科	College	44.4	44.5	44.9	45.5	46.0	46.4	47.5
大学本科	University	42.6	42.4	42.7	43.2	43.4	43.8	44.8
研究生	Graduate and Higher Level	42.0	41.7	41.8	42.4	42.4	42.9	43.8

3-27 城镇女性就业人员调查周平均工作时间
Weekly Working Hours of Urban Female Employed Persons

单位：小时／周 (hours/week)

分　组	Group	2016	2017	2018	2019	2020	2021	2022
全　部	**Total**	**45.2**	**45.2**	**45.5**	**45.5**	**45.6**	**46.2**	**46.6**
一、按年龄分组	**By Age**							
	16-19	47.7	47.6	46.8	46.8	47.6	46.3	46.8
	20-24	45.7	45.4	45.7	44.6	45.6	45.5	46.4
	25-29	45.3	45.4	45.4	45.3	45.6	45.8	48.1
	30-34	45.4	45.6	45.7	46.1	46.3	46.6	49.9
	35-39	45.5	45.6	45.8	46.0	46.4	46.8	45.4
	40-44	45.8	45.8	46.1	46.5	46.6	47.3	45.4
	45-49	45.6	45.6	46.0	46.7	46.8	47.5	50.2
	50-54	44.6	44.8	45.4	45.7	45.6	46.8	46.1
	55-59	42.9	43.3	43.9	44.1	43.7	44.8	45.5
	60-64	39.8	40.3	41.6	40.7	39.9	41.4	38.0
	65+	35.5	36.1	36.3	36.2	34.6	35.2	33.8
二、按职业分组	**By Occupation**							
单位负责人	Unit Head	47.9	46.9	47.5	47.7	48.4	48.7	49.7
专业技术人员	Technical Personnel	42.8	42.4	42.6	42.8	43.0	43.1	44.3
办事人员和有关人员	Clerk and Related Workers	42.7	42.6	42.8	43.0	43.4	43.7	44.4
商业、服务业人员	Business Service Personnel	47.8	47.7	47.8	48.4	48.8	48.8	49.3
农林牧渔水利业生产人员	Producers in the Sectors of Agriculture, Forestry, Animal Husbandry, Fishery and Water Conservancy	37.5	37.4	37.6	36.7	34.4	35.2	34.3
生产、运输设备操作人员及有关人员	Production, Transport Equipment Operators and Related Workers	48.1	48.7	49.0	49.4	49.9	51.2	51.3
其　他	Others	49.8	43.5	43.5	44.8	49.3	44.4	45.3
三、按受教育程度分组	**By Educational Attainment**							
未上过学	No Schooling	40.6	40.7	41.3	40.8	38.7	40.8	39.2
小　学	Primary School	44.9	44.9	45.3	44.9	44.1	45.7	45.2
初　中	Junior Secondary School	47.6	47.8	48.0	48.2	48.1	49.1	49.3
高　中	Senior Secondary School	45.9	46.0	46.5	46.7	47.3	47.4	48.4
大学专科	College	43.4	43.3	43.6	43.7	44.2	44.3	45.3
大学本科	University	41.9	41.7	41.9	42.1	42.2	42.3	43.5
研究生	Graduate and Higher Level	41.3	41.2	41.2	41.5	41.5	41.7	42.8

3-28 城镇按年龄、性别分的就业人员工作时间构成
Working Hours of Urban Employed Persons by Age and Sex

单位：% (%)

年 龄 Age	城 镇 就业人员 Urban Employed Persons	1-8小时 1-8 Hours	9-19小时 9-19 Hours	20-39小时 20-39 Hours	40小时 40 Hours	41-48小时 41-48 Hours	48小时以上 48 Hours Above
总计 Total	**100.0**	**0.7**	**2.0**	**11.5**	**20.8**	**20.4**	**44.6**
16-19	100.0	1.9	4.1	11.4	10.4	17.8	54.4
20-24	100.0	0.7	1.6	8.3	23.3	24.4	41.8
25-29	100.0	0.4	1.1	8.2	25.1	23.7	41.5
30-34	100.0	0.5	1.2	8.2	23.3	22.6	44.2
35-39	100.0	0.4	1.3	8.6	23.0	21.4	45.2
40-44	100.0	0.5	1.4	9.1	22.4	20.4	46.2
45-49	100.0	0.5	1.7	10.5	20.0	19.7	47.6
50-54	100.0	0.7	2.2	12.7	18.4	18.4	47.7
55-59	100.0	1.0	3.0	16.4	17.5	17.6	44.6
60-64	100.0	1.7	5.2	23.7	11.0	15.4	43.0
65+	100.0	2.8	10.3	36.3	8.1	11.8	30.7
男 Male	**100.0**	**0.6**	**1.7**	**10.1**	**19.5**	**19.8**	**48.4**
16-19	100.0	0.9	3.9	10.2	9.0	17.9	58.0
20-24	100.0	0.5	1.3	7.7	19.7	23.2	47.6
25-29	100.0	0.3	0.9	7.3	21.2	22.9	47.5
30-34	100.0	0.4	1.0	7.0	20.2	21.5	49.9
35-39	100.0	0.4	1.1	7.2	21.1	20.7	49.6
40-44	100.0	0.4	1.1	7.9	21.1	19.6	49.8
45-49	100.0	0.4	1.4	9.4	19.4	19.0	50.3
50-54	100.0	0.6	1.7	10.8	19.3	18.6	49.0
55-59	100.0	0.7	2.2	13.3	20.0	18.2	45.5
60-64	100.0	1.4	4.0	20.2	11.8	16.0	46.7
65+	100.0	2.3	8.4	32.9	8.4	12.5	35.5
女 Female	**100.0**	**0.9**	**2.5**	**13.3**	**22.6**	**21.1**	**39.6**
16-19	100.0	3.3	4.4	13.3	12.7	17.5	48.8
20-24	100.0	0.9	2.0	8.9	27.7	25.8	34.7
25-29	100.0	0.5	1.3	9.4	30.2	24.8	33.8
30-34	100.0	0.5	1.4	9.7	27.4	24.1	37.0
35-39	100.0	0.5	1.6	10.3	25.5	22.3	39.8
40-44	100.0	0.7	1.6	10.6	23.9	21.3	42.0
45-49	100.0	0.7	2.0	11.9	20.7	20.4	44.3
50-54	100.0	0.8	2.9	15.5	17.1	18.1	45.6
55-59	100.0	1.4	4.6	22.6	12.4	16.4	42.6
60-64	100.0	2.2	7.3	29.6	9.6	14.4	36.9
65+	100.0	3.6	12.9	41.2	7.7	10.9	23.8

3-29 城镇按受教育程度、性别分的就业人员工作时间构成
Working Hours of Urban Employed Persons by Educational Attainment and Sex

单位：% (%)

受教育程度	Educational Attainment	城镇就业人员 Urban Employed Persons	1-8小时 1-8 Hours	9-19小时 9-19 Hours	20-39小时 20-39 Hours	40小时 40 Hours	41-48小时 41-48 Hours	48小时以上 48 Hours Above
总 计	**Total**	**100.0**	**0.7**	**2.0**	**11.5**	**20.8**	**20.4**	**44.6**
未上过学	No Schooling	100.0	2.5	9.7	33.3	6.2	12.3	36.0
小 学	Primary School	100.0	1.3	4.7	21.8	8.2	14.6	49.4
初 中	Junior Secondary School	100.0	0.7	2.3	12.3	10.1	17.1	57.5
高 中	Senior Secondary School	100.0	0.6	1.5	8.7	17.2	22.1	49.9
大学专科	College	100.0	0.5	1.1	7.9	31.0	25.8	33.7
大学本科	University	100.0	0.5	1.0	8.5	43.0	23.9	23.1
研究生	Graduate and Higher Level	100.0	0.4	0.8	8.5	47.7	22.1	20.4
男	**Male**	**100.0**	**0.6**	**1.7**	**10.1**	**19.5**	**19.8**	**48.4**
未上过学	No Schooling	100.0	1.8	8.8	30.7	6.1	12.0	40.6
小 学	Primary School	100.0	1.1	4.0	19.8	8.1	14.3	52.6
初 中	Junior Secondary School	100.0	0.6	2.0	11.1	9.7	16.3	60.4
高 中	Senior Secondary School	100.0	0.5	1.3	7.9	16.4	20.9	53.0
大学专科	College	100.0	0.4	0.9	7.0	29.0	25.2	37.6
大学本科	University	100.0	0.4	0.8	7.7	40.9	24.3	25.9
研究生	Graduate and Higher Level	100.0	0.4	0.7	7.6	46.0	22.4	23.0
女	**Female**	**100.0**	**0.9**	**2.5**	**13.3**	**22.6**	**21.1**	**39.6**
未上过学	No Schooling	100.0	2.7	10.1	34.3	6.2	12.4	34.3
小 学	Primary School	100.0	1.5	5.4	23.8	8.2	14.9	46.2
初 中	Junior Secondary School	100.0	0.9	2.9	14.2	10.7	18.3	53.1
高 中	Senior Secondary School	100.0	0.7	1.9	10.1	18.5	24.1	44.7
大学专科	College	100.0	0.6	1.3	9.2	33.6	26.6	28.7
大学本科	University	100.0	0.6	1.1	9.5	45.4	23.5	19.9
研究生	Graduate and Higher Level	100.0	0.5	1.0	9.6	49.6	21.8	17.6

3-30 城镇按行业、性别分的就业人员工作时间构成
Working Hours of Urban Employed Persons by Sector and Sex

单位：% (%)

项 目	Item	城镇就业人员 Urban Employed Persons	1-8小时 1-8 Hours	9-19小时 9-19 Hours	20-39小时 20-39 Hours	40小时 40 Hours	41-48小时 41-48 Hours	48小时以上 48 Hours Above
总 计	**National Total**	**100.0**	**0.7**	**2.0**	**11.5**	**20.8**	**20.4**	**44.6**
农、林、牧、渔业	Agriculture, Forestry, Animal Husbandry and Fishery	100.0	2.9	10.1	39.0	8.3	12.4	27.2
采矿业	Mining	100.0	0.5	1.0	6.1	26.5	18.5	47.4
制造业	Manufacturing	100.0	0.4	1.0	6.9	16.1	22.7	53.0
电力、热力、燃气及水生产和供应业	Production and Supply of Electricity Power, Heat Power, Gas and Water	100.0	0.4	0.7	9.6	37.2	22.8	29.4
建筑业	Construction	100.0	0.5	1.8	11.2	14.8	18.3	53.5
批发和零售业	Wholesale and Retail Trades	100.0	0.5	1.4	9.3	14.2	20.4	54.3
交通运输、仓储和邮政业	Transport, Storage and Post	100.0	0.6	1.5	9.9	17.5	18.2	52.3
住宿和餐饮业	Hotels and Catering Services	100.0	0.5	1.7	8.7	9.7	17.1	62.2
信息传输、软件和信息技术服务业	Information Transmission, Software and Information Technical Services	100.0	0.3	0.9	7.6	38.5	25.8	26.8
金融业	Financial Intermediation	100.0	0.5	1.4	9.7	43.8	23.8	20.7
房地产业	Real Estate	100.0	0.4	0.8	6.8	22.6	29.5	39.9
租赁和商务服务业	Leasing and Business Services	100.0	0.4	1.4	10.1	31.4	24.1	32.6
科学研究和技术服务业	Scientific Research and Technical Services	100.0	0.3	0.8	8.4	41.8	25.2	23.5
水利、环境和公共设施管理业	Management of Water Conservancy, Environment and Public Facilities	100.0	0.7	1.7	11.0	24.4	22.3	40.0
居民服务、修理和其他服务业	Services to Households, Repair and Other Services	100.0	0.6	2.3	11.2	11.9	17.6	56.4
教育	Education	100.0	0.9	1.8	10.3	42.8	20.5	23.6
卫生和社会工作	Health and Society	100.0	0.3	0.6	6.8	28.9	25.3	38.2
文化体育和娱乐业	Culture, Sports and Entertainment	100.0	1.1	2.1	13.0	26.2	20.6	37.0
公共管理、社会保障和社会组织	Public Management, Social Security and Social	100.0	0.4	0.8	9.4	42.2	20.2	27.0
男	**Male**	**100.0**	**0.6**	**1.7**	**10.1**	**19.5**	**19.8**	**48.4**
农、林、牧、渔业	Agriculture, Forestry, Animal Husbandry and Fishery	100.0	2.3	8.2	35.2	8.6	13.3	32.5
采矿业	Mining	100.0	0.5	0.9	5.4	24.4	18.5	50.3
制造业	Manufacturing	100.0	0.3	0.8	5.5	15.9	22.7	54.7
电力、热力、燃气及水生产和供应业	Production and Supply of Electricity Power, Heat Power, Gas and Water	100.0	0.5	0.6	8.8	35.2	22.2	32.7
建筑业	Construction	100.0	0.5	1.7	10.9	13.3	17.6	56.0
批发和零售业	Wholesale and Retail Trades	100.0	0.4	1.2	8.4	14.2	18.8	57.0
交通运输、仓储和邮政业	Transport, Storage and Post	100.0	0.6	1.5	9.7	15.5	17.3	55.3
住宿和餐饮业	Hotels and Catering Services	100.0	0.4	1.4	6.9	9.0	15.6	66.7
信息传输、软件和信息技术服务业	Information Transmission, Software and Information Technical Services	100.0	0.3	0.8	6.9	36.9	25.2	30.0

3-30 续表 continued

单位：% (%)

项 目	Item	城镇就业人员 Urban Employed Persons	1-8小时 1-8 Hours	9-19小时 9-19 Hours	20-39小时 20-39 Hours	40小时 40 Hours	41-48小时 41-48 Hours	48小时以上 48 Hours Above
金融业	Financial Intermediation	100.0	0.4	1.0	8.0	43.5	24.5	22.5
房地产业	Real Estate	100.0	0.4	0.7	5.5	20.4	27.3	45.6
租赁和商务服务业	Leasing and Business Services	100.0	0.4	1.2	9.0	27.3	23.2	38.9
科学研究和技术服务业	Scientific Research and Technical Services	100.0	0.3	0.8	7.6	38.5	26.0	26.9
水利、环境和公共设施管理业	Management of Water Conservancy, Environment and Public Facilities	100.0	0.6	1.6	10.3	24.8	22.3	40.5
居民服务、修理和其他服务业	Services to Households, Repair and Other Services	100.0	0.6	1.9	9.4	11.1	16.3	60.6
教育	Education	100.0	0.7	1.7	9.7	40.1	20.3	27.5
卫生和社会工作	Health and Society	100.0	0.3	0.7	6.3	27.5	23.5	41.7
文化体育和娱乐业	Culture, Sports and Entertainment	100.0	0.7	2.1	11.5	25.5	20.1	40.1
公共管理、社会保障和社会组织	Public Management, Social Security and Social Organizations	100.0	0.3	0.7	8.2	40.5	20.7	29.6
女	**Female**	**100.0**	**0.9**	**2.5**	**13.3**	**22.6**	**21.1**	**39.6**
农、林、牧、渔业	Agriculture, Forestry, Animal Husbandry and Fishery	100.0	3.6	12.2	43.0	8.0	11.6	21.7
采矿业	Mining	100.0	0.5	1.4	10.2	38.5	18.4	31.0
制造业	Manufacturing	100.0	0.4	1.2	8.8	16.4	22.7	50.5
电力、热力、燃气及水生产和供应业	Production and Supply of Electricity Power, Heat Power, Gas and Water	100.0	0.3	1.0	11.7	42.7	24.4	20.1
建筑业	Construction	100.0	0.6	1.9	12.7	24.2	22.4	38.2
批发和零售业	Wholesale and Retail Trades	100.0	0.5	1.5	10.0	14.2	21.8	51.9
交通运输、仓储和邮政业	Transport, Storage and Post	100.0	0.5	1.5	11.0	27.2	22.2	37.7
住宿和餐饮业	Hotels and Catering Services	100.0	0.6	1.9	10.4	10.4	18.5	58.2
信息传输、软件和信息技术服务业	Information Transmission, Software and Information Technolody	100.0	0.5	1.1	8.9	41.4	26.9	21.1
金融业	Financial Intermediation	100.0	0.6	1.9	11.4	44.1	23.2	18.9
房地产业	Real Estate	100.0	0.4	1.0	8.4	25.5	32.4	32.3
租赁和商务服务业	Leasing and Business Services	100.0	0.5	1.7	11.6	37.4	25.4	23.5
科学研究和技术服务业	Scientific Research and Technical Services	100.0	0.4	0.9	10.0	47.7	23.7	17.3
水利、环境和公共设施管理业	Management of Water Conservancy, Environment and Public Facilities	100.0	0.7	1.8	12.2	23.9	22.3	39.0
居民服务、修理和其他服务业	Services to Households, Repair and Other Services	100.0	0.7	2.7	12.9	12.7	18.8	52.2
教育	Education	100.0	1.0	1.9	10.6	44.2	20.6	21.7
卫生和社会工作	Health and Society	100.0	0.3	0.6	7.0	29.5	26.2	36.5
文化体育和娱乐业	Culture, Sports and Entertainment	100.0	1.5	2.1	14.7	26.9	21.1	33.7
公共管理、社会保障和社会组织	Public Management, Social Security and Social Organizations	100.0	0.5	1.0	11.3	45.0	19.4	22.8

3-31 城镇按职业、性别分的就业人员工作时间构成

单位：%

职 业	Occupation	城 镇 就业人员 Urban Employed Persons	1-8 小时 1-8 Hours
合 计	**Total**	**100.0**	**0.7**
单位负责人	Unit Head	100.0	0.5
专业技术人员	Technical Personnel	100.0	0.5
办事人员和有关人员	Clerk and Related Workers	100.0	0.4
商业、服务业人员	Business Service Personnel	100.0	0.5
农林牧渔水利业生产人员	Producers in the Sectors of Agriculture, Forestry, Animal Husbandry, Fishery and Water Conservancy	100.0	3.0
生产运输设备操作人员及有关人员	Production, Transport Equipment Operators and Related Workers	100.0	0.4
其 他	Others	100.0	1.6
男	**Male**	**100.0**	**0.6**
单位负责人	Unit Head	100.0	0.4
专业技术人员	Technical Personnel	100.0	0.4
办事人员和有关人员	Clerk and Related Workers	100.0	0.3
商业、服务业人员	Business Service Personnel	100.0	0.5
农林牧渔水利业生产人员	Producers in the Sectors of Agriculture, Forestry, Animal Husbandry, Fishery and Water Conservancy	100.0	2.4
生产运输设备操作人员及有关人员	Production, Transport Equipment Operators and Related Workers	100.0	0.4
其 他	Others	100.0	1.2
女	**Female**	**100.0**	**0.9**
单位负责人	Unit Head	100.0	0.8
专业技术人员	Technical Personnel	100.0	0.6
办事人员和有关人员	Clerk and Related Workers	100.0	0.5
商业、服务业人员	Business Service Personnel	100.0	0.6
农林牧渔水利业生产人员	Producers in the Sectors of Agriculture, Forestry, Animal Husbandry, Fishery and Water Conservancy	100.0	3.6
生产运输设备操作人员及有关人员	Production, Transport Equipment Operators and Related Workers	100.0	0.4
其 他	Others	100.0	2.3

Working Hours of Urban Employed Persons by Occupation and Sex

(%)

9-19 小时 9-19 Hours	20-39 小时 20-39 Hours	40 小时 40 Hours	41-48 小时 41-48 Hours	48小时以上 48 Hours Above
2.0	**11.5**	**20.8**	**20.4**	**44.6**
0.9	7.5	24.5	18.7	47.8
1.2	8.8	38.7	23.8	27.0
0.9	7.9	36.1	23.8	30.9
1.5	9.6	16.2	20.4	51.9
10.5	39.8	7.9	12.2	26.6
1.4	8.8	11.8	19.1	58.5
1.5	17.9	16.3	16.4	46.2
1.7	**10.1**	**19.5**	**19.8**	**48.4**
0.8	6.7	24.7	19.4	48.0
1.0	8.0	35.9	24.1	30.6
0.7	7.0	33.4	22.9	35.6
1.3	8.5	16.3	19.3	54.0
8.5	36.2	8.1	13.1	31.8
1.3	8.2	11.9	19.0	59.1
1.9	14.4	16.8	15.5	50.2
2.5	**13.3**	**22.6**	**21.1**	**39.6**
1.3	9.9	23.8	16.8	47.4
1.3	9.4	40.8	23.7	24.2
1.1	9.1	40.1	25.2	24.1
1.8	10.9	15.9	21.7	49.1
12.4	43.4	7.7	11.3	21.4
1.4	10.1	11.4	19.3	57.3
0.9	23.9	15.4	18.0	39.5

3-32 城镇按年龄、性别分的失业人员结束上一份工作原因构成

单位：%

年 龄 Age	城 镇 失业人员 Urban Unemployed Persons	从没工作过 Never worked	退 休 Retired	健康或身体原因 Health or Physical Reasons	照顾家庭 To Take Care of Family	参加学习培训 Participated in Learning and Training
总计 Total	**100.0**	**16.9**	**2.5**	**5.2**	**15.0**	**3.6**
16-19	100.0	49.8		0.4	1.2	13.8
20-24	100.0	57.3		1.5	2.2	8.8
25-29	100.0	18.6		3.1	12.4	7.6
30-34	100.0	5.1	0.0	3.9	26.7	2.3
35-39	100.0	4.3	0.0	4.4	26.6	1.2
40-44	100.0	3.7	0.0	5.9	24.8	0.8
45-49	100.0	3.1	0.2	7.9	16.5	0.4
50-54	100.0	2.7	11.0	8.6	12.1	0.1
55-59	100.0	3.1	9.0	10.4	11.7	0.0
60-64	100.0	3.3	20.1	9.8	10.8	
65+	100.0	5.5	13.6	16.1	7.9	
男 Male	**100.0**	**15.6**	**1.3**	**4.8**	**4.0**	**3.7**
16-19	100.0	47.6		0.1	0.3	15.0
20-24	100.0	54.2		1.3	0.7	9.0
25-29	100.0	17.2		2.1	3.7	6.3
30-34	100.0	3.1	0.0	3.1	4.8	2.1
35-39	100.0	1.5	0.0	4.1	4.7	1.6
40-44	100.0	1.1	0.1	5.9	7.0	0.9
45-49	100.0	1.1	0.1	6.6	4.7	0.5
50-54	100.0	1.0	0.5	7.9	5.2	0.2
55-59	100.0	1.4	3.8	10.5	4.9	0.0
60-64	100.0	1.5	22.4	9.6	7.2	
65+	100.0	3.5	15.3	15.9	4.6	
女 Female	**100.0**	**18.3**	**3.7**	**5.6**	**26.0**	**3.5**
16-19	100.0	53.2		0.8	2.7	11.9
20-24	100.0	60.6		1.6	3.7	8.6
25-29	100.0	20.1		4.3	22.2	9.1
30-34	100.0	6.7		4.5	44.2	2.4
35-39	100.0	6.5		4.6	43.8	0.8
40-44	100.0	5.6		6.0	38.7	0.8
45-49	100.0	4.8	0.2	9.1	26.8	0.3
50-54	100.0	4.5	21.2	9.4	18.8	0.0
55-59	100.0	5.6	16.8	10.2	22.3	0.1
60-64	100.0	6.6	15.9	10.1	17.1	
65+	100.0	9.0	10.7	16.3	13.3	

注：根据劳动力调查制度调整，原失业人员未工作原因调整为结束上一份工作原因数据表(下表同)。

Reason for Ending Previous Job of Urban Unemployed Persons by Age and Sex

(%)

对上份工作不满意 Dissatisfied with last Job	上一份工作任务完成(包括打零工) Last Job Task Completed (Including Part-time Job)	被解聘 Fired	季节性歇业 Seasonal Shut Down	单位/个体经营户倒闭停产 Unit/Self-employed Individuals Closed Down or Stopped Production	承包土地被征用或流转 Land Expropriated or Transferred	其　他 Others
15.8	**15.4**	**3.0**	**2.4**	**7.0**	**0.2**	**12.8**
18.3	8.6	1.4	1.0	1.5		4.0
14.9	6.6	1.2	0.4	2.4		4.8
25.2	12.6	2.5	1.2	5.5	0.0	11.3
21.1	13.7	3.1	2.1	7.1	0.2	14.7
17.2	14.7	3.1	2.2	7.8	0.2	18.4
15.1	16.8	2.9	2.9	9.1	0.3	17.6
13.3	21.0	4.6	3.7	11.9	0.3	17.3
9.7	20.5	4.8	3.8	10.2	0.3	16.2
7.8	25.8	4.1	4.8	9.3	1.1	13.0
4.3	29.1	2.8	6.8	4.3	0.3	8.4
3.6	29.2	5.4	5.8	3.9	1.1	7.9
18.1	**21.1**	**3.5**	**3.0**	**8.5**	**0.2**	**16.2**
19.3	9.7	1.0	1.3	1.4		4.3
16.1	8.1	1.2	0.6	2.8		6.0
28.7	17.0	2.8	1.7	6.7	0.0	13.8
27.9	22.5	3.7	3.0	9.3	0.2	20.2
21.8	23.0	4.3	2.9	10.4	0.4	25.3
17.7	25.6	2.8	3.9	11.0	0.3	23.6
14.6	28.4	4.6	4.2	12.5	0.2	22.5
11.5	27.6	5.7	4.7	14.5	0.4	21.0
8.9	31.0	5.3	5.3	12.5	0.6	15.7
4.5	31.1	3.5	6.2	4.0	0.3	9.8
3.3	31.1	7.0	5.7	3.7	1.2	8.7
13.4	**9.8**	**2.6**	**1.8**	**5.5**	**0.3**	**9.5**
16.6	6.9	2.1	0.4	1.8		3.6
13.7	5.0	1.1	0.2	2.0		3.4
21.4	7.7	2.1	0.7	4.2		8.4
15.7	6.7	2.6	1.4	5.4	0.2	10.2
13.6	8.2	2.2	1.6	5.7	0.1	13.0
13.0	9.9	3.0	2.1	7.7	0.3	13.0
12.2	14.5	4.6	3.2	11.4	0.3	12.7
7.9	13.6	3.8	3.0	6.1	0.3	11.5
6.0	17.7	2.2	3.9	4.4	1.9	8.8
4.0	25.5	1.6	8.0	4.7	0.3	6.1
4.1	26.0	2.8	5.9	4.3	1.0	6.6

Note: According to the adjustment of the Labor Force Survey, the table of the reason for unemployment of urban unemployed persons is adjusted to the table of the reason for ending previous job of urban unemployed persons. The same applies to the tables following.

3-33 城镇按结束上一份工作原因、性别分的失业人员年龄构成

单位：%

年 龄 Age	城 镇 失业人员 Urban Unemployed Persons	从没工作过 Never worked	退 休 Retired	健康或 身体原因 Health or Physical Reasons	照顾家庭 To Take Care of Family	参加学习培训 Participated in Learning and Training
总计 Total	**100.0**	**100.0**	**100.0**	**100.0**	**100.0**	**100.0**
16-19	3.1	9.0		0.2	0.3	11.7
20-24	18.4	62.1		5.1	2.6	45.1
25-29	13.1	14.4		7.9	10.9	27.9
30-34	12.5	3.8	0.1	9.3	22.3	8.0
35-39	11.2	2.9	0.0	9.5	19.9	3.7
40-44	9.8	2.1	0.1	11.2	16.2	2.3
45-49	9.9	1.8	0.8	15.1	10.9	1.0
50-54	10.8	1.7	47.0	17.9	8.7	0.3
55-59	7.6	1.4	26.8	15.1	5.9	0.1
60-64	2.2	0.4	17.1	4.1	1.6	
65+	1.5	0.5	8.0	4.6	0.8	
男 Male	**100.0**	**100.0**	**100.0**	**100.0**	**100.0**	**100.0**
16-19	3.7	11.4		0.1	0.3	15.1
20-24	19.2	66.8		5.2	3.4	46.6
25-29	13.8	15.3		6.1	12.8	23.6
30-34	11.1	2.2	0.3	7.3	13.4	6.4
35-39	9.9	0.9	0.2	8.5	11.6	4.4
40-44	8.6	0.6	0.5	10.6	15.2	2.2
45-49	9.3	0.6	0.9	12.7	11.0	1.2
50-54	10.6	0.7	4.0	17.5	13.9	0.4
55-59	9.2	0.8	26.3	20.2	11.2	0.1
60-64	2.8	0.3	46.4	5.6	5.0	
65+	1.9	0.4	21.4	6.2	2.2	
女 Female	**100.0**	**100.0**	**100.0**	**100.0**	**100.0**	**100.0**
16-19	2.4	6.9		0.3	0.2	8.1
20-24	17.5	58.1		5.0	2.5	43.4
25-29	12.4	13.6		9.4	10.6	32.3
30-34	13.9	5.1		11.0	23.6	9.7
35-39	12.6	4.5		10.3	21.1	3.0
40-44	11.0	3.4		11.7	16.4	2.4
45-49	10.6	2.8	0.7	17.1	10.9	0.8
50-54	10.9	2.7	62.4	18.2	7.9	0.1
55-59	6.0	1.8	27.0	10.9	5.1	0.1
60-64	1.6	0.6	6.7	2.8	1.0	
65+	1.1	0.6	3.2	3.3	0.6	

Age Composition of Urban Unemployed Persons by Reason and Sex

(%)

对上份工作不满意 Dissatisfied with last Job	上一份工作任务完成(包括打零工) Last Job Task Completed (Including Part-time Job)	被解聘 Fired	季节性歇业 Seasonal Shut down	单位/个体经营户倒闭停产 Unit/Self-employed Individuals Closed down or Stopped Production	承包土地被征用或流转 Land Expropriated or Transferred	其他 Others
100.0	**100.0**	**100.0**	**100.0**	**100.0**	**100.0**	**100.0**
3.5	1.7	1.4	1.2	0.7		1.0
17.4	7.9	7.0	3.1	6.4		6.8
21.0	10.7	10.7	6.4	10.2	1.1	11.5
16.8	11.1	12.7	10.8	12.7	9.1	14.3
12.2	10.7	11.5	10.2	12.4	9.7	16.1
9.4	10.7	9.4	11.8	12.8	10.9	13.5
8.4	13.5	15.1	15.0	16.8	11.1	13.3
6.6	14.3	17.0	17.0	15.7	15.1	13.6
3.7	12.7	10.3	14.9	10.1	33.2	7.7
0.6	4.1	2.0	6.1	1.3	2.9	1.4
0.3	2.8	2.7	3.6	0.8	6.9	0.9
100.0	**100.0**	**100.0**	**100.0**	**100.0**	**100.0**	**100.0**
4.0	1.7	1.1	1.6	0.6		1.0
17.0	7.4	6.6	3.7	6.3		7.1
21.9	11.2	11.3	7.7	10.8	2.3	11.8
17.1	11.9	11.7	11.0	12.1	10.2	13.9
11.8	10.8	12.1	9.6	12.0	16.4	15.4
8.4	10.4	7.0	11.3	11.1	10.6	12.5
7.5	12.5	12.2	13.0	13.5	8.4	12.9
6.7	13.9	17.5	16.5	18.0	16.9	13.8
4.5	13.5	14.1	16.4	13.5	21.6	8.9
0.7	4.1	2.8	5.7	1.3	3.7	1.7
0.3	2.8	3.8	3.6	0.8	9.8	1.0
100.0	**100.0**	**100.0**	**100.0**	**100.0**	**100.0**	**100.0**
3.0	1.7	2.0	0.6	0.8		0.9
17.9	8.9	7.7	2.1	6.5		6.2
19.8	9.7	10.0	4.4	9.4		11.0
16.3	9.5	14.1	10.5	13.7	8.1	15.0
12.7	10.5	10.6	11.0	13.1	3.7	17.2
10.7	11.2	12.8	12.7	15.5	11.1	15.1
9.6	15.6	19.1	18.1	21.9	13.5	14.1
6.4	15.2	16.3	17.8	12.1	13.5	13.2
2.7	10.8	5.2	12.6	4.8	43.7	5.6
0.5	4.0	1.0	6.7	1.3	2.1	1.0
0.3	3.0	1.2	3.6	0.9	4.3	0.8

3-34 城镇按受教育程度、性别分的失业人员结束上一份工作原因构成

单位：%

受教育程度	Educational Attainment	城镇失业人员 Urban Unemployed Persons	从没工作过 Never worked	退休 Retired	健康或身体原因 Health or Physical Reasons	照顾家庭 To Take Care of Family
总 计	**Total**	**100.0**	**16.9**	**2.5**	**5.2**	**15.0**
未上过学	No Schooling	100.0	14.1	1.3	11.1	16.1
小 学	Primary School	100.0	3.8	2.5	10.4	15.5
初 中	Junior Secondary School	100.0	5.0	2.6	6.7	17.7
高 中	Senior Secondary School	100.0	9.0	4.7	4.9	17.5
大学专科	College	100.0	23.5	1.8	3.0	14.6
大学本科	University	100.0	47.5	0.7	1.8	7.7
研究生	Graduate and Higher Level	100.0	69.7	0.4	0.8	2.8
男	**Male**	**100.0**	**15.6**	**1.3**	**4.8**	**4.0**
未上过学	No Schooling	100.0	12.8	0.8	13.4	2.5
小 学	Primary School	100.0	1.5	2.4	10.8	3.1
初 中	Junior Secondary School	100.0	3.0	1.2	6.1	4.7
高 中	Senior Secondary School	100.0	8.7	2.1	4.5	5.0
大学专科	College	100.0	25.1	0.9	2.0	3.4
大学本科	University	100.0	48.2	0.4	1.6	2.3
研究生	Graduate and Higher Level	100.0	65.7	0.4	0.5	1.4
女	**Female**	**100.0**	**18.3**	**3.7**	**5.6**	**26.0**
未上过学	No Schooling	100.0	14.6	1.6	10.1	21.8
小 学	Primary School	100.0	6.0	2.6	10.0	27.1
初 中	Junior Secondary School	100.0	7.2	4.1	7.4	31.6
高 中	Senior Secondary School	100.0	9.3	7.5	5.3	31.3
大学专科	College	100.0	21.9	2.7	4.0	25.2
大学本科	University	100.0	46.8	0.9	2.0	12.4
研究生	Graduate and Higher Level	100.0	72.4	0.4	1.0	3.8

Reason for Ending Previous Job of Urban Unemployed Persons by Educational Attainment and Sex

(%)

参加学习培训 Participated in Learning and Training	对上份工作不满意 Dissatisfied with last Job	上一份工作任务完成(包括打零工) Last Job Task Completed (Including Part-time Job)	被解聘 Fired	季节性歇业 Seasonal Shut down	单位/个体经营户倒闭停产 Unit/Self-employed Individuals Closed down or Stopped Production	承包土地被征用或流转 Land Expropriated or Transferred	其 他 Others
3.6	**15.8**	**15.4**	**3.0**	**2.4**	**7.0**	**0.2**	**12.8**
	6.2	26.4	4.9	5.1	3.4	1.4	10.1
0.1	8.6	27.8	3.5	5.4	5.2	0.9	16.3
0.5	14.5	21.0	2.9	3.8	7.8	0.3	17.2
1.8	19.3	14.5	3.3	1.7	9.4	0.2	13.6
6.2	21.2	8.8	3.2	0.9	7.1	0.1	9.7
10.7	14.0	5.4	2.4	0.4	4.1	0.0	5.3
13.7	5.8	3.1	1.4	0.3	0.8		1.2
3.7	**18.1**	**21.1**	**3.5**	**3.0**	**8.5**	**0.2**	**16.2**
	6.2	31.6	8.6	5.6	5.8	2.7	10.1
0.1	9.1	36.9	3.8	6.1	5.9	0.7	19.6
0.7	16.2	28.8	3.4	4.7	9.4	0.2	21.6
2.4	22.8	20.0	3.9	2.3	10.8	0.3	17.0
7.0	24.8	11.8	3.5	1.1	8.6	0.1	11.6
10.4	15.3	6.5	2.7	0.3	5.5	0.0	6.7
12.3	7.5	5.3	2.8	0.6	1.7		1.8
3.5	**13.4**	**9.8**	**2.6**	**1.8**	**5.5**	**0.3**	**9.5**
	6.2	24.2	3.4	4.9	2.3	0.9	10.0
	8.2	19.4	3.1	4.7	4.6	1.0	13.3
0.4	12.6	12.7	2.5	2.7	6.1	0.4	12.5
1.2	15.4	8.4	2.6	1.1	7.8	0.1	9.9
5.4	17.7	5.9	3.0	0.7	5.6	0.0	7.7
11.0	12.8	4.5	2.2	0.5	3.0		4.0
14.7	4.7	1.6	0.5	0.2	0.1		0.7

3-35 城镇按结束上一份工作原因、性别分的失业人员受教育程度构成

单位：%

受教育程度	Educational Attainment	城镇失业人员 Urban Unemployed Persons	从没工作过 Never worked	退休 Retired	健康或身体原因 Health or Physical Reasons	照顾家庭 To Take Care of Family
总计	**Total**	**100.0**	**100.0**	**100.0**	**100.0**	**100.0**
未上过学	No Schooling	0.8	0.6	0.4	1.6	0.8
小学	Primary School	9.5	2.1	9.5	18.9	9.8
初中	Junior Secondary School	34.1	10.2	34.7	44.0	40.1
高中	Senior Secondary School	20.8	11.1	38.5	19.7	24.3
大学专科	College	17.2	23.9	12.5	10.0	16.7
大学本科	University	15.5	43.3	4.1	5.4	7.9
研究生	Graduate and Higher Level	2.2	8.9	0.3	0.3	0.4
男	**Male**	**100.0**	**100.0**	**100.0**	**100.0**	**100.0**
未上过学	No Schooling	0.5	0.4	0.3	1.3	0.3
小学	Primary School	9.2	0.9	16.7	20.8	7.2
初中	Junior Secondary School	35.4	6.9	31.8	45.1	41.7
高中	Senior Secondary School	21.9	12.3	34.9	20.7	27.2
大学专科	College	16.9	27.3	11.8	7.1	14.6
大学本科	University	14.5	44.9	4.0	4.9	8.4
研究生	Graduate and Higher Level	1.8	7.4	0.6	0.2	0.6
女	**Female**	**100.0**	**100.0**	**100.0**	**100.0**	**100.0**
未上过学	No Schooling	1.1	0.9	0.5	2.0	0.9
小学	Primary School	9.8	3.2	6.9	17.4	10.2
初中	Junior Secondary School	32.8	12.9	35.8	43.0	39.9
高中	Senior Secondary School	19.8	10.0	39.8	18.8	23.8
大学专科	College	17.5	21.0	12.7	12.5	17.0
大学本科	University	16.4	42.0	4.1	5.9	7.8
研究生	Graduate and Higher Level	2.6	10.1	0.3	0.5	0.4

Educational Attainment of Urban Unemployed Persons by Reason and Sex

(%)

参加学习培训 Participated in Learning and Training	对上份工作不满意 Dissatisfied with last Job	上一份工作任务完成(包括打零工) Last Job Task Completed (Including Part-time Job)	被解聘 Fired	季节性歇业 Seasonal Shut down	单位/个体经营户倒闭停产 Unit/Self-employed Individuals Closed Down or Stopped Production	承包土地被征用或流转 Land Expropriated or Transferred	其 他 Others
100.0	**100.0**	**100.0**	**100.0**	**100.0**	**100.0**	**100.0**	**100.0**
	0.3	1.3	1.2	1.6	0.4	4.4	0.6
0.2	5.2	17.1	10.9	21.1	7.0	33.2	12.0
5.1	31.3	46.4	33.1	53.1	37.8	39.6	45.7
10.7	25.5	19.6	22.9	15.0	28.0	17.3	22.1
29.7	23.1	9.8	18.5	6.4	17.4	4.1	12.9
46.1	13.7	5.4	12.4	2.4	9.1	1.4	6.4
8.2	0.8	0.4	1.0	0.3	0.2		0.2
100.0	**100.0**	**100.0**	**100.0**	**100.0**	**100.0**	**100.0**	**100.0**
	0.2	0.7	1.1	0.8	0.3	5.2	0.3
0.3	4.6	16.0	10.0	18.6	6.3	28.7	11.1
6.4	31.6	48.3	34.3	55.7	38.9	32.4	47.3
14.4	27.5	20.8	24.7	17.0	27.7	25.3	23.0
32.0	23.1	9.4	17.1	6.1	17.1	5.5	12.1
41.0	12.3	4.4	11.3	1.4	9.3	3.0	6.0
5.8	0.7	0.4	1.4	0.3	0.4		0.2
100.0	**100.0**	**100.0**	**100.0**	**100.0**	**100.0**	**100.0**	**100.0**
	0.5	2.7	1.4	2.9	0.5	3.7	1.1
	6.0	19.4	12.0	25.1	8.2	37.2	13.7
3.8	30.9	42.4	31.4	48.9	36.2	46.2	43.1
6.8	22.8	17.0	20.4	11.8	28.3	10.0	20.6
27.3	23.2	10.6	20.3	7.0	17.9	2.9	14.3
51.5	15.7	7.5	13.9	4.0	8.8		7.0
10.7	0.9	0.4	0.5	0.2	0.0		0.2

3-36 城镇按年龄、性别分的失业人员受教育程度构成
Educational Attainment of Urban Unemployed Persons by Age and Sex

单位：%　　　　　　　　　　　　　　　　　　　　　　　　　　　　　　　　　　　　(%)

年龄 Age	城镇失业人员 Urban Unemployed Persons	未上过学 No Schooling	小学 Primary School	初中 Junior Secondary School	高中 Senior Secondary School	大学专科 College	大学本科 University	研究生 Graduate and Higher Level
总计 Total	**100.0**	**0.8**	**9.5**	**34.1**	**20.8**	**17.2**	**15.5**	**2.2**
16-19	100.0		0.9	31.2	35.7	19.9	12.3	
20-24	100.0	0.1	0.5	9.8	13.2	29.5	42.6	4.3
25-29	100.0	0.1	1.8	22.9	20.7	23.6	23.3	7.7
30-34	100.0	0.1	3.5	34.5	24.8	22.1	13.8	1.1
35-39	100.0	0.4	6.1	40.8	23.6	18.0	10.1	1.0
40-44	100.0	0.3	9.3	45.1	24.0	13.9	6.7	0.6
45-49	100.0	0.9	15.1	49.0	22.4	9.2	3.1	0.2
50-54	100.0	1.8	21.8	47.0	20.8	6.3	2.3	0.1
55-59	100.0	2.0	23.8	50.6	18.8	3.3	1.3	0.2
60-64	100.0	3.3	31.5	40.7	21.4	2.4	0.8	
65+	100.0	9.6	50.7	25.4	10.6	3.1	0.6	
男 Male	**100.0**	**0.5**	**9.2**	**35.4**	**21.9**	**16.9**	**14.5**	**1.8**
16-19	100.0		0.6	33.5	35.7	17.8	12.4	
20-24	100.0	0.1	0.7	11.5	15.9	30.2	38.7	2.9
25-29	100.0	0.0	2.3	24.9	22.4	23.8	20.6	5.9
30-34	100.0	0.1	3.8	35.3	26.5	21.1	11.7	1.5
35-39	100.0	0.2	6.1	43.4	22.7	16.8	9.8	0.9
40-44	100.0	0.1	9.4	46.6	23.0	12.4	7.8	0.7
45-49	100.0	1.0	13.8	48.4	23.7	8.9	3.7	0.5
50-54	100.0	0.8	20.0	47.0	21.3	7.5	3.3	0.1
55-59	100.0	1.0	19.7	54.5	20.4	3.2	1.1	0.1
60-64	100.0	1.1	27.6	42.6	24.1	3.5	1.2	
65+	100.0	4.6	46.7	31.6	12.3	3.8	0.9	
女 Female	**100.0**	**1.1**	**9.8**	**32.8**	**19.8**	**17.5**	**16.4**	**2.6**
16-19	100.0		1.3	27.8	35.7	23.2	12.0	
20-24	100.0	0.1	0.4	7.8	10.2	28.8	46.9	5.9
25-29	100.0	0.1	1.2	20.6	18.8	23.3	26.3	9.6
30-34	100.0	0.1	3.2	33.9	23.4	23.0	15.6	0.8
35-39	100.0	0.5	6.1	38.8	24.2	18.9	10.3	1.1
40-44	100.0	0.5	9.2	44.0	24.8	15.1	5.9	0.6
45-49	100.0	0.9	16.3	49.5	21.3	9.4	2.6	
50-54	100.0	2.8	23.5	46.9	20.3	5.2	1.3	
55-59	100.0	3.4	30.2	44.7	16.5	3.5	1.6	0.2
60-64	100.0	7.2	38.4	37.4	16.7	0.4		
65+	100.0	17.9	57.3	15.1	7.8	1.9		

3-37 城镇按受教育程度、性别分的失业人员年龄构成
Age Composition of Urban Unemployed Persons by Educational Attainment and Sex

单位：% (%)

年 龄 Age	城 镇 失业人员 Urban Unemployed Persons	未 上 过 学 No Schooling	小 学 Primary School	初 中 Junior Secondary School	高 中 Senior Secondary School	大 学 专 科 College	大 学 本 科 University	研究生 Graduate and Higher Level
总计 Total	**100.0**	**100.0**	**100.0**	**100.0**	**100.0**	**100.0**	**100.0**	**100.0**
16-19	3.1		0.3	2.8	5.2	3.5	2.4	
20-24	18.4	2.4	1.0	5.3	11.6	31.5	50.6	36.8
25-29	13.1	1.1	2.5	8.8	13.0	17.9	19.8	46.7
30-34	12.5	2.2	4.6	12.7	14.9	16.1	11.2	6.7
35-39	11.2	5.9	7.2	13.4	12.7	11.7	7.3	5.3
40-44	9.8	4.4	9.6	13.0	11.3	8.0	4.3	2.8
45-49	9.9	12.0	15.8	14.3	10.7	5.3	2.0	1.0
50-54	10.8	24.9	24.7	14.8	10.8	4.0	1.6	0.3
55-59	7.6	19.2	19.0	11.3	6.9	1.5	0.7	0.5
60-64	2.2	9.2	7.2	2.6	2.2	0.3	0.1	
65+	1.5	18.7	8.0	1.1	0.8	0.3	0.1	
男 Male	**100.0**	**100.0**	**100.0**	**100.0**	**100.0**	**100.0**	**100.0**	**100.0**
16-19	3.7		0.2	3.5	6.1	3.9	3.2	
20-24	19.2	5.4	1.4	6.3	13.9	34.3	51.2	31.3
25-29	13.8	0.3	3.5	9.7	14.2	19.5	19.6	46.7
30-34	11.1	3.1	4.6	11.1	13.5	13.9	8.9	9.7
35-39	9.9	5.2	6.6	12.1	10.3	9.8	6.6	5.2
40-44	8.6	2.7	8.8	11.3	9.0	6.3	4.6	3.2
45-49	9.3	19.9	14.0	12.7	10.1	4.9	2.3	2.4
50-54	10.6	17.9	23.2	14.1	10.4	4.7	2.4	0.8
55-59	9.2	19.9	19.8	14.2	8.6	1.7	0.7	0.8
60-64	2.8	6.5	8.3	3.3	3.0	0.6	0.2	
65+	1.9	19.1	9.6	1.7	1.1	0.4	0.1	
女 Female	**100.0**	**100.0**	**100.0**	**100.0**	**100.0**	**100.0**	**100.0**	**100.0**
16-19	2.4		0.3	2.0	4.3	3.2	1.7	
20-24	17.5	1.2	0.7	4.2	9.0	28.8	50.1	40.6
25-29	12.4	1.5	1.5	7.8	11.7	16.5	19.9	46.7
30-34	13.9	1.8	4.5	14.3	16.5	18.2	13.2	4.6
35-39	12.6	6.2	7.9	14.9	15.4	13.5	7.9	5.3
40-44	11.0	5.1	10.4	14.8	13.8	9.5	3.9	2.4
45-49	10.6	8.7	17.6	16.0	11.4	5.7	1.7	
50-54	10.9	27.8	26.2	15.6	11.2	3.3	0.9	
55-59	6.0	19.0	18.4	8.1	5.0	1.2	0.6	0.4
60-64	1.6	10.3	6.1	1.8	1.3	0.0		
65+	1.1	18.6	6.6	0.5	0.4	0.1		

3-38 城镇按年龄、性别分的失业人员寻找工作方式构成

单位：%

年 龄 Age	城 镇 失业人员 Urban Unemployed Persons	为自己经营做准备 Prepare for Own Business	为找到工作参加培训、实习、招考 Participate in Training, Internships, and Exams to Find a Job	委托亲戚朋友介绍 Ask Friends Relatives about Job
总计 Total	**100.0**	**8.9**	**12.0**	**41.9**
16-19	100.0	6.9	22.4	32.0
20-24	100.0	4.6	33.7	15.3
25-29	100.0	8.7	20.2	24.4
30-34	100.0	10.7	7.2	39.8
35-39	100.0	10.9	3.6	43.0
40-44	100.0	12.0	3.0	49.8
45-49	100.0	11.4	1.7	57.3
50-54	100.0	9.3	1.6	65.1
55-59	100.0	8.1	1.2	70.1
60-64	100.0	6.8	1.2	74.6
65+	100.0	7.8	0.5	78.9
男 Male	**100.0**	**10.2**	**11.3**	**41.0**
16-19	100.0	6.3	20.7	34.8
20-24	100.0	5.3	29.5	17.7
25-29	100.0	10.6	19.4	25.4
30-34	100.0	12.5	6.1	37.1
35-39	100.0	13.1	3.3	41.1
40-44	100.0	14.9	2.4	47.5
45-49	100.0	13.3	2.0	54.2
50-54	100.0	10.9	1.5	61.3
55-59	100.0	9.1	1.1	67.5
60-64	100.0	7.8	1.0	71.4
65+	100.0	9.0	0.3	76.7
女 Female	**100.0**	**7.6**	**12.7**	**42.8**
16-19	100.0	7.8	25.2	27.4
20-24	100.0	3.9	38.3	12.7
25-29	100.0	6.7	21.0	23.4
30-34	100.0	9.2	8.0	41.9
35-39	100.0	9.3	3.8	44.4
40-44	100.0	9.8	3.4	51.5
45-49	100.0	9.7	1.4	59.9
50-54	100.0	7.8	1.7	68.7
55-59	100.0	6.6	1.3	73.9
60-64	100.0	5.1	1.6	80.5
65+	100.0	5.9	0.8	82.6

注：失业人员寻找工作方式分类根据劳动力调查制度进行了调整(下表同)。

Methods of Job-seeking of Urban Unemployed Persons by Age and Sex

(%)

查询招聘网站或广告 Check Recruitment Website or Advertisement	直接联系雇主或单位 Contact Directly with Employers	联系就业服务机构 Contact with Employment Agency Office	参加招聘会 Take Part in Employment Advertise Meeting	其他 Others
26.1	**7.8**	**0.9**	**2.2**	**0.2**
26.1	9.5	1.3	1.6	0.2
36.1	4.3	0.6	5.2	0.1
37.4	5.6	0.9	2.7	0.1
32.0	7.5	0.8	1.7	0.3
30.9	8.6	1.2	1.7	0.2
24.8	8.2	1.0	1.1	0.2
17.1	10.0	1.1	1.3	0.3
11.2	10.4	1.3	0.8	0.3
7.9	10.7	1.2	0.6	0.2
4.0	12.0	0.5	0.7	0.1
2.7	9.3	0.2	0.1	0.5
25.0	**9.1**	**0.8**	**2.4**	**0.2**
24.9	9.6	1.7	1.8	0.3
36.5	4.7	0.6	5.6	0.1
33.4	6.7	1.0	3.6	0.0
31.7	9.9	0.6	1.4	0.7
29.3	10.2	1.4	1.3	0.2
22.2	10.8	0.7	1.1	0.3
17.3	11.4	0.7	0.9	0.2
11.9	12.2	1.0	1.0	0.3
8.8	11.6	0.9	0.7	0.2
4.6	13.7	0.6	0.8	0.1
3.4	9.8	0.4	0.1	0.4
27.1	**6.5**	**1.0**	**2.0**	**0.2**
28.0	9.4	0.8	1.4	0.0
35.6	4.0	0.6	4.8	0.2
41.6	4.4	0.7	1.8	0.2
32.2	5.7	0.9	1.9	0.1
32.0	7.4	1.1	1.9	0.1
26.6	6.3	1.2	1.0	0.1
16.9	8.7	1.4	1.6	0.3
10.6	8.7	1.6	0.7	0.2
6.5	9.3	1.6	0.5	0.3
3.0	9.0	0.3	0.5	
1.6	8.4	0.1		0.7

Note: The classification of the Job-seeking methods of Urban Unemployed Persons has been adjusted according to the Labor Force Survey. The same applies to the tables following.

3-39 城镇按受教育程度、性别分的失业人员寻找工作方式构成

单位：%

受教育程度	Educational Attainment	城镇失业人员 Urban Unemployed Persons	为自己经营做准备 Prepare for Own Business	为找到工作参加培训、实习、招考 Participate in Training, Internships, and Exams to Find a Job
总计	**Total**	**100.0**	**8.9**	**12.0**
未上过学	No Schooling	100.0	6.4	0.5
小学	Primary School	100.0	8.3	1.3
初中	Junior Secondary School	100.0	10.7	2.4
高中	Senior Secondary School	100.0	11.0	6.1
大学专科	College	100.0	7.4	17.9
大学本科	University	100.0	5.3	36.8
研究生	Graduate and Higher Level	100.0	2.6	26.9
男	**Male**	**100.0**	**10.2**	**11.3**
未上过学	No Schooling	100.0	6.6	0.3
小学	Primary School	100.0	9.2	1.4
初中	Junior Secondary School	100.0	12.3	2.5
高中	Senior Secondary School	100.0	11.9	6.7
大学专科	College	100.0	8.5	17.6
大学本科	University	100.0	6.3	34.3
研究生	Graduate and Higher Level	100.0	3.9	21.1
女	**Female**	**100.0**	**7.6**	**12.7**
未上过学	No Schooling	100.0	6.4	0.5
小学	Primary School	100.0	7.5	1.2
初中	Junior Secondary School	100.0	9.1	2.4
高中	Senior Secondary School	100.0	10.0	5.4
大学专科	College	100.0	6.4	18.2
大学本科	University	100.0	4.5	39.0
研究生	Graduate and Higher Level	100.0	1.7	30.8

Methods of Job-seeking of Urban Unemployed Persons by Educational Attainment and Sex

(%)

委托亲戚朋友介绍 Ask Friends Relatives about Job	查询招聘网站或广告 Check Recruitment Website or Advertisement	直接联系雇主或单位 Contact Directly with Employers	联系就业服务机构 Contact with Employment Agency Office	参加招聘会 Take Part in Employment Advertise Meeting	其　他 Others
41.9	**26.1**	**7.8**	**0.9**	**2.2**	**0.2**
74.0	3.6	14.0	0.7	0.0	0.8
68.4	6.6	13.6	0.9	0.7	0.1
58.5	15.7	10.2	1.2	1.0	0.3
46.0	26.5	7.9	1.0	1.4	0.2
25.0	40.4	5.1	0.7	3.2	0.2
11.0	38.7	2.9	0.7	4.6	0.1
3.9	54.5	2.8	0.5	8.8	
41.0	**25.0**	**9.1**	**0.8**	**2.4**	**0.2**
74.5	1.8	15.9			0.8
65.6	6.2	16.1	0.6	0.7	0.2
57.2	13.6	12.2	1.0	0.8	0.4
44.1	25.8	9.1	0.8	1.4	0.1
23.5	40.4	5.2	0.9	3.8	0.2
11.3	39.2	3.3	0.7	5.0	
4.1	51.0	4.9	0.2	14.9	
42.8	**27.1**	**6.5**	**1.0**	**2.0**	**0.2**
73.8	4.3	13.2	1.0	0.1	0.7
70.9	6.9	11.4	1.2	0.8	0.1
59.8	17.9	8.2	1.3	1.2	0.2
48.0	27.3	6.6	1.2	1.3	0.2
26.5	40.4	5.1	0.6	2.7	0.1
10.7	38.2	2.5	0.7	4.2	0.2
3.8	56.9	1.4	0.7	4.7	

3-40 城镇按年龄、性别分的失业人员失业前的行业构成
Sector of Urban Unemployed Persons (Prior to Unemployment) by Age and Sex

单位：% (%)

年龄 Age	城镇失业人员 Urban Unemployed Persons	农、林、牧、渔业 Agriculture, Forestry, Animal Husbandry and Fishery	采矿业 Mining	制造业 Manufacturing	电力、热力、燃气及水生产和供应业 Production and Supply of Electricity Power, Heat Power, Gas and Water	建筑业 Construction	批发和零售业 Wholesale and Retail Trades
总计 Total	**100.0**	**3.4**	**0.6**	**20.6**	**0.7**	**12.9**	**19.1**
16-19	100.0	1.3		27.6	0.4	4.2	10.9
20-24	100.0	0.7	0.3	18.8	0.7	6.1	16.1
25-29	100.0	1.1	0.3	17.8	0.4	8.7	20.2
30-34	100.0	1.5	0.5	21.1	0.9	9.7	21.4
35-39	100.0	1.8	0.3	22.2	0.4	11.4	22.7
40-44	100.0	3.0	0.5	20.5	0.6	11.9	23.5
45-49	100.0	3.2	0.8	21.4	0.7	15.7	22.0
50-54	100.0	5.3	1.0	22.2	0.6	17.4	17.4
55-59	100.0	7.1	1.0	21.0	0.9	23.0	12.2
60-64	100.0	11.9	0.9	17.1	1.2	21.7	9.1
65+	100.0	21.0	0.5	17.2	1.5	19.6	6.4
男 Male	**100.0**	**2.8**	**0.8**	**19.6**	**1.0**	**21.5**	**12.7**
16-19	100.0	2.0		31.0	0.6	5.9	8.2
20-24	100.0	0.8	0.3	23.5	1.2	8.5	11.9
25-29	100.0	1.2	0.5	17.4	0.7	14.0	15.2
30-34	100.0	1.2	1.0	20.4	1.2	18.4	12.8
35-39	100.0	1.8	0.4	20.1	0.7	21.1	14.0
40-44	100.0	2.6	1.0	18.8	1.0	21.6	13.7
45-49	100.0	2.4	1.1	18.9	1.2	26.7	14.4
50-54	100.0	4.7	1.2	19.2	0.7	28.5	12.7
55-59	100.0	4.5	1.2	19.0	1.2	33.4	9.9
60-64	100.0	8.6	1.3	15.0	1.5	31.1	7.6
65+	100.0	15.2	0.5	15.8	2.1	27.8	5.7
女 Female	**100.0**	**3.9**	**0.3**	**21.7**	**0.3**	**4.1**	**25.8**
16-19	100.0			21.7		1.3	15.6
20-24	100.0	0.6	0.3	12.9	0.1	3.1	21.3
25-29	100.0	1.1	0.0	18.2	0.1	2.5	26.0
30-34	100.0	1.8	0.2	21.7	0.6	2.4	28.5
35-39	100.0	1.8	0.3	23.9	0.2	3.4	29.9
40-44	100.0	3.4	0.0	21.8	0.3	4.1	31.4
45-49	100.0	3.9	0.5	23.7	0.3	5.8	28.9
50-54	100.0	5.9	0.7	25.2	0.6	6.2	22.2
55-59	100.0	11.3	0.6	24.1	0.3	6.2	15.8
60-64	100.0	18.2	0.1	21.0	0.7	4.1	11.9
65+	100.0	31.3	0.4	19.7	0.5	5.3	7.5

3-40 续表 1 continued

单位：% (%)

年 龄 Age	交通运输、仓储和邮政业 Transport, Storage and Post	住宿和餐饮业 Hotels and Catering Services	信息传输、软件和信息技术服务业 Information Transmission, Software and Information Technical Services	金融业 Financial Intermediation	房地产业 Real Estate	租赁和商务服务业 Leasing and Business Services	科学研究和技术服务业 Scientific Research and Technical Services
总计 Total	**6.3**	**9.5**	**2.4**	**1.6**	**2.6**	**3.7**	**0.9**
16-19	4.0	28.3	3.9		0.9	3.1	0.1
20-24	4.2	11.9	5.5	1.8	2.0	4.5	1.7
25-29	4.6	8.4	5.7	2.0	2.5	6.1	1.6
30-34	6.1	8.6	3.4	2.4	3.1	4.3	1.2
35-39	7.1	8.6	2.2	1.7	3.0	4.1	1.1
40-44	8.0	10.1	1.5	1.7	2.7	3.9	0.6
45-49	8.2	9.8	0.7	1.3	2.2	2.4	0.5
50-54	6.5	9.2	0.5	1.1	2.3	2.6	0.5
55-59	6.9	8.4	0.3	0.8	2.6	2.1	0.3
60-64	4.7	6.6		1.4	4.3	2.2	0.9
65+	2.7	4.7	0.3	0.6	4.8	2.1	0.2
男 Male	**10.1**	**8.1**	**2.6**	**1.2**	**2.7**	**3.9**	**1.0**
16-19	5.1	26.7	3.9		0.5	2.7	0.2
20-24	5.8	13.9	5.5	1.3	2.0	3.1	2.1
25-29	6.4	9.9	6.5	2.0	2.9	5.9	1.6
30-34	10.3	7.6	3.8	2.0	2.8	4.5	1.5
35-39	12.7	7.8	2.2	1.4	2.8	4.2	1.4
40-44	14.3	8.1	2.1	1.0	2.7	4.5	0.7
45-49	15.0	5.7	0.5	0.9	2.1	2.7	0.4
50-54	10.3	5.7	0.4	0.7	2.6	3.8	0.6
55-59	10.4	4.8	0.4	0.7	3.2	2.4	0.3
60-64	6.9	2.6		1.9	4.3	2.8	1.0
65+	4.0	3.4	0.2	0.4	5.0	2.5	0.3
女 Female	**2.4**	**11.0**	**2.2**	**1.9**	**2.6**	**3.6**	**0.8**
16-19	2.2	31.1	3.9		1.5	3.7	0.1
20-24	2.3	9.4	5.5	2.5	2.0	6.3	1.2
25-29	2.5	6.7	4.7	1.9	2.0	6.3	1.6
30-34	2.6	9.5	3.1	2.7	3.4	4.1	1.0
35-39	2.6	9.3	2.3	2.0	3.2	4.1	0.9
40-44	2.9	11.8	1.0	2.3	2.8	3.4	0.5
45-49	2.0	13.4	0.9	1.6	2.2	2.1	0.5
50-54	2.6	12.6	0.5	1.4	2.1	1.4	0.3
55-59	1.5	14.3	0.0	0.9	1.6	1.8	0.4
60-64	0.8	14.1			4.2	1.2	0.6
65+	0.4	6.9	0.4	1.0	4.4	1.4	

3-40 续表 2 continued

单位：% (%)

年 龄 Age	水利、环境和公共设施管理业 Management of Water Conservancy, Environment and Public Facilities	居民服务、修理和其他服务业 Services to Households, Repair and Other Services	教 育 Education	卫生和社会工作 Health and Society	文化、体育和娱乐业 Culture, Sports and Entertainment	公共管理、社会保障和社会组织 Public Management Social Security and Social Organizations
总计 Total	**0.6**	**5.6**	**4.2**	**1.4**	**1.8**	**2.0**
16-19	0.1	5.9	3.3	0.8	4.7	0.5
20-24	0.2	5.6	9.7	3.1	4.1	2.9
25-29	0.3	4.4	7.5	2.3	2.9	3.3
30-34	0.4	5.4	5.2	1.5	1.9	1.4
35-39	0.4	5.2	3.3	1.1	1.5	1.6
40-44	0.5	5.0	2.7	0.9	0.9	1.5
45-49	0.7	5.9	1.6	1.1	0.7	1.2
50-54	0.9	6.3	2.4	0.7	1.1	2.2
55-59	1.2	6.5	2.4	0.9	0.7	1.8
60-64	2.7	8.5	2.2	0.5	1.2	2.9
65+	3.2	6.4	3.4	1.8	1.5	2.3
男 Male	**0.8**	**4.2**	**2.1**	**0.8**	**1.8**	**2.1**
16-19	0.2	5.5	1.0	0.4	5.3	0.8
20-24	0.2	6.0	4.7	1.8	4.8	2.5
25-29	0.5	4.0	3.3	1.4	2.4	4.4
30-34	0.7	4.8	2.1	0.7	2.7	1.7
35-39	0.6	3.5	1.3	0.8	1.4	1.8
40-44	0.7	3.4	1.1	0.3	0.8	1.6
45-49	0.7	3.9	1.0	0.7	0.5	1.3
50-54	0.9	3.6	1.3	0.4	1.0	1.5
55-59	1.0	3.9	1.3	0.4	0.4	1.6
60-64	2.8	5.6	1.8	0.4	1.1	3.6
65+	3.7	4.8	4.0	1.6	0.9	2.3
女 Female	**0.5**	**7.0**	**6.5**	**2.0**	**1.7**	**1.8**
16-19		6.6	7.2	1.5	3.7	
20-24	0.2	5.1	16.0	4.7	3.3	3.4
25-29	0.1	4.8	12.3	3.5	3.5	2.1
30-34	0.1	6.0	7.8	2.1	1.3	1.3
35-39	0.3	6.6	5.0	1.4	1.5	1.4
40-44	0.3	6.3	3.9	1.3	1.0	1.5
45-49	0.7	7.7	2.1	1.5	0.9	1.2
50-54	0.9	8.9	3.4	1.1	1.2	2.9
55-59	1.3	10.6	4.2	1.6	1.2	2.0
60-64	2.5	13.9	2.7	0.5	1.3	1.5
65+	2.3	9.2	2.5	2.1	2.5	2.3

3-41 城镇按受教育程度、性别分的失业人员失业前的行业构成
Sector of Urban Unemployed Persons (Prior to Unemployment) by Educational Attainment and Sex

单位：% (%)

受教育程度	Educational Attainment	城镇失业人员 Urban Unemployed Persons	农、林、牧、渔业 Agriculture, Forestry, Animal Husbandry and Fishery	采矿业 Mining	制造业 Manufacturing	电力、热力、燃气及水生产和供应业 Production and Supply of Electricity Power, Heat Power, Gas and Water	建筑业 Construction	批发和零售业 Wholesale and Retail Trades
总　计	**Total**	**100.0**	**3.4**	**0.6**	**20.6**	**0.7**	**12.9**	**19.1**
未上过学	No Schooling	100.0	15.2	0.8	24.1	0.1	18.6	7.5
小　学	Primary School	100.0	10.0	0.5	21.5	0.5	23.3	11.2
初　中	Junior Secondary School	100.0	4.1	0.6	25.5	0.6	16.7	18.2
高　中	Senior Secondary School	100.0	1.5	0.7	21.3	0.7	9.7	23.3
大学专科	College	100.0	0.7	0.4	13.4	0.9	6.0	22.9
大学本科	University	100.0	0.6	0.3	10.9	0.7	5.2	17.7
研究生	Graduate and Higher Level	100.0		1.7	9.9		2.4	9.3
男	**Male**	**100.0**	**2.8**	**0.8**	**19.6**	**1.0**	**21.5**	**12.7**
未上过学	No Schooling	100.0	17.7	2.0	7.6	0.2	39.3	6.4
小　学	Primary School	100.0	6.8	1.0	17.3	1.0	38.5	7.6
初　中	Junior Secondary School	100.0	3.6	0.9	22.3	1.0	28.0	10.3
高　中	Senior Secondary School	100.0	1.5	0.7	22.1	1.0	16.1	14.2
大学专科	College	100.0	1.0	0.7	14.8	1.2	8.9	18.1
大学本科	University	100.0	0.9	0.4	12.8	0.8	7.5	16.8
研究生	Graduate and Higher Level	100.0		3.7	12.4		2.8	9.2
女	**Female**	**100.0**	**3.9**	**0.3**	**21.7**	**0.3**	**4.1**	**25.8**
未上过学	No Schooling	100.0	14.1	0.3	31.2		9.7	8.0
小　学	Primary School	100.0	13.2	0.1	25.6	0.0	8.6	14.7
初　中	Junior Secondary School	100.0	4.7	0.3	29.2	0.2	4.0	26.9
高　中	Senior Secondary School	100.0	1.6	0.6	20.4	0.4	2.6	33.3
大学专科	College	100.0	0.4	0.2	12.0	0.7	3.3	27.4
大学本科	University	100.0	0.4	0.1	9.2	0.6	3.3	18.5
研究生	Graduate and Higher Level	100.0			7.9		2.0	9.5

3-41 续表 1 continued

单位：% (%)

受教育程度	Educational Attainment	交通运输、仓储和邮政业 Transport, Storage and Post	住宿和餐饮业 Hotels and Catering Services	信息传输、软件和信息技术服务业 Information Transmission, Software and Information Technical Services	金融业 Financial Intermediation	房地产业 Real Estate	租赁和商务服务业 Leasing and Business Services	科学研究和技术服务业 Scientific Research and Technical Services
总　计	**Total**	**6.3**	**9.5**	**2.4**	**1.6**	**2.6**	**3.7**	**0.9**
未上过学	No Schooling	2.6	10.1		0.4	2.3	2.2	
小　学	Primary School	6.1	11.3	0.2	0.3	1.7	1.5	0.3
初　中	Junior Secondary School	7.4	10.7	0.7	0.6	1.8	1.9	0.2
高　中	Senior Secondary School	7.2	10.6	1.8	1.1	2.8	3.5	0.7
大学专科	College	5.1	6.8	5.1	3.6	4.2	7.2	1.9
大学本科	University	2.9	5.2	8.6	4.5	4.0	8.1	2.7
研究生	Graduate and Higher Level	0.5	0.4	9.3	6.4	3.7	11.2	9.7
男	**Male**	**10.1**	**8.1**	**2.6**	**1.2**	**2.7**	**3.9**	**1.0**
未上过学	No Schooling	4.9	5.4			2.9	3.0	
小　学	Primary School	10.8	5.5	0.2	0.2	1.7	1.7	0.4
初　中	Junior Secondary School	11.8	8.5	0.6	0.3	1.8	2.4	0.3
高　中	Senior Secondary School	11.3	10.2	1.9	0.9	2.8	4.0	0.6
大学专科	College	7.5	6.7	6.1	3.6	4.6	7.3	2.5
大学本科	University	4.1	7.0	10.3	3.6	4.4	6.9	2.8
研究生	Graduate and Higher Level	0.5		13.7	6.9	5.5	4.6	13.9
女	**Female**	**2.4**	**11.0**	**2.2**	**1.9**	**2.6**	**3.6**	**0.8**
未上过学	No Schooling	1.5	12.1		0.5	2.0	1.8	
小　学	Primary School	1.6	16.9	0.1	0.4	1.7	1.2	0.2
初　中	Junior Secondary School	2.4	13.3	0.8	0.9	1.8	1.3	0.2
高　中	Senior Secondary School	2.7	11.0	1.7	1.5	2.8	2.9	0.8
大学专科	College	2.9	6.9	4.2	3.5	3.8	7.2	1.3
大学本科	University	1.9	3.7	7.2	5.3	3.6	9.2	2.6
研究生	Graduate and Higher Level	0.5	0.7	5.6	5.9	2.2	16.7	6.2

3-41 续表 2 continued

单位：% (%)

受教育程度	Educational Attainment	水利、环境和公共设施管理业 Management of Water Conservancy, Environment and Public Facilities	居民服务、修理和其他服务业 Services to Households, Repair and Other Services	教育 Education	卫生和社会工作 Health and Society	文化、体育和娱乐业 Culture, Sports and Entertainment	公共管理、社会保障和社会组织 Public Management Social Security and Social Organizations
总 计	**Total**	**0.6**	**5.6**	**4.2**	**1.4**	**1.8**	**2.0**
未上过学	No Schooling	2.2	10.3	1.0	0.8	0.4	1.6
小 学	Primary School	1.2	6.9	1.1	0.6	1.0	0.7
初 中	Junior Secondary School	0.6	5.8	1.7	0.7	1.2	0.9
高 中	Senior Secondary School	0.5	6.3	2.8	1.3	1.8	2.3
大学专科	College	0.5	4.9	7.5	3.1	2.6	3.2
大学本科	University	0.3	2.8	14.6	2.8	3.3	4.8
研究生	Graduate and Higher Level	0.9	1.3	24.1	1.2	3.4	4.7
男	**Male**	**0.8**	**4.2**	**2.1**	**0.8**	**1.8**	**2.1**
未上过学	No Schooling	3.1	5.4	0.2		0.2	1.8
小 学	Primary School	1.2	3.3	0.4	0.5	0.9	0.9
初 中	Junior Secondary School	0.8	4.3	0.7	0.4	1.1	0.8
高 中	Senior Secondary School	0.6	5.3	1.1	1.0	1.9	2.6
大学专科	College	0.7	4.4	3.4	1.5	3.4	3.7
大学本科	University	0.5	2.3	8.9	1.4	3.3	5.3
研究生	Graduate and Higher Level	1.9	0.7	19.9	0.3		4.2
女	**Female**	**0.5**	**7.0**	**6.5**	**2.0**	**1.7**	**1.8**
未上过学	No Schooling	1.8	12.3	1.4	1.1	0.5	1.5
小 学	Primary School	1.3	10.3	1.8	0.7	1.1	0.5
初 中	Junior Secondary School	0.4	7.6	2.7	1.0	1.3	1.0
高 中	Senior Secondary School	0.4	7.3	4.7	1.6	1.8	2.0
大学专科	College	0.3	5.4	11.2	4.5	1.8	2.8
大学本科	University	0.2	3.2	19.5	4.0	3.3	4.3
研究生	Graduate and Higher Level		1.8	27.8	1.9	6.3	5.0

3-42 城镇按年龄、性别分的失业人员失业前的职业构成
Occupation of Urban Unemployed Persons (Prior to Unemployment) by Age and Sex

单位：%　　(%)

年龄 Age	城镇失业人员 Urban Unemployed Persons	单位负责人 Unit Heads	专业技术人员 Technical Personnel	办事人员和有关人员 Clerk and Related Workers	商业、服务业人员 Business Service Personnel	农林牧渔水利业生产人员 Producers in the Sectors of Agriculture, Forestry, Animal Husbandry, Fishery and Water Conservancy	生产运输设备操作人员及有关人员 Production, Transport Equipment Operators and Related Workers	其他 Others
总计 Total	**100.0**	**1.0**	**8.6**	**10.6**	**48.9**	**3.2**	**27.5**	**0.1**
16-19	100.0	0.2	5.9	7.4	58.7	1.2	26.4	0.2
20-24	100.0	0.2	17.5	13.5	48.4	0.7	19.2	0.4
25-29	100.0	0.4	16.7	14.1	47.1	1.0	20.4	0.3
30-34	100.0	1.2	10.3	12.3	50.5	1.4	24.2	0.0
35-39	100.0	1.3	8.1	12.1	50.3	1.6	26.5	0.1
40-44	100.0	1.1	6.7	8.9	53.3	2.9	26.9	0.1
45-49	100.0	1.1	3.8	8.2	52.0	2.9	31.9	0.1
50-54	100.0	1.2	4.2	8.5	47.3	5.2	33.5	0.1
55-59	100.0	1.2	3.3	7.8	43.0	6.6	37.9	0.1
60-64	100.0	1.0	3.9	8.8	40.6	11.7	33.9	0.1
65+	100.0	0.3	3.5	7.9	35.4	20.8	32.1	0.1
男 Male	**100.0**	**1.3**	**6.2**	**10.0**	**44.1**	**2.7**	**35.5**	**0.2**
16-19	100.0	0.3	3.4	6.6	56.7	1.9	30.7	0.4
20-24	100.0	0.3	11.5	9.9	49.9	0.9	26.9	0.6
25-29	100.0	0.6	10.9	12.3	48.2	1.2	26.3	0.4
30-34	100.0	1.6	6.8	10.2	47.7	1.0	32.5	0.0
35-39	100.0	1.5	5.6	10.8	44.8	1.4	35.9	0.1
40-44	100.0	1.9	5.1	8.5	46.0	2.5	36.0	
45-49	100.0	1.9	3.7	8.9	44.5	2.2	38.6	0.1
50-54	100.0	2.0	4.1	8.9	38.8	4.6	41.5	0.1
55-59	100.0	1.4	2.6	9.4	36.0	4.2	46.3	0.2
60-64	100.0	1.4	3.5	12.4	32.2	8.6	41.9	
65+	100.0	0.2	3.5	10.9	30.7	14.9	39.7	0.1
女 Female	**100.0**	**0.6**	**11.2**	**11.3**	**53.8**	**3.7**	**19.3**	**0.1**
16-19	100.0		10.1	8.9	61.9		19.0	
20-24	100.0	0.1	25.1	18.1	46.5	0.5	9.5	0.2
25-29	100.0	0.2	23.4	16.1	45.8	0.9	13.6	0.0
30-34	100.0	0.8	13.3	14.0	52.8	1.8	17.4	0.0
35-39	100.0	1.2	10.2	13.1	54.8	1.7	18.8	0.1
40-44	100.0	0.5	7.9	9.4	59.2	3.3	19.5	0.1
45-49	100.0	0.4	3.9	7.5	58.9	3.6	25.7	0.1
50-54	100.0	0.4	4.3	8.1	55.9	5.8	25.4	0.1
55-59	100.0	1.0	4.6	5.3	54.2	10.5	24.3	0.1
60-64	100.0	0.4	4.7	1.9	56.3	17.5	18.8	0.3
65+	100.0	0.4	3.4	2.8	43.5	31.1	18.8	

3-43 城镇按受教育程度、性别分的失业人员失业前的职业构成
Occupation of Urban Unemployed Persons (Prior to Unemployment) by Educational Attainment and Sex

单位：%　　　　　　　　(%)

受教育程度	Educational Attainment	城镇失业人员 Urban Unemployed Persons	单位负责人 Unit Heads	专业技术人员 Technical Personnel	办事人员和有关人员 Clerk and Related Workers	商业、服务业人员 Business Service Personnel	农林牧渔水利业生产人员 Producers in the Sectors of Agriculture, Forestry, Animal Husbandry, Fishery and Water Conservancy	生产运输设备操作人员及有关人员 Production, Transport Equipment Operators and Related Workers	其他 Others
总　计	**Total**	**100.0**	**1.0**	**8.6**	**10.6**	**48.9**	**3.2**	**27.5**	**0.1**
未上过学	No Schooling	100.0	0.4	0.8	3.9	42.0	14.3	38.4	0.2
小　学	Primary School	100.0	0.6	1.0	2.9	43.0	9.9	42.4	0.1
初　中	Junior Secondary School	100.0	0.7	2.6	5.5	49.2	3.9	37.9	0.1
高　中	Senior Secondary School	100.0	1.0	6.1	10.9	56.1	1.5	24.3	0.2
大学专科	College	100.0	1.5	17.6	19.6	50.2	0.7	10.2	0.2
大学本科	University	100.0	1.5	29.3	24.1	38.5	0.3	6.2	0.1
研究生	Graduate and Higher Level	100.0	1.4	55.2	21.1	19.4		2.7	0.2
男	**Male**	**100.0**	**1.3**	**6.2**	**10.0**	**44.1**	**2.7**	**35.5**	**0.2**
未上过学	No Schooling	100.0		0.2	10.8	26.6	17.8	44.0	0.6
小　学	Primary School	100.0	0.6	1.0	4.2	33.4	6.6	53.9	0.1
初　中	Junior Secondary School	100.0	1.0	2.2	6.0	41.7	3.3	45.7	0.1
高　中	Senior Secondary School	100.0	1.3	4.3	10.2	50.0	1.5	32.4	0.3
大学专科	College	100.0	2.2	12.4	17.4	51.1	1.2	15.5	0.2
大学本科	University	100.0	2.3	21.6	21.0	43.6	0.4	11.0	0.1
研究生	Graduate and Higher Level	100.0	3.1	49.2	22.4	21.5		3.9	
女	**Female**	**100.0**	**0.6**	**11.2**	**11.3**	**53.8**	**3.7**	**19.3**	**0.1**
未上过学	No Schooling	100.0	0.6	1.1	0.9	48.6	12.7	36.1	
小　学	Primary School	100.0	0.6	0.9	1.7	52.4	13.1	31.1	0.2
初　中	Junior Secondary School	100.0	0.3	3.1	5.0	57.7	4.5	29.3	0.1
高　中	Senior Secondary School	100.0	0.7	8.1	11.7	62.7	1.5	15.3	0.0
大学专科	College	100.0	0.8	22.5	21.6	49.4	0.2	5.4	0.1
大学本科	University	100.0	0.8	35.9	26.9	34.0	0.3	2.1	0.1
研究生	Graduate and Higher Level	100.0		60.3	20.1	17.7		1.6	0.3

3-44 城镇按受教育程度、性别分的失业人员失业时间构成
Unemployment Duration of Urban Unemployed Persons by Educational Attainment and Sex

单位：% (%)

受教育程度	Educational Attainment	城镇失业人员 Urban Unemployed Persons	1个月 1 Month	2-3个月 2-3 Months	4-6个月 4-6 Months	7-12个月 7-12 Months	13-24个月 13-24 Months	25个月以上 25+ Months+
总 计	**Total**	**100.0**	**29.7**	**37.7**	**17.0**	**9.5**	**4.1**	**2.0**
未上过学	No Schooling	100.0	40.8	35.7	11.1	8.4	2.5	1.5
小 学	Primary School	100.0	37.1	36.1	14.0	8.5	2.5	1.8
初 中	Junior Secondary School	100.0	34.1	36.9	14.7	9.3	3.3	1.6
高 中	Senior Secondary School	100.0	28.0	37.9	17.3	10.1	4.5	2.2
大学专科	College	100.0	25.1	37.9	19.3	10.4	5.0	2.2
大学本科	University	100.0	22.9	38.6	21.2	9.3	5.6	2.5
研究生	Graduate and Higher Level	100.0	22.9	47.7	18.6	6.5	3.6	0.7
男	**Male**	**100.0**	**31.3**	**36.6**	**16.6**	**9.5**	**4.0**	**1.9**
未上过学	No Schooling	100.0	40.5	36.1	10.6	7.2	3.1	2.5
小 学	Primary School	100.0	40.5	34.5	13.3	7.7	2.4	1.6
初 中	Junior Secondary School	100.0	36.3	35.6	13.8	9.4	3.4	1.6
高 中	Senior Secondary School	100.0	29.4	36.5	17.1	10.6	4.4	2.0
大学专科	College	100.0	25.4	37.7	19.2	10.7	4.7	2.3
大学本科	University	100.0	24.2	37.9	21.5	8.6	5.0	2.7
研究生	Graduate and Higher Level	100.0	21.3	49.9	18.1	5.7	4.7	0.3
女	**Female**	**100.0**	**28.0**	**38.8**	**17.5**	**9.5**	**4.3**	**2.0**
未上过学	No Schooling	100.0	41.0	35.5	11.3	8.9	2.3	1.1
小 学	Primary School	100.0	33.9	37.6	14.7	9.3	2.7	1.9
初 中	Junior Secondary School	100.0	31.8	38.4	15.7	9.2	3.3	1.7
高 中	Senior Secondary School	100.0	26.5	39.5	17.4	9.6	4.6	2.4
大学专科	College	100.0	24.9	38.2	19.5	10.1	5.4	2.0
大学本科	University	100.0	21.8	39.2	20.9	9.8	6.0	2.3
研究生	Graduate and Higher Level	100.0	24.0	46.2	18.9	7.1	2.8	1.0

3-45 城镇按年龄、性别分的失业人员失业时间构成
Unemployment Duration of Urban Unemployed Persons by Age and Sex

单位：% (%)

年龄 Age	城镇失业人员 Urban Unemployed Persons	1个月 1 Month	2-3个月 2-3 Months	4-6个月 4-6 Months	7-12个月 7-12 Months	13-24个月 13-24 Months	25个月以上 25+ Months+
总计 Total	**100.0**	**29.7**	**37.7**	**17.0**	**9.5**	**4.1**	**2.0**
16-19	100.0	33.7	46.4	15.5	3.4	0.9	0.1
20-24	100.0	27.1	42.3	20.4	6.2	3.3	0.7
25-29	100.0	27.3	38.1	17.2	10.2	4.6	2.6
30-34	100.0	30.7	38.6	16.2	9.2	3.7	1.6
35-39	100.0	29.7	35.9	16.9	11.0	4.6	1.9
40-44	100.0	28.7	35.5	17.1	11.7	4.6	2.4
45-49	100.0	30.3	35.0	15.7	10.9	5.0	3.0
50-54	100.0	31.0	34.5	15.9	11.6	4.8	2.2
55-59	100.0	30.7	36.1	15.9	10.0	4.7	2.6
60-64	100.0	37.3	35.8	13.5	8.3	2.2	3.0
65+	100.0	40.8	33.3	12.9	7.2	2.4	3.4
男 Male	**100.0**	**31.3**	**36.6**	**16.6**	**9.5**	**4.0**	**1.9**
16-19	100.0	30.9	47.4	16.1	4.5	1.0	0.1
20-24	100.0	29.7	40.7	19.4	6.8	2.8	0.6
25-29	100.0	27.6	37.9	17.3	9.6	4.8	2.7
30-34	100.0	34.3	36.2	15.6	9.5	3.1	1.3
35-39	100.0	32.0	33.9	17.3	11.0	4.2	1.6
40-44	100.0	31.5	34.5	16.1	11.8	3.8	2.2
45-49	100.0	32.1	33.4	15.0	11.4	5.1	3.1
50-54	100.0	32.3	33.7	14.4	11.6	5.2	2.8
55-59	100.0	30.2	35.4	15.8	10.1	5.7	2.6
60-64	100.0	37.3	34.2	14.6	9.0	2.1	2.7
65+	100.0	41.6	32.4	13.5	6.9	2.4	3.2
女 Female	**100.0**	**28.0**	**38.8**	**17.5**	**9.5**	**4.3**	**2.0**
16-19	100.0	38.2	44.8	14.5	1.7	0.8	
20-24	100.0	24.3	43.9	21.5	5.7	3.9	0.7
25-29	100.0	27.0	38.3	17.1	10.9	4.4	2.4
30-34	100.0	27.7	40.5	16.7	8.9	4.2	1.8
35-39	100.0	27.8	37.4	16.5	11.1	4.9	2.2
40-44	100.0	26.5	36.2	17.8	11.7	5.2	2.5
45-49	100.0	28.8	36.4	16.3	10.5	5.0	3.0
50-54	100.0	29.8	35.3	17.3	11.6	4.3	1.7
55-59	100.0	31.3	37.2	16.0	9.7	3.2	2.6
60-64	100.0	37.2	38.7	11.6	6.9	2.2	3.5
65+	100.0	39.5	34.9	11.8	7.7	2.3	3.7

第四部分

Chapter Four

2022 年城镇单位就业人员统计数据

Data from Statistics on Employment in Urban Units in 2022

4-1 各地区分行业国有单位就业人员数
Employed Persons in State-owned Units by Sector and Region

单位：人 (person)

地区	Region	国有单位合计 Total	(一)企业 I. Enterprises	(二)政府 II. Institutions	(三)民间非营利组织 III. Civil Nonprofit Organizations	(四)其他 IV. Other	(一)农、林、牧、渔业 I. Agriculture, Forestry, Animal Husbandry and Fishery
总计	**National Total**	**56121522**	**7659344**	**48178769**	**249601**	**33809**	**485327**
北京	Beijing	1502655	201302	1294251	5946	1155	909
天津	Tianjin	636574	132419	500744	1701	1710	693
河北	Hebei	2576557	248341	2313248	14912	57	4414
山西	Shanxi	1601931	151540	1443177	7214		4254
内蒙古	Inner Mongolia	1268194	76927	1185637	5562	69	28518
辽宁	Liaoning	1794812	299151	1485709	9547	405	57097
吉林	Jilin	1148584	163460	980821	4286	17	35120
黑龙江	Heilongjiang	1553974	354619	1194237	3549	1569	161449
上海	Shanghai	958810	211904	733199	13612	95	1506
江苏	Jiangsu	2935429	543018	2369625	22714	72	13500
浙江	Zhejiang	2297250	139707	2154754	2085	703	1667
安徽	Anhui	1783755	237047	1531734	13712	1262	19305
福建	Fujian	1472664	116444	1351502	4487	231	7898
江西	Jiangxi	1737074	264942	1467631	3538	963	11088
山东	Shandong	3793566	608378	3169324	15853	10	3017
河南	Henan	3451942	510268	2916798	21126	3751	10408
湖北	Hubei	2308442	375979	1914528	17576	359	13502
湖南	Hunan	2455830	349973	2097210	8334	312	9387
广东	Guangdong	4382961	746808	3610258	12638	13258	10788
广西	Guangxi	1892903	99726	1784709	8413	55	16550
海南	Hainan	416315	61870	353555	890		4273
重庆	Chongqing	1151759	141136	1003790	6815	17	1653
四川	Sichuan	3249289	394447	2834911	15388	4543	14260
贵州	Guizhou	1713318	165982	1543891	3166	278	2507
云南	Yunnan	1948709	173753	1766910	7869	177	10005
西藏	Tibet	264930	24637	239584	709		511
陕西	Shaanxi	1877432	356005	1512903	6443	2081	10192
甘肃	Gansu	1400024	244229	1151272	4039	483	11764
青海	Qinghai	357236	47290	307358	2500	88	4693
宁夏	Ningxia	356660	52772	301722	2129	37	2919
新疆	Xinjiang	1831945	165267	1663777	2848	53	11477

4-1 续表 1 continued

单位：人 (person)

地 区	Region	(二) 采矿业 II. Mining	(三) 制造业 III. Manufacturing	(四) 电力、热力、燃气及水生产和供应业 IV. Production and Supply of Electricity, Heat, Gas and Water	(五) 建筑业 V. Construction	(六) 批发和零售业 VI. Wholesale and Retail Trades	(七) 交通运输、仓储和邮政业 VII. Transport, Storage and Post
总 计	**National Total**	**154595**	**521388**	**948718**	**867098**	**460409**	**942703**
北 京	Beijing		1692	756	676	6858	4424
天 津	Tianjin		4329	1733	10115	3951	27059
河 北	Hebei	603	13946	71788	18840	13601	54727
山 西	Shanxi	12885	7642	17166	10738	13247	24548
内蒙古	Inner Mongolia	2787	1547	4201	2231	7470	10478
辽 宁	Liaoning	623	21802	18036	24419	13342	37504
吉 林	Jilin	1340	22769	8565	2728	9137	13736
黑龙江	Heilongjiang	4073	22613	16977	9084	12880	48497
上 海	Shanghai		7382	1276	12404	4675	23573
江 苏	Jiangsu	699	35043	9300	124377	29114	60142
浙 江	Zhejiang	57	10598	3004	6873	13152	14950
安 徽	Anhui	4460	27319	12421	50948	15876	18686
福 建	Fujian	1830	8298	3488	3234	16295	8477
江 西	Jiangxi	4708	23002	12621	46944	18652	31094
山 东	Shandong	12415	46625	124886	79053	17555	66720
河 南	Henan	11370	25123	127878	44230	35270	65300
湖 北	Hubei	1178	40732	77520	44518	29910	45764
湖 南	Hunan	145	30597	95421	48594	26270	28823
广 东	Guangdong	1598	28941	37544	123042	27628	94525
广 西	Guangxi	402	8964	9091	5260	11499	12863
海 南	Hainan	271	2239	10807	1378	8331	7536
重 庆	Chongqing	358	7786	3488	18945	10038	27833
四 川	Sichuan	23030	19189	25463	60799	21756	41730
贵 州	Guizhou	2338	4367	44701	23649	19421	11989
云 南	Yunnan	7346	31199	5937	13922	22601	25109
西 藏	Tibet	57	1028	1472	523	2017	10874
陕 西	Shaanxi	26496	37812	70423	26621	22625	64701
甘 肃	Gansu	16748	15313	66044	34623	11941	22680
青 海	Qinghai	9	5930	10747	12352	2304	7975
宁 夏	Ningxia	13692	1520	14481	777	2495	9499
新 疆	Xinjiang	3077	6042	41484	5203	10498	20887

4-1 续表 2 continued

单位：人 (person)

地区	Region	(八) 住宿和餐饮业 VIII. Hotels and Catering Services	(九) 信息传输、软件和信息技术服务业 IX. Information Transmission, Software and Information Technology	(十) 金融业 X. Financial Intermedia-tion	(十一) 房地产业 XI. Real Estate	(十二) 租赁和商务服务业 XII. Leasing and Business Services	(十三) 科学研究和技术服务业 XIII. Scientific Research and Technical Services
总 计	**National Total**	**158259**	**270173**	**614434**	**247383**	**922546**	**1455508**
北 京	Beijing	10197	9145	7513	5898	118250	134330
天 津	Tianjin	1262	1552	17577	5593	25139	28306
河 北	Hebei	7872	8197	7529	4334	22565	43354
山 西	Shanxi	6020	5198	22039	5034	14805	28965
内蒙古	Inner Mongolia	1117	7284	14301	1596	9468	27721
辽 宁	Liaoning	4280	14826	35609	10981	22230	44930
吉 林	Jilin	4370	9806	13007	2722	9528	35309
黑龙江	Heilongjiang	3359	9149	16908	5123	28359	37604
上 海	Shanghai	2588	11871	45201	13298	62384	51919
江 苏	Jiangsu	12011	14016	45912	14016	87244	77390
浙 江	Zhejiang	6429	7479	5812	8200	39017	52734
安 徽	Anhui	1338	6397	22823	3368	16987	40800
福 建	Fujian	2105	3325	4270	10824	15250	30392
江 西	Jiangxi	6749	4138	22835	4355	16194	38066
山 东	Shandong	19543	16205	61678	17000	47104	70872
河 南	Henan	7800	20987	6976	7714	33629	69891
湖 北	Hubei	4054	14637	12362	9719	31637	59950
湖 南	Hunan	3995	7843	30374	4312	21467	49845
广 东	Guangdong	14521	23603	82765	71220	146554	114046
广 西	Guangxi	1702	2801	4528	3694	16281	45072
海 南	Hainan	748	1786	7865	2470	4725	11445
重 庆	Chongqing	1325	13905	4231	2749	16150	30748
四 川	Sichuan	6494	15012	28284	6954	31314	83154
贵 州	Guizhou	2832	4172	2831	1949	9344	24720
云 南	Yunnan	6492	6893	15021	3321	18423	56625
西 藏	Tibet	1107	6657	3137	747	2771	6786
陕 西	Shaanxi	5607	8153	30641	8861	23947	53667
甘 肃	Gansu	3939	7182	16923	7283	13191	46833
青 海	Qinghai	1026	965	1786	507	1291	11051
宁 夏	Ningxia	953	1563	5306	232	2015	8588
新 疆	Xinjiang	6422	5423	18389	3307	15282	40399

4-1 续表 3 continued

单位：人 (person)

地 区	Region	(十四) 水利、环境和公共设施管理业 XIV. Management of Water Conservancy, Enviroment and Public Facilities	(十五) 居民服务、修理和其他服务业 XV. Service to Households, Repair and Other Services	(十六) 教育 XVI. Education	(十七) 卫生和社会工作 XVII. Health and Social Service	(十八) 文化、体育和娱乐业 XVIII. Culture, Sports and Entertainment	(十九) 公共管理、社会保障和社会组织 XIX.Public Manage-ment, Social Security and Social Organization
总 计	**National Total**	**1160182**	**131886**	**16646480**	**9559728**	**828499**	**19746207**
北 京	Beijing	49982	7979	373048	260958	82175	427865
天 津	Tianjin	16842	2912	181081	104664	7472	196294
河 北	Hebei	48673	5093	793295	424402	36630	996692
山 西	Shanxi	46553	2316	468382	248217	27854	636069
内蒙古	Inner Mongolia	20859	2096	352174	196251	26096	551997
辽 宁	Liaoning	42503	4750	482630	297403	24436	637410
吉 林	Jilin	43418	3865	321059	194487	21203	396414
黑龙江	Heilongjiang	53453	5122	354400	234653	18351	511920
上 海	Shanghai	13200	6609	292748	211202	16668	180305
江 苏	Jiangsu	59971	11099	914910	464963	40761	920962
浙 江	Zhejiang	33095	4550	744323	500625	37763	806922
安 徽	Anhui	25097	3630	600174	295413	19632	599080
福 建	Fujian	24340	2210	553425	236438	24876	515687
江 西	Jiangxi	15507	2224	568963	258699	19669	631566
山 东	Shandong	50207	8159	1088311	662614	49906	1351695
河 南	Henan	72170	9586	1029831	627068	45281	1201430
湖 北	Hubei	56106	6647	626108	430034	35576	768489
湖 南	Hunan	62631	3508	722370	414483	29316	866447
广 东	Guangdong	88021	13252	1135479	797985	52779	1518670
广 西	Guangxi	49583	2536	723258	370457	20773	587590
海 南	Hainan	11704	767	125531	66450	5183	142806
重 庆	Chongqing	13375	3204	403592	203694	13404	375282
四 川	Sichuan	59429	5370	1025247	605140	42544	1134119
贵 州	Guizhou	15862	3460	550093	273249	14473	701359
云 南	Yunnan	35789	2339	606627	330002	23852	727208
西 藏	Tibet	745	582	50923	19641	4115	151236
陕 西	Shaanxi	54722	4013	500283	296819	33409	598439
甘 肃	Gansu	32209	1046	376328	194330	19659	501988
青 海	Qinghai	6563	782	83034	54415	5079	146727
宁 夏	Ningxia	12528	283	101132	53596	5710	119372
新 疆	Xinjiang	45041	1897	497722	231377	23853	844165

4-2 各地区分行业城镇集体单位就业人员数
Employed Persons in Urban Collective-owned Units by Sector and Region

单位：人 (person)

地 区	Region	城镇集体单位合计 Total	(一)企业 I. Enterprises	(二)政府 II. Institutions	(三)民间非营利组织 III. Civil Nonprofit Organizations	(四)其他 IV. Other	(一)农、林、牧、渔业 I. Agriculture, Forestry, Animal Husbandry and Fishery
总 计	**National Total**	**2351221**	**1505906**	**683906**	**154502**	**6907**	**17705**
北 京	Beijing	89728	79370	4645	5616	98	5880
天 津	Tianjin	18442	12463	4413	1566		36
河 北	Hebei	93519	46866	41337	5313		396
山 西	Shanxi	43207	40845	444	1917		272
内蒙古	Inner Mongolia	17397	10556	4564	2258	19	157
辽 宁	Liaoning	58915	46019	10634	2216	46	2372
吉 林	Jilin	8376	6117	1682	577		149
黑龙江	Heilongjiang	19303	15473	3646	184		72
上 海	Shanghai	73861	31812	27664	14362	22	1500
江 苏	Jiangsu	302026	96602	178577	25882	965	778
浙 江	Zhejiang	73404	57864	5880	9616	45	187
安 徽	Anhui	64670	32522	28019	4112	16	486
福 建	Fujian	68833	37124	30116	1593		117
江 西	Jiangxi	75314	60533	11622	2964	195	465
山 东	Shandong	147903	90703	48110	9090		681
河 南	Henan	165280	91253	68315	5621	91	448
湖 北	Hubei	64820	39151	19506	6131	32	274
湖 南	Hunan	118310	87704	29177	1429		349
广 东	Guangdong	330579	242726	70270	12474	5109	433
广 西	Guangxi	48956	46023	840	2093		157
海 南	Hainan	10178	6485	3617	75		219
重 庆	Chongqing	38704	27158	10230	1276	40	312
四 川	Sichuan	138599	108817	21044	8705	34	185
贵 州	Guizhou	24641	19604	1287	3705	45	467
云 南	Yunnan	102189	61384	19990	20731	84	391
西 藏	Tibet	2801	2406	346	42		47
陕 西	Shaanxi	79860	53729	23069	3016	47	130
甘 肃	Gansu	46001	34606	10094	1291	10	286
青 海	Qinghai	7055	5499	1302	254		410
宁 夏	Ningxia	4265	2368	1673	224		
新 疆	Xinjiang	14085	12122	1796	168		50

注：空项表示无数字或数字很小，因此可能存在合计与分项相加不等的情况。下表同。

Note: Empty cells in tables indicate that no data are available or the value is negligible, which may result statistical discrepancies on totals and relative figures. The same applies to the relevant tables following.

4-2 续表 1 continued

单位：人 (person)

地 区	Region	(二) 采矿业 II. Mining	(三) 制造业 III. Manufac-turing	(四) 电力、热力、燃气及水生产和供应业 IV. Production and Supply of Electricity, Heat, Gas and Water	(五) 建筑业 V. Construction	(六) 批发和零售业 VI. Wholesale and Retail Trades	(七) 交通运输、仓储和邮政业 VII. Transport, Storage and Post
总 计	**National Total**	**21469**	**144343**	**25358**	**674289**	**74652**	**47390**
北 京	Beijing		5716	495	4111	4044	2534
天 津	Tianjin		2551	114	1652	1080	1254
河 北	Hebei	169	11633	345	8380	4345	2024
山 西	Shanxi	5123	6075	395	6013	6270	1443
内蒙古	Inner Mongolia		474		238	164	516
辽 宁	Liaoning	97	11322	863	12987	2168	1518
吉 林	Jilin	45	981	61	883	174	166
黑龙江	Heilongjiang	6392	2465	216	2314	788	436
上 海	Shanghai		5450	210	4644	1741	1408
江 苏	Jiangsu	100	12039	1553	19102	4793	5310
浙 江	Zhejiang	145	4255	3297	28658	2527	1845
安 徽	Anhui	53	3314	325	19991	897	1173
福 建	Fujian	1728	5574	1343	14832	3043	1026
江 西	Jiangxi	143	2250	221	49288	955	1245
山 东	Shandong	58	9315	520	51814	5147	1408
河 南	Henan		13411	453	39466	6680	6499
湖 北	Hubei	484	2517	1783	14599	6287	2430
湖 南	Hunan	1857	8388	3539	61671	2612	3209
广 东	Guangdong	17	14976	5511	121826	6748	3363
广 西	Guangxi	2	2937	702	35484	1801	799
海 南	Hainan		171	161	2781	498	663
重 庆	Chongqing	190	3176	788	17258	873	1023
四 川	Sichuan	49	3651	1128	85103	1401	2558
贵 州	Guizhou	179	790	242	4894	717	370
云 南	Yunnan	1586	5133	710	16522	1892	1445
西 藏	Tibet	304	392	10	1015	55	264
陕 西	Shaanxi	1505	3939	79	24636	3180	1007
甘 肃	Gansu	1228	824	161	21868	952	172
青 海	Qinghai		245	61	1737	261	147
宁 夏	Ningxia		247	64	206	808	
新 疆	Xinjiang	13	132		315	1748	127

4-2 续表 2 continued

单位：人 (person)

地 区 Region	(八) 住宿和餐饮业 VIII. Hotels and Catering Services	(九) 信息传输、软件和信息技术服务业 IX. Information Transmission, Software and Information Technology	(十) 金融业 X. Financial Intermediation	(十一) 房地产业 XI. Real Estate	(十二) 租赁和商务服务业 XII. Leasing and Business Services	(十三) 科学研究和技术服务业 XIII. Scientific Research and Technical Services
总 计 National Total	**18798**	**4639**	**60465**	**83108**	**172070**	**39295**
北 京 Beijing	3582	770		17404	17548	2782
天 津 Tianjin	112	21		1895	1792	464
河 北 Hebei	642	190	1124	2387	9083	1117
山 西 Shanxi	527	107	6591	2365	2650	433
内蒙古 Inner Mongolia	199	61	7142	103	1150	364
辽 宁 Liaoning	328	50	3104	1308	5000	985
吉 林 Jilin	80		1943	72	548	333
黑龙江 Heilongjiang	110	88	1266	167	463	320
上 海 Shanghai	1107			6119	12799	893
江 苏 Jiangsu	1047	555	242	9511	20341	7311
浙 江 Zhejiang	750	538	165	1589	4465	1454
安 徽 Anhui	117	99	191	351	1622	952
福 建 Fujian	543	50		2182	1934	1145
江 西 Jiangxi	166	395		403	1855	455
山 东 Shandong	1065	100	44	4569	3411	2605
河 南 Henan	1335	375	4482	1016	3047	3425
湖 北 Hubei	930	75		1249	4748	1830
湖 南 Hunan	659	54	27	1429	887	995
广 东 Guangdong	1554	451	641	19615	57579	2738
广 西 Guangxi	198	43		949	587	832
海 南 Hainan	42	118	130	911	186	339
重 庆 Chongqing	827	27		392	726	417
四 川 Sichuan	583	40	45	1239	3843	2124
贵 州 Guizhou	417	16	3395	454	5048	463
云 南 Yunnan	668	287	10271	829	1389	2019
西 藏 Tibet	168	37				26
陕 西 Shaanxi	545	56	7066	1311	4978	1564
甘 肃 Gansu	430		5254	1123	1219	464
青 海 Qinghai	65		1071	1297	218	58
宁 夏 Ningxia			256	423	139	50
新 疆 Xinjiang		22	6003	447	2812	341

4-2 续表 3 continued

单位：人 (person)

地 区	Region	(十四) 水利、环境和公共设施管理业 XIV. Management of Water Conservancy, Enviroment and Public Facilities	(十五) 居民服务、修理和其他服务业 XV. Service to Households, Repair and Other Services	(十六) 教育 XVI. Education	(十七) 卫生和社会工作 XVII. Health and Social Service	(十八) 文化、体育和娱乐业 XVIII. Culture, Sports and Entertainment	(十九) 公共管理、社会保障和社会组织 XIX.Public Manage-ment, Social Security and Social Organization
总 计	**National Total**	**48457**	**32601**	**478706**	**336144**	**16372**	**55361**
北 京	Beijing	6560	3700	4635	8542	1196	229
天 津	Tianjin	348	962	1838	2602	300	1422
河 北	Hebei	2061	779	16838	28626	915	2464
山 西	Shanxi	340	469	2064	1093	537	439
内蒙古	Inner Mongolia	105	430	2642	2359	445	839
辽 宁	Liaoning	256	886	6929	7285	426	1032
吉 林	Jilin	166	545	1112	799	69	243
黑龙江	Heilongjiang	92	107	941	2647	15	406
上 海	Shanghai	3238	3903	9338	15922	475	5110
江 苏	Jiangsu	14237	8196	104045	76271	3261	13334
浙 江	Zhejiang	1700	2125	15225	3573	506	399
安 徽	Anhui	306	474	12769	19873	253	1424
福 建	Fujian	517	524	19589	13814	229	644
江 西	Jiangxi	352	274	10322	5052	169	1304
山 东	Shandong	1391	1183	38464	21754	1098	3277
河 南	Henan	2146	1311	51625	21887	1221	6452
湖 北	Hubei	1930	1021	15909	6035	851	1867
湖 南	Hunan	782	251	11122	18165	679	1635
广 东	Guangdong	4255	1923	54119	28459	920	5451
广 西	Guangxi	82	130	2944	983	64	256
海 南	Hainan	174	41	1728	1804	133	81
重 庆	Chongqing	41	285	5130	5997	136	1106
四 川	Sichuan	5906	824	16587	10453	513	2364
贵 州	Guizhou		289	4893	1870	38	95
云 南	Yunnan	534	836	39056	15467	885	2269
西 藏	Tibet			244	202	26	
陕 西	Shaanxi	578	893	17892	9367	366	768
甘 肃	Gansu	301	110	7223	3703	457	218
青 海	Qinghai	27	125	526	662	88	57
宁 夏	Ningxia			1326	634		100
新 疆	Xinjiang	20		1631	244	101	76

4-3　各地区分行业其他单位就业人员数
Employed Persons in Units of Other Types of Ownership by Sector and Region

单位：人　　(person)

地区	Region	其他单位合计 Total	(一)内资 I. Domestic Funded	1.股份合作 1.Cooperative Units	2.联营 2.Joint Ownership Units	3.有限责任公司 3.Limited Liability Corporations	4.股份有限公司 4.Share-holding Corporations Ltd	5.其他 5.Others
总　计	**National Total**	**108533816**	**85757000**	**579337**	**192704**	**65056671**	**16841832**	**3086456**
北　京	Beijing	5878184	4401512	44435	2107	3402668	850618	101683
天　津	Tianjin	1778390	1209001	7046	3338	929977	230685	37954
河　北	Hebei	2941380	2584579	27013	7817	2002628	524700	22422
山　西	Shanxi	2737462	2612627	1750	246	2165347	363445	81839
内蒙古	Inner Mongolia	1369650	1307697	10778	3321	1045971	236073	11555
辽　宁	Liaoning	2583290	2076104	21266	3157	1479117	490924	81640
吉　林	Jilin	1266335	1133596	9595	5371	795664	272278	50688
黑龙江	Heilongjiang	1405456	1328763	17948	1527	1045179	214013	50095
上　海	Shanghai	5689979	2875365	11495	4135	2101742	540723	217270
江　苏	Jiangsu	9592875	6382407	23507	30951	4610416	1556222	161311
浙　江	Zhejiang	8043027	6266009	73338	3147	4429426	1581165	178933
安　徽	Anhui	3920019	3575049	18988	7350	2816069	632122	100519
福　建	Fujian	4050082	2860603	15496	3104	2299395	473423	69186
江　西	Jiangxi	2557077	2265529	16165	6758	1852972	317685	71950
山　东	Shandong	6873249	5818550	19016	11855	4155952	1410378	221348
河　南	Henan	5121739	4660386	33249	14278	3733235	757364	122260
湖　北	Hubei	4024478	3541840	10734	12947	2762400	620621	135138
湖　南	Hunan	3324490	2952832	11409	7207	2149362	595087	189768
广　东	Guangdong	15952948	10083331	88531	31444	7274519	2040048	648789
广　西	Guangxi	2016245	1789626	21257	1172	1460706	235230	71261
海　南	Hainan	665624	619406	5960	2908	451204	116805	42529
重　庆	Chongqing	2261710	1933545	6731	2648	1503415	400744	20007
四　川	Sichuan	5426417	4905683	34146	8183	3975966	740378	147010
贵　州	Guizhou	1535534	1474594	6995	2134	1158782	289653	17030
云　南	Yunnan	1501980	1416277	9883	3957	1149027	241530	11880
西　藏	Tibet	158147	152830	14	901	112347	34625	4942
陕　西	Shaanxi	2758358	2531364	15429	8175	1983419	395864	128478
甘　肃	Gansu	1129439	1102420	9531	963	770999	275634	45294
青　海	Qinghai	293696	285019	1789	308	213695	67561	1666
宁　夏	Ningxia	351275	322209	1430	71	246127	68637	5944
新　疆	Xinjiang	1325283	1288245	4414	1224	978944	267595	36068

4-3 续表 1 continued

单位：人 (person)

地 区	Region	(二) 港、澳、台商投资 II.Units with Funds Entrepreneurs from Hong Kong, Macao and Taiwan	(三) 外商投资 III. Foreign Funded Units	(一) 企业 I. Enterprises	(二) 政府 II. Institutions	(三)民间非营利组织 III. Civil Nonprofit Organizations	(四) 其他 IV. Other
总 计	**National Total**	**11137376**	**11639440**	**106580597**	**279870**	**1638101**	**35247**
北 京	Beijing	704827	771845	5799935	3845	74040	363
天 津	Tianjin	235952	333437	1753040	352	24754	244
河 北	Hebei	151598	205203	2918643	3275	18718	744
山 西	Shanxi	61856	62979	2682105	173	54790	393
内蒙古	Inner Mongolia	15683	46270	1359138	2489	7803	219
辽 宁	Liaoning	128367	378820	2528355	12893	41594	448
吉 林	Jilin	21523	111216	1231130	4129	28115	2961
黑龙江	Heilongjiang	34962	41732	1364562	22052	18474	367
上 海	Shanghai	1191703	1622912	5494836	228	193686	1229
江 苏	Jiangsu	1273178	1937290	9505332	10564	76066	913
浙 江	Zhejiang	802253	974765	7909017	3925	128524	1560
安 徽	Anhui	156337	188634	3856900	14457	47019	1643
福 建	Fujian	688179	501299	4009412	956	39491	223
江 西	Jiangxi	157789	133759	2527503	6536	22133	905
山 东	Shandong	418722	635977	6730742	30891	110506	1109
河 南	Henan	277322	184030	5076798	6451	37717	774
湖 北	Hubei	192564	290074	3947557	5963	70150	807
湖 南	Hunan	244404	127254	3222254	12746	88097	1393
广 东	Guangdong	3731322	2138294	15567243	100526	277561	7618
广 西	Guangxi	78678	147941	1967278	112	48035	821
海 南	Hainan	29037	17181	635349	2239	27537	498
重 庆	Chongqing	135063	193101	2256366	52	5042	250
四 川	Sichuan	236494	284240	5351944	2875	68034	3564
贵 州	Guizhou	26359	34582	1523862	1203	10155	314
云 南	Yunnan	44807	40896	1496912	264	4423	381
西 藏	Tibet	2783	2534	154572	1938	315	1321
陕 西	Shaanxi	51238	175756	2667210	12167	77825	1156
甘 肃	Gansu	7933	19086	1096282	15391	16974	792
青 海	Qinghai	2780	5896	293106	101	443	45
宁 夏	Ningxia	19220	9847	348098	637	2530	11
新 疆	Xinjiang	14446	22592	1305115	442	17547	2179

4-3 续表 2 continued

单位：人 (person)

地 区	Region	(一) 农、林、牧、渔业 I. Agriculture, Forestry, Animal Husbandry and Fishery	(二) 采矿业 II. Mining	(三) 制造业 III. Manufacturing	(四) 电力、热力、燃气及水生产和供应业 IV. Production and Supply of Electricity, Heat, Gas and Water	(五) 建筑业 V. Construction	(六) 批发和零售业 VI. Wholesale and Retail Trades	(七) 交通运输、仓储和邮政业 VII. Transport, Storage and Post
总 计	**National Total**	**286105**	**3232918**	**36718738**	**2778755**	**16810596**	**7317892**	**6771837**
北 京	Beijing	7716	25875	566171	92107	444242	496965	517520
天 津	Tianjin	1881	53280	624696	39904	171578	150726	121360
河 北	Hebei	13820	147867	943967	113344	335838	182839	230676
山 西	Shanxi	9052	845808	558831	144375	235491	123540	205643
内蒙古	Inner Mongolia	41036	106937	373154	139202	80465	71188	185237
辽 宁	Liaoning	7367	170873	896623	129239	209225	143013	249627
吉 林	Jilin	16933	52228	388581	87015	115653	72696	137442
黑龙江	Heilongjiang	13354	210583	234322	129362	103846	87231	176012
上 海	Shanghai	5419	1755	1261873	32408	253591	912109	422740
江 苏	Jiangsu	9408	52153	4402251	140020	2131852	500080	354729
浙 江	Zhejiang	4871	4271	3191751	125903	1555161	424178	312240
安 徽	Anhui	3443	114488	1383737	84470	867697	222515	241366
福 建	Fujian	2823	10141	1491333	105334	1082659	221243	204221
江 西	Jiangxi	4165	21537	977024	82770	596976	155219	139739
山 东	Shandong	7285	238072	2679736	153244	1156833	411604	384460
河 南	Henan	4581	244855	1752716	84634	1109886	273316	290658
湖 北	Hubei	4605	31838	1287700	57372	941825	284355	226567
湖 南	Hunan	7996	39123	985642	59115	825633	199338	203004
广 东	Guangdong	7882	13014	7777667	224649	950917	1056542	702065
广 西	Guangxi	13799	7611	544611	97922	401732	128726	159528
海 南	Hainan	31576	4868	82877	12258	36230	69624	62947
重 庆	Chongqing	2575	6890	641282	59434	552502	145019	171352
四 川	Sichuan	8324	89269	1464352	200476	1176929	344457	302244
贵 州	Guizhou	9891	164535	321250	43946	311825	97161	108501
云 南	Yunnan	13507	46077	340730	100972	254534	123492	132492
西 藏	Tibet	1861	7146	14702	12045	26199	21217	10722
陕 西	Shaanxi	6284	256710	749183	74018	422925	186977	192670
甘 肃	Gansu	7472	58017	267168	41651	222519	84494	107872
青 海	Qinghai	2738	26157	95601	13256	18495	18746	40113
宁 夏	Ningxia	2269	46269	108214	26794	22275	21552	31152
新 疆	Xinjiang	12173	134671	310994	71513	195061	87728	146940

4-3 续表 3 continued

单位：人 (person)

地区	Region	(八) 住宿和餐饮业 VIII. Hotels and Catering Services	(九) 信息传输、软件和信息技术服务业 IX. Information Transmission, software and Information Technology	(十) 金融业 X. Financial Intermediation	(十一) 房地产业 XI. Real Estate	(十二) 租赁和商务服务业 XII. Leasing and Business Services	(十三) 科学研究和技术服务业 XIII. Scientific Research and Technical Services
总　计	**National Total**	**2372968**	**5016757**	**6720807**	**4784559**	**6288167**	**3063338**
北　京	Beijing	258556	999093	578137	428916	566577	486488
天　津	Tianjin	44014	68537	120297	87924	99642	82577
河　北	Hebei	32836	111498	313238	98619	163124	98773
山　西	Shanxi	32946	46017	202107	54934	98661	45727
内蒙古	Inner Mongolia	20369	37809	143047	52095	37828	28217
辽　宁	Liaoning	37306	123131	199130	97220	102263	55192
吉　林	Jilin	12343	39181	155245	42169	31910	27760
黑龙江	Heilongjiang	11110	50094	152050	42734	96236	19048
上　海	Shanghai	259339	532464	303211	254261	716331	330907
江　苏	Jiangsu	187724	336810	357503	258793	334213	196747
浙　江	Zhejiang	135121	335732	436466	292630	686295	172995
安　徽	Anhui	60757	110408	167817	149111	200665	75382
福　建	Fujian	89881	100369	201228	149876	167361	48384
江　西	Jiangxi	36692	52511	134117	85622	64349	35713
山　东	Shandong	98336	180794	515407	265363	207506	157729
河　南	Henan	61272	164437	240954	226850	231320	106372
湖　北	Hubei	80527	152203	199186	186225	219124	113072
湖　南	Hunan	57637	81539	241993	136389	120714	78323
广　东	Guangdong	389271	814975	706642	816737	1101845	406962
广　西	Guangxi	44001	54574	155726	80009	155450	45350
海　南	Hainan	46018	22826	46945	83682	33238	20203
重　庆	Chongqing	32542	47308	196848	146617	128308	52873
四　川	Sichuan	147723	248656	327015	300808	325760	159400
贵　州	Guizhou	27861	40963	124153	85011	63982	28030
云　南	Yunnan	38677	43008	95976	88084	96442	34528
西　藏	Tibet	5184	5797	16270	6687	13862	3688
陕　西	Shaanxi	76291	134426	160680	119764	83787	78287
甘　肃	Gansu	23487	25975	94158	58226	29907	31691
青　海	Qinghai	3247	8600	23463	14811	11050	8231
宁　夏	Ningxia	2067	8113	30838	15133	11278	7849
新　疆	Xinjiang	19835	38906	80959	59258	89140	26842

4-3 续表 4 continued

单位：人 (person)

地区	Region	(十四) 水利、环境和公共设施管理业 XIV. Management of Water Conservancy, Enviroment and Public Facilities	(十五) 居民服务、修理和其他服务业 XV. Service to Households, Repair and Other Services	(十六) 教育 XVI. Education	(十七) 卫生和社会工作 XVII. Health and Social Service	(十八) 文化、体育和娱乐业 XVIII. Culture, Sports and Entertain-ment	(十九) 公共管理、社会保障和社会组织 XIX.Public Management, Social Security and Social Organization
总 计	**National Total**	**1327318**	**736522**	**2381055**	**1249088**	**620147**	**56250**
北 京	Beijing	57363	47295	112401	85050	102757	4952
天 津	Tianjin	9722	51579	27270	16328	6139	936
河 北	Hebei	56439	19467	30099	34620	14233	81
山 西	Shanxi	20806	5589	71410	23441	12899	183
内蒙古	Inner Mongolia	26345	3668	10250	8769	2805	1230
辽 宁	Liaoning	39583	10119	55595	42097	13079	2608
吉 林	Jilin	15884	10375	27838	23318	8537	1227
黑龙江	Heilongjiang	11122	6986	31327	23404	5013	1621
上 海	Shanghai	111260	91231	73579	86151	39124	2228
江 苏	Jiangsu	60036	36320	100600	88137	43335	2167
浙 江	Zhejiang	78679	40970	134308	79900	30960	597
安 徽	Anhui	63830	23267	75608	58241	15903	1315
福 建	Fujian	45258	35236	57483	24014	12893	344
江 西	Jiangxi	53805	10758	61204	31346	11951	1579
山 东	Shandong	105435	25201	165564	88577	28077	4026
河 南	Henan	87449	45347	113217	62284	20972	619
湖 北	Hubei	36217	18947	115020	44047	24232	1416
湖 南	Hunan	30529	21804	154461	47419	30567	3262
广 东	Guangdong	132003	114443	507082	142731	71246	16272
广 西	Guangxi	21032	11107	62395	20160	12260	252
海 南	Hainan	41667	5166	41267	13007	10793	433
重 庆	Chongqing	25662	6061	18850	15513	12019	56
四 川	Sichuan	48118	39616	134958	76462	30409	1441
贵 州	Guizhou	36845	15813	25511	20915	9298	43
云 南	Yunnan	34221	13024	16235	18653	11016	311
西 藏	Tibet	4985	1713	2177	1932	1502	458
陕 西	Shaanxi	34326	14347	101426	43958	20127	2171
甘 肃	Gansu	17077	5760	28762	13061	8368	3776
青 海	Qinghai	2673	1431	839	2045	2194	
宁 夏	Ningxia	5411	295	4584	3303	3691	190
新 疆	Xinjiang	13535	3589	19738	10204	3746	450

第五部分

Chapter Five

2022 年全国户籍统计人口数据

Data from Household Registration in 2022

5-1 各地区总户数、总人口
Households and Population by Region

地 区	Region	总户数 (户) Number of Households (household)	总人口 (人) Total Population (person)	男 Male	女 Female	平均每户人数 (人/户) Average Family Size (person/household)	性别比 (女=100) Sex Ratio (Female=100)
全 国	**National Total**	**465729097**	**1416251665**	**724370207**	**691881458**	**3.04**	**104.70**
北 京	Beijing	5639215	14256206	7070341	7185865	2.53	98.39
天 津	Tianjin	4330703	11613028	5756683	5856345	2.68	98.30
河 北	Hebei	25373190	77547353	39339535	38207818	3.06	102.96
山 西	Shanxi	13065028	35427518	17981196	17446322	2.71	103.07
内蒙古	Inner Mongolia	10347061	24253175	12248159	12005016	2.34	102.03
辽 宁	Liaoning	15571408	41394175	20586461	20807714	2.66	98.94
吉 林	Jilin	10222354	25494489	12782483	12712006	2.49	100.55
黑龙江	Heilongjiang	14847892	34571460	17348477	17222983	2.33	100.73
上 海	Shanghai	5730522	15038263	7423924	7614339	2.62	97.50
江 苏	Jiangsu	25991158	78719953	39622118	39097835	3.03	101.34
浙 江	Zhejiang	17780242	51105121	25610414	25494707	2.87	100.45
安 徽	Anhui	22195400	71207778	36958819	34248959	3.21	107.91
福 建	Fujian	12007489	39604896	20336119	19268777	3.30	105.54
江 西	Jiangxi	15167938	50393077	26390027	24003050	3.32	109.94
山 东	Shandong	34281970	101464554	51435613	50028941	2.96	102.81
河 南	Henan	33847773	115355863	59502378	55853485	3.41	106.53
湖 北	Hubei	20924774	61313802	31843859	29469943	2.93	108.06
湖 南	Hunan	24049307	72112491	37371818	34740673	3.00	107.57
广 东	Guangdong	27363037	100497201	51370323	49126878	3.67	104.57
广 西	Guangxi	16764826	57431346	30211533	27219813	3.43	110.99
海 南	Hainan	2714000	9844392	5116107	4728285	3.63	108.20
重 庆	Chongqing	12920572	34138026	17439218	16698808	2.64	104.43
四 川	Sichuan	31577129	90674762	46408390	44266372	2.87	104.84
贵 州	Guizhou	13403479	46313926	24205342	22108584	3.46	109.48
云 南	Yunnan	15139701	48300396	24858451	23441945	3.19	106.04
西 藏	Tibet	918447	3452897	1734455	1718442	3.76	100.93
陕 西	Shaanxi	13684264	40917991	21018537	19899454	2.99	105.62
甘 肃	Gansu	8381282	27775149	14287054	13488095	3.31	105.92
青 海	Qinghai	1775211	5973238	3013066	2960172	3.36	101.79
宁 夏	Ningxia	2425993	6998435	3527438	3470997	2.88	101.63
新 疆	Xinjiang	7287732	23060704	11571869	11488835	3.16	100.72

5-2 各地区市总户数、总人口
Households and Population in Cities by Region

地 区	Region	总户数 (户) Number of Households (household)	总人口 (人) Total Population (person)	男 Male	女 Female	平均每户人数 (人/户) Average Family Size (person/household)	性别比 (女=100) Sex Ratio (Female=100)
全 国	**National Total**	**266587638**	**784671452**	**395731078**	**388940374**	**2.94**	**101.89**
北 京	Beijing	5639215	14256206	7070341	7185865	2.53	98.28
天 津	Tianjin	4330703	11613028	5756683	5856345	2.68	98.45
河 北	Hebei	11916393	36878387	18495971	18382416	3.09	100.72
山 西	Shanxi	5675184	15925764	7995485	7930279	2.81	101.07
内蒙古	Inner Mongolia	3757575	9186539	4561771	4624768	2.44	98.84
辽 宁	Liaoning	11978621	30958857	15281225	15677632	2.58	97.72
吉 林	Jilin	7485886	18535878	9244776	9291102	2.48	99.52
黑龙江	Heilongjiang	9410906	21440639	10673678	10766961	2.28	98.97
上 海	Shanghai	5730522	15038263	7423924	7614339	2.62	97.64
江 苏	Jiangsu	20338414	59170550	29451414	29719136	2.91	99.32
浙 江	Zhejiang	12822330	36870728	18321539	18549189	2.88	99.06
安 徽	Anhui	9550210	28766030	14712734	14053296	3.01	104.76
福 建	Fujian	6913983	22287530	11256039	11031491	3.22	102.33
江 西	Jiangxi	6673128	22139936	11492996	10646940	3.32	108.00
山 东	Shandong	21160591	62221928	31158149	31063779	2.94	100.52
河 南	Henan	13855365	45692662	23139295	22553367	3.30	102.68
湖 北	Hubei	14481364	42012999	21684798	20328201	2.90	106.69
湖 南	Hunan	10526452	30324881	15452897	14871984	2.88	104.08
广 东	Guangdong	21575436	78003959	39636131	38367828	3.62	103.61
广 西	Guangxi	8078602	26886595	13956214	12930381	3.33	108.04
海 南	Hainan	1742646	6336023	3260760	3075263	3.64	106.26
重 庆	Chongqing	9756271	24913741	12601995	12311746	2.55	102.27
四 川	Sichuan	16162283	44139512	22184184	21955328	2.73	101.24
贵 州	Guizhou	5236377	17244547	8858941	8385606	3.29	105.63
云 南	Yunnan	5546401	16291602	8212245	8079357	2.94	101.91
西 藏	Tibet	306311	827042	416796	410246	2.70	101.47
陕 西	Shaanxi	7060029	21037483	10606705	10430778	2.98	101.50
甘 肃	Gansu	3124652	9241850	4679981	4561869	2.96	102.82
青 海	Qinghai	790034	2442496	1212678	1229818	3.09	98.85
宁 夏	Ningxia	1405042	3831877	1900980	1930897	2.73	98.81
新 疆	Xinjiang	3556712	10153920	5029753	5124167	2.85	98.29

5-3 各地区县总户数、总人口
Households and Population in Counties by Region

地 区	Region	总户数 (户) Number of Households (household)	总人口 (人) Total Population (person)	男 Male	女 Female	平均每户人数 (人/户) Average Family Size (person/household)	性别比 (女=100) Sex Ratio (Female=100)
全 国	**National Total**	**199141459**	**631580213**	**328639129**	**302941084**	**3.17**	**108.48**
北 京	Beijing						
天 津	Tianjin						
河 北	Hebei	13456797	40668966	20843564	19825402	3.02	105.14
山 西	Shanxi	7389844	19501754	9985711	9516043	2.64	104.94
内蒙古	Inner Mongolia	6589486	15066636	7686388	7380248	2.29	104.15
辽 宁	Liaoning	3592787	10435318	5305236	5130082	2.90	103.41
吉 林	Jilin	2736468	6958611	3537707	3420904	2.54	103.41
黑龙江	Heilongjiang	5436986	13130821	6674799	6456022	2.42	103.39
上 海	Shanghai						
江 苏	Jiangsu	5652744	19549403	10170704	9378699	3	108.44
浙 江	Zhejiang	4957912	14234393	7288875	6945518	2.87	104.94
安 徽	Anhui	12645190	42441748	22246085	20195663	3.36	110.15
福 建	Fujian	5093506	17317366	9080080	8237286	3.40	110.23
江 西	Jiangxi	8494810	28253141	14897031	13356110	3.33	111.54
山 东	Shandong	13121379	39242626	20277464	18965162	2.99	106.92
河 南	Henan	19992408	69663201	36363083	33300118	3.48	109.20
湖 北	Hubei	6443410	19300803	10159061	9141742	3.00	111.13
湖 南	Hunan	13522855	41787610	21918921	19868689	3.09	110.32
广 东	Guangdong	5787601	22493242	11734192	10759050	3.89	109.06
广 西	Guangxi	8686224	30544751	16255319	14289432	3.52	113.76
海 南	Hainan						
		971354	3508369	1855347	1653022	3.61	112.24
重 庆	Chongqing	3164301	9224285	4837223	4387062	2.92	110.26
四 川	Sichuan	15414846	46535250	24224206	22311044	3.02	108.57
贵 州	Guizhou	8167102	29069379	15346401	13722978	3.56	111.83
云 南	Yunnan	9593300	32008794	16646206	15362588	3.34	108.36
西 藏	Tibet	612136	2625855	1317659	1308196	4.29	100.72
陕 西	Shaanxi	6624235	19880508	10411832	9468676	3.00	109.96
甘 肃	Gansu	5256630	18533299	9607073	8926226	3.53	107.63
青 海	Qinghai	985177	3530742	1800388	1730354	3.58	104.05
宁 夏	Ningxia	1020951	3166558	1626458	1540100	3.10	105.61
新 疆	Xinjiang	3731020	12906784	6542116	6364668	3.46	102.79

5-4 各地区区县人口数
Population by County Region

单位：人 (person)

地区	Region	人数 Population	地区	Region	人数 Population
全国	**National Total**	**1416251665**	正定县	Zhengding	518087
北京市	**Beijing**	**14256206**	行唐县	Xingtang	454512
市辖区	Districts	14256206	灵寿县	Lingshou	351458
东城区	Dongcheng	997259	高邑县	Gaoyi	203354
西城区	Xicheng	1523142	深泽县	Shenze	254585
朝阳区	Chaoyang	2186763	赞皇县	Zanhuang	279809
丰台区	Fengtai	1194242	无极县	Wuji	534184
石景山区	Shijingshan	393226	平山县	Pingshan	498581
海淀区	Haidian	2443824	元氏县	Yuanshi	445387
门头沟区	Mentougou	259282	赵县	Zhaoxian	619015
房山区	Fangshan	851282	辛集市	Xinji	628040
通州区	Tongzhou	848140	晋州市	Jinzhou	571973
顺义区	Shunyi	671702	新乐市	Xinle	517414
昌平区	Changping	683808	**唐山市**	**Tangshan**	**7506789**
大兴区	Daxing	775634	市辖区	Districts	3326337
怀柔区	Huairou	288016	路南区	Lunan	354879
平谷区	Pinggu	408455	路北区	Lubei	858282
密云区	Miyun	441120	古冶区	Guye	319762
延庆区	Yanqing	290311	开平区	Kaiping	247075
天津市	**Tianjin**	**11613028**	丰南区	Fengnan	534779
市辖区	Districts	11613028	丰润区	Fengrun	794557
和平区	Heping	472592	曹妃甸区	Caofeidian	217003
河东区	Hedong	779235	滦南县	Luannan	562658
河西区	Hexi	952287	乐亭县	Leting	435782
南开区	Nankai	924009	迁西县	Qianxi	391754
河北区	Hebei	640396	玉田县	Yutian	700905
红桥区	Hongqiao	504450	遵化市	Zunhua	747156
东丽区	Dongli	457452	迁安市	Qian'an	776218
西青区	Xiqing	484274	滦州市	Luanzhou	565979
津南区	Jinnan	573037	**秦皇岛市**	**Qinhuangdao**	**3000363**
北辰区	Beichen	476195	市辖区	Districts	1487568
武清区	Wuqing	1109574	海港区	Haigang	872969
宝坻区	Baodi	757221	山海关区	Shanhaiguan	141771
滨海新区	Binhaixinqu	1563102	北戴河区	Beidaihe	128276
宁河区	Ninghe	410737	抚宁区	Funing	344552
静海区	Jinghai	636728	青龙满族自治县	Qinglong	555526
蓟州区	Jizhou	871739	昌黎县	Changli	550509
河北省	**Hebei**	**77547353**	卢龙县	Lulong	406760
石家庄市	**Shijiazhuang**	**9911653**	**邯郸市**	**Handan**	**10642996**
市辖区	Districts	4335265	市辖区	Districts	3874213
长安区	Chang'an	701328	邯山区	Hanshan	772948
桥西区	Qiaoxi	675303	丛台区	Congtai	873098
新华区	Xinhua	510208	复兴区	Fuxing	372098
井陉矿区	Jingxing	85054	峰峰矿区	Fengfengkuangqu	461574
裕华区	Yuhua	683469	肥乡区	Feixiang	413786
藁城区	Gaocheng	857847	永年区	Yongnian	980709
鹿泉区	Luquan	454639	临漳县	Linzhang	748889
栾城区	Luancheng	367417	成安县	Cheng'an	464304
井陉县	Jingxing	328029	大名县	Daming	928504

5-4 续表 1 continued

单位：人 (person)

地 区	Region	人 数 Population	地 区	Region	人 数 Population
涉县	Shexian	436126	博野县	Boye	267877
磁县	Cixian	475822	雄县	Xiongxian	411497
邱县	Qiuxian	257352	涿州市	Zhuozhou	698863
鸡泽县	Jize	343327	定州市	Dingzhou	1227526
广平县	Guangping	313645	安国市	Anguo	403336
馆陶县	Guantao	360222	高碑店市	Gaobeidian	631534
魏县	Weixian	1048195	**张家口市**	**Zhangjiakou**	**4571945**
曲周县	Quzhou	538161	市辖区	Districts	1546221
武安市	Wu'an	854236	桥东区	Qiaodong	325437
邢台市	**Xingtai**	**8018627**	桥西区	Qiaoxi	293273
市辖区	Districts	2096369	宣化区	Xuanhua	513851
襄都区	Xiangdu	531256	下花园区	Xiahuayuan	63621
信都区	Xindu	768110	万全区	Wanquan	221452
任泽区	Renze	394579	崇礼区	Chongli	128587
南和区	Nanhe	402424	张北县	Zhangbei	376160
临城县	Lincheng	219614	康保县	Tangbao	261104
内丘县	Neiqiu	297167	沽源县	Guyuan	225920
柏乡县	Boxiang	204689	尚义县	Shangyi	182392
隆尧县	Longrao	573386	蔚县	Weixian	488717
宁晋县	Ningjin	867404	阳原县	Yangyuan	263129
巨鹿县	Julu	433795	怀安县	Huaian	231722
新河县	Xinhe	174130	怀来县	Huailai	367478
广宗县	Guangzong	334199	涿鹿县	Zhuolu	345338
平乡县	Pingxiang	367317	赤城县	Chicheng	283764
威县	Weixian	642698	**承德市**	**Chengde**	**3786675**
清河县	Qinghe	448412	市辖区	Districts	600164
临西县	Linxi	390485	双桥区	Shuangqiao	391571
南宫市	Nangong	502653	双滦区	Shuangluan	148778
沙河市	Shahe	466309	鹰手营子矿区	Yingshouyingzikuangqu	59815
保定市	**Baoding**	**10877640**	承德县	Chengde	425446
市辖区	Districts	2908098	兴隆县	Xinglong	322804
竞秀区	Jingxiu	527758	滦平县	Luanping	327687
莲池区	Lianchi	640529	隆化县	Longhua	443429
满城区	Mancheng	407388	丰宁满族自治县	Fengning	403669
清苑区	Qiangyuan	691052	宽城满族自治县	Kuancheng	260227
徐水区	Xushui	641371	围场满族蒙古族自治县	Weichang	530488
涞水县	Laishui	361142	平泉市	Pingquan	472761
阜平县	Fuping	227059	**沧州市**	**Cangzhou**	**7813615**
定兴县	Dingxing	608194	市辖区	Districts	620786
唐县	Tangxian	590140	新华区	Xinhua	227804
高阳县	Gaoyang	356655	运河区	Yunhe	392982
容城县	Rongcheng	292467	沧县	Cangxian	729860
涞源县	Laiyuan	282935	青县	Qingxian	436748
望都县	Wangdu	269986	东光县	Dongguang	379138
安新县	Anxin	486464	海兴县	Haixing	233102
易县	Yixian	574883	盐山县	Yanshan	489577
曲阳县	Quyang	657713	肃宁县	Suning	368523
蠡县	Lixian	539584	南皮县	Nanpi	392759
顺平县	Shunping	309213	吴桥县	Wuqiao	271690

5-4 续表 2 continued

单位：人 (person)

地 区	Region	人 数 Population	地 区	Region	人 数 Population
献县	Xianxian	653210	云冈区	Yungang	619882
孟村回族自治县	Mengcun	228229	云州区	Yunzhou	176774
泊头市	Potou	621694	阳高县	Yanggao	262896
任丘市	Renqiu	907365	天镇县	Tianzhen	221688
黄骅市	Huanghua	581379	广灵县	Guangling	180686
河间市	Hejian	899555	灵丘县	Lingqiu	245369
廊坊市	**Langfang**	**4964807**	浑源县	Hunyuan	339941
市辖区	Districts	892058	左云县	Zuoyun	132177
安次区	Anci	383621	**阳泉市**	**Yangquan**	**1306782**
广阳区	Guangyang	508437	市辖区	Districts	682991
固安县	Gu'an	560083	城区	City	282629
永清县	Yongqing	414634	矿区	Kuangqu	249795
香河县	Yongqing	395780	郊区	Jiaoqu	150567
大城县	Dacheng	539229	平定县	Pingding	316702
文安县	Wen'an	561938	盂县	Yuxian	307089
大厂回族自治县	Dachang	165684	**长治市**	**Changzhi**	**3393392**
霸州市	Bazhou	659243	市辖区	Districts	1621739
三河市	Sanhe	776158	潞州区	Luzhou	769319
衡水市	**Hengshui**	**4596677**	上党区	Shangdang	349278
市辖区	Districts	1139038	屯留区	Tunliu	278481
桃城区	Taocheng	802191	潞城区	Lucheng	224661
冀州区	Jizhou	336847	襄垣县	Xiangyuan	263265
枣强县	Zaoqiang	396151	平顺县	Pingshun	149128
武邑县	Wuyi	309685	黎城县	Licheng	162558
武强县	Wuqiang	204484	壶关县	Huguan	297370
饶阳县	Raoyang	283111	长子县	Changzi	366098
安平县	Anping	333133	武乡县	Wuxiang	206534
故城县	Gucheng	515308	沁县	Qinxian	169687
景县	Jingxian	528971	沁源县	Qinyuan	157013
阜城县	Fucheng	343918	**晋城市**	**Jincheng**	**2220451**
深州市	Shenzhou	542878	市辖区	Districts	424441
山西省	**Shanxi**	**35427518**	城区	City	424441
太原市	**Taiyuan**	**4004171**	沁水县	Qinshui	198450
市辖区	Districts	3170460	阳城县	Yangcheng	376926
小店区	Xiaodian	768761	陵川县	Linchuan	249135
迎泽区	Yingze	558841	泽州县	Zezhou	486854
杏花岭区	Xinghualing	637102	高平市	Gaoping	484645
尖草坪区	Jiancaoping	342749	**朔州市**	**Shuozhou**	**1623739**
万柏林区	Wanbailin	631826	市辖区	Districts	681982
晋源区	Jinyuan	231181	朔城区	Shuocheng	455899
清徐县	Qingxu	343737	平鲁区	Pinglu	226083
阳曲县	Yangqu	154745	山阴县	Shanyin	237058
娄烦县	Loufan	125073	应县	Yingxian	299914
古交市	Gujiao	210156	右玉县	Youyu	107428
大同市	**Datong**	**3158995**	怀仁市	Huairen	297357
市辖区	Districts	1776238	**晋中市**	**Jinzhong**	**3357648**
新荣区	Xinrong	109087	市辖区	Districts	949487
平城区	Pingcheng	870495	榆次区	Yuci	654225

5-4 续表 3 continued

单位：人 (person)

地 区	Region	人 数 Population	地 区	Region	人 数 Population
太谷区	Taigu	295262	古县	Guxian	88395
榆社县	Yushe	144493	安泽县	Anze	81130
左权县	Zuoquan	162871	浮山县	Fushan	122719
和顺县	Heshun	137585	吉县	Jixian	107116
昔阳县	Xiyang	231748	乡宁县	Xiangning	237124
寿阳县	Shouyang	209016	大宁县	Daning	65411
祁县	Qixian	273953	隰县	Xixian	105894
平遥县	Pingyao	544182	永和县	Yonghe	64858
灵石县	Lingshi	258173	蒲县	Puxian	105597
介休市	Jiexiu	446140	汾西县	Fenxi	145216
运城市	**Yuncheng**	**5126218**	侯马市	Houma	236742
市辖区	Districts	731078	霍州市	Huozhou	301534
盐湖区	Yanhu	731078	**吕梁市**	**Lvliang**	**3916638**
临猗县	Linyi	551777	市辖区	Districts	288669
万荣县	Wanrong	435490	离石区	Lishi	288669
闻喜县	Wenxi	396480	文水县	Wenshui	450825
稷山县	Jishan	360544	交城县	Jiaocheng	232380
新绛县	Xinjiang	331607	兴县	Xingxian	284887
绛县	Jiangxian	274061	临县	Linxian	655627
垣曲县	Yuanqu	220352	柳林县	Liulin	343731
夏县	Xiaxian	363221	石楼县	Shilou	122117
平陆县	Pinglu	244694	岚县	Lanxian	186283
芮城县	Ruicheng	376087	方山县	Fangshan	157237
永济市	Yongji	441071	中阳县	Zhongyang	156037
河津市	Hejing	399756	交口县	Jiaokou	116273
忻州市	**Xinzhou**	**3038978**	孝义市	Xiaoyi	488194
市辖区	Districts	563626	汾阳市	Fenyang	434378
忻府区	Xinfu	563626	**内蒙古自治区**	**Inner Mongolia**	**24253175**
定襄县	Dingxiang	215250	**呼和浩特市**	**Hohhot**	**2577077**
五台县	Wutai	306391	市辖区	Districts	1524931
代县	Daixian	200500	新城区	District	464230
繁峙县	Fanshi	283523	回民区	Huimin	243915
宁武县	Ningwu	156281	玉泉区	Yuquan	219608
静乐县	Qingle	154598	赛罕区	Saihan	597178
神池县	Shenchi	92486	土默特左旗	Tumd Left Banner	354384
五寨县	Wuzhai	108839	托克托县	Tuoketuo	196473
岢岚县	Kelan	78965	和林格尔县	Helingeer	201939
河曲县	Hequ	142144	清水河县	Qingshuihe	136372
保德县	Baode	163438	武川县	Wuchuan	162978
偏关县	Piangu	100316	**包头市**	**Baotou**	**2244291**
原平市	Yuanping	472621	市辖区	Districts	1594654
临汾市	**Linfen**	**4280506**	东河区	Donghe	398133
市辖区	Districts	822459	昆都仑区	Kundulun	528083
尧都区	Raodu	822459	青山区	Qingshan	426819
曲沃县	Quwo	233671	石拐区	Shiguai	44571
翼城县	Yicheng	303321	白云鄂博矿区	Baiyunebo	14317
襄汾县	Xiangfen	499676	九原区	Jiuyuan	182731
洪洞县	Hongtong	759643	土默特右旗	Tumd Right Banner	347609

5-4 续表 4 continued

单位：人 (person)

地　区	Region	人　数 Population
固阳县	Guyang	194246
达尔罕茂明安联合旗	Darhan Mumingan Joint Banner	107782
乌海市	**Wuhai**	**435111**
市辖区	Districts	435111
海勃湾区	Haibowan	252641
海南区	Hainan	73662
乌达区	Wuda	108808
赤峰市	**Chifeng**	**4535086**
市辖区	Districts	1274584
红山区	Hongshan	346863
元宝山区	Yuanbaoshan	306035
松山区	Songshan	621686
阿鲁科尔沁旗	Ar Horqin Banner	287226
巴林左旗	Balinzuoqi	334340
巴林右旗	Balinyouqi	178360
林西县	Linxi	220346
克什克腾旗	Hexigten Banner	240061
翁牛特旗	Wengniuteqi	466154
喀喇沁旗	Kalaqinqi	341242
宁城县	Ningcheng	599318
敖汉旗	Aohan	593455
通辽市	**Tongliao**	**3147714**
市辖区	Districts	847068
科尔沁区	Horqin	847068
科尔沁左翼中旗	Horqin Middle Banner	513401
科尔沁左翼后旗	Horqin zyoyi houqi	393668
开鲁县	Kailu	386751
库伦旗	Kulun	175361
奈曼旗	Naiman	443979
扎鲁特旗	Jarud Banner	303476
霍林郭勒市	Holingola	84010
鄂尔多斯市	**Ordos**	**1662563**
市辖区	Districts	330387
东胜区	Dongsheng	278721
康巴什区	Kangbashi	51666
达拉特旗	Dalad Banner	371914
准格尔旗	Jungar Banner	336521
鄂托克前旗	Otog Front Banner	81828
鄂托克旗	Otog Banner	97597
杭锦旗	Hangjin	142429
乌审旗	Wushen	118052
伊金霍洛旗	Yijinhuoluo	183835
呼伦贝尔市	**Hulunbuir**	**2474926**
市辖区	Districts	370907
海拉尔区	Hailaer	288505
扎赉诺尔区	Zhalainuoer	82402
阿荣旗	Arun Banner	316772
莫力达瓦达斡尔族自治旗	Daur Autonomous	308202
鄂伦春自治旗	Oroqen Autonomous	231506
鄂温克族自治旗	Ewenki Autonomous	135072
陈巴尔虎旗	Prairie Chenbarhu	52741
新巴尔虎左旗	Xin Barag Left	41299
新巴尔虎右旗	Xin Barag Right	34979
满洲里市	Manzhouli	88381
牙克石市	Yakeshi	304020
扎兰屯市	ZhaLanTun	393846
额尔古纳市	Erguna	76259
根河市	Genhe	120942
巴彦淖尔市	**Bayan nur**	**1710991**
市辖区	Districts	516155
临河区	Linhe	516155
五原县	Wuyuan	275567
磴口县	Dengkou	109103
乌拉特前旗	Wulateqianqi	325128
乌拉特中旗	Wulatezhongqi	141847
乌拉特后旗	Wulatehouqi	57652
杭锦后旗	Hangjinhouqi	285539
乌兰察布市	**Ulanqab**	**2614287**
市辖区	Districts	317833
集宁区	Jining	317833
卓资县	Zhuozi	189080
化德县	Huade	156414
商都县	Shangdu	319422
兴和县	Xinghe	308858
凉城县	Liangcheng	224971
察哈尔右翼前旗	Chahar Right Front Banner	204638
察哈尔右翼中旗	Chahar Right Middle Banner	190584
察哈尔右翼后旗	Chahar Right Back Banner	197534
四子王旗	Siziwangqi	204729
丰镇市	Fengzhen	300224
兴安盟	**Xing'anmeng**	**1614519**
乌兰浩特市	Ulanhot	322206
阿尔山市	Arxan	41507
科尔沁右翼前旗	Horqin Right Wing Front Banner	330969
科尔沁右翼中旗	Horqin Right Wing Middle Banner	248171
扎赉特旗	Jalaid Banner	379129
突泉县	Tuquan	292537
锡林郭勒盟	**Xilin Gol League**	**1042744**
二连浩特市	Erenhot	36952
锡林浩特市	Xilin hot	206562
阿巴嘎旗	Obagaqi	42582
苏尼特左旗	Sunitezuoqi	33964
苏尼特右旗	Suniteyouqi	65148
东乌珠穆沁旗	Dongwuzhumuqinqi	81537
西乌珠穆沁旗	Xiwuzhumuqinqi	80543
太仆寺旗	Taipusiqi	200483
镶黄旗	Xianghuangqi	30913
正镶白旗	Zhengxiangbaiqi	68842
正蓝旗	Zhenglanqi	83807

5-4 续表 5 continued

单位：人 (person)

地 区	Region	人 数 Population	地 区	Region	人 数 Population
多伦县	Ejin Banner	111411	新宾满族自治县	Xinbin	277363
阿拉善盟	**Duolun**	**193866**	清原满族自治县	Qingyuan	305007
阿拉善左旗	Alxa League	149390	**本溪市**	**Benxi**	**1402254**
阿拉善右旗	Alxa Left Banner	25014	市辖区	Districts	849610
额济纳旗	Alxa Right Banner	19462	平山区	Pingshan	265976
辽宁省	**Liaoning**	**41394175**	溪湖区	Xihu	177050
沈阳市	**Shenyang**	**7657776**	明山区	Mingshan	341570
市辖区	Districts	6262983	南芬区	Nanfen	65014
和平区	Heping	789124	本溪满族自治县	Benxi	271569
沈河区	Shenhe	715191	桓仁满族自治县	Huanren	281075
大东区	Dadong	614535	**丹东市**	**Dandong**	**2272749**
皇姑区	Huanggu	856529	市辖区	Districts	757625
铁西区	Tiexi	1011241	元宝区	Yuanbao	173944
苏家屯区	Sujiatun	424266	振兴区	Zhenxing	420887
浑南区	Hunnan	502299	振安区	Zhen'an	162794
沈北新区	Shenbeixinqu	371193	宽甸满族自治县	Kuandian	402812
于洪区	Yuhong	482662	东港市	Donggang	579403
辽中区	Liaozhong	495943	凤城市	Fengcheng	532909
康平县	Kangping	331201	**锦州市**	**Jinzhou**	**2860655**
法库县	Faku	421861	市辖区	Districts	945795
新民市	Xinmin	641731	古塔区	Guta	222039
大连市	**Dalian**	**6087143**	凌河区	Linghe	349354
市辖区	Districts	4212455	太和区	Taihe	374402
中山区	Zhongshan	379647	黑山县	Heishan	557938
西岗区	Xigang	275606	义县	Yixian	390701
沙河口区	Shahekou	616458	凌海市	Linghai	484918
甘井子区	Ganjingzi	1044881	北镇市	Beizhen	481303
旅顺口区	Lvshunkou	232235	**营口市**	**Yingkou**	**2268756**
金州区	Jinzhou	963170	市辖区	Districts	937730
普兰店区	Pulandian	700458	站前区	Zhanqian	271550
长海县	Changhai	67146	西市区	Xishi	162198
瓦房店市	Wafangdian	951332	鲅鱼圈区	Bayuquan	396308
庄河市	Zhuanghe	856210	老边区	Laobian	107674
鞍山市	**Anshan**	**3305662**	盖州市	Gaizhou	662700
市辖区	Districts	1421607	大石桥市	Dashiqiao	668326
铁东区	Tiedong	502164	**阜新市**	**Fuxin**	**1787935**
铁西区	Tiexi	327110	市辖区	Districts	714169
立山区	Lishan	485710	海州区	Haizhou	242390
千山区	Qianshan	106623	新邱区	Xinqiu	70171
台安县	Taian	352999	太平区	Taiping	138463
岫岩满族自治县	Youyan	491164	清河门区	Qinghemen	57926
海城市	Haicheng	1039892	细河区	Xihe	205219
抚顺市	**Fushun**	**1992990**	阜新蒙古族自治县	Fuxin	688637
市辖区	Districts	1302235	彰武县	Zhangwu	385129
新抚区	Xinfu	259520	**辽阳市**	**Liaoyang**	**1701436**
东洲区	Dongzhou	251641	市辖区	Districts	827978
望花区	Wanghua	357795	白塔区	Baita	339111
顺城区	Shuncheng	433279	文圣区	Wensheng	139528
抚顺县	Fushun	108385	宏伟区	Hongwei	130905

5-4 续表 6 continued

单位：人 (person)

地　区	Region	人　数 Population	地　区	Region	人　数 Population
弓长岭区	Gongchangling	80720	公主岭市	Gongzhuling	1008653
太子河区	Taizihe	137714	**吉林市**	**Jilin**	**3995708**
辽阳县	Liaoyang	450300	市辖区	Districts	1758824
灯塔市	Dengta	423158	昌邑区	Changyi	594015
盘锦市	**Panjin**	**1292827**	龙潭区	Longtan	407980
市辖区	Districts	1021102	船营区	Chuanying	447993
双台子区	Shuangtaizi	186649	丰满区	Fengman	308836
兴隆台区	Xinglongtai	448720	永吉县	Yongji	363108
大洼区	Dawa	385733	蛟河市	Jiaohe	400809
盘山县	Panshan	271725	桦甸市	Huadian	401273
铁岭市	**Tieling**	**2805456**	舒兰市	Shulan	583155
市辖区	Districts	410401	磐石市	Panshi	488539
银州区	Yinzhou	322066	**四平市**	**Siping**	**2085595**
清河区	Qinghe	88335	市辖区	Districts	657775
铁岭县	Tieling	368527	铁西区	Tiexi	350408
西丰县	Xifeng	320285	铁东区	Tiedong	307367
昌图县	Changtu	955118	梨树县	Lishu	617902
调兵山市	Diaobingshan	212165	伊通满族自治县	Yitong Manchu Autonomous County	430743
开原市	Kaiyuan	538960	双辽市	Shuangliao	379175
朝阳市	**Chaoyang**	**3255121**	**辽源市**	**Liaoyuan**	**1131395**
市辖区	Districts	609978	市辖区	Districts	433795
双塔区	Shuangta	409697	龙山区	Longshan	294064
龙城区	Longcheng	200281	西安区	Xi'an	139731
朝阳县	Chaoyang	533452	东丰县	Dongfeng	375643
建平县	Jianping	557424	东辽县	Dongliao	321957
喀喇沁左翼蒙古族自治县	Harqin Left Wing Mongolian Autonomous County	410350	**通化市**	**Tonghua**	**2093185**
北票市	Beipiao	525691	市辖区	Districts	424814
凌源市	Lingyuan	618226	东昌区	Dongchang	315970
葫芦岛市	**Huludao**	**2703415**	二道江区	Erdaojiang	108844
市辖区	Districts	950641	通化县	Tonghua	222419
连山区	Lianshan	440773	辉南县	Huinan	314615
龙港区	Longgang	246982	柳河县	Liuhe	349689
南票区	Nanpiao	262886	梅河口市	Meihekou	576359
绥中县	Suizhong	624932	集安市	Ji'an	205289
建昌县	Jianchang	610218	**白山市**	**Baishan**	**1121218**
兴城市	Xingcheng	517624	市辖区	Districts	504099
吉林省	**Jilin**	**25494489**	浑江区	Hunjiang	318772
长春市	**Changchun**	**8510238**	江源区	Jiangyuan	185327
市辖区	Districts	4484651	抚松县	Fusong	267227
南关区	Nanguan	809718	靖宇县	Jingyu	130178
宽城区	Kuancheng	684310	长白朝鲜族自治县	Changba	73342
朝阳区	Chaoyang	772176	临江市	Linjiang	146372
二道区	Erdao	569742	**松原市**	**Songyuan**	**2709459**
绿园区	Luyuan	640633	市辖区	Districts	551504
双阳区	Shuangyang	355602	宁江区	Ningjiang	551504
九台区	Jiutai	652470	前郭尔罗斯蒙古族自治县	Qianguo er luosimengguzu	565286
农安县	Nong'an	1041541	长岭县	Changling	623518
榆树市	Yushu	1189533	乾安县	Qian'an	266088
德惠市	Dehui	785860	扶余市	Fuyu	703063

5-4 续表 7 continued

单位：人 (person)

地 区	Region	人 数 Population	地 区	Region	人 数 Population
白城市	**Baicheng**	**1832227**	泰来县	Tailai	295552
市辖区	Districts	473164	甘南县	Gannan	361966
洮北区	Taobei	473164	富裕县	Fuyu	272091
镇赉县	Zhenlai	254650	克山县	Keshan	443456
通榆县	Tongyu	346192	克东县	Kedong	270369
洮南市	Taonan	390605	拜泉县	Baiquan	533921
大安市	Daan	367616	讷河市	Nehe	670396
延边朝鲜族自治州	**Yanbian**	**2015464**	**鸡西市**	**Jixi**	**1627646**
延吉市	Yanji	563197	市辖区	Districts	728831
图们市	Tumen	99946	鸡冠区	Jiguan	347450
敦化市	Dunhua	438548	恒山区	Hengshan	118985
珲春市	Hunchun	222773	滴道区	Didao	85655
龙井市	Longjing	142630	梨树区	Lishu	58979
和龙市	Longjing	153857	城子河区	Chengzihe	92630
汪清县	Wangqing	207233	麻山区	Mashan	25132
安图县	Antu	187280	鸡东县	Jidong	256396
黑龙江省	**Heilongjiang**	**34571460**	虎林市	Hulin	265312
哈尔滨市	**Harbin**	**9395013**	密山市	Mishan	377107
市辖区	Districts	5513874	**鹤岗市**	**Hegang**	**945946**
道里区	Daoli	794165	市辖区	Districts	569088
南岗区	Nangang	1065566	向阳区	Xiangyang	76201
道外区	Daowai	613392	工农区	Gongnong	139946
平房区	Pingfang	156110	南山区	Nanshan	112965
松北区	Songbei	256236	兴安区	Xing'an	111348
香坊区	Xiangfang	737986	东山区	Dongshan	97622
呼兰区	Hulan	609450	兴山区	Xingshan	31006
阿城区	Acheng	529174	萝北县	Luobei	205632
双城区	Shuangcheng	751795	绥滨县	Suibin	171226
依兰县	Yilan	368312	**双鸭山市**	**Shuangyashan**	**1358201**
方正县	Fangzheng	213862	市辖区	Districts	441987
宾县	Bingxian	556146	尖山区	Jianshan	242420
巴彦县	Bayan	628018	岭东区	Lingdong	50277
木兰县	Mulan	240401	四方台区	Sifangtai	51605
通河县	Tonghe	223911	宝山区	Baoshan	97685
延寿县	Yanshou	239100	集贤县	Jixian	286460
尚志市	Shangzhi	535470	友谊县	Youyi	103530
五常市	Wuchang	875919	宝清县	Baoqing	392312
齐齐哈尔市	**Qiqihar**	**5125135**	饶河县	Raohe	133912
市辖区	Districts	1258375	**大庆市**	**Daqing**	**2653530**
龙沙区	Longsha	273872	市辖区	Districts	1354458
建华区	Jianhua	262659	萨尔图区	Sartu	397448
铁锋区	Tiefeng	239554	龙凤区	Longfeng	189279
昂昂溪区	Ananxiqu	66375	让胡路区	Ranghulu	466847
富拉尔基区	Fularjiqu	192941	红岗区	Honggang	95956
碾子山区	Nianzishanqu	64348	大同区	Datong	204928
梅里斯达斡尔族区	Meirhysdaur	158626	肇州县	Zhaozhou	405650
龙江县	Longjiang	566169	肇源县	Zhaoyuan	418441
依安县	Yi'an	452840	林甸县	Lindian	242493

5-4 续表 8 continued

单位：人 (person)

地 区	Region	人 数 Population	地 区	Region	人 数 Population
杜尔伯特蒙古族自治县	Duerboteneimenggu	232488	五大连池市	Wudalianchi	324412
伊春市	**Yichun**	**1065545**	嫩江市	Nenjiang	436734
市辖区	Districts	408364	**绥化市**	**Suihua**	**5083707**
伊美区	Yimei	192446	市辖区	Districts	791033
乌翠区	Wucui	71544	北林区	Beilin	791033
友好区	Youhao	68805	望奎县	Wangkui	433977
嘉荫县	Jiayin	67556	兰西县	Lanxi	473688
汤旺县	Tangwang	47452	青冈县	Qinggang	423959
丰林县	Fenglin	87909	庆安县	Qing'an	352827
大箐山县	Daqingshan	78452	明水县	Mingshui	324422
南岔县	Nancha	101146	绥棱县	Suiling	281234
金林区	Jinlin	75569	安达市	Anda	432339
铁力市	Tieli	274666	肇东市	Zhaodong	834490
佳木斯市	**Jimusi**	**2256201**	海伦市	Hailun	735738
市辖区	Districts	733562	**大兴安岭地区**	**Daxinganling**	**388327**
向阳区	Xiangyang	216261	漠河市	xxx?	64235
前进区	Qianjin	157101	呼玛县	Huma	258287
东风区	Dongfeng	112071	塔河县	Tahe	65805
郊区	Jiaoqu	248129	**上海市**	**Shanghai**	**15038263**
桦南县	Huanan	394849	市辖区	Districts	15038263
桦川县	Huachuan	199410	黄浦区	Huangpu	704604
汤原县	Tangyuan	233262	徐汇区	Xuhui	944507
同江市	Tongjiang	172898	长宁区	Changning	575393
富锦市	Fujin	441247	静安区	Jing'an	906458
抚远市	Fuyuan	80973	普陀区	Putuo	900018
七台河市	**Qitaihe**	**742998**	虹口区	Hongkou	648832
市辖区	Districts	449109	杨浦区	Yangpu	1040756
新兴区	Xinxing	155302	闵行区	Minxing	1264797
桃山区	Taoshan	182899	宝山区	Baoshan	1070554
茄子河区	Qiezihe	110908	嘉定区	Jiading	722595
勃利县	Bolil	293889	浦东新区	Pudongxinqu	3261923
牡丹江市	**Mudanjiang**	**2410561**	金山区	Jinshan	528379
市辖区	Districts	838920	松江区	Songjiang	717085
东安区	Dong'an	207207	青浦区	Qingpu	524036
阳明区	Yangming	201996	奉贤区	Fengxian	558631
爱民区	Aimin	196696	崇明区	Chongming	669695
西安区	Xi'an	233021	**江苏省**	**Jiangsu**	**78719953**
林口县	Linkou	318785	**南京市**	**Nanjing**	**7393604**
绥芬河市	Suifenhe	66430	市辖区	Districts	7393604
海林市	Hailin	338930	玄武区	Xuanwu	462089
宁安市	Ning'an	396495	秦淮区	Qinhuai	675653
穆棱市	Muling	254743	建邺区	Jianye	457341
东宁市	Dongning	196258	鼓楼区	Gulou	916969
黑河市	**Heihe**	**1518650**	浦口区	Pukou	847732
市辖区	Districts	176575	栖霞区	Qixia	578912
爱辉区	Aihui	176575	雨花台区	Yuhuatai	334046
逊克县	Xunke	92659	江宁区	Jiangning	1268250
孙吴县	Sunwu	86599	六合区	Liuhe	946022
北安市	Beian	401671	溧水区	Lishui	455752

5-4 续表 9 continued

单位：人 (person)

地　区	Region	人　数 Population	地　区	Region	人　数 Population
高淳区	Gaochun	450838	海安市	Haian	900920
无锡市	**Wuxi**	**5190086**	**连云港市**	**Lianyungang**	**5314067**
市辖区	Districts	2854513	市辖区	Districts	2256628
锡山区	Xishan	510006	连云区	Lianyun	246998
惠山区	Huishan	545065	海州区	Haizhou	825149
滨湖区	Binhu	585634	赣榆区	Ganyu	1184481
梁溪区	Liangxi	807795	东海县	Donghai	1239873
新吴区	Xinwu	406013	灌云县	Guanyun	1011967
江阴市	Jiangyin	1269695	灌南县	Guannan	805599
宜兴市	Yixing	1065878	**淮安市**	**Huaian**	**5511114**
徐州市	**Xuzhou**	**10318957**	市辖区	Districts	3315155
市辖区	Districts	3469906	淮安区	Huaian	1120595
鼓楼区	Gulou	670732	淮阴区	Huaiyin	871388
云龙区	Yunlong	403066	清江浦区	Qingpu	970982
贾汪区	Jiawang	511870	洪泽区	Hongze	352190
泉山区	Quanshan	586001	涟水县	Lianshui	1082860
铜山区	Tongshan	1298237	盱眙县	Yutai	777372
丰县	Fengxian	1190654	金湖县	Jinhu	335727
沛县	Penxian	1266663	**盐城市**	**Yancheng**	**7967958**
睢宁县	Suining	1388496	市辖区	Districts	2410593
新沂市	Xinyi	1096758	亭湖区	Tinghu	1027564
邳州市	Pizhou	1906480	盐都区	Yandu	695768
常州市	**Changzhou**	**3892138**	大丰区	Dafeng	687261
市辖区	Districts	3110254	响水县	Xiangshui	607157
天宁区	Tianning	486134	滨海县	Binghai	1181215
钟楼区	Gulou	446230	阜宁县	Funing	1072484
新北区	Xinbei	635811	射阳县	Sheyang	915180
武进区	Wujin	1002524	建湖县	Jianhu	740521
金坛区	Jintan	539555	东台市	Dongtai	1040808
溧阳市	Liyang	781884	**扬州市**	**Yangzhou**	**4484637**
苏州市	**Suzhou**	**7747259**	市辖区	Districts	2281096
市辖区	Districts	4026474	广陵区	Guangling	485375
虎丘区	Huqu	1102750	邗江区	Hanjiang	790232
吴中区	Wuzhong	766597	江都区	Jiangdu	1005489
相城区	Xiangcheng	497853	宝应县	Baoying	848509
姑苏区	Gusu	751621	仪征市	Yizheng	573925
吴江区	Wujiang	907653	高邮市	Gaoyou	781107
常熟市	Changshu	1056599	**镇江市**	**Zhenjiang**	**2668570**
张家港市	Zhangjiagang	927262	市辖区	Districts	1021115
昆山市	Kunshan	1203932	京口区	Jingkou	493741
太仓市	Taicang	532992	润州区	Runzhou	242037
南通市	**Nantong**	**7466932**	丹徒区	Dantu	285337
市辖区	Districts	3119542	丹阳市	Danyang	789579
通州区	Tongzhou	1237678	扬中市	Yangzhong	278213
崇川区	Chongchuan	906663	句容市	Jurong	579663
海门区	xxx?	975201	**泰州市**	**Taizhou**	**4884332**
如东县	Rudong	982560	市辖区	Districts	1621382
启东市	Qidong	1077927	海陵区	Hailing	462997
如皋市	Rugao	1385983	高港区	Gaogang	438964

5-4 续表 10 continued

单位：人 (person)

地 区	Region	人 数 Population	地 区	Region	人 数 Population
姜堰区	Jiangyan	719421	文成县	Wencheng	403968
兴化市	Xinghua	1487336	泰顺县	Taishun	367937
靖江市	Jingjiang	638204	瑞安市	Ruian	1254048
泰兴市	Taixing	1137410	乐清市	Leqing	1314954
宿迁市	**Suqian**	**5880299**	龙港市	Longgang	383290
市辖区	Districts	1777733	**嘉兴市**	**Jiaxing**	**3748457**
宿城区	Sucheng	1131164	市辖区	Districts	992189
宿豫区	Suyu	646569	南湖区	Nanhu	556508
沭阳县	Shuyang	1975589	秀洲区	Xiuzhou	435681
泗阳县	Siyang	1047757	嘉善县	Jiashan	422164
泗洪县	Sihong	1079220	海盐县	Haiyan	383666
浙江省	**Zhejiang**	**51105121**	海宁市	Haining	718981
杭州市	**Hangzhou**	**8467474**	平湖市	Pinghu	516461
市辖区	Districts	7092478	桐乡市	Tongxiang	714996
上城区	Shangcheng	882797	**湖州市**	**Huzhou**	**2688270**
拱墅区	Gongshu	886412	市辖区	Districts	1132641
西湖区	Xihu	824362	吴兴区	Wuxing	648354
滨江区	Bingjiang	322197	南浔区	Nanxun	484287
萧山区	Xiaoshan	1261831	德清县	Deqing	443204
余杭区	Yuhang	729075	长兴县	Changxing	637136
富阳区	Fuyang	697888	安吉县	Ji'an	475289
临安区	Lin'an	542990	**绍兴市**	**Shaoxing**	**4458228**
临平区	Linping	602419	市辖区	Districts	2243172
钱塘区	Qiantang	342507	越城区	Yuecheng	827044
桐庐县	Tonglu	419276	柯桥区	Keqiao	701970
淳安县	Chun'an	450242	上虞区	Shangyu	714158
建德市	Jiande	505478	新昌县	Xinchang	428879
宁波市	**Ningbo**	**6210691**	诸暨市	Zhuji	1076438
市辖区	Districts	3142120	嵊州市	Shengzhou	709739
海曙区	Haishu	643291	**金华市**	**Jinhua**	**4968690**
江北区	Jiangbei	283276	市辖区	Districts	1007712
北仑区	Beilun	449532	婺城区	Wucheng	658063
镇海区	Zhenhai	301731	金东区	Jindong	349649
鄞州区	Yinzhou	987720	武义县	Wuyi	343129
奉化区	Xiangshan	476570	浦江县	Pujiang	398425
象山县	Ninghai	538839	磐安县	Pan'an	208636
宁海县	Yuyao	629770	兰溪市	Lanxi	646211
余姚市	Cixi	830862	义乌市	Yiwu	890820
慈溪市	Fenghua	1069100	东阳市	Dongyang	850762
温州市	**Wenzhou**	**8318223**	永康市	Yongkang	622995
市辖区	Districts	1779086	**衢州市**	**Quzhou**	**2550314**
鹿城区	Lucheng	802645	市辖区	Districts	852684
龙湾区	Longwan	344939	柯城区	Kecheng	442494
瓯海区	Ouhai	477822	衢江区	Jujiang	410190
洞头区	Dongtou	153680	常山县	Changshan	337893
永嘉县	Yongjia	983911	开化县	Kaihua	357015
平阳县	Pingyang	876013	龙游县	Longyou	394678
苍南县	Cangnan	955016	江山市	Jiangshan	608044

5-4 续表 11 continued

单位：人 (person)

地 区	Region	人 数 Population	地 区	Region	人 数 Population
舟山市	**Zhoushan**	**952213**	无为市	Wuwei	1179533
市辖区	Districts	712616	**蚌埠市**	**Bengbu**	**3866711**
定海区	Dinghai	403660	市辖区	Districts	1163867
普陀区	Putuo	308956	龙子湖区	Longzihu	230764
岱山县	Daishan	168043	蚌山区	Bangshan	290866
嵊泗县	Shengsi	71554	禹会区	Yuhui	357346
台州市	**Taizhou**	**6049513**	淮上区	Huaishang	284891
市辖区	Districts	1644837	怀远县	Huaiyuan	1343825
椒江区	Jiaojiang	571534	五河县	Wuhe	695529
黄岩区	Huangyan	612428	固镇县	Guzhen	663490
路桥区	Luqiao	460875	**淮南市**	**Huainan**	**3876114**
三门县	Sanmen	443047	市辖区	Districts	1670939
天台县	Tiantai	596896	大通区	Datong	184932
仙居县	Xianju	520048	田家庵区	Tianjiaan	598008
温岭市	Wenling	1211900	谢家集区	Xiejiaji	290652
临海市	Linhai	1195529	八公山区	Bagongshan	141789
玉环市	Yuhuan	437256	潘集区	Panji	455558
丽水市	**Lishui**	**2693048**	凤台县	Fengtai	823176
市辖区	Districts	426757	寿县	Shouxian	1381999
莲都区	Liandu	426757	**马鞍山市**	**Maanshan**	**2267429**
青田县	Qingtian	568792	市辖区	Districts	819598
缙云县	Jinyun	466638	花山区	Huashan	374585
遂昌县	Suichang	226353	雨山区	Yushan	255834
松阳县	Songyang	238286	博望区	Bowang	189179
云和县	Yunhe	112635	当涂县	Dangtu	474598
庆元县	Qingyuan	199837	含山县	Hanshan	439345
景宁畲族自治县	Jingning	167178	和县	Hexian	533888
龙泉市	Longquan	286572	**淮北市**	**Huaibei**	**2183353**
安徽省	**Anhui**	**71207778**	市辖区	Districts	1042086
合肥市	**Hefeng**	**8001605**	杜集区	Duji	284424
市辖区	Districts	3200235	相山区	Xiangshan	448845
瑶海区	Yaohai	722973	烈山区	Lieshan	308817
庐阳区	Luyang	545414	濉溪县	Suixi	1141267
蜀山区	Shushan	1150493	**铜陵市**	**Tongling**	**1680268**
包河区	Baohe	781355	市辖区	Districts	900353
长丰县	Changyang	814722	铜官区	Tongguan	348620
肥东县	Feidong	1085879	义安区	Yi'an	298461
肥西县	Feixi	858309	郊区	Jiaoqu	253272
庐江县	Lujiang	1192914	枞阳县	Zongyang	779915
巢湖市	Chaohu	849546	**安庆市**	**Anqing**	**5232822**
芜湖市	**Wuhu**	**3871931**	市辖区	Districts	728238
市辖区	Districts	2152469	迎江区	Yingjiang	214152
镜湖区	Jinghu	457570	大观区	Daguan	243126
鸠江区	Jiujiang	623522	宜秀区	Yixiu	270960
弋江区	Yijiang	455096	怀宁县	Huaining	699895
湾沚区	Wanzhi	345868	太湖县	Taihu	572746
繁昌区	Fanchang	270413	宿松县	Susong	863311
南陵县	Nanling	539929	望江县	Wangjiang	637521

5-4 续表 12 continued

单位：人 (person)

地 区	Region	人 数 Population	地 区	Region	人 数 Population
岳西县	Yuexi	411362	**亳州市**	**Bozhou**	**6705222**
桐城市	Tongcheng	740412	市辖区	Districts	1719543
潜山市	Qianshan	579337	谯城区	Qiaocheng	1719543
黄山市	**Huangshan**	**1474416**	涡阳县	Guoyang	1736277
市辖区	Districts	474076	蒙城县	Mengcheng	1486148
屯溪区	Tunxi	220368	利辛县	Lixin	1763254
黄山区	Huangshan	159072	**池州市**	**Chizhou**	**1600745**
徽州区	Huizhou	94636	市辖区	Districts	665778
歙县	Shexian	463169	贵池区	Guichi	665778
休宁县	Xiuning	262747	东至县	Dongzhi	539224
黟县	Yixian	90876	石台县	Shitai	105777
祁门县	Qimen	183548	青阳县	Qingyang	289966
滁州市	**Chuzhou**	**4537624**	**宣城市**	**Xuancheng**	**2757536**
市辖区	Districts	573386	市辖区	Districts	860608
琅琊区	Langya	281540	宣州区	Xuanzhou	860608
南谯区	Nanqiao	291846	郎溪县	Langxi	345137
来安县	Laian	481359	泾县	Jingxian	343556
全椒县	Quanjiao	446148	绩溪县	Jixi	170842
定远县	Dingyuan	978764	旌德县	Jingde	145259
凤阳县	Fengyang	792692	宁国市	Ningguo	378129
天长市	Tianchang	627840	广德市	Guangde	514005
明光市	Mingguang	637435	**福建省**	**Fujian**	**39604896**
阜阳市	**Fuyang**	**10747594**	**福州市**	**Fuzhou**	**7288418**
市辖区	Districts	2321868	市辖区	Districts	3055640
颍州区	Yingzhou	905535	鼓楼区	Gulou	623620
颍东区	Yingdong	667104	台江区	Taijiang	323288
颍泉区	Yingquan	749229	仓山区	Cangshan	683307
临泉县	Linquan	2290146	马尾区	Mawei	194790
太和县	Taihe	1779717	晋安区	Jin'an	459819
阜南县	Funan	1734857	长乐区	Changle	770816
颍上县	Yingshang	1789646	闽侯县	Minhou	728253
界首市	Jieshou	831360	连江县	Lianjiang	675766
宿州市	**Suzhou**	**6589208**	罗源县	Luoyuan	269171
市辖区	Districts	1942141	闽清县	Minqing	321020
埇桥区	Yongqiao	1942141	永泰县	Yongtai	381876
砀山县	Dangshan	1003927	平潭县	Pingtan	453304
萧县	Xiaoxian	1383688	福清市	Fuqing	1403388
灵璧县	Lingbi	1298164	**厦门市**	**Xiamen**	**2930022**
泗县	Sixian	961288	市辖区	Districts	2930022
六安市	**Lu'an**	**5815200**	思明区	Siming	909977
市辖区	Districts	2193248	海沧区	Haicang	295355
金安区	Jin'an	877237	湖里区	Huli	409000
裕安区	Yu'an	1038050	集美区	Jimei	446960
叶集区	Yeji	277961	同安区	Tong'an	446152
霍邱县	Huoqiu	1611054	翔安区	Xiang'an	422578
舒城县	Shucheng	977876	**莆田市**	**Putian**	**3672881**
金寨县	Jinzhai	675371	市辖区	Districts	2496074
霍山县	Huoshan	357651	城厢区	Chengxiang	449071

5-4 续表 13 continued

单位：人 (person)

地 区	Region	人 数 Population	地 区	Region	人 数 Population
涵江区	Hanjiang	453316	浦城县	Pucheng	415987
荔城区	Licheng	629578	光泽县	Guangze	159502
秀屿区	Xiuyu	964109	松溪县	Songxi	164455
仙游县	Xianyou	1176807	政和县	Zhenghe	234629
三明市	**Sanming**	**2856555**	邵武市	Shaowu	297773
市辖区	Districts	573964	武夷山市	Wuyishan	247524
三元区	Sanyuan	303931	建瓯市	Jianou	538551
沙县区	Shaxian	270033	**龙岩市**	**Longyan**	**3157593**
明溪县	Mingxi	115256	市辖区	Districts	1088488
清流县	Qingliu	151148	新罗区	Xinluo	620505
宁化县	Ninghua	366614	永定区	Yongding	467983
大田县	Datian	408290	长汀县	Tingchow	544409
尤溪县	Youxi	444272	上杭县	Shanghang	511031
将乐县	Jiangle	185035	武平县	Wuping	389691
泰宁县	Taining	136183	连城县	Liancheng	335961
建宁县	Jianning	152569	漳平市	Zhangping	288013
永安市	Yong'an	323224	**宁德市**	**Ningde**	**3552295**
泉州市	**Quanzhou**	**7738249**	市辖区	Districts	544433
市辖区	Districts	1246627	蕉城区	Jiaocheng	544433
鲤城区	Licheng	290543	霞浦县	Xiapu	548376
丰泽区	Fengze	324169	古田县	Gutian	416566
洛江区	Luojiang	212889	屏南县	Pingnan	187347
泉港区	Quangang	419026	寿宁县	Shouning	257863
惠安县	Huian	1057802	周宁县	Zhouning	209979
安溪县	Anxi	1200024	柘荣县	Tuorong	110425
永春县	Yongcun	594910	福安市	Fu'an	672939
德化县	Dehua	353854	福鼎市	Fuding	604367
金门县	Jinmen		**江西省**	**Jiangxi**	**50393077**
石狮市	Shishi	372407	**南昌市**	**Nanchang**	**5478055**
晋江市	Jinjiang	1249083	市辖区	Districts	3032860
南安市	Nan'an	1663542	东湖区	Donghu	419789
漳州市	**Zhangzhou**	**5272084**	西湖区	Xihu	462568
市辖区	Districts	1838230	青云谱区	Qingyunpu	258868
芗城区	Xiangcheng	499294	青山湖区	Qingshanhu	700706
龙文区	Longwen	213317	新建区	Xinjian	745242
龙海区	Longhai	914339	红谷滩区	Honggutan	445687
长泰区	Changtai	211280	南昌县	Nanchang	1296762
云霄县	Yunxiao	467944	安义县	Anyi	307447
漳浦县	Zhangpu	948352	进贤县	Jinxian	840986
诏安县	Zhaoan	681920	**景德镇市**	**Jingdezhen**	**1715179**
东山县	Dongshan	223114	市辖区	Districts	481652
南靖县	Nanjing	351023	昌江区	Changjiang	158828
平和县	Pinghe	600452	珠山区	Zhushan	322824
华安县	Huaan	161049	浮梁县	Fuliang	286800
南平市	**Nanping**	**3136799**	乐平市	Leping	946727
市辖区	Districts	853241	**萍乡市**	**Pingxiang**	**1986913**
延平区	Yanping	487695	市辖区	Districts	875159
建阳区	Jianyang	365546	安源区	Anyuan	472093
顺昌县	Shunchang	225137	莲花县	Lianhua	276543
湘东区	Xiangdong	403066	上栗县	Shangli	523887

5-4 续表 14 continued

单位：人 (person)

地区	Region	人数 Population	地区	Region	人数 Population
芦溪县	Luxi	311324	青原区	Qingyuan	231330
九江市	**Jiujiang**	**5219307**	吉安县	Jian	526205
市辖区	Districts	1061451	吉水县	Jishui	566477
濂溪区	Lianxi	396626	峡江县	Xiajiang	190536
浔阳区	Xunyang	355109	新干县	Xingan	352781
柴桑区	Chaisang	309716	永丰县	Yongfeng	496814
武宁县	Wuning	393870	泰和县	Taihe	578632
修水县	Xiushui	893526	遂川县	Suichuan	623267
永修县	Yongxiu	403612	万安县	Wanan	315607
德安县	Dean	175147	安福县	Anfu	418289
都昌县	Duchang	790723	永新县	Yongxin	522496
湖口县	Hukou	286747	井冈山市	Jinggangshan	189905
彭泽县	Pengze	359710	**宜春市**	**Yichun**	**6002515**
瑞昌市	Ruichang	452276	市辖区	Districts	1178290
共青城市	Gongqingcheng	124550	袁州区	Yuanzhou	1178290
庐山市	Lushan	277695	奉新县	Fengxin	332887
新余市	**Xinyu**	**1244108**	万载县	Wanzai	581184
市辖区	Districts	900194	上高县	Shanggao	382880
渝水区	Yushui	900194	宜丰县	Yifeng	295455
分宜县	Fenyi	343914	靖安县	Jing'an	151248
鹰潭市	**Yingtan**	**1289430**	铜鼓县	Tonggu	136770
市辖区	Districts	642896	丰城市	Fengcheng	1470686
月湖区	Yuehu	240385	樟树市	Zhangshu	600779
余江区	Yujiang	402511	高安市	Gaoan	872336
贵溪市	Guixi	646534	**抚州市**	**Fuzhou**	**4306958**
赣州市	**Ganzhou**	**9862310**	市辖区	Districts	1723477
市辖区	Districts	2371457	临川区	Linchuan	1241587
章贡区	Zhanggong	846695	东乡区	Dongxiang	481890
南康区	Nankang	862583	南城县	Nancheng	336242
赣县区	Ganxian	662179	黎川县	Lichuan	247691
信丰县	Xinfeng	780782	南丰县	Nanfeng	312081
大余县	Dayu	301054	崇仁县	Chongren	389026
上犹县	Shangyou	321103	乐安县	Lean	387111
崇义县	Chongyi	214178	宜黄县	Yihuang	232896
安远县	Anyuan	409176	金溪县	Jinxi	315176
定南县	Diangnan	219075	资溪县	Zixi	113336
全南县	Quannan	192963	广昌县	Guangchang	249922
宁都县	Ningdu	831024	**上饶市**	**Shangrao**	**7899562**
于都县	Yudu	1119651	市辖区	Districts	2306451
兴国县	Xingguo	860200	信州区	Xinzhou	459749
会昌县	Huichang	535457	广丰区	Guangfeng	980072
寻乌县	Xunwu	328722	广信区	Guangfeng	866630
石城县	Shicheng	333188	玉山县	Yushan	641806
瑞金市	Ruijin	707230	铅山县	Qianshan	480511
龙南市	xxx?	337050	横峰县	Hengfeng	228727
吉安市	**Ji'an**	**5388740**	弋阳县	Yiyang	430718
市辖区	Districts	607731	余干县	Yugan	1086315
吉州区	Jizhou	376401	鄱阳县	Poyang	1578233

5-4 续表 15 continued

单位：人 (person)

地　区	Region	人　数 Population	地　区	Region	人　数 Population
万年县	Wannian	439859	滕州市	Tengzhou	1740857
婺源县	Wuyuan	374392	**东营市**	**Dongying**	**1977829**
德兴市	Dexing	332550	市辖区	Districts	1136876
山东省	**Shandong**	**101464554**	东营区	Dongying	687463
济南市	**Jinan**	**8199508**	河口区	Hekou	207473
市辖区	Districts	7198419	垦利区	Kenli	241940
历下区	Lixia	775641	利津县	Lijin	307989
市中区	Shizhong	699594	广饶县	Guangrao	532964
槐荫区	Huaiyin	490263	**烟台市**	**Yantai**	**6447312**
天桥区	Tianqiao	546038	市辖区	Districts	2524857
历城区	Licheng	1187065	芝罘区	Zhifu	713229
长清区	Changqing	568810	福山区	Fushan	602797
章丘区	Zhangxqiu	1049093	牟平区	Mouping	437640
济阳区	Jiyang	597849	莱山区	Laishan	296062
莱芜区	Laiwu	988482	蓬莱区	Penglai	475129
钢城区	Gangcheng	295584	龙口市	Longkou	626874
平阴县	Pingyin	366462	莱阳市	Laiyang	824471
商河县	Shanghe	634627	莱州市	Laizhou	820190
青岛市	**Qingdao**	**8513060**	招远市	Zhaoyuan	547568
市辖区	Districts	5532970	栖霞市	Qixia	487102
市南区	Shinan	546959	海阳市	Haiyang	616250
市北区	Shibei	927759	**潍坊市**	**Weifang**	**9178159**
黄岛区	Huangdao	1402937	市辖区	Districts	2001503
崂山区	Laoshan	349770	潍城区	Weicheng	371535
李沧区	Licang	456080	寒亭区	Hanting	448301
城阳区	Chengyang	658160	坊子区	Fangzi	554592
即墨区	Jimo	1191305	奎文区	Kuiwen	627075
胶州市	Jiaozhou	879309	临朐县	Linqu	924381
平度市	Pingdong	1365029	昌乐县	Changle	637118
莱西市	Laixi	735752	青州市	Qingzhou	954483
淄博市	**Zibo**	**4307766**	诸城市	Zhucheng	1108995
市辖区	Districts	2875403	寿光市	Shouguang	1112099
淄川区	Zichuan	616492	安丘市	Anqiu	970671
张店区	Zhangdian	898707	高密市	Gaomi	893576
博山区	Boshan	424424	昌邑市	Changyi	575333
临淄区	Linzi	600313	**济宁市**	**Jining**	**8883823**
周村区	Zhoucun	335467	市辖区	Districts	1933357
桓台县	Huantai	498970	任城区	Rencheng	1287464
高青县	Gaoqing	364157	兖州区	Yanzhou	645893
沂源县	Yiyuan	569236	微山县	Weishan	720883
枣庄市	**Zaozhuang**	**4221382**	鱼台县	Yutai	474732
市辖区	Districts	2480525	金乡县	Jinxiang	679771
市中区	Shizhong	593108	嘉祥县	Jiaxiang	924949
薛城区	Xuecheng	607845	汶上县	Wenshang	811830
峄城区	Yicheng	417086	泗水县	Sishui	640945
台儿庄区	Taierzhuang	338577	梁山县	Liangshan	841402
山亭区	Shanting	523909	曲阜市	Qufu	654265

5-4 续表 16 continued

单位：人 (person)

地 区	Region	人 数 Population
邹城市	Zoucheng	1201689
泰安市	**Taian**	**5644986**
市辖区	Districts	1643211
泰山区	Taishan	643621
岱岳区	Daiyue	999590
宁阳县	Ningyang	814596
东平县	Dongping	798457
新泰市	Xintai	1428820
肥城市	Feicheng	959902
威海市	**Weihai**	**2552782**
市辖区	Districts	1385283
环翠区	Huancui	825659
文登区	Wendeng	559624
荣成市	Rongcheng	641655
乳山市	Rushan	525844
日照市	**Rizhao**	**3079115**
市辖区	Districts	1414013
东港区	Donggang	981479
岚山区	Lanshan	432534
五莲县	Wulian	500205
莒县	Juxian	1164897
临沂市	**Linyi**	**11964629**
市辖区	Districts	2941071
兰山区	Lanshan	1375882
罗庄区	Luozhuang	686642
河东区	Hedong	878547
沂南县	Yinan	981444
郯城县	Tancheng	1041472
沂水县	Yishui	1184583
兰陵县	Lanling	1453373
费县	Feixian	920504
平邑县	Pingyi	1119077
莒南县	Junan	1061439
蒙阴县	Mengyin	581114
临沭县	Linshu	680552
德州市	**Dezhou**	**5917743**
市辖区	Districts	1279596
德城区	Decheng	697960
陵城区	Lingcheng	581636
宁津县	Ningjin	480493
庆云县	Qingyun	343816
临邑县	Linyi	546206
齐河县	Qihe	634807
平原县	Pingyuan	467108
夏津县	Xiajin	538035
武城县	Wucheng	390970
乐陵市	Laoling	701641
禹城市	Yucheng	535071
聊城市	**Liaocheng**	**6422150**
市辖区	Districts	1911704
东昌府区	Dongchangfu	1349694
茌平区	Chiping	562010
阳谷县	Yanggu	817177
莘县	Shenxian	1104056
东阿县	Dong'e	404507
冠县	Guanxian	850293
高唐县	Gaotang	504835
临清市	Linqing	829578
滨州市	**Binzhou**	**3945595**
市辖区	Districts	1111079
滨城区	Bincheng	719898
沾化区	Zhanhua	391181
惠民县	Huimin	642854
阳信县	Yangxin	466244
无棣县	Wudi	485109
博兴县	Boxing	502314
邹平市	Zoushi	737995
菏泽市	**Heze**	**10208715**
市辖区	Districts	2377042
牡丹区	Mudan	1670920
定陶区	Dingtao	706122
曹县	Caoxian	1693450
单县	Shanxian	1260012
成武县	Chengwu	712638
巨野县	Juye	1095115
郓城县	Yuncheng	1269191
鄄城县	Juancheng	926681
东明县	Dongming	874586
河南省	**Henan**	**115355863**
郑州市	**Zhengzhou**	**9215785**
市辖区	Districts	4194396
中原区	Zhongyuan	988468
二七区	Erqi	697796
管城回族区	Guancheng	641268
金水区	Jinshui	1434335
上街区	Shangjie	117128
惠济区	Huiji	315401
中牟县	Zhongmou	938456
巩义市	Gongyi	850073
荥阳市	Xingyang	720866
新密市	Xinmi	902199
新郑市	Xinzheng	877499
登封市	Dengfeng	732296
开封市	**Kaifeng**	**5631556**
市辖区	Districts	1725693
龙亭区	Longting	414248
顺河回族区	Shunhe	227781
鼓楼区	Gulou	140971
禹王台区	Yuwangtai	125649
祥符区	Xiangfu	817044

5-4 续表 17 continued

单位：人 (person)

地 区	Region	人 数 Population	地 区	Region	人 数 Population
杞县	Qixian	1220885	浚县	Xunxian	745352
通许县	Tongxu	683375	淇县	Qixian	301706
尉氏县	Weishi	1041216	**新乡市**	**Xinxiang**	**6685860**
兰考县	Lankao	960387	市辖区	Districts	1122518
洛阳市	**Luoyang**	**7536128**	红旗区	Hongqi	420710
市辖区	Districts	3270573	卫滨区	Weibin	221227
老城区	Laocheng	170069	凤泉区	Fengquan	145443
西工区	Xigong	310756	牧野区	Muye	335138
瀍河回族区	Chanhe	205933	新乡县	Xinxiang	374664
涧西区	Jianxi	568405	获嘉县	Huojia	454133
偃师区	Yanshi	638782	原阳县	Yuanyang	830210
孟津区	Mengjin	556699	延津县	Yanjin	506871
洛龙区	Luolong	819929	封丘县	Fengqiu	892891
新安县	Xinan	541309	卫辉市	Weihui	535782
栾川县	Luanchuan	362162	辉县市	Huixian	930809
嵩县	Songxian	649416	长垣市	Changyuan	1037982
汝阳县	Ruyang	536006	**焦作市**	**Jiaozuo**	**3714481**
宜阳县	Yiyang	716916	市辖区	Districts	979926
洛宁县	Luoning	514573	解放区	Jiefang	299103
伊川县	Yichuan	945173	中站区	Zhongzhan	110202
平顶山市	**Pingdingshan**	**5697659**	马村区	Macun	133430
市辖区	Districts	1111650	山阳区	Shanyang	437191
新华区	Xinhua	415439	修武县	Xiuwu	271777
卫东区	Weidong	361139	博爱县	Boai	395716
石龙区	Shilong	59988	武陟县	Wuzhi	738014
湛河区	Zhanhe	275084	温县	Wenxian	457988
宝丰县	Baofeng	557756	沁阳市	Qinyang	491389
叶县	Yexian	878962	孟州市	Mengzhou	379671
鲁山县	Lushan	984071	**濮阳市**	**Puyang**	**4343491**
郏县	Jiaxian	649796	市辖区	Districts	752788
舞钢市	Wugang	335662	华龙区	Hualong	752788
汝州市	Ruzhou	1179762	清丰县	Qingfeng	747776
安阳市	**Anyang**	**6307309**	南乐县	Nanle	582728
市辖区	Districts	1254364	范县	Fanxian	604102
文峰区	Wenfeng	455623	台前县	Taiqian	422215
北关区	Beiguan	282243	濮阳县	Puyang	1233882
殷都区	Yindong	230496	**许昌市**	**Xuchang**	**5130566**
龙安区	Longan	286002	市辖区	Districts	1354638
安阳县	Anyang	1039388	魏都区	Weidu	415420
汤阴县	Tangyin	520917	建安区	Jianan	939218
滑县	Huaxian	1509041	鄢陵县	Yanling	737024
内黄县	Neihuang	857809	襄城县	Xiangcheng	914870
林州市	Linzhou	1125790	禹州市	Yuzhou	1341881
鹤壁市	**Hebi**	**1716924**	长葛市	Changge	782153
市辖区	Districts	669866	**漯河市**	**Luohe**	**2656101**
鹤山区	Heshan	78116	市辖区	Districts	1352327
山城区	Shancheng	158011	源汇区	Yuanhui	315966
淇滨区	Qibin	433739	郾城区	Yancheng	512257

5-4 续表 18 continued

单位：人 (person)

地 区	Region	人 数 Population
召陵区	Zhaoling	524104
舞阳县	Wuyang	587223
临颍县	Linning	716551
三门峡市	**Sanmenxia**	**2250506**
市辖区	Districts	628329
湖滨区	Hubin	287024
陕州区	Shanzhou	341305
渑池县	Mianchi	358228
卢氏县	Xiaxian	377873
义马市	Lushi	146079
灵宝市	Yima	739997
南阳市	**Nanyang**	**12300361**
市辖区	Districts	2059624
宛城区	Wancheng	969931
卧龙区	Wolong	1089693
南召县	Nanzhao	688361
方城县	Fangcheng	1170087
西峡县	Xixia	487220
镇平县	Zhenping	1079479
内乡县	Neixiang	713222
淅川县	Xichuan	716957
社旗县	Sheqi	759249
唐河县	Tanghe	1443579
新野县	Xinye	846920
桐柏县	Tongbo	490017
邓州市	Dengzhou	1845646
商丘市	**Shangqiu**	**10139793**
市辖区	Districts	1932321
梁园区	Liangyuan	926492
睢阳区	Suiyang	1005829
民权县	Minquan	1032753
睢县	Suixian	939832
宁陵县	Ningling	733880
柘城县	Zhecheng	1119413
虞城县	Yucheng	1382202
夏邑县	Xiayi	1354538
永城市	Yongcheng	1644854
信阳市	**Yinyang**	**9064657**
市辖区	Districts	1590903
浉河区	Shihe	669266
平桥区	Pingqiao	921637
罗山县	Luoshan	774225
光山县	Guangshan	930495
新县	Xinxian	378594
商城县	Shangcheng	792228
固始县	Gushi	1778917
潢川县	Huangchuan	879324
淮滨县	Huaibin	819659
息县	Xixian	1120312
周口市	**Zhoukou**	**12572153**
市辖区	Districts	2145931
川汇区	Chuanhui	648685
淮阳区	xxx?	1497246
扶沟县	Fugou	780907
西华县	Xihua	961697
商水县	Shangshui	1324664
沈丘县	Shenqiu	1386676
郸城县	Dancheng	1590697
太康县	Taikang	1655033
鹿邑县	Luyi	1385412
项城市	Xiangcheng	1341136
驻马店市	**Zhumadian**	**9658482**
市辖区	Districts	871238
驿城区	Yicheng	871238
西平县	Xiping	886238
上蔡县	Shangcai	1602296
平舆县	Pingyu	1174194
正阳县	Zhengyang	871824
确山县	Queshan	556449
泌阳县	Biyang	970497
汝南县	Runan	894005
遂平县	Suiping	577112
新蔡县	Xincai	1254629
济源市	Jiyuan	734051
湖北省	**Hubei**	**61313802**
武汉市	**Wuhan**	**9444168**
市辖区	Districts	9444168
江岸区	Jiang'an	822244
江汉区	Jianghan	525383
硚口区	Qiaokou	547532
汉阳区	Hanyang	809019
武昌区	Wuchang	1094296
青山区	Qingshan	458309
洪山区	Hongshan	1404771
东西湖区	Dongxihu	394346
汉南区	Hannan	118338
蔡甸区	Caidian	474489
江夏区	Jiangxia	672894
黄陂区	Huangpi	1168526
新洲区	Xinzhou	954021
黄石市	**Huangshi**	**2731195**
市辖区	Districts	614168
黄石港区	Huangshigang	209469
西塞山区	Xisaishan	193346
下陆区	Xialu	166289
铁山区	Tieshan	45064
阳新县	Yangxin	1117881
大冶市	Daye	999146

5-4 续表 19 continued

单位：人 (person)

地 区	Region	人 数 Population	地 区	Region	人 数 Population
十堰市	**Shiyan**	**3392065**	**孝感市**	**Xiaogan**	**5003017**
市辖区	Districts	1180260	市辖区	Districts	943557
茅箭区	Maojian	307239	孝南区	Xiaonan	943557
张湾区	Zhangwan	256798	孝昌县	Xiaochang	653097
郧阳区	Yunyang	616223	大悟县	Dawu	604637
郧西县	Yunxi	504440	云梦县	Yunmeng	553370
竹山县	Zhushan	444363	应城市	Yingcheng	617550
竹溪县	Zhuxi	345569	安陆市	Anlu	595825
房县	Fangshan	463711	汉川市	Hanchuan	1034981
丹江口市	Danjiangkou	453722	**荆州市**	**Jingzhou**	**6250767**
宜昌市	**Yichang**	**3865413**	市辖区	Districts	1072430
市辖区	Districts	1286818	沙市区	Shashi	531886
西陵区	Xiling	392457	荆州区	Jingzhou	540544
伍家岗区	Wujiagang	212889	公安县	Gongan	957637
点军区	Dianjun	107064	江陵县	Jiangling	380261
猇亭区	Xiaoting	50208	石首市	Shishou	599431
夷陵区	Yiling	524200	洪湖市	Honghu	899779
远安县	Yuan'an	186321	松滋市	Songzi	799999
兴山县	Xingshan	159679	监利市	Jianli	1541230
秭归县	Zigui	361886	**黄冈市**	**Huanggang**	**7216790**
长阳土家族自治县	Changyang	375961	市辖区	Districts	353594
五峰土家族自治县	Wufeng	191883	黄州区	Huangzhou	353594
宜都市	Yidu	378462	团风县	Tuanfeng	357564
当阳市	Dangyang	458158	红安县	Hongan	630061
枝江市	Zhijiang	466245	罗田县	Luotian	582861
襄阳市	**Xiangyang**	**5854298**	英山县	Yingshan	390559
市辖区	Districts	2291288	浠水县	Xishui	971901
襄城区	Xiangcheng	463866	蕲春县	Qichun	985044
樊城区	Fancheng	825238	黄梅县	Huangmei	997799
襄州区	Xiangzhou	1002184	麻城市	Macheng	1134016
南漳县	Nanzhang	558622	武穴市	Wuxue	813391
谷城县	Gucheng	585636	**咸宁市**	**Xianning**	**3036062**
保康县	Baokang	261187	市辖区	Districts	632170
老河口市	Laohekou	502455	咸安区	Xianan	632170
枣阳市	Zaoyang	1102875	嘉鱼县	Jiayu	360776
宜城市	Yicheng	552235	通城县	Tongcheng	521653
鄂州市	**Ezhou**	**1100976**	崇阳县	Chongyang	509620
市辖区	Districts	1100976	通山县	Tongshan	487780
梁子湖区	Liangzihu	188922	赤壁市	Chibi	524063
华容区	Huarong	265787	**随州市**	**Suizhou**	**2429688**
鄂城区	Echengqu	646267	市辖区	Districts	662942
荆门市	**Jingmen**	**2844705**	曾都区	Zengdong	662942
市辖区	Districts	645938	随县	Suixian	887239
东宝区	Dongbao	348586	广水市	Guangshui	879507
掇刀区	Duodao	297352	**恩施土家族苗族自治州**	**Enshi**	**4002476**
沙洋县	Shayang	569806	恩施市	Enshi	822184
钟祥市	Zhongxiang	1019614	利川市	Lichuan	915849
京山市	Jingshan	609347	建始县	Jianshi	502191

5-4 续表 20 continued

单位：人 (person)

地 区	Region	人 数 Population	地 区	Region	人 数 Population
巴东县	Badong	478745	衡东县	Hengdong	738703
宣恩县	Xuandong	354452	祁东县	Qidong	1013898
咸丰县	Xianfeng	383729	耒阳市	Leiyang	1378066
来凤县	Laifeng	333058	常宁市	Changning	931513
鹤峰县	Hefeng	212268	**邵阳市**	**Shaoyang**	**8122505**
仙桃市	Xiantao	1509602	市辖区	Districts	681725
潜江市	Qianjiang	990663	双清区	Shuanqing	262333
天门市	Tianmen	1564361	大祥区	Daxiang	316970
神农架林区	Shennongjia	77556	北塔区	Beita	102422
湖南省	**Hunan**	**72112491**	新邵县	Xinshao	811656
长沙市	**Changsha**	**7676257**	邵阳县	Shaoyang	1045492
市辖区	Districts	3952743	隆回县	Longhui	1282485
芙蓉区	Furong	425155	洞口县	Dongkou	886924
天心区	Tianxin	538099	绥宁县	Suining	378257
岳麓区	Yuelu	992259	新宁县	Xinning	636491
开福区	Kaifu	550591	城步苗族自治县	Chengbu	275834
雨花区	Yuhua	805584	武冈市	Wugang	812666
望城区	Wangcheng	641055	邵东市	Shaodong	1310975
长沙县	Changsha	836786	**岳阳市**	**Yueyang**	**5579762**
浏阳市	Liuyang	1476656	市辖区	Districts	1090835
宁乡市	Ningxiang	1410072	岳阳楼区	Yueyanglou	690044
株洲市	**Zhuzhou**	**3943706**	云溪区	Yunxi	157472
市辖区	Districts	1310026	君山区	Junshan	243319
荷塘区	Hetang	195911	岳阳县	Yueyang	711076
芦淞区	Lusong	217403	华容县	Huarong	695469
石峰区	Shifeng	225528	湘阴县	Xiangyin	700804
天元区	Tianyuan	329216	平江县	Pingjiang	1107893
渌口区	Lukou	341968	汨罗市	Miluo	743649
攸县	Youxian	789297	临湘市	Linxiang	530036
茶陵县	Chaling	630391	**常德市**	**Changde**	**5879118**
炎陵县	Yanling	186839	市辖区	Districts	1381145
醴陵市	Liling	1027153	武陵区	Wuling	611206
湘潭市	**Xiangtan**	**2799931**	鼎城区	Dingcheng	769939
市辖区	Districts	835450	安乡县	Anxiang	508921
雨湖区	Yuhu	486039	汉寿县	Hanshou	850713
岳塘区	Yuetang	349411	澧县	Lixian	885777
湘潭县	Xiangtan	947242	临澧县	Linli	432185
湘乡市	Xiangxiang	899921	桃源县	Taoyuan	946565
韶山市	Shaoshan	117318	石门县	Shimen	652044
衡阳市	**Hengyang**	**7779679**	津市市	Jinshi	221768
市辖区	Districts	1019222	**张家界市**	**Zhangjiajie**	**1671569**
珠晖区	Zhuhui	272734	市辖区	Districts	539402
雁峰区	Yanfeng	185619	永定区	Yongding	484191
石鼓区	Shigu	188818	武陵源区	Wulingyuan	55211
蒸湘区	Zhenxiang	312156	慈利县	Cili	675707
南岳区	Nanyue	59895	桑植县	Sangzhi	456460
衡阳县	Hengyang	1203620	**益阳市**	**Yiyang**	**4584899**
衡南县	Hengnan	1058987	市辖区	Districts	1309019
衡山县	Hengshan	435670	资阳区	Ziyang	402874

5-4 续表 21 continued

单位：人 (person)

地 区	Region	人 数 Population	地 区	Region	人 数 Population
赫山区	Haoshan	906145	双峰县	Shuangfeng	876516
南县	Nanxian	733908	新化县	Xinhua	1503405
桃江县	Taojiang	856573	冷水江市	Lengshuijiang	353754
安化县	Anhua	985344	涟源市	Lianyuan	1128960
沅江市	Yuanjiang	700055	**湘西土家族苗族自治州**	**Xiangxi**	**2901798**
郴州市	**Chenzhou**	**5245723**	吉首市	Jishou	320682
市辖区	Districts	805233	泸溪县	Luxi	310520
北湖区	Beihu	419328	凤凰县	Fenghuang	419054
苏仙区	Suxian	385905	花垣县	Huayuan	304500
桂阳县	Guiyang	891857	保靖县	Baojing	292184
宜章县	Yizhang	643888	古丈县	Guzhang	134956
永兴县	Yongxing	685997	永顺县	Yongshun	522518
嘉禾县	Jiahe	428995	龙山县	Longshan	597384
临武县	Linwu	377126	**广东省**	**Guangdong**	**100497201**
汝城县	Rucheng	416831	**广州市**	**Guangzhou**	**10349074**
桂东县	Guidong	183121	市辖区	Districts	10349074
安仁县	Anren	449570	荔湾区	Liwan	795814
资兴市	Zixing	363105	越秀区	Yuexiu	1174308
永州市	**Yongzhou**	**6293655**	海珠区	Haizhu	1103480
市辖区	Districts	1157881	天河区	Tianhe	1072086
零陵区	Lingling	603266	白云区	Baiyun	1194440
冷水滩区	Lengshuitan	554615	黄埔区	Huangpu	671579
东安县	Dong'an	621345	番禺区	Panyu	1167089
双牌县	Shuangpai	176077	花都区	Huadu	884231
道县	Daoxian	790523	南沙区	Nansha	542023
江永县	Jiangyong	281156	从化区	Conghua	659756
宁远县	Ningyuan	862458	增城区	Zengcheng	1084268
蓝山县	Lanshan	412951	**韶关市**	**Shaoguan**	**3367088**
新田县	Xintian	442916	市辖区	Districts	927503
江华瑶族自治县	Jianghua	532854	武江区	Wujiang	306883
祁阳市	Qiyang	1015494	浈江区	Zhenjiang	309721
怀化市	**Huaihua**	**5166905**	曲江区	Qujiang	310899
市辖区	Districts	412727	始兴县	Shixing	262750
鹤城区	Hecheng	412727	仁化县	Renhua	241630
中方县	Zhongfang	291493	翁源县	Wengyuan	421494
沅陵县	Yuanling	630186	乳源瑶族自治县	Ruyuan	233223
辰溪县	Chenxi	525882	新丰县	Xinfeng	266599
溆浦县	Xupu	933495	乐昌市	Lechang	524396
会同县	Huitong	364656	南雄市	Nanxiong	489493
麻阳苗族自治县	Mayang	390291	**深圳市**	**Shenzhen**	**6547423**
新晃侗族自治县	Xinhuang	253558	市辖区	Districts	6547423
芷江侗族自治县	Zhijiang	370170	罗湖区	Luohu	743208
靖州苗族侗族自治县	Jingzhou	273809	福田区	Futian	1255178
通道侗族自治县	Tongdao	237357	南山区	Nanshan	1246148
洪江市	Hongjiang	483281	宝安区	Baoan	964371
娄底市	**Loudi**	**4466984**	龙岗区	Longgang	1281944
市辖区	Districts	604349	盐田区	Yantian	107571
娄星区	Louxing	604349	龙华区	Longhua	617537

5-4 续表 22 continued

单位：人 (person)

地 区	Region	人 数 Population
坪山区	Pingshan	157325
光明区	Guangming	174141
珠海市	**Zhuhai**	**1549910**
市辖区	Districts	1549910
香洲区	Xiangzhou	884442
斗门区	Doumen	449944
金湾区	Jinwan	215524
汕头市	**Shantou**	**5788377**
市辖区	Districts	5712885
龙湖区	Longhu	513987
金平区	Jinping	713088
濠江区	Haojiang	306552
潮阳区	Chaoyang	1881312
潮南区	Chaonan	1506568
澄海区	Chenghai	791378
南澳县	Nan'ao	75492
佛山市	**Feshan**	**4953984**
市辖区	Districts	4953984
禅城区	Chancheng	749206
南海区	Nanhai	1748505
顺德区	Shunde	1624297
三水区	Sanshui	491538
高明区	Gaoming	340438
江门市	**Jiangmen**	**4034098**
市辖区	Districts	1493981
蓬江区	Pengjiang	538247
江海区	Jianghai	190137
新会区	Xinhui	765597
台山市	Taishan	957544
开平市	Kaiping	682522
鹤山市	Heshan	396218
恩平市	Enping	503833
湛江市	**Zhanjiang**	**8692778**
市辖区	Districts	1752504
赤坎区	Chikan	278893
霞山区	Xiashan	447369
坡头区	Potou	442734
麻章区	Mazhang	583508
遂溪县	Suixi	1127467
徐闻县	Xuwen	795074
廉江市	Lianjiang	1876410
雷州市	Lenzhou	1892266
吴川市	Wuchuan	1249057
茂名市	**Maoming**	**8259662**
市辖区	Districts	3082636
茂南区	Maonan	1085956
电白区	Dianbai	1996680
高州市	Gaozhou	1855876
化州市	Huazhou	1801049
信宜市	Xinyi	1520101
肇庆市	**Zhaoqing**	**4583513**
市辖区	Districts	1450633
端州区	Duanzhou	455089
鼎湖区	Dinghu	176433
高要区	Gaoyao	819111
广宁县	Guangning	580140
怀集县	Huaiji	1124609
封开县	Fengkai	522985
德庆县	Deqing	410672
四会市	Sihui	494474
惠州市	**Huizhou**	**4157688**
市辖区	Districts	1920737
惠城区	Huicheng	1276675
惠阳区	Huiyang	644062
博罗县	Boluo	966390
惠东县	Huidong	912374
龙门县	Longmen	358187
梅州市	**Meizhou**	**5393529**
市辖区	Districts	978150
梅江区	Meijiang	361425
梅县区	Meixian	616725
大埔县	Dapu	537523
丰顺县	Fengshun	722240
五华县	Wuhua	1519229
平远县	Pingyuan	257062
蕉岭县	Jiaoling	229514
兴宁市	Xingning	1149811
汕尾市	**Shanwei**	**3645330**
市辖区	Districts	498845
城区	City	498845
海丰县	Haifeng	860729
陆河县	Luhe	355580
陆丰市	Lufeng	1930176
河源市	**Heyuan**	**3712662**
市辖区	Districts	343747
源城区	Yuancheng	343747
紫金县	Zijin	846783
龙川县	Longchuan	967027
连平县	Lianping	409265
和平县	Heping	559001
东源县	Dongyuan	586839
阳江市	**Yangjiang**	**3032316**
市辖区	Districts	1248428
江城区	Jiangcheng	727394
阳东区	Yangdong	521034
阳西县	Yangxi	559670
阳东县	Yangdong	
阳春市	Yangchun	1224218

5-4 续表 23 continued

单位：人 (person)

地 区	Region	人 数 Population	地 区	Region	人 数 Population
清远市	**Qingyuan**	**4535025**	鱼峰区	Yufeng	452650
市辖区	Districts	1545660	柳南区	Liunan	418842
清城区	Qingcheng	814862	柳北区	Liubei	359154
清新区	Qingxin	730798	柳江区	Liujiang	485735
佛冈县	Fogang	361787	柳城县	Liucheng	407178
阳山县	Yangshan	579253	鹿寨县	Luzhai	411385
连山壮族瑶族自治县	Lianshan	125114	融安县	Rong'an	324762
连南瑶族自治县	Liannan	177521	融水苗族自治县	Rongshui	524184
英德市	Yingde	1209391	三江侗族自治县	Sanjiang	404763
连州市	Lianzhou	536299	**桂林市**	**Guilin**	**5412076**
东莞市	Dongguan	2924543	市辖区	Districts	1381667
中山市	Zhongshan	2081280	秀峰区	Xiufeng	120825
潮州市	**Chaozhou**	**2747535**	叠彩区	Diecai	164013
市辖区	Districts	1699330	象山区	Xiangshan	239836
湘桥区	Xiangqiao	518129	七星区	Qixing	243523
潮安区	Chaoan	1181201	雁山区	Yanshan	70415
饶平县	Raoping	1048205	临桂区	Lingui	543055
揭阳市	**Jieyang**	**7127060**	阳朔县	Yangshuo	329047
市辖区	Districts	2141175	灵川县	Lingchuan	396929
榕城区	Rongcheng	1018168	全州县	Quanzhou	834556
揭东区	Jiedong	1123007	兴安县	Xing'an	386834
揭西县	Jiexi	974438	永福县	Yongfu	288487
惠来县	Huilai	1494938	灌阳县	Guanyang	294100
普宁市	Puning	2516509	龙胜各族自治县	Longsheng	171773
云浮市	**Yunfu**	**3014326**	资源县	Ziyuan	179828
市辖区	Districts	699544	平乐县	Pingle	462234
云城区	Yuncheng	351584	恭城瑶族自治县	Gongcheng	304163
云安区	Yun'an	347960	荔浦市	Lipu	382458
新兴县	Xinxing	493018	**梧州市**	**Wuzhou**	**3548089**
郁南县	Yunan	529420	市辖区	Districts	812238
罗定市	Luoding	1292344	万秀区	Wanxiu	278277
广西壮族自治区	**Guangxi**	**57431346**	长洲区	Changzhou	214842
南宁市	**Nanning**	**8100769**	龙圩区	Longxu	319119
市辖区	Districts	4303517	苍梧县	Cangwu	413810
兴宁区	Xingning	405887	藤县	Tengxian	1125540
青秀区	Qingxiu	890322	蒙山县	Mengshan	222626
江南区	Jiangnan	613916	岑溪市	Cenxi	973875
西乡塘区	Xixiangtang	870072	**北海市**	**Beihai**	**1833758**
良庆区	Liangqing	389871	市辖区	Districts	724532
邕宁区	Yongning	402851	海城区	Haicheng	335084
武鸣区	Wuming	730598	银海区	Yinhai	198387
隆安县	Long'an	419094	铁山港区	Tieshangang	191061
马山县	Mashan	567342	合浦县	Hepu	1109226
上林县	Shanglin	498044	**防城港市**	**Fangchenggang**	**1023231**
宾阳县	Binyang	1046463	市辖区	Districts	607442
横州市	Hengzhou	1266309	港口区	Gangkou	150811
柳州市	**Liuzhou**	**3984745**	防城区	Fangcheng	456631
市辖区	Districts	1912473	上思县	Shangsi	252857
城中区	Chengzhong	196092	东兴市	Dongxing	162932

5-4 续表 24 continued

单位：人 (person)

地 区	Region	人 数 Population	地 区	Region	人 数 Population
钦州市	**Qinzhou**	**4204436**	南丹县	Nandan	327820
市辖区	Districts	1556216	天峨县	Tian'e	176281
钦南区	Qinnan	674390	凤山县	Fengshan	221712
钦北区	Qinbei	881826	东兰县	Donglan	311975
灵山县	Lingshan	1690739	罗城仫佬族自治县	Luocheng	386079
浦北县	Pubei	957481	环江毛南族自治县	Huanjiang	378229
贵港市	**Guigang**	**5650988**	巴马瑶族自治县	Bama	298688
市辖区	Districts	2070500	都安瑶族自治县	Du'an	725327
港北区	Gangbei	768633	大化瑶族自治县	Dahua	485601
港南区	Gangnan	695111	**来宾市**	**Laibin**	**2677736**
覃塘区	Tantang	606756	市辖区	Districts	1145368
平南县	Pingnan	1549246	兴宾区	Xingbin	1145368
桂平市	Guiping	2031242	忻城县	Xincheng	424962
玉林市	**Yulin**	**7439741**	象州县	Xiangzhou	365786
市辖区	Districts	1189784	武宣县	Wuxuan	457072
玉州区	Yuzhou	747593	金秀瑶族自治县	Jinxiu	155043
福绵区	Fumian	442191	合山市	Heshan	129505
容县	Rongxian	879003	**崇左市**	**Chongzuo**	**2507146**
陆川县	Luchuan	1113954	市辖区	Districts	381869
博白县	Bobai	1934841	江州区	Jiangzhou	381869
兴业县	Xingye	753056	扶绥县	Fusui	458939
北流市	Beiliu	1569103	宁明县	Ningming	441354
百色市	**Baise**	**4226199**	龙州县	Longzhou	273118
市辖区	Districts	735050	大新县	Daxin	381655
右江区	Youjiang	380507	天等县	Tiandeng	453531
田阳区	Tianyang	354543	凭祥市	Pingxiang	116680
田东县	Tiandong	438864	**海南省**	**Hainan**	**9844392**
德保县	Debao	364855	**海口市**	**Haikou**	**2210692**
那坡县	Napo	218070	市辖区	Districts	2210692
凌云县	Lingyun	229331	秀英区	Xiuying	471841
乐业县	Leye	182742	龙华区	Longhua	616472
田林县	Tianlin	266377	琼山区	Qiongshan	462230
西林县	Xilin	165179	美兰区	Meilan	660149
隆林各族自治县	Longlin	440678	**三亚市**	**Sanya**	**731090**
靖西市	Jingxi	660300	市辖区	Districts	731090
平果市	Pingguo	524753	海棠区	Haitang	85619
贺州市	**Hezhou**	**2495256**	吉阳区	Jiyang	241184
市辖区	Districts	1233318	天涯区	Tianya	294076
八步区	Babu	775657	崖州区	Yazhou	110211
平桂区	Pinggui	457661	**三沙市**	**Sansha**	**933**
昭平县	Zhaoping	450572	**儋州市**	**Danzhou**	**1078141**
钟山县	Zhongshan	467531	五指山市	Wuzhishan	104556
富川瑶族自治县	Fuchuan	343835	琼海市	Qionghai	522679
河池市	**Hechi**	**4327176**	文昌市	Wenchang	595686
市辖区	Districts	1015464	万宁市	Wanning	625098
金城江区	Jinchengjiang	348199	东方市	Dongfang	467148
宜州区	Yizhou	667265	定安县	Ding'an	348021

5-4 续表 25 continued

单位：人 (person)

地 区	Region	人 数 Population	地 区	Region	人 数 Population
屯昌县	Tunchang	308038	酉阳土家族苗族自治县	Youyang	851976
澄迈县	Chengmai	575478	彭水苗族土家族自治县	Pengshui	699330
临高县	Lingao	511000	**四川省**	**Sichuan**	**90674762**
白沙黎族自治县	Baisha	193328	**成都市**	**Chendu**	**15715700**
昌江黎族自治县	Changjiang	254661	市辖区	Districts	9852689
乐东黎族自治县	Ledong	550317	锦江区	Jinjiang	674683
陵水黎族自治县	Lingshui	387474	青羊区	Qingyang	770789
保亭黎族苗族自治县	Baoting	167169	金牛区	Jinniu	782378
琼中黎族苗族自治县	Qiongzhong	212883	武侯区	Wuhou	1527711
重庆市	**Chongqing**	**34138026**	成华区	Chenghua	842957
市辖区	Districts	24913741	龙泉驿区	Longquanyi	801862
万州区	Wanzhou	1708150	青白江区	Qingbaijiang	426781
涪陵区	Fuling	1124818	新都区	Xindu	869273
渝中区	Yuzhong	490537	温江区	Wenjiang	573473
大渡口区	Dadukou	291351	双流区	Shuangliu	1548317
江北区	Jiangbei	654239	郫都区	Pidu	709248
沙坪坝区	Shapingba	957742	新津区	Xinjin	325217
九龙坡区	Jiulongpo	1007257	金堂县	Jintang	895065
南岸区	Nan'an	808593	大邑县	Dayi	501437
北碚区	Beibei	658309	蒲江县	Pujiang	265421
綦江区	Qijiang	1166540	都江堰市	Dujiangyan	619743
大足区	Dazu	1067576	彭州市	Pengzhou	788854
渝北区	Yubei	1565823	邛崃市	Qionglai	643222
巴南区	Banan	976059	崇州市	Chongzhou	652723
黔江区	Qianjiang	554903	简阳市	Jianyang	1496546
长寿区	Changshou	869316	**自贡市**	**Zigong**	**3136855**
江津区	Jiangjin	1463887	市辖区	Districts	1443422
合川区	Hechuan	1479214	自流井区	Ziliujing	377010
永川区	Yongchuan	1135513	贡井区	Gongjing	275114
南川区	Nanchuan	678909	大安区	Daan	400921
璧山区	Bishan	655661	沿滩区	Yantan	390377
铜梁区	Tongliang	841511	荣县	Rongxian	647115
潼南区	Tongnan	941814	富顺县	Fushun	1046318
荣昌区	Rongchang	839554	**攀枝花市**	**Panzhihua**	**1069059**
开州区	Kaizhou	1660289	市辖区	Districts	631388
梁平区	Liangping	911747	东区	Dongqu	271686
武隆区	Wulong	404429	西区	Xiqu	116664
县	**Counties**	**9224285**	仁和区	Renhe	243038
城口县	Chengkou	248998	米易县	Miyi	228961
丰都县	Fengdu	796417	盐边县	Yanbian	208710
垫江县	Dianjiang	948035	**泸州市**	**Luzhou**	**5038153**
忠县	Zhongxian	952928	市辖区	Districts	1521951
云阳县	Yunyang	1315705	江阳区	Jiangyang	696890
奉节县	Fengjie	1038367	纳溪区	Naxi	452718
巫山县	Wushan	622100	龙马潭区	Longmatan	372343
巫溪县	Wuxi	532317	泸县	Luxian	1046666
石柱土家族自治县	Shizhu	544126	合江县	Hejiang	876929
秀山土家族苗族自治县	Xiushan	673986	叙永县	Xuyong	714976

5-4 续表 26 continued

单位：人 (person)

地 区	Region	人 数 Population	地 区	Region	人 数 Population
古蔺县	Gulin	877631	犍为县	Qianwei	539770
德阳市	**Deyang**	**3785110**	井研县	Jingyan	378984
市辖区	Districts	941025	夹江县	Jiajiang	337984
旌阳区	Jingyang	702770	沐川县	Muchuan	244262
罗江区	Luojiang	238255	峨边彝族自治县	Ebian	148574
中江县	Zhongjiang	1349278	马边彝族自治县	Mabian	227232
广汉市	Guanghan	591997	峨眉山市	Emeishan	420975
什邡市	Shifang	416254	**南充市**	**Nanchong**	**7085609**
绵竹市	Mianzhu	486556	市辖区	Districts	1929404
绵阳市	**Mianyang**	**5256659**	顺庆区	Shunqing	666565
市辖区	Districts	1771469	高坪区	Gaoping	591027
涪城区	Fucheng	777861	嘉陵区	Jialing	671812
游仙区	Youxian	554735	南部县	Nanbu	1204360
安州区	Anzhou	438873	营山县	Yingshan	873147
三台县	Santai	1355008	蓬安县	Peng'an	650023
盐亭县	Anxian	519106	仪陇县	Yilong	1046294
梓潼县	Zitong	365297	西充县	Xichong	573889
北川羌族自治县	Beichuan	229268	阆中市	Langzhong	808492
平武县	Pingwu	172535	**眉山市**	**Meishan**	**3386135**
江油市	Jiangyou	843976	市辖区	Districts	1195333
广元市	**Guangyuan**	**2930792**	东坡区	Dongpo	872128
市辖区	Districts	919348	彭山区	Pengshan	323205
利州区	Lizhou	490025	仁寿县	Renshou	1501272
昭化区	Zhaohua	230658	洪雅县	Hongya	340511
朝天区	Chaotian	198665	丹棱县	Danling	160812
旺苍县	Wangcang	430843	青神县	Qingshen	188207
青川县	Qingchuan	219566	**宜宾市**	**Yibin**	**5483819**
剑阁县	Jiange	632515	市辖区	Districts	2288649
苍溪县	Cangxi	728520	翠屏区	Cuiping	879164
遂宁市	**Suining**	**3544024**	南溪区	Nanxi	410594
市辖区	Districts	1443763	叙州区	Xuzhou	998891
船山区	Chuanshan	694061	江安县	Jiang'an	581802
安居区	Anju	749702	长宁县	Changning	427173
蓬溪县	Pengxi	661045	高县	Gaoxian	519756
大英县	Daying	515011	珙县	Gongxian	426560
射洪市	Shehong	924205	筠连县	Junlian	447498
内江市	**Neijiang**	**3989715**	兴文县	Xingwen	481526
市辖区	Districts	1365879	屏山县	Pingshan	310855
市中区	Shizhong	488001	**广安市**	**Guang'an**	**4494732**
东兴区	Dongxing	877878	市辖区	Districts	1242764
威远县	Weiyuan	683424	广安区	Guang'an	883806
资中县	Zizhong	1195222	前锋区	Qianfeng	358958
隆昌市	Longchang	745190	岳池县	Yuechi	1126055
乐山市	**Leshan**	**3456160**	武胜县	Wusheng	793709
市辖区	Districts	1158379	邻水县	Linshui	987140
市中区	Shizhong	658854	华蓥市	Huaying	345064
沙湾区	Shawan	166697	**达州市**	**Dazhou**	**6444599**
五通桥区	Wutongqiao	285443	市辖区	Districts	1732861
金口河区	Jinkouhe	47385	通川区	Tongchuan	592039

5-4 续表 27 continued

单位：人 (person)

地 区	Region	人 数 Population	地 区	Region	人 数 Population
达川区	Dachuan	1140822	炉霍县	Luhuo	48033
宣汉县	Xuanhan	1262799	甘孜县	Ganzi	65478
开江县	Kaijiang	564397	新龙县	Xinlong	51699
大竹县	Dazhu	1055335	德格县	Dege	88967
渠县	Quxian	1274016	白玉县	Baiyu	55134
万源市	Wanyuan	555191	石渠县	Shiqu	104756
雅安市	**Yaan**	**1515261**	色达县	Seda	58027
市辖区	Districts	614203	理塘县	Litang	69271
雨城区	Yucheng	340209	巴塘县	Batang	51300
名山区	Mingshan	273994	乡城县	Xiangcheng	28983
荥经县	Yingjing	144756	稻城县	Daocheng	31315
汉源县	Hanyuan	315957	得荣县	Derong	25594
石棉县	Shimian	119373	**凉山彝族自治州**	**Liangshan**	**5430165**
天全县	Tianquan	147276	西昌市	Xichang	751337
芦山县	Lushan	117065	会理市	Huili	459861
宝兴县	Baoxing	56631	木里藏族自治县	Muli	137693
巴中市	**Bazhong**	**3591336**	盐源县	Yanyuan	389148
市辖区	Districts	1329291	德昌县	Dechang	220846
巴州区	Bazhou	764786	会东县	Huidong	423491
恩阳区	Enyang	564505	宁南县	Ningnan	202562
通江县	Tongjiang	708730	普格县	Puge	223533
南江县	Nanjiang	644219	布拖县	Butuo	222600
平昌县	Pingchang	909096	金阳县	Jinyang	218358
资阳市	**Ziyang**	**3332216**	昭觉县	Zhaojue	340417
市辖区	Districts	1049328	喜德县	Xide	220964
雁江区	Yanjiang	1049328	冕宁县	Mianning	408007
安岳县	Anyue	1507919	越西县	Yuexi	386064
乐至县	Lezhi	774969	甘洛县	Ganluo	243486
阿坝藏族羌族自治州	**Aba Tibetan and Qiang Autonomous Prefecture**	**895245**	美姑县	Meigu	290200
			雷波县	Leibo	291598
马尔康市	Maerkang	52685	**贵州省**	**Guizhou**	**46313926**
汶川县	Wenchuan	90344	**贵阳市**	**Guiyang**	**4500785**
理县	Lixian	42286	市辖区	Districts	2869659
茂县	Maoxian	108650	南明区	Nanming	665500
松潘县	Songpan	72510	云岩区	Yunyan	722467
九寨沟县	Jiuzhaigou	66783	花溪区	Huaxi	574983
金川县	Jinchuan	67448	乌当区	Wudang	237183
小金县	Xiaojin	75513	白云区	Baiyun	253818
黑水县	Heishui	57214	观山湖区	Guanshanhu	415708
壤塘县	Xiangtang	48415	开阳县	Kaiyang	454235
阿坝县	Aba	82907	息烽县	Xifeng	277869
若尔盖县	Ruoergai	80907	修文县	Xiuwen	335618
红原县	Hongyuan	49583	清镇市	Qingzhen	563404
甘孜藏族自治州	**Ganzi**	**1093418**	**六盘水市**	**Liupanshui**	**3612795**
康定市	Kangding	105495	市辖区	Districts	1506859
泸定县	Luding	85975	钟山区	Zhongshan	683701
丹巴县	Danba	56133	六枝特区	Liuzhite	758319
九龙县	Jiulong	63972	水城区	Shuicheng	823158
雅江县	Yajiang	47939	盘州市	Panzhou	1347617
道孚县	Daofu	55347			

5-4 续表 28 continued

单位：人 (person)

地 区	Region	人 数 Population	地 区	Region	人 数 Population
遵义市	**Zunyi**	**8263591**	兴仁市	Xingren	573298
市辖区	Districts	2317706	普安县	Puan	358518
红花岗区	Honghuagang	839260	晴隆县	Qinglong	345510
汇川区	Huichuan	588686	贞丰县	Zhenfeng	432439
播州区	Bozhou	889760	望谟县	Wangmo	325484
桐梓县	Tongzi	744510	册亨县	Ceheng	249748
绥阳县	Suiyang	570103	安龙县	Anlong	497782
正安县	Zhengan	665984	**黔东南苗族侗族自治州**	**Qiandongnan**	**4895982**
道真仡佬族苗族自治县	Daozhen	349746	凯里市	Kaili	590069
务川仡佬族苗族自治县	Wuchuan	485863	黄平县	Huangping	390090
凤冈县	Fenggang	454490	施秉县	Shibing	179864
湄潭县	Meitan	517597	三穗县	Sansui	233124
余庆县	Yuqing	310230	镇远县	Zhenyuan	276044
习水县	Xishui	789088	岑巩县	Cengong	240548
赤水市	Chishui	316479	天柱县	Tianzhu	419880
仁怀市	Renhuai	741795	锦屏县	Jinping	239563
安顺市	**Anshun**	**3053706**	剑河县	Jianhe	279630
市辖区	Districts	1316207	台江县	Taijiang	173677
西秀区	Xixiu	936590	黎平县	Liping	577557
平坝区	Pingba	379617	榕江县	Rongjiang	385338
普定县	Puding	517255	从江县	Congjiang	395140
镇宁布依族苗族自治县	Zhenning	403949	雷山县	Leishan	164785
关岭布依族苗族自治县	Guanling	405217	麻江县	Majiang	171260
紫云苗族布依族自治县	Ziyun	411078	丹寨县	Danzhai	179413
毕节市	**Bijie**	**9500504**	**黔南布依族苗族自治州**	**Qiannan**	**4260151**
市辖区	Districts	1727861	都匀市	Duyun	509401
七星关区	Qixingguan	1727861	福泉市	Fuan	340747
大方县	Dafang	1226642	荔波县	Libo	186039
金沙县	Jinsha	707522	贵定县	Guiding	298784
织金县	Zhijin	1250433	瓮安县	Wengan	498711
纳雍县	Nayong	1083949	独山县	Dushan	353711
威宁彝族回族苗族自治县	Weining	1597950	平塘县	Pingtang	333061
赫章县	Hezhang	891661	罗甸县	Luodian	364790
黔西市	Qianxi	1014486	长顺县	Changshun	274037
铜仁市	**Tongren**	**4491042**	龙里县	Longli	240622
市辖区	Districts	556368	惠水县	Huishui	479289
碧江区	Bijiang	352785	三都水族自治县	Sandu	380959
万山区	Wanshan	203583	**云南省**	**Yunnan**	**48300396**
江口县	Jiangkou	251955	**昆明市**	**Kunming**	**5941163**
玉屏侗族自治县	Yuping	176180	市辖区	Districts	3404712
石阡县	Shiqian	413768	五华区	Wuhua	696448
思南县	Sinan	666249	盘龙区	Panlong	615257
印江土家族苗族自治县	Yinjiang	445449	官渡区	Guandong	632184
德江县	Dejiang	556220	西山区	Xishan	591619
沿河土家族自治县	Yanhe	691866	东川区	Dongchuan	315689
松桃苗族自治县	Songtao	732987	呈贡区	Chenggong	262080
黔西南布依族苗族自治州	**Qianxinan**	**3735370**	晋宁区	Jinning	291435
兴义市	Xingyi	952591	富民县	Fumin	153290

5-4 续表 29 continued

单位：人 (person)

地　区	Region	人　数 Population	地　区	Region	人　数 Population
宜良县	Yiliang	459170	**丽江市**	**Lijiang**	**1239232**
石林彝族自治县	Shilin	256130	市辖区	Districts	163288
嵩明县	Songming	314482	古城区	Gucheng	163288
禄劝彝族苗族自治县	Luquan	484427	玉龙纳西族自治县	Yulong	228326
寻甸回族彝族自治县	Xundian	578817	永胜县	Yongsheng	403403
安宁市	Anning	290135	华坪县	Huaping	161214
曲靖市	**Qujing**	**6742602**	宁蒗彝族自治县	Ninglang	283001
市辖区	Districts	1450521	**普洱市**	**Puer**	**2535083**
麒麟区	Qilin	790920	市辖区	Districts	249063
沾益区	Zhanyi	444120	思茅区	Simao	249063
马龙区	Malong	215481	宁洱哈尼族彝族自治县	Ninger	188855
陆良县	Luliang	702890	墨江哈尼族自治县	Mojiang	365022
师宗县	Shizong	442698	景东彝族自治县	Jingdong	360195
罗平县	Luoping	664421	景谷傣族彝族自治县	Jinggu	319841
富源县	Fuyuan	850066	镇沅彝族哈尼族拉祜族自治县	Zhenyuan	212141
会泽县	Huize	1076970	江城哈尼族彝族自治县	Jiangcheng	118240
宣威市	Xuanwei	1555036	孟连傣族拉祜族佤族自治县	Menglian	133665
玉溪市	**Yuxi**	**2224075**	澜沧拉祜族自治县	Lancang	491111
市辖区	Districts	757606	西盟佤族自治县	Ximeng	96950
红塔区	Hongta	469906	**临沧市**	**Lincang**	**2419577**
江川区	Jiangchuan	287700	市辖区	Districts	336240
通海县	Tonghai	292678	临翔区	Lingxiang	336240
华宁县	Huaning	213427	凤庆县	Fengqing	441235
易门县	Yimen	164112	云县	Yunxian	440914
峨山彝族自治县	Eshan	155734	永德县	Yongde	365167
新平彝族傣族自治县	Xinping	279735	镇康县	Zhenkang	185796
元江哈尼族彝族傣族自治县	Yuanjiang	211408	双江拉祜族佤族布朗族傣族自治县	Shuangjiang	178440
澄江市	Chengjiang	149375	耿马傣族佤族自治县	Gengma	298773
保山市	**Baoshan**	**2649087**	沧源佤族自治县	Cangyuan	173012
市辖区	Districts	946557	**楚雄彝族自治州**	**Chuxiong**	**2652544**
隆阳区	Longyang	946557	楚雄市	Chuxiong	549780
施甸县	Shidian	347934	禄丰市	Lufeng	419364
龙陵县	Longling	306037	双柏县	Shuangbai	150444
昌宁县	Changning	355319	牟定县	Mouding	201219
腾冲市	Tengchong	693240	南华县	Nanhua	240594
昭通市	**Zhaotong**	**6331536**	姚安县	Yaoan	209675
市辖区	Districts	995630	大姚县	Dayao	278252
昭阳区	Zhaoyang	995630	永仁县	Yongren	105215
鲁甸县	Ludian	490202	元谋县	Yuanmou	217389
巧家县	Qiaojia	619721	武定县	Wuding	280612
盐津县	Yanjin	396461	**红河哈尼族彝族自治州**	**Honghe**	**4702830**
大关县	Daguan	285378	个旧市	Gejiu	371366
永善县	Yongshan	469526	开远市	Kaiyuan	285916
绥江县	Suijiang	169065	蒙自市	Mengzi	461019
镇雄县	Zhenxiong	1707318	弥勒市	Mile	553505
彝良县	Yiliang	631507	屏边苗族自治县	Pingbian	160437
威信县	Weixin	457793	建水县	Jianshui	549244
水富市	Shuifu	108935	石屏县	Shiping	315899

5-4 续表 30 continued

单位：人 (person)

地　区	Region	人　数 Population	地　区	Region	人　数 Population
泸西县	Luxi	452239	城关区	Chengguan	239342
元阳县	Yuanyang	459308	堆龙德庆区	Duilongdeqing	59230
红河县	Honghe	359426	达孜区	Dazi	32045
金平苗族瑶族傣族自治县	Jinping	395712	林周县	Linzhou	65611
绿春县	Lvchun	246629	当雄县	Dangxiong	56045
河口瑶族自治县	Hekou	92130	尼木县	Nimu	34533
文山壮族苗族自治州	**Wenshan**	**4013619**	曲水县	Qushui	38285
文山市	Wenshan	552428	墨竹工卡县	Mozhugongka	57003
砚山县	Yanshan	541684	**日喀则市**	**Rikaze**	**822902**
西畴县	Xichou	258688	市辖区	Districts	129960
麻栗坡县	Malipo	297804	桑珠孜区	Sangzhuzi	129960
马关县	Maguan	388274	南木林县	Nanmulin	91446
丘北县	Qiubei	581253	江孜县	Jiangzi	74202
广南县	Guangnan	931518	定日县	Dingri	61242
富宁县	Funing	461970	萨迦县	Sajia	53884
西双版纳傣族自治州	**Xishuangbanna**	**1021019**	拉孜县	Lazi	60239
景洪市	Jinghong	436782	昂仁县	Angren	60625
勐海县	Menghai	339356	谢通门县	Xietongmen	50548
勐腊县	Mengla	244881	白朗县	Bailang	50546
大理白族自治州	**Dali**	**3644526**	仁布县	Renbu	36218
大理市	Dali	656361	康马县	Kangma	23375
漾濞彝族自治县	Yangbi	106130	定结县	Dingjie	22195
祥云县	Xiangyun	482178	仲巴县	Zhongba	27470
宾川县	Binchuan	367779	亚东县	Yadong	14027
弥渡县	Midong	325562	吉隆县	Jilong	17538
南涧彝族自治县	Nanjian	226125	聂拉木县	Nielamu	20360
巍山彝族回族自治县	Weishan	323387	萨嘎县	Saga	16821
永平县	Yongping	184200	岗巴县	Gangba	12206
云龙县	Yunlong	207344	**昌都市**	**Changdu**	**790924**
洱源县	Eryuan	299438	市辖区	Districts	125591
剑川县	Jianchuan	185086	卡若区	Karuo	125591
鹤庆县	Heqing	280936	江达县	Jiangda	96832
德宏傣族景颇族自治州	**Dehong**	**1245897**	贡觉县	Gongjue	46365
瑞丽市	Ruili	145874	类乌齐县	Leiwuqi	61326
芒市	Mangshi	415105	丁青县	Dingqing	100951
梁河县	Lianghe	172493	察雅县	Chaya	67147
盈江县	Yingjiang	316431	八宿县	Basu	50097
陇川县	Longchuan	195994	左贡县	Zuogong	52273
怒江傈僳族自治州	**Nujiang**	**565861**	芒康县	Mangkang	87988
泸水市	Lushui	190736	洛隆县	Luolong	57644
福贡县	Fugong	123221	边坝县	Bianba	44710
贡山独龙族怒族自治县	Gongshan	34689	**林芝市**	**Linzhi**	**211598**
兰坪白族普米族自治县	Lanping	217215	市辖区	Districts	54935
迪庆藏族自治州	**Diqing**	**371745**	巴宜区	Bayi	54935
香格里拉市	Xianggelila	153028	工布江达县	Gongbujiangda	36097
德钦县	Deqin	60970	米林县	Milin	24798
维西傈僳族自治县	Weixi	157747	墨脱县	Motuo	13723
西藏自治区	**Tibet**	**3452897**	波密县	Bomi	35584
拉萨市	**Lasa**	**582094**	察隅县	Chayu	28560
市辖区	Districts	330617	朗县	Langxian	17901

5-4 续表 31 continued

单位：人 (person)

地　区	Region	人　数 Population	地　区	Region	人　数 Population
山南市	**Shannan**	**359927**	鄠邑区	Huyi	646197
市辖区	Districts	68873	蓝田县	Lantian	656918
乃东区	Naidong	68873	周至县	Zhouzhi	698388
扎囊县	Zhanang	39239	**铜川市**	**Tongchuan**	**776201**
贡嘎县	Konggar	52598	市辖区	Districts	688484
桑日县	Sangri	18343	王益区	Wangyi	156199
琼结县	Qiongjie	18008	印台区	Yintai	170414
曲松县	Qusong	15488	耀州区	Yaozhou	361871
措美县	Cuomei	13729	宜君县	Yijun	87717
洛扎县	Luozha	20395	宝鸡市	Baoji	3728583
加查县	Jiacha	23183	市辖区	Districts	1905308
隆子县	Longzi	36034	渭滨区	Weibin	436422
错那县	Cuona	15961	金台区	Jintai	362544
浪卡子县	Langkazi	38076	陈仓区	Chencang	595860
那曲市	**Naqu**	**568539**	凤翔区	Fengxiang	510482
市辖区	Districts	117066	岐山县	Qishan	453278
色尼区	Seni	117066	扶风县	Fufeng	428246
嘉黎县	Jiali	42797	眉县	Meixian	320806
比如县	Biru	85430	陇县	Longxian	268860
聂荣县	Nierong	40114	千阳县	Qianyang	130671
安多县	Andong	44938	麟游县	Linyou	84601
申扎县	Shenzha	22741	凤县	Fengxian	90330
索县	Suoxian	57987	太白县	Taibai	46483
班戈县	Bange	44311	**咸阳市**	**Xianyang**	**5429318**
巴青县	Baqing	62203	市辖区	Districts	1188456
尼玛县	Nima	35920	秦都区	Qindu	574584
双湖县	Shuanghu	15032	杨陵区	Yangling	194853
阿里地区	**Ali**	**116913**	渭城区	Weicheng	419019
普兰县	Pulan	10540	三原县	Sanyuan	402477
札达县	Zhada	8272	泾阳县	Jingyang	538078
噶尔县	Gadong	22427	乾县	Qianxian	579692
日土县	Ritu	11340	礼泉县	Liquan	466990
革吉县	Geji	19326	永寿县	Yongshou	202677
改则县	Gaize	27537	长武县	Changwu	185405
措勤县	Cuoqin	17471	旬邑县	Xunyi	286991
陕西省	**Shaanxi**	**40917991**	淳化县	Chunhua	188643
西安市	**Xi'an**	**10145921**	武功县	Wugong	431444
市辖区	Districts	8790615	兴平市	Xingping	597049
新城区	District	532640	彬州市	Binzhou	361416
碑林区	Beilin	735090	**渭南市**	**Weinan**	**5361300**
莲湖区	Lianhu	783412	市辖区	Districts	1267231
灞桥区	Baqiao	725684	临渭区	Linwei	952113
未央区	Weiyang	1137451	华州区	Huaxian	315118
雁塔区	Yanta	1490046	潼关县	Tongguan	146533
阎良区	Yanliang	277886	大荔县	Dali	702358
临潼区	Lintong	731672	合阳县	Heyang	435545
长安区	Chang'an	1347796	澄城县	Chengcheng	364951
高陵区	Gaoling	382741	蒲城县	Pucheng	761776

5-4 续表 32 continued

单位：人 (person)

地 区	Region	人 数 Population	地 区	Region	人 数 Population
白水县	Baishui	269649	汉滨区	Hanbin	1030819
富平县	Fuping	785321	汉阴县	Hanyin	310054
韩城市	Hancheng	390946	石泉县	Shiquan	180515
华阴市	Huayin	236990	宁陕县	Ningshan	69313
延安市	**Yan'an**	**2330073**	紫阳县	Ziyang	328321
市辖区	Districts	690522	岚皋县	Langao	163249
宝塔区	Baota	496954	平利县	Pingli	225668
安塞区	Ansai	193568	镇坪县	Zhenping	57868
延长县	Yanchang	150965	白河县	Baihe	212022
延川县	Yanchuan	182570	旬阳市	Xunyang	440133
志丹县	Zhidan	157280	**商洛市**	**Shangluo**	**2479702**
吴起县	Wuqi	144976	市辖区	Districts	556014
甘泉县	Ganquan	86691	商州区	Shangzhou	556014
富县	Fuxian	154259	洛南县	Luonan	449422
洛川县	Luochuan	214407	丹凤县	Danfeng	310657
宜川县	Yichuan	121894	商南县	Shangnan	247601
黄龙县	Huanglong	47128	山阳县	Shanyang	462368
黄陵县	Huangling	117444	镇安县	Zhenan	294123
子长市	Zichang	261937	柞水县	Zhashui	159517
汉中市	**Hanzhong**	**3789764**	**甘肃省**	**Gansu**	**27775149**
市辖区	Districts	1147794	**兰州市**	**Lanzhou**	**3369818**
汉台区	Hantai	568843	市辖区	Districts	2160844
南郑区	Nanzheng	578951	城关区	Chengguan	980910
城固县	Chenggu	539055	七里河区	Qilihe	481021
洋县	Yangxian	442144	西固区	Xigu	321493
西乡县	Xixiang	411664	安宁区	Anning	235905
勉县	Mianxian	407327	红古区	Honggu	141515
宁强县	Ningqiang	320253	永登县	Yongdeng	539752
略阳县	Lueyang	173303	皋兰县	Gaolan	206377
镇巴县	Zhenba	274742	榆中县	Yuzhong	462845
留坝县	Liuba	41251	**嘉峪关市**	**Jiayuguan**	**211744**
佛坪县	Foping	32231	市辖区	Districts	211744
榆林市	**Yulin**	**3859167**	金昌市	Jinchang	444542
市辖区	Districts	1019345	市辖区	Districts	209957
榆阳区	Yuyang	634914	金川区	Jinchuan	209957
横山区	Hengshan	384431	永昌县	Yongchang	234585
府谷县	Fugu	249950	**白银市**	**Baiyin**	**1797701**
靖边县	Jingbian	364003	市辖区	Districts	493448
定边县	Dingbian	360984	白银区	Baiyin	288816
绥德县	Suide	345335	平川区	Pingchuan	204632
米脂县	Mizhi	217661	靖远县	Jingyuan	502237
佳县	Jiaxian	260800	会宁县	Huining	564206
吴堡县	Wubao	79592	景泰县	Jingtai	237810
清涧县	Qingjian	208706	**天水市**	**Tianshui**	**3712882**
子洲县	Zizhou	288367	市辖区	Districts	1320591
神木市	Shenmu	464424	秦州区	Qinzhou	701125
安康市	**Ankang**	**3017962**	麦积区	Maiji	619466
市辖区	Districts	1030819	清水县	Qingshui	331950

5-4 续表 33 continued

单位：人 (person)

地 区	Region	人 数 Population	地 区	Region	人 数 Population
秦安县	Qinan	574905	通渭县	Tongwei	428090
甘谷县	Gangu	638296	陇西县	Longxi	523473
武山县	Wushan	467597	渭源县	Weiyuan	340554
张家川回族自治县	Zhangjiachuan	379543	临洮县	Lintao	554046
武威市	**Wuwei**	**1859069**	漳县	Zhangxian	209073
市辖区	Districts	1032810	岷县	Minxian	494036
凉州区	Liangzhou	1032810	**陇南市**	**Longnan**	**2826596**
民勤县	Minqin	255755	市辖区	Districts	601609
古浪县	Gulang	371308	武都区	Wudu	601609
天祝藏族自治县	Tianzhu	199196	成县	Chengxian	265499
张掖市	**Zhangye**	**1303030**	文县	Wenxian	236688
市辖区	Districts	517069	宕昌县	Tanchang	285413
甘州区	Ganzhou	517069	康县	Kangxian	195274
肃南裕固族自治县	Su'nan	39376	西和县	Xihe	441025
民乐县	Minle	245123	礼县	Lixian	529458
临泽县	Linze	147381	徽县	Huixian	224426
高台县	Gaotai	157838	两当县	Liangdang	47204
山丹县	Shandan	196243	**临夏回族自治州**	**Linxia**	**2471790**
平凉市	**Pingliang**	**2307376**	临夏市	Linxia	292950
市辖区	Districts	527019	临夏县	Linxia	427487
崆峒区	Kongtong	527019	康乐县	Kangle	309745
泾川县	Jingchuan	344380	永靖县	Yongjing	209007
灵台县	Lingtai	224324	广河县	Guanghe	310747
崇信县	Chongxin	100219	和政县	Hezheng	246386
庄浪县	Zhuanglang	447942	东乡族自治县	Dongxiang	392187
静宁县	Jingning	472990	积石山保安族东乡族撒拉族自治县	Jishishan	283281
华亭市	Huating	190502	**甘南藏族自治州**	**Gannan**	**748158**
酒泉市	**Jiuquan**	**1014389**	合作市	Hezuo	92862
市辖区	Districts	419641	临潭县	Lintan	161217
肃州区	Suzhou	419641	卓尼县	Zhuoni	111483
金塔县	Jinta	142086	舟曲县	Zhouqu	136757
瓜州县	Guazhou	131638	迭部县	Diebu	56356
肃北蒙古族自治县	Subei	12601	玛曲县	Maqu	56967
阿克塞哈萨克族自治县	Akesai	9498	碌曲县	Luqu	38278
玉门市	Yumen	155600	夏河县	Xiahe	94238
敦煌市	Dunhuang	143325	**青海省**	**Qinghai**	**5973238**
庆阳市	**Qingyang**	**2690538**	**西宁市**	**Xining**	**2142510**
市辖区	Districts	403635	市辖区	Districts	1548059
西峰区	Xifeng	403635	城东区	Chengdong	265889
庆城县	Qingcheng	288356	城中区	Chengzhong	256607
环县	Huanxian	364249	城西区	Chengxi	286471
华池县	Huachi	139523	城北区	Chengbei	258923
合水县	Heshui	180824	湟中区	xxx?	480169
正宁县	Zhengning	241385	大通回族土族自治县	Datong	468323
宁县	Ningxian	551866	湟源县	Huangyuan	126128
镇原县	Zhenyuan	520700	**海东市**	**Haidong**	**1729970**
定西市	**Dingxi**	**3017516**	市辖区	Districts	410931
市辖区	Districts	468244	乐都区	Ledu	284620
安定区	Anding	468244	平安区	Pingan	126311

5-4 续表 34 continued

单位：人 (person)

地 区	Region	人 数 Population	地 区	Region	人 数 Population
民和回族土族自治县	Minhe	439210	贺兰县	Helan	261383
互助土族自治县	Huzhu	400168	灵武市	Lingwu	254903
化隆回族自治县	Hualong	311186	**石嘴山市**	**Shizuishan**	**736871**
循化撒拉族自治县	Xunhua	168475	市辖区	Districts	428898
海北藏族自治州	**Haibei**	**295214**	大武口区	Dawukou	256922
门源回族自治县	Menyuan	162266	惠农区	Huinong	171976
祁连县	Qilian	53128	平罗县	Pingluo	307973
海晏县	Haiyan	34912	**吴忠市**	**Wuzhong**	**1439435**
刚察县	Gangcha	44908	市辖区	Districts	605192
黄南藏族自治州	**Huangnan**	**288958**	利通区	Litong	427089
同仁市	Tongren	100978	红寺堡区	Hongsibao	178103
尖扎县	Jianzha	63655	盐池县	Yanchi	172224
泽库县	Zeku	82394	同心县	Tongxin	389314
河南蒙古族自治县	Henan	41931	青铜峡市	Qingtongxia	272705
海南藏族自治州	**Hainan**	**476785**	**固原市**	**Guyuan**	**1455544**
共和县	Gonghe	133450	市辖区	Districts	472137
同德县	Tongde	64818	原州区	Yuanzhou	472137
贵德县	Guide	112926	西吉县	Xiji	472758
兴海县	Xinghai	83650	隆德县	Longde	151806
贵南县	Guinan	81941	泾源县	Jingyuan	114380
果洛藏族自治州	**Guoluo**	**210820**	彭阳县	Pengyang	244463
玛沁县	Maqin	49253	**中卫市**	**Zhongwei**	**1221526**
班玛县	Banma	32703	市辖区	Districts	417286
甘德县	Gande	41568	沙坡头区	Shapotou	417286
达日县	Dari	41153	中宁县	Zhongning	348629
久治县	Jiuzhi	29860	海原县	Haiyuan	455611
玛多县	Madong	16283	**新疆维吾尔自治区**	**Xinjiang**	**23060704**
玉树藏族自治州	**Yushu**	**425586**	**乌鲁木齐市**	**Urumqi**	**2393506**
玉树市	Yushu	115343	市辖区	Districts	2342077
杂多县	Zaduo	75133	天山区	Tianshan	492547
称多县	Chengduo	61214	沙依巴克区	Shayibake	489784
治多县	Zhiduo	35178	新市区	Xinshi	539331
囊谦县	Nangqian	103553	水磨沟区	Shuimogou	269176
曲麻莱县	Qumalai	35165	头屯河区	Toutunhe	235874
海西蒙古族藏族自治州	**Haixi**	**403395**	达坂城区	Daban	30430
格尔木市	Gedongmu	139758	米东区	Midong	284935
德令哈市	Delingha	73006	乌鲁木齐县	Urumqi	51429
茫崖市	Mangya	54421	**克拉玛依市**	**Karamay**	**319651**
乌兰县	Wulan	41729	市辖区	Districts	319651
都兰县	Dulan	70826	独山子区	Dushanzi	60692
天峻县	Tianjun	23655	克拉玛依区	Karamay	217930
宁夏回族自治区	**Ningxia**	**6998435**	白碱滩区	Baijiantan	38536
银川市	**Yinchuan**	**2145059**	乌尔禾区	Wuerhe	2493
市辖区	Districts	1380756	**吐鲁番市**	**Turpan**	**620168**
兴庆区	Xingqing	613070	市辖区	Districts	285369
西夏区	Xixia	258188	高昌区	Gaochang	285369
金凤区	Jinfeng	509498	鄯善县	Shanshan	218244
永宁县	Yongning	248017	托克逊县	Tuokexun	116555

5-4 续表 35 continued

单位：人 (person)

地 区	Region	人 数 Population	地 区	Region	人 数 Population
哈密市	**Hami**	**559005**	莎车县	Shache	891249
市辖区	Districts	434585	叶城县	Yecheng	547548
伊州区	Yizhou	434585	麦盖提县	Maigaiti	269779
巴里坤哈萨克自治县	Balikun	103460	岳普湖县	Yuepuhu	176306
伊吾县	Yiwu	20960	伽师县	Jiashi	457931
昌吉回族自治州	**Changji**	**1382162**	巴楚县	Bachu	379443
昌吉市	Changji	407974	塔什库尔干塔吉克自治县	Tashkurgan Tajik	41828
阜康市	Fukang	157131	**和田地区**	**Hetian**	**2532793**
呼图壁县	Hutubi	201248	和田市	Hetian	419885
玛纳斯县	Manasi	163013	和田县	Hetian	351184
奇台县	Qitai	233346	墨玉县	Moyu	647574
吉木萨尔县	Jimusaer	134876	皮山县	Pishan	322782
木垒哈萨克自治县	Mulei	84574	洛浦县	Luopu	295678
博尔塔拉蒙古自治州	**Boertala**	**481378**	策勒县	Cele	167852
博乐市	Bole	259764	于田县	Yutian	285625
阿拉山口市	Alashankou	3403	民丰县	Minfeng	42213
精河县	Jinghe	144958	**伊犁哈萨克自治州**	**Yili**	**2909301**
温泉县	Wenquan	73253	伊宁市	Yining	613292
巴音郭楞蒙古自治州	**Bayinguoleng**	**1186306**	奎屯市	Kuitun	287186
库尔勒市	Korla	492758	霍尔果斯市	Huoerguosi	65878
轮台县	Luntai	112784	伊宁县	Yining	412609
尉犁县	Weili	109187	察布查尔锡伯自治县	Qapqal Xibe	189589
若羌县	Ruoqiang	28917	霍城县	Huocheng	325873
且末县	Qiemo	64207	巩留县	Gongliu	191531
焉耆回族自治县	Yanqi	116165	新源县	Xinyuan	310833
和静县	Hejing	152897	昭苏县	Zhaosu	173020
和硕县	Heshuo	51349	特克斯县	Tekesi	163071
博湖县	Bohu	58042	尼勒克县	Nileke	176419
阿克苏地区	**Aksu**	**2570569**	**塔城地区**	**Tacheng**	**976226**
阿克苏市	Aksu	577590	塔城市	Tacheng	163513
库车市	Kuche	481863	乌苏市	Wusu	212134
温宿县	Wensu	271660	沙湾市	Shawan	198567
沙雅县	Shaya	261872	额敏县	Emin	203350
新和县	Xinhe	191789	托里县	Tuoli	92934
拜城县	Baicheng	235225	裕民县	Yumin	56111
乌什县	Wushi	230580	和布克赛尔蒙古自治县	Hebukesaier	49617
阿瓦提县	Awat	266480	**阿勒泰地区**	**Aletai**	**654543**
柯坪县	Keping	53510	阿勒泰市	Aletai	232431
克孜勒苏柯尔克孜自治州	**Kizilsu Kirgiz**	**620220**	布尔津县	Buerjin	71180
阿图什市	Atushi	285158	富蕴县	Fuyun	95565
阿克陶县	Aketao	231497	福海县	Fuhai	70365
阿合奇县	Aheqi	45633	哈巴河县	Habahe	84540
乌恰县	Wuqia	57932	青河县	Qinghe	63030
喀什地区	**Kashgar**	**4611213**	吉木乃县	Jeminay	37432
喀什市	Kashgar	670048	石河子市	Shihezi	593153
疏附县	Shufu	278567	阿拉尔市	Alaer	242639
疏勒县	Shule	371360	图木舒克市	Tumushuke	182336
英吉沙县	Yingjisha	306233	五家渠市	Wujiaqu	98418
泽普县	Zepu	220921	铁门关市	Tiemenguan	127117

5-5 按总人口排序的市及人口数
Cities and Population by Size of Total Population

单位：人 (person)

地　区	Region	总人口 Population	地　区	Region	总人口 Population
全　国	**NationalTotal**	**784671452**	保定市	Baoding	2908098
400万以上	**over 4 million**	**186023162**	淄博市	Zibo	2875403
重庆	Chongqing	24913741	贵阳市	Guiyang	2869659
上海	Shanghai	15038263	无锡市	Wuxi	2854513
北京	Beijing	14256206	烟台市	Yantai	2524857
天津	Tianjin	11613028	普宁市	Puning	2516509
广州市	Guangzhou	10349074	莆田市	Putian	2496074
成都市	Chendu	9852689	枣庄市	Zaozhuang	2480525
武汉市	Wuhan	9444168	盐城市	Yancheng	2410593
西安市	Xi'an	8790615	菏泽市	Heze	2377042
南京市	Nanjing	7393604	赣州市	Ganzhou	2371457
济南市	Jinan	7198419	乌鲁木齐市	Urumqi	2342077
杭州市	Hangzhou	7092478	阜阳市	Fuyang	2321868
深圳市	Shenzhen	6547423	遵义市	Zunyi	2317706
沈阳市	Shenyang	6262983	上饶市	Shangrao	2306451
汕头市	Shantou	5712885	襄阳市	Xiangyang	2291288
青岛市	Qingdao	5532970	宜宾市	Yibin	2288649
哈尔滨市	Harbin	5513874	扬州市	Yangzhou	2281096
佛山市	Feshan	4953984	连云港市	Lianyungang	2256628
长春市	Changchun	4484651	绍兴市	Shaoxing	2243172
石家庄市	Shijiazhuang	4335265	海口市	Haikou	2210692
南宁市	Nanning	4303517	六安市	Lu'an	2193248
大连市	Dalian	4212455	兰州市	Lanzhou	2160844
郑州市	Zhengzhou	4194396	芜湖市	Wuhu	2152469
苏州市	Suzhou	4026474	周口市	Zhoukou	2145931
200万-400万	**from 2 million to 4 million**	**133001564**	揭阳市	Jieyang	2141175
长沙市	Changsha	3952743	邢台市	Xingtai	2096369
邯郸市	Handan	3874213	中山市	Zhongshan	2081280
徐州市	Xuzhou	3469906	贵港市	Guigang	2070500
昆明市	Kunming	3404712	南阳市	Nanyang	2059624
唐山市	Tangshan	3326337	桂平市	Guiping	2031242
淮安市	Huaian	3315155	潍坊市	Weifang	2001503
洛阳市	Luoyang	3270573	**100万-200万**	**from 1 million to 2 million**	**232770441**
合肥市	Hefeng	3200235	宿州市	Suzhou	1942141
太原市	Taiyuan	3170460	济宁市	Jining	1933357
宁波市	Ningbo	3142120	商丘市	Shangqiu	1932321
南通市	Nantong	3119542	陆丰市	Lufeng	1930176
常州市	Changzhou	3110254	南充市	Nanchong	1929404
茂名市	Maoming	3082636	惠州市	Huizhou	1920737
福州市	Fuzhou	3055640	柳州市	Liuzhou	1912473
南昌市	Nanchang	3032860	聊城市	Liaocheng	1911704
临沂市	Linyi	2941071	邳州市	Pizhou	1906480
厦门市	Xiamen	2930022	宝鸡市	Baoji	1905308
东莞市	Dongguan	2924543	雷州市	Lenzhou	1892266

5-5 续表 1 continued

单位：人 (person)

地　区	Region	总人口 Population	地　区	Region	总人口 Population
廉江市	Lianjiang	1876410	江门市	Jiangmen	1493981
高州市	Gaozhou	1855876	秦皇岛市	Qinhuangdao	1487568
邓州市	Dengzhou	1845646	兴化市	Xinghua	1487336
漳州市	Zhangzhou	1838230	浏阳市	Liuyang	1476656
化州市	Huazhou	1801049	丰城市	Fengcheng	1470686
温州市	Wenzhou	1779086	肇庆市	Zhaoqing	1450633
宿迁市	Suqian	1777733	曲靖市	Qujing	1450521
大同市	Datong	1776238	遂宁市	Suining	1443763
绵阳市	Mianyang	1771469	自贡市	Zigong	1443422
吉林市	Jilin	1758824	新泰市	Xintai	1428820
湛江市	Zhanjiang	1752504	鞍山市	Anshan	1421607
滕州市	Tengzhou	1740857	日照市	Rizhao	1414013
达州市	Dazhou	1732861	宁乡市	Ningxiang	1410072
毕节市	Bijie	1727861	福清市	Fuqing	1403388
开封市	Kaifeng	1725693	如皋市	Rugao	1385983
抚州市	Fuzhou	1723477	威海市	Weihai	1385283
亳州市	Bozhou	1719543	桂林市	Guilin	1381667
潮州市	Chaozhou	1699330	常德市	Changde	1381145
淮南市	Huainan	1670939	银川市	Yinchuan	1380756
南安市	Nan'an	1663542	耒阳市	Leiyang	1378066
永城市	Yongcheng	1644854	内江市	Neijiang	1365879
台州市	Taizhou	1644837	平度市	Pingdong	1365029
泰安市	Taian	1643211	许昌市	Xuchang	1354638
长治市	Changzhi	1621739	大庆市	Daqing	1354458
泰州市	Taizhou	1621382	漯河市	Luohe	1352327
包头市	Baotou	1594654	盘州市	Panzhou	1347617
信阳市	Yinyang	1590903	禹州市	Yuzhou	1341881
北流市	Beiliu	1569103	项城市	Xiangcheng	1341136
天门市	Tianmen	1564361	巴中市	Bazhong	1329291
钦州市	Qinzhou	1556216	天水市	Tianshui	1320591
宣威市	Xuanwei	1555036	安顺市	Anshun	1316207
珠海市	Zhuhai	1549910	乐清市	Leqing	1314954
西宁市	Xining	1548059	邵东市	Shaodong	1310975
张家口市	Zhangjiakou	1546221	株洲市	Zhuzhou	1310026
清远市	Qingyuan	1545660	益阳市	Yiyang	1309019
监利市	Jianli	1541230	抚顺市	Fushun	1302235
呼和浩特市	Hohhot	1524931	罗定市	Luoding	1292344
泸州市	Luzhou	1521951	宜昌市	Yichang	1286818
信宜市	Xinyi	1520101	德州市	Dezhou	1279596
仙桃市	Xiantao	1509602	赤峰市	Chifeng	1274584
六盘水市	Liupanshui	1506859	江阴市	Jiangyin	1269695
简阳市	Jianyang	1496546	渭南市	Weinan	1267231

5-5 续表 2 continued

单位：人 (person)

地　区	Region	总人口 Population	地　区	Region	总人口 Population
横州市	Hengzhou	1266309	新沂市	Xinyi	1096758
齐齐哈尔市	Qiqihar	1258375	岳阳市	Yueyang	1090835
安阳市	Anyang	1254364	龙岩市	Longyan	1088488
瑞安市	Ruian	1254048	儋州	Zhanzhou	1078141
晋江市	Jinjiang	1249083	启东市	Qidong	1077927
吴川市	Wuchuan	1249057	诸暨市	Zhuji	1076438
阳江市	Yangjiang	1248428	荆州市	Jingzhou	1072430
泉州市	Quanzhou	1246627	慈溪市	Fenghua	1069100
广安市	Guang'an	1242764	宜兴市	Yixing	1065878
贺州市	Hezhou	1233318	九江市	Jiujiang	1061451
定州市	Dingzhou	1227526	常熟市	Changshu	1056599
阳春市	Yangchun	1224218	资阳市	Ziyang	1049328
温岭市	Wenling	1211900	淮北市	Huaibei	1042086
英德市	Yingde	1209391	东台市	Dongtai	1040808
昆山市	Kunshan	1203932	海城市	Haicheng	1039892
邹城市	Zoucheng	1201689	长垣市	Changyuan	1037982
临海市	Linhai	1195529	汉川市	Hanchuan	1034981
眉山市	Meishan	1195333	武威市	Wuwei	1032810
玉林市	Yulin	1189784	安康市	Ankang	1030819
榆树市	Yushu	1189533	醴陵市	Liling	1027153
咸阳市	Xianyang	1188456	镇江市	Zhenjiang	1021115
十堰市	Shiyan	1180260	盘锦市	Panjin	1021102
汝州市	Ruzhou	1179762	钟祥市	Zhongxiang	1019614
无为市	Wuwei	1179533	榆林市	Yulin	1019345
宜春市	Yichun	1178290	衡阳市	Hengyang	1019222
蚌埠市	Bengbu	1163867	祁阳市	Qiyang	1015494
乐山市	Leshan	1158379	河池市	Hechi	1015464
永州市	Yongzhou	1157881	黔西市	Qianxi	1014486
兴宁市	Xingning	1149811	公主岭市	Gongzhuling	1008653
汉中市	Hanzhong	1147794	金华市	Jinhua	1007712
来宾市	Laibin	1145368	**50万-100万**	**from 500 thousands to 1 million**	**172133640**
衡水市	Hengshui	1139038	大冶市	Daye	999146
泰兴市	Taixing	1137410	昭通市	Zhaotong	995630
东营市	Dongying	1136876	嘉兴市	Jiaxing	992189
麻城市	Macheng	1134016	潜江市	Qianjiang	990663
湖州市	Huzhou	1132641	焦作市	Jiaozuo	979926
涟源市	Lianyuan	1128960	梅州市	Meizhou	978150
林州市	Linzhou	1125790	岑溪市	Cenxi	973875
新乡市	Xinxiang	1122518	安丘市	Anqiu	970671
寿光市	Shouguang	1112099	肥城市	Feicheng	959902
平顶山市	Pingdingshan	1111650	台山市	Taishan	957544
滨州市	Binzhou	1111079	青州市	Qingzhou	954483
诸城市	Zhucheng	1108995	兴义市	Xingyi	952591
枣阳市	Zaoyang	1102875	瓦房店市	Wafangdian	951332
鄂州市	Ezhou	1100976	葫芦岛市	Huludao	950641

5-5 续表 3 continued

单位：人 (person)

地 区	Region	总人口 Population	地 区	Region	总人口 Population
晋中市	Jinzhong	949487	江油市	Jiangyou	843976
乐平市	Leping	946727	牡丹江市	Mudanjiang	838920
保山市	Baoshan	946557	湘潭市	Xiangtan	835450
锦州市	Jinzhou	945795	肇东市	Zhaodong	834490
孝感市	Xiaogan	943557	界首市	Jieshou	831360
德阳市	Deyang	941025	余姚市	Cixi	830862
营口市	Yingkou	937730	临清市	Linqing	829578
常宁市	Changning	931513	辽阳市	Liaoyang	827978
辉县市	Huixian	930809	莱阳市	Laiyang	824471
韶关市	Shaoguan	927503	临汾市	Linfen	822459
张家港市	Zhangjiagang	927262	恩施市	Enshi	822184
射洪市	Shehong	924205	莱州市	Laizhou	820190
广元市	Guangyuan	919348	马鞍山市	Maanshan	819598
利川市	Lichuan	915849	武穴市	Wuxue	813391
任丘市	Renqiu	907365	武冈市	Wugang	812666
新密市	Xinmi	902199	梧州市	Wuzhou	812238
海安市	Haian	900920	阆中市	Langzhong	808492
铜陵市	Tongling	900353	郴州市	Chenzhou	805233
新余市	Xinyu	900194	松滋市	Songzi	799999
湘乡市	Xiangxiang	899921	绥化市	Suihua	791033
洪湖市	Honghu	899779	丹阳市	Danyang	789579
河间市	Hejian	899555	彭州市	Pengzhou	788854
高密市	Gaomi	893576	德惠市	Dehui	785860
廊坊市	Langfang	892058	长葛市	Changge	782153
义乌市	Yiwu	890820	溧阳市	Liyang	781884
广水市	Guangshui	879507	高邮市	Gaoyou	781107
胶州市	Jiaozhou	879309	迁安市	Qian'an	776218
新郑市	Xinzheng	877499	三河市	Sanhe	776158
五常市	Wuchang	875919	丹东市	Dandong	757625
萍乡市	Pingxiang	875159	玉溪市	Yuxi	757606
高安市	Gaoan	872336	濮阳市	Puyang	752788
驻马店市	Zhumadian	871238	西昌市	Xichang	751337
宣城市	Xuancheng	860608	遵化市	Zunhua	747156
庄河市	Zhuanghe	856210	隆昌市	Longchang	745190
武安市	Wu'an	854236	汨罗市	Miluo	743649
南平市	Nanping	853241	仁怀市	Renhuai	741795
衢州市	Quzhou	852684	桐城市	Tongcheng	740412
东阳市	Dongyang	850762	灵宝市	Yima	739997
巩义市	Gongyi	850073	邹平市	Zouping	737995
本溪市	Benxi	849610	莱西市	Laixi	735752
巢湖市	Chaohu	849546	海伦市	Hailun	735738
通辽市	Tongliao	847068	百色市	Baise	735050

5-5 续表 4 continued

单位：人 (person)

地　区	Region	总人口 Population	地　区	Region	总人口 Population
济源市	Jiyuan	734051	荆门市	Jingmen	645938
佳木斯市	Jimusi	733562	邛崃市	Qionglai	643222
登封市	Dengfeng	732296	鹰潭市	Yingtan	642896
三亚市	Sanya	731090	新民市	Xinmin	641731
运城市	Yuncheng	731078	荣成市	Rongcheng	641655
鸡西市	Jixi	728831	靖江市	Jingjiang	638204
安庆市	Anqing	728238	明光市	Mingguang	637435
北海市	Beihai	724532	咸宁市	Xianning	632170
荥阳市	Xingyang	720866	高碑店市	Gaobeidian	631534
海宁市	Haining	718981	攀枝花市	Panzhihua	631388
桐乡市	Tongxiang	714996	三门峡市	Sanmenxia	628329
阜新市	Fuxin	714169	辛集市	Xinji	628040
舟山市	Zhoushan	712616	天长市	Tianchang	627840
嵊州市	Shengzhou	709739	龙口市	Longkou	626874
瑞金市	Ruijin	707230	万宁市	Wanning	625098
扶余市	Fuyu	703063	永康市	Yongkang	622995
乐陵市	Laoling	701641	泊头市	Potou	621694
沅江市	Yuanjiang	700055	沧州市	Cangzhou	620786
云浮市	Yunfu	699544	都江堰市	Dujiangyan	619743
涿州市	Zhuozhou	698863	凌源市	Lingyuan	618226
腾冲市	Tengchong	693240	应城市	Yingcheng	617550
延安市	Yan'an	690522	海阳市	Haiyang	616250
铜川市	Tongchuan	688484	雅安市	Yaan	614203
阳泉市	Yangquan	682991	黄石市	Huangshi	614168
开平市	Kaiping	682522	伊宁市	Yining	613292
朔州市	Shuozhou	681982	朝阳市	Chaoyang	609978
邵阳市	Shaoyang	681725	京山市	Jingshan	609347
福安市	Fu'an	672939	江山市	Jiangshan	608044
讷河市	Nehe	670396	吉安市	Ji'an	607731
喀什市	Kashgar	670048	防城港市	Fangchenggang	607442
鹤壁市	Hebi	669866	吴忠市	Wuzhong	605192
大石桥市	Dashiqiao	668326	福鼎市	Fuding	604367
池州市	Chizhou	665778	娄底市	Loudi	604349
随州市	Suizhou	662942	陇南市	Longnan	601609
盖州市	Gaizhou	662700	樟树市	Zhangshu	600779
靖西市	Jingxi	660300	承德市	Chengde	600164
霸州市	Bazhou	659243	石首市	Shishou	599431
四平市	Siping	657775	兴平市	Xingping	597049
大理市	Dali	656361	安陆市	Anlu	595825
曲阜市	Qufu	654265	文昌市	Wenchang	595686
崇州市	Chongzhou	652723	石河子市	Shihezi	593153
贵溪市	Guixi	646534	广汉市	Guanghan	591997
兰溪市	Lanxi	646211	凯里市	Kaili	590069

5-5 续表 5 continued

单位：人 (person)

地　区	Region	总人口 Population	地　区	Region	总人口 Population
舒兰市	Shulan	583155	乐昌市	Lechang	524396
黄骅市	Huanghua	581379	赤壁市	Chibi	524063
句容市	Jurong	579663	琼海市	Qionghai	522679
东港市	Donggang	579403	兴城市	Xingcheng	517624
潜山市	Qianshan	579337	新乐市	Xinle	517414
阿克苏市	Aksu	577590	张掖市	Zhangye	517069
梅河口市	Meihekou	576359	平湖市	Pinghu	516461
昌邑市	Changyi	575333	巴彦淖尔市	Bayan nur	516155
三明市	Sanming	573964	广德市	Guangde	514005
仪征市	Yizheng	573925	都匀市	Duyun	509401
滁州市	Chuzhou	573386	建德市	Jiande	505478
兴仁市	Xingren	573298	白山市	Baishan	504099
晋州市	Jinzhou	571973	恩平市	Enping	503833
鹤岗市	Hegang	569088	南宫市	Nangong	502653
滦州市	Luanzhou	565979	老河口市	Laohekou	502455
忻州市	Xinzhou	563626	**50万以下**	**under 500 thousands**	**60742645**
清镇市	Qingzhen	563404	汕尾市	Shanwei	498845
延吉市	Yanji	563197	四会市	Sihui	494474
铜仁市	Tongren	556368	白银市	Baiyin	493448
商洛市	Shangluo	556014	库尔勒市	Korla	492758
万源市	Wanyuan	555191	沁阳市	Qinyang	491389
弥勒市	Mile	553505	南雄市	Nanxiong	489493
文山市	Wenshan	552428	磐石市	Panshi	488539
宜城市	Yicheng	552235	孝义市	Xiaoyi	488194
松原市	Songyuan	551504	栖霞市	Qixia	487102
楚雄市	Chuxiong	549780	绵竹市	Mianzhu	486556
招远市	Zhaoyuan	547568	凌海市	Linghai	484918
宁德市	Ningde	544433	高平市	Gaoping	484645
深州市	Shenzhou	542878	洪江市	Hongjiang	483281
张家界市	Zhangjiajie	539402	库车市	Kuche	481863
开原市	Kaiyuan	538960	景德镇市	Jingdezhen	481652
建瓯市	Jianou	538551	北镇市	Beizhen	481303
连州市	Lianzhou	536299	黄山市	Huangshan	474076
卫辉市	Weihui	535782	白城市	Baicheng	473164
尚志市	Shangzhi	535470	平泉市	Pingquan	472761
禹城市	Yucheng	535071	原平市	Yuanping	472621
太仓市	Taicang	532992	固原市	Guyuan	472137
凤城市	Fengcheng	532909	定西市	Dingxi	468244
临湘市	Linxiang	530036	东方市	Dongfang	467148
平凉市	Pingliang	527019	沙河市	Shahe	466309
乳山市	Rushan	525844	枝江市	Zhijiang	466245
北票市	Beipiao	525691	神木市	Shenmu	464424
平果市	Pingguo	524753	蒙自市	Mengzi	461019

5-5 续表 6 continued

单位：人 (person)

地　区	Region	总人口 Population	地　区	Region	总人口 Population
会理市	Huili	459861	鹤山市	Heshan	396218
当阳市	Dangyang	458158	扎兰屯市	ZhaLanTun	393846
丹江口市	Danjiangkou	453722	韩城市	Hancheng	390946
瑞昌市	Ruichang	452276	洮南市	Taonan	390605
七台河市	Qitaihe	449109	龙港市	Longgang	383290
介休市	Jiexiu	446140	荔浦市	Lipu	382458
双鸭山市	Shuangyashan	441987	崇左市	Chongzuo	381869
富锦市	Fujin	441247	孟州市	Mengzhou	379671
永济市	Yongji	441071	双辽市	Shuangliao	379175
旬阳市	Xunyang	440133	宜都市	Yidu	378462
敦化市	Dunhua	438548	宁国市	Ningguo	378129
玉环市	Yuhuan	437256	密山市	Mishan	377107
景洪市	Jinghong	436782	石狮市	Shishi	372407
嫩江市	Nenjiang	436734	个旧市	Gejiu	371366
乌海市	Wuhai	435111	呼伦贝尔市	Hulunbuir	370907
哈密市	Hami	434585	大安市	Daan	367616
汾阳市	Fenyang	434378	资兴市	Zixing	363105
辽源市	Liaoyuan	433795	彬州市	Binzhou	361416
安达市	Anda	432339	冷水江市	Lengshuijiang	353754
石嘴山市	Shizuishan	428898	黄冈市	Huanggang	353594
丽水市	Lishui	426757	华蓥市	Huaying	345064
通化市	Tonghua	424814	河源市	Heyuan	343747
晋城市	Jincheng	424441	福泉市	Fuan	340747
灯塔市	Dengta	423158	海林市	Hailin	338930
峨眉山市	Emeishan	420975	龙南市	Longnan	337050
和田市	Hetian	419885	临沧市	Lincang	336240
酒泉市	Jiuquan	419641	舞钢市	Wugang	335662
禄丰市	Lufeng	419364	德兴市	Dexing	332550
中卫市	Zhongwei	417286	拉萨市	Lasa	330617
什邡市	Shifang	416254	鄂尔多斯市	Ordos	330387
芒市	Mangshi	415105	五大连池市	Wudalianchi	324412
怀化市	Huaihua	412727	永安市	Yong'an	323224
海东市	Haidong	410931	乌兰浩特市	Ulanhot	322206
铁岭市	Tieling	410401	吉首市	Jishou	320682
伊春市	Yichun	408364	克拉玛依市	Karamay	319651
昌吉市	Changji	407974	乌兰察布市	Ulanqab	317833
庆阳市	Qingyang	403635	赤水市	Chishui	316479
安国市	Anguo	403336	牙克石市	Yakeshi	304020
北安市	Beian	401671	霍州市	Huozhou	301534
桦甸市	Huadian	401273	丰镇市	Fengzhen	300224
蛟河市	Jiaohe	400809	邵武市	Shaowu	297773
河津市	Hejing	399756	怀仁市	Huairen	297357
宁安市	Ning'an	396495	临夏市	Linxia	292950

5-5 续表 7 continued

单位：人 (person)

地　区	Region	总人口 Population	地　区	Region	总人口 Population
安宁市	Anning	290135	玉门市	Yumen	155600
吕梁市	Lvliang	288669	和龙市	Longjing	153857
漳平市	Zhangping	288013	香格里拉市	Xianggelila	153028
奎屯市	Kuitun	287186	澄江市	Chengjiang	149375
龙泉市	Longquan	286572	临江市	Linjiang	146372
开远市	Kaiyuan	285916	义马市	Lushi	146079
吐鲁番市	Turpan	285369	瑞丽市	Ruili	145874
阿图什市	Atushi	285158	敦煌市	Dunhuang	143325
扬中市	Yangzhong	278213	龙井市	Longjing	142630
庐山市	Lushan	277695	格尔木市	Gedongmu	139758
铁力市	Tieli	274666	日喀则市	Rikaze	129960
青铜峡市	Qingtongxia	272705	合山市	Heshan	129505
虎林市	Hulin	265312	铁门关市	Tiemenguan	127117
子长市	Zichang	261937	昌都市	Changdu	125591
博乐市	Bole	259764	共青城市	Gongqingcheng	124550
灵武市	Lingwu	254903	根河市	Genhe	120942
穆棱市	Muling	254743	韶山市	Shaoshan	117318
普洱市	Puer	249063	那曲市	Naqu	117066
武夷山市	Wuyishan	247524	凭祥市	Pingxiang	116680
阿拉尔市	Alaer	242639	玉树市	Yushu	115343
华阴市	Huayin	236990	水富市	Shuifu	108935
侯马市	Houma	236742	康定市	Kangding	105495
阿勒泰市	Aletai	232431	五指山市	Wuzhishan	104556
珲春市	Hunchun	222773	同仁市	Tongren	100978
津市市	Jinshi	221768	图们市	Tumen	99946
调兵山市	Diaobingshan	212165	五家渠市	Wujiaqu	98418
乌苏市	Wusu	212134	合作市	Hezuo	92862
嘉峪关市	Jiayuguan	211744	满洲里市	Manzhouli	88381
古交市	Gujiao	210156	霍林郭勒市	Holingola	84010
金昌市	Jinchang	209957	抚远市	Fuyuan	80973
锡林浩特市	Xilin hot	206562	额尔古纳市	Erguna	76259
集安市	Ji'an	205289	德令哈市	Delingha	73006
沙湾市	Shawan	198567	山南市	Shannan	68873
东宁市	Dongning	196258	绥芬河市	Suifenhe	66430
泸水市	Lushui	190736	霍尔果斯市	Huoerguosi	65878
华亭市	Huating	190502	漠河市	Mohe	64235
井冈山市	Jinggangshan	189905	林芝市	Linzhi	54935
图木舒克市	Tumushuke	182336	茫崖市	Mangya	54421
黑河市	Heihe	176575	马尔康市	Maerkang	52685
同江市	Tongjiang	172898	阿尔山市	Arxan	41507
塔城市	Tacheng	163513	二连浩特市	Erenhot	36952
丽江市	Lijiang	163288	阿拉山口市	Alashankou	3403
东兴市	Dongxing	162932	三沙	Sansha	933
阜康市	Fukang	157131			

第六部分

Chapter Six

香港、澳门和台湾人口和就业统计数据

Population and Employment Data of Hong Kong, Macao and Taiwan

一、香港特别行政区人口和就业统计数据

I.Population and Employment Data of Hong Kong Special Administrative Region

6-1 人口主要指标
Main Indicators of Population

项　　目		Item		2018	2019	2020	2021	2022
年中人口	(万人)	Mid-year Population (10 000 persons)		745.3	750.8	748.1	741.3	734.6
粗出生率	(‰)	Crude Birth Rate	(‰)	7.2	7.0	5.8	5.0	4.4
粗死亡率	(‰)	Crude Death Rate	(‰)	6.4	6.5	6.8	6.9	8.4
婴儿死亡率	(‰)	Infant Mortality Rate	(‰)	1.5	1.5	1.9	1.4	1.5
自然变动率	(‰)	Rate of Natural Change	(‰)	0.8	0.5	-1.0	-1.9	-4.0
总和生育率①	(个/千人)	Total Fertility Rate①(unit/1000 persons)		1080	1064	883	772	701
登记结婚数	(对)	Registered Marriages	(couple)	49331	44247	27863	26899	30012
登记离婚数	(对)	Divorce Decrees	(couple)	20321	21157	16020	16692	13026
出生时平均预期寿命	(年)	Expectation of Life at Birth	(year)					
男		Male		82.3	82.4	83.4	83.2	81.3
女		Female		87.6	88.1	87.7	87.9	87.2

注：　①不包括女性外籍家庭佣工。每千名女性的活产婴儿数目。
Note:　①Excluding female foreign domestic helpers. Refers to live births per 1000 women.

6-2 劳动人口及失业状况
Labour Force and Unemployment

项　　目		Item		2018	2019	2020	2021	2022
劳动人口数目(万人)		Labour Force	(10 000 persons)	399.7	398.8	391.8	387.0	377.6
男		Male		201.5	199.0	195.5	192.3	188.6
女		Female		198.2	199.8	196.4	194.7	189.0
劳动人口参与率	(%)	Labour Force Participation Rate	(%)	61.3	60.7	59.7	59.4	58.2
就业人口	(万人)	Employed Persons	(10 000 persons)	388.5	387.1	369.1	367.0	361.3
失业人口	(万人)	Unemployed Persons (10 000 persons)		11.2	11.6	22.8	20.0	16.3
失业率	(%)	Unemployment Rate	(%)	2.8	2.9	5.8	5.2	4.3

注：数字是根据该年1月至12月进行的“综合住户统计调查”结果，以及年中人口估计数字而编制。
Note: Figures are compiled based on data collected in the General Household Survey from January to December of the year concerned as well as the mid-year population estimates.

6-3 按行业划分的就业人数
Employed Persons by Industry

单位：万人 (10 000 persons)

行 业	Industry	2018	2019	2020	2021	2022
制造	Manufacturing	10.4	10.5	10.4	9.4	9.2
建筑	Construction	35.2	33.9	31.1	32.6	33.2
进出口贸易及批发	Import/Export Trade and Wholesale	44.7	39.1	33.1	31.6	31.9
零售、住宿①及膳食服务②	Retail, Accommodation① and Food Services②	63.3	61.2	52.0	51.6	51.1
运输、仓库、邮政及速递	Transportation, Storage, Postal and Courier	45.3	45.2	43.8	43.0	41.2
服务、资讯及通讯	Services, Information and Communications					
金融、保险、地产、专业及商用服务	Financing, Insurance, Real Estate, Professional and Business Services	79.7	84.0	85.3	86.2	83.0
公共行政、社会及个人服务	Public Administration, Social and Personal Services	107.4	110.8	111.1	110.2	109.1
其他	Others	2.4	2.6	2.3	2.3	2.6
总计	**Total**	**388.5**	**387.1**	**369.1**	**367.0**	**361.3**

注：数字是根据该年1月至12月进行的“综合住户统计调查”结果，以及年中人口估计数字而编制。
① 住宿服务包括酒店、宾馆、旅舍及其他提供短期住宿服务的机构单位。
② 零售、住宿及膳食服务业合计通常被称为「与消费及旅游相关行业」。

Notes: Figures are compiled based on data collected in the General Household Survey from January to December of the year concerned as well as the mid-year population estimates.
① Accommodation services cover hotels, guesthouses, boarding houses and other establishments providing short term accommodation.
② The retail, accommodation and food services industries as a whole is generally referred to as the consumption- and tourism-related segment.

6-4 按每月就业收入划分的就业人数
Employed Persons by Monthly Employment Earnings

单位：万人，另有注明除外 (10 000 persons, unless otherwise specified)

每月就业收入(港元)	Monthly Employment Earnings (HKD)	2018	2019	2020	2021	2022
< 3000	< 3000	9.4	9.3	9.7	8.6	8.5
3000 － 3999	3000 - 3999	4.2	3.8	3.3	3.4	3.2
4000 － 4999	4000 - 4999	33.5	33.1	31.6	28.0	24.0
5000 － 5999	5000 - 5999	6.8	7.4	8.8	10.4	12.1
6000 － 6999	6000 - 6999	5.4	5.2	5.6	5.9	6.5
7000 － 7999	7000 - 7999	5.5	4.9	5.7	5.1	4.5
8000 － 8999	8000 - 8999	8.6	7.6	6.7	6.2	6.1
9000 － 9999	9000 - 9999	11.0	9.6	8.2	6.6	5.9
10000 － 11999	10000 - 11999	25.9	24.0	22.2	20.8	17.9
12000 － 13999	12000 - 13999	36.8	33.8	29.0	28.6	24.9
14000 － 15999	14000 - 15999	34.8	34.9	33.4	33.0	31.0
16000 － 17999	16000 - 17999	23.8	24.2	21.2	22.1	22.7
18000 － 19999	18000 - 19999	19.6	19.9	18.8	19.3	20.0
20000 － 24999	20000 - 24999	45.5	47.1	44.5	47.1	47.1
25000 － 29999	25000 - 29999	23.9	24.0	22.1	23.7	24.6
30000 － 34999	30000 - 34999	22.6	23.4	22.9	23.3	23.8
35000 － 39999	35000 - 39999	12.6	12.3	12.2	12.2	12.7
40000 － 44999	40000 - 44999	11.0	12.1	12.2	12.2	12.8
45000 － 49999	45000 - 49999	8.1	7.2	6.7	6.8	6.8
50000 － 59999	50000 - 59999	12.7	13.5	13.6	13.0	13.2
60000 － 79999	60000 - 79999	11.8	12.9	13.6	14.1	14.8
80000 － 99999	80000 - 99999	5.3	5.9	6.1	6.0	6.9
≧ 100000	≧ 100000	9.5	10.6	10.9	10.5	11.4
总　计	**Total**	**388.5**	**387.1**	**369.1**	**367.0**	**361.3**
每　月	**Median Monthly**					
就业收入中位数(港元)	**Employment Earnings (HKD)**	**16600**	**17100**	**17800**	**18000**	**19000**

注：数字是根据该年1月至12月进行的“综合住户统计调查”结果，以及年中人口估计数字而编制。
Note: Figures are compiled based on data collected in the General Household Survey from January to December of the year concerned as well as the mid-year population estimates.

6-5 按行业划分督导级（不包括经理级与专业雇员）及以下雇员的工资指数
Wage Indices for Employees up to Supervisory Level (Managerial and Professional Employees Are Not Included) by Industry

(1992年9月=100) (September 1992=100)

行业主类	Industry Section	2018	2019	2020	2021	2022
名义工资指数	**Nominal Wage Index**					
制造	Manufacturing	223.4	229.7	233.5	237.8	243.3
进出口贸易、批发及零售	Import/Export, Wholesale and Retail Trades	229.5	233.1	234.7	238.6	243.0
运输	Transportation	212.7	220.0	216.8	216.3	224.1
住宿及膳食服务活动①	Accommodation and Food Service Activities①	214.0	221.0	223.1	227.8	233.5
金融及保险活动	Financial and Insurance Activities	247.3	254.7	260.6	267.9	276.6
地产租赁及保养管理	Real Estate Leasing and Maintenance Management	261.4	270.6	278.0	286.7	294.9
专业及商业服务	Professional and Business Services	269.8	277.9	282.2	288.2	295.6
个人服务	Personal Services	326.1	335.5	336.7	339.8	344.9
所有选定行业②	All Selected Industries②	237.3	243.9	246.5	251.0	257.5
实际工资指数③	**Real Wage Index③**					
制造	Manufacturing	117.2	116.4	119.8	118.4	118.7
进出口贸易、批发及零售	Import/Export, Wholesale and Retail Trades	120.4	118.1	120.4	118.8	118.5
运输	Transportation	111.6	111.4	111.2	107.7	109.3
住宿及膳食服务活动①	Accommodation and Food Service Activities①	112.3	111.9	114.4	113.4	113.9
金融及保险活动	Financial and Insurance Activities	129.7	129.0	133.7	133.4	134.9
地产租赁及保养管理	Real Estate Leasing and Maintenance Management	137.1	137.1	142.6	142.8	143.9
专业及商业服务	Professional and Business Services	141.5	140.8	144.7	143.5	144.2
个人服务	Personal Services	171.1	169.9	172.7	169.2	168.2
所有选定行业②	All Selected Industries②	124.5	123.6	126.4	125.0	125.6

注：指有关年度12月份的数字。
①住宿服务包括酒店、宾馆、旅舍及其他提供短期住宿服务的机构单位。
②指“劳工收入统计调查”内工资统计调查所涵盖的所有行业，包括并没有列出其统计数字的电力及燃气供应业、污水处理及废弃物管理业与出版活动业。
③实际工资指数是按其名义指数扣除以2019/20年为基期的甲类消费价格指数而计算出来。

Notes : Figures refer to December of the year.
①Accommodation services cover hotels, guesthouses, boarding houses and other establishments providing short term accommodation.
②Figures refer to all industries covered by the wage enquiry of the Labour Earnings Survey, including the electricity and gas supply industry, sewerage and waste management activities industry and publishing activities industry, the statistics of which are not separately shown.
③The Real Wage Index is derived by deflating the corresponding nominal index by the 2019/20-based Consumer Price Index (A).

6-6 消费物价指数（2019年10月-2020年9月=100）
Consumer Price Indices (Oct. 2019 - Sep. 2020=100)

项　　目	Item	2018	2019	2020	2021	2022
综合消费物价指数	**Composite Consumer Price Index**					
总指数	**All Items**	**96.8**	**99.6**	**99.9**	**101.4**	**103.3**
食品	Food	92.7	97.1	100.4	102.0	105.9
外出用膳及外卖	Meals out and takeaway food	97.2	99.4	100.1	101.9	105.4
基本食品	Basic food	85.2	93.5	100.8	102.2	106.8
住屋①	Housing①	96.9	100.2	100.1	100.4	100.7
私人房屋租金	Private Housing Rent	95.9	98.9	99.9	98.7	98.1
公营房屋租金	Public Housing Rent	121.4	130.1	102.7	132.8	145.5
电力、燃气及水	Electricity, Gas and Water	122.2	116.4	91.6	116.4	124.7
烟酒	Alcoholic Drinks and Tobacco	98.5	99.7	100.2	100.3	101.6
衣履	Clothing and Footwear	105.9	103.9	98.6	101.9	107.2
耐用物品	Durable Goods	104.3	102.1	99.6	100.6	101.2
杂项物品	Miscellaneous Goods	95.5	96.9	100.8	97.7	98.1
交通	Transport	98.4	100.4	99.3	101.9	104.8
杂项服务②	Miscellaneous Services②	97.3	99.3	100.1	100.8	102.2
教育服务	Educational Services	95.5	97.9	100.4	102.0	103.8
资讯及通讯服务	Information and Communications Services	108.8	101.0	99.7	98.0	95.9
医疗服务	Medical Services	94.9	98.4	100.5	101.9	103.9
甲类消费物价指数	**Consumer Price Index (A)**					
总指数	**All Items**	**97.2**	**100.5**	**99.8**	**102.7**	**104.9**
食品	Food	91.4	96.5	100.5	102.0	105.8
外出用膳及外卖	Meals out and takeaway food	97.0	99.2	100.2	102.0	105.4
基本食品	Basic food	83.8	92.9	100.8	102.0	106.5
住屋①	Housing①	99.1	102.9	100.3	103.0	104.2
私人房屋租金	Private Housing Rent	95.8	98.9	99.9	98.7	98.2
公营房屋租金	Public Housing Rent	121.4	130.1	102.7	132.8	145.5
电力、燃气及水	Electricity, Gas and Water	127.1	120.1	89.6	119.2	126.8
烟酒	Alcoholic Drinks and Tobacco	98.2	99.7	100.2	100.6	102.5
衣履	Clothing and Footwear	105.5	103.4	98.9	102.0	107.4
耐用物品	Durable Goods	104.6	102.3	99.5	100.1	100.1
杂项物品	Miscellaneous Goods	95.2	96.7	101.1	97.5	97.6
交通	Transport	99.0	101.0	98.9	101.3	101.3
杂项服务②	Miscellaneous Services②	99.4	99.9	100.0	100.3	101.1
教育服务	Educational Services	96.3	98.6	100.3	101.7	103.2
资讯及通讯服务	Information and Communications Services	108.9	101.2	99.6	97.9	95.6
医疗服务	Medical Services	95.2	98.5	100.5	102.0	104.3
乙类消费物价指数	**Consumer Price Index (B)**					
总指数	**All Items**	**96.6**	**99.2**	**99.8**	**100.8**	**102.5**
食品	Food	93.1	97.4	100.3	102.0	105.9
外出用膳及外卖	Meals out and takeaway food	97.3	99.4	100.1	101.9	105.4
基本食品	Basic food	85.4	93.5	100.8	102.2	106.8
住屋①	Housing①	95.9	99.1	100.0	99.2	99.0
私人房屋租金	Private Housing Rent	95.8	98.9	99.9	98.6	97.9
公营房屋租金	Public Housing Rent	121.3	129.8	102.3	132.3	145.0
电力、燃气及水	Electricity, Gas and Water	120.3	114.8	92.7	114.9	123.4
烟酒	Alcoholic Drinks and Tobacco	98.8	99.8	100.3	100.2	101.2
衣履	Clothing and Footwear	105.5	103.8	98.5	101.7	107.9
耐用物品	Durable Goods	104.4	102.1	99.6	100.5	100.9
杂项物品	Miscellaneous Goods	95.2	96.8	100.7	97.4	97.9
交通	Transport	98.6	100.6	99.3	101.9	104.8
杂项服务②	Miscellaneous Services②	97.3	99.3	100.1	100.9	102.2
教育服务	Educational Services	95.4	97.9	100.4	102.0	103.6
资讯及通讯服务	Information and Communications Services	109.0	101.0	99.7	98.1	96.0
医疗服务	Medical Services	95.1	98.5	100.5	102.0	104.2

6-6 续表 continued

项 目	Item	2018	2019	2020	2021	2022
丙类消费物价指数	**Consumer Price Index (C)**					
总指数	**All Items**	**96.7**	**99.1**	**99.9**	**100.8**	**102.6**
食品	Food	94.1	97.9	100.3	102.1	106.1
外出用膳及外卖	Meals out and takeaway food	97.5	99.6	100.0	101.9	105.4
基本食品	Basic food	87.9	94.7	100.8	102.6	107.4
住屋①	Housing①	95.7	98.7	100.0	99.1	98.7
私人房屋租金	Private Housing Rent	96.0	98.9	100.0	98.8	98.2
电力、燃气及水	Electricity, Gas and Water	114.0	110.4	94.5	112.2	122.0
烟酒	Alcoholic Drinks and Tobacco	98.9	99.9	100.3	99.6	100.0
衣履	Clothing and Footwear	106.5	104.3	98.6	101.9	106.4
耐用物品	Durable Goods	103.9	102.1	99.7	101.1	102.5
杂项物品	Miscellaneous Goods	96.0	97.3	100.8	98.6	99.0
交通	Transport	97.6	99.9	99.7	102.2	107.2
杂项服务②	Miscellaneous Services②	96.2	98.9	100.2	101.1	102.8
教育服务	Educational Services	95.0	97.5	100.4	102.3	104.3
资讯及通讯服务	Information and Communications Services	108.2	100.5	99.8	98.1	96.0
医疗服务	Medical Services	94.6	98.3	100.6	101.8	103.4

注：2019年10月起的消费物价指数是根据2019/20年住户开支统计调查所得的开支权数编制。较早的指数则是根据旧的开支权数而经过按比例换算与新基期的指数拼接。

①除“私人房屋租金”及“公营房屋租金”外，“住屋”类别还包括“管理费及其他住屋杂费”。而丙类消费物价指数中的“住屋”类别并不包括“公营房屋租金”。

②“杂项服务”类别包括“教育服务”、“资讯及通讯服务”、“医疗服务”及其他杂项服务。

Notes: The CPIs from October 2019 onwards are compiled based on expenditure weights obtained from the 2019/20 Household Expenditure Survey. The CPIs for earlier periods are compiled based on old weights and have been re-scaled to the new base period for linking with the new index series.

①Apart from "Private Housing Rent" and "Public Housing Rent", the "Housing" section also includes "Management Fees and Other Housing Charges". For CPI(C), the "Housing" section does not include "Public Housing Rent".

②"Miscellaneous Services" section includes "Educational Services", "Information and Communications Services", "Medical Services" and other miscellaneous services.

二、澳门特别行政区人口和就业统计数据

II.Population and Employment Data of Macao Special Administrative Region

6-7 人口主要指标
Main Demographic Indicator

项　　目	Item	2018	2019	2020	2021	2022
年中人口　(万人)	Mid-year Population (10 000 persons)	65.9	67.2	68.5	68.3	67.7
出生率　(‰)	Crude Birth Rate (‰)	9.0	8.9	8.1	7.4	6.4
死亡率　(‰)	Crude Death Rate (‰)	3.1	3.4	3.3	3.4	4.4
婴儿死亡率　(‰)	Infant Mortality Rate (‰)	3.4	1.5	2.2	1.8	0.9
自然增长率　(‰)	Natural Growth Rate (‰)	5.9	5.5	4.8	4.0	2.0
总和生育率　(‰)	Total Fertility Rate (‰)	915	899	841	756	680
本地人口总和生育率①　(‰)	Total Fertility Rate of Local Population① (‰)	1354	1340	1218	1066	909
登记结婚　(宗)	Registered Marriages (case)	3842	3724	2754	3277	2727
离婚　(宗)	Registered Divorces (case)	1544	1435	1319	1315	1106
项　　目	Item	2015-2018	2016-2019	2017-2020	2018-2021	2019-2022
出生时平均预期寿命（岁）	Life Expectancy at Birth (year)	83.7	83.8	84.1	84.2	83.8
男	Male	80.6	80.8	81.1	81.3	80.9
女	Female	86.6	86.7	86.9	87.1	86.7

6-8 经济活动人口及失业状况
Labour Force and Unemployment

项　　目	Item	2018	2019	2020	2021	2022
劳动人口　(万人)	Labour Force (10 000 persons)	39.2	39.5	40.5	39.0	37.9
男	Male	19.2	19.3	19.9	18.9	18.3
女	Female	20.1	20.2	20.7	20.1	19.6
就业人口　(万人)	Employed Population (10 000 persons)	38.5	38.8	39.5	37.8	36.5
失业人口　(万人)	Unemployed Population (10 000 persons)	0.7	0.7	1.0	1.1	1.4
失业率　(%)	Unemployment Rate (%)	1.8	1.7	2.5	2.9	3.7

6-9 按行业划分的就业人口
Employed Population by Industry

单位：万人 (10 000 persons)

行业	Industry	2018	2019	2020	2021	2022
总数	**Total**	**38.54**	**38.78**	**39.51**	**37.84**	**36.47**
制造业	Manufacturing	0.64	0.63	0.64	0.66	0.59
水电及气体生产供应业	Electricity, Gas & Water Supply	0.11	0.09	0.12	0.09	0.12
建筑业	Construction	3.11	3.05	3.76	3.26	3.02
批发及零售业	Wholesale & Retail Trades	4.37	4.16	4.62	4.34	4.63
酒店及饮食业	Hotels, Restaurants & Similar Activities	5.61	5.61	5.44	5.03	4.52
运输、仓储及通讯业	Transport, Storage & Communications	1.92	1.98	1.80	1.76	1.80
金融业	Financial Intermediation	1.08	1.21	1.28	1.36	1.23
不动产及工商服务业	Real Estate & Business Activities	3.19	3.48	3.56	3.28	3.29
公共行政及社保事务	Public Administration & Social Security	2.98	2.79	2.74	2.86	2.84
教育	Education	1.75	1.73	1.82	1.92	2.10
医疗卫生及社会福利	Health & Social Welfare	1.24	1.26	1.35	1.43	1.67
文娱博彩及其他服务业	Recreational, Cultural, Gaming & Other Services	9.64	9.70	9.13	8.91	8.06
家务工作	Domestic Work	2.85	3.03	3.15	2.85	2.51
其他及不详	Others and Unknown	0.06	0.08	0.10	0.08	0.09

6-10 按行业划分的月工作收入中位数
Median Monthly Employment Earnings by Industry

单位：澳门元 (MOP)

行业	Industry	2018	2019	2020	2021	2022
总数	**Total**	**16000**	**17000**	**15000**	**15800**	**15000**
制造业	Manufacturing	11500	10800	11000	12000	12000
水电及气体生产供应业	Electricity, Gas & Water Supply	30000	20500	22000	29500	21000
建筑业	Construction	15000	17000	15000	15000	15000
批发及零售业	Wholesale & Retail Trade	13000	14000	12000	13000	12000
酒店及饮食业	Hotels, Restaurants & Similar Activities	11000	12000	11000	11800	11600
运输、仓储及通讯业	Transport, Storage & Communications	16000	16000	15000	15000	14800
金融业	Financial Intermediation	20000	21000	22000	21000	20000
不动产及工商服务业	Real Estate & Business Activities	10000	11000	10000	10000	10000
公共行政及社保事务	Public Administration & Social Security	39500	40300	43000	44600	44600
教育	Education	25000	28000	25500	25300	26000
医疗卫生及社会福利	Health & Social Welfare	24000	22100	23300	23000	22000
文娱博彩及其他服务业	Recreational, Cultural, Gaming & Other Services	20000	20000	19300	19000	19300
家务工作	Domestic Work	4000	4200	4400	4500	5000

6-11 消费物价指数
Consumer Price Index

2018年4月至2019年3月=100 (04/2018-03/2019=100)

项目	Items	权数 Weight	2018	2019	2020	2021	2022
综合消费物价指数	**Composite Consumer Price Index**						
总指数	**Global Index**	**100.00**	**99.05**	**101.78**	**102.60**	**102.63**	**103.70**
食物及非酒精饮品	Food and Non-alcoholic Beverages	27.94	98.94	102.71	106.17	106.41	108.28
烟酒	Alcoholic Beverages and Tobacco	0.60	99.97	99.53	99.23	98.80	100.64
衣履	Clothing and Footwear	2.95	100.72	100.66	94.01	90.18	90.58
住屋及燃料	Housing and Fuels	33.75	99.92	101.68	102.40	102.30	101.16
家居设备及服务	Household Furnishings and Services	4.16	99.03	101.27	102.55	106.16	118.09
医疗	Health	2.82	99.08	102.55	106.67	108.31	109.41
交通	Transport	7.84	97.14	101.86	100.73	104.34	110.42
通讯	Communications	3.10	99.14	97.50	87.15	82.48	74.73
康乐及文化	Recreation and Culture	5.18	101.40	102.35	97.36	91.29	91.07
教育	Education	2.24	95.15	100.53	104.09	104.97	109.48
杂项商品及服务	Miscellaneous Goods and Services	9.42	99.11	101.72	103.63	104.39	105.01
甲类消费物价指数	**Consumer Price Index (A)**						
总指数	**Global Index**	**100.00**	**99.13**	**101.79**	**102.71**	**102.66**	**103.41**
食物及非酒精饮品	Food and Non-alcoholic Beverages	28.68	99.07	102.89	106.45	106.63	108.46
烟酒	Alcoholic Beverages and Tobacco	0.62	100.04	99.64	99.35	98.97	100.94
衣履	Clothing and Footwear	2.41	101.09	101.04	94.28	90.51	91.04
住屋及燃料	Housing and Fuels	38.37	99.91	101.67	102.37	102.25	101.10
家居设备及服务	Household Furnishings and Services	3.21	98.87	101.13	102.28	105.55	116.24
医疗	Health	2.72	99.27	102.75	107.14	108.99	110.08
交通	Transport	6.46	97.04	101.38	100.30	104.31	110.65
通讯	Communications	3.41	99.32	97.68	87.38	82.79	74.91
康乐及文化	Recreation and Culture	4.52	101.11	102.17	97.68	91.42	91.25
教育	Education	1.89	94.25	99.46	102.75	103.04	106.81
杂项商品及服务	Miscellaneous Goods and Services	7.70	99.51	101.97	103.79	104.55	105.28
乙类消费物价指数	**Consumer Price Index (B)**						
总指数	**Global Index**	**100.00**	**98.48**	**101.77**	**102.45**	**102.58**	**104.09**
食物及非酒精饮品	Food and Non-alcoholic Beverages	26.94	99.31	102.72	105.76	106.10	108.02
烟酒	Alcoholic Beverages and Tobacco	0.56	100.46	99.58	99.03	98.53	100.11
衣履	Clothing and Footwear	3.67	100.56	100.32	93.77	89.90	90.19
住屋及燃料	Housing and Fuels	27.55	99.96	101.69	102.46	102.37	101.25
家居设备及服务	Household Furnishings and Services	5.43	99.35	101.42	102.77	106.66	119.56
医疗	Health	2.96	98.90	102.30	106.09	107.48	108.59
交通	Transport	9.70	96.47	102.67	101.11	104.33	110.19
通讯	Communications	2.69	98.98	97.25	86.75	81.95	74.42
康乐及文化	Recreation and Culture	6.06	101.78	102.39	97.04	91.15	90.87
教育	Education	2.70	94.12	100.77	105.34	106.78	111.98
杂项商品及服务	Miscellaneous Goods and Services	11.73	97.11	100.54	103.48	104.23	104.75

三、台湾地区人口和就业统计数据

III.Population and Employment Data of Taiwan Region

6-12 面积和人口主要指标
Main Indicators of Area and Population

项 目	Item	2018	2019	2020	2021	2022
土地面积（万平方公里）	Area (10 000 sq.km)	3.6	3.6	3.6	3.6	3.6
户籍登记人口数（万人）	Year-end Population (10 000 persons)	2358.9	2360.3	2356.1	2337.5	2326.5
男	Male	1171.3	1170.5	1167.4	1157.9	1149.9
女	Female	1187.6	1189.8	1188.7	1179.7	1176.6
粗出生率 (‰)	Crude Birth Rate (‰)	7.70	7.53	7.01	6.55	5.96
粗死亡率 (‰)	Crude Death Rate (‰)	7.33	7.47	7.34	7.83	8.89
人口自然增长率 (‰)	Natural Population Growth Rate (‰)	0.37	0.06	-0.34	-1.27	-2.93
一般生育率 (‰)	Fertility Rate (‰)	31	30	28	28	25
结婚率 （对/千人）	Marriage Rate (couple/1000 persons)	5.74	5.70	5.16	4.88	5.36
离婚率 （对/千人）	Divorce Rate (couple/1000 persons)	2.31	2.31	2.19	2.04	2.17
期望寿命 （岁）	Life Expectancy at Birth (year old)					
男	Male	77.55	77.69	78.11	77.67	76.63
女	Female	84.05	84.23	84.75	84.25	83.28
人口的年龄分布 (%)	Age-specific Distribution (%)					
0-14岁	0-14	12.92	12.75	12.58	12.36	12.12
15-64岁	15-64	72.52	71.96	71.35	70.79	70.32
65岁及以上	65 and Over	14.56	15.28	16.07	16.85	17.56
性别比 （女=100）	Sex Ratio (female=100)	98.63	98.38	98.20	98.15	97.74
人口密度(人/平方公里）	Population Density (persons/sq.km)	651.7	652.1	650.9	645.8	642.7

资源来源：台湾统计网站（以下各表同）。
Source: Taiwan Statistics Website. The same applies in the following tables.

6-13 劳动力和就业状况
Labour Force and Employment

项　　目	Item	2018	2019	2020	2021	2022
劳动力总计　(万人)	Labour Force　(10 000 persons)	1187.4	1194.6	1196.4	1191.9	1185.3
男	Male	660.2	663.1	663.8	659.5	655.4
女	Female	527.2	531.5	532.6	532.4	529.8
就业人数　(万人)	Employment　(10 000 persons)	1143.4	1150.0	1150.4	1144.7	1141.8
男	Male	634.6	637.6	637.8	633.2	631.3
女	Female	508.9	512.4	512.6	511.5	510.5
就业者行业构成　(%)	Distribution of Employment by Industry(%)	100.0	100.0	100.0	100.0	100.0
农、林、渔、牧业	Agriculture, Forestry, Fishery and Animal Husbandry	4.9	4.9	4.8	4.7	4.6
工业	Industry	35.7	35.6	35.4	35.5	35.4
矿业及土石采取业	Mining and Quarrying	0.03	0.03	0.03	0.03	0.03
制造业	Manufacturing	26.8	26.7	26.4	26.4	26.4
电力及燃气供应业	Electricity, Gas	0.3	0.3	0.3	0.3	0.3
用水供应及污染整治业	Water Supply and Pollution Management	0.7	0.7	0.7	0.7	0.7
建筑业	Construction	7.9	7.9	8.0	8.0	8.0
服务业	Services	59.4	59.6	59.8	59.8	60.0
批发及零售业	Wholesale and Retail Trades	16.6	16.7	16.5	16.4	16.2
运输及仓储业	Transport, Storage, Communications	3.9	3.9	4.0	4.0	4.2
金融及保险业	Finance, Insurance	3.8	3.8	3.8	3.8	3.8
咨讯及通讯传播	Information and Communication	2.3	2.3	2.3	2.3	2.4
住宿及餐饮业	Hotels and Restaurants	7.3	7.4	7.4	7.3	7.4
教育服务业	Education	5.7	5.7	5.7	5.6	5.6
公共行政	Public Administration	3.2	3.2	3.3	3.3	3.3
失业人数　(万人)	Unemployment　(10 000 persons)	44.0	44.6	46.0	47.1	43.4
失业率　(%)	Unemployment Rate　(%)	3.7	3.7	3.9	4.0	3.7

6-14 居民消费价格分类指数
Consumer Price Indices

(2021年=100) (year of 2021=100)

年 份 Year	总指数 General Index	食品 Food	服装 Clothing	居住 Housing	交通&通讯 Transportation &Communications	医药保健 Medicines and Medical Care	教育娱乐 Education and Entertainment	杂项 Miscellaneous
2011	91.2	79.6	94.7	95.0	103.0	92.1	97.6	86.9
2012	93.0	82.9	97.0	96.1	103.4	92.8	98.2	88.8
2013	93.7	84.0	96.9	97.0	103.9	93.8	98.5	89.2
2014	94.8	87.1	98.1	97.8	102.6	94.4	98.5	90.4
2015	94.5	89.9	97.6	96.7	96.7	94.7	98.4	90.6
2016	95.9	94.6	97.8	96.5	95.6	95.5	98.5	91.9
2017	96.5	94.2	97.5	97.3	97.3	97.1	98.8	93.6
2018	97.8	95.2	97.8	98.2	99.5	98.2	99.0	98.1
2019	98.3	97.0	97.1	98.8	98.1	99.0	99.8	98.7
2020	98.1	97.6	98.3	99.1	94.3	99.8	98.8	99.6
2021	100.0	100.0	100.0	100.0	100.0	100.0	100.0	100.0
2022	103.0	105.7	102.4	102.3	103.5	101.2	101.2	101.4

第七部分

Chapter Seven

世界部分国家人口和就业统计数据

Population and Employment Data of Selected Countries and Territories of the World

7-1 人口数
Total Population

单位：百万人 (millions)

国 家	Country	2003	2004	2005	2006	2007
世界总计	**Total**	**6211.1**	**6377.6**	**6464.7**	**6540.3**	**6615.9**
亚洲	**Asia**					
中国	China	1304.2	1313.3	1315.8	1323.6	1331.4
阿富汗	Afghanistan	23.9	24.9	29.9	31.1	32.3
孟加拉国	Bangladesh	146.7	149.7	141.8	144.4	147.1
缅甸	Myanmar	49.5	50.1	50.5	51.0	
柬埔寨	Cambodia	14.1	14.6	14.1	14.4	14.6
印度	India	1065.5	1081.2	1103.4	1119.5	1135.6
印度尼西亚	Indonesia	219.9	222.6	222.8	225.5	228.1
伊朗	Iran	68.9	69.8	69.5	70.3	71.2
伊拉克	Iraq	25.2	25.9	28.8	29.6	30.3
日本	Japan	127.7	127.8	128.1	128.2	128.3
约旦	Jordan	5.5	5.6	5.7	5.8	6.0
朝鲜	Korea D.P.Rep.	22.7	22.8	22.5	22.6	22.7
韩国	Korea, Rep.	47.7	48.0	47.8	48.0	48.1
科威特	Kuwait	2.5	2.6	2.7	2.8	2.8
老挝	Laos	5.7	5.8	5.9	6.1	6.2
黎巴嫩	Lebanon	3.7	3.7	3.6	3.6	3.7
马来西亚	Malaysia	24.4	24.9	25.3	25.8	26.2
蒙古	Mongolia	2.6	2.6	2.6	2.7	2.7
尼泊尔	Nepal	25.2	25.7	27.1	27.7	28.2
巴基斯坦	Pakistan	153.6	157.3	157.9	161.2	164.6
菲律宾	Philippines	80.0	81.4	83.1	84.5	85.9
沙特阿拉伯	Saudi Arabia	24.2	24.9	24.6	25.2	25.8
新加坡	Singapore	4.3	4.3	4.3	4.4	4.4
斯里兰卡	Sri Lanka	19.1	19.2	20.7	20.9	21.1
叙利亚	Syrian Arab Rep.	17.8	18.2	19.0	19.5	20.0
泰国	Thailand	62.8	63.5	64.2	64.8	65.3
土耳其	Turkey	71.3	72.3	73.2	74.2	75.2
越南	Viet Nam	81.4	82.5	84.2	85.3	86.4
也门	Yemen	20.0	20.7	21.0	21.6	22.3
欧洲	**Europe**					
阿尔巴尼亚	Albania	3.2	3.2	3.1	3.1	3.2
奥地利	Austria	8.1	8.1	8.2	8.2	8.2

资料来源：《世界人口状况》2003-2022年，联合国人口基金编。
Sources: UNFPA, State of World Population 2003-2022.

7-1 续表 1 continued

单位：百万人 (millions)

国家	Country	2003	2004	2005	2006	2007
保加利亚	Bulgaria	7.9	7.8	7.7	7.7	7.6
捷克共和国	Czech Rep.	10.2	10.2	10.2	10.2	10.2
丹麦	Denmark	5.4	5.4	5.4	5.4	5.5
芬兰	Finland	5.2	5.2	5.2	5.3	5.3
法国	France	60.1	60.4	60.5	60.7	60.9
德国	Germany	82.5	82.5	82.7	82.7	82.7
希腊	Greece	11.0	11.0	11.1	11.1	11.2
匈牙利	Hungary	9.9	9.8	10.1	10.1	10.0
意大利	Italy	60.1	57.3	58.1	68.1	58.2
荷兰	Netherlands	16.1	16.2	16.3	16.4	
挪威	Norway	4.5	4.6	4.6	4.6	4.7
波兰	Poland	38.6	38.6	38.5	38.5	38.5
葡萄牙	Portugal	10.1	10.1	10.5	10.5	10.6
罗马尼亚	Romania	22.3	22.3	21.7	21.6	21.5
西班牙	Spain	41.1	41.1	43.1	43.3	43.6
瑞士	Switzerland	7.2	7.2	7.3	7.3	7.3
英国	United Kingdom	59.3	59.4	59.7	59.8	60.0
俄罗斯	Russian Federation	143.2	142.4	143.2	142.5	141.9
非洲	**Africa**					
阿尔及利亚	Algeria	31.8	32.3	32.9	33.4	33.9
安哥拉	Angola	13.6	14.1	15.9	16.4	16.9
布隆迪	Burundi	6.8	7.1	7.5	7.8	8.1
中非共和国	Central African Rep.	3.9	3.9	4.0	4.1	4.2
刚果共和国	Congo, Republic of the	3.7	3.8	4.0	4.1	4.2
埃及	Egypt	71.9	73.4	74.0	75.4	76.9
埃塞俄比亚	Ethiopia	70.7	72.4	77.4	79.3	81.2
加蓬	Gabon	1.3	1.4	1.4	1.4	1.4
加纳	Ghana	20.9	21.4	22.1	22.6	23.0
几内亚	Guinea	8.5	8.6	9.4	9.6	9.8
肯尼亚	Kenya	32.0	32.4	34.3	35.1	36.0
利比亚	Libya	5.6	5.7	5.9	6.0	6.1
利比里亚	Liberia	3.4	3.5	3.3	3.4	3.5
马达加斯加	Madagascar	17.4	17.9	18.6	19.1	19.6
马里	Mali	13.0	13.4	13.5	13.9	14.3
毛里塔尼亚	Mauritania	2.9	3.0	3.1	3.2	3.2
摩洛哥	Morocco	30.6	31.1	31.5	31.9	32.4
莫桑比克	Mozambique	18.9	19.2	19.8	20.2	20.5
尼日利亚	Nigeria	124.0	127.1	131.5	134.4	137.2

7-1 续表 2 continued

单位：百万人 (millions)

国 家	Country	2003	2004	2005	2006	2007
卢旺达	Rwanda	8.4	8.5	9.0	9.2	9.4
索马里	Somalia	9.9	10.3	8.2	8.5	8.8
南非	South Africa	45.0	45.2	47.4	47.6	47.7
苏丹	Sudan	33.6	34.3	36.2	37.0	37.8
突尼斯	Tunisia	9.8	9.9	10.1	10.2	10.3
乌干达	Uganda	25.8	26.7	28.8	29.9	30.9
喀麦隆	Cameroon, Republic of	16.0	16.3	16.3	16.6	16.9
坦桑尼亚	Tanzania, United Republic of	37.0	37.7	38.3	39.0	39.7
赞比亚	Zambia	10.8	10.9	13.0	11.9	12.1
大洋洲	**Oceania**					
澳大利亚	Australia	19.7	19.9	20.2	20.4	20.6
新西兰	New Zealand	3.9	3.9	4.0	4.1	4.1
北美洲	**North America**					
加拿大	Canada	31.5	31.7	32.3	32.6	32.9
美国	United States of America	294.0	297.0	298.2	301.0	303.9
拉丁美洲	**Latin America**					
阿根廷	Argentina	38.4	38.9	38.7	39.1	39.5
玻利维亚	Bolivia	8.8	9.0	9.2	9.4	9.5
巴西	Brazil	178.5	180.7	186.4	188.9	191.3
智利	Chile	15.8	16.0	16.3	16.5	16.6
哥伦比亚	Colombia	44.2	44.9	45.6	46.3	47.0
古巴	Cuba	11.3	11.3	11.3	11.3	11.3
多米尼加共和国	Dominican Republic	8.7	8.9	8.9	9.0	9.1
厄瓜多尔	Ecuador	13.0	13.2	13.2	13.4	13.6
危地马拉	Guatemala	12.3	12.7	12.6	12.9	13.2
墨西哥	Mexico	103.5	104.9	107.0	108.3	109.6
巴拿马	Panama	3.1	3.2	3.2	3.3	3.3
巴拉圭	Paraguay	5.9	6.0	6.2	6.3	6.4
秘鲁	Peru	27.2	27.6	28.0	28.4	28.8
波多黎各	Puerto Rico	3.9	3.9	4.0	4.0	4.0
乌拉圭	Uruguay	3.4	3.4	3.5	3.5	3.5
委内瑞拉	Venezuela (Bolivarian Republic of)	25.7	26.2	26.7	27.2	27.7

7-1 续表 3 continued

单位：百万人 (millions)

国　家	Country	2008	2009	2010	2011	2012
世界总计	**Total**	**6749.7**	**6829.4**	**6908.7**	**6974.0**	**7052.1**
亚洲	**Asia**					
中国	China	1336.3	1345.8	1354.1	1347.6	1353.6
阿富汗	Afghanistan	28.2	28.2	29.1	32.4	33.4
孟加拉国	Bangladesh	161.3	162.2	164.4	150.5	152.4
缅甸	Myanmar	49.2	50.0	50.5	48.3	48.7
柬埔寨	Cambodia	14.7	14.8	15.1	14.3	14.5
印度	India	1186.2	1198.0	1214.5	1241.5	1258.4
印度尼西亚	Indonesia	234.3	230.0	232.5	242.3	244.8
伊朗	Iran	72.2	74.2	75.1	74.8	75.6
伊拉克	Iraq	29.5	30.7	31.5	32.7	33.7
日本	Japan	127.9	127.2	127.0	126.5	126.4
约旦	Jordan	6.1	6.3	6.5	6.3	6.5
朝鲜	Korea D.P.Rep.	23.9	23.9	24.0	24.5	24.6
韩国	Korea, Rep.	48.4	48.3	48.5	48.4	48.6
科威特	Kuwait	2.9	3.0	3.1	2.8	2.9
老挝	Laos	6.0	6.3	6.4	6.3	6.4
黎巴嫩	Lebanon	4.1	4.2	4.3	4.3	4.3
马来西亚	Malaysia	27.0	27.5	27.9	28.9	29.3
蒙古	Mongolia	2.7	2.7	2.7	2.8	2.8
尼泊尔	Nepal	28.8	29.3	29.9	30.5	31.0
巴基斯坦	Pakistan	167.0	180.8	184.8	176.7	180.0
菲律宾	Philippines	89.7	92.0	93.6	94.9	96.5
沙特阿拉伯	Saudi Arabia	25.3	25.7	26.2	28.1	28.7
新加坡	Singapore	4.5	4.7	4.8	5.2	5.3
斯里兰卡	Sri Lanka	19.4	20.2	20.4	21.0	21.2
叙利亚	Syrian Arab Rep.	20.4	21.9	22.5	20.8	21.1
泰国	Thailand	64.3	67.8	68.1	69.5	69.9
土耳其	Turkey	75.8	74.8	75.7	73.6	74.5
越南	Viet Nam	88.5	88.1	89.0	88.8	89.7
也门	Yemen	23.1	23.6	24.3	24.8	25.6
欧洲	**Europe**					
阿尔巴尼亚	Albania	3.2	3.2	3.2	3.2	3.2
奥地利	Austria	8.4	8.4	8.4	8.4	8.4

7-1 续表 4 continued

单位：百万人 (millions)

国　家	Country	2008	2009	2010	2011	2012
保加利亚	Bulgaria	7.6	7.5	7.5	7.4	7.4
捷克共和国	Czech Rep.	10.2	10.4	10.4	10.5	10.6
丹麦	Denmark	5.5	5.5	5.5	5.6	5.6
芬兰	Finland	5.3	5.3	5.3	5.4	5.4
法国	France	61.9	62.3	62.6	63.1	63.5
德国	Germany	82.5	82.2	82.1	82.2	82.0
希腊	Greece	11.2	11.2	11.2	11.4	11.4
匈牙利	Hungary	10.0	10.0	10.0	10.0	9.9
意大利	Italy	58.9	59.9	60.1	60.8	61.0
荷兰	Netherlands	16.5	16.6	16.7	16.7	16.7
挪威	Norway	4.7	4.8	4.9	4.9	5.0
波兰	Poland	38.0	38.1	38.0	38.3	38.3
葡萄牙	Portugal	10.7	10.7	10.7	10.7	10.7
罗马尼亚	Romania	21.3	21.3	21.2	21.4	21.4
西班牙	Spain	44.6	44.9	45.3	46.5	46.8
瑞士	Switzerland	7.5	7.6	7.6	7.7	7.7
英国	United Kingdom	61.0	61.6	61.9	62.4	62.8
俄罗斯	Russian Federation	141.8	140.9	140.4	142.8	142.7
非洲	**Africa**					
阿尔及利亚	Algeria	34.4	34.9	35.4	36.0	36.5
安哥拉	Angola	17.5	18.5	19.0	19.6	20.2
布隆迪	Burundi	8.9	8.3	8.5	8.6	8.7
中非共和国	Central African Rep.	4.4	4.4	4.5	4.5	4.6
刚果共和国	Congo, Republic of the	3.8	3.7	3.8	4.1	4.2
埃及	Egypt	76.8	83.0	84.5	82.5	84.0
埃塞俄比亚	Ethiopia	85.2	82.8	85.0	84.7	86.5
加蓬	Gabon	1.4	1.5	1.5	1.5	1.6
加纳	Ghana	23.9	23.8	24.3	25.0	25.5
几内亚	Guinea	9.6	10.1	10.3	10.2	10.5
肯尼亚	Kenya	38.6	39.8	40.9	41.6	42.7
利比亚	Libya	6.3	6.4	6.5	6.4	6.5
利比里亚	Liberia	3.9	4.0	4.1	4.1	4.2
马达加斯加	Madagascar	20.2	19.6	20.1	21.3	21.9
马里	Mali	12.7	13.0	13.3	15.8	16.3
毛里塔尼亚	Mauritania	3.2	3.3	3.4	3.5	3.6
摩洛哥	Morocco	31.6	32.0	32.4	32.3	32.6
莫桑比克	Mozambique	21.8	22.9	23.4	23.9	24.5
尼日利亚	Nigeria	151.5	154.7	158.3	162.5	166.6

7-1 续表 5 continued

单位: 百万人 (millions)

国　家	Country	2008	2009	2010	2011	2012
卢旺达	Rwanda	10.0	10.0	10.3	10.9	11.3
索马里	Somalia	9.0	9.1	9.4	9.6	9.8
南非	South Africa	48.8	50.1	50.5	50.5	50.7
苏丹	Sudan	39.4	42.3	43.2	44.6	35.0
突尼斯	Tunisia	10.4	10.3	10.4	10.6	10.7
乌干达	Uganda	31.9	32.7	33.8	34.5	35.6
喀麦隆	Cameroon, Republic of	18.9	19.5	20.0	20.0	20.5
坦桑尼亚	Tanzania, United Republic of	41.5	43.7	45.0	46.2	47.7
赞比亚	Zambia	12.2	12.9	13.3	13.5	13.9
大洋洲	**Oceania**					
澳大利亚	Australia	21.0	21.3	21.5	22.6	22.9
新西兰	New Zealand	4.2	4.3	4.3	4.4	4.5
北美洲	**North America**					
加拿大	Canada	33.2	33.6	33.9	34.3	34.7
美国	United States of America	308.8	314.7	317.6	313.1	315.8
拉丁美洲	**Latin America**					
阿根廷	Argentina	39.9	40.3	40.7	40.8	41.1
玻利维亚	Bolivia	9.7	9.9	10.0	10.1	10.2
巴西	Brazil	194.2	193.7	195.4	196.7	198.4
智利	Chile	16.8	17.0	17.1	17.3	17.4
哥伦比亚	Colombia	46.7	45.7	46.3	46.9	47.6
古巴	Cuba	11.3	11.2	11.2	11.3	11.2
多米尼加共和国	Dominican Republic	9.9	10.1	10.2	10.1	10.2
厄瓜多尔	Ecuador	13.5	13.6	13.8	14.7	14.9
危地马拉	Guatemala	13.7	14.0	14.4	14.8	15.1
墨西哥	Mexico	107.8	109.6	110.6	114.8	116.1
巴拿马	Panama	3.4	3.5	3.5	3.6	3.6
巴拉圭	Paraguay	6.2	6.3	6.5	6.6	6.7
秘鲁	Peru	28.2	29.2	29.5	29.4	29.7
波多黎各	Puerto Rico	4.0	4.0	4.0		
乌拉圭	Uruguay	3.4	3.4	3.4	3.4	3.4
委内瑞拉	Venezuela (Bolivarian Republic of)	28.1	28.6	29.0	29.4	29.9

7-1　续表 6　continued

单位：百万人 (millions)

国　　家	Country	2013	2014	2015	2016	2017
世界总计	**Total**	**7162**	**7244**	**7349**	**7433**	**7550**
亚洲	**Asia**					
中国	China	1385.6	1393.8	1376.0	1382.3	1409.5
阿富汗	Afghanistan	30.6	31.3	32.5	33.4	35.5
孟加拉国	Bangladesh	156.6	158.5	161.0	162.9	164.7
缅甸	Myanmar	53.3	53.7	53.9	54.4	53.4
柬埔寨	Cambodia	15.1	15.4	15.6	15.8	16.0
印度	India	1252.1	1267.4	1311.1	1326.8	1339.2
印度尼西亚	Indonesia	249.9	252.8	257.6	260.6	264.0
伊朗	Iran	77.4	78.5	79.1	80.0	81.2
伊拉克	Iraq	33.8	34.8	36.4	37.5	38.3
日本	Japan	127.1	127.0	126.6	126.3	127.5
约旦	Jordan	7.3	7.5	7.6	7.7	9.7
朝鲜	Korea D.P.Rep.	24.9	25.0	25.2	25.3	25.5
韩国	Korea, Rep.	49.3	49.5	50.3	50.5	51.0
科威特	Kuwait	3.4	3.5	3.9	4.0	4.1
老挝	Laos	6.8	6.9	6.8	6.9	6.9
黎巴嫩	Lebanon	4.8	5.0	5.9	6.0	6.1
马来西亚	Malaysia	29.7	30.2	30.3	30.8	31.6
蒙古	Mongolia	2.8	2.9	3.0	3.0	3.1
尼泊尔	Nepal	27.8	28.1	28.5	28.9	29.3
巴基斯坦	Pakistan	182.1	185.1	188.9	192.8	197.0
菲律宾	Philippines	98.4	100.1	100.7	102.3	104.9
沙特阿拉伯	Saudi Arabia	28.8	29.4	31.5	32.2	32.9
新加坡	Singapore	5.4	5.5	5.6	5.7	5.7
斯里兰卡	Sri Lanka	21.3	21.4	20.7	20.8	20.9
叙利亚	Syrian Arab Rep.	21.9	22.0	18.5	18.6	18.3
泰国	Thailand	67.0	67.2	68.0	68.1	69.0
土耳其	Turkey	74.9	75.8	78.7	79.6	80.7
越南	Viet Nam	91.7	92.5	93.4	94.4	95.5
也门	Yemen	24.4	25.0	26.8	27.5	28.3
欧洲	**Europe**					
阿尔巴尼亚	Albania	3.2	3.2	2.9	2.9	2.9
奥地利	Austria	8.5	8.5	8.5	8.6	8.7

7-1 续表 7 continued

单位：百万人 (millions)

国家	Country	2013	2014	2015	2016	2017
保加利亚	Bulgaria	7.2	7.2	7.1	7.1	7.1
捷克共和国	Czech Rep.	10.7	10.7	10.5	10.5	10.6
丹麦	Denmark	5.6	5.6	5.7	5.7	5.7
芬兰	Finland	5.4	5.4	5.5	5.5	5.5
法国	France	64.3	64.6	64.4	64.7	65.0
德国	Germany	82.7	82.7	80.7	80.7	82.1
希腊	Greece	11.1	11.1	11.0	10.9	11.2
匈牙利	Hungary	10.0	9.9	9.9	9.8	9.7
意大利	Italy	61.0	61.1	59.8	59.8	59.4
荷兰	Netherlands	16.8	16.8	16.9	17.0	17.0
挪威	Norway	5.0	5.1	5.2	5.3	5.3
波兰	Poland	38.2	38.2	38.6	38.6	38.2
葡萄牙	Portugal	10.6	10.6	10.3	10.3	10.3
罗马尼亚	Romania	21.7	21.6	19.5	19.4	19.7
西班牙	Spain	46.9	47.1	46.1	46.1	46.4
瑞士	Switzerland	8.1	8.2	8.3	8.4	8.5
英国	United Kingdom	63.1	63.5	64.7	65.1	66.2
俄罗斯	Russian Federation	142.8	142.5	143.5	143.4	144.0
非洲	**Africa**					
阿尔及利亚	Algeria	39.2	39.9	39.7	40.4	41.3
安哥拉	Angola	21.5	22.1	25.0	25.8	29.8
布隆迪	Burundi	10.2	10.5	11.2	11.6	10.9
中非共和国	Central African Rep.	4.6	4.7	4.9	5.0	4.7
刚果共和国	Congo, Republic of the	4.4	4.6	4.6	4.7	5.3
埃及	Egypt	82.1	83.4	91.5	93.4	97.6
埃塞俄比亚	Ethiopia	94.1	96.5	99.4	101.9	105.0
加蓬	Gabon	1.7	1.7	1.7	1.8	2.0
加纳	Ghana	25.9	26.4	27.4	28.0	28.8
几内亚	Guinea	11.7	12.0	12.6	12.9	12.7
肯尼亚	Kenya	44.4	45.5	46.1	47.3	49.7
利比亚	Libya	6.2	6.3	6.3	6.3	6.4
利比里亚	Liberia	4.3	4.4	4.5	4.6	4.7
马达加斯加	Madagascar	22.9	23.6	24.2	24.9	25.6
马里	Mali	15.3	15.8	17.6	18.1	18.5
毛里塔尼亚	Mauritania	3.9	4.0	4.1	4.2	4.4
摩洛哥	Morocco	33.0	33.5	34.4	34.8	35.7
莫桑比克	Mozambique	25.8	26.5	28.0	28.8	29.7
尼日利亚	Nigeria	173.6	178.5	182.2	187.0	190.9

7-1 续表 8 continued

单位：百万人 (millions)

国 家	Country	2013	2014	2015	2016	2017
卢旺达	Rwanda	11.8	12.1	11.6	11.9	12.2
索马里	Somalia	10.5	10.8	10.8	11.1	14.7
南非	South Africa	52.8	53.1	54.5	55.0	56.7
苏丹	Sudan	38.0	38.8	40.2	41.2	40.5
突尼斯	Tunisia	11.0	11.1	11.3	11.4	11.5
乌干达	Uganda	37.6	38.8	39.0	40.3	42.9
喀麦隆	Cameroon, Republic of	22.3	22.8	23.3	23.9	24.1
坦桑尼亚	Tanzania, United Republic of	49.3	50.8	53.5	55.2	57.3
赞比亚	Zambia	14.5	15.0	16.2	16.7	17.1
大洋洲	**Oceania**					
澳大利亚	Australia	23.3	23.6	24.0	24.3	24.5
新西兰	New Zealand	4.5	4.6	4.5	4.6	4.7
北美洲	**North America**					
加拿大	Canada	35.2	35.5	35.9	36.3	36.6
美国	United States of America	320.1	322.6	321.8	324.1	324.5
拉丁美洲	**Latin America**					
阿根廷	Argentina	41.4	41.8	43.4	43.8	44.3
玻利维亚	Bolivia	10.7	10.8	10.7	10.9	11.1
巴西	Brazil	200.4	202.0	207.8	209.6	209.3
智利	Chile	17.6	17.8	17.9	18.1	18.1
哥伦比亚	Colombia	48.3	48.9	48.2	48.7	49.1
古巴	Cuba	11.3	11.3	11.4	11.4	11.5
多米尼加共和国	Dominican Republic	10.4	10.5	10.5	10.6	10.8
厄瓜多尔	Ecuador	15.7	16.0	16.1	16.4	16.6
危地马拉	Guatemala	15.5	15.9	16.3	16.7	16.9
墨西哥	Mexico	122.3	123.8	127.0	128.6	129.2
巴拿马	Panama	3.9	3.9	3.9	4.0	4.1
巴拉圭	Paraguay	6.8	6.9	6.6	6.7	6.8
秘鲁	Peru	30.4	30.8	31.4	31.8	32.2
波多黎各	Puerto Rico	3.7	3.7	3.7	3.7	3.7
乌拉圭	Uruguay	3.4	3.4	3.4	3.4	3.5
委内瑞拉	Venezuela (Bolivarian Republic of)	30.4	30.9	31.1	31.5	32.0

7-1 续表 9 continued

单位：百万人 (millions)

国 家	Country	2018	2019	2020	2021	2022
世界总计	**Total**	**7633**	**7715**	**7795**	**7875**	**7954**
亚洲	**Asia**					
中国	China	1415.0	1420.1	1439.3	1444.2	1448.5
阿富汗	Afghanistan	36.4	37.2	38.9	39.8	40.8
孟加拉国	Bangladesh	166.4	168.1	164.7	166.3	167.9
缅甸	Myanmar	53.9	54.3	54.4	54.8	55.2
柬埔寨	Cambodia	16.2	16.5	16.7	16.9	17.2
印度	India	1354.1	1368.7	1380.0	1393.4	1406.6
印度尼西亚	Indonesia	266.8	269.5	273.5	276.4	279.1
伊朗	Iran	82.0	82.8	84.0	85.0	86.0
伊拉克	Iraq	39.3	40.4	40.2	41.2	42.2
日本	Japan	127.2	126.9	126.5	126.1	125.6
约旦	Jordan	9.9	10.1	10.2	10.3	10.3
朝鲜	Korea D.P.Rep.	25.6	25.7	25.8	25.9	26.0
韩国	Korea, Rep.	51.2	51.3	51.3	51.3	51.3
科威特	Kuwait	4.2	4.2	4.3	4.3	4.4
老挝	Laos	7.0	7.1	7.3	7.4	7.5
黎巴嫩	Lebanon	6.1	6.1	6.8	6.8	6.7
马来西亚	Malaysia	32.0	32.5	32.4	32.8	33.2
蒙古	Mongolia	3.1	3.2	3.3	3.3	3.4
尼泊尔	Nepal	29.6	29.9	29.1	29.7	30.2
巴基斯坦	Pakistan	200.8	204.6	220.9	225.2	229.5
菲律宾	Philippines	106.5	108.1	109.6	111.0	112.5
沙特阿拉伯	Saudi Arabia	33.6	34.1	34.8	35.3	35.8
新加坡	Singapore	5.8	5.9	5.9	5.9	5.9
斯里兰卡	Sri Lanka	21.0	21.0	21.4	21.5	21.6
叙利亚	Syrian Arab Rep.	18.3	18.5	17.5	18.3	19.4
泰国	Thailand	69.2	69.3	69.8	70.0	70.1
土耳其	Turkey	81.9	83.0	84.3	85.0	85.6
越南	Viet Nam	96.5	97.4	97.3	98.2	99.0
也门	Yemen	28.9	29.6	29.8	30.5	31.2
欧洲	**Europe**					
阿尔巴尼亚	Albania	2.9	2.9	2.9	2.9	2.9
奥地利	Austria	8.8	8.8	9.0	9.0	9.0

7-1 续表 10 continued

单位：百万人 (millions)

国 家	Country	2018	2019	2020	2021	2022
保加利亚	Bulgaria	7.0	7.0	6.9	6.9	6.8
捷克共和国	Czech Rep.	10.6	10.6	10.7	10.7	10.7
丹麦	Denmark	5.8	5.8	5.8	5.8	5.8
芬兰	Finland	5.5	5.6	5.5	5.5	5.6
法国	France	65.2	65.5	65.3	65.4	65.6
德国	Germany	82.3	82.4	83.8	83.9	83.9
希腊	Greece	11.1	11.1	10.7	10.4	10.3
匈牙利	Hungary	9.7	9.7	9.7	9.6	9.6
意大利	Italy	59.3	59.2	60.5	60.4	60.3
荷兰	Netherlands	17.1	17.1	17.1	17.2	17.2
挪威	Norway	5.4	5.4	5.4	5.5	5.5
波兰	Poland	38.1	38.0	37.8	37.8	37.7
葡萄牙	Portugal	10.3	10.3	10.2	10.2	10.1
罗马尼亚	Romania	19.6	19.5	19.2	19.1	19.0
西班牙	Spain	46.4	46.4	46.8	46.7	46.7
瑞士	Switzerland	8.5	8.6	8.7	8.7	8.8
英国	United Kingdom	66.6	67.0	67.9	68.2	68.5
俄罗斯	Russian Federation	144.0	143.9	145.9	145.9	145.8
非洲	**Africa**					
阿尔及利亚	Algeria	42.0	42.7	43.9	44.6	45.4
安哥拉	Angola	30.8	31.8	32.9	33.9	35.0
布隆迪	Burundi	11.2	11.6	11.9	12.3	12.6
中非共和国	Central African Rep.	4.7	4.8	4.8	4.9	5.0
刚果共和国	Congo, Republic of the	5.4	5.5	5.5	5.7	5.8
埃及	Egypt	99.4	101.2	102.3	104.3	106.2
埃塞俄比亚	Ethiopia	107.5	110.1	115.0	117.9	120.8
加蓬	Gabon	2.1	2.1	2.2	2.3	2.3
加纳	Ghana	29.5	30.1	31.1	31.7	32.4
几内亚	Guinea	13.1	13.4	13.1	13.5	13.9
肯尼亚	Kenya	51.0	52.2	53.8	55.0	56.2
利比亚	Libya	6.5	6.6	6.9	7.0	7.0
利比里亚	Liberia	4.9	5.0	5.1	5.2	5.3
马达加斯加	Madagascar	26.3	27.0	27.7	28.4	29.2
马里	Mali	19.1	19.7	20.3	20.9	21.5
毛里塔尼亚	Mauritania	4.5	4.7	4.6	4.8	4.9
摩洛哥	Morocco	36.2	36.6	36.9	37.3	37.8
莫桑比克	Mozambique	30.5	31.4	31.3	32.2	33.1
尼日利亚	Nigeria	195.9	201.0	206.1	211.4	216.7

7-1 续表 11 continued

单位：百万人 (millions)

国家	Country	2018	2019	2020	2021	2022
卢旺达	Rwanda	12.5	12.8	13.0	13.3	13.6
索马里	Somalia	15.2	15.6	15.9	16.4	16.8
南非	South Africa	57.4	58.1	59.3	60.0	60.8
苏丹	Sudan	41.5	42.5	43.8	44.9	46.0
突尼斯	Tunisia	11.7	11.8	11.8	11.9	12.0
乌干达	Uganda	44.3	45.7	45.7	47.1	48.4
喀麦隆	Cameroon, Republic of	24.7	25.3	26.5	27.2	27.9
坦桑尼亚	Tanzania, United Republic of	59.1	60.9	59.7	61.5	63.3
赞比亚	Zambia	17.6	18.1	18.4	18.9	19.5
大洋洲	**Oceania**					
澳大利亚	Australia	24.8	25.1	25.5	25.8	26.1
新西兰	New Zealand	4.7	4.8	4.8	4.9	4.9
北美洲	**North America**					
加拿大	Canada	37.0	37.3	37.7	38.1	38.4
美国	United States of America	326.8	329.1	331.0	332.9	334.8
拉丁美洲	**Latin America**					
阿根廷	Argentina	44.7	45.1	45.2	45.6	46.0
玻利维亚	Bolivia	11.2	11.4	11.7	11.8	12.0
巴西	Brazil	210.9	212.4	212.6	214.0	215.4
智利	Chile	18.2	18.3	19.1	19.2	19.3
哥伦比亚	Colombia	49.5	49.8	50.9	51.3	51.5
古巴	Cuba	11.5	11.5	11.3	11.3	11.3
多米尼加共和国	Dominican Republic	10.9	11.0	10.8	11.0	11.1
厄瓜多尔	Ecuador	16.9	17.1	17.6	17.9	18.1
危地马拉	Guatemala	17.2	17.6	17.9	18.2	18.6
墨西哥	Mexico	130.8	132.3	128.9	130.3	131.6
巴拿马	Panama	4.2	4.2	4.3	4.4	4.4
巴拉圭	Paraguay	6.9	7.0	7.1	7.2	7.3
秘鲁	Peru	32.6	32.9	33.0	33.4	33.7
波多黎各	Puerto Rico	3.7	3.7	3.2	2.8	2.8
乌拉圭	Uruguay	3.5	3.5	3.5	3.5	3.5
委内瑞拉	Venezuela (Bolivarian Republic of)	32.4	32.8	28.4	28.7	29.3

7-2 人口出生率、死亡率、自然增长率
Crude Birth Rate, Crude Death Rate and Rate of Natural Increase

国　家	Country	出生率（‰）Crude Birth Rate (‰)	死亡率（‰）Crude Death Rate (‰)	自然增长率（%）Rate of Natural Increase (%)
美国	United States	11	10	0.1
日本	Japan	7	12	-0.5
德国	Germany	10	12	-0.3
英国	United Kingdom	10	10	0.0
法国	France	11	10	0.1
意大利	Italy	7	12	-0.5
加拿大	Canada	10	8	0.2
俄罗斯	Russia	10	15	-0.5
澳大利亚	Australia	12	7	0.5
波兰	Poland	9	14	-0.5
匈牙利	Hungary	9	15	-0.6
罗马尼亚	Romania	9	17	-0.8
保加利亚	Bulgaria	9	22	-1.3
印度	India	20	6	1.4
印度尼西亚	Indonesia	16	10	0.7
巴基斯坦	Pakistan	28	7	2.0
孟加拉国	Bangladesh	18	6	1.2
泰国	Thailand	10	8	0.2
菲律宾	Philippines	22	7	1.5
马来西亚	Malaysia	14	5	0.9
韩国	Korea Rep.	5	6	0.1
新加坡	Singapore	9	6	0.3
伊朗	Iran	14	6	0.7
土耳其	Turkey	13	6	0.6
尼日利亚	Nigeria	37	12	2.4
埃及	Egypt	21	7	1.4
埃塞俄比亚	Ethiopia	32	7	2.6
坦桑尼亚	Tanzania	36	6	3.0
肯尼亚	Kenya	28	8	2.0
巴西	Brazil	13	7	0.6
墨西哥	Mexico	15	9	0.5
阿根廷	Argentina	14	9	0.5
哥伦比亚	Colombia	15	8	0.8

资料来源：《2022年世界人口数据表》美国人口咨询局编。
Source:Population Reference Bureau of United States, 2022 World Population Data Sheet.

7-3 人口年龄构成
Age Composition

单位：% (%)

国 家	Country	0-14岁 Aged 0-14	15-64岁 Aged 15-64	65岁及以上 Aged 65 and Over
美国	United States	18	65	17
日本	Japan	12	59	25
德国	Germany	14	64	22
英国	United Kingdom	18	63	19
法国	France	17	61	21
意大利	Italy	13	64	24
加拿大	Canada	16	65	19
俄罗斯	Russia	19	65	17
澳大利亚	Australia	19	64	17
波兰	Poland	15	65	20
匈牙利	Hungary	14	65	21
罗马尼亚	Romania	15	65	20
保加利亚	Bulgaria	15	63	22
印度	India	25	68	7
印度尼西亚	Indonesia	25	68	7
巴基斯坦	Pakistan	34	61	5
孟加拉国	Bangladesh	26	69	6
泰国	Thailand	16	70	14
菲律宾	Philippines	29	65	6
马来西亚	Malaysia	23	69	8
韩国	Korea, Rep.	12	71	17
新加坡	Singapore	12	72	15
伊朗	Iran	25	68	7
土耳其	Turkey	23	67	10
尼日利亚	Nigeria	43	54	3
埃及	Egypt	34	61	6
埃塞俄比亚	Ethiopia	39	57	4
坦桑尼亚	Tanzania	43	54	3
肯尼亚	Kenya	37	60	3
巴西	Brazil	20	70	10
墨西哥	Mexico	25	67	8
阿根廷	Argentina	24	64	12
哥伦比亚	Colombia	22	69	10

资料来源：《世界人口状况》2022年，联合国人口基金编。
Source: UNFPA, State of World Population 2022.

7-4 人口指标
Demographic Indicators

国　家	Country	预期寿命(岁) Life Expectancy at Birth (years)		总和生育率 Total Fertility Rate	城镇化率(%) Urbanization Rate (%)
		男 Male	女 Female		
美国	United States	73	79	1.7	83
日本	Japan	82	88	1.3	92
德国	Germany	79	83	1.6	78
英国	United Kingdom	79	83	1.6	84
法国	France	79	86	1.8	81
意大利	Italy	80	85	1.3	71
加拿大	Canada	80	84	1.4	82
俄罗斯	Russia	66	76	1.5	75
澳大利亚	Australia	81	85	1.7	86
波兰	Poland	73	81	1.3	60
匈牙利	Hungary	72	79	1.5	72
罗马尼亚	Romania	67	75	1.5	54
保加利亚	Bulgaria	70	77	1.6	73
印度	India	68	71	2.1	35
印度尼西亚	Indonesia	66	70	2.2	57
巴基斯坦	Pakistan	64	69	3.5	37
孟加拉国	Bangladesh	71	74	2	39
泰国	Thailand	74	81	1.5	59
菲律宾	Philippines	67	71	2.7	48
马来西亚	Malaysia	73	78	1.7	75
韩国	Korea,Republic of	81	87	0.8	81
新加坡	Singapore	82	86	1.1	100
伊朗	Iran	71	77	1.7	76
土耳其	Turkey	76	81	1.7	77
尼日利亚	Nigeria	53	54	5.1	53
埃及	Egypt	73	76	2.5	44
埃塞俄比亚	Ethiopia	62	68	4.2	22
坦桑尼亚	Tanzania	64	68	4.7	36
肯尼亚	Kenya	59	64	3.3	28
巴西	Brazil	72	79	1.6	87
墨西哥	Mexico	66	75	1.8	81
阿根廷	Argentina	72	79	1.9	92
哥伦比亚	Colombia	71	79	2	82

资料来源：《2022年世界人口数据表》美国人口咨询局编。
Source:Population Reference Bureau of United States, 2022 World Population Data Sheet.

7-5 全部就业人数
Employment

单位：千人 (1000 persons)

国 家	Country	2010	2011	2012	2013	2014	2015	2016
阿根廷	Argentina	10532	10766	10844	10943	11047		
澳大利亚	Australia	11022	11214	11351	11457	11540	11766	11973
巴西	Brazil			89317	90771	91978	91787	89495
加拿大	Canada	16964	17221	17438	17691	17802	17947	18080
埃及	Egypt	23829	23346	23564	23975	24331	24779	25331
法国	France	25731	25759	25804	25785	26376	26442	26580
德国	Germany	37992	38786	39126	39530	39870	40209	41265
匈牙利	Hungary	3732	3759	3827	3893	4101	4211	4352
印度尼西亚	Indonesia	107807	109724	113537	114345	116399	117833	119530
意大利	Italy	22526	22598	22565	22190	22278	22464	22757
日本	Japan	61935	60587	62177	62561	62999	63201	63958
韩国	Korea, Rep.	24218	24704	25105	25465	26092	26348	26551
马来西亚	Malaysia	11291	12352	12545	13352	13853	14068	14164
墨西哥	Mexico	46122	47139	48707	49227	49415	50611	51595
荷兰	Netherlands	8290	8291	8345	8285	8236	8318	8427
新西兰	New Zealand	2154	2185	2180	2224	2308	2369	2483
挪威	Norway	2501	2536	2585	2602	2627	2641	2638
菲律宾	Philippines	36035	37192	37600	38118	38093	39143	40998
葡萄牙	Portugal	4898	4738	4546	4428	4498	4547	4604
罗马尼亚	Romania	8713	8528	8605	8549	8614	8535	8449
俄罗斯	Russian Federation	69934	70857	71545	71392	71539	72324	72393
南非	South Africa	14739	15939	16113	16448	16605	17346	17495
西班牙	Spain	18724	18421	17632	17139	17344	17866	18341
瑞典	Sweden	4524	4626	4657	4705	4772	4837	4910
泰国	Thailand	38037	39317	39578	38570	38077	38016	37693
英国	United Kingdom	29124	29282	29596	29952	30670	31195	31645
美国	United States	139064	139869	142469	143929	146305	148834	151436

资料来源：联合国ILO数据库。
Source: ILO Database.

7-5 续表 continued

单位：千人 (1000 persons)

国家	Country	2017	2018	2019	2020	2021	2022
阿根廷	Argentina	11568	11745	12041	10937	12242	
澳大利亚	Australia	12252	12584	12875	12675	13058	13604
巴西	Brazil	89808	91414	93492	85692	90478	97919
加拿大	Canada	18416	18658	19056	18060	18865	19567
埃及	Egypt	26006	26021	26123	26199	27241	
法国	France	26803	27021	27132	26995	27728	28341
德国	Germany	41661	41913	42399	41474	41500	42529
匈牙利	Hungary	4421	4470	4512	4461	4642	4709
印度尼西亚	Indonesia	122781	126675	131896	131187	130518	135208
意大利	Italy	23022	23214	23360	22903	22554	23099
日本	Japan	64815	66130	66769	66760	66670	67230
韩国	Korea, Rep.	26868	26925	27231	27024	27401	28229
马来西亚	Malaysia	14477	14776	15073	14957		
墨西哥	Mexico	52341	53162	54615	50915	55166	57282
荷兰	Netherlands	8605	8797	8982	8981	9282	9587
新西兰	New Zealand	2586	2652	2696	2730	2796	2836
挪威	Norway	2644	2686	2716	2702	2796	2859
菲律宾	Philippines	40334	41157	42428	77869	41060	
葡萄牙	Portugal	4755	4866	4912	4813	4812	4909
罗马尼亚	Romania	8671	8689	8680	8521	7756	7807
俄罗斯	Russian Federation	72316	72532	71933	70601	71719	
南非	South Africa	18098	18148	18205	17645	17219	17861
西班牙	Spain	18825	19328	19779	19202	19774	20391
瑞典	Sweden	5022	5097	5132	5064	5120	5256
泰国	Thailand	37458	37865	37613	37680	37752	39221
英国	United Kingdom	31965	32353	32693			
美国	United States	153337	155761	157538	147795	152581	158291

7-6 按三次产业分就业人员构成
Employment by Type of Industry

单位：% (%)

国　家	Country	第一产业 Primary Industry 2020	2021	第二产业 Secondary Industry 2020	2021	第三产业 Tertiary Industry 2020	2021
中　国	China	24.9	24.4	27.7	28.2	47.4	47.4
孟加拉国	Bangladesh	37.9	37.1	21.2	21.7	40.9	41.2
文　莱	Brunei Darussalam	1.3	1.3	23.7	24.3	74.9	74.4
柬埔寨	Cambodia	39.4	38.9	25.0	25.4	35.6	35.7
印　度	India	44.3	44.0	23.9	25.3	31.8	30.7
印度尼西亚	Indonesia	29.6	29.0	21.5	21.8	48.9	49.3
伊　朗	Iran	16.7	16.3	33.6	34.4	49.7	49.4
以色列	Israel	0.9	0.9	17.1	17.0	82.0	82.1
日　本	Japan	3.2	3.2	24.0	23.7	72.8	73.1
哈萨克斯坦	Kazakhstan	15.5	15.0	20.6	21.2	63.9	63.8
韩　国	Korea, Rep.	5.4	5.3	24.6	24.6	70.0	70.0
老　挝	Laos	58.8	58.1	10.4	10.8	30.8	31.1
马来西亚	Malaysia	10.0	9.6	27.8	28.3	62.3	62.1
蒙　古	Mongolia	25.1	24.3	20.4	20.9	54.5	54.8
缅　甸	Myanmar	46.5		18.6		35.0	
巴基斯坦	Pakistan	38.3	37.5	24.7	25.2	37.0	37.3
菲律宾	Philippines	24.8	24.3	18.3	18.7	56.9	57.0
新加坡	Singapore	0.3	0.3	14.6	14.4	85.1	85.3
斯里兰卡	Sri Lanka	26.2	25.7	27.6	27.9	46.2	46.4
泰　国	Thailand	31.4	31.6	22.6	22.5	46.0	45.9
越　南	Viet Nam	32.6	29.0	31.1	33.1	36.3	37.8
埃　及	Egypt	20.4	19.8	28.5	29.1	51.1	51.1
尼日利亚	Nigeria	35.8	35.2	12.4	12.7	51.8	52.1
南　非	South Africa	21.4	21.3	17.6	17.3	60.9	61.4
加拿大	Canada	1.6	1.3	19.3	19.3	79.2	79.4
墨西哥	Mexico	12.5	12.3	25.4	25.6	62.2	62.0
美　国	United States	1.7	1.7	19.4	19.2	78.8	79.2
阿根廷	Argentina	7.7	7.7	20.5	20.0	71.9	72.4
巴　西	Brazil	9.5	9.7	20.2	20.6	70.3	69.7
委内瑞拉	Venezuela	13.0	13.1	17.6	17.5	69.5	69.4
捷　克	Czech Rep.	2.6	2.5	37.2	36.9	60.1	60.6
法　国	France	2.4	2.5	20.0	19.5	77.7	78.0
德　国	Germany	1.3	1.3	27.5	27.6	71.2	71.1
意大利	Italy	4.0	4.1	26.4	26.6	69.6	69.3
荷　兰	Netherlands	2.1	2.3	16.0	13.9	82.0	83.8
波　兰	Poland	9.6	8.4	31.7	30.9	58.7	60.7
俄罗斯	Russia	6.0	5.8	26.5	26.9	67.5	67.3
西班牙	Spain	4.0	4.1	20.5	20.2	75.5	75.8
土耳其	Türkiye	17.6	17.1	26.2	26.5	56.2	56.3
乌克兰	Ukraine	15.1	14.7	24.0	24.5	60.9	60.9
英　国	United Kingdom	1.0	1.0	18.2	18.0	80.8	81.0
澳大利亚	Australia	2.8	2.4	19.2	18.8	78.0	78.8
新西兰	New Zealand	6.0	6.1	20.4	20.0	73.6	73.9

资料来源：世界银行数据库。
Source: World Bank Database.

7-7 失业人数
Unemployment

单位：千人 (1000 persons)

国　家	Country	2010	2011	2012	2013	2014	2015	2016
阿根廷	Argentina	880.3	832.7	843.4	836.3	865.8		
澳大利亚	Australia	606.0	600.3	625.6	687.6	746.6	758.3	725.1
巴西	Brazil			6982.5	6906.6	6663.5	8594.5	11904.7
加拿大	Canada	1486.3	1398.5	1371.6	1346.7	1322.3	1331.4	1360.6
埃及	Egypt	2286.8	3138.2	3396.3	3631.3	3669.5	3719.7	3602.3
法国	France	2504.9	2489.0	2677.4	2839.8	3026.2	3054.1	2969.5
德国	Germany	2845.0	2398.8	2224.4	2181.8	2089.9	1949.6	1774.1
匈牙利	Hungary	469.4	466.0	473.2	441.0	343.3	307.8	234.6
印度尼西亚	Indonesia	6411.6	5961.5	5310.3	5182.5	4911.3	5570.4	5371.7
意大利	Italy	2055.7	2061.3	2691.0	3068.7	3236.0	3033.3	3012.0
日本	Japan	3330.1	2888.2	2833.1	2632.6	2344.9	2214.4	2067.6
韩国	Korea, Rep.	832.7	762.0	726.3	719.4	829.8	968.6	1005.8
马来西亚	Malaysia	395.8	389.1	401.3	435.2	411.2	450.3	504.0
墨西哥	Mexico	2583.0	2569.8	2502.6	2544.0	2496.7	2281.1	2070.9
荷兰	Netherlands	435.3	434.3	515.8	647.0	659.7	613.8	538.5
新西兰	New Zealand	151.3	151.9	162.6	137.9	132.5	135.4	134.7
挪威	Norway	91.3	84.2	83.3	92.2	94.8	118.5	129.5
菲律宾	Philippines	1347.7	1385.8	1365.4	1381.4	1422.5	1238.9	1135.6
葡萄牙	Portugal	591.2	688.2	835.7	855.2	726.0	646.5	573.0
罗马尼亚	Romania	651.7	659.4	627.2	653.0	628.7	623.9	529.9
俄罗斯	Russian Federation	5563.2	4954.6	4113.0	4121.3	3892.4	4266.8	4261.1
南非	South Africa	4447.7	4343.8	4488.2	4649.4	4850.4	5143.0	5531.8
西班牙	Spain	4640.1	5012.7	5811.0	6051.1	5610.3	5056.1	4481.3
瑞典	Sweden	426.1	391.5	403.6	412.0	412.4	388.3	369.0
泰国	Thailand	237.9	262.4	230.8	96.2	220.4	228.2	261.1
英国	United Kingdom	2459.4	2559.3	2533.2	2437.1	1995.8	1746.1	1599.1
美国	United States	14824.8	13747.5	12505.6	11459.8	9616.5	8296.4	7751.1

资料来源：联合国ILO数据库。
Source: ILO Database.

7-7 续表 continued

单位：千人 (1000 persons)

国 家	Country	2017	2018	2019	2020	2021	2022
阿根廷	Argentina	1053.6	1192.9	1314.6	1415.7	1171.9	
澳大利亚	Australia	725.6	704.0	700.2	874.7	703.9	523.0
巴西	Brazil	13336.6	13010.1	12813.7	13869.2	13927.3	9958.3
加拿大	Canada	1246.6	1155.2	1143.8	1887.8	1519.9	1085.5
埃及	Egypt	3468.2	2844.8	2225.6	2259.3	2189.9	
法国	France	2784.0	2678.4	2492.9	2350.5	2365.3	2234.4
德国	Germany	1621.2	1467.8	1372.8	1663.4	1535.9	1376.5
匈牙利	Hungary	191.7	172.1	159.7	198.0	195.7	176.3
印度尼西亚	Indonesia	4828.0	5812.4	4911.8	5829.6	5193.4	4848.1
意大利	Italy	2906.9	2755.5	2581.5	2310.5	2366.8	2027.5
日本	Japan	1882.4	1672.7	1607.3	1910.0	1930.0	1790.0
韩国	Korea, Rep.	1018.6	1070.5	1059.7	1105.8	1034.8	830.2
马来西亚	Malaysia		504.1	508.2	710.9		
墨西哥	Mexico	1853.2	1799.7	1967.5	2369.1	2352.6	1927.9
荷兰	Netherlands	437.5	350.4	314.2	356.6	407.9	350.2
新西兰	New Zealand	128.6	120.0	115.4	131.5	109.8	96.7
挪威	Norway	114.8	106.1	104.0	125.0	127.7	95.5
菲律宾	Philippines	1056.2	985.4	971.0	2033.4	1444.4	
葡萄牙	Portugal	462.8	365.9	339.5	350.9	338.8	313.9
罗马尼亚	Romania	449.3	379.7	353.4	451.8	459.2	464.4
俄罗斯	Russian Federation	3976.6	3693.8	3386.1	4179.4	3549.1	
南非	South Africa	5712.6	5799.5	6243.6	5675.9	6954.4	7237.8
西班牙	Spain	3917.0	3479.2	3247.8	3530.9	3429.7	3024.6
瑞典	Sweden	361.7	346.5	376.3	457.8	489.2	419.5
泰国	Thailand	313.5	292.1	271.4	418.7	464.2	372.2
英国	United Kingdom	1446.7	1346.7	1269.3			
美国	United States	6982.3	6313.9	6000.5	12947.5	8623.2	5996.0

7-8 失业率
Unemployment Rate

单位：%　　　　　　　　　　　　　　　　　　　　　　　　　　　　(%)

国　家	Country	2000	2010	2017	2018	2019	2020	2021	2022
文　莱	Brunei Darussalam	5.7	6.5	9.3	8.7	6.9	7.4	4.9	
以色列	Israel	11.1	8.5	4.2	4.0	3.8	4.3	4.8	3.7
日　本	Japan	4.7	5.1	2.8	2.5	2.4	2.8	2.8	2.6
哈萨克斯坦	Kazakhstan	12.8	5.8	4.9	4.8	4.8	4.9		4.9
韩　国	Korea, Rep.	4.4	3.3	3.6	3.8	3.8	3.9	3.6	2.9
马来西亚	Malaysia	3.0	3.4	3.4	3.3	3.3	4.5		
巴基斯坦	Pakistan	0.6	0.7	3.9	4.1	4.8	4.7	6.3	
菲律宾	Philippines	3.7	3.6	2.5	2.3	2.2	2.5	3.4	
新加坡	Singapore	3.7	4.1	4.2	3.7	3.1	4.1	3.5	3.6
斯里兰卡	Sri Lanka	7.7	4.8	4.0	4.3	4.7	5.2		
泰　国	Thailand	2.4	0.6	0.8	0.8	0.7	1.1	1.2	0.9
埃　及	Egypt	9.0	8.8	9.3	3.0	5.8	5.9	7.4	
南　非	South Africa	29.9	23.2	24.0	24.2	25.5	24.3	28.8	28.8
加拿大	Canada	6.8	8.1	6.3	5.8	5.7	9.5	7.5	5.3
墨西哥	Mexico	2.6	5.3	3.4	3.3	3.5	4.5	4.1	3.3
美　国	United States	4.0	9.6	4.4	3.9	3.7	8.1	5.3	3.6
阿根廷	Argentina	15.0	7.7	8.3	9.2	9.8	11.5	8.7	6.8
巴　西	Brazil	9.9	7.7	12.9	12.5	12.1	13.9	13.3	9.2
委内瑞拉	Venezuela	14.0	7.1	5.0	7.2	7.2	7.5		
捷　克	Czech Rep.	8.8	7.3	2.9	2.2	2.0	2.5	2.8	2.2
法　国	France	10.2	8.9	9.4	9.0	8.4	8.0	7.9	7.3
德　国	Germany	7.9	7.0	3.8	3.4	3.1	3.9	3.6	3.1
意大利	Italy	10.8	8.4	11.2	10.6	9.9	9.2	9.5	8.1
荷　兰	Netherlands	2.7	5.0	4.8	3.8	3.4	3.8	4.2	3.5
波　兰	Poland	16.3	9.6	4.9	3.9	3.3	3.2	3.4	2.9
俄罗斯	Russia	10.6	7.4	5.2	4.8	4.5	5.6	4.7	3.9
西班牙	Spain	13.8	19.9	17.2	15.2	14.1	15.5	14.8	12.9
土耳其	Türkiye	6.5	10.7	10.8	10.9	13.7	13.1	12.0	10.4
乌克兰	Ukraine	11.7	8.1	9.5	8.8	8.2	9.5	9.8	
英　国	United Kingdom	5.6	7.8	4.3	4.0	3.7	4.3	4.5	3.7
澳大利亚	Australia	6.3	5.2	5.6	5.3	5.2	6.5	5.1	3.7
新西兰	New Zealand	6.1	6.6	4.7	4.3	4.1	4.6	3.8	3.3

资料来源：联合国ILO数据库。
Source: ILO Database.

7-9 消费价格指数
Consumer Price Indices

(2010年=100) (year of 2010=100)

国 家	Country	2005	2018	2019	2020	2021	2022
中 国	China	86.5	121.6	125.1	128.1	129.4	131.9
孟加拉国	Bangladesh	69.2	170.2	179.7	189.9	200.4	215.9
文 莱	Brunei Darussalam	95.5	99.4	99.0	100.9	102.7	106.5
柬埔寨	Cambodia	68.2	127.6	130.1	133.9	137.9	145.2
印 度	India	66.0	165.5	171.6	183.0	192.4	205.3
印度尼西亚	Indonesia	68.7	146.7	151.2	154.1	156.5	163.1
伊 朗	Iran	49.4	393.8	550.9	719.5	1031.7	
以色列	Israel	87.9	107.3	108.2	107.5	109.1	113.9
日 本	Japan	100.4	105.0	105.5	105.5	105.2	107.8
韩 国	Korea, Rep.	86.2	114.7	115.2	115.8	118.7	124.7
老 挝	Laos	78.5	131.5	135.9	142.8	148.2	182.2
马来西亚	Malaysia	87.8	120.7	121.5	120.1	123.1	127.2
蒙 古	Mongolia	57.3	182.4	195.8	203.2	218.1	251.2
缅 甸	Myanmar	44.5	154.5	168.2			
巴基斯坦	Pakistan	55.8	164.9	182.3	200.1	219.1	262.6
菲律宾	Philippines	78.7	126.6	129.6	132.7	137.9	146.0
新加坡	Singapore	88.0	113.8	114.4	114.2	116.8	124.0
斯里兰卡	Sri Lanka	58.3	150.2	155.5	165.1	176.7	264.5
泰 国	Thailand	86.6	112.5	113.3	112.3	113.7	120.6
越 南	Viet Nam	59.9	159.1	163.5	168.8	171.9	177.3
埃 及	Egypt	57.8	264.4	288.6	303.1	318.9	363.3
尼日利亚	Nigeria	61.4	240.1	267.5	302.9	354.3	421.1
南 非	South Africa	74.3	152.6	158.9	164.0	171.6	183.7
加拿大	Canada	91.9	114.5	116.8	117.6	121.6	129.9
墨西哥	Mexico	80.5	136.6	141.5	146.4	154.7	166.9
美 国	United States	89.6	115.2	117.2	118.7	124.3	134.2
巴 西	Brazil	79.5	161.4	167.4	172.8	187.1	204.5
捷 克	Czech Rep.	87.0	113.3	116.5	120.2	124.8	143.6
法 国	France	92.8	108.8	110.0	110.6	112.4	118.3
德 国	Germany	92.5	111.2	112.9	113.0	116.5	124.5
意大利	Italy	91.0	110.0	110.6	110.5	112.5	121.8
荷 兰	Netherlands	92.7	112.9	115.9	117.4	120.5	132.6
波 兰	Poland	86.9	111.6	114.1	118.0	123.9	141.8
俄罗斯	Russia	61.4	173.0	180.8	186.9	199.4	
西班牙	Spain	89.0	110.2	111.0	110.6	114.0	123.6
土耳其	Türkiye	65.9	203.5	234.4	263.2	314.8	542.4
乌克兰	Ukraine	51.2	261.1	281.7	289.4	316.4	380.3
英 国	United Kingdom	88.1	117.6	119.6	120.8	123.8	133.7
澳大利亚	Australia	86.3	117.9	119.8	120.8	124.3	132.5
新西兰	New Zealand	87.0	112.4	114.2	116.2	120.8	129.4

资料来源：国际货币基金组织IFS数据库。
Source: IMF IFS Database.

第八部分

Chapter Eight

2022 年人口变动情况抽样调查和劳动力调查制度说明及主要指标解释

Introduction of Sample Survey of Population Change and Labor Force Survey System and Explanatory Notes on Main Statistical Indicators in 2022

人口变动情况抽样调查制度

（2022年统计年报）

一、总 说 明

（一）调查目的

为准确、及时地掌握全国和各省（自治区、直辖市）人口发展变化情况，加强人口监测和形势研判，为国家和省级人民政府制定国民经济和社会发展计划，调整完善有关政策，促进人口长期均衡发展，提供可靠的人口数据，根据国办发〔1992〕57号文件的要求，进行2022年人口变动情况抽样调查。

（二）调查对象和登记原则

本次调查对象为抽中住房内具有中华人民共和国国籍的人。调查以户为单位进行，既调查家庭户，也调查集体户。应在抽中住房内登记的人包括：①2022年10月31日晚居住在本户的人；②户口在本户，2022年10月31日晚未居住在本户的人。

抽中住房内2021年11月1日至2022年10月31日死亡的人口也要登记相关项目。

（三）调查项目

1.按户填报的项目有：

户别、本户应登记人数、本户2021年11月1日至2022年10月31日期间的出生人口、本户2021年11月1日至2022年10月31日期间的死亡人口、住所类型、本户现住房建筑面积、本户现住房间数、住房来源、月租房费用等共9个项目。

2.按人填报的项目有：

姓名、与户主关系、公民身份号码、性别、出生年月、民族、调查时点（2022年11月1日零时）居住地、在本地（本区县）居住的时间、户口登记地、离开户口登记地时间、离开户口登记地原因、户口所在户是否有农村土地承包经营权、一年前常住地、受教育程度、学业完成情况、是否识字、工作情况、婚姻状况、初婚年月、是否有过生育、是否打算生育（下一个孩子）、打算生育（下一个孩子）的时间、不打算生育（下一个孩子）的最主要原因、不打算近期生育的主要原因、理想孩子数、是否使用手机、使用的手机卡（SIM卡）数、所用手机卡（SIM卡）是否为本人的身份证件办理、最近一年内是否更换过手机通信运营商（包括换号和转网）、是否会使用智能手机、是否会使用智能手机做以下事情等共31个项目。

死亡人口填报的项目有：姓名、公民身份号码、性别、出生年月、死亡时间、民族、是否开具死亡医学证明、受教育程度、婚姻状况等共9个项目。

3.《2022年人口调查村、居委会（社区）基本情况表》填报的项目有：

常住人口数、户籍人口数、出生人口（2021.11.1-2022.10.31）、死亡人口（2021.11.1-2022.10.31）、农林牧渔从业人员占从业人员比例、主要饮用水来源、市政排水（生活污水）情况、生活垃圾处理情况、本村/

居委会可提供的养老服务等共9个项目。

（四）调查标准时间

本次调查的标准时间为2022年11月1日零时。

（五）抽样方法

以全国为总体，各省（自治区、直辖市）为子总体，按照多阶段、分层、概率比例的方法进行抽样设计，住户为最终抽样单位。全国约调查50万个住户。

各省可根据需要在国家样本基础上增加样本，由国家统计局统一抽取下发。

（六）调查的组织实施

1.组织领导。本次调查在当地政府的领导下，以统计机构为主组织实施，并在基层组织的协助下，选派调查员开展调查登记工作。各级统计机构要积极争取有关部门的支持和配合，确保调查数据质量。

2.调查指导员、调查员的选聘、培训与管理。调查指导员、调查员的选聘工作由县级统计机构负责。调查指导员、调查员主要从政府统计系统和基层组织人员中选调，也可从社会招聘，应尽可能保持调查员队伍的稳定。各级统计机构要加强对调查员的培训，尽可能减少培训层级，提升培训成效。各级统计机构要强化对调查员工作的监督检查。

3.调查的宣传工作。为使调查工作顺利进行，各级统计机构和调查工作人员要向调查样本所在地政府领导做好宣传工作，讲明抽样调查的意义；要做好对被调查户的宣传工作，解除其思想顾虑，如实申报调查资料。

4.调查登记与复查工作。调查登记采取调查员使用电子采集设备（PDA或智能手机）入户询问、当场填报。调查员要按照要求，对所负责的区域开展入户登记工作，参考部门行政记录等资料开展议查、复查，确保调查登记真实准确、不重不漏。

（七）质量控制

为保证调查数据真实、准确、完整、及时，各级统计机构应对调查各阶段工作质量进行控制。质量控制工作由国家统计局统一组织，由各级统计机构负责实施，采用检查、督导、验收等方式进行。地方各级统计机构对本地区调查工作质量全面负责。

（八）数据处理与资料管理

1.数据采集和汇总程序由国家统计局数管中心负责编制并下发。

2.各省（自治区、直辖市）统计机构要在规定的时间内，做好调查数据的报送工作。《人口变动情况抽样调查表》和《死亡人口调查表》数据通过电子设备采集后直接上报，2022年11月15日前完成。《2022年人口调查村、居委会（社区）基本情况表》通过数据处理平台进行录入，2022年12月10日前完成录入上报工作。数据采集设备和上网卡由各省统筹配备。

3.全国数据由国家统计局人口和就业统计司负责汇总，各省（自治区、直辖市）的数据要按照国家统计局统一的部署和安排进行汇总。调查数据需经国家统计局审定后方可使用。

4.主要数据推算。国家统计局人口和就业统计司根据调查结果并参考大数据，推算全国和各省（自治区、直辖市）2022年主要人口数据。推算的主要数据为全国和各省（自治区、直辖市）2022年总人口、主要年龄结构、性别结构、出生率、死亡率、自然增长率、城镇化率等数据。

（九）调查工作要求

1.坚持依法调查。调查工作要严格按照《中华人民共和国统计法》《中华人民共和国统计法实施条例》及相关规定组织开展。调查中获得的能够识别或者推断单个调查对象身份的资料，任何单位和个人不得对外提供、泄露，不得用于调查以外的目的。

2.为了保证全国数据的调查范围、分类和计算方法的统一性，各地区必须严格执行调查制度的规定。遇到特殊情况要向上级有关部门请示，不得按照个人的理解擅自处理。

3.各省（自治区、直辖市）要实行严格的质量控制制度，建立健全调查数据质量追溯和问责机制，明确各级职责分工，确保各级工作质量和数据质量合格。

4.调查员要对其负责登记的数据质量负责，如果发现调查数据有不实的情况，必须返工重做。

5.各省（自治区、直辖市）统计局人口处应于2022年12月20日前，将本地区一年来人口变动情况的相关材料报送国家统计局人口和就业统计司；2023年3月1日前，将本次调查的工作总结报国家统计局人口和就业统计司。

二、调 查 表 式

（一）2022年人口变动情况抽样调查表

根据《中华人民共和国统计法》的规定，公民有义务提供国家统计调查所需要的情况；我们对您提供的信息负有保密义务。

表　　号：R101表
制定机关：国家统计局
文　　号：国统字〔2022〕90号
有效期至：2023年6月

地址：_____省（区、市）_____市（地、州、盟）_____县（市、区、旗）_____乡（镇、街道）_____村（居）委会_____门牌号_____户编号

一、住户项目

H1. 户别

1. 家庭户

2. 集体户

H2. 本户应登记人数

2022年10月31日晚居住本户的人数_____人

户口在本户，2022年10月31日晚未住本户的人数_____人

H3. 本户2021年11月1日至2022年10月31日期间的出生人口

男_____人　女_____人

H4. 本户2021年11月1日至2022年10月31日期间的死亡人口

男_____人　女_____人

H5. 住所类型

1. 普通住宅

2. 集体住所

3. 工作地住所

4. 其他住房

5. 无住房

（选择2-5的，跳至个人项目）

H6. 本户现住房建筑面积

_____平方米

H7. 本户现住房间数

_____间

H8. 住房来源

1. 租赁廉租房/公租房

2. 租赁其他住房

3. 购买新建商品房

4. 购买二手房

5. 购买原公有住房

6. 购买经济适用房/两限房

7. 自建住房

8. 继承或赠予

9. 其他

（选择3-9的，跳至个人项目）

H9. 月租房费用

0. 200元以下

1. 200-499元

2. 500-999元

3. 1000-1999元

4. 2000-2999元

5. 3000-3999元

6. 4000-5999元

7. 6000-7999元

8. 8000-9999元

9. 10000元以上

二、个人项目

每个人都填报的项目

R1. 姓名_______

R2. 与户主关系

0. 户主

1. 配偶

2. 子女

3. 父母

4. 岳父母或公婆

5. 祖父母

6. 媳婿

7. 孙子女

8. 兄弟姐妹

9. 其他

R3. 公民身份号码

□□□□□□□□□□□□□□□□□□

R4. 性别

1. 男
2. 女

R5. 出生年月

出生于：_______年_______月

R6. 民族

_______族

R7. 调查时点（2022年11月1日零时）居住地

1. 本住房
2. 本村（居）委会其他住房
3. 本乡（镇、街道）其他村（居）委会
4. 本县（市、区、旗）其他乡（镇、街道）
5. 其他县（市、区、旗），请在下面填写地址→R9

_______省（区、市）

_______市（地、州、盟）

_______县（市、区、旗）

6. 香港特别行政区、澳门特别行政区、台湾地区→R9
7. 国外→R9

R8. 在本地（本区县）居住的时间

1. 不足3个月
2. 3个月以上，不满6个月
3. 6个月以上，不满9个月
4. 9个月以上，不满12个月
5. 一年以上

R9. 户口登记地

1. 本村（居）委会
2. 本乡（镇、街道）其他村（居）委会
3. 本县（市、区、旗）其他乡（镇、街道）
4. 其他县（市、区、旗），请在下面填写地址

_______省（区、市）

_______市（地、州、盟）

_______县（市、区、旗）

5. 户口待定→R12

R10. 离开户口登记地时间

1. 没有离开户口登记地→R12
2. 不满半年

3. 半年以上，不满一年
4. 一年以上，不满二年
5. 二年以上，不满三年
6. 三年以上，不满四年
7. 四年以上，不满五年
8. 五年以上，不满十年
9. 十年以上

R11. 离开户口登记地原因

0. 工作就业
1. 学习培训
2. 随同离开/投亲靠友
3. 拆迁/搬家
4. 寄挂户口
5. 婚姻嫁娶
6. 照料孙子女
7. 为子女就学
8. 养老/康养
9. 其他

R12. 户口所在户是否有农村土地承包经营权

1. 有
2. 无

1周岁及以上（2021年10月31日以前出生）的人填报的项目

R13. 一年前常住地

1.本村（居）委会

2.其他地区

______省(区、市)

______市(地)

______县(市、区、旗)，请填写详细地址

____

3. 香港特别行政区、澳门特别行政区、台湾地区
4. 国外

3周岁及以上（2019年10月31日以前出生）的人填报的项目

R14. 受教育程度

1. 未上过学→R16
2. 学前教育→R16
3. 小学

4. 初中

5. 高中

6. 大学专科

7. 大学本科

8. 硕士研究生

9. 博士研究生

R15. 学业完成情况

1. 在校

2. 毕业

3. 肄业

4. 辍学

5. 其他

15周岁及以上（2007年10月31日以前出生）的人填报的项目

R16. 是否识字

1. 是

2. 否

R17. 工作情况

R17_1.10月25—31日是否为取得收入而工作了一小时以上（包括临时工、依托互联网平台灵活就业、家庭经营无酬帮工等）

1. 是，上周工作时间_______小时，_______（选择行业门类）

2. 在职休假、在职学习培训、临时停工（保留工资），_______（选择行业门类）

3. 未工作

R17_2.过去一年内（2021年11月1日至2022年10月31日），从事工作所属行业情况

1. 从事农林牧渔业的时间_______个月，从事非农业的时间_______个月

2. 未工作→R18

R17_3.过去一年内（2021年11月1日至2022年10月31日），从事的最主要工作所属行业

1. 同R17_1

2. _______（选择行业门类）

R18. 婚姻状况

1. 未婚→R26

2. 初婚有配偶

3. 再婚有配偶

4. 离婚

5. 丧偶

R19. 初婚年月

_______年_______月

15至50周岁（1971年11月1日—2007年10月31日出生）有配偶的妇女填报的项目

R20. 一年内（2021年11月1日至2022年10月31日）生育情况

1. 一年内未生育→R21

2. 一年内有生育

生育年月：_______年_______月　　婴儿性别：_______

属于第_____孩

（12个月内生育两个以上孩子的第二个孩子的情况）

生育年月：_______年_______月　　婴儿性别：_______

R21. 是否打算生育（下一个孩子）

1. 打算

2. 不打算（→R23）

R22. 打算生育（下一个孩子）的时间

1. 一年内（→R25）

2. 一年至两年（→R25）

3. 两年至三年（→R24）

4. 三年以后（→R24）

5. 不确定（→R24）

R23. 不打算生育（下一个孩子）的最主要原因

1. 对现状满意

2. 抚养成本高，经济负担重

3. 子女无人照料

4. 担心工作或个人发展受影响

5. 年龄或身体原因

6. 缺少合适的入托、入学等公共服务

7. 其他家庭成员的意见

8. 希望生活更加轻松自由

9. 其他

R24. 不打算近期生育的主要原因

1. 疫情影响

2. 上一个孩子年龄较小

3. 收入不稳定

4. 工作太忙

5. 经济条件不成熟

6. 其他

R25. 理想孩子数

1. 0

2．1个

3．2个

4．3个

5．4个及以上

6周岁及以上（2016年10月31日以前出生）的人填报的项目

R26. 是否使用手机

1. 是

2. 否（结束）

R27. 使用的手机卡（SIM卡）数量

1. 移动卡____张

2. 联通卡____张

3. 电信卡____张

R28. 所用手机卡（SIM卡）是否是使用本人的身份证件办理的

1. 是（→R29）

2. 否

您的手机卡（SIM卡）是使用什么人的身份证件办理的

1. 父亲

2. 母亲

3. 配偶

4. 儿子/女婿

5. 女儿/儿媳

6. 其他

R29. 最近一年内是否更换过手机通信运营商（包括换号和转网）

1. 是

1. 移动→联通

2. 移动→电信

3. 联通→移动

4. 联通→电信

5. 电信→移动

6. 电信→联通

2. 否

60周岁及以上（1962年10月31日以前出生）的人填报的项目

R30. 是否会使用智能手机

1. 会

2. 不会（结束）

R31. 是否会使用智能手机做以下事情（ 1. 是　2. 否）

1. 网络聊天（微信、QQ等）
2. 使用健康码
3. 电子支付（微信、支付宝、网银支付）
4. 网上缴费（水、电、燃气、手机话费等）
5. 使用手机银行
6. 看新闻、看视频、看讯息
7. 网络购物、网络购票（火车票、机票等）
8. 使用网约车软件
9. 预约挂号就诊
10. 导航
11. 乘坐公交/地铁等公共交通工具
12. 打游戏

申报人联系方式：____________________

（二）死亡人口调查表

（2021 年 11 月 1 日至 2022 年 10 月 31 日死亡的人口登记）

表　　号：R　1　0　2　表
制表机关：国　家　统　计　局
文　　号：国统字〔2022〕90 号
有效期至：2 0 2 3　年　6　月

地址：_____省（区、市）_____市（地、州、盟）_____县（市、区、旗）_____乡（镇、街道）____村（居）委会_____门牌号_____户编号

每个死亡人口都登记的项目

S1. 姓名

____

S2. 公民身份号码

□□□□□□□□□□□□□□□□□□

S3. 性别

1. 男

2. 女

S4. 出生年月

出生于：_______年_______月

S5. 死亡时间

死亡于：_______月

S6. 民族

_______族

S7. 是否开具死亡医学证明

1. 是

2. 否

死亡时满 3 周岁的人登记的项目

S8. 受教育程度

1. 未上过学

2. 学前教育

3. 小学

4. 初中

5. 高中
6. 大学专科
7. 大学本科
8. 硕士研究生
9. 博士研究生

死亡时满 15 周岁的人登记的项目

S9. 婚姻状况

1. 未婚
2. 初婚有配偶
3. 再婚有配偶
4. 离婚
5. 丧偶

（三）2022年人口调查村、居委会（社区）基本情况表

表　　号：R　1　0　3　表
制表机关：国　家　统　计　局
文　　号：国统字〔2022〕90号
有效期至：2　0　2　3　年　6　月

地址：______省（区、市）______市（地、州、盟）______县（市、区、旗）______乡（镇、街道）______村（居）委会

C1. 常住人口数

________人

C2. 户籍人口数

________人

C3. 出生人口（2021.11.1-2022.10.31）

________人

C4. 死亡人口（2021.11.1-2022.10.31）

________人

C5. 农林牧渔业从业人员占从业人员比例

1. 0-30%
2. 30%-50%
3. 50%-70%
4. 70%-90%
5. 90%以上

C6. 主要饮用水来源

1. 经过市政净化设施统一处理的自来水
2. 受保护的井水和泉水
3. 不受保护的井水和泉水
4. 江河湖泊水
5. 其他

C7. 市政排水（生活污水）情况

1. 与市政联网的污水处理系统
2. 社区自建的明（暗）沟排水（经处理）
3. 社区自建的明（暗）沟排水（未经处理）

4. 其他

C8. 生活垃圾处理情况

1. 运送到市政垃圾处理站或转运站
2. 掩埋或焚烧处理
3. 其他

C9. 本村/居委会可提供的养老服务（可多选）

1. 老年活动室
2. 老年食堂
3. 保洁服务
4. 生活用品代购
5. 帮助缴费
6. 挂号取药
7. 上门巡诊
8. 帮助沐浴服务
9. 特殊老人照护
10. 日间照料
11. 全日托养
12. 无

三、填表说明

（一）调查表的组成

调查表表式分为三个部分：《2022年人口变动情况抽样调查表》，调查本村/居委会抽中住房内的户基本情况和户内人口情况，简称为《调查表》；《死亡人口调查表》，调查本村/居委会抽中住房内的死亡人口情况，简称《死亡表》；《2022年人口调查村、居委会（社区）基本情况表》，调查社区的人口、基础设施等基本情况，简称《社区表》。

（二）标准时点

人口变动情况抽样调查的标准时点为2022年11月1日零时。调查员在掌握调查标准时点时，应该注意：

1.2022年11月1日零时以后出生的人不登记；

2.2022年11月1日零时以后死亡的人仍要在调查表中登记；

3.2022年11月1日零时以后居住地发生变化的人，仍要在原居住地登记。

（三）登记原则

抽中住房内的所有住户均应调查。应在本户登记的人，包括2022年10月31日晚居住在本户的人以及户口在本户，2022年10月31日晚未居住在本户的人。分为两种情况：一是2022年10月31日晚住在本户的人，不管其户口登记在何处，包括户口在本乡（镇、街道）的人口，也包括所有的外来人口；二是户口登记在本户，但2022年10月31日晚未住在本户的人，无论其外出时间长短、外出原因如何，均应调查登记。2021年11月1日至2022年10月31日期间的死亡人口要登记《死亡表》。

所有村/居委会均应填写《社区表》。

（四）《调查表》的填写方法

1.《调查表》和《死亡表》以户为单位进行登记，采用调查员手持电子设备入户询问、现场填报的方式。《社区表》以村/居委会为单位进行填报，可填写纸质表后，在数据处理平台统一录入。

2.《调查表》填写顺序：先填写户记录，再逐人填写人记录，表内第一人应填户主，然后填户主的配偶和其他亲属。

3.调查表每户最多可以填写20人。对于超过20人的大集体户，可酌情分成若干集体户填写。

4.有标准答案的项目，根据实际情况填报。调查时点居住地、户口登记地等项目可根据行政区划地址列表进行选择。没有标准答案的项目，用文字或阿拉伯数字，根据实际情况填写。填写文字的项目，包括姓名、一年前常住地地址等。其中，姓名不能填写非汉字字符。

5.如果填写错误或发生逻辑关系异常，数据采集程序会给出审核异常提示。若为强制性审核错误，请根据提示信息对错误项目进行修改；若为确认性审核提示，需根据提示信息对异常项目进行确认，若情况属实，可忽略该条确认性审核提示。

（五）指标解释

1.《2022年人口变动情况抽样调查表》

1.1住户项目

H1.户别——按家庭户、集体户的类别填报。

1.家庭户：以家庭成员关系为主，居住一处共同生活的人口，作为一个家庭户。单身居住独自生活的，也作为一个家庭户。

2.集体户：相互之间没有家庭成员关系，集体居住共同生活的人口作为一个集体户。

H2.本户应登记人数——包括两个部分。一部分是2022年10月31日晚居住本户的人数，既包括户口在本户、2022年10月31日晚居住本户的人数，也包括户口不在本户、2022年10月31日晚居住本户的人数，填写H2的第一项；另一部分是户口在本户，2022年10月31日晚未居住本户的人数，填写H2的第二项。

H3.本户2021年11月1日至2022年10月31日期间的出生人口——填写本户在2021年11月1日至2022年10月31日期间出生的人数。分别填写男、女的合计数。若本户在此期间没有出生人口，请填写“0”。

H4.本户2021年11月1日至2022年10月31日期间的死亡人口——填写本户在2021年11月1日至2022年10月31日期间死亡的人数。分别填写男、女的合计数。若本户在此期间没有死亡人口，请填写“0”。

填写H3、H4时应注意：

不要漏掉出生时有某种生命现象（如在胎儿脱离母体时，有呼吸或心跳，脐带搏动、随意肌收缩等），不久即死亡的婴儿，既要填写出生人数，也要填写死亡人数。

H5.住所类型——按居住的住所类型填报。

1.普通住宅：指人工建造的，有墙、顶、门、窗等结构，具有独立入口，专门供人居住的房屋或场所。如单元房、平房、四合院、独栋别墅、筒子楼、窑洞等传统意义上的住宅。

2.集体住所：指学生宿舍、职工宿舍、工棚、养老院、福利院、宗教场所等。

3.工作地住所：指居住在办公楼、发廊、商铺、餐馆等工作场所。

4.其他住房：指居住在上述场所以外的其他房屋或场所。

5.无住房：指本户没有住房，居无定所（如流动人口中那些睡在桥下、公园、车站或睡在运载货物、商品车辆上的人等）。

H6.本户现住房建筑面积——本户现住房的建筑面积以房屋所有权证（不动产权证）或租赁凭证上的相关信息为准。

若只知道使用面积的，可用使用面积乘以1.33，换算成建筑面积。填写本项目时应注意：

1.在租借房屋居住的户，按租借住房的实际情况填写其住房建筑面积。

2.合住在同一所住房里的住户，其建筑面积为各户所独立使用的房间面积加上公共使用面积（包括厨房、厕所、门厅、阳台等）的分摊部分：两户合住的，各按二分之一计算；三户合住的，各按三分之一计算，依此类推。

3.建筑面积应填写整数，不为整数时四舍五入获得。

H7.本户现住房间数——指除厨房、厕所、过道和厅以外的所有自然间数（包括扩建的房间）。填写本项目时应注意：

1.在租借房屋居住的户，按租借住房的实际居住情况填写其住房间数。

2.合住同一所住房的，在填写住房间数时，填写其独立使用的房间数。

H8. 住房来源——指本户获取现住房的方式。

1.租赁廉租房/公租房：指向政府相关部门申请并租住廉租房、公租房。

2.租赁其他住房：指通过私人、单位或房屋中介等渠道租住住房。

3.购买新建商品房：指按市场价购买的新建商品房。

4.购买二手房：指购买那些进入房屋市场进行交易，第二次及以上进行产权登记的住房，包括二手商品房、允许上市交易的已售公房、经济适用房等。

5.购买原公有住房：指个人以成本价或优惠价购买的、原作为福利分配给本单位职工的住房。

6.购买经济适用房/两限房：指向政府相关部门申请并购买经济适用房、两限房。

7.自建住房：指个人建造的住房，其产权属于个人所有。

8.继承或赠予：指从亲属处继承而来或者受他人赠予而获取住房。

9.其他：指上述几种住房来源以外的情况。

H9. 月租房费用——指最近用于交纳房租的单月金额，不包括水电费、物业费、取暖费等附加费用。月租房费用不为整数时，按四舍五入计算。

若多人合租作一户登记时，则需将每人月租费加总计算。

1. 2 个人项目

R1. 姓名——填写被登记人的正式姓名。没有正式姓名的可填小名或某某氏，但不能填笔名、代号等。婴儿未起名的，可填“未取名”。

R2. 与户主关系——指被登记人与本户户主的关系。申报人不是户主的，不要将被登记人与申报人的关系错填为与户主的关系。

0.户主：按家庭日常生活习惯确定户主。

1.配偶：指户主的妻子或丈夫。

2.子女：指户主的子女。

3.父母：指户主的父母或继父母、养父母。

4.岳父母或公婆：指户主配偶的父母或继父母、养父母。

5.祖父母：指户主或配偶的祖父母、外祖父母、曾祖父母、外曾祖父母。

6.媳婿：指户主子女的配偶。

7.孙子女：指户主的孙子女、外孙子女、孙媳婿、外孙媳婿、重孙子女、重孙媳婿、重外孙子女、重外孙媳婿。

8.兄弟姐妹：指户主及其配偶的兄弟姐妹以及他们的配偶。

9.其他：指以上九种人以外的成员。

在登记家庭户时，户主应登记为第一人，选填“0.户主”。如果户主的配偶也在本户登记，应登记为第二人，选填“1.配偶”，然后再登记该户的其他成员；如果户主没有配偶，或户主配偶不在本户登记，第二人登记本户其他成员。

在登记集体户时，任选一人登记为户主，选填“0.户主”，本户其他成员与户主关系一律登记为其他，选填“9.其他”。

R3. 公民身份号码——指18位公民身份号码。无公民身份号码的填写18位0。15位身份证号码的，录入程序会自动换算为18位。

R4. 性别——指被登记人的性别。

R5. 出生年月——指被登记人的出生年、月。

出生年月按公历填写，只知道农历的，要换算成公历。按照一般的规律，农历的月份与公历的月份相差一个月左右，换算时农历的月份加1即可作为公历的月份，但要注意农历的12月应当是公历下一年的1月。

R6. 民族——指被登记人的民族。

外国人加入中国籍，其民族和我国的某一民族相同的，就选填某一民族；没有相同民族的，按外国人加入中国籍填写，选填“入籍”。

R7. 调查时点（2022年11月1日零时）居住地——指被登记人在调查标准时点居住的地址。

1.本住房：指调查时点居住在本住房的人。

2.本村（居）委会其他住房：指户口登记地在本住房，调查时点居住在本村（居）委会其他住房的人。

3.本乡（镇、街道）其他村（居）委会：指户口登记地在本住房，调查时点居住在本乡（镇、街道）其他村（居）委会的人。

4.本县（市、区、旗）其他乡（镇、街道）：指户口登记地在本住房，调查时点居住在本县（市、区、旗）的其他乡（镇、街道）的人。

5.其他县（市、区、旗）：指户口登记地在本住房，调查时点居住在本县（市、区、旗）以外地区的人。填报本选项的人还需选填调查时点居住地所在省（区、市）、市（地、州、盟）、县（市、区、旗）的具体名称。

6.香港特别行政区、澳门特别行政区、台湾地区：指户口登记地在本户，调查时点居住在香港特别行政区、澳门特别行政区、台湾地区的人。

7.国外：指户口登记地在本户，调查时点居住在国外的人。

R8. 在本地（本区县）居住的时间——根据被登记人在调查地所在区县的居住时长据实填写。

R9. 户口登记地——指被登记人的居民户口簿上的地址。

1.本村（居）委会：指户口登记地在本村（居）委会的人。

2.本乡（镇、街道）其他村（居）委会：指调查时点居住本住房，户口登记地在本乡（镇、街道）其他村（居）委会的人。

3.本县（市、区、旗）其他乡（镇、街道）：指调查时点居住本住房，户口登记地在本县（市、区、旗）的其他乡（镇、街道）的人。

4.其他县（市、区、旗）：指调查时点居住本住房，户口登记地在本县（市、区、旗）以外地区的人。填报本选项的人还需填写户口登记地所在省（区、市）、市（地、州、盟）、县（市、区、旗）的具体名称。

5.户口待定：指调查时点居住本住房，在任何地方都没有登记户口的人。包括手持户口迁移证、出生证、退伍证等情况。

R10. 离开户口登记地时间——指到调查标准时点为止，被登记人离开户口登记地（居住地与户口登记地不一致）的时间。

没有离开户口登记地是指户口登记地在本村（居）委会，调查标准时点居住在本住房或本村（居）委会其他住房。

若常年外出的人由于农忙、节假日等原因偶尔回家的，或回家后因疫情原因推迟外出的，还应该从第一次离开户口登记地的时间开始计算。

R11. **离开户口登记地原因**——指被登记人离开户口登记地（居住地与户口登记地不一致）的原因。

0.工作就业：指十五周岁及以上因务工经商、工作招聘、调动等原因离开户口登记地的人。

1.学习培训：指六周岁及以上因考入各级各类学校或参加各种学习班、培训班而离开户口登记地的人。

2.随同离开/投亲靠友：指因跟随亲属、投亲靠友而离开户口登记地的人。

3.拆迁/搬家：指因房屋拆迁、改造或者搬家而离开户口登记地的人。

4.寄挂户口：指户口落在集体户或没有在户口登记地居住过、只落户口的人。

5.婚姻嫁娶：指十五周岁及以上因结婚而离开户口登记地的人。

6.照料孙子女：指为照料孙子女而离开户口登记地的人。

7.为子女就学：指为子女就学而离开户口登记地的人。

8.养老/康养：指因旅游（度假）养老/康养、候鸟式养老/康养、回籍贯地养老/康养、居住在养老院而离开户口登记地的人，不包括跟随子女养老。

9.其他：指上述几种以外的原因。

凡具有两种以上原因的，按其主要的原因选填一个标准选项。

R12. **户口所在户是否有农村土地承包经营权**——指被登记人户口所在的户是否有农村土地承包经营权。

户口所在的户应以被登记人的户口簿为准。拥有农村土地承包经营权是指被登记人户口登记地在农村地区或以前的农村地区，目前户口所在的户与集体经济组织签订了农村土地承包合同。

拥有农村土地承包经营权的户，目前可能实际经营承包地，也可能因各种原因不再经营承包地，包括以转包、出租、入股、托管等方式流转所承包土地经营权。

户口待定的按调查对象迁出前的户是否有农村土地承包经营权填写。户口待定的新生婴儿按即将落户的户是否有农村土地承包经营权填写。

R13. **一年前常住地**——指被登记人在调查标准时点的一年前，即2021年11月1日零时的常住地。

一年前居住在本村（居）委会以外其他地区的人，还需选填一年前常住地所在省（区、市）、市（地、州、盟）、县（市、区、旗）的具体名称并填写详细地址，具体到门牌号。

一年前居住在港、澳、台或国外的，根据实际情况选填“香港特别行政区”“澳门特别行政区”“台湾地区”或“国外”。

R14. **受教育程度**——指按照国家教育体制，被登记人接受教育的情况。通过自学或成人学历教育经国家统一考试合格的，分别归入相应的受教育程度。

1.未上过学：指从未接受过各级各类学校教育。包括参加过各种扫盲班或成人识字班学习，且以后再没有接受过各级各类学校教育的人。

2.学前教育：指仅接受过或正在接受专门学前教育机构教育，即在幼儿园或附设幼儿班接受保育和教育。

3.小学：指接受的最高一级教育为小学，无论其是否在校、毕业、肄业或辍学。

4.初中：指接受的最高一级教育为初中，无论其是否在校、毕业、肄业或辍学。

5.高中：指接受的最高一级教育为普通高中、成人高中和中等职业学校，无论其是否在校、毕业、肄业或辍学。

6.大学专科：指接受的最高一级教育为大学专科。在普通高等学校学习大学专科的，无论其是否在校、毕业、肄业或辍学，都填报此项。

凡国家授权承认学历的开放大学、广播电视大学、职工大学等成人高校和普通高等学校举办的函授大学、夜大学和其他形式的大学，按教育部颁布的大学专科教学大纲进行授课的，其毕业生选填此项；其肄业生、在校生按原有受教育程度填报。含成人专科和网络专科。

通过自学，经国家统一举办的自学考试合格，并取得大学专科毕业证书的，也选填此项。

7.大学本科：指接受的最高一级教育为大学本科。在普通高等学校学习大学本科的，无论其是否在校、毕业、肄业或辍学，都填报此项。

凡国家授权承认学历的开放大学、广播电视大学、职工大学等成人高校和普通高等学校举办的函授大学、夜大学和其他形式的大学，按教育部颁布的大学本科教学大纲进行授课的，其毕业生选填此项；其肄业生、在校生按原有受教育程度填报。含成人本科和网络本科。

通过自学和进修大学课程，经考试合格，并取得大学本科毕业证书的，也选填此项。

8.硕士研究生：指接受的最高一级教育为硕士研究生，无论其是否在校、毕业、肄业或辍学。含2016年12月1日以后录取的非全日制硕士研究生。

在职接受硕士研究生教育的，其毕业生选填此项；肄业生和在校生按原有受教育程度填报。

9.博士研究生：指接受的最高一级教育为博士研究生，无论其是否在校、毕业、肄业或辍学。含2016年12月1日以后录取的非全日制博士研究生。

在职接受博士研究生教育的，其毕业生选填此项；肄业生和在校生按原有受教育程度填报。

凡是没有按教育部的教学大纲培养或只学单科的人，不能填报“大学专科”“大学本科”“硕士研究生”或“博士研究生”，一律按原有受教育程度填报。

R15. **学业完成情况**——指受教育程度为小学及以上的人完成学业的情况。

1.在校：正在接受各级各类学校教育并有学籍。

2.毕业：已修完全部课程，并经过考试鉴定合格。

3.肄业：修完全部课程，但考试不及格或因种种原因未取得毕业资格。

4.辍学：未能修完所规定的全部课程，中途退学。

5.其他：私塾、自学等其他方式。

R16. **是否识字**——指被登记人是否达到国家规定的脱盲标准（城镇居民和企、事业单位职工识字2000个，农村居民识字1500个）。登记时可询问，日常生活中是否能读懂简单的书信或书写简短的句子。如果能阅读通俗书报、能写便条就认为具有识字能力。

R17. **工作情况**——指被登记人在10月25—31日期间，即调查标准时点前一周，是否为取得收入而工作了1小时以上，包括临时工、互联网灵活就业、家庭经营无酬帮工等。

工作是指为获取工资、实物报酬或经营收入而从事的各种生产、经营或服务性活动，其目的是为了取得收入，无论实际是否取得。不包括义务劳动和公益性劳动。

1.是：指在10月25—31日期间，为取得收入而干过固定的、临时的或兼职的工作，并且工作时间超过1小时。在校学生利用课余或假期以及退休人员为取得收入而从事了工作，也选填此项。

在自家或亲属经营的公司、企业、商铺或网店工作，即使本人没有劳动报酬，也选填此项。

选填“1.是”的人，还需填写工作时间。工作时间按在10月25—31日期间实际的工作时间填写，而不是按国家或企业规定的制度工作时间填写。

计算工作时间，要注意把握以下几种情况：

（1）从事一种以上有收入工作的，几项工作时间相加计算。

（2）在规定的工作时间以外加班工作的，加班时间一并计算在内。

（3）农村既干家务又从事农业或其他有收入工作的人，家务劳动时间除外。

2.在职休假、在职学习培训、临时停工（保留工资）：

在职休假是指在10月25—31日期间，因各种休假或请假临时未工作，包括公休假、年休假、空勤人员、船员、火车乘务人员的轮休假、病假、工伤假、产假、事假、探亲假、婚丧假等。个人档案、人事关系已在某单位，但因各种原因尚未到新单位报到上班，如军人转业或工作调动等，也视为休假。

在职学习培训是指有工作单位，在10月25—31日期间参加脱产学习或培训。

临时停工（保留工资）是指在10月25—31日期间，由于机械或电力故障、原料或燃料短缺、天气或其他灾害等原因导致的暂时未工作，但仍可以有工资收入。

打零工、计件工等临时就业或灵活就业的人，因为上述原因停工并且没有收入，不填此项，应填“3.未做任何工作”。

3.未做任何工作：指在10月25—31日期间，没有工作单位，也未从事过任何可以有收入的工作。

对于下岗、内退人员，如果未与原单位解除劳动合同，仍有工资性收入的，选填“2.在职休假、在职学习培训、临时停工”；如果没有工资性收入，选填“3.未做任何工作”。对于承包土地的农民，在10月25—31日期间，如果干农活或其他有收入的工作超过1小时，选填“1.是”；如果外出打工，未从事任何工作，选填“3.未做任何工作”；如果正处于农业生产季节，没有外出打工，期间临时没有干农活，选填“2.在职休假、在职学习培训、临时停工”。

对于从事季节性生产经营的人，如果生产经营仍在进行中，只是在10月25—31日期间没有工作，选填“2.在职休假、在职学习培训、临时停工”；如果正处于季节性歇业，选填“3.未做任何工作”。

过去一年内（2021年11月1日至2022年10月31日），从事工作所属行业情况——注意区分农林牧渔业与农林牧渔服务业。农林牧渔服务业指对农林牧渔业提供各种专业及辅助性生产活动，不包括科学技术和专业技术服务。

过去一年内（2021年11月1日至2022年10月31日），从事的最主要工作所属行业——最主要行业指从事时间最长的工作所属行业。如果一年内从事各种行业的时间长度相差不大，难以区分，选择从事的行业中收入最高的作为最主要行业。

R18. 婚姻状况——指被登记人在调查标准时点的实际婚姻状况。

1.未婚：指从未结过婚。

2.初婚有配偶：指有配偶，且为第一次结婚的人。

3.再婚有配偶：指有配偶，且为结婚两次及以上的人。

4.离婚：指曾经结过婚，但已办理了离婚手续且没有再婚，或正在办理离婚手续。

5.丧偶：指配偶已去世，且没有再婚。

人口调查的婚姻是指事实婚姻，不是单指法律意义上的婚姻，对不到法定结婚年龄，或未办理结婚手续而同居、实际结婚的人，应根据其在调查标准时点的实际情况，按照被登记人的申报选填。

R19. 初婚年月——指被登记人第一次结婚时的年、月。

R20. 一年内（2021年11月1日至2022年10月31日）生育情况——填写过去一年内，15至50周岁已婚妇女的生育状况。

“一年内有生育”的，要填写生育孩子的年月和所生孩子的性别。

如果一年内有两次生育或生育多胞胎的，请填报其他孩子的生育年月和性别。最多可以填报两个孩子，一年内生育三个及以上的孩子不填报。

R21. 是否打算生育（下一个孩子）——指被登记人是否有生育孩子的打算或者是否打算继续生育。

R22. 打算生育（下一个孩子）的时间——根据调查对象的申报情况，选择相应选项。

R23. 不打算生育（下一个孩子）的最主要原因——根据调查对象的申报情况，选择不打算生育（下一个孩子）的最主要的原因。选项“1.对现状满意”指调查对象认为当前已有孩子的数量已经是合适的数量，不想再继续生育。

R24. 不打算近期生育的主要原因——根据调查对象的申报情况，选择近期不打算生育的最主要的原因。

R25. 理想孩子数——指被登记人认为生育几个孩子比较理想，根据调查对象的申报情况，选择相应选项。

R26. 是否拥有手机——根据调查对象的申报情况填写。

R27. 使用的手机卡（SIM卡）数——指调查对象本人使用的手机卡数量，包括使用他人身份证件办理，但由本人使用的手机卡；不包括使用本人身份证件办理，但给他人使用的手机卡。要分别填写移动、联通、电信通信卡张数。

R28. 所用手机卡（SIM卡）是否是使用本人身份证件办理的——如果调查对象使用多张手机卡，只要其中有一张是使用本人身份证件办理的，均填写“1.是”。

您的手机卡（SIM卡）是使用什么人的身份证件办理的？——根据调查对象的申报情况，据实填写。

R29. 最近一年内是否更换过手机通信运营商（包括换号和转网）——指手机号码转网。以下两种情况都要选择“是”：一是原有号码废弃，重新办理其他运营商号码的，如，废弃原使用的移动手机号码，重新办理联通或者电信手机号码；二是原用手机号码不变，只是更换号码运营商的携号转网。一年内多次更换手机通信运营商的，填写最近一次的更换情况。

R30. 是否会使用智能手机——智能手机是具有独立的操作系统，独立的运行空间，可以由用户自行安装软件、游戏、导航等第三方服务商提供的设备，并可以通过移动通讯网络来实现无线网络接入的手机类型的总称。

R31. 是否会使用智能手机做以下事情——根据调查对象的申报情况，据实填写“是”或“否”。

2.《死亡人口调查表》指标解释

凡在调查表户记录“H4.本户2021年11月1日至2022年10月31日期间的死亡人口”登记了死亡人口的户，

还要登记死亡人口的具体情况。

死亡表共有8个项目：

S1. **姓名**——填写死亡人口的姓名。

S2. **公民身份号码**——填写死亡人口的公民身份号码。

S3. **性别**——填写死亡人口的性别。

S4. **出生年月**——填写死亡人口出生时的年份和月份。

S5. **死亡时间**——填写死亡人口死亡时的月份。

S6. **民族**——与调查表R6相同。

S7. **是否开具死亡医学证明**——指医疗卫生机构出具的、说明居民死亡及其原因的医学证明，又叫《居民死亡医学证明（推断）书》。

S8. **受教育程度**——与调查表R14相同。

S9. **婚姻状况**——与调查表R18相同。

为了保证死亡人口的登记质量，调查员在入户登记时应特别注意以下几点：

（1）登记死亡人口时，一般以死亡人口死亡前的常住地为其登记地，而不以死亡发生时的地点（如医院等）为登记地。

（2）本户人口中有死亡的，不论其与该户有无亲属关系，都应该作为该户的死亡人口予以登记。

（3）对于无法确定死亡人口常住地，或调查登记时与死亡人口的常住地联系不上的，如孤寡老人、流动人口死亡的，一律在死亡发生地登记。

3.《社区表》指标解释

C1. **常住人口数**：指户口在本村（居）委会，居住在本村（居）委会的人口，或者户口不在本村（居）委会，居住在本村（居）委会半年以上的人口。计算方法为：用本村（居）委会户籍人口数，加上外来半年以上人口，减去外出半年以上人口数。

C2. **户籍人口数**：填写户籍在本村（居）委会的人口数。

C3. **出生人口**：指本村（居）委会调查周期一年（2021.11.1-2022.10.31）内常住人口的出生人口；

C4. **死亡人口**：指本村（居）委会调查周期一年（2021.11.1-2022.10.31）内常住人口的死亡人口；

C5. **农林牧渔业从业人员占从业人员比例**：设有五个标准答案，按本村（居）委会估计的从事农林牧渔业人员的比例进行选填。

C6. **主要饮用水来源**：设有五个标准答案。

1.经过市政净化设施统一处理的自来水：指通过自来水厂或集中净化设施进行净化和消毒、并符合国家饮用水标准的供人们生活的水。

2.受保护的井水和泉水：受保护的井水是指有井台和井盖保护，鸟粪及动物不能落入井中，溢水和来水不能流到或渗入井中；受保护的泉水是指泉水水眼的周围被水泥、砖头等建起的建筑物封闭保护起来，不会受到外来的污染，比如雨水形成的径流、鸟粪及动物等。

3.不受保护的井水和泉水：指井口或泉眼没有得到任何保护，水源可能受到外来的污染，比如雨水形成的径流、鸟粪及动物等。

4.江河湖泊水：指直接从江、河、湖、塘、溪、沟、渠（包括灌溉水渠）取水。

5.其他：指上述四种水源以外的饮用水。

C7. 市政排水（生活污水）情况：设有四个标准答案。

1.与市政联网的污水处理系统：指收集、输送（生活）污水的排水系统，在实行污水、雨水分流制的情况下，污水由排水管道收集，送至污水处理后，排入水体或回收利用。

2.社区自建的明（暗）沟排水（经处理）：指有社区自建的排水系统，污水由排水管道收集并经处理后，排入水体或回收利用。

3.社区自建的明（暗）沟排水（未经处理）：指有社区自建的排水系统，污水由排水管道收集，但未经处理，直接排入水体。

4.其他：指除以上三种方式以外的其他污水处理方式。

C8. 生活垃圾处理情况：指村内对居民生活垃圾的处理情况，设有三个标准答案。

1.运送到市政垃圾处理站或转运站：指村内的生活垃圾通过统一的收集和转运，由市政垃圾处理系统进行无害化处理。

2.简单掩埋或焚烧处理：指有垃圾收集功能，但收集后进行简单掩埋或焚烧处理。

3.其他：除以上两种情况外,有其他的垃圾处理方式。

C9. 本村/居委会可提供的养老服务（可多选）：根据实际情况填写。

四、样本信息的核实

2022年人口变动情况调查样本由国家统计局依据第七次全国人口普查构建的抽样框进行抽取，各抽中村级地域范围原则上与第七次全国人口普查划定的范围保持一致。各地要对国家统计局下发的村级样本和所属建筑物、建筑物内的住房单元进行逐一核实，以第七次全国人口普查划定的地域界线为基础，明确本次调查的村级样本边界，判定建筑物的归属，核查建筑物内住房是否有人居住，并对相关区划的名称、代码、城乡属性、建筑物及住房有关情况等进行核实更新。

（一）村级样本信息的核实

村级样本一般是整村抽中，但部分规模超大的村，会以普查小区为单位对该村级单位进行拆分。核实时，整村被抽中的仅需核实村边界；普查小区被抽中的，仅需核实抽中的普查小区组成的样本块。

1. 村级样本信息的内容

（1）字段NDI,地级单位的名称。

（2）字段NXIAN,县级单位的名称。

（3）字段NXIANG,乡级单位的名称。

（4）字段NCUN,村级单位的名称。

（5）字段NQU,小区单位的名称。

（6）字段DZMCODE，村级单位的地址码，12位数字长度。

（7）字段QCODE，普查小区编码，3位数字长度。

（8）字段BLOCKCODE,村级样本块编码，3位数字长度。

（9）字段FLAG,样本轮换标识。1-4为国家样本轮换标记，2022年为2和3；5-8为扩样省级样本轮换标记，2022年为6和7。

2. 村级样本信息的核实规则

村级样本信息的核实包括两个方面，一是对样本区域的边界进行核实，二是对样本区域的名称、代码进行核实。

样本区域边界的核实具体要求如下：

（1）第七次全国人口普查划定的村级或普查小区边界是样本核实的基础。要根据原划定地域界限范围和名称代码，结合实地勘察，明确村级样本边界范围以及其中建筑物的归属。

（2）如因拆迁等原因无法组织调查，需逐级上报，由国家统计局人口和就业统计司统一进行样本的调整，各地不得自行调换。村级样本的人口规模发生变化，属于正常现象，原则上不进行样本调换。

样本区域的名称、代码核查具体要求如下：

（1）如果村级样本的隶属关系有变化，则样本对应的地、县、乡级的汉字名称和地址代码要作相应的变化。

（2）村级及以上单位的名称、代码一般以本省（区、市）统计机构统一维护的统计用区划代码库为准。

村级样本信息的变更和替换：

如行政区划名称、代码有变动，须标记变更，并填写修改后的样本信息；如果因拆迁或其他原因无法实施调查，须在样本信息填写模版中标注更换，填写更换理由，并逐级审核，由国家统计局人口和就业统计司确定拟更换样本，并再次核实。

3. 村级样本信息核实其他事宜

（1）国家统计局下发待核实村级样本的时间是2022年9月15日前。

（2）各省（自治区、直辖市）于2022年9月25日前完成样本信息核实。

（二）住房单元的核实

住房单元核实工作是调查登记顺利进行的重要保证。调查指导员、调查员在基层组织的协助下，对抽中的村级单位所辖区域进行全面扫描，逐房逐户开展核实。工作时间为2022年10月10日至10月20日。10月21日至25日，各省（自治区、直辖市）组织验收。

1. 住房单元的基础信息

住房单元核实的基础信息由国家统计局统一推送至调查员电子设备采集程序中，主要包括建筑物名称、建筑物地址、住房单元地址、是否为空房。

2. 住房单元的核实规则

住房单元的核实由调查员使用电子设备进行操作。包括两个方面，一是核实村级样本边界内是否有新增或拆除的住房单元，二是核实村级样本边界内住房单元是否为空房。

核实工作开始前，调查指导员要带领调查员，根据第七次全国人口普查划分的边界，沿抽中的村级单位边界实地走一遍，使调查员明确自己负责的区域范围。结合实地勘察，了解所负责区域的地理环境、房屋建筑分布情况。要特别注意核实调查区域内可能有人居住的地方，如宾馆、娱乐场所、简易房、工棚、农贸市场、车站、码头、桥洞等，摸清每幢建筑物及其中的住房是否有人居住。

新增或拆除的住房单元核实要求如下：

（1）调查员根据下发的村级样本边界，结合推送的建筑物及住房单元名单，实地勘察边界内是否有新增或拆除的建筑物，以及建筑物内是否有新增或拆除的住房单元。

（2）如村级样本区域内有新增的建筑物，在本村小区操作界面下选择新增建筑物，详细填写建筑物地址，并对建筑物内所有住房单元进行核实，填写住房单元详细地址和是否为空房。如推送的建筑物已经拆除，需进一步确认该建筑物地址，并在建筑物列表中选择删除。

（3）如建筑物内有新增的住房单元，在本建筑物住房单元列表界面下选择新增住房单元，详细填写住房单元地址。对于没有地址的住房单元，需尽量填写能够识别住房位置的信息并在地址栏填写房主姓名。如建筑物内某住房单元已经拆除，需进一步确认该住房单元地址，并在住房单元列表中选择删除。

3. 住房单元核实其他事宜

（1）国家统计局推送待核实住房单元信息的时间是2022年10月10日前。

（2）住房单元信息直接推送至采集程序，村级可组织多人同时使用采集程序开展核实工作。

（3）住房单元地址对于调查能否顺利开展至关重要，各级务必通过强化督导、检查、验收等手段，确保地址填报规范、清楚、准确，严禁多房同址、多址同房。

（4）住房单元信息核实于2022年10月25日前结束，核实更新后的住房单元信息通过数据采集程序报送国家统计局。

（5）2022年10月31日前，国家统计局下发2022年抽中住房单元样本名单。

五、调查指导员和调查员的选聘、培训和管理规则

（一）调查指导员和调查员的选聘

调查指导员和调查员的选聘工作由县级统计机构负责。调查指导员和调查员可以从统计系统、村（居）民委员会干部、教师、大中专学生及离退休人员中选调，也可以从社会招聘。为保证调查质量，调查指导员和调查员应尽量由熟悉本地区情况的人员担任，充分发挥网格员、物业人员的作用，尽可能保持调查队伍的稳定。

调查指导员应先于调查员提前选聘，以便开展工作。

（二）调查指导员和调查员的配备数量

原则上每个村级单位配备两名调查员和一名调查指导员。为了保证按规定时间完成登记任务，水上、牧区、山区、边远地区可酌情增配调查员。调查员的配备要留有百分之五左右的预备数。

（三）调查指导员、调查员的条件要求

1.身体健康，能胜任工作；

2.具有初中及以上文化水平，经培训能够使用电子设备开展工作（PDA或智能手机）；

3.具有较强的沟通能力，待人和气，作风正派，为群众所信任，能为被调查户保守秘密；

4.认真负责，工作细致，吃苦耐劳，能独立工作。

调查指导员除应具备以上条件外，还要有一定的组织能力和社会工作经验。

（四）调查指导员、调查员的管理

各级统计机构要加强对调查指导员和调查员的管理，要重点加强对调查登记工作的监督和检查。

（五）调查指导员、调查员的培训

调查指导员和调查员的培训应尽可能减少层次，以提高培训效果。

1.培训教员由地或县级统计机构统一派出。教员必须事先接受过人口变动情况抽样调查培训，并能胜任培训工作。

2.对调查员的培训时间应不少于16学时①。

3.培训以讲课为主，围绕调查指导员和调查员承担的工作任务，以及数据采集软件操作和指标解释来进行。对调查表指标的解释必须符合调查表填写说明的规定。

4.参加培训的调查指导员和调查员都要经过实地练习，能够熟练使用调查小区地图和数据采集程序进行入户登记工作。

5.要加强对调查指导员和调查员的保密教育，签订保密承诺书。

6.调查指导员、调查员经培训并测试合格后，由县级调查机构配发调查证件。不合格者不能上岗从事调查登记工作。

7.培训工作应于2022年10月10日前完成。

---

① 每学时为45分钟。

（六）调查指导员的工作职责

调查指导员的主要任务是对调查员的工作进行组织、指导、检查和质量控制，保证住房核实、入户登记、数据上报等工作按时完成，保证调查员的各项工作质量达到规定的标准。具体工作职责包括：

1.登记前的工作：

（1）通过参加培训，认真学习《2022年全国人口变动情况抽样调查制度》，熟练掌握调查的各项工作要求。

（2）在培训调查员时，做好辅导工作。

（3）明确调查村级样本的地域范围，做到界限清楚。科学分配调查员工作量，明确其负责登记的住房单元。

（4）分发调查物资，做好电子设备的维护、软件安装与使用。

（5）协助调查员整理辅助开展登记的行政资料，作为入户登记工作的参考。

2.登记期间的工作：

（1）对调查员的工作进行检查和指导，及时传达工作要求，了解和掌握调查员每天的工作情况。

（2）对调查员提出的疑难问题进行解答，难以确定的问题要向上级请示后加以解决。

（3）督促调查员每天及时上报并备份完成登记且通过审核的数据，以防数据丢失。

（4）对登记质量好、工作认真细致的调查员要进行鼓励，对工作上有困难的调查员要及时进行帮助。

（5）主动听取群众反映，改进调查登记工作。

3.复查期间的工作：

调查登记完成后，根据登记情况，组织调查员进行全面复查，并对调查员的复查工作质量进行抽查。

4.调查登记后的工作：

指导调查员确认数据已经上报并清除设备内的登记信息，统一配发的设备要收回统一保管，避免登记数据泄露。

5.严格遵守保密规定。对各户申报的情况，必须保守秘密。严禁公开个人和家庭登记的资料。

（七）调查员的工作职责

调查员的主要工作是做好所负责住房内人口的登记工作。具体工作职责是：

1.认真参加调查员培训，熟悉调查目的、内容、方式等，理解调查表的内容，包括各项指标的含义及填报要求，掌握调查的各项工作技能。

2.调查登记前，熟悉负责登记的住房分布、安排好调查登记的时间和顺序；尽可能多收集相关部门的基础信息，如公安部门的户籍人口及流动人口资料、卫生健康部门的出生人口、民政部门的死亡人口、物业管理的住户清单等，及时进行比对核实；做好对群众的宣传工作。

3.调查入户时，主动出示调查员证，表明身份，说明来意，化解调查对象的疑虑；向调查对象承诺保密义务，取得调查户的理解与配合。

4.调查登记期间，调查员应态度友善，表述清楚，适当解释，按照调查表填写说明进行登记，做到不漏、不错、不重。对审核错误的项目进行当场核实，发现问题要及时向调查指导员请示汇报，不得自作主张。

5.及时上报并备份每天登记完成且通过审核的调查数据，以防数据丢失。

6.及时对调查设备进行充电，保证登记顺利进行；如电子设备丢失或损坏，应立即报告调查指导员联系上级机构。

7.严格遵守保密规定。对各户申报的情况，必须保守秘密。严禁公开个人和家庭的登记资料。

六、登记、复查规则

（一）登记、复查、核查工作的组织

人口变动情况抽样调查的登记、复查、核查工作，由县级或乡级统计机构组织调查指导员和调查员，在社区和村（居）委会的协助下进行。登记与复查同步进行，时间为11月1日至11月15日，核查分为人员去向核查和生育情况核查，人员去向核查与登记同步进行，生育核查在登记结束后进行。

（二）登记工作

1.登记以户为单位，主要采取调查员持电子设备入户询问、现场填报的方式进行。

2.调查员、调查指导员进行入户登记时应出示调查员证或调查指导员证。

3.登记调查表时，应按照采集程序指引，对调查表中的各个项目进行逐项询问。填写按人登记的项目时，第一人应填户主，然后填报户主的配偶和其他关系的人。如果本户在2021年11月1日至2022年10月31日期间有死亡人口，还应填写死亡人口调查表。

4.登记完成后，调查员应将通过审核的信息，向申报人当面宣读，请调查对象签字确认，核对无误后上报数据。

5.调查员入户登记时，如住房清单与实际情况不符，应认真核查，并注意以下情况：

（1）如该住房经确认没有调查对象，应在采集程序中注明“空房”。

（2）同一住房单元可登记多个住户，如发现该住房内有新增住户，可在该住房单元界面下“新增”住户进行调查。如住户人数超过20人，可拆分为2个及以上住户。

（3）如住房单元内住户多次到访不遇或拒绝调查，调查员可在采集程序中注明原因后申请更换住房单元，经上级批准后，重新推送其他住房单元进行替换。

（三）复查工作

1.调查登记期间，调查指导员要及时组织调查员对登记的数据质量进行全面复查。

2.复查的内容。

调查员应结合行政记录资料，对登记数据进行全面检查，检查有无漏登户籍人口、流动人口、出生人口和死亡人口，重点核查以下方面：

（1）标注为“空户”的房屋是否有调查对象；

（2）抽中的住房内有无漏登住户的情况；

（3）登记的住户内有无漏登人口的情况；

（4）出生后存活不久即死亡的婴儿是否有漏登现象；

（5）新生婴儿的出生时间是否有前移或错后现象；

（6）户口在本户的外出人口是否有漏登现象；

（7）户口不在本户的外来人口是否有漏登现象；

（8）与行政记录等信息进行比对，反馈核实。

七、质量控制规则

（一）质量控制任务

1.控制、监督调查各阶段任务落实情况，梳理工作中存在的问题，收集、整理、分析工作质量情况。对具有共性的质量问题，及时向上一级统计机构汇报，防止出现系统性偏差。

2.在调查准备、调查登记阶段实行工作质量验收制度。对不符合质量验收标准的，验收时不予通过，由被验收单位返工后重新进行验收，直至达到规定质量验收标准。

（二）工作组织

人口变动情况抽样调查的质量控制工作，由各级统计机构组织开展。地方各级统计机构对本地区人口变动情况抽样调查工作质量全面负责，并对本级和下级调查业务工作质量负责。

（三）质量控制方法

人口变动情况抽样调查的质量控制采用检查、督导和验收等方式进行，并根据检查、督导和验收情况填写各阶段质量控制表。

（四）各阶段质量控制

1.调查准备阶段。各级统计机构应全面督导检查各调查区域准备工作情况，主要包括以下内容：

（1）检查人员、经费、设备落实情况。在开展调查前，应将调查人员、经费、设备等保障性资源配置到位，确保统计调查顺利进行。

（2）检查样本信息核实情况。对无法组织调查要求更换的调查区域进行实地检查，不得因调查难度大随意更换；对住房单元核查情况进行检查，包括填写的地址是否规范、清楚，住房内是否有人居住情况填报是否准确，新建建筑物是否进行了新增，拆除建筑物是否进行了删除。

（3）检查调查所需基础信息提供情况。各级调查机构应提前收集、整理公安、卫健、民政等相关行政管理资料，作为调查登记的参考。

（4）检查人员培训情况。各级调查机构应采取多种形式，自上而下开展调查方案、软件操作和现场调查技巧等方面的业务培训，并要确保培训效果。

2.调查登记阶段。各级调查机构应通过规范管理、强化责任、现场核查等手段，加强对调查员工作进度、工作质量的监督检查，保证源头数据质量。

2.1 质量检查

（1）检查人员要深入调查区域，了解掌握调查员的登记进度，防止只求登记数量而忽略登记质量的情况。要重点防止人口漏登和调查登记不入户、不认真询问照抄行政资料以及只登记有户籍的人却对外来人口不登记等情况的发生。

（2）要认真核实调查表的重点项目，包括2022年10月31日晚居住在本户人口；户口在本户，2022年10月31日晚未居住在本户的人口；样本户2021年11月1日至2022年10月31日期间的出生人口和死亡人口，避免重登、漏登；有年龄要求的项目，认真核实是否应该填报。

（3）对登记过程中改为空房的住房，应认真进行核查，如了解到实际有人居住，应督促调查员及时进行改正并登记。

（4）检查调查区域登记的人在户在人口比例是否符合实际，对于比例超过一定标准的村/社区开展全面检查，检查是否有外来人口或外出人口漏登；检查调查区域登记的户口待定人口比例是否符合实际，对于比例过大的村/社区开展全面检查。

（5）县级以上统计部门要在数据处理平台上对调查数据的合理性及真实性进行认真分析。

（6）根据相关部门提供的行政记录，核查死亡人口调查表的登记情况，特别注意不要遗漏全户死亡人口的信息。

（7）检查是否认真开展人员去向核查工作，本户调查对象（包括一年内死亡人口）是否进行了补登。

（8）检查是否认真开展生育核查工作，有生育的妇女生育情况是否填报完整。

2.2 质量验收

2.2.1住房单元核实质量验收

10月21日前，省级统计部门组织各地按照每个县级区域抽取1个村级样本的原则抽取样本核实质量验收样本区域。样本核实质量验收工作应于10月21日—10月25日开展，要对抽中村级样本全部住房单元开展样本核实质量验收。如验收不合格必须返工，直至达到规定的质量验收标准才能进入下一阶段工作。

验收通过标准为同时满足：验收表中的“建筑物差错率”指标差错率不高于5%，“有人居住的建筑物遗漏率”不高于5%，“住房单元差错率”指标不高于2%，“住房单元是否有人居住情况差错率”不高于2%，“有人居住的住房单元遗漏率”不高于2%。

（1）准备资料

验收组在平台上选择村级样本单位，打印《村级住房单元核实质量验收表》(附表1)。抽中村级样本工作人员要准备好普查时划分的《普查小区图》和相关行政记录资料。

（2）现场抽查

根据《普查小区图》，逐建筑物、逐房核实住房单元，核对《村级住房单元核实质量验收表》。

（3）现场确认验收结果

记录各验收指标的差错，统计差错情况。验收组负责人确认无误后，将情况反馈给被抽中村级单位所属乡级调查负责人，解释清楚后双方签字确认。

县级抽中的村级样本完成验收后，验收组要负责将各县验收结果填入《县级住房单元核实验收结果表》（附件2)，情况反馈给县级调查机构负责人，解释清楚后双方签字确认。

如差错率不符合验收通过标准，则该县级区域的住房单元核实工作要全面整改，然后再随机抽取一个村级样本进行验收，合格即予通过，如仍不合格再进行整改，直到达到规定的标准为止。

（4）验收结果上报

验收工作完成后，验收组要将验收结果和验收报告报送省级统计部门，并将相关资料进行留存。

2.2.2登记阶段质量验收

11月15日前，省级统计部门按照每个市级区域抽取2个县，每个县级区域抽取1个村级样本的原则抽取登记阶段质量验收样本区域。登记阶段质量验收工作应于11月16日—11月20日开展，要检查主要指标登记情况。如验收不合格必须返工，直至达到规定的质量验收标准才能进入下一阶段工作。

验收通过标准为同时满足：验收表中的“登记人数”与“户籍人数”指标差错率不高于5‰，“出生人口”与“死亡人口”指标为零差错。

（1）准备资料

验收组在平台上选择村级样本单位，打印《村级登记质量验收表》（附表3）。抽中村级区域工作人员要准备好普查时划分的《普查小区图》、住房样本清单和相关行政记录资料。

（2）现场抽查

根据《普查小区图》与验收表抽中的住户，逐户询问并将验收数据逐一填入《村级登记质量验收表》。

（3）现场确认验收结果

将验收数据与登记数据进行认真比对，记录各验收指标的差错情况。验收组负责人确认无误后，将情况反馈给被抽中村级单位所属乡级调查负责人，解释清楚后双方签字确认。

县级抽中的住户完成验收后，验收组要负责将各县验收结果填入《市级登记质量验收结果表》（附件4），情况反馈给县级调查机构负责人，解释清楚后双方签字确认。

如差错率不符合验收通过标准，则该市级区域的登记工作要全面整改，然后再随机抽取一个村级单位进行验收，合格即予通过，如仍不合格再进行整改，直到达到规定的标准为止。

（4）验收结果上报

验收工作完成后，验收组要将验收结果和验收报告报送省级统计部门，并将相关资料进行留存。

3.数据处理和数据评估阶段。国家统计局应检查各省是否按照统一的加权方法，对调查数据进行整理、加工、汇总，检查各级统计机构是否依照《统计法》规定，发布本级及分地区数据。在国家统计局发布全国性人口统计数据前，各级统计机构不得发布本地区或全国相关数据；国家统计局发布全国性人口统计数据后，各地应尽快发布本地区经国家统计局核定的数据；主要数据应以国家统计局反馈数据为准，不得发布和提供与国家统计局反馈数据不一致或仅供内部参考使用的数据。

（五）质量控制工作纪律

严格人口抽样调查各阶段工作纪律，任何工作人员不得篡改人口调查资料，不得指使调查员和申报人弄虚作假，违者将依法追究责任。

附表1.村级住房单元核实质量验收表

附表2.县级住房单元核实质量验收表

附表3.村级登记质量验收表

附表4.市级登记质量验收结果表

附表 1：

村级住房单元核实质量验收表

地址：________省(区、市)________ 市（地、州、盟）________县（市、区、旗）________乡(镇、街道）________村（居）委会

原填报信息						验收结果				差错数统计				
建筑物编号	建筑物名称	建筑物地址	住房单元编号	住房单元地址	是否有人居住	建筑物名称	建筑物地址	住房单元地址	是否有人居住	建筑物差错数	有人居住的建筑物遗漏数	住房单元差错数	是否有人居住情况差错数	有人居住的住房单元遗漏数
(1)	(2)	(3)	(4)	(5)	(6)	(7)	(8)	(9)	(10)	(11)	(12)	(13)	(14)	(15)

（1）-（6）为从系统导出原核实数据

（7）-（10）根据验收情况，无错不需修改，有错填写正确结果，有遗漏时，需补充填写。

（11）=地址或名称有差错的建筑物数量，标准为无法识别或造成混淆。

（12）=遗漏的有人居住的建筑物数量。

（13）=地址或名称有差错的住房单元数量，标准为无法识别或造成混淆。

（14）=住房单元是否有人居住情况错误的数量，既包括有人居住标记为无人居住，也包括无人居住标记为有人居住。

（15）=遗漏的有人居住的住房单元数量。

附表 2：

县级住房单元核实质量验收表

地址：________省(区、市)________ 市（地、州、盟）________县（市、区、旗）

基础信息				差错数					差错率				
村级验收样本代码	村级验收样本名称	有人居住的建筑物数量	有人居住的住房单元数量	建筑物差错数	有人居住的建筑物遗漏数	住房单元差错数	住房单元是否有人居住情况差错数	有人居住的住房单元遗漏数	建筑物差错率	有人居住的建筑物遗漏率	住房单元差错率	住房单元是否有人居住情况差错率	有人居住的住房单元遗漏率
(1)	(2)	(3)	(4)	(5)	(6)	(7)	(8)	(9)	(10)	(11)	(12)	(13)	(14)

（3）-（4）由系统导出确定

（5）-（9）根据村级住房单元核实质量验收表统计

（10）=（5）/（（3）+（6））

（11）=（6）/（（3）+（6））

（12）=（7）/（（4）+（9））

（13）=（8）/（（4）+（9））

（14）=（9）/（（4）+（9））

附表 3：

村级登记质量验收表

地址：________省(区、市)________ 市（地、州、盟）________县（市、区、旗）________乡(镇、街道）________村（居）委会

户编号	被抽查户的登记结果				被抽查户的抽查数												差错数合计			
	登记人口	户籍人口	出生人口	死亡人口	登记人口			户籍人口			出生人口			死亡人口			登记人口	户籍人口	出生人口	死亡人口
					人数	多报	少报	人数	多报	少报	人数	多报	少报	人数	多报	少报				
编号	(1)	(2)	(3)	(4)	(5)	(6)	(7)	(8)	(9)	(10)	(11)	(12)	(13)	(14)	(15)	(16)	(17)	(18)	(19)	(20)
合计																				

注：（17）=（6）+（7）、（18）=（9）+（10）、（19）=（12）+（13）、（20）=（15）+（16）

填表人：　　　　　　　　　　　　　　验收组负责人：

　　　　　　　　　　　　　　　　　　所在乡级单位负责人：

日　期：　　　　年　　月　　日

附表4：

市级登记质量验收结果表

地址：＿＿＿＿＿省(区、市)＿＿＿＿＿ 市（地、州、盟）

地　区	登记人口		户籍人口		出生人口		死亡人口	
	差错数	抽查数	差错数	抽查数	差错数	抽查数	差错数	抽查数
合计								
指标差错率（注）								
验收通过标准	≤5‰		≤5‰		0差错		0差错	
验收是否通过								

注：

$$\text{指标差错率}=\frac{\text{该指标差错数合计数}}{\text{该指标抽查数合计数}}$$

填表人：　　　　　　　　　　　　　　　　验收组负责人：

被抽中县级单位负责人：

日　期：　　　年　　月　　日

八、附件

（一）国家样本抽样方案

2022年人口变动情况抽样调查样本在第七次全国人口普查建立的样本框中，按照年度样本轮换原则进行抽取。

（一）抽样设计原则

1.样本设计以科学性为原则，同时兼顾可操作性。在保证抽样科学性的前提下，适当考虑各地区实际情况的差异。

2.村级单位一般以第七次全国人口普查划分的地域为准，对于人口规模过大或过小的村级单位，采取切割或合并地域的方式进行抽样。

3.对2021年至2024年全国人口变动情况抽样调查进行为期四年的周期样本设计。2021年统一抽取四年的样本。在四年调查周期内，调查样本按照一定比例进行轮换。

4.整合资源，做好国家点和省级扩点样本数据的衔接。国家将以全国人口变动情况抽样调查样本设计为基础，整合资源，统一国家和省级扩点样本的抽样方法，做好国家和省级扩点样本的衔接工作。

（二）调查设计样本量

按将全国人口出生率、死亡率的抽样估计在置信度为95%的相对误差限控制在3%以内；各省人口出生率的相对误差限控制在10%左右；死亡率的相对误差限控制在15%左右的设计目标，全国人口变动情况抽样调查设计样本量约为140万人。

各省调查的样本量原则上按与各省第七次全国人口普查的常住人口数的平方根成正比进行分配。各省具体设计样本量见附表。

（三）国家样本抽样方法

人口抽样调查以全国为总体，以各省（自治区、直辖市）（以下简称省）为子总体。全国分省（自治区、直辖市）采取多阶段、分层、概率比例抽样方法，最终抽样单位为住户，每4个住户为一个住户组。

采用两阶段抽样的方法，第一阶段抽取村级样本，第二阶段抽取住户组。在人口普查分村汇总结果中整理村级样本抽样框，抽取村级样本，在村级样本住房单元列表中抽取住户组样本。

1.村级单位分层。充分利用人口普查和上年度社区表的资料，对所有村级单位进行分层。分层指标包括村级单位及其所在的县级单位社会经济发展指标及地理地形标志，村级单位城乡属性（分7层）或根据本地情况考虑非农业人口比重、出生率、死亡率和流动人口、集体户人口等分层指标。分层的原则应尽可能使层内各单位之间异质性小，各层间异质性大。

2.超规模村级单位分块。分层完毕后，对超过指定规模的村级单位的普查小区进行分块，形成村级样本抽样框。

3.层内抽取村级样本。各层按等距方法抽取村级样本，其中各层抽取样本数按该层住房单元总数占子总体住房单元总数的比例分配。

4.核实建筑物和住房单元。对抽中村级样本内的所有建筑物和住房单元，进行居住情况的核实、增减。

5.根据核实结果抽取村级样本内的住户组样本及备用样本。

（四）省级样本的抽取。

省级样本的分层、分块与国家样本同时进行。层内抽取村级样本层时，需先汇总分地（或分县）各层抽中国家样本数，再补充抽取各地（或县）、各层的省级样本。核实建筑物和住房单元及抽取住户组操作与国家样本同时进行。

附表　2022 年人口变动情况抽样调查设计样本量

地　区	样本量（万人）	村级样本（个）	住户（个）
合　计	**140.0**	**12500**	**500000**
北　京	3.5	313	12520
天　津	3.5	313	12520
河　北	6.0	536	21440
山　西	4.2	375	15000
内　蒙	3.5	313	12520
辽　宁	4.6	410	16400
吉　林	3.5	313	12520
黑龙江	4.0	357	14280
上　海	3.6	320	12800
江　苏	6.0	536	21440
浙　江	5.6	500	20000
安　徽	5.5	490	19600
福　建	4.5	402	16080
江　西	4.7	420	16800
山　东	6.0	536	21440
河　南	6.0	536	21440
湖　北	5.3	473	18920
湖　南	5.7	509	20360
广　东	6.0	536	21440
广　西	5.0	446	17840
海　南	3.5	313	12520
重　庆	4.0	357	14280
四　川	6.0	536	21440
贵　州	4.4	393	15720
云　南	4.8	429	17160
西　藏	2.0	179	7160
陕　西	4.4	393	15720
甘　肃	3.6	320	12800
青　海	3.5	313	12520
宁　夏	3.5	313	12520
新　疆	3.6	320	12800

（二）各民族名称代码

01	汉族	30	土族
02	蒙古族	31	达斡尔族
03	回族	32	仫佬族
04	藏族	33	羌族
05	维吾尔族	34	布朗族
06	苗族	35	撒拉族
07	彝族	36	毛南族
08	壮族	37	仡佬族
09	布依族	38	锡伯族
10	朝鲜族	39	阿昌族
11	满族	40	普米族
12	侗族	41	塔吉克族
13	瑶族	42	怒族
14	白族	43	乌孜别克族
15	土家族	44	俄罗斯族
16	哈尼族	45	鄂温克族
17	哈萨克族	46	德昂族
18	傣族	47	保安族
19	黎族	48	裕固族
20	傈僳族	49	京族
21	佤族	50	塔塔尔族
22	畲族	51	独龙族
23	高山族	52	鄂伦春族
24	拉祜族	53	赫哲族
25	水族	54	门巴族
26	东乡族	55	珞巴族
27	纳西族	56	基诺族
28	景颇族	97	未定族称人口
29	柯尔克孜族	98	入籍

（三）宣传提纲

2022年11月1日国家统计局将在全国组织人口变动情况抽样调查。人口变动情况抽样调查可以帮助政府了解我国人口的数量、区域分布、出生、死亡、迁移、受教育程度等基本情况，以便于更好地为人民群众提供教育、医疗卫生、劳动就业、社会保障等方面的服务。

一、什么是人口变动情况抽样调查

人口变动情况抽样调查是抽样调查，也就是从全国所有人口中抽出约1‰的人，通过对他们的一些基本情况的了解，来推算全国人口的情况。

人口变动情况抽样调查除了解人口性别、年龄、受教育程度等基本属性外，还要了解人口的出生、死亡、迁移等情况，以便于推算全国的出生率、死亡率、总人口及地区分布等情况。同时，为了更好地服务民生，国家统计局每年还会根据人口变化趋势和政府规划需要、社会关注热点调整调查内容。

二、为什么要进行人口变动情况抽样调查

人口变动情况抽样调查所了解的情况，是国家制定经济社会发展规划和各项政策的基本依据。因此，做好这项调查的意义十分重大。

1.有助于政府了解最基本的国情和民情

对一个国家来讲，总人口有多少，少年儿童和老年人有多少，劳动年龄人口有多少，人口的地区分布等都是最基本的国情。人口变动情况抽样调查作为专门收集这方面数据的专项调查，可以最直接、最便捷地把这些情况反映给政府，以便于政府及时了解人口变化情况并根据变化及时优化完善相关政策措施。

2.有利于国家制定更加科学的人口发展、教育、社会保障等政策措施

教育、医疗、养老等是老百姓最关心的，人口变动情况抽样调查所调查的内容，恰恰反映的是广大人民群众最关心的问题。通过进行人口变动情况抽样调查，可以让政府及时了解这些情况，有利于政府制定更加科学的规划和政策。

三、如何组织人口变动情况抽样调查

人口变动情况抽样调查是国家统计局直接组织的抽样调查。国家统计局从全国所有住户中按照大约1‰的比例抽取出部分住户，组织调查员进入这些家庭，了解其家庭成员和居住在这些家庭中的其他人的情况，并填写调查表，最后由国家统计局根据这些调查资料，推算出全国的情况。

本次人口变动情况抽样调查标准时间为2022年11月1日零时。

根据《中华人民共和国统计法》的规定，所有参与调查的单位和工作人员，都必须为所有被调查户提供的家庭或个人信息保密，任何情况下，不得向任何单位或个人泄露。

人口变动情况抽样调查是抽样调查，只供国家统计局和各省（自治区、直辖市）统计局推算全国和各省（自治区、直辖市）总体数据，不作为评价地（市）及以下各级政府有关工作的依据。

劳动力调查制度主要内容

（2022年定期统计报表）

一、总　说　明

（一）调查目的

为及时、准确地反映我国城乡劳动力资源、就业和失业人口的总量、结构和分布情况，为政府准确判断就业形势，制定和调整就业政策，改善宏观调控，加强就业服务提供依据，根据《国务院办公厅关于建立劳动力调查制度的通知》（国办发〔2004〕72号）以及国务院办公厅转发国家统计局等四部门关于加强分省劳动力调查工作的要求，制定劳动力调查方案。

（二）调查频率和范围

劳动力调查的频率为月度。

调查范围是我国31个省（区、市）的城镇和乡村地域。

（三）登记对象

劳动力调查以户为单位进行登记，既调查家庭户，也调查集体户。应在被抽中户中登记的人是：

1.调查时点居住在本户的人；

2.本户户籍人口中，已外出但不满半年的人。

（四）调查项目

劳动力调查项目分为住户信息、个人信息、工作情况和无工作情况4个模块。

1.住户信息模块

户别、调查时点居住在本户的人口数、本户户籍人口中外出但不满半年的人口数。

2.个人信息模块

姓名、与户主关系、性别、出生年月、户口登记地、住本户时间、户口所在家庭是否有农村土地承包经营权、婚姻状况、受教育程度、毕业时间。

3.工作情况模块

您在调查时点前一周：是否为取得报酬工作过1小时以上、是否有工作但没上班、有工作但没上班的主要原因、1个月内是否会返回原工作、是否帮助家人生产经营无报酬工作1小时以上、是否有兼职、总共工作时间、主要工作时间、当前主要工作已干了多长时间、主要工作如何得到的、行业、职业、工作单位或生产经营活动类型、就业身份类型、是否签订劳动合同、是否缴纳社保、是否有带薪休假、是否主要依靠平台或中间商的订单进行生产或服务、是否是公司或个体经营的创建者、创建时间、创建单位从业人数、上月工作报酬或经营净收入、是否通过互联网开展或承接业务、是否想为增加收入工作更长时间、如有机会工作更长时间能否在2周内开始工作。

4.无工作情况模块

是否具有劳动能力、近3个月是否找过工作、找工作主要方式、已找工作多长时间、不找工作的主要原因、如有合适的工作能否在2周内开始工作、暂时不能开始工作的主要原因、是否想工作、上一份工作结束时间、结束上一份工作的主要原因、上一份工作行业、上一份工作职业。

（五）调查时点

劳动力调查的标准时间为每月10日零时，入户登记时间为每月10日-16日。2022年2月份标准时间为15日零时，入户登记时间为15日-20日；10月份标准时间为15日零时，入户登记时间为15日-21日。

（六）抽样方法和样本量

具体详见本制度第四部分《抽样方案》。

（七）调查的组织实施

1.各级统计机构工作职责

国家统计局的职责。国家统计局人口和就业统计司负责劳动力调查方案的制定；负责各省（区、市）村级样本单位和样本户的抽取工作；负责与数管中心共同完成数据采集PAD程序和数据处理平台的研制；负责数据质量控制；负责全国和各省（区、市）调查数据的加权汇总；负责全国调查失业率相关数据的发布和解读工作。

各调查总队的职责。各省（区、市）调查总队相关处室负责指导抽中样本点的市级/副省级、县级统计调查机构完成样本点核实、摸底、样本框编制及维护工作；负责市级/副省级、县级统计调查机构人员的培训和调查业务指导；负责指导市级/副省级、县级统计调查机构做好调查员的选聘、培训和管理工作；负责数据质量控制；负责调查数据的审核、验收；负责本省（区、市）调查失业率相关数据的发布和解读工作；负责市级/副省级、县级统计调查机构业务工作考核。

市（地、州、盟）调查队的职责。各市（地、州、盟）调查队相关处/科室负责指导各县级统计调查机构做好调查员的选聘、培训和管理工作；负责指导各县级统计调查机构完成样本点核实、摸底、样本框编制工作；负责样本点维护管理工作；负责指导调查数据的编码、审核、验收；负责各县（市、区、旗）数据质量控制；负责将本市（地、州、盟）内所有县（市、区、旗）劳动力调查专业年度考核意见提供给调查总队和省统计局。

县（市、区、旗）调查队以及未设国家调查队的抽中县（市、区、旗）统计局的职责。负责调查员的选聘、培训和管理工作；负责指导调查员完成样本点核实、摸底、样本框编制工作；负责样本点维护管理工作；负责本辖区数据质量控制；负责本辖区调查数据的编码、审核、验收。

2.调查员的选聘、培训和管理

调查员的选聘。调查员主要从政府统计系统和基层组织人员中选调，也可从社会上招聘。调查员的数量，原则上一个居（村）委会至少配备一名调查员。

调查员的培训和管理。各级统计调查机构要加强对调查员的培训，应尽可能减少培训层级，以提升培训效果，年度培训由市（地、州、盟）调查队直接对调查员进行。在培训过程中，除对调查项目和样本核实方法进行讲解外，还应注重加强对调查技巧的培训。调查员变动时，必须对新任调查员进行业务培训，不得由未经培训的人员承担调查任务。各级统计调查机构要加强对调查员工作的监督检查。

3.宣传工作

入户登记前，要在社区张贴由国家统计局统一印制的劳动力调查公告，并将《致调查户的一封信》发放至调查户；入户登记时，要将宣传品发放至调查户。

4.样本核实和入户登记

入户登记前，调查员对应调查的住户样本进行核实，如有变动应根据相关规则申请更换。入户登记时，要对被抽中的所有住户（住房单元）进行入户调查，对应在本户登记的人口不得漏登，对调查项目要仔细询问，认真核对，确保调查数据的质量。调查结束，完成逻辑审核后及时上报数据。

5.质量控制

各级统计调查机构要做好全流程质量控制，规范调查基础工作，可采取电话核查、入户陪访、回访等形式加强督导检查。要严格数据审核，随报随审，对审核发现的疑点数据要再次核实确认。

6.行业、职业编码

入户登记完成后，市县统计调查机构在联网直报平台上，对调查员填写的行业、职业信息进行编码。

7.资料报送

每月25日前，各调查总队要将本月调查数据评估情况，调查工作基本情况报国家统计局人口和就业统计司。

8.调查表中劳动报酬数据的使用

本调查中的劳动报酬数据仅供国家统计局分析就业质量时内部使用，各级统计调查机构不得对外提供。

（八）数据采集、报送和数据处理

劳动力调查使用手持电子移动终端（PAD）进行样本管理、任务分配和数据采集，并由调查员利用PAD通过联网直报平台（简称：平台）将调查数据直接报送到国家统计局。上述各项工作时间节点安排如下：

1.每月3日17：00前，调查员在PAD上接收当月调查样本清单。

2.每月9日17：00前，调查员完成住户样本核实。

3.每月10-16日，调查员持PAD入户调查登记。

4.每月15-19日，市县统计调查机构在平台上进行行职业编码，县级、市级/副省级、省级统计调查机构进行调查数据审核，并自下而上逐级完成调查数据验收。

5.每月20-25日，国家统计局人口和就业统计司进行调查数据审核、验收。

6.每月26-30日，国家统计局人口和就业统计司进行数据评估、加权汇总。

如遇节假日调查时点调整，时间节点做相应变动，以人口和就业统计司通知为准。

PAD及平台使用方法详见《劳动力调查数据采集操作手册》《劳动力调查平台操作手册》。

二、调 查 表 式

劳动力调查表

劳动力调查主要目的是了解全国城乡人口的就业失业信息。根据《中华人民共和国统计法》的规定，公民有义务提供国家统计调查所需要的情况；调查人员对公民提供的信息负有保密义务。

表　　号：R 2 0 1 表
制定机关：国 家 统 计 局
文　　号：国统字〔2021〕117 号
有效期至：2 0 2 3 年 1 月

20　年　月

本户应登记的人：

调查时点居住在本户的人；

本户户籍人口中外出不满半年的人。

本户地址：______省（区、市）________市（地、州、盟）________县（市、区、旗）________乡（镇、街道）________居委会（村委会）________住户组________户编号

一、住户信息

1. 您家是：
   ①家庭户
   ②集体户
2. 您家在本月 10 日零时住了几个人？
   共_____人
   　　其中：男___人
   　　　　　女___人
3. 您家户籍人口中在本月 10 日零时外出不满半年的有几个人？
   共_____人
   　　其中：男___人
   　　　　　女___人

二、个人信息

1. 您的姓名是：________
2. 您与户主是什么关系？
   ①户主（本户登记的第一人填报户主）
   ②配偶
   ③子女、媳婿
   ④父母、岳父母、公婆
   ⑤祖父母
   ⑥孙子女
   ⑦兄弟姐妹
   ⑧其他关系
3. 您的性别是：
   ①男
   ②女
4. 您的出生年月是：
   ______年______月（______周岁）
   （年龄<16周岁，调查结束）
5. 您户口登记地在哪里？
   ①本乡（镇、街道），并住在本户 →问题7
   ②本乡（镇、街道），离开本户不满半年 →问题7
   ③本县（市、区、旗）其他乡（镇、街道）
   ④本市（地、州、盟）其他县（市、区、旗）
   ⑤本直辖市其他县（区）
   （如果本户地址在直辖市或设区市的区，且选③④⑤→问题5.1）
   ⑥本省（区）其他市（地、州、盟）
   ⑦外省（区、市）
   ⑧户口待定 →问题7
   （根据本户地址，如果在直辖市，选项④⑥置灰；如果在非直辖市，选项⑤置灰；）
   5.1 您户口登记地在本市市辖区吗？
   a. 是
   b. 否
6. 您住本户多长时间了？
   ①不满半年
   ②半年以上 →问题7
   6.1 您离开户口登记地多久了？
   ①不满半年
   ②半年以上
7. 您户口所在的家庭是否有农村土地承包经营权？
   ①有
   ②没有
8. 您的婚姻状况是：
   ①未婚
   ②有配偶

③离婚
④丧偶
9. 您的受教育程度是:
①未上过学
②小学
③初中
④普通高中
⑤中等职业教育
①②③④⑤→问题 10
⑥高等职业教育
⑦大学专科
⑧大学本科
⑨研究生
9.1 (如果问题 9 选⑥⑦⑧并且年龄为 16 到 29 岁，或问题 9 选⑨并且年龄为 20 到 34 岁，继续回答问题 9.1；其他→问题 10)
您的毕业时间是:
_____年_____月

三、工作情况

10. 您在本月 3 日-9 日是否为取得报酬工作过 1 小时以上（包括打零工、兼职）？
①是 →问题 15
②否
11. 您在本月 3 日-9 日是否有工作但没上班/干活？
①是
②否 →问题 14
12. 您有工作但没上班/干活的主要原因是什么？
①请病假/事假（包括探亲、婚丧、工作交接等假）
②节假日/公休假休息
③休产假/陪产假
④在职学习培训
①②③④→问题 15
⑤临时停工
⑥经济不景气放假
⑦发生劳动争议或劳务纠纷
⑧其他（请注明）
13. 从未上班算起，您 1 个月内是否会返回原工作？
①是 →问题 15
②否
③不确定
②③→问题 13.1
13.1 您未上班期间是否有工资或经营收入？
a. 是 →问题 15
b. 否

14. 您在本月3日-9日是否帮助家人/亲戚以营利为目的的生产经营，做过1小时以上没有报酬的工作？

①是 →问题16

②否 →问题29

15. 您在本月3日-9日有几份工作（包括兼职、在职未上班、无酬家庭帮工等）？

①1份

②2份及以上→问题15.1（如果问题12选①-④，或问题13选①，或问题13选②或③且问题13.1选a，→问题17）

15.1 您在本月3日-9日，总共工作了多少小时（所有工作都算，包括加班时间，扣除请假时间）？

______小时

16. （如果问题12选①-④，或问题13选①，或问题13选②或③且问题13.1选a，→问题17）

您的主要工作（通常指工作时间最长，或被调查者自己认定）在本月3日-9日工作了多少小时？

______小时

17. 您的主要工作已经干了多长时间？

①不满1个月

②1个月以上，不满3个月

③3个月以上，不满半年

④半年以上，不满1年

⑤1年以上，不满3年

⑥3年以上

18. 您的这份工作是如何得到的？

①自己寻找（包括参加招考、自主创业）

②亲戚朋友介绍

③社区或政府安排

④参与家庭经营（包括经营承包地、无酬家庭帮工）

⑤其他（请注明）

19. 您所在单位/个体经营户主要生产或经营活动是什么？

单位/个体经营户详细名称：______

单位/个体经营户主要产品或服务：______

20. 您具体做什么工作？

______

21. 您的工作单位或生产经营活动属于哪种类型？

①机关团体事业单位

②国有及国有控股企业

③集体企业

④私营企业

⑤外商、港澳台投资企业

⑥农民专业合作社

⑦其他类型单位

⑧非农个体经营户

⑨经营农村家庭承包地（家庭农林牧渔生产经营活动）

⑩农业专业大户

⑪农村民俗体验户

⑫自由职业/灵活就业

22. 您的就业身份属于以下哪种类型？（如果问题21选①-③，则默认为①，→问题23）

①雇员

②雇主（包括雇佣临时雇员）→问题25

③自营者（没有雇员）→问题24

④无酬家庭帮工 →问题27

23. 您是否与单位或雇主签订了劳动合同？

①是

23.1 签订了什么类型的劳动合同？

a. 无固定期限合同（包括非聘用制公务员）

b. 有固定期限合同

c. 以完成一定工作任务为期限的合同

23.2 单位或雇主是否给您缴纳社保（“五险一金”任何一种）？

a. 是

b. 否

23.3 您是否有带薪休假？

a. 是

b. 否

→问题26

②否

24. （如果问题21选①→问题26）

您本人（非单位）是否主要通过线上或线下中间商的订单进行生产或服务（如滴滴司机、外卖骑手、来料加工等计件生产或服务）？

①是

②否

25. （如果问题21选⑫或问题22选①雇员，→问题26；如果问题21选⑨，→问题27）

您是否是所在公司/个体经营的创建者（包括合伙创建者）？

①是

25.1 哪年创建的？

a. 1年内

b. 1-2年内

c. 2-3年内

d. 3年前 →问题26

25.2 目前有多少从业人员（包括本人、合伙人、雇员、无酬家庭帮工）？

______人

②否

26. （如果问题21选⑩且问题22选②-④，→问题27）

您上月工作报酬或经营净收入是多少（包括奖金、个人缴纳部分的社保、实物折价。工作不足一个月的，按合同、协议或相关规定填报）？

________ 元

27. 您本人是否有通过互联网开展或承接的业务（包括主要工作和其他工作）？

①是

②否→问题28

27.1 主要从事以下哪一类？

a.承接生产订单（按照订单要求进行实物生产）

b.商品交易（如微商、淘宝、微信群或朋友圈卖货）

c.金融服务（如互联网小额贷款、互联网保险代理）

d.用车服务（如快车、专车、代驾）

e.物流服务（如送外卖、快递、货运、跑腿、代办）

f.生活服务（如餐饮、家政、家庭旅馆、农家乐、住房装潢维修）

g.知识、技能、娱乐、广告等线上服务（如网络教育、咨询服务、网络编辑、网络维护、软件编程、游戏服务、制作短视频等）

h.网络直播（如直播带货、才艺展示赚取打赏费等）

i.中介服务（如网上职业介绍、房产租赁买卖中介、婚姻中介、商品交易中介）

j.其他（请注明）

28. 您为增加收入是否想工作更长时间（包括加班、兼职、更换工作等）？

①想

28.1 如果有工作机会，能在2周内开始工作更长时间吗？

a.能

b.不能

②不想

（调查结束）

四、无工作情况

29. 您是否有劳动能力？

①是

②否（**调查结束**）

30. 您近3个月是否找过工作？

①是

30.1 您主要通过以下哪种方式找过工作？

a.为自己经营做准备

b.为找到工作参加培训、实习、招考

c.委托亲戚朋友介绍

d.查询招聘网站或广告

e.直接联系雇主或单位

f.联系就业服务机构

g.参加招聘会

h.其他（请注明）

→问题31

②否

30.2 您是否在等待未来3个月内会开始的工作（不包括农业季节性歇业）？

a.是

b. 否　如果年龄≤80，→问题 32；如果年龄>80，调查结束

31. 您从开始找工作（或等待未来 3 个月内会开始的工作）已经多长时间了？

______月 →问题 33

32. 您不找工作的主要原因是什么？

①参加学习培训（含在校生）
②健康或身体原因
③认为找不到合适的
④有生活保障（有养老金、租金等收入）
⑤照顾家庭
⑥其他（请注明）

33. 如有非常适合的工作机会（如时间、地点、收入等都满意），您能在 2 周内开始工作吗？

①能 →问题 34
②不能

33.1 为什么不能？

a. 参加学习培训
b. 健康或身体原因
c. 照顾家庭
d. 其他（请注明）

34. 您现在想工作吗？（问题 30 选①或问题 30.2 选 a，则问题 34 默认选①，→问题 35）

①想
②不想

35. 您上一份工作结束多长时间了？

①不满 1 个月
②1 个月以上，不满 3 个月
③3 个月以上，不满半年
④半年以上，不满 1 年
⑤1 年以上，不满 3 年
⑥3 年以上
⑦从没工作过（调查结束）

36. 您结束上一份工作的主要原因是什么？

①退休
②健康或身体原因
③照顾家庭
④参加学习培训
⑤对上份工作不满意
⑥上份工作任务完成（包括打零工）
⑦被解聘
⑧季节性歇业
⑨单位/个体经营户停产倒闭
⑩承包土地被征用或流转
⑪其他（请注明）

（如果问题 30 选①或问题 30.2 选 a，且问题 33 选①，问题 35 选①-⑥，→问题 37；否则，调查结束）

37. 您上一个工作单位/个体经营户主要生产或经营活动是什么？

单位/个体经营户详细名称：＿＿＿＿＿

单位/个体经营户主要产品或服务：＿＿＿＿＿

38. **您上一个工作具体做什么？**

＿＿＿＿＿＿＿

（调查结束）

调查员（签字）：＿＿＿

申报人（签字）：＿＿＿　　　　　　　　申报人在本户人记录中的编码：＿＿＿

本户电话：＿＿＿＿＿＿

填报日期：20　年　　月　　日

三、填 表 说 明

（一）应在本户登记的人

应在本户登记的人是：调查时点居住在本户的人；本户户籍人口中已外出，但不满半年的人。

（二）调查的标准时间

调查的标准时间为：每月10日零时。

调查参考周为：调查时点前的7天，即每月3-9日。

如遇春节、“十一”等长假期，调查标准时间和调查参考周将做相应调整。

（三）指标解释及填写说明

住户信息

调查户包括家庭户和集体户。调查户的地址每月推送至调查员的账户。户编号是每一住户组中按户的顺序给予的编号，PAD中户编号按规则自动生成。每一住户组中，每户对应一个户编号，且只对应一个户编号。如果登记时一个住址中有不止一户，其中一户按原编号填写，其他户续编在本组所有户的后面，点击PAD “增户”自动生成。首月登记时，要保证完成推送的样本数量，如果住址无人居住是空户，要向县级统计调查机构申请从备选样本中递补，PAD会按要求推送递补户及户编号；次月登记时，如果原有住户已搬走，新的住户未搬来，成为空房户，做“空户”处理，不需要申请递补。

1.您家是：

①家庭户

是指以家庭成员关系为主的人口，或者还有其他人口，居住一处共同生活，作为一个家庭户。单身居住独自生活的也作为一个家庭户。居住生活在同一家庭户的人，无论有无户口，无论是登记在几个户口本上，都应该登记为一户。

②集体户

是指相互之间没有家庭成员关系，集体居住在同一房间的人，作为一个集体户。集体居住在机关、团体、学校、工厂、矿山、工地、农场、公司、商店、医院、托儿所、敬老院、寺院、教堂等单位的集体宿舍及其他住所共同居住的人口，每间住房作为一个集体户登记。从事各种流动作业而集体居住的人口，每间住房也作为集体户登记。

2.您家在本月10日零时住了几个人？

指调查时点居住在本户的人口，分别填写合计、男、女人数。

本户人口中因出差、旅游、探亲、夜班或生病住院等原因临时外出，调查时点未在家中居住的家庭成员，视为在家中居住，应在本户登记。

在外工作或学习，每周或每月返回家中居住的家庭成员，也应视为在家中居住，在本户登记。

3.您家户籍人口中在本月10日零时外出不满半年的有几个人？

指本户户籍人口中，调查时点未居住在本户，但离开本乡（镇、街道）不满半年的人口，分别填写合计、男、女人数。不包括已成家分户居住的人、挂靠本户户口的人。

个人信息

1.您的姓名是:

填写被登记人的正式姓名。

2.您与户主是什么关系?

指被登记人与本户户主的关系。根据申报人的回答据情圈填。申报人不是户主的,注意不要将被登记人与申报人的关系当作与户主的关系。

本项设有8个选项:

①户主。指按家庭日常生活习惯确定的户主。本户登记的第一人填报户主。

②配偶。指户主的妻子或丈夫。如果户主的配偶也在本户登记,应登记为第二人。

③子女、媳婿。指户主的子女、媳婿。

④父母、岳父母、公婆。指户主的父母或继父母、养父母,户主配偶的父母或继父母、养父母。

⑤祖父母。指户主或配偶的祖父母、外祖父母、曾祖父母、外曾祖父母。

⑥孙子女。指户主的孙子女、外孙子女、孙媳婿、外孙媳婿、重孙子女、重孙媳婿、重外孙子女、重外孙媳婿。

⑦兄弟姐妹。指户主及其配偶的兄弟姐妹以及他们的配偶。

⑧其他。指本户除以上7种人以外的成员。

集体户的第一人登记为户主,本户其他成员与户主关系一律登记为⑧其他。

3.您的性别是:

根据申报圈填。

①男

②女

4.您的出生年月是:

指被登记人的出生年月,用阿拉伯数字填写。

出生年月按公历填写,只知道农历的,要换算成公历。按照一般规律,农历的月份与公历的月份相差一个月左右,换算时农历月份加1即可作为公历月份,但要注意农历12月应当是公历下一年的1月。

出生年月可参考户口簿或居民身份证,不一致的,应认真核对。

如果被登记人不满16周岁,此人调查结束。

5.您户口登记地在哪里?

指被登记人的户籍所在地。

本项设有8个选项:

①本乡(镇、街道),并住在本户。指户口登记地在本乡(镇、街道),现住在本户。圈填此选项的人,跳填问题7。

②本乡(镇、街道),离开本户不满半年。指户口登记地在本乡(镇、街道),离开本户不满半年。圈填此选项的人,跳填问题7。

③本县(市、区、旗)其他乡(镇、街道)。指户口登记地在本县(市、区、旗)的其他乡(镇、街道)。

如果本户地址在直辖市或设区市的区，圈填此选项的人，要回答问题5.1。

④本市（地、州、盟）其他县（市、区、旗）。指户口登记地在本市（地、州、盟）的其他县（市、区、旗）。

如果本户地址在直辖市，本选项在PAD程序中置灰不填；如果本户地址在设区市的区，圈填此选项的人，要回答问题5.1。

⑤本直辖市其他县（区）。指户口登记地在本直辖市的其他县（区）。

如果本户地址在非直辖市，本选项在PAD程序中置灰不填；如果本户地址在直辖市的区，圈填此选项的人，要回答问题5.1。

⑥本省（区）其他市（地、州、盟）。指户口登记地在本省（区）的其他市（地、州、盟）。

如果本户地址在直辖市，本选项在PAD程序中置灰不填。

⑦外省（区、市）。指户口登记地在外省（区、市）。

⑧户口待定。指在任何地方都没有登记户口的人。包括手持户口迁移证、出生证、退伍证、刑满释放证。圈填此选项的人，跳填问题7。

5.1您户口登记地在本市市辖区吗？

调查户地址位于直辖市或设区市的区，且问题5选③④⑤的人回答此项。

a.是。指户口登记地在所在市的市辖区范围内。

b.否。指户口登记地在所在市，但不在市辖区范围之内。

6.您住本户多长时间了？

指被登记人住本户的时间。

本项设有2个选项：

①不满半年。指住本户时间不到半年。

②半年以上。指住本户时间半年以上。圈填此项的人，跳填问题7。

6.1您离开户口登记地多久了？

指被登记人离开户口登记地的时间。住本户不满半年的人回答此项。

本项设有2个选项：

①不满半年。指离开户口登记地不到半年。

②半年以上。指离开户口登记地半年以上。

7.您户口所在的家庭是否有农村土地承包经营权？

农村承包土地是指农村集体所有或国家所有、依法由农民使用的土地，包括耕地、林地、草地以及其他依法用于农业的土地。土地承包人或其所在家庭对依法承包的上述土地拥有占有、使用和一定处分的权利。拥有土地承包经营权的人或家庭，目前可能实际经营承包地，也可能因各种原因不再经营承包地，而以转包、转让、出租、入股、托管等方式已出让了所承包土地的经营权。

本项设有2个选项：

①有。指本人户口登记地在农村地区或以前的农村地区，本人或所在家庭曾经是农业户口，目前本人户口所在的家庭拥有土地承包经营权。这里的家庭指本人户口所在的家庭，以户口本为标志。本人另立户口本的，则按本人情况填报。

关于国有农场的农用土地承包。国有农场与农村有很大区别，国营农场属于国有资产的一部分，国有农场农业职工是企业职工，执行企业职工养老等社保政策，在职时要按规定交纳社会保险金，农业职工承包土地有的也要按规定收取一定的土地承包费。因此，这里所说的农村土地承包权不包括国有农场。

②没有。指目前本人户口所在的家庭没有农村土地承包经营权。

8.您的婚姻状况是：

指被登记人在调查时点的婚姻状况。这里调查的是事实婚姻，不是法律意义上的婚姻。依照申报人的申报圈填。

本项设有4个选项：

①未婚。指从未结过婚。对于没有办理结婚登记手续而同居的，如果申报人拒绝申报已婚有配偶，可圈填“未婚”。

②有配偶。指已结婚且有配偶。

③离婚。指曾经结过婚，但在调查时点前已办理了离婚手续而且没有再结婚。

④丧偶。指结过婚，但配偶已经去世而且没有再结婚。

9.您的受教育程度是：

指根据教育体制，被登记人接受的最高学历教育。通过自学或成人学历教育，经国家统一考试合格的，分别归入相应的受教育程度。

本项设有9个选项：

①未上过学。指从未接受过国家或其他办学机构实施的各级各类学校教育。包括参加过各种扫盲班或成人识字班学习，但没再接受各级各类学校教育。

②小学。指接受的最高一级教育为小学，无论其是在校、毕业、肄业或辍学。

③初中。指接受的最高一级教育为初中，无论其是在校、毕业、肄业或辍学。

④普通高中。指接受的最高一级教育为普通高中，无论其是在校、毕业、肄业或辍学。

⑤中等职业教育。指接受的最高一级教育为中等职业教育，无论其是在校、毕业、肄业或辍学。中等职业学校主要包括：中等专业学校、技工学校和职业中学等。

圈填上述①②③④⑤选项的人，跳填问题10。

⑥高等职业教育。指接受的最高一级教育为高等职业教育，无论其是在校、毕业、肄业或辍学。高等职业学校主要包括：高等职业技术学院、高等职业技术学校等。

⑦大学专科。指接受的最高一级教育为普通高等院校大学专科，无论其是在校、毕业、肄业或辍学。

凡国家承认学历的广播电视大学、职工大学、高等院校举办的函授大学、夜大学和其他形式的大学，按教育部颁布的大学专科教学大纲进行授课的，其毕业生圈填此项，但肄业生、在校生按原有受教育程度圈填。

通过自学，经国家统一举办的自学考试合格，并取得大学专科毕业证书的，也圈填此项，但尚未取得毕业证书的，按原有受教育程度圈填。

⑧大学本科。指接受的最高一级教育为普通高等院校大学本科，无论其是在校、毕业、肄业或辍学。

凡国家承认学历的广播电视大学、职工大学、高等院校举办的函授大学、夜大学和其他形式的大学，按教育部颁布的大学本科教学大纲进行授课的，其毕业生圈填此项，但肄业生、在校生按原有受教育程度圈填。

通过自学和进修大学课程，经考试合格，并取得大学本科毕业证书的，也圈填此项，但尚未取得毕业证书的，按原有受教育程度圈填。

⑨研究生。指接受的最高一级教育为硕士、博士研究生，无论其是在校、毕业、肄业或辍学。

在职接受研究生教育的，其毕业生圈填此项，但肄业生、在校生按原有受教育程度圈填。

没有按教育部的教学大纲培训或只学单科的人，不能圈填“大学专科”、“大学本科”或“研究生”，按原有受教育程度圈填。

私塾教育按受教育程度圈填相应选项。

9.1您的毕业时间是：

如果问题9选⑥⑦⑧并且年龄为16到29岁的人，或问题9选⑨并且年龄为20到34岁的人，继续填写问题9.1毕业时间，其他人跳填问题10。

工作情况

10.您在本月3日-9日是否为取得报酬工作过1小时以上（包括打零工、兼职）？

这里所说的工作是指为获取工资、实物报酬或经营收入、利润而实际从事的各种生产、经营和服务性活动。只要是为了取得报酬而工作，无论实际是否取得了报酬，都应属于这里所说的工作。不以取得报酬为目的的义务劳动、公益性劳动或强制性劳动，不属于这里所说的工作。

对于打零工和平时主要在家做家务但有时也干一些临时性工作的人，只要在调查时点前的一周中工作时间达到1小时，就算工作。

①是。指在调查时点前的一周中，本人为取得报酬而干过固定的、临时的或兼职的工作，并且工作时间达到了1小时以上。为取得报酬而从事了工作的在校学生和已退休人员，也圈填此项。圈填此选项的人，跳填问题15。

②否。指在调查时点前的一周中，本人没有从事过为取得报酬的工作。

11.您在本月3日-9日是否有工作但没上班/干活？

①是。指有工作单位或工作岗位，并能够取得报酬，但在调查时点前一周没去上班或干活。从事农业生产或其他季节性生产经营活动的人，如果仍有工作岗位或生产经营还在进行中，只是调查时点前一周临时没有工作或干活，也圈填此项。

②否。指没有上面①所指的情况。圈填此选项的人，跳填问题14。

12.您有工作但没上班/干活的主要原因是什么？

本项设有8个选项：

①请病假/事假（包括探亲、婚丧、工作交接等假）。指在调查时点前一周，因伤病、有事请假，休探亲假、婚丧假，或因工作交接等原因批准休假未工作。

②节假日/公休假休息。指在调查时点前一周，适逢节假日放假，或休年假、疗养假、轮休假等未工作。

③休产假/陪产假。指在调查时点前一周，休产假、陪产假未工作。

④在职学习培训。指有工作单位，在调查时点前一周正参加脱产学习或培训。

圈填上述①②③④选项的人，跳填问题15。

⑤临时停工。指在调查时点前一周，由于机械或电力故障、原料或燃料短缺、天气或其他原因临时放假或未工作。从事农业生产或其他季节性生产经营活动，如果保留工作岗位或生产经营还在进行中，只是调查时点前一周临时没有工作或干活的人，圈填此项。

⑥经济不景气放假。指在调查时点前一周，由于经济或市场原因生产经营调整、停顿而放假未工作。

⑦发生劳动争议或劳务纠纷。指在调查时点前一周，由于本人与单位或经营者因发生劳动争议、劳务纠纷而未工作。

⑧其他（请注明）。指上述之外的其他原因，并写出具体原因。

13.从未上班算起，您1个月内是否会返回原工作？

①是。指离开工作岗位还不到1个月，且预计从离开算起1个月内能够返回原工作上班。圈填此选项的人，跳填问题15。

②否。指离开工作岗位已超过1个月，或预计从离开算起1个月内不能返回原工作上班。圈填此选项的人，回答问题13.1。

③不确定。指离开工作岗位还不到1个月，也无法确定1个月内能否返回原工作上班。圈填此选项的人，回答问题13.1。

13.1您未上班期间是否有工资或经营收入？

a.是。指未上班期间仍有工资或经营收入，可能会低于正常水平，但该收入属于工资或经营收入，而不是发放的生活费、临时补贴或转移支付等。如果农忙季节从事农业生产的人和手头有工作任务的灵活就业人员在调查参考周临时停工，其生产经营仍在进行中，视为在未上班期间有经营收入，选填“是”。

b.否。指未上班期间没有任何工资或经营收入，或仅领取生活费、补贴等。

14.您在本月3日-9日是否帮助家人/亲戚以营利为目的的生产经营，做过1小时以上没有报酬的工作？

①是。指在调查时点前一周，在本家庭成员或亲戚经营的公司、企业或生意中，从事没有报酬的生产或服务1小时以上，也就是无酬家庭帮工。这也是工作的一种，尽管家庭帮工本人没有劳动报酬，但其工作为家庭增加了经营收入。圈填此选项的人，跳填问题16。

②否。指没有上面①所指的情况。圈填此选项的人，跳填无工作情况问题29。

15.您在本月3日-9日有几份工作（包括兼职、在职未上班、无酬家庭帮工等）？

①1份。指在调查时点前一周，只有1份可以取得报酬的工作或做无酬家庭帮工。

②2份及以上。指在调查时点前一周，有2份及以上可以取得报酬的工作或做无酬家庭帮工。圈填此项的，继续填问题15.1。

15.1您在本月3日-9日总共工作了多少小时（所有工作都算，包括加班时间，扣除请假时间）？

本项由调查时点前一周实际工作过的人填报。如果问题12选①-④，或问题13选①，或问题13选②或③且问题13.1选a，跳填问题17。

______小时。指调查时点前一周所有工作的实际工作小时数，不能笼统填写国家规定的制度工作时间，包括加班时间，扣除请假时间。从事不坐班制的教育、科研人员等，其在家办公时间也应计入。无酬家庭帮工的工作时间不属于家务劳动，应计算在内。农村人口中既干家务劳动又从事农业或其他工作的人，填写上一周的实际工作小时数，家务劳动时间除外。

16.您的主要工作（通常指工作时间最长，或被调查者自己认定）在本月3日-9日工作了多少小时？

本项由调查时点前一周实际工作过的人填报。如果问题12选①-④，或问题13选①，或问题13选②或③且问题13.1选a，跳填问题17。

______小时。指调查时点前一周主要工作的实际工作小时数。不能笼统填写国家规定的制度工作时间，包括加班时间，扣除请假时间。

如果调查时点前一周不只一份工作，主要工作指工作时间最长，或调查对象自己认定的那份工作。所以主要工作可能不是调查前一周工作1小时以上的那份工作，也可能是在职未上班的那份工作，如果是在职未上班的那份工作，可填写0。如果只有一份工作，该工作就是主要工作。

提示：17-26项询问被调查人主要工作的情况。

17.您的主要工作已经干了多长时间？

指拥有调查时点前一周的主要工作多长时间了。

本项设有6个选项：

①不满1个月。从主要工作开始到调查时点不满1个月。

②1个月以上，不满3个月。从主要工作开始到调查时点1个月以上，不满3个月。

③3个月以上，不满半年。从主要工作开始到调查时点3个月以上，不满半年。

④半年以上，不满1年。从主要工作开始到调查时点半年以上，不满1年。

⑤1年以上，不满3年。从主要工作开始到调查时点1年以上，不满3年。

⑥3年以上。从主要工作开始到调查时点3年以上。

18.您的这份工作是如何得到的？

指调查时点前一周的主要工作是通过什么方式得到的。

本项设有5个选项：

①自己寻找（包括参加招考、自主创业）。指目前这份工作是自己通过各种方式寻找、独立获得的，强调不是通过他人帮助而得到的。包括参加招聘会、网上投求职简历、参加招考、自主创业等。

②亲戚朋友介绍。指通过亲戚朋友推荐介绍得到的。

③社区或政府安排。指社区或当地有关部门主动上门给提供的。

④参与家庭经营（包括经营承包地、无酬家庭帮工）。指从事或继承家庭产业和经营。包括经营农村家庭承包地和无酬家庭帮工。

⑤其他（请注明）。填写除上以外的获得工作的方式或途径。

19.您所在单位/个体经营户主要生产或经营活动是什么？

指调查时点前一周的主要工作所在单位/个体经营户的生产经营活动，亦即所从事的行业。

行业采用经济活动的同质性原则进行划分，不是依据编制、会计制度或部门管理等划分。产业活动单位是划分行业的分类标准。产业活动单位是指：（1）在一个场所从事一种或主要从事一种经济活动；（2）相对独立地组织生产、经营或业务活动；（3）能够掌握收入和支出等资料。

本项设有2个选项：

①单位/个体经营户详细名称：

②单位/个体经营户主要产品或服务：

填写行业时要注意以下情况：

有工作单位的，既要填写单位名称，也要填写单位的主要产品或从事的主要服务。单位名称要具体到分厂、分公司或营业部，即产业活动单位，不能笼统地只填写总厂名称。最重要的是单位的主要产品或主要服务要详细填写，要用动宾词组表达，如“生产服装”或“销售服装”，不能简写为“服装”。保密单位，填写其公开使用的名称和公开的主要产品或主要服务。

没有工作单位的，只填写主要产品或服务，如“送外卖”“当滴滴司机”。务农人员不能笼统地填写“农业”，要根据其具体的农业生产活动或农户具体从事的主要业务填写。如“种粮食”“养猪”等。

遇到申报人对本人或本户其他成员的行业不清楚时，不要急于登记，经询问查明后再填报。

20.您具体做什么工作？

指调查时点前一周的主要工作具体是干什么，亦即所从事的职业。

职业是按从事工作性质的相似性进行分类的。不论其所在工作单位是什么经济类型，不论用工形式是固定工还是临时工，也不论其隶属于哪个行业，凡是从事相似性质工作的人都划分为同一类。

填写职业时要注意以下情况：

填写职业要具体、详细。不能笼统地写“工人”“农民”“公务员”“工程师”等，而应具体填写其实际工作种类，如“铸轧工”“捕鱼”“统计人员”“通信工程技术员”等。具有中级以上技术职称的行政领导人员，应按行政领导职务填写其职业；同时担任两个以上职务的领导干部，应按主要职务填写其职业。工种尚未确定，暂时又无具体工作的，要填写“工种未定”。

遇到申报人对本人或本户其他成员的职业不清楚时，不要急于登记，经询问查明后再填报。

21.您的工作单位或生产经营活动属于哪种类型？

指调查时点前一周的主要工作单位或生产经营活动类型。有工作单位的按单位类型选填，无工作单位的按所从事的工作或生产经营活动类型选填。

本项设有12个选项：

①机关团体事业单位。机关包括国家权力机关、国家行政机关、国家监察机关、司法机关、政党机关、政协组织和其他机关法人；机关法人单位的本部，以及国家权力机关分支机构、国家行政机关分支或派出机构、监察机关分支机构、人民法院分支机构、人民检察院分支机构等。

团体是指社会团体，指中国公民自愿组成，为实现会员共同意愿，按照其章程开展活动的非营利性社会组织。包括①经各级民政部门核准登记，领取《社会团体法人登记证书》的各类社会团体；②由各级机构编制管理部门直接管理其机构编制的群众团体；③经国务院批准可以免于登记的社会团体。如群众团体（各级工会、妇联、共青团等）、学术性团体（学会、研究会）、专业性团体（各类从事专业业务的促进会）、行业性团体（协会、商会）、联合性团体（联合会、联谊会、同学会、校友会）等。

事业单位是指国家为了社会公益目的，由国家机关举办或者其他组织利用国有资产举办的，从事教育、科技、文化、卫生、体育的社会服务组织。包括经机构编制部门批准成立和登记或备案，领取《事业单位法人证书》，取得法人资格的单位；事业法人单位的本部及分支机构或派出机构。

②国有及国有控股企业。指资产归国家所有及国有资本居绝对控股或相对控股地位的企业，包括国有企业、有限责任公司中的国有独资公司、股份有限公司中的国有控股企业、国有联营企业等。

③集体企业。指资产归集体所有的企业。集体联营企业，股份合作企业属集体经济组织形式。

④私营企业。指自然人投资设立或由自然人控股，以雇佣劳动为基础的企业。包括私营独资企业、私营合伙企业、私营有限责任公司、私营股份有限公司和个人独资企业。

⑤外商、港澳台投资企业。指外商和港、澳、台商单独投资或与中方合资、合作经营的企业。

⑥农民专业合作社。指以农村家庭承包经营为基础，通过提供农产品的销售、加工、运输、贮藏以及与农业生产经营有关的技术、信息等服务来实现成员互助目的的组织。包括经各级市场监管部门核准登记和虽未登记但符合上述要求的农民专业合作社，不包括以公司等名称登记注册的股份合作制企业、社区经济合作社、供销合作社、农村信用社等。

⑦其他类型单位。主要指民办非企业单位以及不包括在“①—⑥”项中的单位，如股份有限公司、基金会、宗教组织、居委会、村委会等。

⑧非农个体经营户。指资产归个人所有，以个体劳动为基础，劳动成果归劳动者个人占有和支配的一种经济组织。既包括在各级市场监管部门登记注册、领取《营业执照》的个体工商户，也包括没有领取《营业执照》，但实际从事个体经营活动的人。如果个体经营户从事的是农民专业合作社、专业大户等新型农业经营主体，则圈填⑥或⑩。

⑨经营农村家庭承包地（家庭农林牧渔生产经营活动）。指在自家承包的耕地、林地、草地、池塘以及其他依法用于农业的土地上，或者自己开垦的荒地上，从事农林牧渔业生产经营活动，也包括在转包和租用他人农业用地上从事农林牧渔业生产经营活动，所从事的农业生产活动以自营劳动为主，不雇佣长期雇工，但可能雇佣临时短工。如果以家庭成员为主要劳动力，从事农业规模化、集约化、商品化生产经营，则选填⑩农业专业大户。

农业生产季节在承包土地上从事农业生产，但调查时点前一周临时未做工作的人，圈填此项。调查时点前一周未在自家承包土地上工作而从事其他生产经营活动的人，或外出务工经商的人不填此项，选填调查时点前一周实际工作单位或生产经营活动类型。从事农业规模经营，并雇佣长期雇工的家庭或经济体，不填此项。受雇在他人承包的土地上从事农业生产的人，不填此项，据情况圈填相关选项。

⑩农业专业大户。指从事某种农产品的专业化、集约化生产，种养规模明显大于传统农户或一般农户，需要较多的家庭成员或雇佣家庭成员外的劳动力从事农业生产活动的经营主体。专业大户以当地行政主管部门所定标准进行认定。

⑪农村民俗体验户。指开展餐饮住宿、采摘、垂钓、农事体验、乡村旅游等的农户。开展餐饮住宿的农户指以农业生产过程、农村风情风貌、农民居家生活、乡村民俗文化为基础，开展餐饮住宿经营活动的农户；开展采摘的农户指以农作物收获为基础，开展农事体验活动的农户；开展垂钓的农户指经营钓鱼等休闲娱乐活动的农户；开展农事体验的农户指以农业生产过程为基础，吸引游人体验农业生产活动的农户；开展乡村旅游的农户指以乡村文化和农村景观等为基础，开展旅游经营活动的农户。

⑫自由职业/灵活就业。指在劳动时间、收入报酬、工作场所、保险福利、劳动关系等方面不同于企事业单位、个体经营户的传统主流就业方式，就业类型属于自雇或自主型的个体就业。包括自由职业者、律师、自由撰稿人、歌手、模特等自主就业人员，也包括家政服务、街头小贩、其他类型打零工的临时就业人员。

22.您的就业身份属于以下哪种类型？

如果问题21选①-③，则默认选①，跳填问题23。

指调查时点前一周主要工作的雇用、受雇或自雇状况。

本项设有4个选项：

①雇员。指为取得劳动报酬而为单位或雇主工作的人员。

②雇主（包括雇用临时雇员）。指自负盈亏或与合伙人共负盈亏，具有生产经营决策权，其报酬直接取决于生产、经营利润的人员。雇主的基本特征是雇用其他人为自己工作并向被雇用人支付工资。圈填此选项的人，跳填问题25。

③自营者（没有雇员）。指自负盈亏或与合伙人共负盈亏，具有生产经营决策权的人员。自营劳动者的特征是既不被雇也不雇用他人。如果有亲属帮忙但不支付工资，经营者本人仍属自营劳动者。圈填此选项的人，跳填问题24。

④无酬家庭帮工。指为家庭成员或亲属经营的公司、企业或生意工作，但无经营决策权，也不领取报酬的人员。圈填此选项的人，跳填问题27。

23.您是否与单位或雇主签订了劳动合同？

指雇员与用人单位或雇主就工作期限、劳动报酬、劳动保护、劳动条件、社会保险、福利待遇、劳动纪律、规章制度、劳动合同的变更、解除、终止、续订等内容而签订的书面契约。

①是。指被登记人与用人单位或雇主签订了劳动合同。

23.1签订了什么类型的劳动合同？

指与用人单位或雇主签订的约定不同终止时间的劳动合同。

a.无固定期限合同（包括非聘用制公务员）。指用人单位与劳动者签订了无确定终止时间的劳动合同，也称为长期合同。没签合同的非聘用制公务员也圈填本项。

b.有固定期限合同。指用人单位与劳动者签订了约定合同终止时间的劳动合同。聘用制公务员按照实际情况填写。

c.以完成一定工作任务为期限的合同。指用人单位与劳动者签订了以某项工作的完成为期限的劳动合同。

23.2单位或雇主是否给您缴纳社保（“五险一金”任何一种）？

a.是。指单位或雇主根据劳动合同为被调查人缴纳相应的社会保险和福利。一般包括医疗保险、养老保险、失业保险、工伤保险、生育保险和住房公积金，也可能只缴纳其中一项或几项。

b.否。指单位或雇主不给被调查人缴纳任何社会保险和福利。

23.3您是否有带薪休假？

a.是。指被调查人根据劳动合同或工作协议每年可以享受带薪休假的工作待遇。不是指实际已完成的带薪休假。

b.否。指被调查人没有带薪休假的工作待遇。

圈填问题23.3的人，跳填问题26。

②否。指被登记人与用人单位或雇主没有签订劳动合同。

24.您本人（非单位）是否主要通过线上或线下中间商的订单进行生产或服务（如滴滴司机、外卖骑手、来料加工等计件生产或服务）？

本项由自营者和没签劳动合同的非机关团体事业单位的雇员填报。如果问题21选①直接跳填问题26，其他人继续填报。

中间商是指在生产者与消费者之间参与商品或服务交易业务，促使买卖行为发生和实现的、具有法人资格的经济组织或个人。它是连结生产（经营）者与消费者的中介环节。

①是。指被调查人不直接面向市场和消费者，需借助线上或线下中间商获取计件生产或服务订单，并主要按照订单要求进行相应的生产或服务。

②否。指被调查人不是主要通过线上或线下中间商接受订单，并按照订单进行生产或服务。

25.您是否是所在公司/个体经营的创建者（包括合伙创建者）？

本项由雇主、自营者填报。如果问题21选⑫或问题22选①雇员，跳填问题26。如果问题21选⑨经营农村家庭承包地，跳填问题27。

①是。指被登记人是所在单位、公司或个体经营的初始创建人或合伙初始创建人。

25.1哪年创建的？

进一步询问初创时间。

a.1年内。从初创到调查时点不到1年。

b.1-2年内。从初创到调查时点1-2年，不到2年。

c.2-3年内。从初创到调查时点2-3年，不到3年。

d.3年前。从初创到调查时点已超过3年。回答此项的跳填问题26。

25.2目前有多少从业人员（包括本人、合伙人、雇员、无酬家庭帮工）？

____________人

指所在单位、公司或个体经营目前所有的从业人员数，包括被登记人。

②否。指被登记人不是所在单位、公司或个体经营的初始创建人或合伙初始创建人。

26.您上月工作报酬或经营净收入是多少（包括奖金、个人缴纳部分的社保、实物折价。工作不足一个月的，按合同、协议或相关规定填报）？

____________元

指在调查时点上一个日历月份，所从事的主要工作的劳动报酬，包括现金和实物，不包括财产性收入和转移性收入。雇员的劳动报酬包括工资、奖金、补贴和津贴等与工作相关的劳动报酬，也包括个人缴纳的公积金、社保等费用。雇主和自营者的劳动报酬是指其生产经营活动的净收入。经营农村家庭承包地、农业专业大户的人不填写此项。

劳动报酬要填写具体数目，最高为99999元。如果上月没有得到劳动报酬，可填写最近月份的劳动报酬；按年或不同周期获得劳动报酬的，应折算出月平均劳动报酬；刚开始工作尚未获得劳动报酬的，可填写合同、协议或预计的劳动报酬；实物报酬要折合成现金填报。

提示：27-28项由所有就业人员填报，包括主要工作和其他工作。

27. 您本人是否有通过互联网开展或承接的业务（包括主要工作和其他工作）？

指被登记人的全部工作，包括主要工作和其他工作是否有通过互联网开展或承接的业务。

①是。指主要工作或其他工作的业务是直接通过互联网承接的。

②否。指主要工作或其他工作的业务均不是直接通过互联网承接的。跳填问题28。

27.1主要从事以下哪一类？

问题27圈填①的人填写此项。

a.承接生产订单（按照订单要求进行实物生产）。指直接通过互联网获得生产订单，并按照订单要求进行工厂零件、家具、工艺品等实物生产。

b.商品交易（如微商、淘宝、微信群或朋友圈卖货）。指通过互联网平台进行的商品交易，包括在淘宝、微商、京东等大型互联网平台进行商品交易，也包括细分领域、本地化的互联网平台交易。

c.金融服务（如互联网小额贷款、互联网保险代理）。指所从事的金融服务直接通过互联网进行操作，包括股票、基金、证券、贷款、保险等方面的服务。

d.用车服务（如快车、专车、代驾）。指直接通过互联网平台接单，提供用车服务，如滴滴出行、易道、神州专车等。

e.物流服务（如送外卖、快递、货运、跑腿、代办）。指直接通过互联网承接物流方面的服务，如申通、圆通送快递，美团送外卖，替人跑腿代办业务等。

f.生活服务（如餐饮、家政、家庭旅馆、农家乐、住房装潢维修）。指主要通过互联网平台接单，提供一系列生活服务，如家政服务、餐饮服务、家庭旅馆、农家乐、住房装潢维修等。

g.知识、技能、娱乐、广告等线上服务（如网络教育、咨询服务、网络编辑、网络维护、软件编程、游戏服务、制作短视频等）。指主要通过互联网平台接单，提供知识/技能/娱乐/广告等服务，如通过互联网承接教育、咨询、医疗、网络维护、网络推广等服务，也包括承接的软件开发、音乐设计、撰稿、游戏服务、制作短视频等服务。

h.网络直播（如直播带货、才艺展示赚取打赏费等）。指在快手、抖音、淘宝等直播平台，通过带货获取报酬、展示才艺等方式赚取打赏费。

i.中介服务（如网上职业介绍、房产租赁买卖中介、婚姻中介、商品交易中介）。指主要通过互联网平台（如智联招聘、链家、百合网等）提供中介服务。

j.其他（请注明）。从事不属于以上任何一项的其他领域的工作，需要注明具体的业务类型和工作内容。

28.您为增加收入是否想工作更长时间（包括加班、兼职、更换工作等）？

①想。指希望通过加班、兼职或另找工作增加工作时间来增加收入。

28.1如果有工作机会，能在2周内开始工作更长时间吗？

指如果有加班、兼职或其他更长时间的工作，是否能够在2周内开始工作。

a.能。指2周内可以做更长时间的工作。

b.不能。指2周内不能做更长时间的工作。

②不想。指不愿为提高收入而增加工作时间。

至此，有工作的人调查结束。

无工作情况

29.您是否有劳动能力？

①是。具有劳动能力，能够工作。

②否。没有劳动能力，不能工作。填此项调查结束。

30.您近3个月是否找过工作？

询问被登记人近3个月找工作的情况。工作过的人，询问失去工作后找工作情况。

①是。近3个月通过各种方式主动找过工作。

30.1您主要通过以下哪种方式找过工作？

询问找工作的方式，并圈填下列自认为最主要的一种方式。

a.为自己经营做准备。指正在为自己开办公司或经营做准备，如经营策划、筹集资金、申请执照、寻找经营场所、招聘人员等。

b.为找到工作参加培训、实习、招考。指为寻找到某项工作而参加相关培训、进行专门实习或准备招录考试。

c.委托亲戚朋友介绍。指委托亲戚朋友介绍或推荐找工作，这种委托多是口头的。

d.查询招聘网站或广告。指通过网络、电视、报刊等各种媒体或其他渠道发求职简历、应答招聘广告或查看招聘广告而寻找工作。

e.直接联系雇主或单位。指直接找用人单位或雇主问询、自荐来寻找工作。

f.联系就业服务机构。指在人力资源和社会保障部门、其他政府部门或私人开办的职业介绍机构登记找工作。

g.参加招聘会。指参加各种形式的招聘会找工作。

h.其他（请注明）。除上述之外的其他找工作方式，请注明。

跳填问题31。

②否。近3个月没有找过工作。

30.2您是否在等待未来3个月内会开始的工作（不包括农业季节性歇业）？

a.是。已经确定了一份工作，该工作3个月内将开始。包括临时停工等原因暂未工作，正等待被召回原岗位或等待原工作复工的人，不包括在农业歇业期未做任何工作，正等待农忙季节开始的人。

b.否。如果年龄≤80，跳填问题32；如果年龄>80，则调查结束。

31.您从开始找工作（或等待未来3个月内会开始的工作）已经多长时间了？

________月。跳填问题33。

如果以前从没工作过，从第一次找工作开始算起；以前工作过的人，从失去工作后，第一次开始找工作算起；如果找工作行为在失去工作前，从失去工作开始算起；学生从毕业后第一次找工作算起；等待被召回原岗位或等待原工作复工的人，从结束原工作开始算起。

32.您不找工作的主要原因是什么？

询问不找工作的原因。

①参加学习培训（含在校生）。因正在学习培训而没有找工作。在校生、临时参加学习培训的人员圈填此项。

②健康或身体原因。因本人伤病或身体不适，无法找工作。

③认为找不到合适的。认为自己即使找也找不到合适的工作，因此最近3个月没有找工作。

④有生活保障（有养老金、租金等收入）。因经济宽裕、生活有保障，不需要找工作。

⑤照顾家庭。需要照顾家人、料理家务，无法找工作。

⑥其他（请注明）。除上述之外的其他原因，请注明。

33.如有非常适合的工作机会（如时间、地点、收入等都满意），您能在2周内开始工作吗？

这是一个对假设问题的回答。假定有一种工作在时间、地点、技能、兴趣、工作环境、劳动强度、收入、福利等各方面都可以满足期望，被登记人是否能在2周内去工作。比如，被登记人虽然需要照顾老人孩子，但是有一份既能照顾家人、又能完成的工作，或者有一份收入足够丰厚、能够雇用他人照顾家人的工作；虽然身体不太好，但是有一份身体条件可以承受的工作等。

①能。2周内能去做这份工作。跳填问题34。

②不能。2周内无法去做这份工作。

一般情况下，此项应圈填“能”，只有当被调查人确有无法脱身的事务，如刚生育小孩、正在治病等而不能工作时，才可圈填“不能”。

33.1为什么不能？

进一步询问为什么不能工作。

a.参加学习培训。因必须参加学习培训没有时间，2周内不能工作。

b.健康或身体原因。因伤病或身体不适，2周内实在无法工作。

c.照顾家庭。家中有人实在需要本人亲自照顾，不能从事任何工作。

d.其他（请注明）。除上述之外的原因，请注明。

34.您现在想工作吗？

如果问题30选①或问题30.2选a，则该项默认选①，跳填问题35。

根据本人目前的意愿填报。

①想。目前想工作。

②不想。目前不想工作。

35.您上一份工作结束多长时间了？

询问被登记人上一份工作结束的时间。

①不满1个月。从上一份工作结束到调查时点不满1个月。

②1个月以上，不满3个月。从上一份工作结束到调查时点1个月以上，不满3个月。

③3个月以上，不满半年。从上一份工作结束到调查时点3个月以上，不满半年。

④半年以上，不满1年。从上一份工作结束到调查时点半年以上，不满1年。

⑤1年以上，不满3年。从上一份工作结束到调查时点1年以上，不满3年。

⑥3年以上。从上一份工作结束到调查时点3年以上。

⑦从没工作过。以前从未工作过，填此项调查结束。

36.您结束上一份工作的主要原因是什么？

询问为什么结束上一份工作，圈填一个主要原因。

①退休。因退休而结束上一份工作。

②健康或身体原因。因本人伤病、身体不适而结束上一份工作。包括生育小孩、调养身体等。

③照顾家庭。为了照顾家庭中的婴幼儿、老人、残障人士等，不得不结束上一份工作。

④参加学习培训。因要去参加学习或培训而结束上一份工作。

⑤对上份工作不满意。因对上一份工作内容、待遇、条件、前景等不满意而结束上一份工作。

⑥上份工作任务完成（包括打零工）。因上一份工作任务（包括打零工）完成而停止或失去工作。

⑦被解聘。因各种原因被解聘或辞退而失去上一份工作。

⑧季节性歇业。因年度季节性原因停产、停业而失去上一份工作。

⑨单位/个体经营户停产倒闭。因所在单位或个体经营户由于各种原因停业、倒闭而停止或失去上一份工作。

⑩承包土地被征用或流转。因本人承包的农业用地或转包、租用他人承包的农业用地被征用或流转而失去工作。受雇在别人承包地上工作，因土地被征用、流转而失去工作的人不圈填此项，应根据具体情况圈填相应原因。

⑪其他（请注明）。因上述之外的其他原因而结束上一份工作，填写具体原因。

如果问题30选①或问题30.2选a，且问题33选①，问题35选①-⑥，继续回答问题37；否则，调查结束。

37.您上一个工作单位/个体经营户主要生产或经营活动是什么？

问失业人口上一个工作所在单位/个体经营户的生产经营活动，亦即所从事的行业。

项目解释同问题19。

单位/个体经营户详细名称：______________________

单位/个体经营户主要产品或服务：___________________

38.您上一个工作具体做什么？

问失业人口上一个工作具体是干什么，亦即所从事的职业。

____

项目解释同问题20。

至此调查结束。

四、抽 样 方 案

劳动力调查在全国31个省（区、市）开展，包括城镇和乡村地域。

（一）抽样目标

一是满足城镇调查失业率等主要劳动力指标数据对国家及分省（区、市）有较好代表性。其中，全国城镇调查失业率在90%的置信度下，相对误差控制在2%以内；分省（区、市）城镇调查失业率在90%的置信度下相对误差在10%以内，个别人口较少的省（如：青海、宁夏、新疆等）相对误差在15%以内，西藏相对误差在20%以内。二是在保证抽样代表性的基础上，样本量与基层调查力量、调查对象负担、经费保障相适应。

（二）抽样总体与抽样框

抽样总体为全国31个省（区、市）全部住户，不包括全户为非中国公民的住户，也不包括中小学宿舍、军营、监狱中的集体户。各省（区、市）为次总体。

以第七次全国人口普查的居（村）委会名录库为基础，对住户数量偏少的居（村）委会进行适当整理，整理后的居（村）委会统称为初级抽样单元。以初级抽样单元的名录库作为初级抽样框。抽中的初级抽样单元内所有的住房单元作为次级抽样框。

定期更新抽样框。当拆迁或新建住房单元数量超过原住房单元数量的10%时，需对次级抽样框进行更新，去除框内拆迁的住房单元，补充新建的住房单元。整体拆迁的初级抽样单元退出调查。每年4月和10月更新次级抽样框。

（三）抽样方法

采用分层、二阶段、与住房单元数多少成比例（PPS）和随机等距相结合的方法，抽取初级抽样单元和住房单元。

1.抽取初级抽样单元

在每个省（区、市），按城乡分层，采用与住房单元数多少成比例（PPS）方法抽取预定数量的初级抽样单元。

2.抽取住房单元

在抽中的初级抽样单元内，将住房单元按照地理位置相邻原则，编成4户一组的住户组，按照随机等距原则抽取住户组，确定抽中的住房单元。

（四）样本量的确定

根据抽样设计，综合考虑人口结构、抽样设计效应、调查力量配置、经费保障等情况，确定全国及各省（区、市）样本量。

全国每月共调查约34万户，每个初级抽样单元每月调查16户，共涉及约2.1万个初级抽样单元。分省（区、市）每月调查样本量见附表1。

（五）样本轮换模式

抽中的初级抽样单元原则上5年保持不变。样本户采用2-10-2轮换模式，即一个住户连续2个月接受调查，在接下来的10个月中不接受调查，然后再接受连续2个月的调查，之后退出样本。样本轮换能达到如下目标：

1.除第一年外，每个月都有1/4的样本接受第一次调查，1/4的样本接受第二次调查，1/4的样本接受第三次调查，1/4的样本接受第四次调查。

2.月度之间样本有50%重复。

3.年度之间相同月份样本有50%重复。

样本轮换示意图见附表2。

（六）加权方法

全国及分省（区、市）劳动力调查指标根据调查样本数据加权汇总得到。汇总权数依据抽样概率、权数调整系数、无响应调整系数、评估调整系数等确定，由国家统计局人口和就业统计司统一计算。

附表1

分省（区、市）样本量

地　区	初级抽样单元个数			调查户数		
	合计	城镇	乡村	合计	城镇	乡村
全　国	21169	15862	5307	338704	253792	84912
北　京	800	720	80	12800	11520	1280
天　津	719	647	72	11504	10352	1152
河　北	719	504	215	11504	8064	3440
山　西	719	504	215	11504	8064	3440
内蒙古	719	504	215	11504	8064	3440
辽　宁	719	504	215	11504	8064	3440
吉　林	719	504	215	11504	8064	3440
黑龙江	719	504	215	11504	8064	3440
上　海	800	720	80	12800	11520	1280
江　苏	800	640	160	12800	10240	2560
浙　江	800	640	160	12800	10240	2560
安　徽	719	504	215	11504	8064	3440
福　建	742	594	148	11872	9504	2368
江　西	719	504	215	11504	8064	3440
山　东	719	504	215	11504	8064	3440
河　南	719	504	215	11504	8064	3440
湖　北	719	504	215	11504	8064	3440
湖　南	719	504	215	11504	8064	3440
广　东	800	640	160	12800	10240	2560
广　西	719	504	215	11504	8064	3440
海　南	500	400	100	8000	6400	1600
重　庆	719	504	215	11504	8064	3440
四　川	740	518	222	11840	8288	3552
贵　州	719	504	215	11504	8064	3440
云　南	719	504	215	11504	8064	3440
西　藏	250	238	12	4000	3808	192
陕　西	719	504	215	11504	8064	3440
甘　肃	590	413	177	9440	6608	2832
青　海	375	300	75	6000	4800	1200
宁　夏	500	400	100	8000	6400	1600
新疆（含兵团）	530	424	106	8480	6784	1696

附表2

2022年1月—2023年12月样本轮换示意图

月份	B26	B31	B41	B32	B42	B33	B43	B34	B44	B35	B45	B36	B46	C11	C21	C12	C22	C13	C23	C14	C24	C15	C25	C16	C26
2022 年 1 月	2	1											2	1											
2022 年 2 月		2	2											2	1										
2022 年 3 月			3	3											2	1									
2022 年 4 月				4	3											2	1								
2022 年 5 月					4	3											2	1							
2022 年 6 月						4	3											2	1						
2022 年 7 月							4	3											2	1					
2022 年 8 月								4	3											2	1				
2022 年 9 月									4	3											2	1			
2022 年 10 月										4	3											2	1		
2022 年 11 月											4	3											2	1	
2022 年 12 月												4	3											2	1
2023 年 1 月													4	3											2
2023 年 2 月														4	3										
2023 年 3 月															4	3									
2023 年 4 月																4	3								
2023 年 5 月																	4	3							
2023 年 6 月																		4	3						
2023 年 7 月																			4	3					
2023 年 8 月																				4	3				
2023 年 9 月																					4	3			
2023 年 10 月																						4	3		
2023 年 11 月																							4	3	
2023 年 12 月																								4	3

主要统计指标解释

人口数 指一定时点、一定地区范围内有生命的个人总和。年度统计的年末人口数指每年12月31日24时的人口数。年度统计的全国人口总数内未包括香港、澳门特别行政区和台湾省以及海外华侨人数。

城镇人口和乡村人口 城镇人口是指居住在城镇范围内的全部常住人口；乡村人口是除上述人口以外的全部人口。

出生率（又称粗出生率） 一定时期内(通常为一年)一定地区的出生人数与同期内平均人数(或期中人数)之比，用千分率表示。本资料中的出生率指年出生率，其计算公式为：

$$出生率=\frac{年出生人数}{年平均人口}\times 1000‰$$

式中：出生人数指活产婴儿，即胎儿脱离母体时(不管怀孕月数)，有过呼吸或其他生命现象。年平均人数指年初、年底人口数的平均数，也可用年中人口数代替。

死亡率（又称粗死亡率） 指在一定时期内(通常为一年)一定地区的死亡人数与同期内平均人数(或期中人数)之比，用千分率表示。本资料中的死亡率指年死亡率，其计算公式为：

$$死亡率=\frac{年死亡人数}{年平均人口}\times 1000‰$$

人口自然增长率 指在一定时期内(通常为一年)人口自然增加数(出生人数减死亡人数)与该时期内平均人数(或期中人数)之比，用千分率表示。计算公式为：

$$人口自然增长率=\frac{(本年出生人数-本年死亡人数)}{年平均人数}\times 1000‰$$

$$=人口出生率-人口死亡率$$

总抚养比 也称总负担系数。指人口总体中非劳动年龄人口数与劳动年龄人口数之比。通常用百分比表示。说明每100名劳动年龄人口大致要负担多少名非劳动年龄人口。用于从人口角度反映人口与经济发展的基本关系。计算公式为：

$$GDR=\frac{(P_{0-14}+P_{65+})}{P_{15-64}}\times 100\%$$

其中：GDR为总抚养比；

$P_{0\text{-}14}$为0-14岁少年儿童人口数；

P_{65+}为65岁及65岁以上的老年人口数；

$P_{15\text{-}64}$为15-64岁劳动年龄人口数。

老年人口抚养比 也称老年人口抚养系数。指某一人口中老年人口数与劳动年龄人口数之比。通常用百分比表示。用以表明每100名劳动年龄人口要负担多少名老年人。老年人口抚养比是从经济角度反映人口老化社会后果的指标之一。计算公式为：

$$ODR = \frac{P_{65+}}{P_{15-64}} \times 100\%$$

其中：ODR为老年人口抚养比；

P_{65+}为65岁及65岁以上的老年人口数；

$P_{15\text{-}64}$为15-64岁的劳动年龄人口数。

少年儿童抚养比 也称少年儿童抚养系数。指某一人口中少年儿童人口数与劳动年龄人口数之比。通常用百分比表示。以反映每100名劳动年龄人口要负担多少名少年儿童。计算公式为：

$$CDR = \frac{P_{0-14}}{P_{15-64}} \times 100\%$$

其中：CDR为少年儿童抚养比；

$P_{0\text{-}14}$为0～14岁少年儿童人口数；

$P_{15\text{-}64}$为15～64岁劳动年龄人口数。

劳动力 指年满16周岁，有劳动能力，参加或要求参加社会经济活动的人员。包括就业人员和失业人员。

就业人员 指年满16周岁，为取得报酬或经营利润，在调查周内从事了1小时（含1小时）以上劳动的人员；或由于在职学习、休假等原因在调查周内暂时未工作的人员；或由于停工、单位不景气等原因临时未工作的人员。

失业人员 指年满16周岁，具有劳动能力并同时符合以下各项条件的人员：

（1）在调查周内未从事为取得劳动报酬或经营利润的劳动，也没有处于就业定义中的暂时未工作状态；

（2）在某一特定期间内采取了某种方式寻找工作；

（3）当前如有工作机会可以在一个特定期间内应聘就业或从事自营职业。

单位就业人员 指报告期末最后一日在本单位工作，并取得工资或其他形式劳动报酬的人员数。该指标为时点指标，不包括最后一日当天及以前已经与单位解除劳动合同关系的人员，是在岗职工、劳务派遣人员及其他就业人员之和。就业人员不包括：

(1)离开本单位仍保留劳动关系，并定期领取生活费的人员；

(2)在本单位实习的各类在校学生；

(3)本单位以劳务外包形式使用的人员，如：建筑业整建制使用的人员。

城镇私营和个体就业人员 城镇私营就业人员指在工商管理部门注册登记，其经营地址设在县城关镇(含县城关镇)以上的私营企业就业人员，包括私营企业投资者和雇工。城镇个体就业人员指在工商管理部门注册登记，并持有城镇户口或在城镇长期居住，经批准从事个体工商经营的就业人员，包括个体经营者和在个体工商户劳动的家庭帮工和雇工。

在岗职工 指在本单位工作且与本单位签订劳动合同，并由单位支付各项工资和社会保险、住房公积金的人员，以及上述人员中由于学习、病伤、产假等原因暂未工作仍由单位支付工资的人员。在岗职工还包括：

(1)应订立劳动合同而未订立劳动合同人员；

(2)处于试用期人员；

(3)编制外招用的人员，如临时人员；

(4)派往外单位工作，但工资仍由本单位发放的人员(如挂职锻炼、外派工作等情况)。

工资总额 指根据《关于工资总额组成的规定》(1990年1月1日国家统计局发布的一号令)进行修订，本单位在报告期内直接支付给本单位全部就业人员的劳动报酬总额。包括计时工资、计件工资、奖金、津贴和补贴、加班加点工资、特殊情况下支付的工资，是在岗职工工资总额、劳务派遣人员工资总额和其他从业人员工资总额之和。不论是计入成本的还是不计入成本的，不论是以货币形式支付的还是以实物形式支付的，均应列入工资总额的计算范围。

工资总额是税前工资，包括单位从个人工资中直接为其代扣或代缴的个人所得税，社会保险基金和住房公积金等个人缴纳部分，以及房费、水电费等。

平均工资 指本单位就业人员在报告期内平均每人所得的工资额。它表明一定时期工资收入的高低程度，是反映就业人员工资水平的主要指标。计算公式为：

$$\text{平均工资}=\frac{\text{报告期就业人员工资总额}}{\text{报告期就业人员平均人数}}$$

平均名义工资指数 指报告期就业人员平均工资与基期就业人员平均工资的比率，是反映不同时期就业人员名义工资水平变动情况的相对数。计算公式为：

$$\text{平均名义工资指数}=\frac{\text{报告期就业人员平均工资}}{\text{基期就业人员平均工资}}\times 100\%$$

平均实际工资指数 就业人员平均实际工资指扣除物价变动因素后的就业人员平均工资。就业人员平均实际工资指数是反映实际工资变动情况的相对数，表明就业人员实际工资水平提高或降低的程度。计算公式为：

$$\text{平均实际工资指数}=\frac{\text{报告期就业人员平均名义工资指数}}{\text{报告期城镇居民消费价格指数}}\times 100\%$$

城镇登记失业人员 劳动年龄（年满16周岁（含）至依法享受基本养老保险待遇）内，有劳动能力，有就业要求，处于无业状态，并在公共就业和人才服务机构进行失业登记的城镇常住人员。

城镇登记失业率 指报告期末，登记失业人员期末实有人数占期末从业人员总数与登记失业人员期末实有人数之和的比重。

城镇调查失业率 指城镇失业人口占城镇就业人口与失业人口之和的百分比，根据劳动力调查数据计算。

Explanatory Notes on Main Statistical Indicators

Total Population refer to the total number of people alive at a certain point of time within a given area. The annual statistics on total population is taken at midnight, the 3lst of December, not including residents in Hong Kong SAR, Macao SAR, Taiwan Province and overseas Chinese national residing abroad.

Urban Population and Rural Population Urban population refer to all people residing in cities and towns, while rural population refer to population other than urban population.

Birth Rate (or Crude Birth Rate) refers to the ratio of the number of births to the average population (or mid-period population) during a certain period of time (usually a year), expressed in per thousand. Birth rate in the yearbook refers to annual birth rate. The following formula is used:

$$\text{Birth Rate} = \frac{\text{Number of Births in the Year}}{\text{Annual Average Number of Population}} \times 1000‰$$

Where: Number of births refers to live births, i.e. when a baby has breathed or showed any vital phenomena regardless of the length of pregnancy.

Annual average number of population is the average of the number of population at the beginning of the year and that at the end of the year. Sometimes it is substituted by the mid-year population.

Death Rate (or Crude Death Rate) refers to the ratio of the number of deaths to the average population (or mid-period population) during a certain period of time (usually a year), expressed in per thousand. Death rate in the yearbook refers to annual death rate. The following formula is used:

$$\text{Death Rate} = \frac{\text{Number of Deaths in the Year}}{\text{Annual Average Number of Population}} \times 1000‰$$

Natural Growth Rate of Population refers to the ratio of natural increase in population (number of births minus number of deaths) in a certain period of time (usually a year) to the average population (or mid-period population) of the same period, expressed in ‰. The following formula is applied:

$$\text{Natural Growth Rate of Population} = \frac{(\text{Number of Births} - \text{Number of Deaths})}{\text{Annual Average Number of Population}} \times 1000‰$$

$$= \text{Birth Rate} - \text{Death Rate}$$

Gross Dependency Ratio also called gross dependency coefficient, refers to the ratio of non-working-age population to the working-age population, express in percent. Describing in general the number of non-working-age population that every 100 people at working ages will take care of, this indicator reflects the basic relation between population and economic development from the demographic perspective. The gross dependency ratio is calculated with the following formula:

$$GDR = \frac{P_{0\text{-}14} + P_{65}}{P_{15-64}} \times 100\%$$

Where: GDR is the gross dependency ratio,

$P_{0\text{-}14}$ is the population of children aged 0-14,

P_{65+} is the elderly population aged 65 and over,

$P_{15\text{-}64}$ is the working-age population aged 15-64.

Old Dependency Ratio also called old dependency coefficient, refers to the ratio of the elderly population to the working-age population, express in percent. It describes the number of the elderly population that every 100 people at working ages will take care of. Old dependency ratio is one of the indicators reflecting the social implication of population aging from the economic perspective. The old dependency ratio is calculated with the following formula:

$$ODR = \frac{P_{65+}}{P_{15-64}} \times 100\%$$

Where: ODR is the old dependency ratio,

P_{65+} is the elderly population aged 65 and over,

$P_{15\text{-}64}$ is the working-age population aged 15-64.

Children Dependency Ratio also called children dependency coefficient, refers to the ratio of the children population to the working-age population, express in percent. It describes the number of children population that every 100 people at working ages will take care of. The children dependency ratio is calculated with the following formula:

$$CDR = \frac{P_{0-14}}{P_{15-64}} \times 100\%$$

Where: CDR is the children dependency ratio,

$P_{0\text{-}14}$ is the children population aged 0-14,

$P_{15\text{-}64}$ is the working-age population aged 15-64.

Labour Force refers to the population aged 16 and over who are capable of working, are participating in or willing to participate in economic activities, including employed persons and unemployed persons.

Employed Persons refer to persons, aged 16 and over, who performed some work for compensation or business gains for one hour or more during the reference period; or persons who do not work for the reasons of study or on holiday; or persons who are temporarily absent from a job for disorganization or suspension of work, recession, etc.

Unemployed Persons refer to persons, aged 16 and over, be able to work who:

(1) neither perform some work for compensation or business gains during the reference period, nor are temporarily absent from a job in the employment definition.

(2) have looked for a job within a specific period of time.

(3) are available for work within a specific period of time.

Persons Employed in Various Units refer to the total number of employees who work at his unit and obtain wages or other forms of payment at the end of the reporting period. This indicator is a kind of time point index and it equals to the sum of the number of employed staff and workers, labor dispatch personnel and other employed persons. Employed persons do not include:

1) persons who have left their working units while keeping their labour contract (employment relation) unchanged and receiving regular alimony;

2) all kinds of enrolled students who do internship in various units;

3) persons employed due to labor outsourcing, for example, persons employed in the organizational system of construction industry.

Persons Employed in Private Enterprises and Self-Employed Individuals in Urban Areas Persons employed in private enterprises refer to the persons employed in the private enterprises which have been registered at the departments of industrial and commercial administration for which the business operation are situated at a county town (i.e. a town where the county government is located), or at urban areas with administrative hierarchy higher than a county town. The self-employed individuals in urban areas refer to persons who hold the certificates of residence in urban areas or have resided in the urban areas for a long time and have been registered at the departments of industrial and commercial administration and approved to be engaged in individual industrial or commercial business, including self-employed persons as well as helpers and hired laborers who work in individual households.

Employed Staff and Workers refer to persons who signed labor contracts with working units and working units would pay wages, social insurance and housing funds for them. Persons who have their work posts but are temporarily absent from work for reasons of study or on sick, injury or maternal leave and still receive wages from their working units are also included. Employed staff and workers also include:

1)Persons who should have signed the labor contracts but not;

2)Employees on probation;

3)Employees beyond the staffing quota, for example, temporary employees;

4)Employees who are sent to other working units but still obtain wages from their original units (situations like on-the-job placement, expatriated assignment, etc.)

Total Wage Bill It is revised according to the "Provision of Composition of Total Wages" (Order No.1 by National Bureau of Statistics on January, 1st, ,1990), total wage bill refers to the total remuneration payment to all employed persons in various units during the reporting period, including hourly-paid wages, piece-rate wages, bonuses, allowance and subsidies, overtime wages and wages paid under special circumstances. It equals to the sum of total wages of employed staff and workers, dispatch labors and other employed persons, whether or not included in cost, whether or not paid in money or in kind, shall be included in the calculation of total wage.

Total wage bill is pre-tax wages, including personal income tax, social insurance and housing funding paid or withheld by employee's units, room charges, utility bills, etc.

Average Wage refers to the average per capita wage during a certain period of time for employed persons. It shows the general level of wage income during a certain period of time, one major indicator to reflect the wage level. It is calculated as follows:

$$\text{Average Wage} = \frac{\begin{array}{c}\text{Total Wage Bill of Employed}\\ \text{Persons at Reference Time}\end{array}}{\begin{array}{c}\text{Average Number of Persons}\\ \text{Employed at Reference Time}\end{array}}$$

Average Nominal Wage Indices refers to the ratio of average wage of employed persons at the reference period to that at the base period, which reflects the change of wage of employed persons at the different period. It is calculated as follows:

$$\text{Average Nomial Wage Indices} = \frac{\begin{array}{c}\text{Average Wage of Employed}\\ \text{Persons at Reference Time}\end{array}}{\begin{array}{c}\text{Average Wage of Persons}\\ \text{Employed at Base Period}\end{array}} \times 100\%$$

Average Real Wage Indices average real wage of employed persons refers to the average wage of employed persons after removing the effects of the price changes and average real wage indices of employed persons refers to the change of real wage, which reflects the relative increasing or decreasing level of real wage of employed persons ,which is calculated as follows:

$$\text{Average Real Wage Indices} = \frac{\begin{array}{c}\text{Average Nomial Wage Indices of Employed}\\ \text{Persons at the Reference Time}\end{array}}{\begin{array}{c}\text{City consumer Price}\\ \text{Indices at Reference Time}\end{array}} \times 100\%$$

Registered Unemployed Persons in Urban Areas refer to the persons residing in urban areas at certain working ages (16 years old to the age of enjoying primary endowment insurance benefits according to the law), who are capable of working, unemployed and willing to work, and have been registered at the Public employment and talent service agencies to apply for a job.

Registered Unemployment Rate in Urban Areas refers to the ratio of the actual number of registered unemployed persons at the end of the period to the sum of the total number of employees at the end of the period and the actual number of registered unemployed persons at the end of the period.

Surveyed Urban Unemployment Rate refers to the ratio of the number of the unemployed persons in urban areas to the sum of the number of the employed persons and the unemployed persons in urban areas, calculated on the basis of the Labour Force Survey.